人文社會科學叢書

日據時期臺灣小說研究

許俊雅　著

國立編譯館　主編
文史哲出版社　印行

國家圖書館出版品預行編目資料

日據時期臺灣小說研究 / 許俊雅著. -- 初版. --
臺北市：文史哲, 民 88 印刷
面： 公分. -- (人文社會科學叢書; 1)
參考書目：面
ISBN 957-547-892-4(平裝)

1.中國小說 - 評論 2.臺灣文學 - 日據時期（1895-1945）- 評論

827.87　　83009287

人文社會科學叢書 ①

日據時期臺灣小說研究

著　　者：許　俊　雅
主 編 者：國　立　編　譯　館
著作財產權人：國　立　編　譯　館
出 版 者：文　史　哲　出　版　社
登記證字號：行政院新聞局版臺業字五三三七號
發 行 人：彭　正　雄
發 行 所：文　史　哲　出　版　社
印 刷 者：文　史　哲　出　版　社
臺北市羅斯福路一段七十二巷四號
郵政劃撥帳號：一六一八〇一七五
電話 886-2-23511028 · 傳眞 886-2-23965656
實價新臺幣九〇〇元
中華民國八十四年二月初版
中華民國八十八年九月初版二刷

ISBN 957-547-892-4

自序

猶憶童稚之齡，鄉居臺南佳里。良疇彌望，柔桑盈眼。每逢勝日，輒閒倚衡門，仰眺穹蒼。或鷹隼悠悠，迅掠長空；或雲霞燦燦，俱遲徧衷。宇宙萬象，動靜剎那；俯仰天地，至樂至懽。此兒時寧靜淳美之情懷，伴余就學，伴余成長，寒燠卅更，蓋未之或易焉。

民七十二年，進修上庠，捧手時賢；幸識學長施君懿琳，施君炳靈鹿港，才學俱優，於日據時期臺灣古典文學，啓余良多。爰發願以「臺灣寫實詩作之抗日精神」爲研究範疇，撰述碩士論文。雒誦之暇，尙論前修，觀詩之餘，旁及說部，遂啓研閱日據時期臺灣小說之幾。於是勤蒐載籍，黽勉披讀，而少時寧靜至樂之方寸，乃爲之震撼、盪激、憤慨、悲憫，幾乎每一展卷，輒長短歔欷，清淚從橫，竟乏勇氣，以終群篇。良以馬齒漸增，寸心彌脆，而義憤填膺，淒惋迴腸之激烈情懷，復恒難強抑焉。

故鄉佳里，本純樸之農村，村民淡泊種作，與世無爭。每值炎夏之夜，敷坐晒穀之場，蟾輝似水，柯影參差。父老納涼，閒話虞初：林投姐之沈冤難雪，塗邁不歸；阿粉姨之深情見棄，命寄九原。衝霜露、暴驕陽之農友，橫遭戕摩；儀鍾郝、式大家之淑女，竟罹噩運。凡此驚心動魄，感人肺肝之故事，蓋早已頻見於七鯤三臺；而屢載於日據時期臺灣小說者，亦更僕難數矣。

日據時期臺灣小說所述女子，或堅毅貞烈，或命舛運艱，或爲局促於大男人主義之媳婦，或爲勇決乎非理性傳統之豪英，然當時小說中之女子，則以命運崎嶇者居多。蓋嘗思之：日據時期臺灣之女子衆生，身軀微弱，生涯窮乏，而無情之異族、無理之傳統、反常之社會、不幸之婚姻，恒以千萬鈞之重壓，措諸其手足肩背，令其永遠承擔，其竟何以堪此鉅負乎！苟前世之說，本非妄誕，而前述女子，復不幸於前世負債，而必於現世償之，合計其本若息，其債額竟昂貴若是耶？夫世代旋易，人事遞更，社會之型態、族類之禮樂，其損益因革，猶旦暮也。雖然，人類之情愛，則爲此變動不居之廣宇長宙中，永恒而不變者。三百年來，臺灣女子生命之塗，若出一軌：存在之義，每決於父兄；欣悅之源，亦錫自良人。然或德懿情純而見逐，或窈窕淑令而見屛。孰謂天道無親，常與善人乎？走筆至此，幾欲泫焉。蓋生涯之庸淡貧乏，原可堅忍；而眞情見負、純懿見蠲，則斯可忍孰不可忍與！日據時期臺灣女子衆生，即朝朝暮暮、歲歲年年浮沈於彼悲酸濁溷之社會長流中，幾無以自救自振！言念及此，可勝慨耶！

夫生命之可貴，每寓乎理想，若爲知識分子而全無理想，日唯陷溺於眩人耳目、勞人心神之塵俗，則不惟乏味已甚，又何貴於知識生命之存在？日據時期臺灣知識分子或有丁英妙之年，懷弘遠之志，博學多能，冀騁修塗者；顧其時氛祲迫人，虜勢難銷，於是左衝右突，備歷艱虞，而嚮之理想高懷竟爲潦倒窮蹙所掩！復有人焉，處皇民化運動驟興之際，當道長道消之會，寧卑賤其性靈，甘扭曲其生命，竟離經違道，諛諂櫻吏，而廉恥風骨尚云乎哉！日據時期臺灣小說所述知識分子，或有志難伸，於邑窮年，或枉道媚櫻，詭隨無行，人生至此，寧不哀哉！

余生於蓬瀛，長於蓬瀛，原歌哭於斯土，自閔懷乎閭閻。而日據時期臺灣小說所陳述者，即斯土生民當萬海千桑之際所遘爲蟲爲沙之劫！諦觀當時說部群編，動生椎心泣血之痛。客歲以還，紬書稽史，較眞衡僞，省慮漸深。今之庠序，無論中學大學，率尊歷史教育，顧觀邦人，無長無少，其略具史識，稍潤人文者，猶鳳毛也。而守道惜福，思覃識遠，克葆青氈，載光祖德之士，又百不一見焉。唐君毅氏〈說中華民族之花果飄零〉嘗云：「應該自覺到自己是歷史意義的中國人，而以之爲自己生命的本質。……。若問中國在那裡，就在諸位的生命裡。」凡我炎孫臺人誠能秉茲立極之訓，弘其志道之心，揚扢鄉土文化之芬馨，昭宣四庫九流之勝義，則七鯤三臺、赤縣神州必將與億萬華人之生命、禹甸傳統之慧命相融而可久可大！

劉靜修氏有詩云：「記錄紛紛已失眞，語言重輕在詞臣。若將字字論心術，恐有無窮受屈人。」夫治臺灣史固難，治臺灣之文學尤非易事；中國之文學、臺灣之歷史，與夫臺灣之政治、經濟、社會、文化，甚至櫻邦語文，若未諳其一，則曷足以正心存眞、精擅臺灣文學乎？余才薄學淺，狂弗自量，潛心臺灣文學，蓋有年矣，茲編所撰，疵謬寔多，然而章章節節，皆類生命之雛型；余雅願蓄此精靈，更假時日，殫我心力，抉其窔奧—時人每孜孜於爭蠻觸之權勢，競雞蟲之得失，此二者余甚懵焉；而沈潛臺灣之研究，尚窺聖賢之道術，辨緗縹之眞贗，爭青史之是非，斯則區區之至願也。

拙文之撰述也，李師爽秋與陳師萬益時垂懿言，昭示衡準，棫樸之恩，實深感懷；而父母家人，亦時相督勵，乃克發憤屬辭，成此數章。自唯萃其智慮，潤色鴻業，方不負師長之諄誨、父母之厚望也。倉卒成編，叢瑕待指，碩學魁儒，幸匡弗逮焉。

中華民國八十三年五月臺南**許俊雅**謹序於國立臺灣師範大學國文研究所

日據時期臺灣小說研究　目次

圖表目錄

圖像目錄

作者照片：

文學聚會：

廣告、雜誌封面：

雜誌報刊小說：

一、作者照片

①臺灣新文學之父——賴和

②北港小說家——蔡秋桐

③青年時代的呂赫若

④薄命詩人——楊顯達

⑤陋巷清士王詩琅

⑥楊熾昌先生

⑦林越峰先生

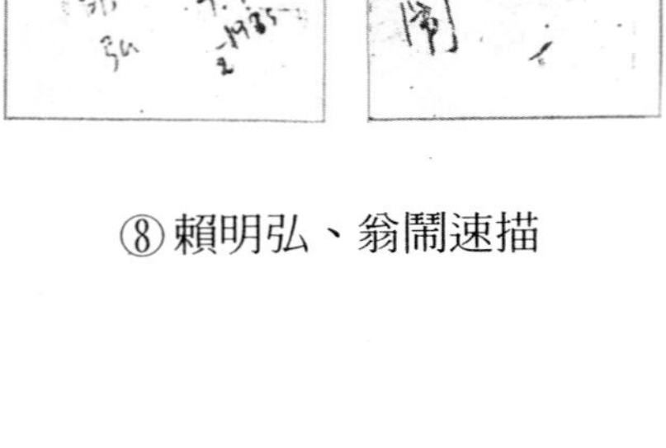

⑧賴明弘、翁鬧速描

周定山　鹿港街

將之大陸感賦 大陸吟草乙丑稿

鷸蚌堅持感喟深。中原人物久消沈。離家書每緘愁寄。作客詩還帶淚吟。短劍銘侵銀炬影。繁霜寒襲鐵衣襟。世途艱險文章賤。豪氣迴腸轉不禁。

白鹿洞 (大陸吟草)

高懸石磴翠微巔。煙雨迷濛小洞天。可笑中原爭逐甚。不知鹿已死多年。

病中偶感 (癸亥稿)

蕭條獨對短檠時。落拓那堪二豎欺。擁被呻吟聲斷續。山妻笑問讀何詩。

黃得時　臺北州海山郡樹林

(略歷) 黃純青氏之令三男。昭和十二年三月。畢業臺北帝國大學中國文學科。受日本漢學界耆宿久保天隨、鹽谷溫兩博士及神田喜一郎教授之指導。研究中國詞學。得文學士之頭銜。畢業後。入臺灣新民報社。編輯和文文藝。以至今日。中學及高校在學中。提倡臺灣文學革命。發動一時。其後爲「臺灣文藝」及「臺灣新文學」編輯委員、今春又網羅全島內臺人作家。組織臺灣文藝家協會。發行「文藝臺灣」。努力於地方文學之進展。其功不尠。又客臘以來。在臺灣新民報夕刊紙上。連載其和文長篇小說「水滸傳」。甚博好評。不負洛陽紙貴之稱、趣味、讀書、釣魚、撞球等。

⑨《瀛海詩集》中周定山、黃得時寫眞及略歷

自序

予自乙丑至戊寅，前後渡大陸者四，乙丑有大陸吟草中二回多彩詩與散文，半為流失，無從搜集。戊寅夏五（民廿七）單騎出閩，躬臨戰地，時閱半載，身如擲梭，戎馬倥偬，奔於應命，鎗煙彈雨，驚雲繞萬里之沙場，血花肉箭，壯軀爭瞬間之雌雄，哀且未遑，何事用咏，悲從中來，詩以當哭。隱痛填膺，鏤鏽血淚，間或險臨前線，則燹火輊舐傷心焦土，錦繡之河山，頓成淒涼之廢壘，而前度劉郎，已是悲秋之客矣。戰地宵深，彷彿冤魂而號啕，旅邸燈殘輾轉苦吟以浸慟，啼笑安既不容，恐怖身當其衝。斆之未甘，聊存短期間之苦跡，錄之何益，留取大時代之轉圜眼前亂矣，莫向前途以增危，事後讀之，俾撫瘢痕而知痛。

戊寅重陽一吼寫於病溫中

⑩周定山（一吼）手稿

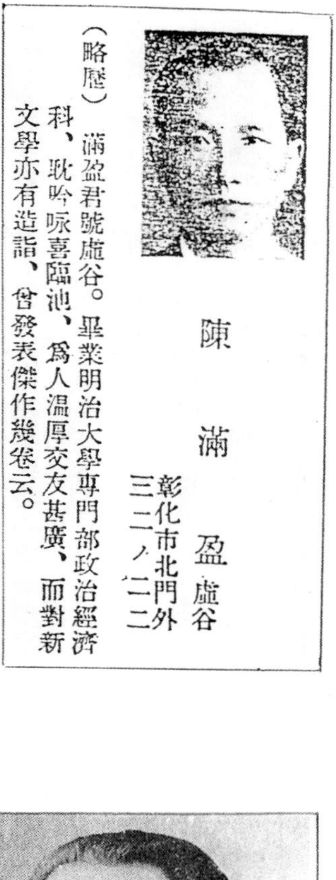
陳滿盈　虛谷
彰化市北門外
三二ノ二三
（略歷）滿盈君號虛谷。畢業明治大學專門部政治經濟科、耽吟咏喜臨池、爲人溫厚交友甚廣、而對新文學亦有造詣、嘗發表傑作幾卷云。

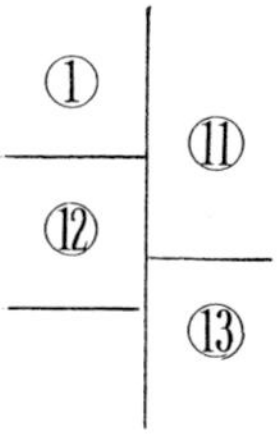

①賴和先生
⑪《瀛海詩集》中陳滿盈寫眞及略歷
⑫郭水潭先生
⑬〈她要往何處去〉小說作者謝春木先生

⑭吳漫沙先生

⑮陳火泉先生

⑯廖漢臣先生

⑰葉石濤先生

⑱賴顯穎先生

⑳
◀張我軍之子張光正於中國大陸所編之《張我軍選集》

⑲《暖流寒流》作者陳垂映先生及書影

㉒許丙丁先生

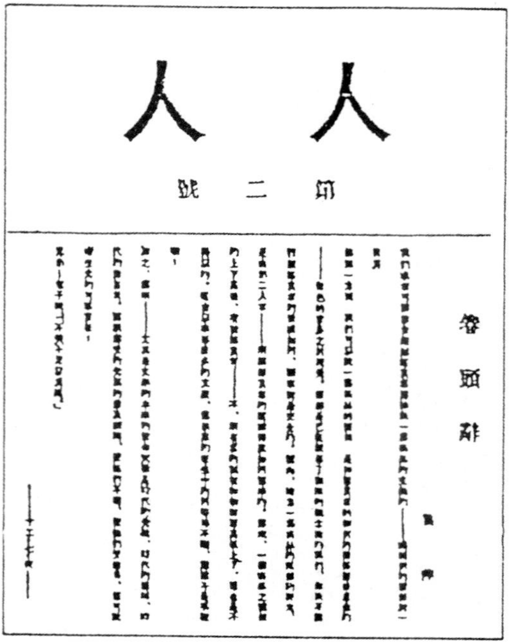

人人

第二號

卷頭辭

㉑楊雲萍及《人人》雜誌

㉓ 星樓公遺像

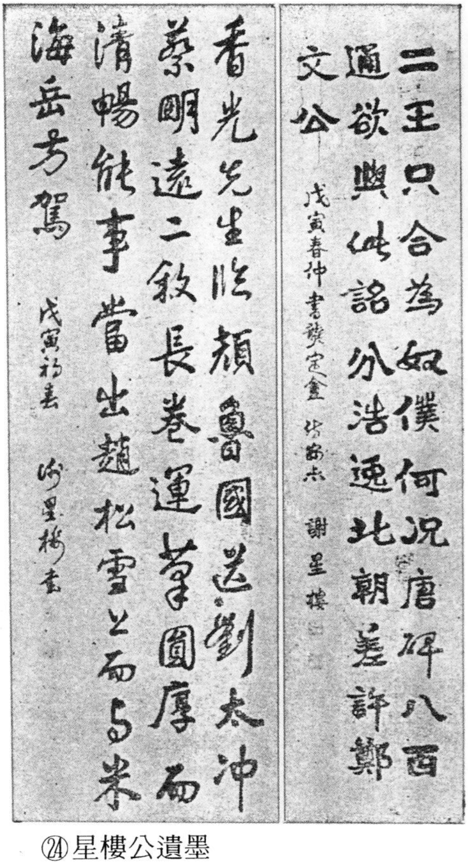

㉔星樓公遺墨

二、文學聚會

㉕第一回臺灣文藝聯盟大會寫眞，攝於一九三四年臺中市第一排右起是莊明瑺、劉捷、江賜金、何集壁、吳宗敬、黃純青、林糊、周定山、黃菊次郎、林文騰、賴明弘、張深切、鄭徵祥、張維賢、張星建、趙櫪馬、郭水潭、陳臥薪、林敬璋、吳希聖、賴慶、曾璧三、黃再添、林越峰、魏根萱、李獻璋、蔡秋桐、吳逸生、黃得時、陳君玉、廖毓文等。

㉖一九二九年臺灣白話字第一回研究會紀念寫眞

㉗期望「開拓一個繁榮的文藝園地來」的臺灣文藝聯盟支部總會，前排右二爲陳澄波，右三爲張星建。陳澄波參加臺灣文藝聯盟一事，其美術同仁皆不知

㉘臺灣文學社同仁訪問鹽分地帶留影，前排右起爲巫永福、張文環、陳逸松、王井泉、黃得時先生

㉙前排左起爲葉榮鐘、連溫卿、莊遂性，後排左起爲賴和、陳滿盈、楊木。攝於陳滿盈彰化自宅

㉚左起依次爲賴明弘、張文環、蘇維熊、巫永福先生。一九三四年攝於東京

㉛張文環參加第一次大東亞文學會議，與濱田隼雄（左）龍瑛宗（中左）、西滿川（中右）合影

㉜一九三六年六月七日，臺灣文藝發行人張星建赴日，與文友合影於東京新宿明治西餐廳。前排右起郭明昆、顏水龍、陳瑞榮、張星建、劉捷、翁鬧、曾石火、賴貴富、莊天祿、楊基椿。後排右起陳傳讚、張文環、吳天賞、陳遜章、吳坤煌、溫純和、陳遜仁。

㉝一九三六年二月郁達夫來臺訪問時合影，前排左起林文騰、郁達夫、張星建，後排左起爲張深切、總督府特派員、李獻章。

昭和十八年度
臺灣文學賞第一回受賞者發表

賞金五百圓　呂赫若氏

第一候補奬勵金壹百圓　坂口䙥子氏

詮衡經過

臺灣文學賞は、[illegible]昭和十七年十月十九日[illegible]に發表した通り、[illegible]に寄與したる作家に贈り、以て臺灣文學[illegible]の發展を促したいために設定したものである。[illegible]

[illegible]この授賞の決定に依るものとす。[illegible]臺灣文學賞は昭和十八年十二月發行の臺灣文學誌上に發表するものとす。

右の規定の如く、本誌は直ちに[illegible]詮衡委員を組織し、昭和十八年度に於ける本島上で活躍してゐる作家の受賞者を、[illegible]詮衡した結果、第一候補に上つたのは、呂赫若、坂口䙥子、林博秋、[illegible]であつたが、もつとも有力なのは、呂赫若氏と坂口䙥子女史であつた。[illegible]

[illegible]一様にふさはしいのである。坂口䙥子女史[illegible]を發表し、[illegible]に於ては昭和十八年度に於ける臺灣文壇の最大の傑作とさへ批評されてゐるのである。[illegible]呂赫若氏に贈り、坂口䙥子女史は奬勵金を贈ることに決定した。[illegible]

[illegible]であるが、今後に於ける兩氏に期待することが大なるものがある。[illegible]

臺灣文學賞詮衡委員會

（寫眞は呂赫若氏）

感想

呂赫若

臺灣文學賞を與へるといふ話があつた時、貰ふ貰はないといふよりも、自分で一寸おやといふ氣持だつた。[illegible]

今度出る[illegible]「[illegible]」の[illegible]

[illegible]が出來てから賞が欲しかつた。

しかし、「臺灣文學」同人諸兄や[illegible]の意のあるところを思つた時、私は貰ふ決心をした。これからの作品に對する賞としてである。[illegible]

それだけに私の責務は重い。[illegible]これから賞金の利息を[illegible]作品を書かねばならないと思ふのが現在の氣持である。

㉞臺灣文學賞詮衡委員會說明經過及呂赫若得奬感想

受賞の感想

周金波

過分の名譽に浴し、ただ恐縮してゐます。

文章を勉強してから今年で三年その間、下手の長談義といふのが私の方法で、厚かましさが私の勇氣。親切なひとがゐて幼稚ながらおまへの元氣のいいところをかつてやらうとのお言葉に更に新たなる元氣を得、向ふ見ずな文章を書いてきました。

しかるにこの頃、柄にも似合はない羞恥を覺ゆるに到り、筆一向に進まず、意餘つて舌足らずの窮地に追ひこまれる始末となりました。

さうした折も折、この度の名譽ある一鞭は骨身に泌みてただただ感謝の他ありません。

經過報告「文藝臺灣賞」は昭和十六年二月設定、臺灣島内に於て、發表されたる作品中より、毎年これを選定するものであつて、昭年十六年度作品が今年度の詮衡に上つたわけである。本賞の設定後臺灣文藝家協會に於ても「臺灣文學賞」を設置するに到つたので、賞の性格を別箇にするため、「文藝臺灣賞」は、主として本誌を中心として發表されたものより選ぶこととなり、西川滿、濱田隼雄、龍瑛宗三氏を詮衡委員として、別項座談會速記の如く銓議し、更に特委員矢野峰人、島田謹二兩氏の愼重なる考査の下に、川合三良、周金波兩氏に授賞をみたものである。

㉟周金波於文藝臺灣賞第一回受賞者發表感想

三、廣告、雜誌封面

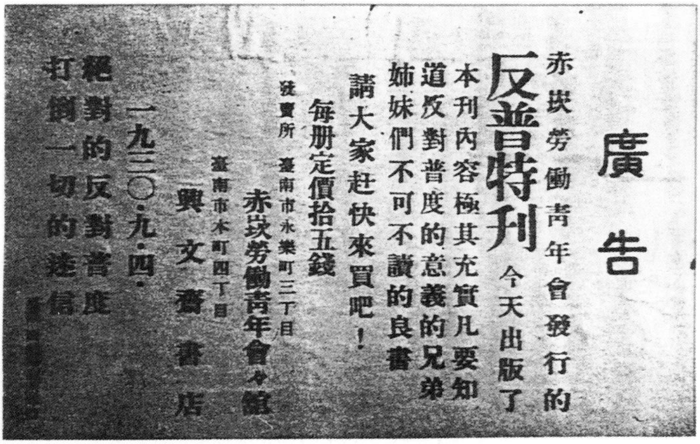

廣告
赤崁勞働靑年會發行的
反普特刊 今天出版了
本刊內容極其充實凡要知
道反對普度的意義的兄弟
姉妹們不可不讀的良書
請大家赶快來買吧！
每册定價拾五錢
發賣所 臺南市永樂町三丁目 赤崁勞働靑年會々館
臺南市本町四丁目 興文齋書店
一九三〇・九・四・
絕對的反對普度
打倒一切的迷信

㊱一九三七年臺陽美協的主要畫家與出面歡迎的臺灣文藝聯盟的會員們合攝。第一排右起依序爲張星建、洪瑞麟、李石樵、陳澄波、李梅樹、楊三郎、陳德旺。第二排起第一人爲林文騰，第三人爲田中保雄，第四人爲楊逵。最後一排第一人爲吳天賞，第二人爲莊垂勝，第四人爲葉陶、第五人爲張深切、第六人爲巫永福、第七人爲莊銘鐺。

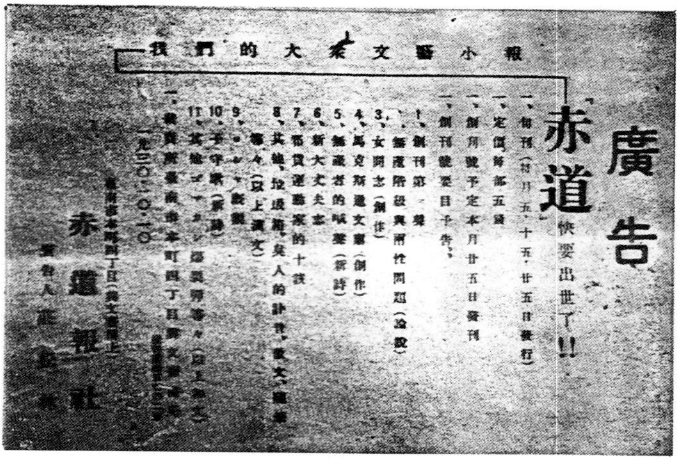

㊳《赤道報》廣告海報，可見莊松林〈女同志〉一作篇名

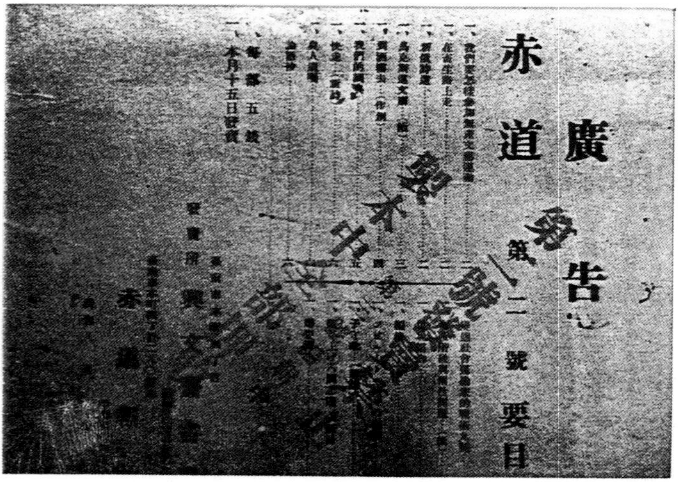

㊳《赤道報》廣告海報，可見莊松林〈到酒樓去〉一作篇名

㊴胡風編譯《弱小民族小說選》其中將楊逵〈新 聞配達夫〉譯爲〈送報伕〉。

㊵張文環〈夜猿〉獲臺灣文學賞。

㊷東華書局所刊行的《送報伕》，由胡風翻譯

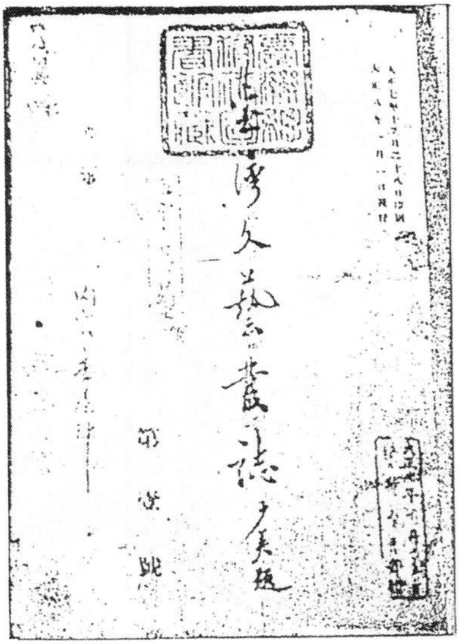

㊶臺灣文藝叢誌書影

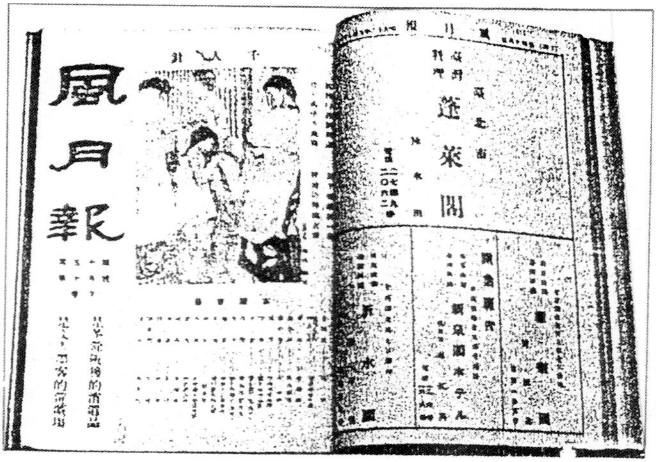

㊹ 楊逵〈新聞配達夫〉入選日本《文學評論》徵文獎

㊺《文藝臺灣》、《臺灣文學》封面書影。

㊻ 徐坤泉（阿 Q 之弟）所撰的長篇小說《可愛的仇人》及《暗礁》二書封面

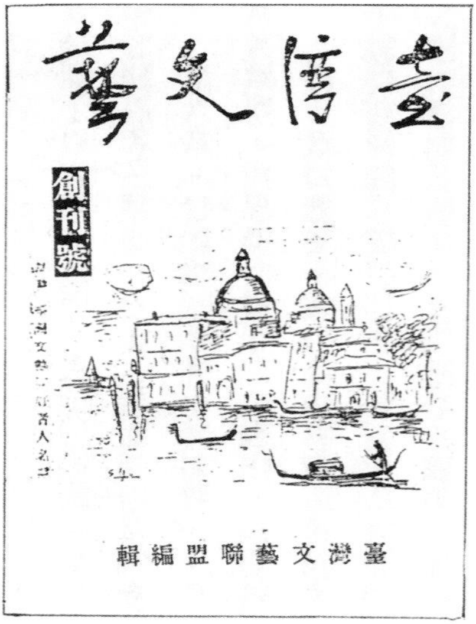

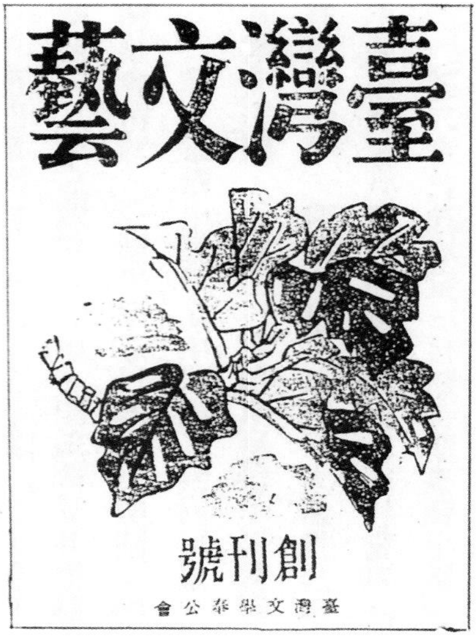

㊼《臺灣文藝》（臺灣文藝聯盟及臺灣文學奉公會）、
《先發部隊》、《第一線》封面。

「相思樹」明治三十七年五月

一九〇四年《相思樹》

㊽

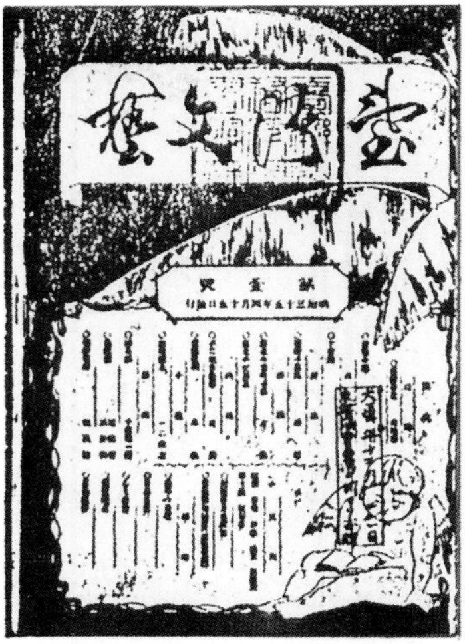

「臺灣文藝」明治三十五年四月

一九〇二年《臺灣文藝》

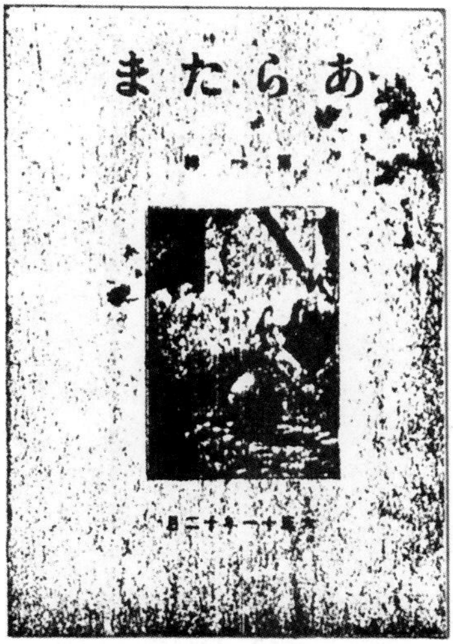

「あらたま」大正十一年十二月

一九二二年《あらたま》

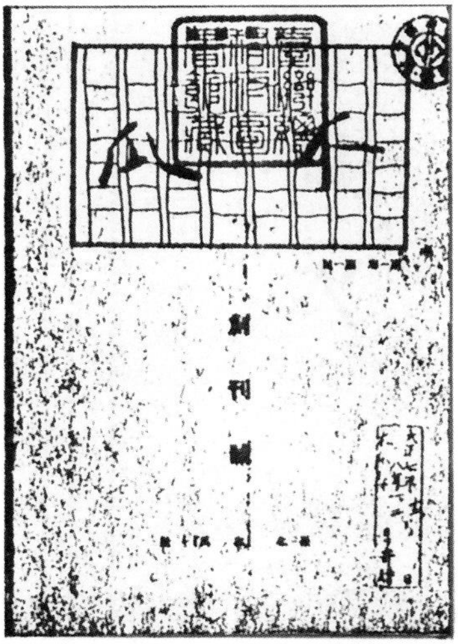

「木　瓜」大正七年十二月

一九一八年《木瓜》

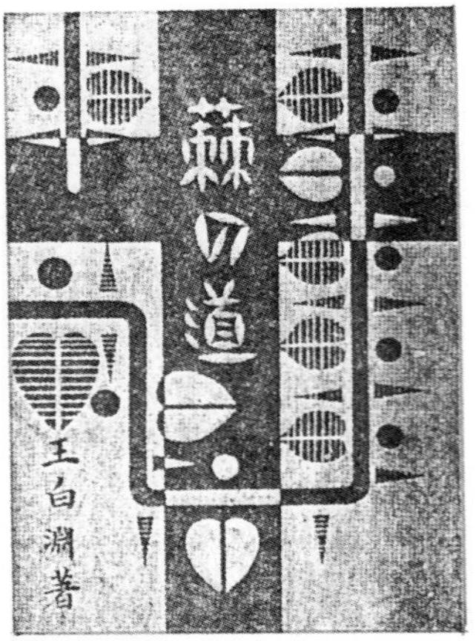

⑸王白淵詩集《蕀の道》

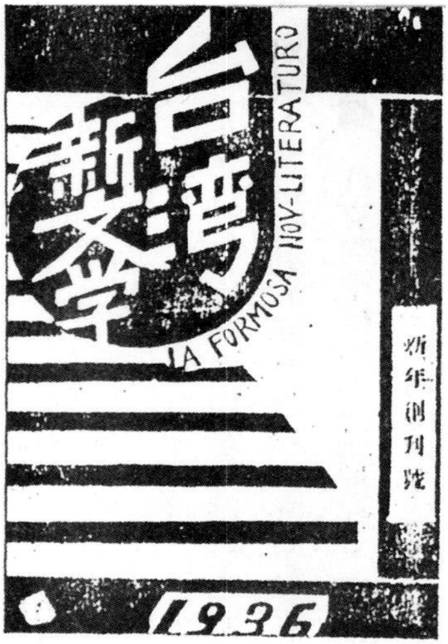

一九三六年《臺灣新文學》

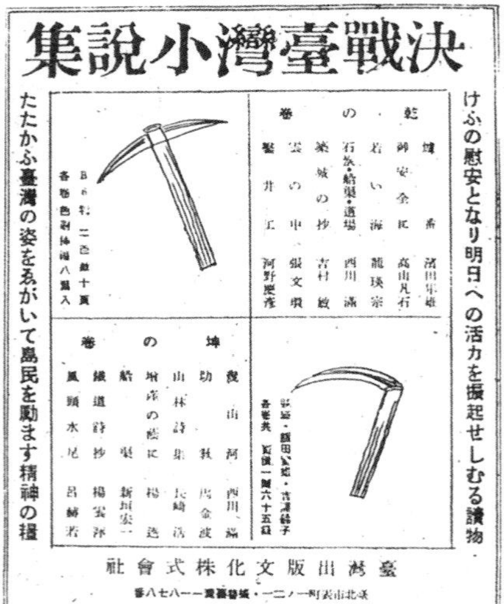

⑸《決戰臺灣小說集》分乾坤二卷，強迫作家以文學響應戰爭。

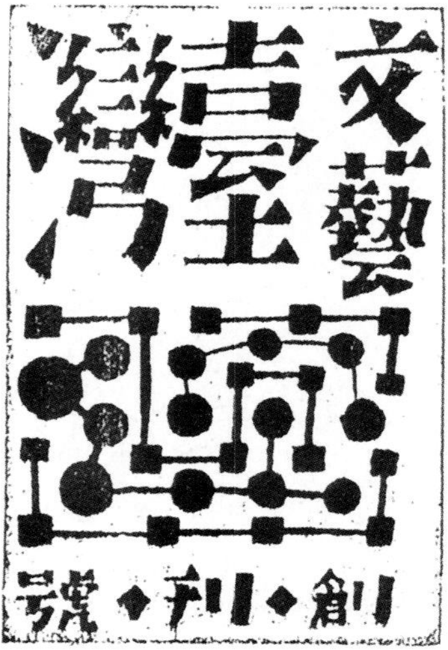

「文藝臺灣」昭和十五年一月

⑷一九四〇年《文藝臺灣》

大正十五年二月十四日　臺灣民報　第九十二號

身賣給一個毫無理解的男子、也未免太可憐啊。

現在的臺灣的經濟界一天衰頽一天、人民的生活一天困難一天、一方面由資本家的奢侈生活、生活程度一天高似一天、千代遺風的『聘金』因此而高起來。舊時幾十圓就買得到的妻子、今日要幾百圓幾千圓。有受過教育的女子、價錢就要貴。受過高女教育的、便是最高標準。由此買賣制度、就產生許多投機家賣女兒賺錢。

今日的臺灣、最普通的結婚、也就三百圓才辦得到、就是招親結婚、至少也就一百圓才能舉行結婚式。因此生計艱難的男子、便不容易得着結婚的機會了。他們能不能養一個女子是第二問題、在這第一關頭的『聘金』和結婚式的費用、他們就做不到了。他們迫於無奈何、祇好做獨身者。有時也不得不去覓賣淫的娼女、滿足他們的性慾。有生計艱難的男子、同時有生計艱難的婦女、有獨身的男子、同時有獨身的婦女。這種獨身的婦女就是賣淫婦。在今日的社會上、經濟的權力都集中於幾個資本家、爲貧民的男子不得不賣他的勞力、爲女子不得不賣她的貞操、才能夠得着衣食。所以在今日社會組織之下、男子的買淫（資本階級風流君子的蹂躪女權除外）女子的賣淫、是不能救的。有了貧困的女子、無職業的女子、無智識的女子、賣淫是無法根絕的。任你有大宗教家大哲學家來說教賣淫怎樣不好、這種經濟組織未打破之前、是萬々不能的。

據俄羅斯回來的朋友說：現在俄羅斯的男女的結婚非常容易、男女若要結婚的時候、祇提出一張結婚証、對政府註冊、就成了夫婦、就是沒有對政府註冊、政府也不干涉什麼。

呵！墨守臺灣遺風的老先生們、作何感？辦不到三百圓、一百圓的貧民們作何感？

一桿『稱仔』

懶雲

鎮南威麗村裏、住的人家、大都是勤儉耐苦平和從順的農民。村中除了包辦官業的幾家勢豪、從事公職的幾家下級官吏、其餘都是窮苦的占多數。

村中、秦得參的一家、猶其是窮困的慘痛、當他生下的時候、他父親早就死了。他在世、雖曾贌得幾畝田地耕作、他死了後、只剩下可憐的妻兒。若能得到業主的恩恤、田地繼續贌給他們、雇用工人替她們種作、猶可得稍少利頭、以維持生計。但是富家人、誰肯讓他們的利益、給人家享。若然就不能成其富戶了。所以業主多得幾斗租穀、就轉贌給別人。他父親在世、汗血換來的錢、亦被他帶到地下去。他母子倆的生路、怕要絕望了。

隣右看她母子倆的孤苦、多爲之傷心、有些上了年紀的人、就替他們設法、因爲餓死已經不是小事了。結局因隣人的做媒、他母親就招贅一個夫婿進來。本來做後父的人、很少能體恤前夫的兒子。她後父、把她母親亦只視作一種機器、所以得參、不僅不能得到幸福、又多挨些打罵、她母親因此、和後夫就不十分和睦。

幸他母親、耐勞苦、會打算、自已織草鞋、畜雞鴨、養豚、辛々苦々、始能度那近於似人的生活。好容易、到得參九歲的那一年、他母就遣她、去替人家看牛、做長工。這時候、他後父已不大顧到家內、雖然他們母子倆、自已的勞力、經已可免凍餒的威脅。

得參十六歲的時候、她母親教他辭去了長工、回家裡來、想贌幾畝田耕作、可是這時候、贌田就不容易了。因爲製糖會社、糖的利益大、雖農民們、受過會社刻虧、剝奪、不願意種蔗、會社就加上租聲、（方言）向業主爭贌、業主們若自已有利益、那管到農民的痛苦、田地就多被會社贌去了。有幾家說是有良心的業主、肯贌給農民、亦要同會社一樣的「租聲」、得參就贌不到田地。若做會社的勞工呢、有同牛馬一樣、他母親又不肯、只在家裡、等着做些散工、因她的氣力大、做事勤敏、就每天有人喚她工作、比較他做長工的時候、勞力輕省、得錢又多。又得他母親的刻儉、漸積下些錢來。光陰似矢、容易地又過了三年。到得參十八歲的時候、她母親唯一未了的心事、就是爲得參娶妻。經她艱難勤苦積下的錢、已夠娶妻之用、就在村中、娶了一個種田的女兒。幸得

52 懶雲（賴和）說部〈一桿『稱仔』〉刊於臺灣民報

(一〇)　昭和六年五月二日　臺灣新民報　第三百六十二號　(第三種郵便物認可)

一群失業的人（下）

守愚

「跑！跑！跑！」

同伴們漸走漸近了、一個同伴氣喘急叫々地對着阿澀蠢告地喊、仔細看來、個々人的臉上、都示着一種恐怖的慘白、這才叫阿澀真實地感到失望的悲哀。

「賊！」

「捉賊！」

後面又是這樣喊着、趕着。

「快！跑！」

其餘的同伴、也都向阿澀發出同樣的警告。

「怎麼好呢？」

在極失望與恐怖包圍着的阿澀、一時幾乎愣獃、但事已至此、誰教你有躊躇的餘地麼？萬一不跟着大家逃命、反而被捉了去那不是更加慘痛無倫麼？

「跑……」

……

約過了十五分鐘之後、看々後面的畑主是不再追上來了、這才稍微使這一群心虛的失業浪人放下了心、不知是驚魂未定呢？還是跑得太快了、一時停不住脚、顛々倒々地有些人們竟像些兒傾仆下去。

「要命！媽的、要命！」嫂子下氣接不上頂氣地說一面又用袖子揩去額面上的熱汗。

「唉！真該死、兇狠々的手裏又是一把扁擔、」印度型的阿方搭上那少壯的勞働者的肩膀、氣喘々地說「媽的、真危險、若不是跑々跑得快、只差兩步、就給抓住。」失瘦的中年人咋着舌、比着手勢、搖着頭兒說。

一群像敗了陣的軍兵底失業者、大家都氣喘吁々汗流浹背地、爭先恐後地中躲着這一段亡命史、畢竟是虎口餘生了、有些甚至若無其事似的、很々然誇說着自己的本領、儼乎是七俠五義上的英雄好漢命總算逃穩了、但滴答淅瀝、不覺倒下起雨來了起初還只有毛々的疏點、但是、不一會兒、倒漸下漸大、一直加密度地連綿落下、把這一群不幸的失業浪人、淋得像是落湯雞一樣、衣服盡濕。

氣候是比前更加嚴寒了雖然在這溫帶地的臺灣、是不曾有什麼雪、但霜風刀一般地刮着、直把人們的身子凍得僵硬、發抖：牙齒也格々地碰着。

「怎麼好呢？」病弱的阿澀、仰起頭看々天色、愁急地說、「可不找個地方躲避一下嗎？」

「哦！就到對面那間草寮吧！」這是那個少壯的勞働者指點着說。

大家也就如蟻赴羶似的擁着進去。

「擠得很幾乎轉不過身」

「天氣這末冷、挨擠着、倒可暖一點。」

「唉！末路！」

「真是倒運！」

大家擠々擠々、紛亂了一陣之後、各人佔住了一個位置、便又開始對於運命底詛咒。

「肚子餓了、連挖幾顆蕃薯兒充飢也不能夠、賊、你道可惱不可惱呢？」

「偷蕃薯算是犯了法呢」

「什麼為法？」印度型的阿方、有些忿然地說：「法律倒要叫人餓死麼？」

「這還成什麼法律呢？叫人家餓死也不能拿東西來救々命、我們還要他幹嗎？」

「不要、但政府偏要這樣處治你、」嫂子左使右摸、像在找些什麼似的：「煙！竹烟桿呢？」

「啞！我們的包裹呢？」

這一個最新的發見、直把一群的人、都弄得發怔了、你看着我、我看着你靜默地面々相覷、好像末日臨頭一樣、個々剛受了驚的心兒、越緊張地加上了許多憂慮。

「蕃薯偷不倒、倒又丟了一大堆包裹、」

「雨又是這樣下個不止、我們將怎樣回去呢？怕不凍死、餓死嗎？」

一間小々的草寮、一時充滿了悽切的歎聲、與兇狠的咒咀。

「窮人永遠是倒霉的！碰來碰去、一輩子都是碰着壞運。」

「人家不要我們做工、法律不許我們為了生而拿東西吃、現在、唉！連天公也欺負到我們來了！她當着我們丟了包袱的當兒、竟故意降下雨來。」

「這樣的世間、還成一個什麼世間呢？窮人們一輩子都是受凌虐」

「唉！我的頭、又在加劇地作痛起來了。」

下層階級的咒咀、是一絲也不會發生靈驗的、這一群不幸的失業者、越是愁眉怒目、怨天咒風、雨却也越發下得猛勁、從午後一點多鐘、一直下到傍晚、連一刻兒休歇都沒有過：不是淋漓地落、便是毛々地下：這使他們、愈加憂愁、焦灼。

風也越加刮得大了、雲也越加壓得低了、天色又是加速度地幾黑、看々是沒有晴霽的希望了、就算雨兒能夠漸時停止、但這樣一個泥濘滿途的黑夜、又將那裏跑起路來呢？真說天氣又是這末陰冷々的

「左死右死、晚上就索性凍死在這裏！」

「好！就一同……」

「唉！失業者的悲哀！」

被夜之神所管領着的這個陰沈、悲寂的黑暗世界除卻悲壯的風雨交響曲而外：也只有從草叢裏發出來的一種微弱而飄忽的聲息。

一九三一、三、十

放屎百姓（下）

愁洞

53蔡秋桐〈放屎百姓〉小說下篇，不幸遭食割。

（昭和五年九月九日）　三六九小報　（創刊號）

三六九小報

三日刊

三六九小報社　電話六四九番

發行人　趙雅福

臺南市末廣町二丁目五四番地

印刷所　文活版舍

報價　每一部金五錢（郵稅在內）

廣告料

昭和五年九月六日印刷

昭和五年九月九日發行

發刊小言

（刀水）

昔釋尊爲弟子講經。至舉似處。輒爲拈花之微笑。碧翁々與玉女投壺爲博。至博負時。亦爲閃電之破顏。無言之佛。不落言詮。有情之天。用宣元氣。笑之義。大矣哉。我同人。生於物質文明之今日。事々物々。有限性靈。因之汩沒殆盡。幸賴諸同人。朝々過從。解衣磅礴。放浪於形骸之外。上下五千年。東西九萬里。揚古尚在。各盡縱橫捭闔之興致。陳言務去。哲理斯出。萬籟俱寂。萬讀轉清。儼闢一絕樱之極樂國爲本小報創刊之緣起。實成於談笑之間。以三六九命名者。蓋以三日爲期。同人熱茶前酒後之餘寸。入眼寫畢鈔之工作。應有盡有大書特書。能毋韓信羞我。別具聰明。獨領朱三作賊。豈無者嫌。更有投稿爲東。紙上談兵。妄言妄聽。譯不礙乎野狐。大收威收。管定多夫駿馬。一紙風行足資談柄。實於臺灣刊行紙。別開一生面也。

讀我消閒文字。爲君破睡工夫。凡知我者珍以敝帚可也。棄我者。覆以醬瓿亦可也。同人都以一笑了之

祝詞

囮祝臺南三六九小報發刊　　晉陽　王亞南

文字之道。足以鼓發人心。啓沃學術。流通消息伊古已然。今聞臺陽同人。擬辦三六九小報。以搜羅之文字。爲談諧之稗說。發揚文化。不特供世人之消閒已也。是不可不藉中發兌。夫日月星辰。謂之三光。天地與人。謂之三才。人三爲衆。女三爲粲。三日發刊。爲報出版最確當之期。何出三期。爲報發刊最平均之日。要移所地。越三日而例作三朝。人生畢最初紀念。莫與京焉。此報以三日爲期。彷彿嬰兒三朝紀念相若也。三日之後又三日。生々不已。推而至於萬斯年。皆知此報之發達。爲恒河沙數。當不可以道里計。充塞五洲。瀰漫六合。芸々衆生。無不各報一紙。不脛而走。迨乎其極。片言傳矣。東西婦孺歡迎。一紙風行。中外文人傾倒。約期不爽。見未見之奇文。笑口常開。聞未聞之快事。是則此報也偉大之成功。固無待余述焉。

釋三六九小報

幸盦

不言大報　而稱小報。何哉　曰無他。現我臺灣言論界。自三日刊新聞以外。或月刊。或旬刊。或週刊。諸大報社。到處林立。觀其內容。莫不議論堂皇。體裁謹嚴。本報側身其間。初學呱々墜地之聲。陣容未整。語或不文所謂大巫在前。小巫氣沮。故不敢傚世人之妄自尊大。特以小標榜。而致力托意乎詼諧語中。諷刺于荒唐言外。按小字。從字義言爲之細。從臺音言則與且字同意。直者。以雕蟲小技言之可。以瑣屑微言視之亦可。以荒唐無稽之謔言狂語視之。亦無不可。至所謂三六九者。明示刊行日耳。每月于三六九日。計共發行九次。寓九者。數之終也。合三六亦爲九。古人多喜用此數。如九錫。九官。九經。九疇。九思。九重之類。以九爲名者。實不勝枚舉。而古人名。亦多喜用九字。如張九齡。張九宗。錢九隴。張九成。陸九思等是也。臺語。九與狗同音。故今人。亦學步邯鄲。遂有所謂狗屎。狗母。狗舅（罵詈）者。然畫虎不成。類犬甚。易曰。九三。君子終日乾々。夕惕若。厲无咎。又曰。六三。含章可貞。或從王事。无成有終。蓋九三均爲陽數。六則爲陰數。陰陽接濟。上下諧和。加以諸同人。乾々惕若。庶可收本報有終之美。而三六九數之功用以明。則在來數字上之九哥長此以往。亦可免與後來侵入之狗兄狗弟。混同爲伍矣

祝詩

囮集句寄祝臺南好友創刊三六九小報於重九日創號　　晉陽　王亞南

三峽星河影動搖　杜甫　青山隱隱水迢々　杜牧　遙知兄弟登高處　王維　池上於今有鳳毛　杜甫

六鰲海上駕山來　王維　風急天高猿嘯哀　杜甫　野老與人爭席罷　王維　月披隴上四律御　[illegible]

九霞鳴鳳亂啾々　李頎　雨足郊原草木長　高啓　說與旁人渾不解　[illegible]　梧桐搖落故園秋　許渾

報答平生未展眉　元稹　海闊何事更相違　王維　清風明月無人管　王安石　冷暖年來只自知　林洪

祝三六九小報發刊　　江西　劉復

詼諧云。三六九。現到手。現今報紙命爲名。按日按期皆且有。我聞臺南多高士。高士得天胡獨厚。胸有經綸氣自華。詞藻風流矣入日。此時合編三日刊。此中必作文淵藪。行見一紙定風行。光采直射沖牛斗。詼諧百戲如俳優通俗兒童及老婦。十洲三島始發軔。四海六合不脛走。文成脫稿盡琳瑯。先讀爲快笑我後。三日爲期看眼新。年々月々臻上壽。

同題　　澄江　祝廷華

開道將編三日報。題名三六九何新。一篇脫稿全球望。妙趣橫生四海春。文字因緣千里共。詼諧述作百般陳。遙知出版成章後。定卜行風無比倫

史遺

囮戴萬生笑柄　　晴雲

戴萬生。名潮春。牛罵頭人。同治元年。以天地會作亂。跳賊稱王。所傳遺事。頗多滑稽笑劇。萬生初爲北路協臺稿書。所辦官樣文章直是印版文字。原無多學術。故所作不倫不類。儼爲笑柄。先是萬生胞兄某甲。創設天地會。招募徒黨奉拜祖師。謂可保術身家。凡入會者。須負貨引導。至則跪拜祖師。等守緘默。雖家人骨肉至親。亦是不得言。有子先入會。歸來家人問之不答。其父疑且怒曰。我當入會。探其內蘊。歸與汝等言之。旣歸。仍秘默如故。以故各懷猜疑。入會日衆。凡入會者。拜祖師在禮畢。則使兩人。持一長條白布。擬作橋形。另一人導之。從布下出。則有數人迎問之。曰汝何爲不從橋上過乎。則對曰。橋上有官兵把守。又問曰。然則汝何能至此。則又對曰。祖師化一條大路。導我脫險至此也。似此妖妄惑人。而人竟信從之亦可異也。時北路協鎮新任夏之芳氏。受入重賄。萬生稿書。遂爲有力者吞去。萬生稿書照例捐納。有終身不得資格。爰是憤恨歸里。其胞兄已卒。天地會諸人。慫恿萬生爲主。且廣爲招衆。欲乘機謀亂。淡水陳日晟聞之。使人勸請出山。合衆攻城。陳日晟潼州人。綽號獃虎晟。潼泉兩州人僑居淡水者。彼此仇視。當糾衆械鬪。獃虎晟爲潼州雄長。擁衆對仗。竹塹（今新竹）廳同知。秋日覲。視臨彈壓。獃虎抗拒。以毀殺之。獃虎晟旣戕官。因舉衆反。自念目不識丁。難圖大事乃聯合萬生。會議進行方略。萬生曰順頭攻彰化。一擧入城占據之。萬生自號東王。設六部及各官。官名任借僭者。漳擇日歸鄉祭祖。矜炫威武。一路儀仗。頭戴五色綢縀。周後一隊宮娥。保掠民間婢女。多天然赤足。首包黃巾。步兼追隨。所過處脂粉漫天。人多訕笑之。萬生殊不爲意。萬生旣尊居王位。獃虎晟在其轄下。輒受節制。獃虎晟憤憤不平。莫肯退讓。逕率衆南下。亦自號南王。壁攻嘉義城。欲據地自雄。城內官民。協力堅守。矢盡援絕。掘鼠羅雀。樹以草根木皮。終用硬眼後。和米磨粉以食。死守甚固。然攻不下。餓而獃虎晟病。萬生遣使饋茶且致書曰。

聞卿有采薪之憂。朕心深爲記念。茲特遣小使齎葉四兩。到而查收。愚弟戴潮春頓首拜。

旣曰朕卿矣。又曰朕心矣。而竟曰茲去。且斯查收。已屬不通至極。末款更出人意外。曰愚弟。曰頓首拜。不誰令聞者噴飯。真聊齋所謂。刺鼻戟心。穢氣欲嘔。肛門下者也、如此土寇。士氣息未免太重已。

（1）

(54)《三六九小報》創刊號書影

55《三六九小報》刊載文言、白話小說為數不少

新孟母

阿Q之弟作

林　玉山畫

筆者的話

還不上三個月罷！阿Q之弟又漫遊了一大環回來了，本來想要棄筆就商，料不到會再爲風月報執筆「新孟母」！這是夢想不到的！

記得是回家的第一天，剛剛放下行李，簡君荷生，陳君水田，張君良玉，詹君天馬，就到敝宅訪問，說他們要經營風月報，維持風雅，強要我爲風月報寫小說，我說「無心再寫小說」，他們則大罵我不知風雅，這樣，那樣，使我千嘴難分，

經過了一個禮拜，我則勉強答應他們執筆「新孟母」，廣告一出，申込者大殺到，弄假成眞的，使我難以下臺取消前約！

諸位讀者，我們好久不見了！回憶爲民報執筆「可愛的仇人」，「靈肉之道」的時代，受諸位十分顧愛，感激難忘，在此向諸君鳴謝！

今後更望加意指導，則阿Q之弟幸甚！

阿Q之弟於稻江

56 徐坤泉《新孟母》長篇作品於一九三七年開始於風月報連載。

緒論

第一節　本文寫作緣起

攤開世界地圖，臺灣只是一個蕞爾小島，毫不起眼。但是，在近代的世界舞臺上，臺灣卻扮演著舉足輕重的角色。自十七世紀以來，歐亞二洲的殖民強權，都曾經在這個蕞爾小島上展開過貪婪而粗暴的掠奪，它曾歷經荷蘭、明鄭、滿清、日本此消彼長的統治。在那古老而漫長的年代裡，先民曾進行過無數的奮鬥，也流下無數的汗水與鮮血。在中國，臺灣一向是大陸東南沿海的屏障，是抵擋西方帝國主義侵略的前哨。在西方統治者的心目中，臺灣是他們在亞洲發展商業、進行貿易的據點，擁有臺灣，就可藉以開拓廣大的市場。就是因爲臺灣具有舉足輕重的地理位置，因此島上先民飽受了各種殖民掠奪，遍嘗了無數的艱難困苦。

日本人對臺灣五十年的殖民統治，是時代傷痕的眞實見證，也是歷史長流中的慘痛記憶。在臺灣的炎黃子孫就這樣熬了過來。就無終無始的廣宇長宙來說，五十年只不過是一彈指頃、一剎那間，但對身受日本殖民統治的國人來說，那已將近是人的一生，人的一生有幾個五十年呢？光復了，臺灣在脫離了日本統治回到祖國的懷抱之後，不旋踵間，國民政府及隨之而來的各省同胞，帶來了異於臺灣省民的「日本經驗」——八年抗戰的慘痛教訓。

這種由於生死存亡的戰爭所激發的仇日意識，與同爲大漢民族，但卻遭受殖民統治的臺灣人有著迥異的心態與情結。在日本殖民統治期間，臺灣人民受到不平等的待遇，受到歧視和壓迫，但日本人基本上把臺灣看成日本的屬地，原料的供應地，多多少少引進了一些先進技術與現代化的制度。在大陸各地則飽受日本軍閥的侵略，殘殺與破壞。此種浩劫後的憤懣、苦痛、創傷永難忘懷。因此，當時大陸遷臺人士一旦掌握主權，勢必對受過日本殖民統治的各種人、事、物，產生情緒化的排斥，甚至於否定。這是所有臺灣新文化、新文學的工作者在光復以後所必須面對的環境與考驗。

二二八事件爆發之後，由誤解而產生了種種忌諱，似乎所有日據時代的文化運動（含新文學運動）的追溯，都須在「抗日」的前提下，才能堂而皇之的進行討論，這種畏忌的政治情結，已經累積成研究臺灣文化史的一種心理障礙。因此，楊逵東山再起，出獄後所修訂的〈送報伕〉，要添加一些仇日文字，標舉三民主義。很多小說的研究，不得不刻意加上一層識時務的政治包裝。其實文學作品或刊物，沒有鮮明的抗日意識或投入政治行列中搖旗吶喊，並不一定就是媚日，就文學來論文學，「蘊含著抗日意識」並不一定是一篇成功的文學作品的充要條件。遺憾的是政治包裝，往往蒙蔽了藝術本位、文學本位的反省與自覺。對於絲毫不涉及政治運動，只是單純的從事於文學的創作，而卓然有成的作家及其作品仍應是我們研究探討的對象。

只有突破，並超越意識型態、政治禁忌，一方面運用歷史觀點來評價小說，另一方面我們更應進一步從文學觀點來分析文學作品，整理出文學思潮，尋找出文學精神的眞面貌，讓文學不再附庸於政治，讓文學的歸於文學，才是比較健康成熟的研究。一九八〇年以來中國大陸的學者爲了配合其對臺灣政策的轉變，開始大量收集臺灣文學作品，進而發動人海戰術，投入大量人力來研究臺灣文學，他們這樣做，顯而易見的，政治因素遠大於學術動機。他們所強調的則爲：臺灣文學是中國文學的支流，作品中的「抗日」與中國的「抗日」，是相通的。臺灣文學遂變成中共政治統戰的一部分了。中共已經加緊腳步，密集研究，近年屢有研究成果公之於世，也有不少觀點仍不脫「回歸祖國」、「強調抗日」的基調，但是在基本上，我們仍應汗顏：生於臺灣，長於臺灣的中國青年，對自己的歷史、文化是那麼陌生，那麼茫然，更遑論研究過去的文學、遑論突破中共的統戰了。

七十年代末期，有心人士已投入相當心力去蒐羅文獻，並加以爬梳整理。不過在解嚴之前所做的資料蒐集與觀點詮釋，不免仍有其時代的局限，陳少廷氏曾說：「憶及當年我們爲了替日據時代臺灣新文學遺產作初步的整理，必須如此小心翼翼，步步爲營；這種『用心良苦』的心境，恐怕不是今日較幸運一代的青年學子所能想像的吧！」（註一），陳氏又說：「現在文學資料已大量『出土』，無形的『禁忌』亦已告解除，正是有志之士撰寫臺灣文學史的時侯了。」（註二）的確，在中共、日本雙方都加速研究臺灣文學之際，我們沒有理由退卻。臺灣本土文學過去因迭受扭曲，而隱諱難明者，正待我們撥雲見日，加以澄清；曠日廢時的結果，只有使後人更難釐清它的風貌。身爲臺灣的中國青年，是不可以也不甘心袖手旁觀的，如何定位臺灣文學，發掘其意義與特色，正是我們努力的目標。

詮釋的觀點已日漸開放，史料的發掘，卻仍待努力，雖然目前又有前衛出版社一系列「台灣作家全集」問世，但是日據時期的臺灣小說仍有許多作品尚未整理、翻譯。二次大戰以前成就較高的臺灣小說大多是以日文發表的，爲了讓不諳日文的讀者能夠對該期的文學有完整而眞切的認識，結合精通中、日兩種語言的人士從事漢譯，誠屬目前的當務之急。筆者曾習日文四年，但仍有其語文上之限制，當時之創作，今日未漢譯者，泰半就教精通日文之師長朋友，以做間接的掌握與了解。藉著論文寫作的機緣，讓我更清楚未來自己該努力的方向。

評斷一個人很難，尤其是評論者的立場常常影響結論。有人說張深切是個民族主義者，有人說他是勞工運動左派分子；至於楊逵、呂赫若……等人，從他們一生的所作所爲，很難遽下論斷，要考量這些問題，需從當時世界潮流，台灣社會背景和社會經濟條件，以及日本決策當局的動向，來做全盤的分析，並且對知識分子的思想要能有深切的了解，否則不僅其人難以評斷，甚至於對文學作品的主題及作品所反映的現實社會，也無法作很貼切的了解。

戰火中的小說，充滿著辛酸無奈。尤其是二次大戰的末期，消息被封鎖，特務便衣無孔不入，皇民軍國思想到處瀰漫，人民不乏被灌了毒素可悲可怕的盲信者。在這樣的生存環境中，每位作家都有一段辛酸的心路歷程，當時許多作家即使不願理會皇民文學，但是爲了活命又不得不敷衍，甚者亦有受日人愚民政策毒化而人格扭曲猶不自覺者。被迫遺忘自己的語言、習俗，被迫改造生命、思想，這是歷史的悲劇。這樣的文學自有其不尋常的時代意義，社會變遷因素、政治政策因素。我們不忍提及更不忍苛責，但皇民文學表現了什麼？爲什麼要迎合日本人？臺、日作家的情誼如何？其藝術表現手法如何？這些都是須要研究的。張恒豪氏說：「除了反抗意識以及民族意識外，我們應該以開放的胸襟，容忍各種可能的觀點的提出，容納所有的文獻資料的盡出。我們應有足夠的信心，超越民族情結，回到文學本位來思索文學的客題，來探究人的主題。」（註三）的確，我們研究日據時期臺灣文學需要獨創性、多元化的詮釋觀點，開拓嶄新的、超越民族意識的各種論點。

朱鋒（莊松林）在〈不堪回首話當年〉一文中說：「我們重視文獻，老實說是受了三六九小報的影響至巨。……是要由舊文獻中找尋材料，作爲文藝或編劇的題材，以新的寫法來寫作品的。」（註四）三六九小報一般目之爲休閒消遣刊物，實則其小說創作成績可觀，這是不容忽視的。緣此，筆者亦欲藉此探討其所扮演的角色與功能。此外，研究日據時期臺灣小說的學者，總是標舉其精神是反日、反殖民者，的確，當時知識份子、勞、工、農民都曾參與這場異族抗爭，臺灣文化協會成立後，更不分貧富都起來抗日，因而整個文壇呈現出一片反殖民的抗議風潮，因爲要抗議，所以多採寫實手法，直接反映臺灣人民痛苦的生活。然而這些作家、作品應有其差異性，每位作者的出身、性格、環境、思想不同，他們所要表達的主題，所採取的題材都各有特色，我們不能籠統歸納成一條鞭似的文學現象。何況日本人統治臺灣五十年，每一階段的政治策略不同，文官總督時代與武官總督時代不同，七七事變發生前後也有不同，如果將作者、時間都壓縮在一平面或同一點上，這顯然是無法看到眞相的。遺憾的是過去有一些人只要提到日據時期的新文學作者，就一律以抗日作家譽之，一律以作品充滿反帝、反封建的精神譽之。欲對歷史作一交待，對文學作一整體觀照，讓光復後的臺灣小說有其根源與傳承之跡可尋；因此整理、研究日據時期的小說，實爲意義深遠的工作。

筆者撰寫碩士論文時，探討日據時期臺灣古典詩歌之抗日精神，發現有關文獻提及日據時期的文學時，總是標榜賴和、楊逵等少數文學工作者，而對當時主要的文學活動（古典詩）及文學社團（詩社），罕有周密之觀照。這是對傳統文學潛存的敵意使然，時人的觀念多以爲舊文學是死的、腐敗的，對當時文化之啓迪、民智之開通起不了任何作用，因而視傳統文學如敝屣，不屑討論剖析。筆者深覺有責任讓古典詩歌之眞貌彰顯於世，並且在此基礎上，研究其與新文學之關係，以了解當時文壇眞貌。而日據時期的臺灣小說，文體雖不同於古典詩，但主題內容上卻同樣充滿了抗日精神與時事感慨，兩者合觀，更能了解此一時期的時代精神，這也是筆者決定以「日據時期臺灣小說」爲研究題目的原因。

第二節 「日據時期臺灣文學」研究概況

一、臺灣地區對臺灣文學的研究概況

(一)第一階段

近年來臺灣文學的研究漸受重視，那是一個亟待吾人努力開拓的領域。掀起臺灣文學研究熱潮的

原因相當多，這些原因彼此相互激盪，相互影響。由於外在環境的改變，如解嚴後，本土化、民主化的追求、人民對本土認知的需求等，都直接或間接的影響學術，引起學術界的關心，促使知識份子作深刻的反省。

回顧臺灣文學研究的歷程，不能不說到二二八事件。由於種種誤解，造成了許多隔閡。光復後第三年，這件驚天動地的災難發生，無論從任何角度來看，那都是極大的不幸。不但使臺灣的文化精英噤若寒蟬，也造成本省作家怯於面對時代的戒懼心態。緊接而來的衝擊，是日語時代的結束，日據時期很多知識份子、文化工作者頓時陷入有口難言的困境。這一階段臺灣文學的研究一直是隱晦難宣的。根據報紙期刊目錄，我們僅知有五篇關於臺灣文學研究的論文。楊逵〈紀念臺灣新文學的兩位開拓者〉（《文化交流》創刊號，一九四七年一月）、王詩琅的〈臺灣新文學運動史料〉（一九四七年七月二日新生報）及〈臺灣新文學運動史稿〉（一九四七年二月十日《南方週報》三期）另二篇是王莫愁〈彷徨的臺灣文學〉（一九四七年八月二十二日中華日報）（註五）、歐陽明的〈論臺灣文學運動〉（一九四七年十二月二十一日《南方週報》）。此外一九四六年民衆出版社出版了賴和〈善訟人的故事〉。

㈡第二階段

第二階段爲一九五〇至一九七〇年。一九四九年國民政府遷臺，此一荒瘠情況仍持續著，至一九五一年才又有王詩琅氏的〈半世紀來的臺灣新文學運動〉（一九五一年十二月《旁觀雜誌》）和〈臺灣文學的重建問題〉（一九五二年三月一日《中學生文藝》）兩篇而已。

一九五四年，突然又掀起一陣研究熱潮，爲時卻僅半載。其時臺北市文獻委員會發行官方刊物《臺北文物》季刊（第三卷第二期）北部新文學新劇運動專號，邀請日據時期躬與其事的作家二十多位參加，「談談身歷耳聞的事，回顧過去，以便留下記錄，給後人做資料。」（註六）除座談會的記錄之外，並刊行了長短二十篇論文，這些論述，內容不僅限定於北部，或回顧自己的事，或敘述運動的經過，或檢討其得失，或闡明其意義，每一篇各有千秋，爲以後研究者奠定了研究的基礎。如黃得時的〈臺灣新文學運動概觀〉、廖漢臣的〈新舊文學之爭〉、楊雲萍的〈《人人》雜誌創刊前後〉、黃邨城的〈談談「南音」〉、施學習的〈臺灣藝術研究會成立與福爾摩沙創刊〉、廖毓文的〈臺灣文藝協會的回憶〉、曹介逸的〈日據時期的臺北文藝雜誌〉、吳瀛濤的〈臺灣新文學的階段〉等文。

至該年年底復刊行第三卷第三期，除承襲上期編輯方針，刊載上期續稿外，實則「這兩期根本就是一部，不過因爲限於頁數的關係，才分爲兩期罷了。」（註七）這一期刊載的文章有：郭千尺的〈臺灣日人文學的概觀〉、龍瑛宗的〈日人文學在臺灣〉、廖毓文的〈臺灣文字改革運動史略〉、賴明弘的〈臺灣文藝聯盟創立的斷片回憶〉等等。這些論文都是當事者親身經驗談，參考價值甚高。其中一部分被收入《日據下臺灣新文學》明集第五卷文獻資料選集。

不過第三卷第三期發行前即被當局查禁，此後臺灣文學研究竟驟爾銷聲。王詩琅曾說：「我從事日據時代臺灣文獻的整理撰述工作，是非常小心的，否則我恐怕就沒有今天了。」（註八）政治的忌諱，使研究呈現了斷層，一片空白。當然也還不致完全銷聲匿跡，但是也僅止於一、二聲無力的呼籲而已。

這個時期的文學活動有王詩琅〈日據時代的臺灣文學〉（《臺灣文藝》三期，一九六四年十月），及葉石濤一九六五年寫成的〈臺灣的鄉土文學〉，將日據時期文學和光復後的本土文學，予以掌握、統一爲「鄉土文學史」之觀點，令人矚目，日後曾引起論戰。此外，鍾肇政編《本省籍作家作品選集》（十卷，文壇社，一九六五年十月）在第一卷裡收錄了楊逵、陳火泉、吳濁流等人的作品，可說已將視野注意到日據時代了。

五〇、六〇年代對於日據下臺灣新文學的研究受到政治的影響，未能蓬勃發展，直到七〇、八〇年代才有所突破。不過，舊文學研究卻是在四個階段中，以此一階段最爲熱絡。以下謹述五、六〇年代有關舊文學研究的概況。

光復四十多年來，對於臺灣文史資料之蒐集與出版，其貢獻最大者，首推「臺灣銀行經濟研究室」，顧名思義，這是以研究臺灣經濟現象爲主要任務的機構。主持人周憲文先生獨具隻眼，認爲要瞭解臺灣經濟現況，必須瞭解其歷史背景，於是有「臺灣文獻叢刊」的問世。一九五七年八月至一九七二年十一月，該室集合了各界研究臺灣文史的精英，從臺灣公私藏書機構以及世界各地蒐集了六百多種手稿、古本等已刊、未刊的史料，加以整理、選擇、斷句、重排，出版了三〇九種，五九五冊的鉅製，對臺灣史料之保存，厥功甚偉，迄今研究臺灣文史政經者都視爲瑰寶，是研究臺灣古典文學最有價值的第一手資料。

《臺灣文獻》在這一階段刊載了不少作者、作品的研究，研究之對象有丘逢甲、吳湯興、黃純青、林鶴年、連雅堂、歐清石、林幼春、林鼇雲、王忠孝及沈光文、劉銘傳等人。《臺北文物》對臺灣詩社、詩人的介紹、論述之文章在一九五三年至一九五九年間更是爲數可觀。其所論及之對象有張純甫、黃春潮、梁任公（曾遊台）、洪月樵、黃贊鈞、王友竹、倪希昶、王采甫等日據時期的舊詩人，至於詩社之紹介，則特別策製專輯，邀請當事人現身說法，回憶其時情況，資料彌足珍貴，所有會談記錄刊於第四卷第四期。

至於其他縣市文獻委員會刊行之刊物，亦多類此，資料俱在，茲不贅述。成文出版社曾刊印（以原刊本影印）省、市、縣各文獻會的刊物十七種，總結了臺灣官方各省、市、縣文獻會二、三十年研究的成果。這些刊物上的文章，或爲當事人親身經驗，或據二手資料輾轉抄襲，由於各文獻會出版品極少說明資料之來源，也沒有一份刊物要求投稿者於文章中附上注釋，因此在研究成績上不得不略打折扣。臺灣舊文學研究以這段時期最蓬勃，此後，老成凋謝，提倡無人，青年學子則又大多嚮往新文學，因此光復以前臺灣舊文學的研究一直到八〇年代各大學研究所中少數研究生以此爲論文題目，方見較有系統之整理與論述。

㈢第三階段

七〇年代對於臺灣舊文學研究，較前期稍呈沒落；新文學研究，卻漸成風氣，尤其到七〇年代末期，資料的發掘和研究更是急速地進展。

臺灣舊文學之研究整理自日據時期以來，一向未被禁止，七〇年代臺灣省文獻會出版之詩集，有《臺灣詩錄》、《臺灣詩乘》、《臺灣詩錄拾遺》等，臺中市政府編印《臺中詩乘》、臺灣銀行經濟研究室刊行《臺灣詩鈔》、臺灣史蹟研究中心印行《鯤海粹編》、正中書局出版《臺灣正氣詩選》、臺北市文獻會刊行《臺灣詩薈》、臺灣商務印書館印行《臺灣詩選》、《臺灣十二家詩鈔》等，彙合上述諸編，加上民國五、六〇年代所刊行之詩文集，則臺灣古典文學資料之編選就更爲完整了。不過，民間尚有未被發掘之資料仍待吾人努力蒐羅。此外單篇論文亦偏向古典詩歌、傳統詩人之研究，如臺灣文獻刊載了趙雲石、連横、季麒光、丘逢甲、林豪、張景祁等人的研究，還有毛一波〈臺灣的文學簡介〉、王建竹〈臺灣中部詩人及其作品〉，毛氏之作兼及新文學。此外各縣市文獻亦偶爾論及臺灣詩人及作品，其蓬勃之勢遠不及六〇年代，似乎新舊文學研究的熱潮正呈現著興衰更迭、此消彼長的現象。以下詳述新文學之研究。

自一九七二年始，臺灣新文學研究，忽呈新貌。黃得時教授在國軍新文學運動輔導委員會主講〈臺灣光復前後的文藝活動與民族性〉（刊《新文藝》，一九七二年一月五日），黃氏之論述多兼及新舊文學，兩者兼容並蓄，且敘述親身體驗，實爲難得，唯批評精神較少，贊美之詞偏多。黃氏尚有〈臺灣文人的抗日意識〉（刊《書和人》二四三期，一九七八年七月十五日）亦新舊兼述，對新文學刊行之文學雜誌所述尤詳，其整理資料之功，不可忽略。另外如陳少廷〈五四與臺灣新文學運動〉（刊《大學雜誌》，一九七二年五月）陳氏以爲日據時期臺灣新文學運動，乃受到五四運動直接影響的啓蒙運動及抗日民族運動，並將此一新文學運動彰顯爲現在性運動所應承襲的直接傳統，該文發表於未解嚴前，故陳氏以「啓蒙」與「抗日」爲臺灣新文學運動定位，或許是當時較特殊狀況使然。另外吳瀛濤遺作〈概述光復前的臺灣文學〉（刊《幼獅文藝》，一九七一年十二月，一九七二年五月）此後，日據時期臺灣新文學漸引起大家關心，遂紛紛從事整理、研究。《中外文學》可說是最初關注臺灣新文學的文學雜誌，其後，《幼獅文藝》、《文季》、《夏潮》等誰誌亦接踵繼軌，翼贊其事。

一九七三年，《中外文學》刊載了兩篇論文，第一篇是顏元叔〈臺灣小說裡的日本經驗〉（修訂後，又刊於《中華日報》，一九七三年十月十一、十二日）該文以光復後的小說爲評介對象，內容雖與日據時期的臺灣新文學並無直接關係，但論及殖民地經驗，顏氏之論對後來研究者頗有啓發。第二篇是林載爵的〈臺灣文學的兩種精神—楊逵和鍾理和之比較〉（二卷七期），林氏研析楊逵與鍾理和之精神爲抗議與隱忍，認爲評估其文學藝術成就貧乏以前，應先肯定、繼承他們的精神，其論點多爲後來研究者引述。其後林氏復有〈日據時代臺灣文學的回顧〉（刊《文季》第三期，一九七四年八月），他詳徵原始資料，勾勒臺灣新文學的發展，從白話文的提倡、新舊文學論爭，到臺灣話文與鄉土文學之論爭。做爲一位開創期的研究者而言，林氏詳細深入的論述，令人喝采，惜《文季》休刊，「下期待續」迄今無法寓目。林氏發表上二文之後，又陸續於《夏潮》撰寫了兩篇對楊華和張深切的評論：〈黑潮下的悲歌—詩人楊華〉（刊《夏潮》一卷八期，一九七六年十一月一日），和〈黑色的太陽—張深切的里程碑〉（刊《夏潮》，一九七七年九月一日）。和《中外文學》同時關懷日據時期臺灣新文學的是《大學雜誌》（七十九期，一九七四年十一月）以「日據時代的臺灣文學與抗日運動座談會」特輯報導，努力挖掘歷史事實。翌年復刊載了葉石濤的〈從「送報伕」、「牛車」、到「植有木瓜樹的小鎭」〉（九十期）。由《中外文學》、《夏潮》、《文季》等研究臺灣新文學或轉載日據時期的作品，導引了研究的熱潮。

一九七五年張良澤於中央日報發表〈不屈的文學魂—論楊逵兼談日據時代的臺灣文藝〉（一九七五年十月廿二—廿五日）（註九）就《鵝媽媽出嫁》一書（一九七五年五月大行出版社）所收八篇代表性作品探討其反抗的文學魂（註一〇）。其時研究日據時期的臺灣新文學的學者，多不忍提及皇民文學，甚或有意迴避，而僅強調臺灣作家之民族大義、抗日精神，張氏亦然，因此傅博先生引述張氏論點加以批判：

> 這實在是近於無知的記述，作者把臺灣新文學作家，機械地分爲「叛逆」與「御用」兩類。所謂具「堅持漢魂」資格，才能被稱讚爲「叛逆作家」，那麼堅持漢魂的具體表現是什麼呢？作者並沒有說明。又作家的分類基準是否「非御用作家」就等於「叛逆作家」呢？還是「非叛逆作家」就等於「御用作家」呢？如爲後者，「非叛逆」的定義又是如何？又怎樣去叛逆才能被認定爲「叛逆」呢？（註一一）

雖然張氏二分法有商榷必要，但是由於時代的局限，研究者的著眼處亦多有所偏重者，吾人實不忍加以苛責。張氏後來替鍾理和、吳新榮、王詩琅、吳濁流、張文環等整理編輯全集、選集或紀念文集，於文獻整理盡心盡力，精神值得欽佩。

《臺灣文藝》雜誌由鍾肇政任主編後，分別刊行了作家個人專輯，如「吳濁流先生紀念特輯」（五三期，一九七六年十月）、「鍾理和作品研究專輯」（五四期—革新號第一期，一九七七年三月）、「吳濁流作品研究專輯」（五八期—革新號第五期，一九七八年三月）、「張文環先生紀念專輯」（五九期—革新號第六期，一九七八年六月）、「葉石濤作品研究專輯」（六二期—革新號第九期，一九七九年三月）、「葉榮鐘紀念專輯」（六二期—革新號第九期，一九七九年三月），另有「日據時期臺灣文學日文小說譯作專輯」十篇（六三期—革新號第十期，一九七九年七月）。

過去從事日據期時臺灣新文學的研究，所遭遇的最大困難，就是資料缺乏，以致研究難以突破，難有進展。東方文化書局一九七三年春季影印出版了《臺灣青年》六冊，是年冬季又出版了《臺灣》六冊，一九七四年春季陸續出版了《臺灣民報》十四冊，《臺灣新民報》十七冊，及復刻本《新文學雜誌叢刊》十七冊，包括《南音》、《人人》、《福爾摩沙》、《先發部隊》、《第一線》、《臺灣文藝》、《臺灣新文學》、《臺灣文學》、《文藝臺灣》、《華麗島》、《臺灣文藝》等重要的文學雜誌。可說主要作品大概都可以很容易掌握住了。有關普羅文學的雜誌仍未能輕易看到，如《明日》、《洪水報》、《赤道報》等，此外改日刊後的《臺灣新民報》則未有影印復刊本，如果這些欠闕的部分能予以補齊，對研究者必極有裨益，也必能有嶄新的發現、獨特的創見。由於原始資料之面世，一九七九年又出版了兩套全集，一是三月份由明潭出版社，李南衡主編的《日據下臺灣新文學》明集五冊，另一全集是七月份由遠景出版社，鍾肇政、葉石濤合編的《光復前臺灣文學全集》八冊（新詩四冊，另於一九八二年五月出版）。前者所收錄的作品，限定用中文寫成之小說、新詩、評論，第五卷是《文獻資料選集》，幾乎網羅了日據時代的主要資料及《臺北文物》第三卷第二、三期兩本中的主要論文，可說資料更完備了，更方便研究者了。後者則中日文兼收，日文作品由熟諳日文的臺籍作家數人分工合作譯成中文。至此日據時期臺灣新文學資料搜集、整理之工作大抵有眉目可尋，爲七〇年代的臺灣文學研究做了光榮的結束。至於更多日文作品的整理則要等到九〇年代。此外，一九七七年五月聯經出版公司出版陳少廷編撰的《臺灣新文學運動簡史》，此書多由臺北文物所刊之單篇論說綴集而成，可以說，盡了整理發揚之責，隨著再發現階段的結束完成了其使命。

進入八〇年代，有關舊文學之論述日益減少了，各縣市文獻委員所出版之刊物偏向民俗、古蹟、當代詩作、藝文、該年度記事等。臺北文獻委員會刊行的《臺北文獻》曾刊載一些論說：劉遠智〈臺灣詩社的淵源與流衍〉、賴子清〈古今臺北詩社〉、鍾美芳〈日據時代櫟社之研究〉（爲其碩士論文）、邱奕松〈北臺詩苑〉，《嘉義文獻》有賴子清〈嘉義縣史蹟及詠史詩〉及〈古今嘉義詩文社〉、黃水文〈竹枝詞〉，《臺南文化》有葉英〈鹿耳門詩文集輯〉、賴子清〈南臺灣古今詩文社〉、〈古都聞人風物勝蹟雅詠〉，《南瀛文獻》有石萬壽〈趙雲石喬梓詩文初輯一詩〉、《高雄文獻》有沈宗憲〈日據時期臺灣文風的研究〉等文。此時期舊文學之研究，較特殊的現象是國內各大學文史研究所漸有以之爲博、碩士論文的研究對象者。茲將國內有關臺灣文學的博碩士論文（民謠、布袋戲、皮影戲等未予列入），引述如下（研究生姓名前有英文字母D者爲博士論文）：

1.文學史研究

研究生	論文題目	指導教授	研究所	年度
1王文顏	臺灣詩社之研究	劉述先	政大中文	六九年
2周滿枝	清代臺灣流寓詩人及其詩之研究	黃志民	政大中文	七〇年
3陳美妃	日據時期臺灣漢語文學析論	王靜芝	輔大中文	七一年
4曾慶華	國軍新文藝運動之研究	姚朋、段家鋒	政戰政治	七二年
5楊炤濃	日據時期臺灣文化劇活動	曾永義	文化藝術	七三年
D6廖雪蘭	臺灣詩史	林尹、成惕軒	文化中文	七三年

7李祖琛	七〇年代臺灣鄉土文學運動析論	潘家慶	政大新聞	七五年
8鍾美芳	日據時代櫟社之研究	尹章義、張勝彥	東海歷史	七五年
9施懿琳	日據時代鹿港民族正氣詩研究	施人豪、杜松柏	師大國文	七五年
10許俊雅	臺灣寫實詩作之抗日精神研究	李鍌	師大國文	七六年
11張簡昭慧	臺灣殖民文學的社會背景研究—以吳濁流楊逵文學爲研究中心	蔡華山	文化日本	七六年
12蔡文婷	由鄉土小說看臺灣發展過程中的依附現象	潘家慶	政大新聞	七六年
D 13施懿琳	清代臺灣詩所反映的漢人社會	黃得時、王熙元	師大國文	八〇年
14陳丹馨	光復前臺灣重要詩社作家作品研究	張夢機	東吳中文	八〇年
15游勝冠	臺灣文學本土論的興起與發展	呂正惠	東吳中文	八〇年

16王昭文	日治末期臺灣的知識社群（一九四〇—一九四五）—《文藝臺灣》、《臺灣文學》、及《民俗臺灣》三雜誌的歷史研究	陳華、張炎憲	清大歷史	八〇年
17廖祺正	卅年代臺灣鄉土話文運動	梁華璜	成大歷史語言	八〇年
18徐慧鈺	林占梅先生年譜	黃志民	政大中文	八〇年
19洪鵬程	戰前臺灣小說所反映的農村社會	李瑞騰	文化中文	八一年
20周永芳	七〇年代臺灣鄉土文學研究	尉天驄	文化中文	八一年

2.文學批評

研究生	論文題目	指導教授	研究所	年度
1卓惠美	臺灣鄉土文學作家—黃春明	文納	輔大德文	六七年

2高廣豪	張曉風和伯諧特戲劇之探討	孫志文	輔大德文	七〇年
3翟筱芸	吳濁流文學之研究—日據時代臺灣作家的民族意識	蔡華山	文化日本	七三年
4鍾政瑩	由日據下臺灣新文學的發展論張深切的戲劇活動	尉天驄	文化藝術	七三年
5吳翰祺	日本割據時代の臺灣新文學—一九二〇年以降文學士に楊逵の文學活動を中心に	蜂矢宣朗	東吳日文	七三年
6蔡碧華	從語言學觀點剖析王禎和《玫瑰玫瑰我愛你》	許洪坤	輔大語言	七七年
7余昭玟	葉石濤及其小說研究	吳達芸	成大歷史語言	七九年
8羅夏美	陳映眞小說研究—以盧卡奇小說理論爲主	馬森	成大歷史	七九年

	要探討途徑		語言	
9 廖淑芳	七等生文體研究	馬森	成大歷史語言	七九年
10 葉瓊霞	王詩琅研究	林瑞明	成大歷史語言	八〇年
11 賴松輝	李喬「寒夜三部曲」研究	呂興昌	成大歷史語言	八〇年

此一情況說明了國內中文研究所已注意到彰顯古典文學，而外語、政治、新聞所則偏向新文學之研究。

(四)第四階段

八〇年代初期，距美麗島事件不久，臺灣文學研究在有形無形間遭到壓抑，在一些文人心中的陰影仍然存在，因此初期文學活動不如後期熱絡。八〇年代末期，臺灣新文學方邁入全盤而深入的研究，尤其是一九八七年解嚴後，臺灣文學的研究者更可從各種角度來審查反省這一時期的文學。不過，這一階段正值起步，多元性觀點的更深入的作品論、作家論，全盤性的史的研究，需要更多學者從事，也需要不斷廣泛蒐集資料以爲論證。

關心這個時期文學的文學雜誌，有《臺灣文藝》、《文學界》（一九八八年冬季停刊）、《文訊月刊》、《文季》（已停刊）、《新地文學》（一九九一年八月停刊）、《臺灣文學觀察雜誌》，偏重史學的《臺灣風物》也有多篇論文。

《臺灣文藝》改組之後，由陳永興接辦，又編輯了張文環等人的專輯，不再特別以革新號標目，而依號數依次編輯。如「賴和專輯」（八〇期，一九八三年一月）、「張文環專輯」（八一期，一九八三年三月）、「王詩琅專輯」（九一期，一九八四年十一月）、「楊逵紀念專輯」（九四期，一九八五年五月）、「翁鬧研究專輯」（九五期，一九八五年七月）此外又有「臺灣文學過去與未來專輯」（八二、八三期，一九八三年五月—七月）。從這一系列作家作品專輯的策劃製作，除了透露臺灣文學已走上「文學史」的探索外，也可看出《臺灣文藝》所支持的作家作品是「民族性」、「本土性」「寫實性」的鄉土文學傳統。《文學界》創刊於一九八二年，一九八八年停刊，共出版了二十八期。對於臺灣文學史料的整理與論述，對「臺灣文學」的討論，有其貢獻。第六期有羅成純〈戰前臺灣文學研究〉一文，第二十四期有葉六仁〈四十年代的臺灣文學〉，第廿四期載陳少廷〈對日據時期臺灣新文學史的幾點看法〉，第二十七期刊巫永福〈臺灣新文學運動和賴和〉，又有許多篇是爲催生臺灣文學史而撰寫的，如呂昱〈打開歷史的那扇門，爲催生《臺灣文學史》敲邊鼓〉（第五期）；鄭炯明〈爲《臺灣文學史綱》的出版說幾句話〉（第二十期）；陳嘉農〈是撰寫臺灣文學史的時侯了〉（第二十五期）；陳少廷〈加強臺灣文學研究此其時矣〉（第二十七期）。另外葉石濤翻譯了二篇日本人作品。一是下村作次郎所撰寫的〈李獻章編《臺灣小說選》的研究〉，另一篇是松永正義撰寫的〈臺灣文學研究的三個階段〉。文學界於一九八七年出版了葉氏《臺灣文學史綱》，本書引起廣泛的討論。此書之刊行，是臺灣文學首次有系統整理自清代至臺灣光復迄今的第一本書，此書對臺灣光復不久時重要資料之發掘、新觀點之論述，極俱蒐討研議之功，而於清代、日據時期古典文學之論述最爲薄弱，日據時代新文學部分本是葉氏專長，但很遺憾的是，這一部分稍嫌簡略且未提出新觀點。葉氏以一人之力成此鉅作，爲臺灣文學爭光，對於初創之作，我們不宜太過苛責，要緊的是在他的研究上奠基，進一步去深入發掘、探析。

《文學界》亦策製了不少作家專輯，不過偏重光復後新文學作家，與《臺灣文藝》之兼融並重有異，此一部分暫不論述。

《文季》刊載了王曉波〈臺灣文學裡的中國意識〉（一卷三期，一九八三年八月）、李南衡〈葉榮鐘先生風格〉（同上）、王詩琅〈臺灣文學的重建問題〉（一卷四期，一九八三年十一月）茅漢〈黑色青年與臺灣文學〉（同上）、王曉波〈紛紛擾擾世相異，是非久已顛倒置—臺灣新文學之父賴和先生平反的經過〉（一卷五期，一九八四年一月）、楊逵〈臺灣文學對抗日運動的影響〉（同上）、許南村〈談西川滿與臺灣文學〉（一卷六期，一九八四年三月）、王曉波〈殖民地傷痕與臺灣文學〉（二卷三期）。

《文訊月刊》雖為文工會刊物，但立論持平，編輯客觀，對臺灣新文學給予相當程度的關心。較重要的論說如：黃得時〈五四對臺灣新文學之影響〉（第十一期，一九八四年五月）葉石濤〈光復前臺灣的文學雜誌〉（二十七期）、林瑞明〈日本統治下的臺灣新文學運動—文學社結及其精神〉（廿九期）、黃武忠〈日據時代臺灣重要的文學社團〉（同上）、張恒豪〈三讀奔流〉（四〇期）等，八〇年代中期後所刊行單篇論說，不一一敘述，本節所未論及者，可參見論文後所附重要參考書目。

這一期出版刊物、書籍，自解嚴後如雨後春筍，自立報系、帕米爾書店、派色文化、文史哲、前衛出版社都陸續出版了一些有關臺灣文學的論述、著作及資料編選（見書後參考書目）。可說臺灣文學的時代已經來臨。值得一提的是，一九九一年二月前衛出版社編選了《臺灣作家全集·短集小說卷—日據時代》十冊，日據時期的重要臺灣小說作家，幾已完全網羅其中，且所搜集之作品較明潭、遠景所出版之全集更為完整。不過，此全集未包括日據時期長篇小說部分，因此有關當時於《臺灣新民報》（改日刊後）連載之日文小說，及其他僅發表一、二篇的日文作者，其作品亦散見當時文學雜誌（見本論文日據時期臺灣小說年表，可見三家出版社未收錄、未翻譯之作品）如能請專人將這階段文學遺產，予以全部翻譯，相信將有功於臺灣新文學之提倡宣揚與研究。再者，此全集也存在一些缺失，如誤認楊守愚〈慈母的心〉為未曾發表之手稿，實則守愚曾以瘦鶴之筆名發表於《臺灣新民報》三百十一號，題目是〈冬夜〉（詳見閩南方言詞彙在小說中扮演的角色功能及限制一節）。此外，每位作家作品之繫年亦時有訛誤，凡此缺失，閱讀時不可不注意。

此外，一九九〇年起參與討論、研究臺灣文學的風氣漸熱絡起來，是年成功大學歷史語言研究所通過三篇研究當代臺灣小說家之碩士論文；淡江大學舉辦爲期一週的「臺灣文學與文化研習營」；高雄醫學院南杏社主辦「鍾理和文學研習營」；清華大學與新地文學基金會合辦「一九四九年以前之兩岸小說」研討會；青年寫作協會與時報文化合辦「八〇年代臺灣文學研討會」；文建會與聯合文學合辦「王禎和作品研討會」；民衆日報副刊策畫「臺灣文學研究室」，四月份以「呂赫若復出」，請林至潔女士中譯呂氏作品、文評若干篇；雜誌《新地文學》、《臺灣文學觀察雜誌》、《文學臺灣》相繼創刊。一九九一年中國古典文學會舉辦「二十世紀中國文學研討會」，以日據時期臺灣文學爲論文者有數篇（日本學者居多）；十月《國文天地》復以「日據時期臺灣小說研究」爲專輯；十一月開始清華大學中語系與文學所定期每月舉辦一次「臺灣文學研討會」；十二月，前《文學界》的班底結合學術界，重新出發，創刊《文學臺灣》季刊。一九九二年五月中國古典文學會舉辦「區域特性與文學傳統」，會中有關臺灣文學的研究有數篇。凡此種種活動都足以說明臺灣文學已成爲一個不容忽視的研究範疇了。

二、中國大陸對臺灣文學的研究概況

㈠第一階段

大陸對臺灣文學的研究，約始於一九七九年，這一年七月《當代》創刊號上轉載白先勇的短篇小說〈永遠的尹雪艷〉，可說大陸首次介紹臺灣文學。自此展開了一連串對臺灣文學的介紹和研究。

任何研究的開端，不外是首先對作家、作品的推介，中國大陸對臺灣文學的推介是從現代派開始，其文類則是從小說而後推及詩、散文、影劇，早期研究者，如武治純、陸士清、封祖盛、王晉民、張葆莘等，都是從對作家作品的介紹開始。因而對作品選編、賞析、評介的選集陸續結集出版。一九七九年十二月，人民文學出版社出版了《臺灣小說選》，收集了十六位作家二十二篇作品；接著《臺灣散文選》、《臺灣詩選》相繼出版，大致上以光復後的現代派臺灣小說作家、作品爲主。又如：《臺灣中青年作家小說集》（廣播出版社，一九八一年九月）、《臺灣作家小說選集》（全四集，中國社會科學出版社，一九八一年至一九八四年出版）、《月是故鄉明——臺灣散文選》（時事出版社，一九八二年六月）、《臺灣鄉土作家近作選》（中國友誼出版公司，一九八二年）、《臺灣和海外華人女作家作品選》（上下冊，閻純德編，福建人民出版社，一九八二年三月）。一九八〇年出現對楊逵、鍾理和的專文評介。

(二)第二階段

自八〇年代後，由於臺灣文學作品的流傳、出版較過去容易，及統戰作用，中國大陸對臺灣文學研究掀起一股熱潮，對臺研究機構陸續設立；如：廈門大學的臺灣研究所、「中國社會科學院」的臺灣研究所、暨南大學「中國當代文學學會．臺港文學研究會」、中山大學的港臺文學研究所、南開大學的臺灣研究所，以及新成立不久，標榜全國性、民間性的「臺灣研究會」、復旦大學的臺港文學研究室、北京大學的臺灣研究會等，另外在各省的社會科學院也有臺灣研究所。開設臺灣文學專題課程，或將臺灣文學列入中國現、當代文學教學的學校也日漸增多，計有：中山大學、暨南大學、復旦大學、廈門大學、北京大學、遼寧大學、蘭州大學、四川大學、深圳大學、汕頭大學、新疆師大、華南師大、廣播學院、警官學院、江蘇教育學院、吉林大學、吉林師院、中央民族學院……等五、六十所大專院校。」（註一二）

一九八二年起，中國大陸每隔兩年舉辦一次「臺灣香港文學學術討論會」，第一次臺灣文學研討會在廣州暨南大學舉行，第二屆在廈門大學召開，會後均彙集部分論文，出版《臺灣香港文學論文選》（前者於一九八三年十月由「福建人民出版社」出版；後者於一九八五年九月由「海峽文藝出版社」出版）。第三屆擴大為「臺港與海外華文文學學術討論會」，在深圳大學召開，會後也彙集部份論文，出版《臺灣香港與海外華文文學論文選》（一九八八年九月由「海峽文藝出版社」出版）第四屆全國臺港暨海外華文文學學術研討會於一九八九年四月在上海復旦大學舉行。一九九一年第五屆臺港暨海外華文文學會議在廣州舉行，五屆會議共提出論文二三九篇，成績令人矚目。（註一三）尤其與會的研究者大都是高等院校和社會科學院人員，研究水準大幅提昇。這五次研討會的召開，說明了臺灣文學的研究從最初少數個人、分散的行為，走向專業，分工的集體合作，研究重心也從對於作家作品的評介，轉向作家的綜論，並對文學現象、文學思潮、流派，初步的歸納研析。並且研究的範疇、對象也延伸至日據時期的臺灣文學，如盧善慶〈五四與臺灣省新文學運動〉、周青〈朱點人的幾篇小說初探〉、張默芸〈賴和—臺灣新文學的開拓者〉等。此外，這一階段已有若干研究者的專門論著和論文集出版，如：王晉民、鄺白曼合著《臺灣與海外作家小傳》（福建人民出版社，一九八三年九月），封祖盛《臺灣小說主要流派初探》（福建人民出版社，一九八三年十月），武治純《壓不扁的玫瑰花—臺灣鄉土文學初探》（中國廣播電視出版社，一九八五年七月），汪景壽《臺灣小說作家論》（北京大學出版社，一九八四年三月），這些現象呈現了研究角度自早期現代派到鄉土派逐步的擴充，從海外作家到本土作家的研究，這些研究也正是爲臺灣文學史的撰寫作準備。

㈢第三階段

第三階段的特徵是一批文學史或類文學史的出版。一九八六年黃重添、莊明萱・闕豐齡編著的《臺灣新文學概觀（上）（下）》（鷺江出版社，一九八六年七月、一九九〇年）、王晉民的《臺灣當代文學》（廣西人民出版社，一九八六年九月）、包恒新的《臺灣現代文學簡述》（上海社會科學院出版社，一九八八年三月），正式標明文學史的是白少帆、王玉斌、張恒春、武治純主編的《現代臺灣文學史》（遼寧大學出版社，一九八七年十二月），此書聯合北方五省市二十二位研究者集體撰寫。全書共三十五章，前有緒論，後有結束語。五〇年代以前的臺灣新文學，分爲開拓期、發展期、戰爭期論述；五〇年代以後，則以「從『戰鬥文藝』到鄉愁文學」、「臺灣的現代主義文學思潮與創作」、「臺灣鄉土文學的新發展」、「臺灣少數民族文學」、「八十年代的臺灣文壇」等專章，分期論述。每個時期設置專章作家，肯定「在特定歷史階段上，以其文學實踐做出重大貢獻，推動臺灣文學事業發展，並且作爲重要文藝流派與思潮的傑出代表作家。」（編者前言）日據時期的部分由王玉斌、張仲景、武治純、于寒、李倩、李獻文、關連閣合作完成。這部七十餘萬言的文學史著作，是大陸、臺灣第一部臺灣文學史，這部書可說是大陸十年臺灣文學研究集大成的總結性成果。不過，此書也有其不足之處。劉登翰先生說：

當然，它也暴露出大陸臺灣文學研究的不足和弱點。首先，在整體架構上，這部文學史明顯可以看出它是以鄉土文學思潮爲其理論出發點和正統地位。因此，與內地不少的研究一樣，在章節安排和具體論述中，也存在著重鄉土、輕現代的褒貶失衡的情況。其次，在歷史描述中，也未能注意到臺灣文學從現代到當代的發展、在中國文學整體格局中質的變化。另外，在處理本島作家與海外作家、嚴肅文學與通俗文學等也缺少深入的論析和恰當的安排，以致出現在第十七章把林海音、趙淑俠、張系國、瓊瑤這四位性質、風格、影響完全不同的作家，放在一鍋燴得不倫不類的現象。當然，這些問題不僅是一部文學史的問題，也是大陸研究有待進一步深入探討的問題。（註一四）

此外，由於對資料掌握得不全面、完整，和撰寫的匆忙，不免出現未曾消化的分析評價、遺漏、輕重倒置等缺失，而對「臺灣作家」一詞之認定，亦嫌模糊不清，這都是閱讀、研究時，宜注意的問題。

至於包恒新的《臺灣現代文學簡述》，論述了一九一九年至一九四九年這三十年間臺灣文學的發展歷程。其研究頗可訾議，如其結論說：

從總體來看，臺灣現代文學，無論是質還是量，都難以同祖國大陸現代文學相提並論。臺灣既沒有產生過魯迅、郭沫若、茅盾、老舍、曹禺這樣的作家，也沒有創作出〈阿Q正傳〉、〈女神〉、〈子夜〉、〈駱駝祥子〉、〈雷雨〉這樣內容和形式完美統一的作品，至於〈白毛女〉、〈王貴與李香香〉、〈小二黑結婚〉這一類新型作品，就更不可能產生了。在體裁方面，臺灣現代文學的成就主要表現在小說，新詩，這更無法同祖國大陸的現代文學相比（頁一五〇）。

僅僅十年的時間，中國大陸對臺灣文學的研究，人員由南方擴展到北方，研究課題，由作家、作品的介紹，發展到集體編寫出厚達九百餘頁的「臺灣文學」課程的教材；研究臺灣文學的重要性，已經成爲大陸許多學者的共識。臺灣文學爲何在大陸備受重視，且引起衆多學者和研究者的興趣呢？杜國清認爲原因有三：一是臺灣文學在本質上具有獨特的吸引力；二是大陸學者和研究者努力鑽研和研究；三是中共官方的支持和鼓勵。（註二五）

對於中國大陸研究臺灣文學的背景，吾人需有所了解，才能掌握研究者的思想意識，對其研究有相應的了解。一九七九年元旦，葉劍英代表全國人大常委會發表〈告臺灣同胞書〉，提出和平統一的口號，採取對外開放政策，以期早日實現所謂「祖國統一大業」。大陸對臺灣文學的研究，隨著這種對外開放政策的推進而急速的發展。從作品的轉載，到系統的研究，遠比對自身文學的研究還要積極。只是大陸所以介紹和研究臺灣文學，基本上是爲了統戰，以達到「祖國統一」的最終目的。因此，大陸所出版的臺灣文學作品的選集或研究專著，在序文或後記中，大多免不了「政治掛帥」一番，而內文也不時流露含有「政治意味」的評論。其實，大陸學者並不是不知道以政治爲價值取向的研究，已嚴重扭曲了臺灣文學的眞實面貌，而試圖尋求比較合理的研究途徑。劉登翰〈大陸臺灣文學研究十年〉說：

近十年來大陸文學觀念的發展，是由擺脫文學從屬於政治「工具說」開始，逐步地使文學（和對它的研究）回到文學（和它的研究）自身。這一觀念的變化，必然也沖擊著同樣做爲當代文學範疇的臺灣文學研究，使稍後的臺灣文學研究，在選擇和評價上，逐步地從政治尺度轉向審美尺度，並重新審視最初的某些結論。（註一六）

只是牢固的共產主義的意識型態，還盤踞著整個研究領域，再加上海峽兩岸分隔了數十年，對臺灣的政治、經濟、社會、文化各方面沒有相應的了解，以至其評論仍多偏頗和獨斷。這樣說並不表示大陸學者的研究都沒有意義，相反的，大陸學者的研究顯示了對臺灣文學的肯定，喚起世界各國對臺灣文學的重視，以及促進兩岸當代文學的發展等多重意義（註一七）。杜國清說：

雖然官方介紹臺灣文學的動機是爲了統戰，可是並非每個學者和研究員都是統戰部的傳令兵；有的還是能夠站在學術的立場，本著學術的良心，就事論事，就詩論詩，就文學論文學的。不管動機怎樣，臺灣的文學作品在大陸獲得廣大讀者，且引起許多學者專家的研究興趣，這一事實就是對臺灣文學的一大肯定，這一形勢必定也會喚起世界各國對臺灣文學的重視。……因此，大陸對臺灣文學的研究，不是「統戰」一詞所能解釋或概論的，而對海峽兩岸的讀者和作者，我

相信必會有相激相勵的作用，對今後臺灣和大陸當代文學的發展，都會有所助益的。（註一八）

杜國清這段話，應可爲大多數人所接受。此外，中國大陸臺灣文學研究的起步之日，恰正是臺灣鄉土文學論爭的結束之時。這場深刻影響臺灣文學過程的思想論爭，同時也成爲大陸臺灣文學研究的一個重要的思潮背景，影響著大陸研究者對臺灣文學的選擇、評價和認識。臺灣鄉土文學論爭所觀照的，主要是作爲政治層面的文學，而不是本位意義上的文學。它在價值取向上的政治判斷，一定程度上取代了藝術多元的審美評價，而流露出在藝術取捨的某種偏狹性；它出於弘揚民族精神和本土文化的良好願望，在後來推向極端後也流露出某種偏狹性和排它性。大陸研究者在觀念上大多接受了鄉土文學思潮的影響，甚至以此爲正統來概括、評價臺灣作家和作品，描述臺灣文學的發展脈絡。就目前大陸已經出版的若干部臺灣文學史或類文學史，都可以看到以這一思潮作爲自己的理論基礎和評價標準的痕跡。不過，從政治本位向文學本位的轉移，海峽兩岸的學者都已注意到這個問題，而且希望日後的研究，不僅只是對文學現象和作家作品做平面的描述和評價，更要透過現象和創作的表層，或潛藏的創作規律和多元的藝術關係做深入的理論探討。（註一九）

十二、三年的研究成果是可觀的，在文化交流日趨頻繁之際，大陸的臺灣文學研究者有更大的發展空間，對於臺灣文學，我們擁有天時地利的良好條件，應該創造更出色的成績才是。

大陸對臺灣舊文學的研究，只是一些零零星星的有關丘逢甲、許南英詩歌研究，梁啓超與臺灣詩社之敘述，本節從略。

三、日本對臺灣文學的研究概況

日本國立神戶大學教授山田敬三於一九八四年三月訪臺，對陌上桑先生的發問：「為什麼近來日本學子關心臺灣文學？」曾經有過如下的答覆。山田教授說：

戰後日本人三十多年來都注意大陸文學的動向，壓根兒都不知道臺灣從一九二〇年代一直到現代有一脈相承的臺灣文學存在。這幾年來日本學者發現大陸文學變化甚少，沒什麼值得研究的，倒是臺灣文學猶如豐饒的土地，作品甚多，文學歷史上的變遷波瀾壯闊，值得費心去研究。（註二〇）

山田敬三另於國立臺灣政治大學中文系座談會講〈日本的臺灣文學研究現況〉，復提到：

另一個不能忽視的原因，是受到中國大陸研究臺灣文學的影響。中國大陸從一九七九年底以來，有關臺灣文學的論文及選集如雨後春筍地出版。當然這和中國大陸的政治情勢有關。（註二一）

綜合山田敬三這兩段談話，可了解日本學界研究臺灣文學的緣由有二：一是中國文學近年變化甚少（蓋指文革及其後），不值得研究；二為大陸方面自七〇年代末期開放臺灣文學之研究，印行臺灣文學作品，此蓬勃之勢在在影響到日本對臺灣文學之研究。此外，另一個值得注意的要因在於塚本照和教授個人的影響力。塚本照和教授曾任天理大學外語學院中國文學科主任。他於一九七五年暑假以交換教授身分來臺，任教於文化學院（即今文化大學）日文系。他在臺期間漸對臺灣文學產生興趣（註二二二），多方蒐集這方面資料，勤於涉獵，返日之後，他不惜投注可觀的時間及精力，發表〈臺灣文學年表（試稿）—舊日本植民時代（一八九五—一九四五）〉（註二三）學術論著，對日據時期的臺灣文學，做了詳盡的整理功夫，此種篤實爲學的精神，令人欽佩。

在塚本教授的影響下，一九八一年九月成立了「臺灣文學研究會」，並自次年六月，自費出版《臺灣文學研究會會報》。該會主要的成員有：今里禎、下村作次郎、中島利郎、澤井律之、野間信幸、小野四平、井川直子、山根伸一等少壯學者。幾年來，他們不斷進行研究與蒐集資料的工作，會員的聚會也多半能每年舉行數次，會員人數亦由開始時少數人增加到五六十位，會報至一九九〇年六月爲止已刊行至十五、六期。主要內容大概如下：⑴臺灣作家和作品介紹；⑵訪問臺灣作家；⑶介紹臺灣、香港、美國、中國大陸等地臺灣文學研究會的活動及介紹出版臺灣文學研究之論著。茲將該會會報所刊論文，其有關日據下臺灣文學之研究者臚列如左（註二四）：

著者	論文篇名	期刊名稱	發表年月
下村作次郎	王詩琅の小説について	臺灣文學研究會會報二	一九八二年十二月
塚本照和	紹介：陳火泉の〈道〉	臺灣文學研究會會報二	一九八二年十二月

塚本照和	楊逵作〈新聞配達夫〉のテキストのこと	臺灣文學研究會會報三、四	一九八三年十一月
廿川直子	呂赫若の作品について—附〈呂赫若作品年譜〉及び〈參考文獻〉	臺灣文學研究會會報五、六	一九八四年四月
中島利郎編	（資料）「呂赫若」記事	臺灣文學研究會會報五、六	一九八四年四月
（未署名）	大阪朝日新聞「南島文藝欄」—龍瑛宗の短篇小説〈夕影〉	臺灣文學研究會會報八、九	一九八四年十二月
塚本照和	「〈新聞配達夫〉のテキストのこと」正誤表	臺灣文學研究會會報八、九	一九八四年十二月
中島利郎	臺灣文壇における魯迅の影響（覺え書き）	臺灣文學研究會會報十一、十二	一九八七年三月

中島利郎	張我軍著作目錄（稿）	臺灣文學研究會會報十一、十二	一九八七年三月
黃英哲	一九三〇以前の張深切について	臺灣文學研究會會報十五、十六	一九九〇年六月

該會會員相當活躍，也時常來臺灣搜集資料，一九九一年八月應中國古典文學會之邀，參與「二十世紀中國文學研討會」，會中並發表論文多篇（見本論文參考書目），他們對臺灣文學研究抱著默默耕耘的態度，其發展誠令人注目。

另外在東京另成一系統，針對臺灣歷史研究的團隊是「臺灣近現代史研究會」，該會成立於一九七〇年，核心人物是戴國煇博士，其成員有：松永正義、若林正丈、河原功、春山明哲、小島麗逸、林正子、陳正醍、森久男等人。一九七八年四月，研究會將其成果彙集成冊，刊行《臺灣近現代史研究》創刊號。該會研究主體包括政經、社會等臺灣史，文學亦顯現適度的關心，至目前爲止，該會所刊行的有關日據下臺灣文學研究的論文有以下諸篇（註二二）：

著者	論文篇名	期刊名稱	發表年月
河原功	楊逵—その文學的活動	臺灣近現代史研究一	一九七八年四月
張文環	雜誌《臺灣文學》の誕生	臺灣近現代史研究二	一九七九年八月
池田敏雄	張文環〈「臺灣文學」の誕生〉後記	臺灣近現代史研究二	一九七九年八月
陳正醍	臺灣における郷土文學論戰（一九七七—一九七八）（註二六）	臺灣近現代史研究三	一九八一年一月
龍瑛宗	《文藝臺灣》と《臺灣文藝》	臺灣近現代史研究三	一九八一年一月
池田敏雄	《文藝臺灣》のほろ苦さ—龍瑛宗氏のことなど	臺灣近現代史研究三	一九八一年一月
	池田敏雄追悼紀念特集（註二七）	臺灣近現代史研究四	一九八二年八月

該會不靠任何外來經濟支援，純由成員出錢出力，其學術熱誠，令人肅然起敬。

除以上所介紹者外，在此之前有系統之研究者爲尾崎秀樹的《舊植民地文學の研究》及島田謹二、神田喜一郎、松永正義等人研究的成果，都是不容忽視的。近來日本學者之研究，多能周延關照，公正客觀，充分表現出新生代知識份子的道德良心，他們研究的成果值得吾人參考。

四、美國「臺灣文學研究會」簡介

美國「北美臺灣文學研究會」，並非是美國人的文學團體，而是一群旅居海外的學人與作家：東方白、林鎮山（旅居加拿大）、陳若曦、張富美、杜國清、黃昭陽、江百顯、鄭平、黃明川、林衡哲、林克明、許達然、王淑英、葉芸芸、謝里法、洪銘水（旅居美國）、張良澤（旅居日本）等十八位，於一九八二年十月三十日在美國洛杉磯正式成立。其成立宗旨是：「臺灣文學經過長期的努力，自二十世紀以來，逐漸蓬勃發展。臺灣文學創作一向具體地表現本土政治、經濟、社會等的變化，而成爲臺灣本土文化的重要基石與傳統，且漸受國際的重視。」，鑑於此認知，決以發揚臺灣文學傳統爲職志，因此成立了「北美臺灣文學研究會」此一學術團體。

該會主要活動除定期寄發會員通訊，提供臺灣文學發展出版概況外，每年並定期舉辦與邀請臺灣作家出席論文研討會，以期促進海內外的文學交流。

茲將一九八三年至一九八八年歷年年會論文宣讀暨演講，其有關日據時期臺灣文學者，臚列於左：

一九八三年年會

黃　娟—再讀「亞細亞的孤兒」

葉芸芸—試論戰後初期的臺灣智識份子及其文學活動

陳芳明—日據時期臺灣左翼政治運動與文學運動

張良澤—西川滿先生著作書誌（書面—分發同仁）

一九八四年年會

黃　娟—鍾理和與笠山農場

謝里法—意識文學與文學意識

陳芳明—近年來中國對臺灣文學的研究

胡民祥—臺灣新文學運動中臺灣語文學語言發展初探

許文雄—日據時期臺灣新詩的抗議精神

一九八五年年會

大會專題演講：巫永福—臺灣文學的回顧與前瞻

林亨泰—「銀鈴會」的史話

李魁賢—賴和詩中的反抗精神

林衡哲—楊逵在臺灣文學史上的地位

一九八六年年會

杜國清—大陸對臺灣文學的研究

一九八七年年會

張富美—葉石濤評介

黃　娟—雄偉的史詩—臺灣人三部曲

胡民祥—臺灣文學作品的社會性

一九八八年年會

吳錦發—臺灣的原住民文學

張恆豪—從日據下到戒嚴下的臺灣文學

林哲雄—獨立的臺灣文學

謝里法—臺灣美術的抗議精神

林哲雄—現代臺灣文學之父—賴和

七年來論文和演講稿達五十六篇之多，經過當事人修訂、改寫，於一九八九年託付前衛出版社出版《先人之血，土地之花》，計收錄論文十八篇，涉及的年代，自日據時代始，下迄八〇年代，前後涵蓋六十餘年，而論文內容，除了作家的個案研究，也自社會、歷史、文化、語言多種不同角度來探討臺灣的文學問題，該會對臺灣文學的關注與努力頗有可觀者焉。（註二八）

第三節　臺灣文學研究展望

自一九二〇年《臺灣青年》創刊以還，臺灣新文學在日本軍閥的統治下艱辛發展了二十多年；光復迄今（一九九三年）社會日益安定，經濟日益發展，復興基地又蓬勃發展了四十多年，前後相加，臺灣新文學大約歷經了七十一年的歷史。無數作家為臺灣文學的發展、茁壯殫精竭慮，創作了為數不少的作品。為了讓臺灣文學有公平合理的定位，為了讓更多人認識臺灣文學的風貌，我們實應釐定計畫，以從事各種可能的努力。

一、目前臺灣研究雖蔚為風氣，但研究者大多偏重於政治、社會、經濟、民族、歷史……等方面的研究，至於在足以表徵人民生活情感、反映民族文化的文學作品這方面，卻一直缺乏系統、整體而深入的探討。回顧過去四十多年的研究成果，雖非乏善可陳，然缺憾仍多，令人心憂；展望未來，我們實應廣蒐文獻，黽勉學術，克盡其責，庶幾無負於先民。目前大陸學者研究臺灣文學，投注了很多的心力，在研究深度、廣度上，亦頗有績效。但是，有些大陸學者對哺育臺灣文學成長的政治、經濟、文化和社會制度，未能有深刻的了解及整體的掌握，甚至以偏狹的意識型態，撰文立論，遂無法給予臺灣文學客觀的評價。此一現象必將造成日後兩岸學者溝通的障礙。應鳳凰及方美芬曾說：「總有一天，國際性的臺灣文學研討會，將在中國大陸召開（註二九）。臺灣面對大陸研究的現況，再不做出因應，未來趨於繁絡的國際性臺灣文學研討會，臺灣必定會喪失發言權。」（註三〇）的確，假如臺灣研究者不能急起直追，以較平實的態度，較客觀的立場，爲臺灣文學作恰如其分的整理和詮釋，那麼，我們只有任人宰割。目前我們應該建立完善的研究機構，積極培養研究的人才，學術界與文學界實應攜手合作，有系統的撰寫臺灣文學史，超越單打獨鬥，各自埋頭研究的現狀。

二、臺灣文學的研究牽涉臺灣政治、歷史、經濟諸層面的問題，研究者應廣泛涉獵這些學科。科際整合，可擴大研究者的思考空間，增加思考角度，在不同學科的相激相盪中，勾勒出臺灣新文學史的眞貌，並進而提出新的解釋架構。

三、學術研究重資料齊備。從明鄭以降有關臺灣的新舊文學文獻，都必須盡量蒐輯、整理，除了已經梓行於世的書籍之外，更要想盡辦法深入民間蒐羅，以求完備。日本學者塚本照和曾親赴彰化訪賴和故居，竟然從訪尋賴氏遺物中發現《臺灣小說選》三校校樣本，此書在付梓前遭禁，造成許多人知道此書卻未曾見過。此一發現，足可肯定該書確實存在過，可爲臺灣文學日據時代部分增添內涵，其珍貴可知。似此情形應復不少。如果有關單位，能補助各研究者將珍藏史料影印若干，成立臺灣文學研究館，攤開資料，使學者專家得憑學術良心與研究方法從事歷史解釋，架構臺灣文學體系，必能彰顯臺灣現代文學史之眞貌，箝中共學者褊狹之口。

四、過去臺灣文學的研究，往往由文壇作家、評論家和學術機構之研究者各自發展，形成分散或單獨研究的現象。如能由中央研究院、各大學中文、語文研究所聲應氣同，分工合作，建立一個堅強的學術陣容，有計畫、有目標的擬定一系列專題，安排學者從事精細周密的研究，假以時日，集腋成裘，則臺灣文學史的撰寫，就殺青有日了。目前成大林瑞明教授研究賴和，成績斐然，誠可爲吾人之借鏡。

五、現實政治議題不宜干擾學術。學術研究如果有政治忌諱，則成果如何可想而知。大陸文化革命時期的刊物，幾與垃圾無異，舉此一端，可例其餘。解嚴前後文學評論者、研究者常有前後不同的觀點。因而過去重刊戰前的作品，作（編）者常因某種顧忌，或刪除部分作品，或改寫某些作品，這都是研究者應當注意的問題。此外羼入政治爭論議題，必然帶來副作用，如從事臺灣文學史研究者，不免面臨一個基本問題：即臺灣文學究竟是隸屬於中國文學之分支？亦或其本身就有獨特的性質，應予個別劃出來討論？若屬前者，則臺灣文學無異是附屬中國文學，具有相當程度的主從關係；若屬後者，則基於不同政權的統治經驗，所呈現的亦是個別不同的文學記錄。當然也有人認爲將臺灣文學置於世界文學的脈絡上去理解，才能理出清晰的頭緒。較複雜而敏感的是，許多政治上的糾結，透過對臺灣史的詮釋而呈現，從而衍生不同史觀的對立，甚至擴大而成「臺灣結／中國結」，「臺灣意識／中國意識」的對立，使臺灣文學的研究變成政治鬥爭的工具，此一現象又因海峽兩岸長期對立，使問題更形複雜而深化。研究臺灣文學者應極力避免當代現實政治上的爭論議題，羼入對臺灣文學的解釋，避免不必要的意氣之爭，揚棄亂扣帽子、亂貼標籤的非理性、非文學伎倆。讓文學歸於文學問題處理。

六、掌握中共研究動態，隨時加以報導。一九八〇年廈門大學成立臺灣研究室之後，大陸有關臺灣文史的研究，進入了一個新的階段，他們除了發展臺灣文史的研究外，對臺灣學界的動態，也常有專文加以介紹。然而我們對大陸學界則所知有限，亟待加強了解，只有知己知彼，才能使臺灣文學的研究立於不敗之地，成爲大陸方面無可抗衡的學術領域。

婆娑之洋，美麗之島，不僅是先民賴以生存之地，也是中華民族命脈、希望之所寄。臺灣文學研究者身處臺灣，對臺灣社會、歷史發展的脈動，感受深切，隨時可以作理性而嚴肅的反省，這種歷史體驗和歷史省思，使我們研究臺灣文學較之其他領域文學更能深造有得。在臺灣文學研究漸受重視、蔚成大國之際，研究者更應負起學術上的責任，擺脫禁忌之陰影，運用高度智慧，創造實際的成就，爲復興基地的臺灣文學研究奠立穩固深廣的基礎，進而透過科際整合，讓臺灣文學的研究，立足於國際學術界，締造另一文化奇蹟。

【註釋】

註一　陳少廷，〈對日據時期臺灣新文學史的幾點看法〉，刊《文學界》第二十四期，頁四八。

註二　同前註，頁五〇。

註三　張恒豪，〈超越民族情結重回文學本位—楊逵何時卸下「首陽農園」〉，《文星》第九九期。

註四　朱鋒，〈不堪回首話當年〉，臺北文物三卷三期，頁六七。

註五　王莫愁〈彷徨的臺灣文學〉，一九八四年春季出版的雜誌《文學界》曾再刊行，由葉石濤翻譯。

註　六　一九五四年五月二十八舉辦〈北部新文學、新劇運動座談會〉，刊《臺北文物》第三卷第二期，一九五四年八月二十日出版，頁三。

註　七　參見《臺北文物》的〈編後記〉，刊第三卷第三期，一九四五年十二月十日出版，頁一四四。

註　八　引自陳少廷〈對日據時期臺灣新文學史的幾點看法〉，刊《文學界》第二十四期，頁四八。

註　九　該文標題前後不一，十月廿二、三日作。〈不屈的文學魂—論楊逵兼談日據時代的臺灣文藝〉，廿四、廿五日將「臺灣文藝」改爲「臺灣文學」。

註一〇　實則僅論七篇：〈鵝媽媽出嫁〉、〈種地瓜〉、〈無醫村〉、〈萌芽〉、〈送報伕〉、〈模範村〉、〈春光關不住〉。

註一一　傅博，〈日據時期臺灣新文學的評價問題〉，《文星》復刊二號，頁一〇九—一一〇。

註一二　陳信元，〈大陸對臺灣文學的研究概況〉，該文收錄在陳氏《從臺灣看大陸當代文學》一書，業強出版社，一九八九年七月，頁一三。

註一三　〈大陸五屆臺灣文學學術研討會論文篇目〉，《臺灣文學觀察雜誌》第六期，一九九二年九月，頁一三三—一四一。

註一四　劉登翰〈大陸臺灣文學研究十年〉一文，刊《臺灣文學觀察雜誌》第一期，一九九〇年六月，頁六三。

註一五　參見杜國清〈大陸對臺灣文學的研究〉，刊於《臺灣文藝》第一〇八期，一九八七年十一月十二日，頁二四—二六。

註一六　同註一四，頁六一。

註一七　周慶華〈十年來海峽兩岸文學交流的省思〉，刊《臺灣文學觀察雜誌》第一期，一九九〇年六月，頁四九。

註一八　同註一五，頁三〇。

註一九　同註一四，頁六四。

註二〇　轉引自永正義〈臺灣文學的歷史與個性〉，葉石濤譯文。該文收錄於《沒有土地，哪有文學》一書。

註二一　該文經洪鯤翻譯，刊《文季》二卷三期，一九八四年七月，頁五二。

註二二　李瑞騰整理，〈塚本照和先生訪問記〉一文述及「他之所以決定以光復前的臺灣文學爲研究的第一目標，是基於一個史的認知，因上一代的日本人曾壓迫過臺灣同胞，下一代是有義務對那一段的歷史作一客觀的省察，而目前在日本，除了有一位文藝評論家尾崎秀樹和一個中學教師河原功，曾做過一點研究外，幾乎不見有其他學者致力於斯，再加上他從臺灣所出版的《中國新文學史》、《中華民國文藝史》等書，發現光復前的臺灣文學有意無意的被忽視了。」文刊《臺灣文藝》第六十六期，一九八〇年三月出版，頁二一四。

註二三　見天理大學南方文化研究會刊出的學術年刊《南方文化》第八輯，一九八一年十一月出版。

註二四　參考下村作次郎撰，〈臺灣文學研究在日本〉，二十世紀中國文學研討會論文，一九九一年八月。

註二五　同前注。

註二六　該文雖探討一九七七－一九七八年的鄉土文學論戰，但與日據下臺灣新文學關係密切，故列入。

註二七　池田敏雄乃日據時代在臺學者，此紀念特集亦涉及到臺灣新文學運動，故予以列入。

註二八　參考《先人之血，土地之花》一書，前衛出版社，頁九及頁三一五－三二四。

註二九　見應鳳凰撰，〈三缺一、三缺二－兩岸的《臺灣文學史》〉，刊中時晚報副刊，一九八八年三月十二日，第十一版。此轉引白先勇的話。

註三〇　方美芬撰〈中國大陸對臺灣文學研究論文目錄〉，前言引杜國清語。見《當代文學史料研究叢刊》第三輯，當代文學史料研究社發行，頁二六一。

本論

第一章　日據時期臺灣新文學的發展

第一節　臺灣文士之覺醒與文化抗日

臺灣自乙未割讓之後，即淪爲日本的殖民地。揆諸日本據臺之主要目的凡二：目的之一在進行對臺經濟剝削，並將臺灣作爲本國生產的消費市場；目的之二在以臺灣爲其南侵的據點（註一）。其治臺政策，亦針對上述目標，竭力斬絕臺灣與中土之血緣關係，並以「差別待遇」宰割臺民。面對殖民當局所採之種種政治措施，臺灣知識分子備受前所未有之衝擊。在此波濤洶湧之衝擊中，他們如何化解困境？如何在重重橫逆之中尋求抗日，啓迪民智之道？本節擬探討日據時期知識分子之覺醒與文化抗日之原委。

臺灣新文化運動，肇端於一九二〇年，該運動乃以非武力之方法從事抗日活動。從曇花一現的唐景崧「臺灣民主國」至一九一五年余清芳「噍吧哖事件」，此二十年間，全臺志士不斷以武力鐵血抵抗日本異族之統治。然而當時之武力抗日行動既無健全之組織與周延之計畫，又無雄厚之軍費及新式之武器以爲後盾，是以終歸失敗，且犧牲慘重。至此，全臺志士方幡然覺醒，深知武力抗爭不能爲功。當時日本當局屠殺臺人、誘殺志士，殘酷已極，凡此荼毒，亦激發全臺民衆之民族意識。一九一六年，日人吉野作造提倡「民本主義」運動；一九一七年蘇聯社會主義十月革命，次年，美國總統威爾遜發表戰後十四點和平條件的原則，高唱民族自決；一九一九年，朝鮮發生三一民族獨立運動，中國大陸爆發「外爭主權，內除國賊」的五四運動，印度亦於此時爭取獨立，同時日本戰後興起的社會主義運動、普選運動、民主自由運動……等，凡此時代風潮，對臺灣新文化運動之展開，不無影響。採取非武裝、以法理爲依據之方式向日本統治當局抗爭，意味著在日式殖民地教育下之臺籍知識青年，已企圖從文化方面反省、改善臺灣現狀，冀能改善「弱小（少）民族」之命運。

蔡培火曾說臺灣「精神荒涼乾燥……，遂招人侮辱」（註二），處於殖民者的文化壓迫之下，被殖民者之境遇眞是「人爲刀俎，我爲魚肉」。而文化水準之低落，尤令被殖民者毫無自信，幾乎喪失抵抗能力；同時亦予支配者凌駕宰割之口實。於是提昇臺民之文化水準，遂成臺省知識分子從事革新的當務之急，而新文化運動適成政治抗日之先聲。第一次世界大戰後，世界新思潮漸衍傳臺灣，臺省知識分子眼界亦大開，動輒瞻眺寰宇，而益感文化競爭之壓力，此一文化壓力對他們所造成的恐慌，尤甚於因殖民者的政治壓力而生的恐懼。誠以殖民者至多能奪其物質而已，而世界文明之競賽，卻可將臺民拋入「野蠻人」之境地，甚者且喪失做人的資格。他們於世界文化之前、異族凌逼之下，奮其氣志，力持尊嚴，因日本當局統治臺灣之意圖，只求征取經濟利益，爲固守其優勢地位，斷無幫助臺人提升精神文化之理。有鑑於此，日據時期臺灣知識分子在對抗殖民者之前，勢必先將其統治迷思摧陷廓清，然後憑自身之力量，完成從事文化水準之提升，以爲對抗殖民統治者之憑藉。林仲輝曾說：

倘同胞能合群策群力，以謀發展，各以啓牖民智爲己任，文化向上爲前提，闡其精英，恰乎民治，亦何難與之對壘周旋，抗議差別對待乎?……，設吾輩能以思想克復強權，智力打勝蠻野，彼爲政者雖欲以武力政治加諸於我，亦有所不能。（註三）

可見此一文化運動之目的，在於啓迪同胞、提昇文化、改造社會，以爲政治運動之憑藉，而非純然文化性質的工作。以客觀情勢衡之，臺灣新文化運動應以一九二〇年一月十一日由留日知識分子於東京成立之「新民會」爲權輿。（該會之前雖有「聲應會」、「啓發會」之組織，但均缺乏實際成績可言）。其刊行之《臺灣青年》雜誌，尤爲推動新文化運動之核心。創刊號〈卷頭之辭〉中說：

從這種絕大的不幸當中，能得保全性命的全人類，業已由既往的惰眠覺醒了。覺醒了討厭黑暗，追慕光明；覺醒了反抗橫暴，服從正義；覺醒了擯除利己的、排他的、獨尊的野蠻生活；企圖共存的、犧牲的文化運動。你看！國際聯盟的成立，民族自決的尊重，男女同權的實現，勞資協調的運動等，沒有一項不是大覺醒所賜與的結果。臺灣青年呀！高砂島的健兒呀！還可以不奮起嗎?（註四）

同情臺人處境的東京帝國大學法學博士吉野作造在文化運動中也提出自主性的觀點：

戰後世界各國，文化運動之潮流，正在澎湃流行之際，臺灣諸君，亦不能晏如坐視以逆此潮流者，固不足怪矣。惟此種之運動，若就個人之意識，或民族之意識而言，苟非出於自主的，決

非眞正之運動也。……，夫欲見文化運動之眞正成功，必根源于古來之歷史及民族性，……甚盼臺灣人諸君之開發文化。（註五）

凡此同情臺人之言論，皆有助於提升臺灣民衆之文化水準。王敏川在漢文欄之發刊旨趣中謂「今日世界改造之秋，國民之榮辱，不在乎國力之強弱，而在乎文化程度之高低」（註六），可見時人之心態。《臺灣青年》、自此展開波瀾水闊的臺灣新文化運動。

廖毓文認爲：「臺灣新文化運動，是爲啓發省民的思想，提高本省的文化，以期爭取省民的政治的自由，而脫離異族的支配。」（註七）連溫卿也說：「形成臺灣新文化運動的基調、底流、思想，就是臺灣人的反日民族自決，民族主義思想……臺灣新文化運動始終是和民族解放的政治運動合在一起，有不可分的關係。」（註八）廖、連二氏所說，證諸史實，確爲的論。《臺灣民報》第七九號社論〈文化運動的目標〉亦云：

文化運動是一切運動的基礎，在全體民眾沒有完全覺醒以前，任你社會運動家怎樣叫嚷社會改造，任你政治運動家怎樣鼓吹民權的伸張，也不過是做一場夢罷了。（註九）

可見新文化運動確實爲抗日運動之基礎。其落實之道，則在改革習俗、改造青年、解放婦女、婚姻自主、傳播新文學運動及新觀念。一九二〇年後期臺灣新文化運動之所以急速發展，與《臺灣民報》之發行關係頗深。該報大抵以白話文屬辭成篇，報導中國大陸時勢和文化之篇幅不少，如在婦女地位問題方面轉載的文章即有：〈貞淫問題之由來〉、〈女子在社會上應處的地位〉、〈女子在社會的注意〉、

〈男女爲什麼不許同座？〉……諸文。由臺灣留學生主導的臺灣文化啓蒙運動，自提倡以還即獲得三臺知識青年之鼎力支持。要之，從《臺灣青年》、《臺灣》、《臺灣民報》這一薪火相傳之刊物，無不以啓發臺灣文化爲職責，由於知識青年之努力，使得做爲臺灣新文化運動一支的臺灣新文學得以萌芽、茁壯。

【註釋】

註一　日本政要外務大臣陸奥宗光撰〈關於臺灣島嶼鎭撫策〉一文說：「我們佔領臺灣之要旨，不外乎在於二端，即：一以本島作爲將來展弘我版圖於對岸之中國大陸及南洋群島之根據地；一則在開拓本島之富源，移植我工業製造，壟斷工商權利。」轉引自劉振魯〈對日據時期滅種政策的剖析〉一文，刊《臺灣文獻》三十三卷一期。

註二　蔡培火〈隔二年後之歸臺〉，《臺灣青年》第三卷第二號，漢文之部頁九。

註三　林仲輝〈訪代議士永井柳太郎氏有感〉，《臺灣青年》第一卷第二卷，漢文之部，頁廿一。

註四　《臺灣青年》創刊號〈卷頭之辭〉，頁一。此處採用黃得時之譯文，見〈臺灣新文學運動概觀（上）〉，《臺北文物》三卷二期，頁一四。

註五　吉野作造〈祝辭〉，《臺灣青年》創刊號，漢文之部，頁一七。

註六　王敏川〈「臺灣青年」發刊之趣旨〉，見前揭書，頁四〇。

註　七　廖毓文〈臺灣文字改革運動史略〉，《臺北文物》二卷三期，頁一〇七。
註　八　北部新文學、新劇座談會，刊《臺北文物》三卷二期。
註　九　〈文化運動的目標〉，《臺灣民報》第九七號，社論。

第二節　臺灣新文學運動的展開

臺灣新文學運動是文化啓蒙運動和抗日民族運動的重要內涵，此一運動不僅從事文學創作，更肩負文化改良、社會改造及喚起民族自覺之重要使命。本節爲敘述方便，分三階段以說明之。（註一）

一、臺灣新文學的第一階段（一九二〇—一九三二年）

從一九二〇年《臺灣青年》創刊，至一九三二年普羅文學甚囂塵上、左翼分子率遭檢舉爲止，此爲臺灣新文學第一階段。

㈠文學理論的介紹與白話文的提倡

《臺灣青年》創刊號刊載陳炘〈文學與職務〉一文，該文可謂臺灣新文學運動首篇陳述理論之作，陳氏認爲「文學者，乃文化之先驅也」、「文學者，不可不以啓發文化，振興民族爲其職務。」（註二），強調眞正的文學應具備情感和思想，負起普及文化，傳播文明思想，振興民族，改造社會之使命，並引「近來民國新學，奬勵白話文」爲證。文末且云：

處今日之臺灣，按今日之形勢，當使文學自覺，勵行其職務，以打破陋習，擊醒惰眠，而就今日之文明思想，以爲百般革新之先導，爲急務也。（註三）

陳氏該文對文學之價值、功能已有所探討，可謂臺灣新文學運動之首篇文獻，亦首倡的臺灣新文學「言文一致體」及自覺的文學觀，並以中國文學革命爲依據。其後甘文芳撰〈實社會與文學〉，抨擊吟花弄月之舊文學。並討論第一次世界大戰後之文學方向時，以爲當借鏡於中國文學革命以來之新文學。（註四）凡此似乎可聞到中國文學革命之新氣息，已濡染於當時某些留日知識分子，而臺灣本土則尚未得此訊息。一九二二年一月陳端明發表〈日用文鼓吹論〉一文，揭開臺灣白話文運動之序幕。文中強調日用文應以簡便爲主，指摘襲用文言文之弊並大力提倡白話文。他在結論中特別提及白話文之優點：

白文之利，第一可以速普及文化，啓發智能，同達文明之域。第二意義簡易，又省時間，稚童亦能道信，自幼可養國民團結之觀念，其影響於國家不少，有此種種之便，故白文行見必更盛行於世，非偶然也。（註五）

然而陳氏之文章未引起讀者之注意。廖漢臣究其緣由凡二，一爲《臺灣青年》雖自創刊之始即並用中文、日文，然實以日文爲主，其讀者亦以通曉日文者較多，中文讀者則較少。二爲該刊於日本發行，所印冊數不多，不易引起臺灣讀者之注意。（註六）

同年四月《臺灣青年》改組爲臺灣文化協會之機關雜誌，更名爲《臺灣》，刊布林南陽〈近代文學の主潮〉一文（註七），介紹西方浪漫主義、自然主義與新浪漫主義以後之各種文學思潮。受到中國新文學運動刺激的黃呈聰、黃朝琴二人於一九二三年分別發表了〈論普及白話文的新使命〉和〈漢文改革論〉。由於這兩篇論文，中國五四白話文運動的成效，遂正式介紹到臺灣。黃呈聰極力鼓吹臺灣亦需採用白話文，他說：

回想我們臺灣的文化，到如今猶遲遲沒有活動，也沒有進步的現象，原因是在那兒呢？我要回答說，是在我們的社會上沒有一種普遍的文，使民眾容易看書、看報、寫信、著書，所以世界的事情不曉得，社會的裡面暗黑，民眾變成愚昧，故社會不能活動，這就是不進步的原因了。於是我很感覺普及這種的文字，使我們同胞共同努力，普及這個文做一個新的使命，是很要緊的。（註八）

又說：

總而言之，這個白話文是做文化普及的急先鋒，所以自今以後要從這個很快的方法來普及，使我們的同胞曉得自己的地位和應當做的，就可以促進我們的社會了。這個事是很容易的，因爲我們同胞已經學過了多少漢文的人很多，常常愛看中國的白話小說，將這個精神引到看現在中國新刊的各種科學和思想的書，就可以增長我們的見識了。（註九）

黃呈聰以爲臺灣文化不可與中土文化相離，因而力倡白話文，黃氏文中亦嘗觸及「臺灣話文」之問題，他說：

假如我們同胞裡面，要說這個中國的白話和我們的話是不同的，可以將我們的白話用漢文來做一個特別的白話文，豈不是比中國的白話文更好麼？我就說也是好，總是我們用這個固有的白話文，使用的區域太少，只有臺灣和廈門、泉州、漳州附近的地方而已，除了臺灣以外的地方，不久也要用他們自國的白話文，只留在我們臺灣這個小島，怎樣會獨立這個文呢？我們臺灣不是一個獨立的國家，背後沒有一個大勢力的文字來幫助保存我們的文字，不久便就受他方面有勢力的文字來打消我們的文字了，如像我們的社會文化不高，少數人的社會更容易受多數人的社會推倒了。所以不如再加多少的工夫，研究中國的白話文，漸漸接近他，將來就會變做一樣，那就不但我們的範圍擴大到中國的地方，就是有心到中國不論做甚麼事也是很方便，大家若是這樣想，就我們的臺灣雖是孤島，也有了大陸的氣概了！（註一〇）

黃呈聰於臺灣話文似持反對意見。由此問題之提出，可知當時知識分子已措意於臺灣白話文是否適用一事。雖然，臺灣話文適用與否之論爭須待三〇年代方日趨激烈。

黃朝琴〈續漢文改革論〉進而闡發黃呈聰之論：

照國語講習會的辦法，利用夜間的閒暇，開設白話文講習會，使不識丁的兄弟，練習練習，以最少的時間，使他們得著最大的知識，教授的方法，用言文一致的文體，以言語根據，使聽講的人，易記易寫，免拘形式，不用典句，起筆寫白就是了。（註一一）

陳端明、黃呈聰、黃朝琴三氏所主張者，僅限於語言文字之改革問題，尚未涉及文學問題，但是，他們提倡白話文之呼聲一起，即有知識分子響應支持，一九二三年四月《臺灣民報》創刊，即以白話文刊行，取代日文與中土文言併用之《臺灣》雜誌，並適時提供了白話文理論建設與實際創作之園地。

由於《臺灣民報》創刊，白話文運動自此展開，中國新文學理論亦陸續播於臺灣。臺灣新文學此一階段之發展，主要在提倡使用白話文，以啓發民智、改造社會，普及文化，對於新文學內容的提倡，尚未有意提倡。至一九二四年四月，留學北京之張我軍在《臺灣民報》發表〈致臺灣青年的一封信〉，方將白話文運動導入新文學運動。如嚴格界定運動之義，在臺灣興起新文學運動宜自一九二四年至二五年「新舊文學論爭」後算起。

㈡文學革命—新舊文學論爭

一九二三年七月十五日，許乃昌以秀湖（訛印爲秀潮）筆名發表〈中國新文學運動的過去現在和將來〉（註二二），介紹《新青年》雜誌上胡適所撰〈文學改良芻議〉與陳獨秀〈文學革命論〉一文，並詳述中國新文學之發展、作家及作品。許氏此文雖未積極探討臺灣文學之走向，然字裡行間已暗示臺灣新文學應朝依中國新文學之路線發展。明年，蘇維霖（即蘇薌雨）氏於該刊二卷十號發表〈二十年來的中國文學及文學革命的略述〉。旅居東京之張梗隨後亦撰〈討論舊小說的改革問題〉，對舊小說提出批評：

舊小說的進途，已迫到無可奈何的今日了。隔著一衣帶水的中國，早已出了許多學者出來極力

> 痛論提倡改革，面目一新，已非昔日。而獨我們臺灣居然猶是祖傳下來（訛誤祖下傳來）那樣的固陋難堪。不、不，我還是有些過獎，平心而論，臺灣那裡有小說之可言，不過是那些中國流來的施公案、彭公案罷了。我想我們臺人苟自居爲文化人，爭並肩而立於二十世紀的地球上，爲什麼竟不要求小說的發達？已會政治運動爲何把文藝這方面竟忘掉了？而這些文化運動，卻不藉文藝方面的扶助而圖成長，這也是二十世紀的一大奇跡。我起初還想世之識者還在那裡三揖讓四謙遜，不久自會有人出來，誰知到如今還是這模樣。（註一三）

張氏又分：㈠獨創、㈡創作須含意、㈢含意須深藏、㈣排春秋筆法、㈤倡科學的態度、㈥歷史和小說須分工等六章，展開他的舊小說改革意見，他討論的對象雖是些舊式章回小說，但是在文學風氣還未開的當時，可以說是一篇難能可貴的論述。

上述三文可謂臺灣新文學運動之先聲，對舊文學首先進行抨擊的是當時尚負笈北京之張我軍，他在一九二四年發表了〈致臺灣青年的一封信〉，他說：

> 諸君怎的不讀些有用的書，來實際應用於社會，而每日只知道做些似是而非的詩，來做詩韻合解的奴隸，或講什麼八股文章，替先人保存臭味，（臺灣的詩文等，從不見過眞正有文學的價值的，且又不思改革，只在糞堆裡滾來滾去，滾到百年千年，也只是滾得一身臭糞。）想出出風頭，竟然自稱詩翁、詩伯，鬧個不休。（註一四）

不久張氏又發表了〈糟糕的臺灣文學界〉，說：

還有一班最可恨的，把這神聖的藝術，降格降至於實用品之下，或拿來做沽名釣譽，或拿來做迎合勢利之器具，而且自以為儒文典雅，其實這種器具得來的名利，與用金錢得來的有何分別？實在有比用金錢做器具的老實人更可鄙可恨的！（註一五）

張氏復陸續發表〈為臺灣的文學界一哭〉（二卷二十六號），〈請合力拆下這座敗草欉中的破舊殿堂〉（一九二五年一月）三卷一號，〈絕無僅有的擊鉢吟的意義〉三卷二號）等文字，把舊文學攻擊得體無完膚。

乃有鍾情於古典文學之人士不以為然，一九二五年一月五日，《臺灣日日新報》漢文欄刊出悶葫蘆生〈新文學的商榷〉一文抨擊新文學：

臺灣之號稱白話體新文學，不過就普通漢文加添了幾個字，及口邊加馬、加勞、加尼、加矣、諸字典所無活字，此等不用亦可之（不通不）文字。假如用齊天大聖法力，俾一一變成鑽石，亦不該如村婦之簪花，簪得全無順序，徒笑破人口。謹按文學之尚簡易者，在唐時即有如元白之老嫗都解；記事之尚簡易者，則有如宋儒語錄。今之中華民國新文學，不過創自陳獨秀、胡適之等，陳為輕薄無行、思想危險之人物，姑從別論。胡適之之所提倡，則不過藉用商榷的文字，與舊文學家輩虛心討論，不似吾臺一二青年之亂罵，蓋胡適之對於舊文學家，全無殺父之仇也。（註一六）

對於悶葫蘆生之批評，張我軍立撰〈揭破悶葫蘆〉一文（三卷三號）予以反駁。此後，不但《臺灣日日新報》續刊回罵文字，《臺灣新聞》、《臺南新報》，亦勻出篇幅，供傳統文士發表文字。新舊文學之論爭乃愈形激烈，提倡舊文學者有：鄭軍我、蕉麓、赤崁王生、黃衫客、一吟友；提倡新文學者有：張我軍、蔡孝乾、前非、懶雲、張維賢等。在新文學陣容中，蔡孝乾之努力頗有可觀，他以〈為臺灣的文學界續哭〉（三卷五號），聲援張我軍。此外，又發表〈中國新文學概觀〉（三卷十二－十六號），詳細介紹中國新詩、短篇小說，對魯迅之介紹尤為詳細，稱之為中國新文學革命開始以來第一位值得注意的作家，該文為介紹中國新文學運動文章中尤為周詳之作。

張我軍除毫不留情抨擊舊文人之外，並積極引介新文學運動之理論，將臺灣新文學定位為中國新文學之支流，張氏之努力確有廓清舊文學勢力、確立白話文學地位之功。

論戰過程亦促成白話文學雜誌之問世，其一為楊雲萍、江夢筆創辦之《人人》，另一為張維賢等創辦之《七音聯彈》，此二刊物皆以提倡新文學為宗旨，洵臺灣新文學運動史上最早之白話文學雜誌。綜合言之，新舊文學一連串論戰之餘，傳統文士、詩社並未因而式微，然而新文學卻較往昔更具發展活力，並以「建設白話文學，改造臺灣語言」為努力目標。

㈢本階段特色

綜觀自一九二〇年至一九三一年此十二年間之臺灣新文學運動，約有數端，頗值概述：自《臺灣青年》創刊，而新文學乃有發表之苑囿，此時新文學作者率皆從事政治、社會運動之知識分子，他們熟諳古典詩文，亦樂於依古典詩文之形式（模仿古詩文的文體及表現形式）以傳播其政治理念，因此以經典、詩賦爲依據之諷刺作品，遂應運而生。此類作品以舊瓶容新酒的方式，將現代之思想、內容注入儒家經典之架構。此一時期之文學，旨在宣揚、傳播政治理想，鼓吹人民參與臺灣政治活動，呼籲重視婦女教育，提倡自由戀愛婚姻，而純粹之文學意識則尚不明顯。

上述諷刺詩文，爲當時文學最顯著之表達，詩文中直接攻擊日本在臺灣的殖民態度與政策。尤以六三法案之撤廢，飽受文士之諷諭。茲選列數則於后：

△子曰：酷矣，六三也，傷矣，吾不復言西庵。

△子曰：六三在，不安眠，眠必有災。

△子曰：六三之存不可不防也，一則以恐，一則以懼。

△子曰：士不可以不運動，任重而道遠，責以爲己任，不亦重乎，撤而後已，不亦遠乎？

△子曰：六三治臺灣，所損益可知也。三一治臺灣，所損益可知也。其或繼續者，雖改正可知也。

△子曰：六三不撤，議會不設，文化不能進，經濟不能立，是吾憂也。

△子曰：獨立吾不得而夢之，得眞自治者斯可矣。（以上見石如恒〈新論語〉，《臺灣青年》二卷三號。）

△子曰：六三之道，在明明壓，在苦民，在止於至毒。知毒，而後有懼，懼而後能慮，慮而後能計，計而後能撤。法有良惡，政有善虐，知所分別，則近慧矣。（石煥長〈新大學

〉，同前）

作者藉四書之語氣、形式，將譏評、嘲諷之意覼縷陳之，可謂言簡意賅。他如李漢如〈短笛無腔篇〉（刊《臺灣》三卷二、三號）亦以四書爲議評之資。此一現象足徵早期臺灣文士並不排斥儒家經典，他們嫻熟經典，有所論述亦每以文言行文。即令稍後之臺灣民報旨在提倡白話文，但仍時見文言之痕跡。如一九二四年《臺灣民報》刊蔣渭水摹仿「賦」體撰古文數篇，其尤著者，則爲仿靖節〈歸去來辭〉之〈快入來辭〉；仿子瞻〈赤壁賦〉之〈入獄賦〉，此二佳構成於一九二三年歲暮，臺灣警事廳以政治犯名義緝捕蔣渭水氏，蔣氏下獄之時作。蔣氏仿陶、蘇名作之結構，以滑稽之筆寓譏諷微旨，誠可謂諷諭之妙文。蔣氏之古文，往往騁其華藻，或狀山水之靈秀，或頌直友之守道而見繫，或假滑稽之辭譏評時政，莫不從容按節，筆暢墨酣。蔣氏稍後又於臺北監獄發表〈送王君入監獄序〉（刊《臺灣民報》二卷五號），全文仿韓愈〈送李愿歸盤谷序〉，凡此均可見當時文士對古典詩文之精熟，蔣氏作〈快入來辭〉一文時，且說：「仿歸去來辭試作一篇，藉以報平安信也，但獄中無古文，只憑腦根抽出，恐有錯誤，幸祈諒之。」當時作者多以古典詩文陳其政治異議，其因在於當時文士習以文言文撰文，他們對白話文尚未能運用自如，至於翼贊儒家亦異於中國新文學運動時期之反儒。

新文學運動是新文化運動的一支，因而在習俗改革、婦女解放、婚姻自主……等方面極力攻擊傳統鄙陋之處，對殖民統治亦時加批評，不遺餘力。一九二二至一九二四年間有五篇小說問世，一是追風〈彼女は何處へ〉，描寫舊禮教下傳統媒妁之言的迂腐婚姻制度，鼓勵女性自覺，追尋自我，奮鬥的決心。二是無知〈神秘的自制島〉（寓言小說）以象徵手法諷喻臺灣人不但被殖民者奴役，而且忘記自己是受人家奴役。他們變成情願受奴役的人，以戴枷為榮，批判了臺民已失去向上之心，甘為奴隸之劣根性。三是柳裳君的〈犬羊禍〉（文言章回小說）描寫臺灣士紳醜惡的嘴臉揭露社會運動領導群的內幕。四是施文杞〈臺娘悲史〉（中文寓言小說）；以「臺娘」暗示臺灣，「日猛」暗示日本，寫日猛如何使華大就範，逼使臺娘淪為日猛之妾。五是鷺江TS的〈家庭怨〉，描述臺灣學生在臺灣從事反日啓蒙運動，處處受到掣肘，決心回到大陸求學的心路歷路。這些作品顯然都還處萌芽階段，加上都以政治主張或社會改革為主題，其藝術氣息自未濃厚，創作者皆為社會運動家，專業之文學工作者迄未出現。當時臺灣文壇，時見評介與議論之文字，純粹之創作則寥寥無幾。

新舊文學論爭之餘，新文學陣營之成員，不再浪費時間於爭辯之中，而集中精力從事建設工作，由於本土作家作品稀少，因此臺灣民報譯介、轉載了頗多大陸新文學作品，轉載胡適之作品探討女性、婚姻問題者為多，如一九一九年在《新潮》所發表的〈李超傳〉，《臺灣民報》於一九二三年轉載胡適撰六、七千言的長傳，以表揚為抗議舊家族制度而自殺的李超。李超本籍廣西，父母已逝，亦無兄弟，但是她無法繼承父母的遺產，因其堂兄為嗣子，依法得繼承全部財產。李超以家中金錢讀書求學，而堂兄盼她早日于歸，於是斷其財源，不供學費，李超終至見逼自傷，逝於他鄉。胡適此文旨在藉李超一生的遭遇，以為婦女借鏡，說明她是家庭制度、經濟壓迫下的犧牲者。其餘小說作品亦多半側重強調個人自我、自由戀愛、唾棄腐風敗俗等。如《臺灣民報》一九二五年四月轉載冰心小說〈超人〉，五月轉載胡適啞劇〈說不出〉，胡適該文呈現出五四另一素質—破壞偶像—標榜與社會腐敗風俗奮戰之英雄。以下茲將民報所轉載之小說列述之：

1.臺灣民報轉載胡適之作品及譯作

篇名	刊載期別	刊登日期	備註
終身大事	一、二號	一九二三年四月十五，五月一日	
李超傳	四號	一九二三年七月十五日	
百愁門	十五號	一九二四年一月一日	譯作，英國吉百齡撰
漁夫	十七號	一九二四年二月廿一日	譯作，法國莫泊三撰
說不出	五四號	一九二五年五月十一日	
黃梨洲論學生運動	六二號	一九二五年七月十九日	論述

鏡花緣是一部討論婦女問題的書	六六號	一九二五年八月廿三日	論述
譯詩二首	九三號	一九二六年二月廿一日	

2.臺灣民報轉載魯迅之作品及譯作

篇名	刊載期別	刊登日期	備註
鴨的喜劇	四一號	一九二五年一月一日	轉載自《吶喊》
故鄉	五〇、五一號	一九二五年四月一、十一日	
犧牲謨	五三號	一九二五年五月一日	原刊《語絲》十八期
狂人日記	五五、五六號	一九二五年五月廿一日，六月一日	
魚的悲哀	五七號	一九二五年六月十一日	譯作，係愛羅先珂作品
狹的籠	六九－七三號	一九二五年九月六、十三、廿、	轉載自《愛羅先珂童話

		廿七日，十月四日	集》
阿Q正傳	八一—八五，八七、八八、九一號	一九二五年十一月廿九日，十二月六、十三、廿、廿七日，一九二六年一月十、十七日，二月七日。	轉載自《吶喊》刊至第六章〈從中興至末路〉
雜感	二九二號	一九二九年十二月廿二日	署名迅，轉載自《華蓋集》
高老夫子	三〇七—三〇九號	一九三〇年四月五、十二、十九日	署名迅

3.臺灣民報自一九二五—三〇年轉載中國新文學家小說作品及譯作

△一九二五年所轉載之小說作品：有（依刊登時間之先後）淦女士〈隔絕〉、Pierre Louys著，周建人譯〈比勃里斯〉、魯迅〈故鄉〉、冰心〈超人〉、魯迅〈狂人日記〉、加藤武雄著周建人譯〈鄉愁〉、花華生〈慕〉、郭沫若〈牧羊哀話〉、魯迅〈阿Q正傳〉。

△一九二六年所轉載之小說有：

楊振聲〈李松的罪〉

△一九二七年所轉載之小說有：

張資平〈雪的除夕〉、學琛〈嫁期〉、田連渠〈異國〉、覺厂〈別後〉、惜恭〈心影〉、世荃〈爲甚麼〉、陳學昭〈她的婚後〉、霍爽著、朱賓文譯〈約翰孫的懺悔〉、黃仁昌〈弟弟〉。

△一九二八年所轉載之小說有：

愛聾〈晚宴〉、苑約〈溪邊〉、姜希節〈離散以後〉、春信〈誘惑〉、王異香〈折白薰〉、貢三〈慈母的心〉、蔚南〈一九二七年的李四〉、宛約〈生命〉、胡也頻〈毀滅〉、雪江〈時代的落伍者〉。

△一九二九年所轉載之小說有：

潘漢年〈法律與麵包〉、許欽文〈口約三章〉、滕固〈離家〉、達仁〈壓〉、楊浩然譯〈標緻的尼姑〉松田解子著、張資平譯〈礦坑姑娘〉、張資平譯〈難堪的苦悶〉、陳雪江〈賣人〉、王魯彥〈一個危險的人物〉、陳明哲〈父親〉、劉大杰〈妻〉、鄭慕農〈深愁〉。

△一九三〇年所轉載之小說有：

劉大杰〈支那女兒〉、鄭慕農〈白衣女郎〉、章衣萍〈第一個戀人〉、劉大杰〈妹妹，你瞎了〉、魯迅〈高老夫子〉、左幹臣〈創痕〉、〈刺的玫瑰〉、光赤〈慈〉〈尋愛〉、〈逃兵〉、〈橄欖〉、丙生〈泥濘〉、凌叔華〈女人〉、郭沫若〈歧路〉。

由於本土作家作品稀少，臺灣民報不得不轉載大陸新文學家之作品。作家如淦女士（馮沅君）、魯迅、郭沫若、張資平、胡也頻、潘漢年、許欽文、王魯彥、劉大杰、蔣光慈（又名蔣光赤）、凌叔華、冰心、章衣萍、陳學昭諸氏，皆為當時重要作家。自一九二五年至一九三〇年這六年間民報所轉載之大陸作品，除一九二六年較少外，其篇數則從九—十二—十四，逐年遞增。同時臺灣小說創作在一九二六年開始出現有價值之作品，本土作品亦漸增加，雖然創作數量皆不及轉載作品之數量（一九二六年例外），但自一九三〇年後幾已兩方相當，甚而一九三一年轉載劉大杰〈櫻花海岸〉一作之後，民報學藝欄部分—幾乎觸目皆為本土作家的創作。本小節所論偏重小說，其餘新詩、文學理論方面亦呈類似情形，故不復贅述。

第一階段文學特色除以上所舉之外，尚有：小說評論悉賴報刊發表，尚未有獨立之文藝雜誌為其發表機關。此外寫評論、小說者，大都為社會運動家，因此作品之思想傳達遠甚於藝術氣氛。專業文學工作者尚未出現。尤其本期之最後階段，除民族主義外，無政府主義、共產主義等社會主義流派皆傳入臺灣，不僅影響臺灣社會運動團體之思想，亦影響文學創作之理念。如一九三〇年由王萬得主倡之綜合雜誌《伍人報》，以思想啓蒙為主旨，雖非純粹文學雜誌，然其內容包括文藝創作與評論。這份雜誌不久就因成員思想路線相左而分裂，民族主義者黃白成枝另與謝春木發行《洪水報》，無政府主義者林斐芳則另創《明日》。《伍人報》在發行十五期後併入楊克培、謝雪紅主編之左翼文藝雜誌《臺灣戰線》。由此可知臺灣當時社會運動者，不論左派右派，都視文學為推展運動之利器。當時新文學工作者爲這些雜誌寫稿者亦所在多有。《伍人報》的作者有當時相當活躍的作家朱點人、王詩琅、廖毓文……等，賴和則名列《臺灣戰線》同仁。這一時期活躍的新文學作家大半都意識到新文學負有改造社會之使命，故莫不竭思盡略，爲諸社會、政治運動效命，這種文學創作態度及精神，對第二階段之新文學影響極爲深遠。

二、臺灣新文學第二階段（一九三一—一九三七年）

一九三一年是一個重要的分界點。溯自一九二一年以還，幾乎所有作者皆參與臺灣文化協會，他們視文學創作爲社會啓蒙與抵抗殖民之利器，其參與政治、社會活動遠比文學創作積極。然自一九三一年，臺灣民衆黨橫遭日本統治者解散；而其領袖蔣渭水復於是年病逝，此雙重打擊，對當時臺省知識、政治界而言，不可謂不重。未幾，日本統治者全面搜捕臺灣共產黨員，臺灣左翼分子在這一年內幾乎一一落網，受臺共領導的臺灣農民組合運動亦銷聲匿跡，左傾之後的新臺灣文化協會遂一蹶不振。他如謝春木之離臺，臺灣工友聯盟之停擺，皆足窺知一九三一年臺灣政治運由盛轉衰之原委。

於是知識分子改弦易轍，傾其心力於新文學之創作。自一九三一年後，《臺灣民報》轉載中國大陸新文學家作品亦漸頓減至無。一九三七年臺灣總督府嚴禁漢文，箝制日暴，尤以思想之控制爲甚，新文學作者動輒得咎，幾陷泥淖。本節以一九三一年至一九三七年爲第二階段，其因在此。

㈠臺灣新文學本土論的興起

日據時期臺灣新文學本土論肇端於臺灣社會文化之逐漸形成，且由臺灣與中土民情、風俗、文化、社會之差異而與中土寖成畛域。

臺灣新文學濫觴之際，創作之理論、語言形式，多少受五四新文學之影響，亦不乏藉文學文化、維繫民族血脈於不墜之用心。然而日本殖民政府素持斬割中臺關係之政策，臺灣與中土相聯繫之行動，遂動輒遭到尼阻。一九三〇年代以還，由於與祖國隔閡，日甚一日，於是新文學本土論乃順勢勃興，寖假而成臺灣新文學之大國。當時臺灣知識分子，莫不竭智盡慮，焦心苦思，盼望藉外來嶄新之文化，振興臺灣的社會、民衆，因此他們幾無暇省思臺灣傳統文化，甚者且以鹵莽滅裂的心態，視爲「封建」、「落伍」，而排擯蔑棄，使臺灣本土文化未能凸顯出來。此一現象自九一八事變，日本當局滌蕩臺灣政治社會反抗運動後，方促使臺灣知識分子再度省思新文學運動初期不遑深究的問題。

臺灣新文學運動從以「中國白話文創作中國文學」到「以臺灣話文創作鄉土文學」、「建立臺灣自己的文學」之轉變過程，社會主義思想的影響及社運之失敗有著密切關係。本節即擬以此試論臺灣新文學本土論興起之背景。

1.社會主義運動的影響

日據時期臺灣社會運動崛起之部分原因，在於日本當局貪婪無厭，戕剝臺省資源，暴斂臺人血汗之結晶；一九二三年的農民集體請願事件與一九二五年的二林蔗農事件即由此而起。一些臺省知識分子有見於此，乃倡導「社會主義」或「馬克斯主義」以爲思想基石，以聯合被剝削的農民與殖民統治者相抗。此一行動，頗中人心，而三臺人士景從響應者不乏其人。試以臺灣文化協會成員之思想言之，社會主義濡染臺灣知識分子始，文化協會的成員，有的秉持民族思想，有的崇奉社會主義，兩派並流，尚能相安於協會之中，及至社會主義日益發展，漸成燎原之勢，民族路線與階級路線終因立場不同，乃如冰炭，正式決裂。一九二七年連溫卿等左翼分子取得臺灣文化協會領導權，而階級運動取代前期的民族運動，寖成反抗殖民的主流。其所以如此，實因主民族運動者，其成員大抵皆爲所謂「資產階級」、「地主」，其奮鬥的目標爲設立臺灣議會，求政治自主；而崇社會主義以抗日者，則力倡以階級革命的手段解放臺灣的無產階級」（註一七），推翻日本統治，反對資產階級的剝削。一九二八年，經濟恐慌瀰漫全球，日本本土亦難倖免，爲改善國內經濟的惡化，日本殖民者變本加厲，倍蓰剝削臺民，而臺灣政治、社會運動遂日趨左傾。

社會主義運動者所關注的是臺灣各階層利益之衝突，他們認爲殖民地臺灣內部的階級矛盾遠勝於日本異族的統治，因此關注焦點乃在於社會內部的階級問題，其對抗的對象乃是日本殖民資本主義與臺灣土著資產階級、地主，而不再完全是日本這一異族的統治。雖然他們反對日本資本主義的同時，亦帶有民族主義之意味，但對中、臺文化之水乳難分、前途之息息相關等問題，則並非其關注之焦點。以此意識形態論創文學，那麼臺灣本土自是主體，內部的資產剝削、地主貪淫等問題遂爲描寫重心。雖然如此，他們所持之心態，猶屬「一島改良主義」（註一八）。等到臺灣共產黨成立之後，奉行日本共產黨所擬之「臺灣民族」政治綱領，而左翼分子受此影響，其所操持之意識，除「鄉土情懷」、「

現實意識」之外，復增添了「臺灣民族主義」與「臺灣政治獨立」二者。此等獨立建國之「臺灣民族」觀適與臺灣文學本土論聲氣互通，桴鼓相應。

臺灣文學本土論之形成，其政治、社會層面之因素凡四：臺灣文化協會揭櫫「普及大衆之文化」之大纛，主張文學文化當使知識不豐，識字不多的民衆共知共與；於是某些知識分子遂嘗試以文字傳譯臺灣之閩南語，撰文論述，發展臺灣鄉土文學。而「普及大衆」乃當時全球普羅文學之重要課題，二者之主要關懷若合符節，此其一。日據時期臺灣人士所發展之政治運動、社會運動屢遭日本當局尼阻壓迫；新文學運動則尚為日本當局所接受，於是抗日臺民紛紛獻身新文學創作，假文學活動以行抗日之舉。而濡染社會主義、共產主義之臺省知識分子亦置身其間，寓關心臺灣社會問題之思於文學活動，而漸漸發展出臺灣文學本土論，此其二。至於臺灣地區通行之閩南語與中土白話時相齟齬，使臺灣新文學運動早期所推行之白話文尤不易為臺灣人士所認同，此其三。重以日本語文挾其政權，迫使臺人不得不漸染薰習，不得不藉日文書籍以知世事，而日本文學亦無形之間影響臺灣人士，使臺灣新文學運動與中國文學相去日遠，而於政治、社會運動追求獨立自主之餘，更引發於中國、日本之外，建立獨立自主本土文學之動機，此其四。

2.臺灣話文與鄉土文學

臺灣新文學運動肇端之際，固受五四白話文理論之影響，然而迄至臺灣光復，中國白話文始終無法生根於臺灣，而發揚文化、啓迪民智之思，亦不能完全發揮。究其原因有三：一為臺灣意識日高一日，鄉土、地方、政治問題之省思，成爲文學之主題，而鄉土之語言，亦隨之大量出現於文學作品中；而中國白話文無法風靡臺灣。其原因之二爲：臺灣文士白話文學作品中時羼閩南口語、俚語，幾乎難以避免，此一現象，時時提醒臺省文士「母語難忘」。原因之三爲日本殖民有意斬絕中臺關係，中國之影響不能源源而來，重以在日語教育下，臺省文士對中國白話文日益陌生。而臺省文士自謂當時必須兼習臺閩語文、中土白話、日本語文，負擔過重，且爲文化進步之累（註一九）。基於此三項原因，而臺灣話文之發展，遂日益蓬勃。

一九二四年連溫卿發表〈言語之社會的性質〉一文謂：

> 言語和民族的敵愾心是一樣的，今日的言語底社會性質就是一方面排斥他民族的言語底世界優越權，一方面要保護自己民族的獨立精神，極力保護自己民族的言語（註二〇）。

連氏深明語文與民族精神相繫相關，故強調整理、改進臺灣地區之閩南語，以珍存之。連氏復有「認識到臺灣社會自主發展的客觀事實，自成一個單元的本質」等意見。同時張我軍則主張改良臺灣語言，以統一於中土國語，而與連溫卿之說壁壘分明。一九二九年《臺灣民報》先後刊載連雅堂〈臺語整理之頭緒〉、〈臺語整理之責任〉（註二一）二文，於日本之貶抑臺語大加撻伐，謂日人之措施將導致臺語日趨消亡，臺省人士之民族精神亦將不存，其於臺灣社會之傷害至深且鉅！連雅堂復謂臺語源自中邦，高古典雅，非當代中土白話所可望其項背；連氏嘗謂：「夫欲提倡鄉土文學，必先整理鄉土語言。」可見當時談鄉土文學是和臺語結合而論的。兩位連氏的論點雖然僅論及臺灣本土語言的重要性，尚未進一步將臺灣話與新文學運動結合，但顯然的他們已能注意到臺灣獨特文化、語言之重要。

一九三〇年迄一九三一年，黃石輝、郭秋生引發之「鄉土文學論戰」與「臺灣話文論戰」，爲臺灣地區新舊文學論戰以還規模尤鉅者，葉石濤嘗爲此論戰下注腳：「（此論戰）顯示著臺灣新文學已經從語文改革的形式進到內容的追究，向前跨了一大步」，「看得出除受大陸白話文運動的影響之外，臺灣本身逐漸產生和建立自主性文學的意念。」（註二二）

黃石輝倡導鄉土文學，旨在爲推動《伍人報》所倡之「無產階級文化運動」張目，而其淵源，則爲普羅文學。黃氏謂：

你是要寫會感動激發大眾的文藝嗎，你是要廣大群眾心理發生和你同樣的感覺嗎，不是呢，那就沒話說，如果要的，那末，不管你是支配階級的代辯者，還是勞苦群眾的領導者，你總須以勞苦群眾爲對象去作文藝，便應該起來提倡鄉土文學，應該起來建設鄉土文學（註二三）。

黃氏「以勞苦群衆爲對象去作文藝」云云，與三〇年代中土左翼文人之見解如出一轍；此一觀念既爲鄉土文學之前提，則表情達意之工具，自當乞靈於臺灣地區勞苦群衆所熟諳之臺灣話文，因此黃氏主張：

用臺灣話做文，用臺灣話做詩，用臺灣話做小說，用臺灣話做歌謠，描寫臺灣的事物（註二四）。

黃氏強調唯有鄉土文學方足以引臺灣之衆庶而入勝，從而克竟社會教化之功。

反對黃氏論調者，有廖毓文〈給黃石輝先生—鄉土文學的吟味〉、林克夫〈鄉土文學的檢討—讀黃石輝君的高論〉等文章；而郭秋生旋撰〈建設臺灣話文一提案〉一文發揮黃氏之說。朱點人復屬〈檢一檢鄉土文學〉一文相駁。兩派人士，皆持之有故，言之成理，遂引發論戰。

茲試析述兩派持論要點如下：反對臺灣話文之人士所持理由凡四：就文化、血緣層面觀之，臺灣、中國本不可分，故創作文學，不必乞靈於臺灣話文，此其一。以臺灣話文撰鄉土文學作品，內容題材局於一地，勢難普及全國，此其二。臺灣話文未臻典雅，不宜以之行文，此其三。若以中土白話普及臺灣，使臺灣衆庶皆熟諳白話，而神州人士亦了然於臺省文學，豈非二美！此其四。

主張假臺灣話文創鄉土文學者，其理由如后：日據時期臺灣之政治固難以中土白話運作，而其民族立場亦難認同於日本語文，際此艱困處境，誠無法不倡導臺灣話文，然此乃權變之道，此其一。中土白話與臺灣地區之口語時有鑿枘，不易溝通，農夫小民尤難索解，此其二。中土白話與文言、日語，在當時之臺員同屬知識分子之專利，不易普及，此其三。日據時期臺省人士將口語形諸文字，而成維繫斯文，啓迪民智之利器，誠大勢之所趨，此其四。

不久，提倡臺灣話文者因臺灣話有音無字之現象所生問題而自相爭議，臺灣話文亦不免要借中國漢字表達，而臺灣衆庶僅識之無者爲數甚多，雖以臺灣話文寫鄉土文學，農夫小民仍舊不懂，遂有「大衆依然是大衆，文藝依然是文藝」之歎。此不僅成爲主張臺灣話文者之難題，亦是主張中國白話文者之難題。此一問題，唯有恃長時間之教育，乃能漸漸消解。

要之，臺灣話文之討論，足令日據時期臺灣人士進而省思臺灣文化、教育、文學諸問題，從而思索解決問題之方，當時亦頗具時代意義。

㈡文學社團與文學刊物蠭起

1.三六九小報

一九三〇年（昭和五年）九月九日，臺南南社及春鶯吟社同人，創刊《三六九小報》，顧名思義，乃每月逢三、六、九日發行。茲刊雖名爲報，但內容則頗蘊趣味之雜誌，既不刊新聞，也不載時事評述，只是形式八開四頁雷同小報。第一版登廣告，另外三版多有定欄，尤其多登長短篇連載的小說，頗饒趣味。因其偏重趣味，所以其中有：太空論壇、新知識、新笑林、說海、古香零拾、東鱗西爪、文虎、開心文苑、銀幕春秋、小雅詩壇、新聲律啓蒙、花叢小記、雜俎等。該報發行人兼主編由趙雲石之子趙雅福（號劍泉）擔任，小報之創作，全以中文爲之，白話、文言兼容並包。洪鐵濤（刀水）於〈發刊小言〉，闡述了茲報發行旨趣（請參論文前附小報創刊號書影），節錄於左，以見其概：

……本小報創刊之緣起，實成於談笑之間，以三六九命名者，請以三日爲期，同人摭茶前酒後之言，入暝寫晨抄之工作，應有盡有，大書特書，能疑韓信說我別具聰明，獨賴朱三作賊，豈無考據？更有燈前說鬼，紙上談兵，妄言妄聽，禪不礙乎野狐，大收廣收，骨定多乎駿馬。一紙風行，足資談柄，實於臺灣刊行紙，別開一生面也。讀我消閑文字，爲君破睡工夫；凡知我者，珍以敝帚可也；棄我者，覆以醬瓿亦可也，同人都以一笑了之（註二五）。

雖說是：「消閑文字」，但該小報不失爲保存民族文化，維繫漢文之命脈。該報除刊登新舊小說、詩詞外，復闢雜俎、史遺、讀史管見、鞠譜遺稿及連雅堂氏的雅言、臺灣語講座等，其內容或蒐羅古人餘墨，或刊載先賢逸事，或採輯民間歌謠，或自創文苑佳構，長短兼收，雅俗同錄，頗爲古典文學別開生面。梓行期間，曾載海外孤本明史說部《金魁星》（章回體），爲佩雁所著，小說描寫明嘉靖年間徐階、嚴嵩故事，共登刊九卷，至第九卷五八回方刊畢。所謂佩雁，不知其眞實姓名，亦不知何許人，據說乃道咸年間來臺遊幕（師爺）者的手筆。連載之長篇小說，尙有：恤紅生的〈蝶夢痕〉、浚南生的〈社會鏡〉、鄭坤五的〈大陸英雌〉、綠珊盦主（許丙丁）的〈小封神〉、情網餘生的〈香國落花記〉，悉爲長篇鉅構，雖未能盡脫古典說部之窠臼，但構思奇巧，當時讀者多爲風靡。許丙丁、情網餘生二氏說部尤膾炙人口：〈香國落花記〉寫當日臺南酒家藝旦，極類上海小報，鴛蝴風格；〈小封神〉則以臺南市之寺廟庵觀，崇祀神佛爲材料，摭拾街談巷議，碎聞瑣語，點綴其間，時寓嬉笑怒罵，演成幽默小說。小報內容，中、短篇小說尤多，可參論文「附錄二：三六九小報刊行小說一覽表」。小報雖時刊登以酒家藝旦爲題材之詩文，但同時不忘勸人少駐足爲是。趙雲石撰〈花街瑣談〉一文，即針對臺南府城妓院分佈情形、遊客嫖妓狀況有說明，並揭露妓院乃性病傳染媒介，不可不愼。

「三六九小報」週年，黃拱五以「鯤南隱士」爲筆名，撰祝詞云：

> 試觀三六九報，名雖稱小，而意實深。譏諷詼諧，儘有機致；嘻笑怒罵，皆成文章。毛錐一管，直是社會之砭針；墨汁三升，可爲人世之藥石。況操其觚者，多屬儁才，羅逸事於胸中，發牢騷於紙上，字字生香，篇篇有趣，視以他報，蔑有加矣（註二六）。

式觀「開心文苑」專欄群篇等諸游戲文章，可證祝詞不虛。該報所刊小說數量甚多，極類上海鴛鴦蝴蝶派小說，影響讀者、文壇深遠。經常執筆撰稿者有連雅堂、洪鐵濤、陳圖南、羅秀惠、邱濬川、許丙丁等人。該報梓行於世，先後五年有餘，購讀者遍及臺灣，且人數甚眾，但因匯款遲滯，財務困窘，因此不得不於一九三五年九月六日停刊。發行期間亦曾以經濟艱難，偶或中輟（註二七），自創刊至停刊，共刊行四百七十九號，在當時刊物中算是久的（註二八）。

三六九小報在當時實爲傳統文人（尤其是南部）的大本營，其刊載之小說和新知識分子創作之小說，其精神顯然不同，小說在表現技巧上和新小說亦有區別（如敘事模式、標點符號之使用等等）。其長篇連載之小說仍不脫傳統章回體形式，小說之撰就泰半隨寫隨刊，寫一回算一回，有時作者臨時有事，小說只好暫停數天或戛然而止，由於並非一氣呵成，曠日持久，難免前後矛盾或文氣不連貫，缺乏整體感。雖然如此，其小說以情節吸引讀者，因此每回自含趣味，此「舊派小說」在當時仍擁有相當多的讀者群，這一情形也說明了新知識分子所創作的小說在一定程度上不免脫離一般民眾，甚至傳統士人的審美趣味，新小說之敘事模式改變，使讀慣舊小說的讀者難以適應；另一方面新小說以「意旨深邃」爲主，而不以情節離奇吸引人，此缺乏以情節吸引讀者的嚴肅小說，自不及通俗小說擁有更多的讀者。

就文類言，詩文在臺灣傳統士人心中爲文學結構中心的「高雅」形式，而「小說」則是正統士人所不屑一顧的「通俗」文學，雖其讀者未必爲市井小民，而爲傳統士人，但就其刊載之內容觀之，則確屬以情節吸引人，講究輕鬆趣味的通俗小說，從該報所載之小說及當時讀者群來看，該報在日據時期正以一種特殊的形式存在著，新、舊派小說之間的關係如何？有待深入研究，本論文尚無暇及此，唯待諸來日。至於其分類的不精細、混亂，有時將散文視為小說，有時以題材分類，如「偵探小說」、「技擊小說」、「言情小說」、「社會小說」、「幻情小說」、「滑稽小說」等等，有時又夾以體裁分類的「短篇小說」、「長篇小說」，儘管不倫不類，但或許值得吾人去探索他們對小說的看法。（三六九小報一般目之為舊文學、傳統文人之大本營，唯其中亦刊有不少新小說，故附於此）

2.南音社及《南音》

黃春成於《南音》半月刊撰文曾說明該雜誌之沿起。黃氏嘗遠遊神州，足跡遍布大江南北，返臺之後，葉榮鐘勸其辦文藝雜誌。黃氏對此有詳述：

> 歸後值葉君榮鐘南來，勸余倡辦（誤植辨）文藝雜誌，當是時，因余在華搜羅古籍甚富，意欲假數年之力，補讀未完書，況倡辦文藝報，談何容易，犧牲金錢，豈能了事，募稿評稿，在在艱難，學淺如余，焉能問津，故不敢輕諾，嗣後郭君秋生辱訪，託余共興臺灣話文，懇懇善誘不倦，大有天下興頹，擔彼雙肩之慨，第奈余歷來志于考古，提倡臺灣話文，實非所望，然郭君之誠，令人難卻，遂電葉君南來磋商，聚談兩日，終覺非提辦文藝雜誌不可，好古者自考古，好小說者作小說，提倡臺灣話文，以及讚用文言或白話者，各行其志大冶一爐，以求各人最後之勝利，益我民生，葉君歸中，隨託訪問陳逢源，賴和，周定山，張聘三，張煥珪，莊遂性，洪

樵，吳春霖等氏，幸蒙諸兄快諾，隨約余與秋生赴中面商，信到，余即偕郭君趨訪林獻堂林幼春兩先生，並中部諸同志，翌日會於莊宅，同時又得許文逵君，誠意加盟（註二九）。

由此可知該會會員凡十二人。又據黃氏〈談談南音〉一文，則其時爲一九三一年秋天，於臺中莊宅開會，決議發行雜誌諸事。起初有人建議以「雜菜麵」名其雜誌，林幼春以爲雜菜麵之名義雖善，然滑稽太甚，恐讀者誤會該雜誌之文章皆爲遊戲筆墨，致辜負作者苦心，因建議更名爲「南音」。該雜誌，原擬發行月刊，後值莊遂性、葉榮鐘往訪林獻堂，以議決諸事相告，林獻堂謂文藝雜誌一出，難脫論戰等事，不如改爲旬刊，或半月刊，以符讀者期望，南音同人以旬刊之梓行，過于迫蹙，於是決定以半月刊問世（註三〇）。西元一九三二年，創刊號正式出刊。雜誌以「南音」命名，大概是取「南國之音」的涵意吧！

至於雜誌內容及運作方式，採取兩項原則：

一凡屬文藝作品，不論反對與主張，盡量登載。

二鑒及過去島內，各種雜誌壽命多不永，凡我會員，對於寫作方面，痛罵日人處，最好，不必即刻劍拔弩張，直搗黃龍，惹翻檢閱者的神經；與（誤植辨）其作無謂的犧牲；何如運用含蓄的筆法，使讀者稱快，而檢閱者惘然，較爲得策。倘有特殊的理由，則不在此內（註三一）。

以含蓄筆法寫作，避免雜誌動輒遭禁停刊，這是十分穩健的作法。雜誌創刊後，社址暫設臺北黃春成家中，並推黃氏任編輯兼發行人。

南音創刊之動機，就消極方面來說，是爲了在混沌慘淡的氣氛中，藉文字來消愁解悶。在葉榮鐘所撰，而以「奇」署名的發刊詞說：

我們幾個傻朋友，怜俐不足以忭舞昇平，志氣不足以奔走運動，膽量不足以實行自殺，笑啼皆不敢，左右作人難，想來想去，只好絞些腦汁，寫幾篇（誤植編）不三不四的文字，談幾句不關痛癢的閒話，來消消愁悶，解解鬱憤。這樣無聊的極思，就是本雜誌發刊的動機（註三二）。

可見在他們的內心裡，實蘊含著無限悲憤淒涼的感觸，而想藉寫作來解悶。至於《南音》的積極使命，則是要作爲「思想知識的交換機關」，致力於臺灣文藝的啓蒙運動。基本上，這些理念是《臺灣青年》以來努力的主要內涵。葉榮鐘於發刊詞上說文藝運動要負兩種使命：

第一就是「怎樣才能夠使思想、文藝普遍化」，……「怎樣才能夠使多數人領納得思想和文藝的生產品」的機關，換句話講，就是有甚麼方法或是用甚麼工具和形式來發表，才能夠使思想、文藝浸透於一般民眾的心田，這是本誌應當努力的一個使命。……缺少發表的機關便缺少刺激，缺少刺激自然作家就缺少興味去構想、執筆了。因此同人心願提供這一片小小的園地給大家利用，還想講究種種的方法去鼓勵作家，以期有所貢獻於我臺灣的思想、文藝的進展。這就是本誌應當奉行的第二層的使命（註三三）。

因此，葉氏復於第二期卷頭言撰文主張文藝要「接近大眾，供給大眾以娛樂和慰安」，「藉以涵養大眾的趣味和品性，給他們的人生能夠藝術化。」「待望以我們的風土、人情、歷史、時代做背景的有

趣而有益的大衆文藝的產生。」(註三四)

在這樣共識下,《南音》開闢了「臺灣話文討論欄」,引發了賴明弘、黃石輝、郭秋生……等人的筆戰,其中最重要的角色是郭秋生,他不但在理論上主張「屈文就話」,並且特闢「臺灣話文嘗試欄」,以身作則,創造了許多新字,以證明「臺灣話文」可以成立。他蒐羅了不少的童謠、民歌及發表雜文〈糞屑船〉。這和臺灣新民報以白話文創作的主張頗異其趣。至三月底,這種現象似又有改觀,自六期後臺灣話文所佔比例減少了。南音一卷五號〈編輯後話〉說:

二月廿五日在臺中中和館開同人坐談會,除吳春霖,洪槱(洪炎秋)兩君在外方;和張煥珪,周定山兩君,因期日急促未通知赴會,餘皆照約晤面,所談的事,不外兩種,第一呢!就是以不拔的精神,繼續地互相奮鬥,使南音得長久存在臺灣!第二呢!就是暫時限制臺灣話文討論欄;以及嘗試欄的頁數,使免一部份誤會「南音」專爲提倡臺灣話文或鄉土文學而成立,事雖出於不得已,但也不得不然!

《南音》亦刊載對傳統詩作、傳統詩人之批評,如葉榮鐘〈作詩的態度〉、〈前輩的使命〉都屬此類文章,其中抨擊臺灣傳統詩作最有名的文章,是由陳逢源寫的〈對於臺灣舊詩壇投下一巨大的炸彈〉一文,分登於第一卷第二號和第三號。根據陳氏的分析,當時詩社林立的原因是,自從改隸以後,臺灣的傳統讀書人,在政治上和經濟上幾無發展空間,因而無事可做。於是,或逃入象牙塔中自我陶醉,或以詩歌爲交際之資,藉以表現出名士氣,或滿足功名的欲望。因此,詩社林立,聯吟之風盛極一時。

當時的擊鉢吟，或課題徵詩之類的作品，大多是對日本當局的歌功頌德，或帶有遺民的風味。陳逢源認爲這些詩，無非是矯揉造作，無病呻吟的死文字，而詩社則無異是腐蝕民心的「阿片窟」（註三五）。

既然詩社的擊鉢吟和課題徵詩，只是文字遊戲之類的假詩，那麼眞正的詩應該是什麼呢？陳逢源認爲新時代所要求的眞正的詩，必須符合下列要求：第一、要力排慣用難解文字與典故的貴族詩，創作平易率眞的平民詩。第二、要具有時代性與社會性。第三、要鼓舞民心士氣。第四、要注重描寫人間愛與自然愛，或是探討人生的意義與思想（註三六）。

南音第五號刊載林幼春先生舊詩，編輯者說：「南音在來是排斥舊詩，怎麼這次又登舊詩么？斯知南音所排斥的舊詩，是排斥無生命的詩，換句話說：就是不歡迎無病呻吟和那御馳走主義的詩，并不是排除可以激動情感的詩，如果新詩中，也有無內容的詩，南音當然也要摒棄！」（註三七）該誌除了郭秋生、黃純青等人臺灣話文的討論之外，尚有新舊詩、文藝評論、散文，《赤嵌集》傳統詩歌，魯迅譯作〈池邊〉、〈魯迅自敘傳略〉，誠可謂新舊兼備，應有盡有，作者陳容堅強。小說創作有懶雲〈惹事〉、〈歸家〉等佳作，一吼的〈老成黨〉、赤子的〈擦鞋匠〉、郭秋生的〈貓兒〉等小說。此外從五至十一期連續刊登了詩人楊華的重要詩作〈心弦集〉五十二首。爲了刺激創作、促成作家的產生，《南音》還舉辦「懸賞創作募集」包括小說、戲曲、詩歌、時聯等體裁，獎金優厚，雖一再展期，投稿參加徵文比賽者仍寥寥可數，尤其小說僅得四篇，尚不及擬選取之名額，與今相較，其差距實不可以道里計。可見當時臺灣文藝風氣亟待弘揚。

《南音》創刊號曾請井出季和太（總督府翻譯官，並在警務局兼職，負責出版物的檢查工作）和大浦精一（臺灣總督府高等學校教授）等作發刊祝詞。請日本官員題詞作序，其意在避免麻煩，以便順利出刊。然而隨著刊行部數之增加，譭謗亦隨之而起，黃春成回憶其時情景說：

1.逢源氏之文發表後未幾天，不是新高新報就是「臺日」，以東門生的筆名，說：「南音」是本島人智識份子所組織的，專以深文曲筆譏諷當局，其創刊號所載的，井出季和太氏之祝辭是假的，當局須要嚴格注意，勿受其愚，文是用日文（誤植人）寫的。

2.臺中新報文藝欄，也有人投稿說：「南音」是專唱高調的，毫無特點，是資本階級的娛樂刊物，是霧峰派的小嘍嘍。

這種謾罵，是不値一笑的，但對東門生之譭謗因有關係社譽，和私人的人格，我馬上覓井出氏，問他祝辭是假的，是否他對東門生說的？東門生既說：祝辭是假的，當然他必認識東門生，「南音」有無用深文曲筆譏諷當局，是屬公的問題，假造祝辭，是屬私的詐欺行爲，能容「南音」刊行，則刊行，不容刊行則請正式下令中止，假如有違法，則由法律解決，以眞爲假的中傷，是卑鄙的行爲。他笑道：算了罷！東門生曾在警務局當過地方理事官多年，現已退職，略知漢學，就是前日你由敝宅歸時，在門口碰見的那個老頭，他頭腦不大清楚，又喜覓事。他說「南音」會罵人，祝辭他並未向我提起，祝辭是我親筆寫的，那有否認的道理？你們如不甘心，可以反駁他，我可以作證（註三八）。

筆者之所以徵引黃氏此言，主要是在說明當事人的回憶文章雖可提供研究者很多珍貴資料，但日子一久，回憶文不免有遺漏或錯誤之處。根據其時刊行的《南音》，可知東門生之文刊於南瀛新報和文欄，又東門生並非說「祝辭是假的」，而是祝辭末段被南音編輯部塗抹。《南音》〈編輯後語〉說：

日前南瀛新報和文欄登載東門生，言井出季和太氏在本誌創刊號之祝辭，末段有希望敝誌不可談時事，而被敝誌編輯部塗擦云云，同人春成君聞此報，不勝憤慨，往訪井出氏並質此事，而井出氏謂此話不知從何而起，余之祝辭，貴誌並無加減半字，荒唐無稽，含血噴人，深屬遺（誤植遣）憾云云，此君不知何許人，倘若以中傷為能事，公理所在，定不容彼之長說癡話也（註三九）！

《南音》從創刊號至第一卷第六號均以黃春成名義在臺北市發行，從第一卷第七號至第十二號遷到臺中發行，發行人改為張星建，一共出了十二期，第九、十號合併，第十二號被禁，共刊行了十一期（註四〇），一九三二年十一月八日發行第十二期後即告期停。距創刊日期不到一年，不過，它在臺灣文藝雜誌的創辦上起了帶頭作用，也是日據時期出刊期數比較多的文藝雜誌之一。

3.臺灣藝術研究會與《福爾摩沙》

《南音》於一九三二年元旦創刊發行後，同年三月，一群留日的文藝同好者—「臺灣藝術研究會」學生團體，懷著強烈的民族意識，主張「以文化形體，使民衆理解民族革命」，復組織文化團體「臺灣人文化サークル」（臺灣人文化圈），內設文字、美術、演劇、音樂、出版等五個部門。同仁有東洋大學張文環、中央大學吳坤煌及林衡權、日本大學翁廷森、帝國大學張水蒼、法政大學吳遜龍、日本神學校謝榮華和任教於仙臺女子師範學校的王白淵等。

「臺灣人文化圈」同時決定發刊《文化消息》，公推吳坤煌主編《臺灣文藝》，於同年八月十三日創刊，僅印行二十本（或謂七十本）。未幾，《臺灣文藝》成員葉秋水參加九月一日的「反帝遊行」被捕，林兌、吳坤煌、張文環、張麗旭和王白淵等人連帶被檢舉入獄，「臺灣人文化圈」因而被迫解散，其《文化消息》、第一代《臺灣文藝》也因此出版了一期就不得不停刊。葉、林、吳、張、王等人刑滿出獄鬥志未滅，魏上春、柯賢明、吳鴻秋等人主張化明爲暗，將「文化圈」轉入地下，繼續活動，成爲名符其實的非法組織。但是主張穩健作風的張文環、吳坤煌加以反對，因爲如以「非法組織」活動，將使一般留學生爲之怯步，不但難以擴充組織，活動推展亦將倍加艱難，商議結果，決定另組文藝社團。經過了三次的集會（一次在神田區斷保町中華第一樓，二次在本鄉區西片町巫永福住所）之後，一九三三年三月二十日，張文環、巫永福、王白淵、劉捷、蘇維熊、吳鴻秋、魏上春、張文錕、黃坡堂、吳坤煌、施學習等人組織「臺灣藝術研究會」，「以圖臺灣文學及藝術的向上爲目的」（註四一）。五月十日，又假東京本鄉區西竹町張文環所經營的茶室兼菜館Jrio集會。會中決定臺灣藝術研究會發行機關刊物《福爾摩沙》，并選出編輯部長蘇維熊，部員張文環，庶務部會計施學習，庶務部吳坤煌等人，負責推展業務。七月十五日《福爾摩沙》雜誌創刊（註四二）。

以上所述「臺灣藝術研究會」及其機關雜誌《福爾摩沙》之成立及發刊過程，乃根據日本人所編

《警察沿革誌》第九卷第一章文化運動所撰。《警察沿革誌》最後評語曰：「《福爾摩沙》是爲了合法刊行而特別小心謹愼，內容較少宣傳煽動色彩的刊物。」當事人巫永福回憶結社的經過：

> 在此之前，曾經多次的磋商，因左翼及中間路線之爭未獲解決，最後還是參加的學生占多數，都有學業的顧慮不肯走極端，終於以中間路線妥協，以共同的宗旨共襄盛舉（註四三）。

可見《福爾摩沙》是以較穩健的態度發展臺灣文學藝術，因此得以日起有功。在當年日本文壇的影響下，該雜誌作家，或可歸納爲左翼文學的一支，但其精神卻如該雜誌創刊辭所云：

> 我們非把這衰墮不堪的臺灣文藝，重新建設起來不可。臺灣自被編入爲日本人的殖民地以來，在這特殊的國情和經濟被搾取的政策下，我們確實喘不過氣，而且一向只留戀於大家族制度，迷信邪教；被歪曲的末梢的儒教思想，加上宿命的天命思想跟佛教結合的結果，致使發生不少的精神上的毒害。且地理上又在熱帶區域特有的自然環境之中，民族上又有原住的高山同胞和臺籍人民及統治者日本人等，在混雜之下，或和合或對立著。
>
> 因此，臺灣雖有數千年來的文化遺產，可是因爲一向都是處在這種特殊情形之下，所以到了現在還沒有生產過著獨自的文化。這可說是一大恥辱。臺灣豈是已凋死了嗎？不，不，臺灣人決不是沒有才能，只可說是不夠勇氣。幸得到了近年來，已有不少的新人不斷地在出現。他們已開始努力研究繪畫和彫刻等類。這眞是一件値得可喜可慶的事。
>
> 所以同人等常以這種文藝改進者自許，願意大膽地挺身爲先鋒隊。在消極方面，想去整理過去

很微弱的文藝作品，並研究膾炙於大眾的歌謠傳說等的鄉土藝術；在積極方面，以上述在特種氣氛中所產生的我們的全副精神和從心裡新湧出的我們的思想及感情，來創造眞正臺灣人所需要的新文藝（註四四）。

這是一個以「整理傳統文藝，研究鄉土藝術、歌謠、傳說，創造臺灣新文藝」爲職責的組織，頗具鄉土氣息，較之典型的左翼文學團體並不相侔。正式刊出的「創刊の辭」，是由給同仁的「檄文」略加删節，「檄文」中有兩點說的更清楚：

一、重新創作「臺灣人的文藝」。

二、決不俯順偏狹的政治和經濟所拘束，將問題從高遠之處觀察，來創造適合臺灣人的文化新生活（註四五）。

臺灣藝術研究會的同仁抱負甚宏，他們強調建立臺灣獨特的文學，積極整理研究鄉土文學。充分表現了當日臺灣知識分子對本土文學的關心。由於對日本的殖民統治有著強烈的不滿，主張創作「臺灣人的文藝」，以相對日本帝國主義，帶有強烈的反抗性。

除了創刊辭由蘇維熊撰寫之外，蘇氏也寫了一些詩及一篇題爲〈臺灣歌謠に對する一試論〉的文章，對《臺灣新民報》由醒民的〈整理歌謠的一個提議〉所激發的全島歌謠整理工作，提出了他的觀點；他寄望大家要重視「併存於炭坑內的精神文化的金礦」，且能針對「關於平民生活的苦樂諸相，或是他們直接觀察所獲得的種種社會現象爲主做爲題材，而創作的歌謠」提出明確的「試評」。另外吳坤煌有〈臺灣の鄉土文學を論ず〉一文。此外，小說創作部分有：張文環〈落蕾〉、巫永福〈首と體〉〈黑龍〉、吳天賞〈龍〉、曾石火氏翻譯〈賣家〉、賴慶〈妾御難〉張碧華〈三日月〉；張碧華為當時難得一見的女作家。此外第三號嘗自上海新夜報轉載魯迅民生疾苦詩選〈無題〉（頁七）。小說創作中，尤以吳希聖的創作〈豚〉成為廣受文壇矚目的優秀作品，在《臺灣新民報》上，刊載評論〈豚〉的稿件，前後有數週之久。吳希聖後來獲得臺灣文藝聯盟獎金。《福爾摩沙》因經費短缺，僅三期，即告停刊，一九三四年五月與在臺中成立的「臺灣文藝聯盟」合併。

黃得時先生說：

《フオルモサ》雖然只發刊三期，但是通過這三期，我們可以發現該誌對於臺灣新文學運動有下列貢獻：一、「フオルモサ」的創辦人，皆是在日本各大學正在專攻文學、哲學或美術的學生，所以他們能運用西洋近代文學的方法來創作文學和推進文學運動。二、他們推進文學運動的意欲特別堅強而熾烈，大有非創出一種新文學絕對不願罷手的氣概。三、他們特別著重小說和詩的創作，同時對於整理過去的文化遺產，如蒐集歌謠和對現階段的文學批評等也相當重視。由於上項所舉的理由，「フオルモサ」一出，在東京的留學生間和臺灣的文藝界，受到了莫大的刺激。這是很值得注意的事情（註四六）。

《福爾摩沙》雖是一本日文雜誌，且社址設於日本，但該雜誌對臺灣文藝界實有相當影響，該刊同仁加盟「臺灣文藝聯盟」之後，益肆其心力，以促進臺灣新文學蓬勃發展。王白淵、張文環、吳天賞、蘇維熊、巫永福、吳坤煌、劉捷等人，都成爲日後臺灣文學活動的健將。一九三三年十月間，由於福爾摩沙發刊的啓發，郭秋生等人在臺北成立了「臺灣文藝協會」。

4.臺灣文藝協會與《先發部隊》、《第一線》

臺灣藝術研究會爲留日學生所籌組之文藝組織，一九三三年十月創設的「臺灣文藝協會」，則是由臺北一群愛好新文藝青年所組織而成的。

根據廖毓文的回憶，臺灣文藝協會發起緣由，是這樣的：

> 民國二十二年初秋，我到大稻埕，順便去找郭秋生談天。……，在這次的訪問中，也互相談起「南音」停刊後的臺灣文學界及臺灣新文學運動不能進展的原因，以爲從來的新文學運動，都缺乏一個健全而有力的組織爲主體，以糾合全島的同志，採取集體的行動，來爭取民衆，以鞏固新文學運動的社會地盤。於是，互相同意先糾合住在臺北的同志，從新建立一個文學團體，創辦一個刊物，來號召全島的同志（註四七）。

經由郭、廖二人奔走，該會終於在一九三三年十月成立，假江山樓正式舉行發會式，並制定會則三條：第一條，本會稱曰臺灣文藝協會，以有關於臺灣文藝並能夠爲臺灣文藝進展上努力的有志而組織，以自由主義爲會的存在精神。第二條，本會以謀臺灣文藝的健全的發達爲目的。第三條，本會爲遂行上記目的而行下記活動：1.關於文藝及與文藝有密接關係的各種問題之研究批判。2.關於文藝知識及文藝趣味的普及上應分的行動。3.發行機關什誌或刊行相當的單行本。4.其他爲遂行本會目的認爲必要的事項（註四八）。

由此會則可知該會是以自由主義爲精神，以促進臺灣文藝的健全發達爲目的。其發起人及主要成員有：郭秋生（芥舟）、廖漢臣（毓文）、黃得時、朱點人、林克夫、吳逸生、陳君玉、王詩琅（錦江）、黃啓瑞（青萍）、黃湘蘋、林月珠、蔡德音、徐瓊二等人。該會於一九三四年七月十五日發行第一號雜誌《先發部隊》，其出版經費半由會員捐贈，半由招募廣告所得提供。臺灣新文學運動作家中，有不少人爲歌壇塡寫歌詞，如黃得時、廖漢臣、趙櫪馬、蔡德音等人都是當時臺語流行歌曲作者。臺灣文藝協會之成員，沒有固定職業者爲數不少，他們只爲哥倫比亞、博友樂、泰平等唱片公司創作歌詞，賺取薄酬以維生計。《先發部隊》出刊之際，因爲經費困窘，故由陳君玉、蔡德音向唱片公司徵攬廣告以籌經費，同仁等亦慷慨捐輸，刊物才得以順利出版。當時爲了節省用度，該協會同仁莫不事必躬親，黽勉不倦，或從事校對，或襄助排印，自檢字以至印刷，幾以印刷廠爲家。日後臺灣文藝得以進展，該協會之同仁，實在功不可沒。

《先發部隊》以「臺灣新文學出路的探究」爲題，推出特輯。撰稿人爲黃石輝、周定山、賴慶、守愚、點人、君玉、毓文、秋生等人。小說作品有點人〈紀念樹〉、櫪馬〈私奔〉、毓文〈創痕〉、克夫〈秋菊的告白〉四篇，其內容不出婚姻情愛，養女淚痕之範圍。這與該協會精神略有出入，該雜誌「編輯之後」有一段話可爲證明：「……還有一件最大的失覺，就是未即反映我們的主張於創作之上的，實哉也是爲了集中全力於出路的探究，而蠶食了實踐的工夫，只好把現成的既作塞責。」（註四九）可見臺灣文藝協會的同仁必有感於過去創作路線之不當，經由商討反省，應已取得共識，方組文藝團體，刊行文藝雜誌。那麼，該雜誌的精神，具體表現於何處呢？筆者以爲將宣言、序詩及「臺灣新文學出路的探究」三者綜合觀之，可以了解《先發部隊》的精神，進而體會該雜誌之重要意義。宣言說：

> 從散漫而集約，由自然發生期的行動而之本格的（俊雅按，日語，正式的）建設的一步前進，必是自然演進的行程，同時是臺灣新文學所碰壁以教給我們轉向的示唆（俊雅按，日語，啓示）。……我們敢不以「先發部隊」的精神自勵和使命自許，望目的地勇敢突貫。務期有所前進於既成園地之外以擴大一點的園地，而努力於既成園地裡的荊棘之刪除，而待望於全面的臺灣新文學之能夠健全的發達和繁榮，進而應付時代的要求，做起當來的凡有生活分野的先和動力（註五〇）。

芥舟（郭秋生）的序詩，起首即說：

> 抱著充分的用意和自信，
> 先向建設的途上出發了（註五一）。

「臺灣新文學的出路」卷頭言，芥舟（郭秋生）又說：

> 臺灣新文學的發生，不消說，是在中國文學革命的影響下萌芽，而中國文學革命的原動力，已不外存於反抗封建的意德沃羅基（意識型態）與伸張個人的權威的近代思潮，則臺灣文學的發

生形態——基調的精神和行動的傾向——也當然不能例外。如破棄從前所有文學上的格式，否定儒教的傳統的教義，打倒生活上的因習的樣式等等的活動，莫不是反逆封建的意德沃羅基與伸張個人的權威的反映了。……封建權威的暴虐，隨其束手無策於禍毒深刻化以暴露了沒有收拾之力，早已在識者的腦裡從懷疑、恐懼，而醞釀了充分的憎惡與否定了。這所以封建權力一旦告崩。近代思潮的新勢力便不異於潰高堤的洪水，立刻盡其所能破壞的猛威，反逆既成封建權威之上的諸建築……。是故，這發生形態的與批判的寧其熱情的，富於破壞性而少遺力於建設的新文學，簡直是一種的破壞文學而已，不過破壞如果能夠爲建設之母，則其行動雖是多有令人不能心服或分明有矛盾的作用，也算是發展途上，莫可如何的一過程。……。舊時代的意德沃羅基雖算解消，可是新時代的意德沃羅基呢？例如吃人的舊教、舊道德，盡人皆知其務必毀棄而後可，無如代替舊禮教、舊道德的新禮教、新道德是什麼嗎？而臺灣新文學的領域裡何嘗有什麼具象的教訓與指示呢？……是故臺灣新文學的全面的活動，早當轉向於創造當來的新生活樣式，以充實我們的生活內容，與解放我們內心的煩悶其處啦。……。我們不由要嚴重警告臺灣新文學，務速嚴正的自省以克服所低迷的發生期的殘餘，唯其驀然躍然躍進於第二期的行動其處，方才有新的劃期的發展到來啦。而所謂第二期的行動的指導原理，不外乎建設的、創造的。重復而言之，創造當來的新生活樣式，以充實我們的生活內容與解放我們內心的不安、焦燥、煩悶的具象的指示啦。（註五二）

賴慶於〈文藝的大衆化，怎樣保障文藝家的生活〉一文說：

> 現在所有發表過的小說，多是關係與戀愛結婚問題，妻妾查某問題大部分。然而，對於大衆的苦悶，經濟關係，政治問題農村生活等的表現的小說很少（註五三）。

守愚〈小說有點可觀，閑卻了戲曲、宜多促進發表機關〉一文亦說：

> 最遺憾的，一般地言，就是很少看到描寫農民生活的作品，反而是兩性問題的作品倒佔了全作品的十之七八，這從做一個農產地的臺灣看來，不無多少叫人感到不足（註五四）。

周定山〈還是烏煙瘴氣蒙蔽，文壇當待此後〉一文之意見與守愚類似。周氏說：

> 我很誠懇地盼望臺灣的作家們，盡量把公理的烈火，向那悲慘凋敝的正義佇藏所—農村—驀地燃燒於貧農的心燈。使他們照耀這污濁黑暗的社會（註五五）。

郭秋生〈解消發生期的觀念，行動的本格化建設化〉一文提到：

> 臺灣新文學的行動該要轉向了，這轉向的意味，同時是躍進，放棄發生期的底行動，而驀進於第二期的建設的本格的行動，方才是臺灣新文學的全面的發展的行程。……我們已不願再看查某嫺的悲憤而自殺，我們要看的是查某嫺能夠怎樣脫得強有力的魔手與獲得潑溂的生存權，在舊禮教下陷一生於不幸之淵的女性，我們也不願再看其不幸的姿態而終，要看的是該女性能夠怎樣解消得不幸的壓力而到達了怎麼樣的幸福的境地，被環境的播弄，一字一淚以咒咀人生，而殂喪了生活的意欲無遺的可憐的心境與景像，我們寧要恨他，雖然環境可以支配人生的鬥力

與生活的意欲，也未嘗不可以變易環境，是故我們要看的，是只要能夠有熱烈的生活力，克服了冷遇的惡環境，以奏人生凱歌的新人物出現（註五六）。

筆者之所以不憚其煩自《先發部隊》節引這七則意見，主要是過去許多人談到這一文學社團，皆未予探究或未能確切指出其精神與意義。武治純說：「經過這次探究，大家取得一個共識：凡是一種文學上的新運動，一定要有文學的專家或愛好者，以堅強的意念，突破任何阻礙，站在前線領導，才能達到最後的目的。《先發部隊》就是爲了滿足這一需要，應運而生。」（註五七）林瑞明則說：「郭秋生的強調『轉向期』，意味著更進一步的朝向社會寫實文學發展，才能眞正在文學上反映一九三〇年代的臺灣社會現況。」（註五八）黃得時先生爲該會成員，亦僅說：「臺灣文藝協會創辦『先發部隊』的目的，就是以先發部隊自許，打算在臺灣文學的既成園地之外，擴大一點園地，並且刪除既成園地的荊棘，以應付時代的要求。……由於這次的探究，大家已充份明白凡是一種文學上的新運動，只放任其自然的演進，絕對不能收到顯著的效果，一定要由於文學的專家或愛好者，拿出強力的意慾，突破任何阻礙，不斷向前推進，或站在前線領導，才能達到最終目的。這種有意的推進或領導，就是在當時的臺灣最需要的行動，而『先發部隊』也就是要滿足這種需要而誕生的。」（註五九）

以上諸氏所說誠然無誤，但筆者認爲該雜誌宣言、卷頭言及專輯多篇文章屢言「建設的、創造的」文學，尤其卷頭言重複了兩次這樣的意思，可見「轉向於創造當來的新生活樣式」，揚棄破壞性文學，突破往昔一味描述憂鬱、消沈、沮喪、煩悶、焦燥等境況的文學作品之樊籬，才是該協會的主要精神。易言之，文學不僅是以寫實、暴露之筆墨，描述悲慘的人生，亦不僅是描寫生活的黑暗面；文學更要進而勾勒理想，照亮生命，指引人生路向，開拓嶄新生活，因此「我們已不願再看查某嫺的悲憤而自殺，我們要看的是查某嫺能夠怎樣脫得強有力的魔手與獲得潑溂（辣）的生存權。……我們要看的，是只要能夠有熱烈的生活力，克服了冷遇的惡環境，以奏人生凱歌的新人物出現。」這種創造的、建設的文學主張，一改過去一味暴露、破壞，而未能提供新理念、新希望的文學風貌，眞如灌頂醍醐，發人深省。

《先發部隊》出版半年後，於一九三五年一月六日，發行第二號，改名《第一線》，該號之形式、內容俱有長足進步，篇幅較第一號增加一半以上，厚達一六二頁。不過礙於日人的要求，刊登了若干日文稿件。該號卷頭言〈民間文學的認識〉係出自黃得時手筆。尤可稱道者，該號推出「臺灣民間故事」特輯。收錄毓文的〈頂下郊拚〉，黃瓊華的〈鶯歌庄的傳說〉，一騎的〈新莊陳化成〉，〈下港許超英〉，一吼的〈鹿港憨光義〉，沫兒的〈臺南邱懞舍〉，李獻章的〈過年的傳說〉，一平的〈領臺軼事〉，描文的〈賊頭兒曾切〉，陳錦榮的〈水流觀音〉、〈王四老〉和蔡德音的〈碰舍龜〉、〈洞房花燭的故事〉、〈圓仔湯嶺〉、〈離緣和崩炭仔山〉等十五篇傳說故事。這些故事，雖然只有十五篇，可是收錄範圍幾乎遍及全臺灣。對民間文學的發掘與保存，自有其貢獻。李獻章於此基礎上繼續收集、整理，一九三六年六月編輯出版了《臺灣民間文學集》，賴和爲之作序，流傳至於今日，幾度再版，影響極深。

《第一線》除「臺灣民間故事特輯」之外，還有HT生的〈傳說的取材及其描寫的諸問題〉，茉莉的〈民謠に就いての管見〉，黃得時的〈小說的人物描寫〉和逸生的〈薄命詩人蘇曼殊〉等的評論，和五篇創作：毓文的〈逃亡〉〈獨幕劇〉，芥舟的〈王都鄉〉，朱點人的〈蟬〉，王錦江的〈夜雨〉和越峰的〈月下情話〉等幾篇。

「臺灣文藝協會」所刊行之雜誌，止於第一線，爲壽甚短，然其揭櫫之文學使命，進行之文學活動，則至一九三七年六月，漢文遭禁後，方漸沈寂。黃得時先生曾以東京藝術研究會與之相較：

『フオルモサ』雜誌是用日文寫的，併且因併合於後來創立的「臺灣文藝聯盟」而告解消；而後者的「先發部隊」和「第一線」都是用白話文寫的，而且在「臺灣文藝聯盟」成立後，該會員可以自由參加外，仍維持其協會，至日政府禁止漢文雜誌的刊行，無法活動之時，才自然解消（註六〇）。

臺灣文藝協會之成立，亦促使臺灣文藝聯盟之產生。《先發部隊》的〈編輯之後〉有一段記載：

臺灣新文學的躍進氣運，自從一九三三年十月釀成了本會的成立以來，急見加速度地進展，遂促進一九三四年五月破題兒於臺中舉行了臺灣文藝大會，同時誕生臺灣文藝聯盟的新集團，這是多麼可共慶幸的一回事呀（註六一）。

廖毓文（漢臣）〈臺灣文藝協會的回憶〉一文也說：

尤其是臺灣文藝協會的創立，對於當時文學青年的刺激，一定很大，就在它成立半年後的民國

> 二十三年五月六日，由張深切、張星建、賴明弘、何集壁等人的奔走，在臺中小西湖咖啡店召開了空前未有的文藝大會，同時決議把全臺灣的文學青年打成一片，創立臺灣文藝聯盟，在臺灣新文學運動上，留下不可磨滅的足跡。……臺灣新文學運動，能夠匯合爲一道巨流，震撼了萎靡不振的臺灣文學界，而進入這個時期，已往的歷史和前人的努力，當然不能無視，可是促進這個時期的實現，臺灣文藝協會的出現，的確是個最主要的動機（註六二）。

雖然臺灣文藝協會所發行之雜誌不滿一載，即告停刊，但是該協會之精神與作爲卻鼓舞青年，關懷文學，成爲臺灣文藝聯盟之極大助力，於臺灣新文學發展歷程中，扮演著重要角色。

5.臺灣文藝聯盟和《臺灣文藝》

臺灣文藝聯盟是臺灣第一次全島文藝大結合的組織。在此之前，臺灣新文學活動，皆是地域性活動。南音屬北、中部組成，臺灣文藝協會是北部的組織，臺灣藝術研究會則是海外組織。直至一九三四年五月，臺灣文藝聯盟才突破地方界線，聯合海外組織，發起空前的文藝大團結。

根據〈第一回臺灣全島文藝大會記錄〉，一九三四年五月六日，於臺中市小西湖咖啡館二樓舉行全臺文藝大會，成立「臺灣文藝聯盟」，出席者來自全省各地凡八十二名（註六三）。當時臺灣文藝協會會員可自由參加該聯盟，但王詩琅、郭秋生等人幾乎都拒絕與會，他們認爲「要談文藝的話，非堅守自己的立場不可，持這樣統一的立場是毫無道理的。」（註六四）另外「彰化的會員故意集體遲到」，文聯的成立似乎並不順利，成員意識型態也不盡相同；雖然如此，後來該聯盟所發行的機關雜誌《臺灣文藝》，對文化藝術影響相當深遠。

臺灣文藝聯盟成立宗旨爲：「聯絡臺灣文藝同志，互相圖謀親睦，以振興臺灣文藝。」（註六五）至於其成立之動機，據張深切在其自傳《里程碑》回憶道：

……這次標榜的文藝運動，骨子裡是帶有政治性的，所以我不願意輕輕放棄這一運動的領導權，我們痛感過去臺灣的社會運動，常因領導者固執主觀，未能建立正確的路線，徒使親痛仇快，實際上未能給予敵人多大的損傷，是以同志間意見分歧，内醜外揚，甚則有的背叛而走入敵人的第五縱隊，形成可怕的對立，自腐、自侮、自辱，給予敵人有可乘的機會。……一九三四年五月六日是臺灣文藝運動史上一個值得紀念的日子，這一天誕生了臺灣文藝聯盟，同時懷胎了『臺灣文藝』月刊雜誌，並註定了幾位作家爬上日本文壇的命運（註六六）。

臺灣文藝聯盟的成立，是帶有政治性的文藝運動，發起人賴明弘亦曾撰文回憶道：

回憶當時臺灣的客觀情形，有著使臺灣文學運動發生的各種因素存在，蓋當時反對異民族統治的政治運動受了最嚴重的威脅和打擊，乃由合法趨入地下活動，表面上看來，進步的臺灣政治運動被推殘，被壓迫得零落無聲，呈現著一片蕭條景象，這使臺灣智識份子必然的要找出路；一方面，自由主義思潮的澎湃是控制不住的，由於這客觀情勢的要求，臺灣的智識份子自然而然的對建立新文學這一條路認眞的站起來，大家並且認爲有組織文學團體的必要，所以才很快的就能成立臺灣文藝聯盟（註六七）。

政治運動的挫折，迫使知識份子改絃更張，從事較溫和的文藝活動，以賡志業。文聯成立當日最重要的提案有：「文藝團體組織案」、「機關雜誌案」，這兩案經過一番熱烈的討論後通過，席間並擬定臺灣文藝聯盟章程、大會宣言；同時選出委員，名單如后：㈠北部有：黃純青、黃得時、林克夫、廖毓文、吳逸生、趙櫪馬、吳希聖、徐瓊二。㈡中部有：賴慶、賴明弘、賴品、何集璧、張深切。㈢南部有：郭水潭、蔡秋桐二人。而賴和、賴慶、賴明弘、何集璧、張深切五位爲常務委員，並公推賴和爲常務委員長，後以賴和堅辭，旋改推張深切任常務委員長。不久，臺北、嘉義、埔里、佳里等地相繼成立支部。遠在東京的臺灣藝術研究會也與聯盟合流。於是臺北、臺南、嘉義等地盟員紛紛舉行座談會，並設立文學獎金。

經過六個月的籌備，一九三四年十一月五日該聯盟刊行了機關雜誌《臺灣文藝》，創刊號並沒有發刊詞，僅卷頭刊印近似口號的標語十四則。其中有「我們以其有僞路線不如寧無路線！」、「我們的方針不偏不黨」等話，此外在二卷一號新年賀詞說：「我們的聯盟決不是一個有爲的行動團體，同時也絕不是一個無爲的無行動團體，我們是無爲而有爲，無行動而有行動的集團！況且我們的雜誌並不是『爲藝術的藝術』的藝術至上派，『我們正是爲人生的藝術』的藝術創造派。」。「不偏不黨」、「無爲而有爲」、「爲人生的藝術」，冠冕堂皇，頗爲超然，故能將全省藝術主張不同、意識形態不同的作家熔於一爐。

張深切對上述主張，頗有微詞，遂於一九三五年二月、四月發表〈對臺灣新文學路線的一提案〉

（二卷二期），〈對臺灣新文學路線的一提案續篇〉（二卷四期）兩篇文章，希望使《臺灣文藝》的立場更加明確。張氏在「一提案」的結論中強調：

總而言之，我所要主張的，是臺灣文學不要築在於既成的任何路線之上，要築在於臺灣的一切「眞、實」（原註：以科學分析）的路線之上，以不即不離，跟臺灣的社會情勢進展而進展，跟歷史的演進而演進就是（註六八）。

張氏所提主張，立場固極明確，但是「臺灣文學……要築在於……（以科學分析）的一切『眞實』上」，此一觀念未免昧於「科學之眞實不可等同於文學之眞實」之理！『臺灣文藝』的編輯方針不斷調整，起先以中文爲主，後來東京支部的日文作品接踵而來，水準較高，中文作品相形之下，不免失色。張深切回憶道：

……臺文的編輯方針，在實力對比之下，不得不自動轉變由民族性轉向於政治性，再由政治性轉向於純文藝性，初創的主旨逐漸無法維持下去了（註六九）。

當時屬於文藝聯盟的楊逵跟文聯見解不同，沒有明確的文藝路線爲楊逵所不同意，因而形成後來楊逵、葉陶另起爐灶，創刊《臺灣新文學》的原因。

葉石濤〈楊逵的「臺灣新文學」〉一文略謂：民國二十五年六月，繞著日文作家藍紅綠的小說〈邁向士紳之道〉要不要刊登的問題，楊逵和另一個編輯張星建之間發生了激烈的爭執。楊逵是主張刊登的，而張星建則否。終於張星建的主張佔優勢，這篇小說也就不採用了。其實楊逵和張星建之間的齟齬並不是要不要刊登一篇小說的單純問題。它的背後存在著臺灣新文學運動如何去發展的見解之差異以及作品背景意底牢結的評估問題（註七〇）。

回顧文聯成立之精神，楊氏倒是較能守住原則性的問題。創刊號「熱語」中即說：「我們希望把這本雜誌辦到能夠深入識字階級的大衆裡頭去！」先是張深切在〈臺灣文藝的使命〉一文亦主張「咱們應該要時時刻刻拿大衆爲對象，築設咱們的文學成爲臺灣民衆的文學，咱們的藝術才不碰壁，所謂臺灣文學，才能躍進，才能發展，才能收好的效果。」文中又切盼對於「新文學的創作」是：「取材要選擇比較有社會性，而情節特有趣味的東西，……替臺灣民衆訴苦，爲臺灣民衆吐露希望」（註七一）。

《臺灣文藝》後來誠然有些「爲藝術而藝術」，甚至描寫風花雪月的遊戲文章，不過就其壽命之長，網羅作家之多而言，《臺灣文藝》在臺灣新文學史上自有其輝煌的一頁。在《臺灣文藝》上所發表的小說，其數量質量較之前此之刊物，皆有長足進步。作品詳目如下：懶雲（賴和）的〈善訟人的故事〉（二卷二號），張深切的〈鴨母〉（創刊號）；林越峰的〈到城市去〉（創刊號）、〈好年光〉（二卷七號）、〈紅蘿蔔〉（二卷九號）；楊華的〈一個勞働者的死〉（二卷二號）、〈薄命〉（二卷三號）；王錦江的〈青春〉（二卷四號）、〈沒落〉（二卷九號）；蔡德音的〈補運〉（二卷八號）；毓文的〈玉兒的悲哀〉（二卷九號）；繪聲的〈秋兒〉（二卷三號）、〈像我秋華的一個女郎〉（二卷三號）；謝萬安的〈老婆到手苦事臨頭〉（二卷四號）、〈五谷王〉（二卷六號）；李泰國的〈分家〉（

二卷十號）、〈細雨霏霏的一天〉（三卷四、五號）等，都是用中文（白話文）寫的。

用日文寫的有吳希聖的〈乞食夫妻〉（二卷一號）、〈人間楊兆佳〉（二卷三號）；張文環的〈泣いてるた女〉（二卷五號）、〈父の要求〉（二卷十號）、〈部落の元老〉（三卷四號）；翁鬧的〈歌時計〉（二卷六號）、〈戇爺さん〉（二卷七號）、〈殘雪〉（二卷八號）、〈哀れなルイ婆さん〉（三卷六號）；郭水潭的〈フォルモサ〉等。其中張文環、翁鬧等，原是臺灣藝術研究會的同人，當時是在東京留學的，從二卷三號以後才陸續發表作品。

楊華的〈薄命〉、與楊逵〈送報伕〉、呂赫若〈牛車〉（後二篇為日文，經胡風翻譯）同時被選入上海文化生活出版社一九三六年四月出版的《山靈—朝鮮臺灣短篇集》一書，是最早介紹到大陸的臺灣新文學作品。黃得時曾對該誌所刊作品撰寫評論：

在質的方面，這時期的作品比前時期的，在藝術上確有很顯著的差異。前期的作品是作家站在政治、或社會的基盤上，為抗議日人的壓迫和搾取而寫的為多，同時對於臺灣的封建社會也很不客氣地暴露其腐敗和墮落的情形。……因此前者帶著一種很強烈的政治色彩而後者卻含有很濃厚的藝術氣味。換言之，臺灣文學運動到這時期，已漸漸脫去政治上的聯繫，而走向文學獨自的境地了（註七二）。

《臺灣文藝》自創刊以來，極重評論，文學的本質論文藝批評等文章，都在歡迎之列。當時最活躍的文學評論者為：張深切、黃得時、夢湘、芥舟、曾石火、吳鴻爐、張星建、吳天賞、劉捷、謝萬安、楚女、堅如、HT生等。詩作方面發表最多的作者有：楊華、夢湘、陳遜仁、楊啓東、守眞、甫三、浪鷗、郭水潭、浪石、垂映、陳君玉、楊少民、翁鬧、史民、林精繆、張慶堂等，他們的詩也是跟小說一樣，已經超越政治的囿限，表現獨有的風格，不是表現內心的苦悶，就是描寫綺麗的本地風光。抵抗日人、鬥志熱烈的作品，已不多見。

《臺灣文藝》也有不少學術論著，例如：洪耀勳的〈悲劇の哲學〉（二卷三號）、〈藝術と哲學〉（三卷三號）；陳紹馨的〈西洋文獻に現はれたる臺灣〉（二卷三號）、〈性格の魅力〉（三卷三號）；楊杏庭的〈無限否定と創造性〉（二卷六號）；郭一舟（即郭明昆）的〈北京語〉、〈福佬語〉（三卷四、五、六號）、〈北京雜話〉（三卷七號）等等皆屬學術文章。

日據時期的文藝刊物，由於經費困難，重以日人多方干涉，往往問世一、二期，即告停刊，《臺灣文藝》，自一九三四年十一月五日創刊，至一九三六年八月廿八日停刊，一共出了十五期之多，這在當時實屬難得（註七三）。

6.《臺灣新文學》的創刊

臺灣文藝聯盟成立後，楊逵應賴和、何集璧邀請，至臺中會見張深切，並擔任文聯機關雜誌《臺灣文藝》日文編輯委員，任期約一年，因與張星建意見不合，遂在一九三五年年底，《臺灣文藝》發行至第二卷第十期時，楊逵與葉陶等另創辦《臺灣新文學》雜誌。

林瑞明曾引日本《文學評論》，說明楊逵在離開《臺灣文藝》之前，曾試圖挽回文聯的分裂。林氏引文說：

從思想的層面看，當今的臺灣文學運動中最受重視的問題，是進步文學之提攜。……但是因爲指導部門工作的弛緩，而喪失了與他團體接近的機會，這是很可惜的事。在躍進中的臺灣文學運動，須要包容進步的傾向而團結，對可能引起分裂的一切行動，曾經努力避免，但若讓目前的狀態繼續下去，將成爲無法消滅的熾熱之火，這是不難想像的事。（註七四）

然而過分龐大的組織，加上意識型態格格不入，分裂終究是難以避免的。楊逵夫婦在該年十二月廿八日刊行了中、日文並行的《臺灣新文學》。楊逵在創刊號〈創刊の言葉〉中結尾說：

我經過了千思萬慮，而所獲的結論是爲了臺灣的作家，爲了讀書家，迫切需要著適應臺灣的現實底文學機關。只是似乎誰也不願意給他們。作家以及讀者，到了這樣的田地，於是只有「積少成多」，集了自己們零碎的錢，來建設培養一個園地，而自勵自勉，自己舞鼓下去。這也就是《臺灣新文學》的創成記（註七五）。

楊逵一向主張臺灣新文學運動是寫實的，現實主義的文學運動，應該和窮苦大眾打成一片，推翻日本的殖民統治。緣此，他不得不另創雜誌以「爲人生而藝術」。這與「臺灣文藝聯盟」沒有明確的主張是有分別的。楊逵是農民組合的幹部，他的《臺灣新文學》以反映臺灣窮苦大眾的生活現實爲依歸，有濃厚的社會主義傾向。創刊號刊出的日本作家感言，大多數爲日本著名左翼作家，如德永直、葉山嘉樹、前田河廣一郎、石川達三、藤森成吉、貴司山治以及朝鮮日文作家張赫宙。此外第一卷第八號有〈高爾基特輯〉，一九三六年十一月有王詩琅所寫的〈悼魯迅〉，黃得時所寫的〈大文豪魯迅去世〉，都表示《臺灣新文學》的視野相當廣闊，介紹大陸、日本、蘇俄等作家的現實主義文學不遺餘力。

《臺灣新文學》編輯陣容頗爲堅強。同仁有：賴和、楊守愚、黃病夫、吳新榮、郭水潭、王登山、賴明弘、賴慶、李禎祥、高橋正雄、葉榮鐘、楊逵、田中保勇。營業部則有：莊明當、林越峰、莊松林、林玉書、謝賴登、葉陶等人。不過，據王錦江〈臺灣新文學雜誌始末〉所云：「這祗是名單的臚列，事實上一切業務則殆全部由楊逵和葉陶夫婦兩人辦理。」（註七六）

《臺灣新文學》擁有賴和、楊守愚、黃病夫、吳新榮、郭水潭、王登山、賴明弘、賴麥、李禎祥、葉榮鐘、楊逵等作家。《臺灣新文學》除張深切、張星建、劉捷沒參加以外，其作家跟《臺灣文藝》所屬作家沒有什麼不同。不過《臺灣新文學》比《臺灣文藝》富有寫實精神，帶有濃厚的寫實主義色彩，其作品注重臺灣現實是不爭之事實。此外《臺灣新文學》比《臺灣文藝》更注重中文作品，在一九三六年十二月號有〈漢文創作特輯〉，發表了賴賢穎的〈稻熱病〉、尙未央的〈老雞母〉、馬木歷的〈西北雨〉、朱點人的〈脫穎〉；洋的〈鴛鴦〉、廢人的〈三更半暝〉、王詩琅的〈十字路〉、周定山的〈旋風〉等八篇小說。本期作品表現了高度的民族意識和抗議精神，因此被殖民當局以「內容不妥當，全體空氣不好」爲理由，禁止發行。此外，《臺灣新文學》還曾發表了村老〈移溪〉、康道樂的〈失業〉、朱點人的〈安息之日〉、〈秋信〉、黃得時〈橄欖〉、吳濁流的〈水月〉等小說。

《臺灣新文學》中的日文作品也有不少佳作。楊逵的〈水牛〉〈田園小景〉（後改爲〈模範村〉）、〈知哥仔伯〉，張文環的〈過重〉、〈豚のお產〉，呂赫若的〈未來記〉、〈逃げ去る男〉，吳濁流的〈どぶの緋鯉〉、〈回歸自然〉，賴明弘的〈夏〉、〈魔力〉、〈結婚した男〉，翁鬧的〈羅漢脚〉、〈夜明け前の戀物語〉，藍紅綠的〈紳士への道〉，黃有才的〈淒慘譜〉、〈斷崖の上〉，陳華培的〈王萬の妻〉、〈豚祭〉等。

《臺灣新文學》自一九三五年十二月二十八日發行創刊號起至廿六年六月十五日發行的六、七月合併號爲止，一共發行了十四期，及《新文學月報》兩期，歷時一年有半，距廢止使用漢文，僅差一旬的時間。《臺灣文藝》於民國廿五年八月二十八日發行第七、八月合併號而告停刊以後，該誌還繼續維持將近一年。所以《臺灣新文學》自從創刊號至第九期，是跟《臺灣文藝》並駕齊驅的，自從第十期以後，才由《臺灣新文學》單獨負起新文學運動的使命，它對臺灣新文學的貢獻也是不容忽視的。

臺灣文藝聯盟的成立，以及《臺灣文藝》和《臺灣新文學》兩雜誌發行的短短三年，是臺灣文學史上最重要的一段時期，它不但擺脫了過去臺灣新文學的政治牢籠，而且使新文學以純淨之姿快速進展，日益蓬勃。

臺灣新文學，歷經南音，先發部隊、第一線、臺灣文藝、與臺灣新文學的持續努力，勝境紛呈，遠景璀璨，可惜不旋踵間，竟銷落湮沈，煙斷火絕！以下僅列臺灣重要新文學雜誌一覽表，俾便合觀。（見頁一二六）

㈢本階段特色

一九三二年以還，左傾社會運動與激進之民族主義運動遭全面壓制，新文學運動遂成爲替代社會運動吸納知識分子之苑囿，當時文學團體雲興霞蔚，雜誌刊物如雨後春筍，活躍之作家及發表之作品，數量較前一期爲尤豐，而其水準亦大幅提昇。當時文學精神仍極富批判舊社會習俗、追求進步自主之意味，顧其文學作品已非二〇年代充滿抗議情緒之作可比。自表現形式觀之，小說作者已開始熟練運用中篇小說之形式，且試圖向長篇小說之領域探索，如陳垂映、林輝焜、賴慶諸氏皆嘗試爲長篇。這應和民報自一九三二年改爲日刊有關，其發表方式顯然更能適應中、長篇之連載（周刊則時隔較久，因此泰半不得不採短打方式。）當然這和小說藝術手法漸成熟亦有關係。

王詩琅認爲「臺灣文藝聯盟」成立，以及《臺灣文藝》和《臺灣新文學》二雜誌發行之短短三年間，「不但把臺灣新文學從過去從屬於政治的地位擺脫，還急速地把它推進，建立一個堅強的陣地，使它能夠採取文學獨自的立場，從事文藝工作」，說明此階段的新文學運動成員的社會角色雖仍繼承了前期知識分子關懷臺灣民衆，追求自主平等的理想，但已不再如社會運動時期一般，挺身躍入社會現實與殖民者短兵相接，從事文學運動者已認清文學發展正途，著力於文化之建設，不復如二〇年代淪爲社會運動之附庸矣。

臺灣新文學運動雖以提倡白話文創作肇其端，然而日文教育日益囂張，中土文訊復不能順達海東，部分文學工作者丁茲盤錯紛拏之會，遂力主發揚臺灣傳統文化，於是倡導臺灣話文、整理民間文學，寖成本期文學之重要理念。此外，自一九三三年起以日文創作之作品漸增，迄於一九三六、三七年之際漢文作品日益罕覯。一九三四年起，臺灣作家的作品開始進軍日本中央文壇，楊逵、張文環、龍瑛宗諸氏悉嘗獲日本雜誌之文學獎，足見其日文文學造詣已普受肯定。

這一階段小說形式雖有中、長篇的出現，但仍以短篇小說為主，由於主要採用短篇小說的形式，因而對廣闊社會畫面的表現及巨大的歷史事變，有所不足，重以其時作者創作小說其目的不在於「補正史之闕」，因而表現歷史事件的小說幾乎不可見（見第六章歷史小說偏少一節）。

三、臺灣新文學的第三階段（一九三七——一九四五年）

(一)戰時體制與皇民化運動

溯自日本烽侵，蘆溝雲黯以還，臺灣總督小林躋造為配合戰時體制，維持臺灣治安，並進而利用臺灣人力投入侵略行動，乃提出三句口號：「皇民化」、「工業化」、「南進基地化」，以根除臺灣人之民族性、抑制臺灣人揭竿而起，並進而誘騙臺民，陷身死地。

在「皇民化」政策下，臺灣總督府加強推動諸多事項：如「國語運動」（普及日語）——普設「國語講習所」，強迫臺地耆老以暮夜之時學習日語，嚴禁報章雜誌之漢文欄，查禁漢文書房，削減臺灣寺廟，禁演臺灣戲劇，戲劇節目概用日語（即所謂「改良戲」）。禁以臺語廣播，頒定「國語家庭」、獎勵改姓日姓，要求臺人祀「伊勢大神宮」之「大麻」以代傳統先祖之祀；推行「寺廟神昇天」運動，焚毀各廟宇所奉祀之神像。一九四二年四月十九日設「皇民奉公會」（同年十二月太平洋戰爭爆發），翌年復頒「陸軍特別志願兵」制，徵調臺籍青年赴大陸、南洋各地充軍伕。一九四三年「日本文學報國會臺灣支部」成立，翌年實施「徵兵制度」，驅使年滿二十歲的臺灣子弟，赴各戰區爲炮灰。「皇民化」之內容無所不包，要之，改造臺灣人而爲「眞正的日本人」以效忠「天皇」。日本人矢內原忠雄曾說：「日本統治臺灣五十一年，一切的政策無非是處心積慮地要割斷臺灣與中國血濃於水的臍帶，使臺灣與大陸完全隔離起來。」（註七七）可謂一針見血之論。皇民化運動可謂帝國主義之鷹犬，究其實質，則爲使臺人自外於中國，自忘其血緣與文化，可謂狠毒已極。日人竹內清氏曾說：

皇民化是意指「日本人」，但本島人已經於四十三年前就成爲日本人了，因此只說「要成爲日本人」，所指的內容過於薄弱。因爲眞正的意思是「要成爲忠良的日本人」（註七八）。

尾崎秀樹深刻釐析其眞正義涵，說：

若同化政策是意指成爲日本人，則「皇民化」的意思是「成爲忠良的日本人」。但日本統治者所企望之「皇民化」的實態，不是臺灣做爲日本人活，而是做爲日本人死。因此，「做爲忠良的日本人」的意思是指發現「做爲日本人死」之道理，並爲它奮進（註七九）。

日本當局狠戾之心，令人不寒而慄，而皇民化政策對臺人心靈之戕害、尊嚴之啃蝕可以想見。當吾人檢視此一人類史上之大謬誤時，對那些「被迫做出違背眞心的事」，或「自願而不自覺」，而爲日本軍閥推波助瀾的臺籍同胞，內心不免隱隱作痛，如汩汩血流。

處風雨昏晦，國步維艱之際，臺灣新文學遂產生與前二期不同，且明顯之轉變，當異族一再摧毀臺灣傳統之風俗與文化時，小說內容不再動出豪語，要反傳統，要解放傳統對個人的束縛；反之，小說開始生動描述市井人物、風土習俗，強調傳統之道德理念，注重孝道之發揚。無可諱言者，部分臺灣小說作者，精神頗覺沮喪、空虛，逃避現實和注重趣味、刻意浪漫，構成其作品特色。

在臺灣總督府籠絡政策、同化主義與皇民化運動之影響下，臺灣新文學作者有一些「自願而不自覺」走上鼓吹皇民化之歧路，淪為協贊殖民政策的阿諛者，言念及此，曷勝浩歎！當時新舊文學工作者都難逃日人有意之扭曲。一九三九年傳統詩壇出現《愛國詩選集》，為鄭金柱所編，其編輯動機為：

不肖因鑑及戰時體制下，處時常時局之秋，在我島內官民，工共宣揚國威，振興皇道，兼甦生民族文化，同維國風藝術，使一般起忠愛國之念。爰徵「愛國詩稿」，付刊海內外諸賢傑作，藉以涵養日本精神（註八〇）。

瀛社社長謝汝銓為之作序：「鄭君此舉可謂於吾瀛東詩界，其功不淺矣。」謝氏且有〈皇軍破徐州喜賦〉五古一首，而集內如〈祝皇軍南京入城〉等作，於日本軍閥之暴行，極盡歌頌之能事，又豈僅為數典忘祖之輩而已！一九四二年《詩報》所載各吟社課題亦多以響應聖戰、謳歌大和魂、大東亞共榮圈為題，如碧澤吟社〈新春捷報〉（二六四號）、大同吟社〈共榮圈〉（二六七號）、瀛社祝戰捷吟會〈肉彈〉（二六八號）、栗社〈星洲陷落有感〉、以文社〈祝新嘉坡占領〉、瀛社及大成吟社〈祝新嘉坡陷落〉、桐城吟會〈導演家〉、高雄州聯會〈南方戰捷〉（皆二六九號）、聚萍吟社〈二七〇號）、雄州聯吟課題〈對出征將士感謝〉）（二七七號），又如〈愛國心〉、〈防諜〉、〈皇國民〉、〈大東亞共榮圈建設〉等徵詩課題，讀之令人髮爲之指，篇難以終，眞是「人生至此，天道寧論」！另有一些人以詩爲應酬、頌揚的工具，如船木撰〈祝新嘉坡陷〉一詩，隨後即有多人以之和韻。我們無意責備前人忘本，因爲這是殖民地傷痕中最沈痛的一頁，然而面對歷史，我們只有忠實敘述之一途。

相對於新文學而言，決戰下（一九四〇—一九四五）的臺灣文學雖被迫不得不用日文寫作，但文字僅爲表現工具，此一階段以日文撰寫之臺灣文學作品，仍有不少隱藏反抗之心聲。在《臺灣文學》發行的第三卷第四號且因所刊作品皆是描寫風俗民情、地方掌故，對當時戰爭毫無「鼓勵」作用而遭櫻吏所禁。當然從「臺灣文學奉公會」到「大東亞文學者大會」、「臺灣決戰文學會議」及「增產文學」、「十字路小說」（註八一）的提倡，臺灣新文學既被扭曲、摧殘，其作者有時亦難以置身事外，而苟延殘喘。如楊逵發表〈「首陽」解除記〉表示響應戰時總蹶起，改變隱居「首陽」的消極態度，積極地投入「決戰」，或受邀撰寫劇本如〈支那的怒吼〉，呼應日本發動大東亞戰爭，立於日人的立場，反抗同盟國—英國。楊氏一生矢志對抗日本帝國主義與封建資本主義，但在日本當局加緊箝制思想、推動皇民化政策的戰爭末期，亦不得不寫下違背初衷的「皇民文學」，這充分反映了臺灣人民被高壓統治、被壓迫、身不由己的悲哀與無奈（註八二）。當然楊氏當時亦有一些反日之作，善用象徵手法來表達者，如〈泥娃娃〉、〈チンダ退治〉等作。當時臺灣作者或綴筆不寫，或虛與委蛇，大體上尙不致完全喪其知識分子之良心。除此之外，也有一些「自願而不自覺」的青年作家受其奴化而喪失了臺灣人的民族意識，遂有皇民之作產生，此皆緣於臺灣爲日本宰制已近半世紀之久，新生一代完全受其奴化教育之影響所致，此爲歷史之沈哀。

臺灣新文學進入第三階段，文學刊物已不如前期那麼蓬勃，除了較無關時局的漢文月刊《風月報》、《詩報》得以倖存外，所有文學刊物皆消聲匿跡。迄一九四〇年《文藝臺灣》、一九四一年《臺灣文學》創刊，文學團體方開始積極活動，不過爲時亦未持久。以下概述當時之文學團體與文學刊物。

㈡戰時的文學社群

1.風月俱樂部與《風月報》

一九三七年（昭和十二年）九月二十九日，風月俱樂部發行「風月報」半月刊，以「研究文藝、涵養德性、高尚品詣」爲宗旨，兼董編輯與發行者爲簡荷生，後聘林荊南、吳漫沙出任主編，而印刷所則爲臺灣新民報社。該雜誌白話文言兼容並包，內容以小說、小品、漢詩爲主。

「風月報」自稱「是茶餘飯後的消遣品，是文人墨客的遊戲場。」（註八三）專載詞華佳妙之純文藝詩文、小說、講談雜錄等。凡批評時事，議論政治，度越文藝範疇者，概不刊載，且原稿廢棄，以避免日本當局的阻擾干預。

「風月報」之命名取義於吟風咏月，鼓吹風雅。第五十五期封底迎春詞有「蓬萊島上好風月」一句，期望大家於竟日勞生之餘，仍應葆其閒情逸緻，以領略風柔月明。要把風兒月姊當作我們的好友，要時時吟風弄月，走入文學殿堂，享受美滿的人生（註八四）。然風月報之內容亦偶涉風花雪月之格，刊登「藝旦」、「女給」之風流韻事。雖然如此，該雜誌仍極力自辯純屬文藝刊物，千古以來，詩文材料，豈能脫離花草、風月、美人等物？其實風月報亦有其嚴肅之面目，考據、叢談、文壇等學術文章及文學作品莫不逐期披露，以正讀者視聽。該刊物所載白話文之文藝創作，有徐坤泉的長篇小說〈新孟母〉（註八五）與吳漫沙的〈桃花江〉（註八六），外此復有短篇小說、散文、新詩諸作。自第九十期七月號下卷起，吳漫沙將徐坤泉所擬標語二句，改爲「開拓純粹的藝術園地，提倡現代的文學創作。」

一九四一年六月一日發行的「風月報」，載有元園客一篇：〈臺灣詩人的毛病〉，元園客即黃晁傳，雅號文虎，是謎學專家，喜好吟咏。他在本篇指摘一般詩人具有七大毛病，作者多於讀者，根底薄弱，此其一。模仿古人，浪費天眞爛漫的性靈，此其二。移用成句，不重創作，此其三。僞托他人之作，以造成兒女生徒情侶才名，此其四。僅仰詞宗鼻息，以邀應選此其五。其無中生有，描寫景物多出想像，此其六。幾同商人廣告，一詩連投數處，此其七。遂與九曲堂鄭坤五，釀成一場筆墨官司，後許多新舊文人，參加論戰，引發第三次新舊文學論戰，與舊文學陣營內訌，混戰論爭，歷時十八閱月，就臺灣新文學運動而言，實具深義（註八七）。

一九四一年七月風月報易名「南方」，據漫沙氏回憶：「我認爲『風月報』三字與目前內容不符，印象不雅，遂改稱『南方』。」（註八八）又據一三三期刊載〈風月最後的話〉一文，謂：

《風月報》這三個字和讀者見面，已經五個年了，在這五個年中，備受讀者種種的愛護，才能得到這完整的面目，領受了社會種種的教益。《風月報》痛感時代的變幻，異常的迅速，風月報的使命更加重大了。不是再在風月場中，談論那些無關痛癢的話了，應該順應時代，做些和國家社會有了裨益的事。所以《風月報》同人，爲了這一點，就決定把風月俱樂部變更爲南方雜誌社，所發行（原文誤作所字）的半月刊《風月報》，也變更半月刊《南方》……《南方》是《風月報》的妹妹，她和姊姊的面容是相同的，祇是名字不同而已。姊姊覺得自己過去所作的事，太過於優逸了，妹妹是受過相當訓練的，不但體格優美，對於時代也很能迎合應接，所以姊姊把這個職務讓給她。今後是南方要發揚她的眞使命的時期……。

風月報易名《南方》之後，稿源漸減，幸有陳世慶小說〈水晶處女〉和林荊南〈漁村〉以及雞籠生〈大上海〉、吳漫沙小說〈黎明之歌〉、〈大地之春〉等，維其命脈。

由於稿源不足，吳漫沙遂耳提面命提筆諸人：

親愛的同志：我們要寫，我們要負起時代的責任，不能像過去那樣的寫沒有生命的文章。風月場中的故事，不是我們執筆的題材了，要認清時代的血跡，爲後代負責（註八九）。

吳氏又說：

當時曾有一小撮自命國學淵博之士，諷刺白話文，這種固步自封的陳舊思想，我們不加理會，不氣餒地繼續埋頭耕耘，只有一個目標，我們的文筆雖然謭陋，但能維護祖國文學於一天，就是一天的責任，不計惡意的批評和心血的犧牲，只是我們不能團結，眞叫人心痛。由於讀者的增加，全島每個角落都有「南方雜誌」，處境益增艱難，檢閱更加嚴格，吹毛求疵的藉故干涉取締，故意挑剔沒收焚燬，派刑警在編輯部監視，精神備受威脅，我們還是堅強意志，竭力掙扎，照常出版（註九〇）。

如此者再三。此一情形直至一九四三年八月該雜誌被迫停刊止，該雜誌持續發行達六年之久，實爲當時諸雜誌壽命最長者。溯自民國二十六年櫻吏禁中文起，此雜誌鶴立卓爾，實爲碩果僅存之唯一中文文藝雜誌（詩報除外），處當日嚴禁漢文的戰爭末期，不可謂非異數。在讀者日增，梓行遍及全臺之際，該雜誌之影響，或者亦頗深遠！

2.臺灣文藝家協會與《文藝臺灣》

一九三九年八月，任職於《臺灣日日新報》學藝部的西川滿，集合了濱田隼雄，北原政吉、池田敏雄、中山侑等人，籌組「臺灣詩人協會」，同年十二月機關刊物《華麗島》正式發行後，旋又改組爲「臺灣文藝協會」，其成立宗旨爲「促進臺灣地區文藝之向上發展，以及會員間的互助與親睦。」，次年並發刊會誌《文藝臺灣》，由西川滿任主編兼發行人。

七七事變之後，臺灣總督府即設思想統制機關「臨時情報委員會」（後改爲情報部），對文藝活動採嚴禁政策，然對「臺灣文藝家協會」之成立卻表支持與協助（註九一）。該會網羅在臺中、日詩人與作家凡六十三人。此爲繼「臺灣文藝聯盟」之後，又一成員遍全臺之文藝組織，然而該組織大抵以日人爲中心。會員亦以日人居多。其實際編務及發行事宜率由西川滿負責，前六期（雙月刊）刊載了小說、新詩、評論、民俗風土等文章，可謂綜合文藝雜誌。一九四一年二月，「臺灣文藝家協會」為配合戰時體制（日本帝國主義的侵略）而改組，《文藝臺灣》改由「文藝臺灣社」發行。「文藝臺灣社」亦由日臺作家組成，編輯委員有赤松孝彥、池田敏雄、川平朝申、北原政吉、黃得時、高橋比呂美、中村哲、長崎浩、中山侑、西川滿、濱田隼雄、龍瑛宗等人。此時同為「文藝臺灣社」同人的張文環、中山侑因不滿《文藝臺灣》的編輯方針，乃有另組雜誌之心。西川滿以同人另創雜誌將造成內部分裂，而極力勸阻，然而一九四一年五月，張文環、王井泉、黃得時、中山侑等人，仍組織啓文社，且創刊《臺灣文學》季刊。在二次大戰末期被迫合併以前，此二文學組織一向分庭抗禮，互不相下。曹介逸曾說：「《臺灣文學》與《文藝臺灣》是戰時中臺灣文藝界之雙璧，儼然為思想上相對立的二大陣營」。（註九二）

一九四二年九月，《文藝臺灣》第二卷第六號上，刊出「戰爭詩特輯」，並刊載周金波〈志願兵〉及川合三良〈出生〉二篇以志願兵制度為題材的作品，而外地文學理論家島田謹二亦發表「取材於領臺之役的戰爭文學」，此為該誌首次響應時局所作之實際行動，同年十一月《文藝臺灣》於〈後記〉記載又謂：「本誌作為代表臺灣之唯一月刊綜合文藝雜誌，隨著時局進展，越感使命重大。本社編輯同人願意盡一切能力，戮力於本職」（註九三），此為該雜誌開戰前夕所刊言論。《文藝臺灣》創刊初期乃主藝術至上主義之編輯方針，太平洋戰爭爆發之翌年二月其政治宣傳之色彩日趨濃厚，所刊諸詩如〈大東亞戰爭〉、〈大東亞民族に贈る〉及皇民奉公會「島民劇」皆配合時局之作。其元月新年號（三卷四號）卷頭上，刊出〈國民文學〉之宣言，即謂其理想乃是「實現現實的國家之理想，而為國民生活的指標」其積極協戰態度明顯可見。

一九四三年十一月，「臺灣文學決戰會議」中，西川滿提議「將文藝雜誌納入戰鬥配置」，而獻上《文藝臺灣》，《臺灣文學》遭魚池之殃，不得不做同樣表態，而終於做出兩者各再出一期後同時廢刊的決定。一九四四年五月，由「臺灣文學奉公會」會聚雙方成員，發行《臺灣文藝》，從此，民間所辦之文學雜誌乃不復存在。

《文藝臺灣》至停刊為止，凡梓行三十八期，為日據時期壽命最長之刊物，刊載之作品以日人之作為多，其中臺人之作如龍瑛宗重要之小說〈村姑逝矣〉、〈白色的山脈〉、〈不知道的幸福〉、葉石濤〈林君寄來的信〉、〈春怨〉，及陳火泉〈道〉、周金波〈水癌〉、〈志願兵〉、〈尺子的誕生〉、〈狂慕者的信〉、〈鄉愁〉，顯示了對皇民化運動由樂觀到迷惑的過程。

3.啓文社與《臺灣文學》

《文藝臺灣》一卷一期，帝大外文教師島田謹二為文介紹「外地文學研究現狀」，將「外地文學」觀引進臺灣。所謂「外地文學」，英文為Colonial Literature，法文為Lit'erature Coloniale，實為「殖民地文學」。島田以法國殖民地文學研究為例，定義外地文學「捕捉外地特異風物、描寫外地生活者之特殊心理」的文學。其所謂「外地文學」，其實是殖民國與殖民地接觸，產生「風土、人、社會」之差異，從而產生異於內殖民地所撰，而歌頌擴張中的帝國，謳歌新領地的文學，若依此觀點推論，則殖民地文學乃從屬於殖民母國的文學，提供與殖民母國文化不同的異國趣味，爲殖民國添加新風格（註九四）。《文藝臺灣》自我定位爲日本南方文化的建設者，以「外地文學」爭取日本之讀者，並獲得日本中央文壇的重視爲其主要目標，此亦成爲影響臺灣文學發展方向的主要因素。

由於外地文學引發的實寫主義與浪漫主義之爭，及臺灣文學定位問題（日本文學或臺灣文學），在民族立場及政治立場上的差異性（臺人）等造成張文環等人於一九四一年五月脫離《文藝臺灣》另組啓文社，刊行《臺灣文學》（註九五）。同人成員以臺灣作家爲主，有黃得時、王井泉、張文環、陳逸松、林博秋、簡國賢、呂泉生，有少數日籍旅臺作者如中山侑、中村哲、谷精一、坂口䙥子等人。其實際編務由張文環負責。《臺灣文學》成立之後，重新凝聚了常在《臺灣文藝》、《臺灣新文學》發表作品的臺籍作家，如楊逵、呂赫若（二人未加入臺灣文藝家協會）、巫永福、吳新榮等。《臺灣文學》以臺灣文化運動之傳承者自命，其內容除小說與新詩外，復有文學評論及有關臺灣當時美術、音樂、戲劇活動之介紹、評論，其與戲劇之關係尤爲密切。此外該雜誌亦譯介漢文作品。

相對於《文藝臺灣》的東瀛觀點，《臺灣文學》則爲臺灣人意識之刊物。因此《臺灣文學》之籌備廈蒙臺灣文藝界人士鼎力支持，二次大戰期間高壓政治氣氛及狂熱皇民化運動之中，《臺灣文學》成爲代表臺灣人觀點、拒絕受戰爭影響的難能可貴之言論廣場，不少畫家、音樂家及作家皆經常置身其間。黃得時分析這二份文藝雜誌時說：

這兩個雜誌雖然均是臺灣的代表性文藝雜誌，但雙方都具有不同的特色。《文藝臺灣》之同人中約有七成是日本人，以促進同人互相之向前發展爲唯一目標。但《臺灣文學》之同人多數是本島人，爲本島全盤文化的進步及培養新人不惜提供篇幅，有意使它成爲眞正的文學道場。前者因爲在編輯方面過份尋求完美，以致變成趣味性的。雖然看起來很美，但因爲與現實生活脫節，故而不被一部分的人重視。與之相反，《臺灣文學》因爲從頭到尾極力堅持寫實主義之作風，顯得非常粗野，充滿了「霸氣」與「堅強」（註九六）。

該文發表於《臺灣文學》，或許略有偏袒，然亦不失爲客觀之論。當旅臺日籍作者關心趣味性之際，臺籍作者則思考更爲切實之內涵，致力於寫實主義。

一九四三四月，「日本文學報國會」事業部長川貞雄來臺，在其斡旋下臺灣成立了「社團法人日本文學報國會臺灣支部」，「臺灣文藝家協會」自動解散，並成立皇民奉公會所管轄之「臺灣文學奉公會」（註九七）。此後臺灣之文藝活動遂被編進爲戰爭服務之統制機構，文學創作必須符合政治要求，文學工作者喪失創作自由而在命令之下盲目謳歌戰爭。《臺灣文學》爲保元氣，乃不得不稍事妥協，在編後語中呼喊戰時的愛國調子，廣告插頁刊出「大東亞戰爭勝利」的口號，最後爲免廢刊，還刊出歌頌戰爭之詩作。儘管委曲猶難求全，櫻吏仍查禁一期《臺灣文學》，理由爲：無裨戰局。此一絕望的掙扎，也僅一朝罷了，《臺灣文學》終在強大的壓力下不得不宣告廢刊。

該刊壽命雖僅十一期，然而佳作如林，爲臺灣文壇別開生面。張文環〈藝旦之家〉、〈論語與雞〉、〈夜猿〉、〈閹雞〉，呂赫若〈財子壽〉〈風水〉〈月夜〉〈合家平安〉，楊逵〈無醫村〉，巫永福

〈慾〉，王昶雄〈奔流〉等，皆一時之選。由於此時思想箝制日益嚴厲，在作品裡，正面反抗日本殖民統治已成不可能，於是，作家著力描寫臺灣人之現實生活，民族固有之風俗習慣，以與皇民化運動消滅民族色彩之企圖相抗衡。當臺灣新文學之父賴和因病去世時，同仁等曾編輯「賴和先生悼念特輯」，以發揚臺灣新文學之抗日精神。日據時期臺灣新文學之所以能在橫逆紛乘，迫害洊臻之惡劣環境中異軍突起，生面別開，《臺灣文學》實有砥柱中流，獨擎大廈之功。

4.臺灣文學奉公會與皇民文學

一九三七年臺灣總督府禁以漢文出刊雜誌，並控制臺人抗日之行動與思想，抗日文學尤其不容出現。從七七事變到民國三十年前半為止，臺灣文壇為外地文學所主宰，臺灣作家的作品不免有逃避現實的作品。從太平洋戰爭爆發以後，臺灣總督府對文藝作家的要求越來越明顯。日本當局以文學為政治宣傳之工具，鼓勵作家創作歌頌戰爭之作，以與日本軍閥之侵略相呼應：要求作家假文學作品鼓勵臺人效忠日本政府，執行聖戰，歌頌日本武士精神，學習變成日本人。此一時期臺人所作迎合統治者政策的作品可稱為「皇民文學」。

一九四〇年日本成立「大政翼贊會」（註九八），扶桑文壇亦確立戰時體制。「臺灣文藝家協會」亦由總督府情報部副部長、文教局長、文書課長等櫻吏任顧問。實具「透過文藝活動，協助文化新體制的建設」之雛形。一九四一年二月「臺灣文藝家協會」改組，會長為臺北帝大教授矢野峰人（象徵派詩人），矢野曾以「文藝報國的使命」為題演講，可見當時該會之局部改組已有政治上某種壓力存在。同年皇民奉公會成立以推動皇民化運動。一九四三年三月，復成立「統制會社」，將影劇亦納入政治管制，社長由當時臺灣日日新報社社長擔任。而《文藝臺灣》及其《臺灣文藝家協會》亦鼓噪吶喊皇民文學、大東亞共榮圈、奉公報國等口號。同年首度「大東亞文學者大會」於東京舉行，臺灣文藝家協會派西川滿、濱田隼雄、龍瑛宗、張文環四人與會。該會目的表面上雖爲「在大東亞戰爭下，擔負文化建設底共同任務的共榮圈各地的文學者會聚一堂，互相溝通抱負，互相打開胸襟傾訴」，實則爲日本軍部之統戰工具，要求亞洲各國知識分子認同「大東亞共榮圈」的妄想，以爲其侵略戰爭張目（註九九）。龍、張等人返臺後，臺灣文藝家協會於同年十二月於臺北公會堂、高雄、臺南、嘉義、臺中、彰化、新竹等各地舉辦「大東亞文藝講演會」。一九四三年二月十一日「皇民奉會」新設「第一回臺灣文藝賞」，獎勵項目有文學、音樂、戲劇三類，文學類分由參加「大東亞文學會議」之三名代表得獎，其作品與作者分別爲：〈南方移民村〉與作者濱田隼雄；〈赤嵌記〉與作者西川滿，〈夜猿〉與作者張文環。

一九四三年三月，日本軍閥樹敵日多，戰雲益濃，爲設「日本文學報國會臺灣支部」，且於該支部規程第三條妄言：「支部爲謀所屬會員之親睦，透過臺灣文學奉公會，以實現本會定款第三條所定本會之目的，努力宣揚皇國文化。」日本當局復解散「臺灣文藝家協會」，另設「文學奉公會」，以隸「皇民奉公會」。此二會支部長以上幹部悉同，而其陰謀則在嚴密控制三臺文壇，並建立臺灣之皇民文學。此外，「第二回大東亞文學者會議」代表名單長崎浩、齊藤勇、楊雲萍、周金波，即由「日本文學報國臺灣支部」擬定。

一九四三年由「臺灣文學奉公會」主辦，臺灣總督府情報課、皇民奉公會中央本部、日本文學報國臺灣支部後援，舉行「臺灣決戰文學會議」，在臺北公會堂（即今臺北中山堂）舉行。討論主題爲：「確立本島決戰態勢，文學者的戰爭協助」，出席臺日作家約六十人。「文學奉公會」會長山本眞平大言不慚，妄謂：

今日的文學已不能像過去那樣，僅在表達文學家個人的感情，其創造活動須呼應國家至上的命令。……臺灣必須依照強韌且純粹無雜的日本精神去創造新的皇民文學，以文學之力，來鼓舞激勵向軍人之道邁進的本島青年，並以文學爲武器，提高大東亞戰爭必勝的信念，這是諸君肩上責無旁貸的任務。（註一〇〇）

故知「臺灣決戰文學會議」妄圖支使文壇人士作日本軍閥之侵略暴行之應聲蟲，以鼓舞民心士氣。該會且通過西川滿「獻上文藝雜誌以納入戰鬥配置」之謬議。於是，《臺灣文學》被迫與《文藝臺灣》合併爲《臺灣文藝》，改由「臺灣文學奉公會」負責發行。而《臺灣文藝》則以《文藝臺灣》爲主，僅於形式上邀張文環任編輯委員。此後該刊物遂極力迎合櫻吏，從事「皇民文學奉公」活動，鼓吹皇民文學（註一〇一）。

一九四四年六月，「臺灣總督府情報課」要求作家撰寫戰時報導文學，於是臺日作家分別被安排到臺中州謝慶農場、臺南州斗六國民道場、高雄海兵團、石底煤礦、金瓜石礦山等處參觀，並以其見聞，撰寫小說，編成「臺灣決戰小說集」乾坤兩卷，以利日本當局宣傳。

㈢本階段特色

蓬勃的臺灣新文學運動至一九三七年《臺灣新文學》雜誌的廢刊而告一段落。七七事變爆發，日本侵略之野心，日甚一日，臺灣新文學社團所遭打擊亦日益沈重，文學運動遂躓踣難以推展。「反抗」日本帝國主義的臺灣文學，在所謂「戰時體制」下，誠已無法順利開展，重以禁用中文，使文學陷於幾近窒息的狀態。而第二世日人文學在此文學背景下，乃蓬勃登場（見附錄四）。此與前二期以臺人爲中心之文學活動大異其趣。

在「臺灣文藝家協會」的主導下，臺灣文學活動於一九四〇年後掀起另一高潮。該會並非基於臺灣新文學之脈絡而成立，其文學理念、民族情感與前此之文學團體異趣，因此下啓日後啓文社獨自創刊《臺灣文學》以試圖上接一九三七年以前臺灣新文學之精神。然而處於無法進行任何反抗的時代，臺灣新文學工作者描寫臺灣人的日常生活，或皇民化風潮下臺灣知識分子的悲哀，猶隱見對皇民化的抗議。這時期幾乎皆爲日文作者，而以白話文寫作的作家已痛失發表的園地。

由於日本統治者對臺民思想箝制日緊，壓迫愈甚，皇民化運動對臺灣文化風俗之破壞，此一階段之小說與前二期反傳統、積極投入社運洪流中大不相同，因時代關係，其政治意味明顯淡薄。有一部分作家開始省思臺灣人特殊之處境，如以呂赫若一九三七年前後作品細加觀察，便可發現呂氏早期作品〈牛車〉，受外界力量之影響相當大，易言之，此一現象乃殖民地臺灣人民之苦難，來自於外界經濟衰退和現代化影響所造成。然而呂氏一九三七年後之作品如〈財子壽〉、〈風水〉、〈合家平安〉、〈柘榴〉等，故事之中心已轉至家庭內部，外界之力量幾乎已非重點。而傳統農家道德之危機—孝道，則頻頻出現於小說之中。〈風水〉整個故事繞著孝道與個人利益的衝突緊張運轉；〈合家平安〉敘述了一個不被善待的養子，不顧個人需要，承擔起供養父母的責任。又如〈玉蘭花〉主角的父親瞞住小祖母讓其叔叔到東京，事後父親每叨唸著「那一次眞是大不孝」，〈女人心〉裡的雙美爲無法盡力治療母親的病而讓她死去，爲此流淚自責，〈柘榴〉中的大哥金生對父母臨終前託付照顧弟弟之事，耿耿於懷，〈清秋〉裡的耀勳爲了孝順父母毅然從日本返鄉，他內心充滿了矛盾。凡此皆透顯一訊息，即：臺灣文學思想已從反傳統、爭個人自由、抵抗殖民統治，轉化爲思索家庭倫理、人性之糾葛、道德之出路等問題。

由於作者之人格特質、意識形態、創作途徑各異，其作品所呈面貌自各不相同，但大部分作品莫不與斯土斯民血肉相連而篤實光輝，初未深鎖於象牙塔之中或遊離於時空之外。一九四三年戰局吃緊，日本當局做野獸鬥，囑託部分臺灣作家，寫成《決戰小說集》乾坤二卷，除此之外，大部分作家之作品均銳減，此時臺灣新文學實已不復有自主發展之機，連其生存空間亦全然見奪，大部分作家只好乾脆不寫，只有在當局逼迫之下，才勉強寫此應景小字以爲支吾。

如就文學上嚴格、事實的考察下，張良澤曾引用日本文學史家奧野健男氏之語，發人深省：

（戰爭期中日本）文學家當中，雖然有一部分人醜惡地向當局靠攏，以告密出賣朋友，做出狂信的、皇國主義的、法西斯的言行，但是大多數其他文學家，態度一般是消極的。……（當時日本）不曾有過冒死以積極地主張反對戰爭或反對軍國主義的文學家事實，雖然可以看成日本文學家的弱質和日本民族與社會的宿命的性格，但也不能不因而引起吾人深刻的反省（註一〇二）。

奧野健男氏這一段話足爲中日人士做一深刻之反省。在當時有部分臺籍作家一如日本作家般消極退縮，並未挺身而出反對當時之戰爭政策和帝國主義路線。當然在法西斯體制下一切都已不可能時，能隱忍、曲折，轉從描述臺民生活習俗來間接抗日已屬不易，何況以後人之立場來苛責前人之不以死諫之，不以死殉乎！吾人誠期期以爲不可。今日吾人檢視當年歷史：在不可抗拒之政治壓力下，我們同情作家有時一些懦弱逃避之行；至於因而對統治者之政策加以美言、協讚聖戰者，吾人亦不宜不正視歷史，而纂改其作爲隱忍的抗議作品。作家可以不顧社會之不公不義，但卻不能反過來助長這種不公不義，當作家之理念一旦形諸文字，即已成爲歷史資料，對讀者必然產生一定程度之影響力，他如何去一一向讀者說明他的不得已？當然戰爭體制下的殖民地「皇民文學」有其複雜性，「皇民文學」的述作者，不見得就是心悅誠服的皇民作家，他們骨子裡可能埋藏著抗議的心思，以其立場的不堅定而來評斷某一作家皆有其局限，今日有不少作品必須進入作品核心，深入發掘其奧蘊，方能有一合理之了解與評價。此一工作須賴更多文學評論者從作品正文之判讀，依正文中證據之發掘，自諸多角度以審諦之，方能有一正確之文學定位。當然，退一步言，若作者是衷心嚮往大和文化，就思想解放而言，處於那樣的年代，吾人亦應有更開濶的心胸來看待這些作品，皇民與否基本上這是時代錯亂所致，作家如毫無與政治掛勾之企圖，又何罪之有？此一階段之文學除作品理念與前二期相異外，其文學團體亦呈耐人尋思之現象，亦即《臺灣文學》雖重新團結新文學運動之成員，但卻無法令年輕一代傾心參與，反而有若干文學理念相近的日本人士積極參與活動。這在前期確是罕見，此一現象反應出臺灣知識社群與日本籍人士之部分混合。此時出現的臺灣新進作家多半非《臺灣文學》成員，而《文藝臺灣》則刊載臺灣青年周金波、陳火泉、葉石濤之作。他們都是受日本教育，未曾接觸啓蒙運動的新生代，其意識形態與《臺灣文學》前輩作家迥異。當時葉氏鼓吹浪漫主義，痛斥寫實主義，周氏以殖民者之意識形態寫出〈水癌〉、〈志願兵〉，陳氏亦寫了〈道〉、〈張先生〉，這些都令《臺灣文學》之作家無法苟同。這種與新世代的隔閡，以致缺乏新血的情形，加上時局緊張，不能毫無忌諱大聲疾呼臺灣新文學運動的情況下，臺灣新文學勢必難以像前期蓬勃發展，不得不步向沒落之途。

表一：臺灣重要新文學雜誌刊物表

雜誌名稱	創刊年代	停刊年代	刊行地點	發行概況
臺灣青年	一九二〇、七、一五		東京	月刊，一九二二年四月改名臺灣，翌年又改名臺灣民報，半月刊，後改爲旬刊。一

				九二五年改爲週刊，一九二七年准在臺發行，一九三〇年改名臺灣新民報，一九三二年改爲日刊。
人人	一九二五、三	一九二五、一二	臺北	發行兩期，中文。
伍人報	一九三〇、六、二一	一九三〇、一二	臺北	發行十五號改爲工農先鋒
臺灣戰線	一九三〇、八	一九三〇、一二	臺北	發行五期皆被禁。
洪水報	一九三〇、八		臺北	
明日	一九三〇、八		臺北	發行六期，中文。勞動互助社機關報。
新臺灣戰線	一九三〇、一二		臺北	「伍人報」與「臺灣戰線」合併。
南音	一九三二、一、一	一九三二、一一、八	臺北，後	南音社刊行，中文半月刊，

			移臺中	發行十二期。
福爾摩沙	一九三三、七、一五	一九三四、六	東京	臺灣藝術研究會刊行，日文不定期，發行三期。
先發部隊 第一線	一九三四、七、一五	一九三五、一、六	臺北	臺灣文藝協會刊行，中文。第二期改名「第一線」，中日文並用。各發行一期。
臺灣文藝	一九三四、一一	一九三六、八	臺中	臺灣文藝聯盟刊行，月刊，中日文並用，發行十五期。
臺灣新文學	一九三五、一二	一九三七、六、一五	臺中	月刊，中日文並用，發行十四期。
文藝臺灣	一九四〇、一、一	一九四四、一、一	臺北	臺灣文藝協會刊行，日文雙月刊。一九四一年改組，由文藝臺灣社刊行，月刊。發行三八期。

臺灣文學	一九四一、五、二七	一九四三、三、二五	臺北	啓文社刊行，季刊，日文，發行十一期。
臺灣文藝	一九四四、五、一	一九四五、一、一	臺北	臺灣文學奉公會刊行，日文，發行七期。

註

【註釋】

一　關於臺灣新文學運動的分期，學者間各有不同之意見。王白淵在《臺灣年鑑》的〈文化編—文學〉欄，採取語文上之區分，別爲「白話文文學期」和「日文文學期」；吳瀛濤在〈臺灣文學的第一階段〉將一九二〇年代至七七事變以後畫分三期，第一期是臺灣新文學運動啓發期—一九二〇年代，第二期是臺灣新文學全盛期—一九三〇年，第三期是戰時文學期—七七事變以後；黃得時在〈臺灣新文學運動概觀〉中，將一九二〇年至一九三七年分爲四期：第一期是《新青年》時代—一九二〇至一九二二年，第二期是《臺灣》雜誌時代—一九二三年至一九二四年，第三期是《臺灣民報》時代，第四期是新文學運動展開期—一九三一年至一九三七年；葉石濤在《臺灣文學史綱》之分期是：第一期爲搖籃期—一九二〇年至一九二五年，第二期成熟期—一九二六年至一九三七年，第三期爲戰爭期—一九三七至臺灣光復；陳少廷在《臺灣新文學運動簡史》一書中，將一九二〇年至一九四五年分爲五期：第一期是萌芽—《臺灣青年》與《臺灣》雜誌時期，一九二〇年至一九二四年，第二期是開始—《臺灣民報》時期。一九二三年至一九三一年，第三期是成長—《臺灣民報》移至臺灣發行至《臺灣新民報》誕生，一九三二年。第四期是高潮—文藝團體紛紛成立，文藝雜誌蓬勃發展。一九三二年至一九三七年，第五期是戰爭—從一九三七年至一九四三年；王詩琅在〈半世紀來臺灣文學運動〉中，將一九二三年至一九四五年分爲三期：第一期是萌芽時期—一九二三年至一九三〇年，第二期是正式發展期—一九三一年至一九三六年，第三期之戰時文學時期—一九三七年至一九四五年。另有日人島田謹二在「臺灣文學的過現未」及河原功在〈臺灣新文學運動的展開—日本統治下臺灣的文學運動〉中，各有不同的意見。

註　二　陳炘〈文學與職務〉，《臺灣青年》創刊號，漢文之部，頁四一、四二。

註　三　同前註，頁四三。

註　四　甘文刊《臺灣青年》第三卷第三號，頁三三—三五。黃得時〈臺灣新文學運動概觀〉一文曾說甘氏之文所謂「風流韻事，茶前酒後的玩弄物」，究竟何指，「作者並沒有明白說出，如果是指臺灣的那些吟風弄月無病呻吟的舊文人，那麼，這篇就可以說是新文學運動上抨擊舊文人最早的論文了。」黃氏同時也認爲該篇「還沒有直接提到臺灣新文學的具體問題。」所以是「偶然的意見而並不是有意的主張。」《臺北文物》三卷三期。

註五　陳端明〈日用文鼓吹論〉，《臺灣青年》第四卷第一號，漢文之部，頁廿六－廿七。

註六　廖毓文之意，見〈臺灣文字改革運動史略〉，《臺北文物》三卷三期，頁一〇九。

註七　刊《臺灣》第三年第五號，頁廿四－四四。

註八　黃呈聰〈論普及白話文的新使命〉，《臺灣》第四年第一號，漢文之部，頁一二。

註九　同前註，頁廿四。

註一〇　同前註，頁廿－廿一。

註一一　《臺灣》第四年第二號，頁廿七。

註一二　《臺灣民報》第四號，頁三－四。

註一三　《臺灣民報》二卷十七號，一九二四年九月十一日，頁十五。該文自十七號至廿二號。

註一四　《臺灣民報》二卷七號，一九二四年四月廿一日。頁十。

註一五　《臺灣民報》二卷廿四號，一九二四年十一月廿一日，頁六。

註一六　轉引自黃得時〈臺灣新文學運動概觀〉一文，《臺北文物》三卷二期。

註一七　游勝冠《臺灣文學本土論的興起與發展》，東吳大學中國文學研究所碩士論文，頁十六。游文析論精到，唯論證之引文其中字句與原文頗有出入，篇題亦時誤，撰者如能再查對原文應更具可讀性。

註一八　若林正丈〈臺灣抗日運動中的「中國座標」與「臺灣座標」〉，《當代》第十七期。

註一九　王受祿曾說：「我們本島人負有三重的負擔，那就是漢文、臺灣話、日本話的負擔。因此文化的發達就遲慢了，倘若沒有國語、漢文，只有臺灣話，那麼進步就非常的快。」轉引自《臺灣社會運動史》，稻香出版社，一九八八年初版，頁二七六。王氏之語仍值得商榷，吾人若能兼習數種語言，其對文化之進步、吸收，應有其益處。

註二〇　《臺灣民報》二卷十九號，一九二四年十月一日，頁十四。

註二一　分別刊《臺灣民報》二八八號，頁八；及二八九號，頁八。一九二九年十一月廿四日、十二月一日。

註二二　葉石濤《臺灣文學史綱》，頁廿七、廿八，文學界出版。

註二三　黃石輝〈怎麼不提倡鄉土文學〉，原刊《伍人報》九—十一期，該報今日難覓。此處引自廖毓文〈臺灣文字改革運動史略〉《臺北文物》四卷一期。

註二四　同前註。

註二五　刀水〈發刊小言〉，《三六九小報》，一九三〇年九月九日，頁一。

註二六　《三六九小報》一〇八號，一九三一年九月九日，頁二。

註二七　小報勉強維持續刊至一九三三年八月十三日發行三一五號，終於停刊，到一九三四年二月二十三日復刊，繼續刊行三一六號，計停刊半載。黃拱五以筆名紅谿撰〈祝三六九小報更生〉一文，可資參考。

註二八　參考臺灣省通志稿藝文志，及盧嘉興撰〈記臺南府城詩壇領袖趙雲石喬梓〉一文，（刊臺灣文獻第二十六卷第三期），與《三六九小報》三冊，成文出版社。

註二九　黃春成，〈本誌之沿起〉，《南音》一卷二號，一九三二年一月十五日，頁二六。

註三〇　參見前註。筆者取其大義。

註三一　黃郎城，〈談談「南音」〉，《臺北文物》三卷二期，一九五四年八月二十日，頁五七。

註三二　奇，〈發刊詞〉，《南音》創刊號，一九三二年元旦，頁一。

註三三　同前註，頁二。

註三四　奇，〈「大衆文藝」待望〉，刊《南音》一卷二號，一九三二年一月十五日。

註三五　見陳逢源〈對於臺灣舊詩壇投下一巨大的炸彈〉一文，刊《南音》一卷二號，頁三—六。

註三六　同前注，一卷三號，頁一—三。

註三七　見《南音》一卷五號，末附〈編輯後語〉。一九三二年三月十四日發行。

註三八　同註三二，頁五九。

註三九　見《南音》第一卷六號的〈編輯後話〉，一九三二年四月二日發行。

註四〇　黃得時〈臺灣新文學運動概觀〉一文說：「前後一共出了十二期，其中第九、十、十二期因爲刊登反日作品受日當局禁止，所以事實上只有出了九期。」見《臺北文物》四卷二期，頁一〇七。實則僅第十二期遭禁不准發行。《南音》第九期因檢閱關係遷延兩週，故第九、十期合刊，於一九三二年七月二十五日發行。葉榮鐘（署名奇）於〈編輯後言〉說：「前號因檢閱的關係遷延兩週間，以致第九期不能如期發刊，有勞讀者諸彥眄望，實對不住，特此陳謝。本期把第九第十兩號合併，一則因爲前期遲延編輯上不得不如此，二則倍加頁數以作讀者消夏之一助，想必爲讀者諸公所贊許的吧。」據此可知九、十期合刊，並未被禁止。

註四一　參考謝里法所撰〈王白淵．民主主義的文化鬥士〉一文，收入《臺灣出土人物誌》一書。前衛出版社，一九八八年九月十五日出版，頁一五一—一五九。

註四二　參見施學習〈臺灣藝術研究會成立與福爾摩沙創刊〉一文，刊《臺北文物》三卷二期，頁六七—六八。

註四三　巫永福〈臺灣文學的回顧與前瞻〉，收入《風雨中的長青樹》，中央書局，一九八六年十二月，頁一〇六。

註四四　黃得時〈臺灣新文學運動概觀〉，《臺北文物》四卷二期，一九五五年八月二十日出版，頁一〇八。

註四五　同註四二，頁七〇。

註四六　同註四四，頁一〇九。

註四七　廖毓文（廖漢臣）〈臺灣文藝協會的回憶〉一文，原載《臺北文物》三卷二期，臺北市文獻委員會，一九五四年八月廿日發行。後來李南衡主編之《日據下臺灣新文學明集5—文獻資料選集》收錄，明潭出版社印行。

註四八　參考臺灣文藝協會會則。按、一九三二年六月臺灣左翼文學於左翼政治運動爲日本殖民政府取締壓迫後轉入地下活動，雖然日後該會雜誌《先發部隊》於底頁附上會則，特標明以自由主義爲標榜，然仍逃不過臺灣總督府的注意，爲壽一期即易名，並加上若干日文。

註四九　《先發部隊》創刊號編輯後語。

註五〇　前揭書，〈宣言〉。

註五一　前揭書，新詩〈先發部隊〉芥舟作。

註五二　前揭書〈卷頭言〉，芥舟撰。

註五三　前揭書，頁六。

註五四　前揭書，頁八。

註五五　前揭書，頁四。

註五六　前揭書，頁廿一。

註五七　白少帆、武治純、王玉斌、張恒春主編，《現代臺灣文學史》，一九八七年十二月出版，頁九一。

註五八　林瑞明〈日本統治下的臺灣新文學運動—文學結社及其精神〉，刊《文訊月刊》九期，一九八七年四月，頁四四。

註五九　黃得時〈臺灣新文學運動概觀〉，刊《臺北文物》四卷二期，一九五四年八月二十日發行，頁一一〇。

註六〇　同前註。

註六一　引文見《先發部隊》創刊號〈編輯之後〉，一九三四年七月十五日發行，頁九〇。黃得時〈臺灣新文學運動概觀〉一文亦持相同的看法：「要之，這兩團體的成立，對於當時的臺灣文學運動，給與很大的刺激：一在東京以日文的形式，一在臺北以白話文的形式，對於萎靡不振的臺灣文學，灌輸了新鮮的血液。這一點是很值得一提的。要是沒有這兩個團體的出現，也許不能產生後出的『臺灣文藝聯盟』

也說不定。可見兩團體的成立，對於臺灣新文學運動上的意義是很大的。」同前註。

註六二　同註四七。

註六三　見《臺灣文藝》二卷一號，一九三四年十二月十八日發行，頁二。

註六四　見王詩琅自述，下村作次郎編〈王詩琅回顧——文學的側面を中心として〉，日本天理大學《南方文化》第九輯，頁二四七。

註六五　同註六三，頁七〇刊登〈臺灣文藝聯盟章程〉第一章宗旨。

註六六　見張深切自傳《里程碑》，臺中聖工書局，一九六一年十二月出版。

註六七　賴明弘〈臺灣文學聯盟創立的斷片回憶〉刊《臺北文物》三卷三期，頁六三。

註六八　《臺灣文藝》二卷二號，一九三五年二月一日發行，頁八六。

註六九　同註六六，頁四九〇。

註七〇　葉石濤《臺灣文學的悲情》，派色文化出版社，一九九〇年一月出版，頁七八。

註七一　《臺灣文藝》二卷五號，一九三五年五月五日發行，頁二〇——二一。在此之前，二卷四號即有讀者反應，謂：「白話文的作品未免太過少呵。豈編輯者的偏重所致嗎？又者希望作家再較大膽的勇氣集一點。黑暗中的讀者是要藉你們的健筆來發洩他蔚積的悶氣。」（頁三四）

註七二　同註四四，頁一一八。

註七三　《文藝臺灣》之停刊，據張深切說法是：「日本政府對我們更加壓迫，某作家「筆者按：即楊逵」故態復萌，策動離間，雙管齊下，使文聯漸趨下坡，……州當局以強化報社，擴大協會組織爲名，取半強制的壓力奪取了我們的出版權，奪取後就無聲無息地任其停刊，致使協會失去了存續的意義。」同註六六，頁四九五。

註七四　楊逵〈臺灣文壇の近情〉《文學評論》二卷二號，林氏轉引自尾崎秀樹《舊植民地文學の研究》，頁二三一—二。林氏譯文見〈日本統治下的臺灣新文學運動—文學結社及其精神〉一文，刊《文訊月刊》二十九期。

註七五　譯文見王錦江〈臺灣新文學雜誌始末〉一文，刊《臺北文物》三卷三號，頁七〇。

註七六　同前註。

註七七　矢內原忠雄《日本帝國主義下之臺灣》，帕米爾出版社。

註七八　轉引自尾崎秀樹〈戰時的臺灣文學〉，蕭拱譯，《臺灣的殖民地傷痕》收錄，帕米爾出版社，頁二一一。

註七九　同前註，頁二一二。

註八〇　鄭金柱編《現代傑作愛國詩選集》之自序，臺北，一九三九年，頁三。

註八一　由於戰事吃緊，日本當局除派作家參觀農、礦場……撰寫「增產文學」外，復於十字路口，用毛筆寫二、三百字與戰爭有關之「小小說」，貼在厚紙皮上，掛在每個十字路口，供行人、車輛經過時閱讀，稱爲「十字路小說」。參〈靜觀學問的黃得時〉採訪文，刊《文訊月刊》第十三期，頁二四七。

註八二　塚本照和主講〈談楊逵的田園小景〉，第七十八回臺灣研究研討會記錄，刊《臺灣風物》四一卷四期，張恒豪發言，頁一五〇。

註八三　《風月報》第五十期，一九三七年十月十六日發行之刊頭語，由徐坤泉（阿Q之弟）所擬。

註八四　《風月報》第五十五期，昭和一九三七二月一日發行，刊於封底之迎春詞。

註八五　〈新孟母〉說部未完成，自一九三七年十月十六日起陸續發表於《風月報》、《南方》，至一九四二年十一月一日止，其間中輟時間，計三十三回。

註八六　同註八三。

註八七　詳情可參考〈新舊文學之爭─臺灣文壇一筆流水賬〉，「四、第三期的論爭」，廖漢臣撰，載《臺北文物》三卷二期。

註八八　吳漫沙撰〈沈痛的回憶〉一文，刊《臺灣文藝》第七十七期。

註八九　同前註。

註九〇　同前註。

註九一　機關誌《文藝臺灣》創刊號之〈編後記〉謂：「昭和十四年二月以來的懸案臺灣文藝家協會，曾蒙在臺官民有志，《臺灣日日新報》與《臺灣新民報》二報學藝部，及各文化團體之積極支持，得以成立。」

註九二　同註七八。

註九三　《文藝臺灣》三卷二號，一九四一年十一月廿日，頁八八。原文為日文。

註九四　陳映眞〈西川滿與臺灣文學〉，收入陳映眞作品集十二，以篇名爲其書名，人間出版社，頁五四。

註九五　張文環〈臺灣文學雜誌的誕生〉一文謂：「在朋友中（包括日本人）首先提出我們大家來辦雜誌的是廣播電臺的文藝部長中山侑氏。之後，陳逸松氏和王井泉氏熱烈地贊成發刊雜誌。只要有一本雜誌在，就可以號召臺灣的文化人，同時也可取得聯繫……於是衆議一決，決定以啓文社的社名，《臺灣文學》的表題出刊。」葉石濤譯，收入《小說筆記》，前衛出版社，頁四二。

註九六　黃得時〈輓近の臺灣文學運動史〉，《臺灣文學》二卷四號，頁八，譯文同註七八。

註九七　葉石濤〈抗戰時期的臺灣新文學〉，《臺灣文學的悲情》，高雄派色文化，一九九〇年一月，頁三一，及王昭文〈臺灣戰時的文學社群—《文藝臺灣》與《臺灣文學》〉，《臺灣風物》四十卷四期。

註九八　大政翼贊會是第二次世界大戰時日本官方的國民統制組織，由近衛文磨等人發起新體制運動而產生，一九四〇年十月十二日正式組成。該會以「臣道實踐」爲目的，企圖統合日本人民紛歧之思想，消滅反戰歧見，由內閣總理任總裁，全國設支部組織。在臺灣成立的「皇民奉公會」，其組織形態、目的完全與大政翼贊會一樣。只是因地制宜名稱有所不同，內容稍有差別而已。

註九九　尾崎秀樹〈大東亞文學者大會について〉一文，見《舊植民地文學の研究》，一九七一年六月初版，東京勁草書房，頁十八—五八。

註一〇〇　此點從創刊號上各編委所撰之後記可見其端倪。小山捨月說「成爲要塞的我臺灣的文藝，再也不應該是從陋巷裡的混濁的殘滓產生的，也不應該是從遊戲化的生活之剩餘釀造成功的。舉凡欠缺明澄性的文藝才是文學的正道這一類理論，已經被埋葬了，這一類作品也已經消聲匿跡，這一點雖然是當然而然，卻也是可喜的現象……」。西川滿說：「……我們同志務須披瀝文臣的至誠，樹立不滅的勤皇文學……。」以文藝協助戰爭之意圖明顯可見。

註一〇一　龍瑛宗〈文藝臺灣と臺灣文藝〉，刊《臺灣近現代史研究》第三號，臺灣近現代史研究會編，一九八二年二月。

註一〇二　同註九四。

第二章　日據時期臺灣小說之作者及其背景分析

第一節　小說作者之相關資料及生平傳略

一、「日據時期臺灣小說」及其「作者」之界定

本文所謂「日據時期臺灣小說」，就其「時期」言之，上起清光緒二十一年（西元一八九五年），下迄民國三十四年（西元一九四五年）（註一）。就「臺灣小說」之內涵言之，則凡於此五十年間，臺灣本土出生之文士，以中文（含文言文、白話文、臺灣話文）或日文所撰寫之小說，皆爲本文探討之對象。「日據時期臺灣小說」之定義，既已確立，可進而析論其「作者」：㈠凡以有關臺灣之人、事、物爲寫作題材之小說，皆屬本文所謂之「臺灣小說」。㈡凡留學大陸、日本的臺灣人，在該地所撰寫的小說，亦皆屬本文所謂之「臺灣小說」。這些土生土長的臺灣讀書人雖遠適異域，卻心懷故鄉，傳統中國人安土重遷、落葉歸根的觀念深深的藏在他們的生命中，他們所寫的小說往往也觀照、反映了當年臺灣社會的各種風貌與問題，因此本文也將這類作品列爲研究對象。這類作者像謝春木，早期的楊雲萍，其小說皆發表在初設於東京的《臺灣》、《臺灣民報》。此外《福爾摩沙》所刊載之小說作品，其

作者亦皆負笈東瀛的臺灣學子。㈢當時也偶有大陸作者的小說刊載於《臺灣民報》、《三六九小報》等刊物，然以不符本文所謂「臺灣小說」之定義，故不予討論。㈣在日據時期，日本人如西川滿、坂口䙥子、佐藤春夫、庄司總一、濱田隼雄、尾崎孝子、中山侑等人也寫了不少小說反映臺灣經驗，然而他們都不是前列定義中所謂「臺灣本土出生之文士」，其作品屬於日據時期臺灣的「日本人文學」的一部份，不在本文論述之列。㈤本文論述之際，凡言及小說作者，概不稱之爲「家」；因爲日據時期臺灣文壇固然也有舉足輕重的小說作家，但是綜觀此一時期的小說，有的人只寫了一、二篇就中輟了，有的作品藝術成分不足。然則是否寫了一些小說作品就可稱之爲「作家」呢？這個問題尚須進一步斟酌。是以本文行文之際避免使用「小說家」、「作家」這類具有價值判斷意味的詞語，而僅使用「作者」此一較爲中性之詞語。

日據時期臺灣小說所使用的語文有文言文、白話文、臺灣話文、日文。日據時期臺灣小說作者在那殖民的社會、異族的教育及日人統治環境中，有時不得不使用日文創作，這不但是個人的無奈，也是歷史的悲劇。因此，在閱讀、研究此一時期之臺灣小說，我們實應平心靜氣的以更包容、更開闊的心胸，來面對以文言文、白話文、臺灣話文，甚至日文所撰寫的小說。

歷史記載是冷靜客觀的，小說的描述則是熾烈、貼切、栩栩如生的。任何文學作品都有作者強烈的主觀意識蘊含於其中，但也唯有透過作者的刻畫、勾勒，我們才可更眞切的藉著閱讀作品去思索本土人物的心路歷程、思想意識、現實生活……，要解答這些問題只閱讀史料方志是不夠的。因而凡足以呈現當時歷史文化、風土民情、浪漫情愛……等作品，皆在本文論述範圍之內，論述之主要資料包括《臺灣》、《臺灣民報》、《臺灣新民報》、《三六九小報》、《南音》、《先發部隊》、《第一線》、《福爾摩沙》、《臺灣文藝》、《臺灣新文學》、《臺灣文學》、《文藝臺灣》、《愛書》及目前重編之選集：《日據下臺灣新文學》（明潭出版社，一九七九年三月）、《光復前臺灣文學全集》（遠景出版社，一九七九年七月）、《臺灣作家全集—短篇小說卷日據時代》（前衛出版社，一九九一年二月）。

本文的撰述，旨在透過小說作品的閱讀，更清晰完整地把日據時代臺灣社會做一較為眞實的歷史呈現。文學作品與時代、環境息息相關，或許對小說中政治與經濟問題、婚姻與愛情問題……的認識，將有助於我們略窺上一代人生活的舞台，並多了解一些他們走過的崎嶇不平的道路，因爲先人付出了相當高的代價，才有今天臺灣社會的富庶熙攘。如果小說作品不論好壞，皆足傳世，其意義往往也就在此。日據時代臺灣小說的水準，容或有不高者，但是這些作品卻爲我們在文化的認知上留下了見證，眞可謂「彌足珍貴」。

二、日據時期臺灣小說作者資料表

爲了避免冗長的陳述，在交代臺灣小說作者相關資料時，筆者先將作者生平、作品納入表格之中，希望能呈現日據時代臺灣小說作者之概觀。然後擇要敘述在小說創作上較具舉足輕重之作者，使吾人能對其生平事蹟、精神特質及創作風格有進一步的認識。

表二：日據時期臺灣小說作者資料表

表前說明：一、篇名上端冠以「△」，代表爲日文作品，未標者爲中文作品。

二、作者先後次序，依年代可考者爲先，次爲姓名、籍貫可考者，其次爲姓名可考者，署筆名者一律列在最後。

姓名	籍貫	生卒	年歲數	文學活動	小說篇名	署名	發表刊物	刊出日期	撰文時年齡
鄭坤五	高雄大樹	一八八五—一九五九年	七五	臺灣藝苑	大陸英雌	鄭坤五	三六九小報	一九三一年二月 一九三三年一月	四七
謝國文	臺南市	一八八七—	五〇	南社	犬羊禍	柳裳君	臺灣第四年第七號	一九二三年八月	三七
					家庭怨	鷺江	臺灣民報第二一	一九二四年八	三八

					TS	十九號	月	
賴和	彰化市	一八九四－一九四三年	五〇	臺灣文化協會 臺灣文藝聯盟 南音 彰化應社	鬥鬧熱 懶雲	臺灣民報第八六號	一九二六年一月	三三
					一桿《秤仔》 懶雲	臺灣民報第九二－九三號	一九二六年二月	三三
					補大人 懶雲	新生第一集	一九二七年	三四
					不如意的過年 懶雲	臺灣民報一八九號	一九二八年一月	三五
					蛇先生 懶雲	臺灣民報二九四－二九六號	一九三〇年一月	三七
					彫古董 甫三	臺灣民報三一二－三一四號	一九三〇年五月	三七
					棋盤邊 懶雲	現代生活創刊號	一九三〇年十	三七

		號	月	
辱?	甫三	臺灣新民報三四五號	一九三一年一月	三八
浪漫外記	甫三	臺灣新民報三五四－三五六號	一九三一年三月	三八
可憐她死了	安都生	臺灣新民報三六三－三六六號	一九三一年五月	三八
歸家	懶雲	南音創刊號	一九三二年一月	三九
豐作（註二）	甫三	臺灣新民報三九六－三九七號	一九三三年一月	三九
惹事	懶雲	南音第一卷二號、六、九、十號	一九三二年一、四、七月	三九
善訟人的故	懶雲	臺灣文藝第二卷第一號	一九三四年十二月	四一

陳滿盈	彰化縣和美塗厝	一八九六－一九六五年	七〇	臺灣文化協會、彰化應社

事一個同志的批信	灰	臺灣新文學創刊號	一九三五年十二月	四三
赴了春宴回來	懶雲	東亞新報新年號	一九三六年一月	四二
前進（註三）	賴和	臺灣大衆時報創刊號（東京）	一九三九年五月	四五
富戶人的歷史	不詳	（遺稿）		
他發財了	一村	臺灣民報第二〇二－二〇四號	一九二八年四月	三三
無處申冤	虛谷	臺灣民報第二一三－二一	一九二八年六月	三三

							六號		
					榮歸	一村	臺灣新民報三二一—三二三號	一九三〇年七月	三五
					放炮	一村	臺灣新民報三三六—三三八號	一九三〇年十月	三五
周定山	彰化縣鹿港	一八九八—一九七五年	七八	大冶吟社、新聲吟社、鹿江聯吟會社員、臺灣文化協會、南音、先發部隊、第一線	老成黨	一吼	南音第一卷第一—三號	一九三二年一月	三五
					摧毀了的嫩芽—為彬彬—	一吼	南音第一卷第八—十號	一九三二年五月	三五
					乳母	一吼	臺灣新文學第一卷第三號	一九三六年四月一日 一九三五年十二月廿五日	三九

								寫	
					旋風	一吼	臺灣新文學第一卷第十號	一九三六年十二月	三九
吳建田	新竹縣新埔鎮	一九〇〇—一九七六年	七七		△水月（註四）				
					△どぶの緋鯉	吳濁流	臺灣新文學第一卷第五號	一九三六年六月	三七
					△自然に歸へれ	吳濁流	臺灣新文學第二卷第二號	一九三七年一月內文〈自然にかへれ〉	三八
					△功狗（註五）	吳濁流		一九三七年	三八
					陳大人（註六）	吳濁流	新新雜誌	一九四六年一九四四年用日文寫	四七
					先生媽（註	吳濁流	民生報	一九四六年一九四四年用	四七

					七）			日文寫	
蔡秋桐	雲林縣元長鄉	一九〇〇—		臺灣文化協會、臺灣文藝聯盟、曉鐘雜誌、褒忠吟社	保正伯	秋洞	臺灣新民報三五三號	一九三一年二月	三二
					放屎百姓	蔡愁洞	臺灣新民報三六一號	一九三一年四月	三二
					奪錦標	秋洞	臺灣新民報三七四—三七六號	一九三一年七、八月	三二
					新興的悲哀	秋洞	臺灣新民報三八七—三八九號	一九三一年十月	三二
					興兄	秋洞	臺灣文藝第二卷第四號	一九三五年四月	三六
					理想鄉	秋洞	臺灣文藝第二卷第六號	一九三五年六月	三六
					媒婆	秋洞	臺灣文藝第二卷第十號	一九三五年九月	三六
					王爺豬	匡人也	臺灣新文學一	一九三六年四	三七

							卷三號	月	
					四兩仔土	蔡落葉	臺灣新文學一卷八號	一九三六年九月	三七
楊顯達	臺北	一九〇〇－一九三六年	三七		一個勞働者的死	楊華	臺灣文藝第二卷第二號	一九三五年二月	三六
					薄命	楊華	臺灣文藝第二卷第三號	一九三五年三月	三六
王白淵	臺北市	一九〇二－一九六五年	六四	臺灣藝術研究會福爾摩沙	△偶像之家	王白淵	蕀の道	一九二六年八月	二七
					△ドンヅアンとカポネ	王白淵	福爾摩沙2	一九三三年十月	三四
謝春木	彰化二林	一九〇二－一九六九	六八		△彼女は何處へ	追風	臺灣三年四號－七號	一九二二年	二一

張清源	臺北縣板橋鎮	一九〇二—一九五五年	五四	臺灣民報編輯
朱石頭（註八）	臺北市萬華	一九〇三—一九四七年	四五	臺灣文藝協會臺灣文藝聯盟

買彩票	張我軍	臺灣民報一二三、一二四號	一九二六年九月	二五
白太太的哀史	憶	臺灣民報一五〇—一五五號	一九二七年三、四、五月	二六
誘惑	張我軍	臺灣民報二五五—二五八號	一九二九年四月	二八
元旦的一場風波	張我軍	藝文三卷一期		
一個失戀者的日記	點人	伍人報	一九三〇年	二八
島都	點人	臺灣新民報四	一九三一年一	二九

		〇〇－四〇三號	、二月	
故事	點人	大溪革新會記念什誌	一九三三年	三一
紀念樹	點人	先發部隊創刊號	一九三四年七月	三二
無花果	點人	臺灣文藝第一號	一九三四年十二月	三二
蟬（註九）	朱點人	第一線創刊號	一九三五年一月	三三
安息之日	朱點人	臺灣文藝二卷七期	一九三五年七月	三三
秋信	朱點人	臺灣新文學第一卷三號	一九三六年三月	三四
長壽會	朱點人	臺灣新文學第一卷六號	一九三六年七月	三四
脫穎	朱點人	臺灣新文學第一卷十號	一九三六年十二月	三四

張深切	南投縣	一九〇四－一九六五年	六二	臺灣話劇研究會、臺灣文藝聯盟	鴨母	張深切	臺灣文藝第一號	一九三四年十一月	三一
郭秋生	臺北縣新莊鎮	一九〇四－一九八〇年	七七	臺灣文藝協會、南音	死麼？	秋生	臺灣民報二七九－二八三號	一九二九年九、十月	二六
					鬼（註一〇）	秋生	臺灣新民報三三二－三三九號	一九三〇年九、十月	二七
					跳加冠	秋生	臺灣新民報三七九－三八二號	一九三一年八、九月	二八
					貓兒	芥舟	南音第四號	一九三二年二月	二九
					王都鄉	芥舟	第一線創刊號	一九三五年一月	三二
楊松茂	彰化市	一九〇五	五五	臺灣文藝聯盟	獵兔	守愚	臺灣民報第二	一九二九年一	二五

		一九五九		彰化應社

		四一｜二四二號	月	
生命的價值	守愚	臺灣民報第二五四｜二五六號	一九二九年三、四月	二五
凶年不免於死亡	守愚	臺灣民報第二五七｜二五九號	一九二九年四、五月	二五
捧了你的香爐	守愚	臺灣民報第二七三｜二七四號	一九二九年八月	二五
瘋女	守愚	臺灣民報第二九一號	一九二九年十二月	二五
醉	守愚	臺灣民報第二九四號	一九三〇年一月	二六
誰害了她	守愚	臺灣民報第三〇四｜三〇五號	一九三〇年三月	二六
十字街	靜香軒	臺灣新民報第	一九三〇年三	二六

頭	主人	三〇六－三〇七號	、四月	
冬夜（註一一）	瘦鶴	臺灣新民報三一一－三一三號	一九三〇年五月	二六
顛倒死？	守愚	臺灣新民報三二二號	一九三〇年七月	二六
小學時代的回憶	瘦鶴	臺灣新民報三二四－三二八號	一九三〇年八月	二六
新郎的禮數（註一二）	瘦鶴	明日第三號	一九三〇年九月	二六
出走的前一夜（	瘦鶴	臺灣新民報三四三－三四四號	一九三〇年十二月	二六

註一三)

過年	守愚	臺灣新民報三四五—三四六號	一九三一年一月	二七
女丐	翔	臺灣新民報三四六—三四七號	一九三一年一月	二七
比特先生	翔	臺灣新民報三五〇號	一九三一年二月	二七
一個晚上	村老	臺灣新民報三五四—三五五號	一九三一年三月	二七
元宵	守愚	臺灣新民報三五七—三五八號	一九三一年三月	二七
一群失業的人	守愚	臺灣新民報三六〇—三六二號	一九三一年四月	二七

嫌疑	翔	臺灣新民報三六三—三七五號	一九三一年五月	二七
沒有兒子的爸爸	瘦鶴	臺灣新民報三六八—三七〇號	一九三一年六月	二七
升租	洋	臺灣新民報三七一—三七三號	一九三一年七月	二七
開學的頭一天	Y	臺灣新民報三七五—三七六號	一九三一年八月	二七
就試試文學家生活的味道吧！	Y	臺灣新民報三八二—三八三號	一九三一年九月	二七
夢	Y	臺灣新民報三	一九三一年十	二七

		八六－三八八號	月	
啊！稿費	Y	臺灣新民報三八九－三九一號	一九三一年十一月	二七
爸爸！她在使你老人家生氣嗎？	守愚	臺灣新民報三九二－三九四號	一九三一年十一月	二七
退學的狂潮	守愚	不詳，殆與右四篇同一時期作		
決裂	守愚	臺灣新民報三九六－三九九號	一九三二年一月	二八
罰	翔	臺灣新民報四〇二－四〇	一九三二年二月	二八

		三號		
瑞生	靜香軒主人	臺灣新民報四〇四－四〇六號	一九三二年二、三月	二八
斷水之後	村老	臺灣新民報四〇七－四〇八號	一九三二年三月	二八
難兄難弟	村老	臺灣文藝第二卷第二號	一九三五年二月	三一
赤土與鮮血	洋	臺灣新文學一卷一號	一九三五年十二月	三一
移溪	村老	臺灣新文學一卷五號	一九三六年六月	三二
鴛鴦	洋	臺灣新文學一卷十號	一九三六年十二月	三二
盜伐	曉鐘		不詳	

（註一四）

作家	籍貫	生卒年	所屬團體	作品	筆名	發表刊物	發表時間	頁數
楊友濂	臺北市士林	一九〇六—	臺灣文藝聯盟、人人雜誌	月下	雲萍生	臺灣民報第二四號	一九二四年六月	一九
				罪與罪	雲萍	人人	一九二五年三月	二〇
				光臨	雲萍生	臺灣民報第八六號	一九二六年一月	二一
				到異鄉	楊雲萍	臺灣民報第一〇一號	一九二六年四月	二二
				弟兄	雲萍生	臺灣民報第一一九號	一九二六年八月	二一
				黃昏的蔗園	雲萍生	臺灣民報第一二四號	一九二六年九月	二二
				加里飯	楊雲萍	臺灣民報第一三八號	一九二七年一月	二三
				秋菊的半生	楊雲萍	臺灣民報第二一七號	一九二八年七月	二三
				青年	楊雲萍	臺灣民報第二九四號	一九三〇年一月	二五

楊貴	臺南縣新化	一九〇六－一九八五年	八〇	臺灣文藝聯盟 臺灣新文學

△春雷譜（註一五）	楊雲萍	臺灣新民報連載	一九三六年九月	三一
△部落日記	楊雲萍	新建設第三二五連載	一九四四年	三九
△新聞配達夫（註一六）	楊逵	臺灣新民報	一九三二年五月（遭腰斬）一九三四年日本文藝評論	二七
△靈籤	楊逵	大溪革新會紀念什誌	一九三三年	二八
△難產（一－四）	楊逵	臺灣文藝二卷一號－二卷四號	一九三四年十二月	二九
			一九三五年二、三月	三〇
△水牛	楊逵	臺灣新文學創	一九三五年十	三〇

（註一七）		刊號	二月	
△蕃仔雞	楊　逵	文學案內二卷六號	一九三六年六月	三一
△田園小景—スケッチブックより—	楊　逵	臺灣新文學一卷五號	一九三六年六月	三一
△鬼征伐（註一八）	楊建文	臺灣新文學第一卷九號	一九三六年十一月	三一
△父と子	楊　逵	臺灣藝術一卷三號	一九四二年一月	三七
△無醫村	楊　逵	臺灣文學第二卷第一號	一九四二年二月	三七
△泥人形	楊　逵	臺灣時報第二六八號	一九四二年四月	三七
△鵝鳥の	楊　逵	臺灣時報第二	一九四二年十	三七

					嫁入		七四號	月	
					△芽萌	楊逵	臺灣藝術三卷一二號	一九四二年十一月	三七
					△增產的背後—老丑角的故事	楊逵	臺灣文藝第一卷第四號	一九四四年八月	三九
					△チビ群長（辻小說）	楊逵	臺灣文藝第一卷第六號	一九四四年十二月	三九
徐坤泉	澎湖	一九〇七—一九五四	四八	臺灣新民報學藝欄編輯	可愛的仇人	阿Q之弟	臺灣新民報	一九三六年一月	三〇
					暗礁	〃	臺灣新民報	一九三七年四月	三一
					靈肉之道	〃	臺灣新民報	一九三七年六月	三一

					新孟母（時斷時續）	〃	風月報連載	一九三七年十月	三一
郭水潭	臺南縣佳里鎮	一九〇七–		南溟藝園、華麗島、臺灣文藝聯盟	△ある男の手記	郭水潭	大阪毎日新聞	一九三五年六月	二九
翁鬧	彰化縣社頭	一九〇八–一九三九或一九四〇	三二	臺灣藝術研究會	△歌時計	翁鬧	臺灣文藝第二卷第六號	一九三五年六月	二八
					△戇爺さん	翁鬧	臺灣文藝第二卷第七號	一九三五年七月	二八
					△殘雪	翁鬧	臺灣文藝二卷八、九號	一九三五年八月	二八
					△羅漢腳	翁鬧	臺灣新文學第一卷一號	一九三五年十二月	二八
					△哀れなルイ婆	翁鬧	臺灣文藝第三卷第六號	一九三六年五月	二九

さん				
△夜明け前の戀物語	翁鬧	臺灣新文學二卷二號	一九三七年一月	三〇
△有港口的街市	翁鬧	臺灣新民報	一九三九年九月	三二

陳火泉	彰化縣鹿港	一九〇八－		

△道	陳火泉	文藝臺灣第六卷第三號	一九四三年七月	三六
△張先生	陳火泉	文藝臺灣第六卷第六號	一九四三年十一月	三六

王詩琅	臺北市	一九〇八－一九八四年	七六	臺灣文藝協會

夜雨	王錦江	第一線創刊號	一九三五年一月 一九三四年十一月作	二七
青春	王錦江	臺灣文藝二卷四號	一九三五年四月	二八
沒落	王錦江	臺灣文藝二卷	一九三五年八	二八

							八—九號	月	
					老婊頭	王錦江	臺灣文學第一卷第六號	一九三六年七月	二九
					十字路	王錦江	臺灣文學第一卷第十號	一九三六年十二月	二九
楊熾昌	臺南市	一九〇八—一九九四	八七	風車詩社	△貿易風	水蔭萍	爲其小說集	一九三二年	二五
					△薔薇の皮膚	水蔭萍	爲其小說集	一九三八年	三一
張文環	嘉義縣梅山鄉	一九〇九—一九七八年	七〇	臺灣藝術研究會 臺灣文學	△落　蕾	張文環	フォルモサ創刊號	一九三三年七月	二五
					△みさを	張文環	フォルモサ第二號	一九三三年十二月	二七
					△父の面	張文環	中央公論（小說徵文第四名）	一九三五年	二七
					△泣いてるた女	張文環	臺灣文藝第二卷第五號	一九三五年五月	二七

△父の要求	張文環	臺灣文藝第二卷第十號	一九三五年九月	二七
△過重	張文環	臺灣新文學第一卷一號（據父の面改作）	一九三五年十二月（一九三四年九月作）	二七
△部落の元老	張文環	臺灣文藝第三卷第四、五合併號	一九三六年四月	二八
△豚のぉ產（註一九）	張文環	臺灣新文學第一卷三號	一九三六年三月	二八
△兩個新娘	張文環	風月報	一九三八年	三〇
△山茶花	張文環	臺灣新民報	一九四〇年	三二
△辣薤罐	張文環	臺灣藝術第二號	一九四〇年四月	三二
△憂鬱な	張文環	文藝臺灣第一	一九四一年五	三二

詩人		卷第三號	月	
△藝妲の家	張文環	臺灣文學創刊號	一九四〇年五月	三三
△論語と雞	張文環	臺灣文學第二號	一九四一年九月	三三
△部落的慘劇	張文環	臺灣時報	一九四一年	三三
△夜　猿	張文環	臺灣文學第二卷第一號	一九四二年二月	三四
△頓　悟	張文環	臺灣文學第二卷第二號	一九四二年三月	三四
△閹　雞	張文環	臺灣文學第二卷第三號	一九四二年七月	三四
△地方生活	張文環	臺灣文學第二卷第四號	一九四二年十月	三四
△迷　兒	張文環	臺灣文學第三卷第三號	一九四三年七月	三五
△土の匂ひ	張文環	臺灣文藝第一卷第三號	一九四四年七月	三六

吳天賞	臺中市	一九〇九—一九四七年	三九	臺灣藝術研究會 臺灣文藝聯盟東京支部會
吳希聖	臺北縣淡水鎮	一九〇九—		

△雲の中	張文環	臺灣文藝第一卷第五號	一九四四年十一月	三六
△龍	吳天賞	福爾摩沙創刊號	一九三三年七月	二五
△蕾	吳天賞	福爾摩沙第二號	一九三三年十二月	二五
△蜘蛛	吳鬱三	臺灣文藝二卷三號	一九三五年三月	二七
△野雲雀	吳天賞	臺灣文藝二卷八—九號	一九三五年八月	二七
△麗娜的日記	吳希聖	臺灣新民報	一九三三年一月	二五
△豚	吳希聖	福爾摩沙第三號	一九三四年六月	二六
△乞食夫妻	吳希聖	臺灣文藝第二卷第一號	一九三四年十二月	二六
△人間楊	吳希聖	臺灣文藝第二	一九三五年三	二七

					兆佳		卷第三號	月	
林海成	臺中縣豐原鎮	一九〇九—		臺灣文化協會 臺灣文藝聯盟	最後的喊聲	林越峰	臺灣新民報		
					到城市去	林越峰	臺灣文藝創刊號	一九三四年十一月	二六
					無題	林越峰	臺灣文藝第二卷第一號	一九三四年二月	二六
					月下情話	越峰	第一線創刊號	一九三五年一月（一九三四年於故里）	二七
					好年光	林越峰	臺灣文藝二卷七號	一九三五年七月	二七
					紅蘿蔔	林越峰	臺灣文藝二卷八—九號	一九三五年八月	二七
					油瓶的媽媽	林越峰	不詳		

賴銘煌	臺中縣豐原	一九〇九—		臺灣文藝聯盟	△夏	賴明弘	臺灣新文學一卷二號	一九三六年三月	二八
					△魔の力	賴明弘	臺灣新文學一卷七號	一九三六年八月	二八
					△結婚した男	賴明弘	臺灣新文學二卷二號	一九三七年一月	二九
黃得時	臺北縣樹林鎮	一九〇九—		臺灣文藝協會、臺灣文藝聯盟、臺灣文學	橄欖	黃得時	臺灣新文學一卷二號	一九三六年三月	二八
徐青光	嘉義市	一九〇九—		臺灣文藝聯盟	謀生	徐玉書	臺灣文藝第二卷第三號	一九三五年三月	二七
					榮生	徐玉書	臺灣新文學一卷四號	一九三六年五月	二八
莊松林	臺南市	一九一〇—一九七四年	六五	赤道報、臺南市藝術俱樂部	女同志	莊松林	赤道報創刊號	一九三〇年十月	二一

					到酒樓去	嚴純昆	赤道報第二號	一九三〇年十二月	二一
					林道乾	朱　烽	臺灣新文學一卷六號	一九三六年七月	二七
					老雞母	尚未央	臺灣新文學第一卷十號	一九三六年二月	二七
					失　業	康道樂	臺灣新文學第二卷五號	一九三七年六月	二八
賴滄浯	彰化市	一九一〇—		臺灣文藝聯盟	女　鬼	賴堂郎	臺灣新文學第一卷二號	一九三六年三月	二七
					姊　妹	賴堂郎	臺灣新文學第一卷五號	一九三六年六月	二七
					稻熱病	賴賢穎	臺灣文藝第二卷第十號	一九三六年十二月	二七
吳慶堂	彰化市	一九一一—		臺灣文藝聯盟	秋　兒	繪　聲	臺灣文藝第二卷第二號	一九三五年二月	二五
					像我秋	繪　聲	臺灣文藝第二	一九三五年三	二五

劉榮宗	新竹竹東北埔庄	一九一一—		臺灣文藝家協會

華的一個女郎		卷第三號	月	
△パパイヤのある街	龍瑛宗	改造第十九卷第四號	一九三七年	二七
△夕影	龍瑛宗	朝日新聞南島文藝	一九三七年	二七
△黑少女	龍瑛宗	越過海洋二月號	一九三九年	二九
△白鬼	龍瑛宗	臺灣日日新報	一九三九年	二九
△趙夫人的戲畫	龍瑛宗	臺灣新民報	一九三九年	二九
△村娘みまかりぬ（註二〇）	龍瑛宗	文藝臺灣創刊號	一九四〇年一月	三〇
△黃昏月	龍瑛宗	文藝首都	一九四〇年	三〇

△黃家	龍瑛宗	文藝第八卷第十一號	一九四〇年	三〇
△邂逅	龍瑛宗	文藝臺灣第二卷第一號	一九四〇年三月	三〇
△午前の崖	龍瑛宗	臺灣時報	一九四一年	三一
△白い山脈	龍瑛宗	文藝臺灣第三卷第一號	一九四一年十月	三一
△貘	龍瑛宗	風俗	一九四一年	三一
△知られざる幸福	龍瑛宗	文藝臺灣第四卷第六號	一九四二年九月	三二
△南方に死す	龍瑛宗	臺灣時報二七三	一九四二年	三二
△ある女の記錄	龍瑛宗	臺灣鐵道十月號	一九四二年	三二
△青雲	龍瑛宗	青年之友十一月號	一九四二年	三二
△崖の男	龍瑛宗	文藝臺灣第五	一九四三年四	三三

		卷第六號	月	
△龍舌蘭與月	龍瑛宗	文藝臺灣第六卷第一號	一九四三年五月	三三
△煙草つくり	龍瑛宗	文藝臺灣第六卷第二號	一九四三年六月	三三
△蓮霧の庭	龍瑛宗	臺灣文學第三卷第三號	一九四三年七月	三三
△年輕的海洋	龍瑛宗	臺新旬刊八月號	一九四四年	三四
△哄笑的清風館	龍瑛宗	臺灣鐵道協會	一九四四年	三四
△海の宿	龍瑛宗	臺灣藝術	一九四四年	三四
△青き風（辻小說）	龍瑛宗	臺灣文藝第一卷第六號	一九四四年十一月	三四
△歌（註二一）	龍瑛宗	臺灣文藝二卷一號	一九四五年一月	三五
△結婚綺談	龍瑛宗	新大衆第三十五期	一九四五年	三五

吳漫沙	臺北縣	一九一二－		風月報主編	韭菜花	吳漫沙	臺灣新民報	一九三九年三月連載	二九
					繁華夢	吳漫沙	臺灣藝術	一九四〇年	三〇
					桃花江	吳漫沙	風月報	不詳	
					黎明之歌	吳漫沙	南方	一九四一年	三一
					大地之春	吳漫沙	南方	不詳	
廖漢臣	臺北市萬華	一九一二－一九八一	七二	臺灣文藝協會 臺灣文藝聯盟	城隍爺要惱了	文苗	反普特刊	一九三一年	二〇
					一種的榨取	毓文	反普特刊	一九三一年	二〇
					創痕	毓文	先發部隊一	一九三四年七月	二三
					玉兒的悲哀	毓文	臺灣文藝二卷八－九號	一九三五年八月	二四

蔡天來	臺南市	一九一二－		臺灣文藝聯盟	補運	蔡德音	臺灣文藝二卷八－九號	一九三五年八月	二四
趙啓明	臺南市	一九一二－		臺南市藝術俱樂部	一個年少的寡婦	蘭谷	三六九小報	一九三一年八、九月	二〇
					黑暗裡的人生	啓明	三六九小報	一九三三年五、六月	二三
					變態的日子	櫪馬	臺灣新民報	一九三三年	二三
					私奔	櫪馬	先發部隊創刊號	一九三四年七月	二三
					西北雨	櫪馬	臺灣新文學一卷十號	一九三六年十二月	二五
巫永福	南投縣埔里人	一九一三－		臺灣藝術研究會臺灣文藝聯盟	△首と體	巫永福	福爾摩沙創刊號	一九三三年七月	二〇

					△黑龍	巫永福	福爾摩沙第三號	一九三四年六月	二二
					△河邊の女房達	巫永福	臺灣文藝第二卷第二號	一九三五年二月	二三
					△山茶花	巫永福	臺灣文藝第二卷第四號	一九三五年四月	二三
					△阿煌とその父	巫永福	臺灣文藝第二卷第十號	一九三五年九月	二三
					△眠い春杏	巫永福	臺灣文藝第三卷第二號	一九三六年一月	二四
					△慾	巫永福	臺灣文學第一卷第二號	一九四一年九月	二九
呂石堆	臺中縣豐原鎮	一九一四—一九五〇	三七	厚生演劇研究會臺灣文學	△牛車	呂赫若	文學評論第二卷第一號	一九三五年一月	二二
					△嵐の物語	呂赫若	臺灣文藝第二卷第五號	一九三五年五月	二二
					△婚約奇談	呂赫若	臺灣文藝第二卷第七號	一九三五年七月	二二

△行末の記	呂赫若	臺灣新文學第一卷四號	一九三六年五月	二三
△女の場合	呂赫若	臺灣文藝第三卷七、八號	一九三六年八月	二四
△逃げ去る男	呂赫若	臺灣新文學第二卷四號	一九三七年五月	二五
△季節圖鑑	呂赫若	臺灣新民報	一九三九年	二六
△台灣の女性	呂赫若	臺灣藝術第一卷第三號	一九四〇年五月	二七
△財子壽	呂赫若	臺灣文學第二卷第二號	一九四二年三月（翌年入選臺灣小說選）	二九
△廟　庭	呂赫若	臺灣時報	一九四二年八月	二九
△鄰　居	呂赫若	臺灣公論	一九四二年十月	二九
△風　水	呂赫若	臺灣文學第二	一九四二年十	二九

		卷第四號	月（翌年入選臺灣小說選）	
△月夜（〈廟庭〉續篇）	呂赫若	臺灣文學第三卷第一號	一九四三年一月	三〇
△合家平安	呂赫若	臺灣文學第三卷第二號	一九四三年四月	三〇
△柘榴	呂赫若	臺灣文學第三卷第三號	一九四三年七月	三〇
△玉蘭花	呂赫若	臺灣文學第四卷第一號	一九四三年十二月	三〇
△山川草木	呂赫若	臺灣文藝創刊號（臺灣文學奉公會發行）	一九四四年五月	三一
△清秋	呂赫若	收錄《清秋》一書	一九四四年	三一

					△百　姓	呂赫若	臺灣文藝第一卷第六號	一九四四年十二月一日	三一
					△風頭水尾	呂赫若	臺灣時報	一九四五年（選入《決戰台灣小說集》坤の卷）	三二
施榮琮					最後的解決如何	施榮琮	臺灣民報七號	一九二三年九月	
陳瑞榮	臺中市	一九一六—			△麗秋の結婚	垂　映	臺灣文藝第三卷第三號	一九三六年二月	二一
					△失　蹤	陳瑞榮	臺灣新文學一卷三號	一九三六年四月	二一
					△暖流寒流（長篇）	陳垂映	臺灣文藝聯盟出版	一九三六年七月（註二二）	二一

王榮生（註二三）	臺北淡水鎮	一九一六－			△淡水河之漣漪	王昶雄	臺灣新民報	一九三九年	二四
					△奔流	王昶雄	臺灣文學第三卷第三期	一九四三年七月	二八
楊朝枝	臺北市	一九一七－			有一天	柳塘	臺灣新文學一卷八號	一九三六年九月	二〇
					轉途	柳塘	臺灣新文學二卷一號	一九三六年十月	二〇
周金波	基隆市	一九二〇－			△水癌	周金波	文藝臺灣第二卷第一號	一九四一年九月	二三
					△志願兵	周金波	文藝臺灣第二卷第六號	一九四一年九月	二三
					△ものさしの誕生	周金波	文藝臺灣第三卷第四號	一九四二年一月	二三
					△ファン	周金波	文藝臺灣第四	一九四二年九	二三

楊千鶴	臺北市	一九二一—		
葉石濤	臺南市	一九二五—		
施文杞				

の手紙		卷第六號	月	
△鄉愁	周金波	文藝臺灣第五卷第六號	一九四三年四月	二四
△第一信（辻小說）	周金波	文藝臺灣第六卷第四號	一九四三年八月	二四
△助教	周金波	《決戰臺灣小說集（坤卷）》	一九四五年	二六
△花咲く季節	楊千鶴	臺灣文學第二卷第三號	一九四二年七月	二三
△林からの手紙	葉石濤	文藝臺灣第六卷第三號	一九四三年四月	一九
△春怨	葉石濤	文藝臺灣第五卷第六號	一九四三年七月	一九
臺娘悲	施文杞	臺灣民報第二	一九二四年二	

					史		卷第二號	月	
鄭登山	桃園縣				恭喜	鄭登山	臺灣民報第一八九號	一九二八年一月	
吳鴻爐					斷腸聲	吳鴻爐	臺灣新民報第三五二號	一九三一年二月	
					最後的一封信	吳鴻爐	臺灣文藝第二卷第六號	一九三五年六月	
劉夢華	彰化市				鬥	夢華	臺灣新民報三五七－三六〇號	一九三一年三、四月	
					她	夢華	臺灣新民報三七一－三七四號	一九三一年七月	
					荊棘的路上	夢華	臺灣新民報三九二－三九	一九三一年十一月	

							五號		
					美人像活了	夢華	臺灣新民報三九九－四〇二號	一九三二年一、二月	
林全田（註二四）	臺北市			臺灣文藝協會	阿枝的故事	克夫	臺灣新民報三八四－三八六號	一九三一年月	
					隱者	克夫	不詳	據〈同好者的面影〉一文	
					秋菊的告白	克夫	先發部隊創刊號	一九三四年七月	
陳賜文					其山哥	陳賜文	臺灣新民報四〇八－四一〇號	一九三二年三、四月	
賴慶	臺北北屯				△女性の悲曲	賴慶	臺灣新民報	一九三三年	

					△迷信	賴慶	大溪革新會紀念什誌	一九三二年
					△骸の戀	賴慶	臺灣新民報	一九三三年
					△美人局	賴慶	臺灣新民報	一九三三年
					△夜驚	賴慶	臺灣新民報	一九三三年
					△妾御難	賴慶	福爾摩沙第二號	一九三三年十二月
林敬璋					△嘆きの白鳥	林敬璋	臺灣新民報連載	一九三三年
					△寫眞禍	林敬璋	臺灣文藝二卷二號	一九三五年二月
					△復讐	林敬璋	臺灣文藝二卷六、七號	一九三五年六、七月
林輝焜	臺北縣淡水鎮				△爭へぬ運命	林輝焜	臺灣新民報連載	一九三二年
陳鏡波	臺北市				△灣製デ	陳鏡波	臺灣新民報	一九三三年

					カメロン			
					△落城哀艶錄	陳鏡波	臺灣新民報	一九三三年
陳君玉	臺北市			臺灣文藝協會	△工場行進曲	陳君玉	臺灣新民報	一九三三年
簡進發	桃園縣				革兒	簡進發	臺灣新民報	一九三三年
黃朝東	彰化市				幸福	病夫	臺灣新民報	一九三三年
邱春榮	屏東縣				風雨摧殘	邱春榮	臺灣新民報	一九三四年
林存本	彰化市				五年之後	存本	臺灣文藝二卷二號	一九三五年二月
張碧華					△三日月	張碧華	福爾摩沙第三	一九三四年六

							號	月	
陳清葉					△街の紳道	陳清葉	臺灣新民報	一九三三年	
					寄生蟲	陳清葉	臺灣文藝第二卷第五號	一九三五年五月	
謝萬安	臺南縣新化人				老婆到手苦事臨頭	謝萬安	臺灣文藝第二卷第五號	一九三五年五月	
					五谷王	謝萬安	臺灣文藝第二卷第六號	一九三五年六月	
張慶堂	臺南縣新化人	臺南市藝術俱樂部			鮮血	張慶堂	臺灣文藝第二卷第十號	一九三五年九月	
					年關	張慶堂	臺灣新文學第一卷四號	一九三六年五月	
					老與死	張慶堂	臺灣新文學第	一九三六年八	

							一卷七號	月	
					他是流眼淚了	張慶堂	臺灣新文學第二卷一號	一九三六年十二月	
					畸形的屋子	唐得慶	臺灣新文學第二卷四號	一九三七年五月	
李泰國					分家	李泰國	臺灣文藝第二卷第十號	一九三五年九月	
					細雨霏霏的一天	李泰國	臺灣文藝三卷四—五號	一九三六年四月	
					可憐的朋友	李泰國	臺灣新文學第一卷第七號	一九三六年八月	
徐淵琛	臺北市			臺灣文藝協會 臺灣文藝聯盟	△或る結婚	徐瓊二	臺灣新文學第一卷第四號	一九三六年五月	
陳華培	臺中市				△王萬の	陳華培	臺灣新文學第	一九三六年七	

					妻		一卷六號	月	
					△豚祭	陳華培	臺灣新文學第二卷三號	一九三七年三月	
鄭明	臺南市			臺南市藝術俱樂部	牛話	一明	臺灣新文學第一卷一號	一九三五年十二月	
					三更半暝	廢人	臺灣新文學第一卷十號	一九三六年十二月	
黃有才	基隆市				△凄慘譜	黃有才	臺灣新文學一卷十號	一九三六年十二月	
					△斷崖の上	黃有才	臺灣新文學二卷二號	一九三七年一月	
					△初戀	黃有才	臺灣新文學二卷五號	一九三七年六月	
林熊生	臺北市				△呉れ好き貫ひ好き	林熊生	文藝新文學第一卷第二號	一九四〇年二月	

林理基					△島の子だち	林理基	臺灣新民報連載	一九三二年	
雷石榆					和一個異國婦女的對話及其他	雷石榆	臺灣文藝三卷二號	一九三六年一月	
黃寶桃					△人生	黃寶桃	臺灣新文學一卷一號	一九三五年十二月	
					△感情	黃寶桃	臺灣新文學三卷四、五號	一九三六年四月	
					△官有地	黃寶桃	臺灣新文學入候補	未刊出	
蕭金鑽					△高獻榮	蕭金鑽	臺灣文藝二卷	一九三五年	

鄭永清				
嚴墨嘯				
張榮宗				
賴雪紅				
林秋興				

の若き日		二號	三月	
△知　高	鄭永清	臺灣文藝三卷六號	一九三六年七月	
△鄙地世俗事	嚴墨嘯	臺灣新文學一卷七號	一九三六年八月	
△告　白	張榮宗	臺灣新文學第二卷第五號	一九三七年六月	
△夏日抄	賴雪紅	臺灣文學第二卷第四號	一九四二年十月	
△輕　便	林秋興	文藝臺灣第七卷第二號	一九四四年一月	
神秘的自制	無　知	臺灣四年三號	一九二三年三月	

島			
失戀	李金鐘	臺灣民報第一〇二號	一九二六年四月
黃鶯	天遊生	臺灣民報第一〇三號	一九二六年五月
鄭秀才的客廳	涵虛	臺灣民報第一三八號	一九二七年一月
櫻花落	少潛	臺灣民報一九二號	一九二八年一月
悲哀底南國情調	少潛	臺灣民報二三九－二三四號	一九二八年十、十一月
夜聲	太平洋	臺灣新民報第二四九號	一九二九年二月
叔父	凌浪生	臺灣新民報第三二八－三三〇	一九三〇年八月
阿凸舍	鐵濤	臺灣新民報第	一九三〇年十

		三三三號	月
阿牛的苦難	劍濤	臺灣新民報第三四九號	一九三一年一月
開學	慕	臺灣新民報三六六—三六七號	一九三一年五、六月
流氓	孤峰	臺灣新民報三六八—三七〇號	一九三一年六月
可憐的老車夫	SM生	臺灣新民報三七〇號	一九三一年六月
失戀者的去路	IAW	臺灣新民報三七八—三八一號	一九三一年八月
擦鞋匠	赤子	南音第一卷三、四號	一九三二年二月
失敗	自滔	南音第一卷第十二號	一九三二年十一月

	△歪める戀	KKK	臺灣新民報連載	一九三三年
嘉義	△勝利の悲哀	汾陽女	臺灣新民報連載	一九三三年
	△おれんぢの	汾陽女	臺灣新民報連載	一九三三年
	△市井の兒	林典昭	臺灣新民報連載	一九三三年
	△微笑む貞操	鄭徵祥	臺灣新民報連載	一九三三年
	△平兒、	幼君	臺灣新民報連載	一九三三年
	△歸らん人	李澤漢	臺灣新民報連載	一九三三年
臺北	△彼と盲目占ひ師	吳淡梅	臺灣新民報連載	一九三三年
	△情愛的份牌	陳四紋	臺灣新民報連載	一九三三年

新竹人

△曇り後晴れ	黃泰子	臺灣新民報連載	一九三三年
△或る會話	郭翠玉	臺灣新民報連載	一九三三年
△霜かれた運命	詹紹松	臺灣新民報連載	一九三三年
△第二號	魏根萓	臺灣新民報連載	一九三三年
△突出水平線上的戀愛	山竹	臺灣新民報連載	一九三三年
商人	曙人	臺灣新文學第一卷一號	一九三五年十二月
△哀春譜	陳春映	臺灣文藝第二卷第五號	一九三五年五月
廢人黨（註二五）	湘月	臺灣文藝第二卷第六號	一九三五年六月

	濁流	南燕	臺灣文藝第二卷第八、九號	一九三五年八月
	夜深	迷鷗	臺灣文藝第二卷十號	一九三五年九月
臺中市	△紳士への道	藍紅綠	臺灣新文學一卷五號	一九三六年六月
	△大妗婆	邱福	臺灣新文學一卷九號	一九三六年十一月
	△煩	浪石生	臺灣新文學第二卷一號	一九三六年十二月

三、重要作者傳略

1.謝國文（一八八七—一九三八）

謝國文，字星樓，號省廬，亦作醒廬、醒如，又號旭齋主人、或哉、蕉園，晚年號稻門老漢。時復署名謝耶華、赤嵌暢仙、空庵、小阮、江戶野灰、小暢仙、新羿等。生於一八八七年（清光緒十三年）九月一日，爲臺南邑庠生謝友我之長子。謝氏少即通達，懷抱豪情壯志，頗負詩名，燈謎尤所擅長，時人往往不能望其項背。

乙未劫餘，其叔籟軒與趙雲石、陳瘦雲組南社，謝氏與竹軒並爲社員，極力扢揚民族思想。其吟咏所作，頗爲碩儒魁豪所推重。一九一一年，進士許南英回臺灣蒞止南臺，謝氏與其叔隨伴南英時相唱和。一九一五年與南社詩友楊宜綠（天健），東渡日本留學。一九二五年畢業於早稻田大學政治經濟學部，獲政治學士。留日時，曾入新民會，後復參與臺灣議會請願運動。該運動之領導者臺灣文化協會，於一九二六年以後，已漸趨分裂。林獻堂且曾暫時退出陣線。謝星樓爰以柳裳君筆名撰〈犬羊禍〉（註二六）以諷之。緣夫一九二一年一月三十日提出第一次「臺灣議會設置請願書」後，林獻堂儼然成爲民族運動領導者，然而，臺灣總督府「一向以懷柔土著資產階級爲對臺灣土著百姓的基本政策，不料，卻從這土著資產階級的一角竄出了叛逆。」（謝南光〈我等の要求〉），總督府頓覺手足無措，遂於請願運動最盛之臺中州施行所謂「具體取締方策」，妄圖以警察強權干涉林獻堂等之請願與文化協會在各地之宣傳活動，並利用街庄、保甲等統治機構阻撓民衆參與。於是在各地參加開會者人數銳減，一向支持請願運動街庄長亦相繼退出。臺中州知事・常吉德壽擬進而施展瓦解政策，遂於一九二三年秋成立「向陽會」，想由此號召林獻堂等中止請願運動，即利用楊吉臣慫恿林獻堂就任「向陽會」參事。楊吉臣爲林獻堂的妹婿、清五品武官、他因對鎭庄武裝抗日有功所以被總督府加獎勳六等瑞寶章，當時任彰化街長，同時也由林獻堂推薦爲文化協會協理，但此次受臺中州廳的壓力而在同年七月已辭該會協理職。常吉德壽，進而再請林獻堂、楊吉臣、林幼春、甘得中、李崇禮、洪元煌、林月汀、王學潛等在臺中的請願運動幹部凡八人前往臺北與總督．田健治郎協調。田健治郎當場告訴他們：「日本政府絕不容許設置臺灣議會、請願運動將必屬於徒勞，若能及早中止方謂賢明。」。同時在另一方面，臺灣銀行又對林獻堂施壓逼他速償貸款。於是林獻堂乃於翌日再訪田健治郎，聲明即日脫離臺灣議會請願運動（註二七）。

自林獻堂等退出請願運動後，在臺灣、東京的同志莫不憤慨，或以投書抨擊、或面斥其變節，時人諷此八人爲「八駿馬」，並將林獻堂及楊吉臣的變節名爲「犬羊禍」。（因爲犬是獻字的犬旁，羊是楊的同音字。）蔣渭水〈五個年中的我〉一文也說：

到了十一年，什麼犬羊禍出現了，任三爺被困在犬羊城裡，形勢太壞了，我以爲非更加一層的決心去做事不可了，遂組織新臺灣聯盟，這是本島政治結社的嚆矢、又且是全島唯一無二的政治結社。後來因爲事多人少不能彼此兼顧，致使這個政治結社全沒有活動的機會，這是我的一個大遺憾事啊……（註二八）。

可知謝星樓〈犬羊禍〉這一小說乃諷論林獻堂、楊吉臣等之變節（註二九）。小說寫道：

因爲他們的境遇，湊巧撞在反亂時候，而沒有力量撥亂反正，千辛萬苦，隱忍待時，少不得虛僞求個太平犬做，卻也是不得已的事。不料他們做過了十年廿年，習慣自然，竟認眞要做犬的樣子，口裡說暫權，其實心中老實的死心蹋地願做犬了。他們的行動，便也就彷彿與犬一樣，沒有一毫的廉恥了。有時使起犬性，非同小可，連那變未成的同類，免不得也要受災殃呀！假借一個虛僞的銅牌掛在頸上，分聞五點星的記號，到處搖尾乞憐，也有牛肉噉，也有酒糟喂，也有煙草喫，磨牙吮血，時或赶散村中雞鴨，時或咬鄰舍鴿子充飢，漸漸猖狂起來，連那李媒婆的腿子，也要啗他一口才肯罷呢，犬形犬相索性盡露出來了，……況且世態多變，豺狼當道百獸縱橫，那麼惡犬猶未除，又惹出一椿事來。就是牆外一隻老羊羔，見著惡犬得了好多食物，便也效尤起來，不似從前的馴（頁六四）。

眞實而生動的刻畫了御用士紳醜惡的嘴臉。不過，林獻堂本人對臺灣民族運動有其一定貢獻，謝氏撰此說部，用筆所以如此辛辣，葉石濤氏嘗探其究竟：「作者可能聽到『林獻堂已保證停止臺灣議會請願，且獲得總督府酬庸土地三百餘甲』的惡毒誣衊，而激起了寫剖析御用紳士心態和行爲底小說的意念。」葉氏又說：「雖然，作者對林獻堂的認識根據捕風捉影的流言，中了帝國主義者挑撥離間之毒，但設若不談小說的背景，純粹對小說而言，這是篇相當優秀的小說：藉用章回小說的體裁，充分描寫出當時臺灣御用士紳的一副醜惡的嘴臉。」（註三〇）

謝氏另有一篇小說〈家庭怨〉，刊於一九二四年八月十一日臺灣民報二卷十五號。敘述臺灣學生在臺灣從事反日啓蒙運動，卻受家人責罵毒打，且強令他們退校，因此他們決心逃離臺省赴海外B市求學。這篇小說創作手法稍嫌粗糙，蓋屬萌芽期小說尚不及講究技巧。

謝氏晚年多病，卒於一九三八年六月十七日，享年五十二。臨終時浩然長嘆：「我死了毫無所憾。可惜的是，這幕雪恥誅仇連臺戲，未能看完。」他去世以後，哲嗣謝汝川，聘南社詩友吳子宏，蒐集遺詩三百首，梓行於世，題爲「省廬遺稿」，凡省廬詩鈔、省廬吟餘錄、省廬唱和集、省廬文稿、省廬燈謎等五種。末附謝友我公親友唱和集，都爲一編，一九五四年由臺南大明印刷局付剞劂。

王杏庵（開運）在遺稿序中說：「醒廬隱於市，而風雅過人，亦吾輩性情中人也。詩文不拘一格，每匠心獨運，出語驚人，恒於酒酣耳熱時，發爲悲歌慷慨之論。而蒔花煮茗時，喜作冷眼傍視之語。其爲人，醒而醉，醉而醒，非傲非狂，出於眞率，此或醒廬之爲醒廬也。」吳子宏也作序說：「嘗念烽煙炮火之臺南，騷壇巨子，何止數百人，經斯劫火，遺稿多被焚如，而其子孫未能蒐集以存其親之幽光，抑獨何心歟！觀此則臺南詩人遺稿之燬於兵火者，不知凡幾。編次詩乘，所以掩卷而長歎也。」

謝氏詩什，多弔古傷時牢愁悲慨之作。如：

眼中豎子肆猜嫌，同室操戈竟自殲。旅雁避矰寧耐冷，群蛾投火慣趨炎。鄉關暮氣秋蕭瑟，人海狂瀾日戒嚴。我欲扁舟走天外，風塵何處識虬髯。（〈秋日書懷〉）。

何處避秦亂，扁舟飄向東；青童分五百，隱士豈孤窮。採藥非無意，藏書亦有功；祖龍空悵望，一去杳飛鴻。（〈徐市〉）。

謝國文曾遊歷中土名山大川，本來很想遷居內地，後以丁憂而未果。他曾到山海關，遙望萬里長城，當時賦詩：

「秦關百二起榆枌，溟渤悲笳不忍聞；賊滿長安猶有將，兵臨廣武已無君。千年帶礪連沙磧，一氣盤旋亂夕曛；至竟金湯何所恃，有人海上駕輕雲。」。

「秦王宮殿楚王焚，衰草年年雉堞紛；漠北饑鷹窺漢月，關東走馬薄遼雲。角弓風勁匈奴獵，羽箭霜飛貝子軍；一片中原莽塵土，烽煙到處漫秋氛。」。

西安變作，海內心驚。謝氏有丙子歲暮詠時局絕句四首，忠愛之忱，老而彌篤。謝氏言談幽默，曾做聲律啓蒙，諷刺日本當局「但恨此生羊叔子，可憐該死狗奴才」其詩、文、小說，新舊文學莫不擅場，求諸當時小說作者，誠不可多覯（註三一）。

2. 賴　和（一八九四—一九四三）

賴和，原名賴河，筆名懶雲、甫三、走街先、灰、安都生、玄等。彰化縣人，生於一八九四年。九歲就讀公學校，其時家世尚屬小康（註三二），曾入學小逸堂，從黃其倬（黃漢）習漢文，爲他日後寫古典詩打下穩固基礎。其年愈長，家道愈微，他有一首〈當家〉詩，自述家道中落，生齒日繁：

父老不堪勞，家計聊自操。生齒日以繁，田園固不多。所得供租稅，剩者能幾何。……不學不自存，忍令輟學歸。欲籌膏火繼，且忍家人飢。閒來一回顧，心疑終不悟。……安能日倒行，再過往時年（註三三）。

一九一〇年賴和就讀臺灣醫專，刻苦力學，卒有所成。返故鄉彰化執業，建「賴和醫院」，懸壺救人，痌瘝在抱；力振家聲，載光祖考。一九一八年遠赴廈門，服務博愛醫院，不久返臺（註三四）。其後加入「臺灣文化協會」，並因「治警事件」（一九二三年十二月十六日）首陷囹圄，賦〈囚繫臺中銀水殿〉短詩三首明志，其中一首寫道：「一死原知未可輕，吾身不合此間生。如何幾日無聊裡，已博人間志士名。」經此牢獄之災，他留了兩道髭鬚，「聊與少年別」，邁向更成熟、更積極的民族自覺運動陣營。是歲（一九二四年）張我軍於《臺灣民報》相繼發表：〈致臺灣青年的一封信〉、〈糟糕的臺灣文學界〉，抨擊古典文學，引起新舊文學論戰。次年楊雲萍與江夢筆合辦臺灣第一本白話文文藝雜誌《人人》；《臺灣民報》改爲週刊，發行量達一萬份，在這種文學氛圍、時代環境的刺激下，賴和於一九二五年八月發表第一篇白話隨筆，同年十二月受彰化蔗農「二林事件」感發，撰就生平第一首白話詩〈覺悟的犧牲〉。次年三十三歲，與楊雲萍同時發表臺灣新文學運動史上第一篇白話小說〈鬥鬧熱〉（《臺灣民報》八十六號），一個月後又發表〈一桿「稱仔」〉，這三篇作品實際代表了賴和日後文學創作的主題及三〇年代臺灣作家作品的共同主題與文學精神—殖民地人民被壓迫、榨取的慘況，與臺灣舊社會陋習的批判及弱者不屈不撓精神的發揚。

王詩琅說賴和「是培育了臺灣新文學的父親和母親」，楊逵說他「是臺灣關心大衆生活的文學的元老」，有人稱他是「臺灣的魯迅」、「臺灣新文學之父」。也有人稱他是臺灣新文學的開拓者或先驅者。賴和在臺灣新文學史上特別受到推崇與肯定，實由於他激發了臺灣新文學的精神，擴大了臺灣新文學的規模，樹立了臺灣作家的典範，提攜了不少年輕的文學工作者。事實上，賴和不僅開拓反殖民、反帝國主義、反傳統陋習的文學內容，更開創了臺灣話文的文學語言形式。一九二六年賴和發表新舊文學比較的文章，提出他對文學語言形式的看法，他認爲：

1.新文學運動的目標是在「舌頭與筆尖」的合一。

2.舊文學是讀書人的，不屑與民眾爲伍；新文學則是以民眾爲對象，是大眾文學（註三五）。

賴和所主張的正是言文一致的臺灣話文文學，他希望以臺灣話文的形式建設言文一致的大眾化文學，以更直接、更有效的方式將社會運動的主張、思想傳播到廣大社會群衆的心中，爲社會、政治運動從事心理建設。在一九二六年時，尙無任何人提倡寫作臺灣話文，然自賴和當時的作品及文學主張，可以推測五四新文學「言文一致」的要求對他或多或少產生影響。由於其語言運用的態度極爲認眞，賴和的寫作過程，極爲艱辛。一九三六年王詩琅在〈賴懶雲論〉裡說：

他（賴和）是一個極爲認眞的作家，每寫一篇作品，他總是先用文言文寫好，然後按照文言稿改成白話文，再改成接近臺灣話的文章。

雖然目前在作品中寫臺灣話的問題已經成爲一個重要的傾向，但在實踐上尚無人出於賴懶雲之右者（註三六）。

他的努力，顯獲極高評價，亦可見當時以白話寫作並非易如反掌。後來賴和應用文字得心應手時，即可直接使用白話，後然再改成接近臺灣話的文章，無須先撰文言底稿，其間消息可自其未發表遺稿〈富戶人的歷史〉窺知。當時文學創作應用語文之形式約分二系：彰化一帶偏向臺灣話文，艋舺一帶則主張以中國白話文寫作，彰化作者以賴和爲中心，其主張與郭秋生相近，賴和曾寄函郭氏暢談〈臺灣話文的新字問題〉（《南音》一卷三號）。林瑞明氏說：

> 一九三二年二月賴和於《南音》一卷三號，發表〈臺灣話文的新字問題〉，一九三五年十二月並嘗試以臺灣話文創作〈一個同志的批信〉，發表於《臺灣新文學》創刊號，這顯示出在臺灣話文論戰之後，賴和充分意識到作爲表現社會現實的文學，如何尋求「音義一致」來凸顯臺灣本體是重要的論題。但是由於臺灣的語言，無法充分以漢字來表達，由是牽涉到創造新字的問題，賴和的新文學創作〈一個同志的批信〉，已將表現的形式（臺灣話文），提昇到不下於內容（表現一位墮落的社會運動者）的重要地位。賴和應用臺灣話文寫作，因無法使形式與內容充分契合，自覺嘗試失敗，而終止新文學的創作，反映出意識與實踐間的差距，對他而言是巨大的困擾；以後賴和又轉向傳統詩文的寫作，而發表於新文學刊物的作品則是〈田園雜詩〉、〈新竹枝歌〉等帶有民間風格的歌謠式作品（註三七）。

賴和〈一個同志的批信〉一作，由於多創新字，反不如前此諸作順暢可讀。當時署名「貂山子」者即曾發表〈讀過臺灣新文學創刊號的感想〉：

> 在〈一個同志的批信〉的灰氏的計劃諒是以漢字寫臺灣白話，以謀大眾化。他的立想確實可敬，可是用了許多新造的臺灣白話漢字反見得爲諸篇中最難讀的一篇（註三八）。

賴氏停止創作，除與次年臺灣總督府禁用漢文有關，林氏所言實爲此中要因。賴氏小說每負改造社會之使命，而其古近體詩則多寄託牢愁，澆平磊塊之作。一九三七年後日吏之宰制日趨酷橫，自其入獄事件與〈入獄日記〉觀之，賴和的文學、政治活動，蓋早爲日本官吏所矚目，賴氏所承受之壓力可以想見。

一九二七年至一九三二年的文學運動以遷返臺灣的《臺灣民報》爲中心，與當時熱烈進行之社會運動桴鼓相應。當時《臺灣民報》文藝欄由賴和主持（註三九），新文學發展日益蓬勃，此一階段可說是賴和的時代。不但其本人迭有佳作，且往往提攜後進，刪潤其作品。楊松茂（守愚）、蔡秋桐（愁洞）、陳滿盈（谷虛）等新文學運動之重要作家，皆曾濡染於賴和之風格。楊守愚曾說：

通常，一個編輯者任務，無非只是擔當作品之閱讀從而加以選擇的工作。遇到「不合格」的作品，就把它往紙字簍一丟了事。但是，懶雲當時的文學界的情況卻不是這樣。爲了補白報紙空下來的版面，就無法去選擇原稿。他當時幾乎是拚著老命去做這份工作的。他毫不珍惜體力地去一一刪修寄來的稿子，有時甚至要爲人改寫原稿的大半部份。常常有些文章，他簡直是只留下別人的情節而從頭改寫過（註四〇）。

日據時期臺灣文壇幾乎是以賴和爲中心而蔚成大國。守愚、秋桐、虛谷，渥蒙獎掖，固無論矣，即今日已無從稽其生平，如鄭登山、太平洋、鐵濤、劍濤、慕、孤峰、SM生……等人之作品，若無賴和刪潤，恐亦不能達相當水準。賴和小說作品約十八篇，皆二萬字左右之短篇，以〈鬥鬧熱〉、〈善訟人的故事〉、〈一桿「稱仔」〉、〈豐作〉、〈惹事〉、〈不如意的過年〉等最爲膾炙人口，其作品全用白話文，雖然早期作品之白話技巧還不太純熟，時有夾敘夾議的痕跡，且大多從某一時間地點環境描寫發端，自一九三一年以後，寫作技巧突飛猛晉，如〈浪漫外記〉、〈豐作〉、〈惹事〉、〈赴了春宴回來〉諸作一開始即出現小說人物，甚至逕以人物對話開場，寫作手法已迥異於前（註四一）。

不過由於其文學觀以呈顯社會之不義，悲憫苦難之民衆，遂使其作品焦點集中於事件之陳述，而個人心理的描寫，則顯不足，這與晚期日文作家如翁鬧、龍瑛宗寫作方向頗異其趣。賴和對於如實呈現故事之曲折較感興趣，對於故事人物之心理反應較不措意，這幾乎是當時漢文作家一貫的寫作風格。因此，日據時期大部分的漢文作品，在藝術技巧上或不免略遜一籌，然其憫傷民困，爲臺人喉舌之內涵，則深具時代意義，有其價值。

綜覽賴氏群篇，悉以漢文控馭，筆鋒犀利，情懷悲愴。惜一九四一年底太平洋戰爭爆發後，因被疑爲與翁俊明有關，乃國民黨之地下人員而遭日警逮捕，囚之囹圄，出獄之後以疾嬰身，一九四三年一月三十一日，心臟病發，遂與世長辭。病篤之際，憤擊床板，大呼「不看日本仔倒臺，我死不瞑目！」賴氏死後二年，臺灣光復，他雖未能親見日本倒敗，而九泉有知，亦當含笑。一九七九年李南衡編校《賴和先生全集》壽之棗梨，一九九一年，前衛出版社復刊行《賴和集》，非但爲賴氏之功臣，而且有裨於學界之研究（註四二）。

3. 陳滿盈（一八九六—一九六五）

陳滿盈，字虛谷，號一村。彰化和美塗厝人，生於一八九六年。出身佃農，五歲過繼給塗厝陳家爲養子。虛谷幼年即習漢文。十六歲時認識李得，備蒙啓沃，折節向學。十八歲結褵，夫人丁氏，出身鹿港書香世家，敦詩好禮，勉其力學。其後以廿五英妙之年，遠赴櫻都，就讀明治大學，研治政經之術。同時就學英語學校，進修英文。此其間廣交賴和、林灌園、葉少奇、楊雲鵬諸君子，深相結納。留學期間，適逢臺灣近代民族運動在日本發動，虛谷義無反顧獻身其事，成爲「臺灣文化協會」成員，撰稿演講，亹亹不倦，每多壯烈慷慨之言辭，葉榮鐘以「爲開風氣倡文化，懸河熱辯無以加」譽之。

一九二六年，虛谷在《臺灣民報》發表〈駁北報的無腔笛〉，對舊詩人與上山櫻督作詩動機提出批評，痛責此輩詩人盲目歌功頌德，深違詩教旨趣，名之爲「狐媚的詩人」（註四三）。於是虛谷乃參加新文學運動。次年發表第一首新詩〈秋曉〉，一年後，發表了第一篇短篇小說〈他發財了〉。其新文學生命在一九四〇年左右即告結束，僅得小說四篇——〈他發財了〉、〈無處申冤〉、〈放炮〉、〈榮歸〉及傳世新詩二十三首（有一首不完整）。虛谷之作，無論詩或小說，都曾受到賴和鼓舞，是臺灣新文學「草創期」重要小說家之一。一九三二年《臺灣新民報》創刊，與林攀龍、賴和、謝星樓三人同爲編輯局客員，主持學藝部。一九三九年，虛谷與賴和、楊木、陳英方、楊樹德、吳蘅秋、楊石華、楊添財、楊松茂同創「應社」，借詩以抒於悒之情、淪胥之痛，虛谷生性淡泊，具悲天憫人之懷，深恤民生疾苦，作品時寓關懷社會、民生之思。

虛谷畢生以詩人自期，古近各體，得樂天之神髓，摹物敘事，並所精擅。〈縱貫道路〉云：「土地沒收還不足，荷鋤更作無錢土。」〈村居雜詠〉云：「兩三燈火來還去，知是村人照水蛙。」〈春穫〉云：「可憐筋骨方勞瘁，門外催租已有人。」李漁叔氏評其詩曰：「其卷首有聞內田撤職，及警吏諸作，切齒異族苛政，見少年勁健之風。以全編論之，大抵語摯情眞，不以雕鏤爲能，自然清逸，因詩見志，要不必盡以詩法繩之，而無背於風雅之本義。」（註四四）虛谷於一九六五年逝世，遺言以「詩人陳虛谷滿盈之墓」鐫其碑，足見虛谷以「詩人」深自期許。一九八五年，爲紀念虛谷逝世二十週年，其哲嗣陳逸雄編成《陳虛谷選集》一書，收錄虛谷先生新舊文學作品，讀者可藉此書一覘其文學與思想。綜合虛谷一生之文學活動，可謂「始於舊詩，終於舊詩」，其三男陳逸雄說：

父親的文學生活中，所下功夫較多的就是舊詩，亦是他自以爲得意的部門。誠如羊子喬先生所說，今天他竟以那四篇小說爲人所知，而他的舊詩卻默默無聞，這該是他生前萬萬未能料到的事，泉下之靈有知，不知有何感慨（註四五）。

虛谷亦嘗自論其作：

我後日若能於生活史上留箇小小的記念的價値，便是詩。我平生最得意的有二事：一是演說，二是詩。我七、八年前曾寫過四篇小說，就中一篇已受一個臺灣青年（指李獻璋）編入臺灣小說集（《臺灣小說選》，被禁止出版，未問世），我平生喜讀理論的書物，小說不多讀，寫小說自非得意，不足言也。有一篇可以留在臺灣的文學史上，眞望外也，不敢自以爲功，見誚、見誚（註四六）。

虛谷四篇小說中，〈榮歸〉（一九三〇）凸顯日據時期某些臺人趨炎附勢、挾洋自重之劣根性與奴隸性。〈他發財了〉（一九二六）、〈無處申冤〉（一九二六）、〈放炮〉（一九三〇）等三篇作品，指控櫻警濫施特權，歛財詐色，凌壓臺民之暴行。並以悲憫之情懷、細膩之筆墨，將哀哀農民純樸堅韌之性格，作最眞實之刻畫，故虛谷絕無僅有之四篇小說，深蘊寫實諷喻之精神，初不以爲量不豐而減其價値。

日據時期臺灣小說，擅寫日本警察與農民關係之作者，首推陳虛谷、蔡秋桐，而陳、蔡二人皆爲地主。蓋二人常居鄉間，較他人更有機會目擊日警橫吏，欺壓善良的臺灣農民，諦觀之餘，遂秉諷喻之椽筆勾勒出生動之小說。然而虛谷對其小說作品不甚重視，故虛谷小說僅撰四篇即成絕響，殊爲可惜（註四七）！

4.周定山（一八九八—一九七五）

周定山，本名火樹，字克亞、銕魂，號一吼、化民，又號公望。生於一八九八年（清光緒二十四年），卒於一九七五年，年七十八。世居鹿港，少懷大志，深富民族思想，與葉榮鐘、賴和，肝膽相照，交稱莫逆。幼時就學書塾，孜孜矻矻，甚勤所業。曾任木工，勉強餬口，不久入藥店，充當學徒，後轉赴高雄，兼理帳房。雖爲生計所迫，奔波道途，但周氏熱愛文學之情，未之或減，時與詩社活動，以文會友聯吟賦詩。後又參加新文學雜誌《南音》組織，撰寫小說〈老成黨〉署名「一吼」，刊載《南音》前三期，對於塾師文人之嗜飲醇醪、喜狎青樓之輩，曲加諷諭。

一九三三年十月，臺灣文藝協會創刊《先發部隊》雜誌，以「臺灣新文學出路的探究」爲主題，編爲特輯，周定山亦撰文發論，襄贊其事。楚女（張深切）於《臺灣文藝》創刊號撰〈評先發部隊〉一文，該文對諸氏多所批評，獨於周氏贊揚有加：

標題〈還是烏煙瘴氣蒙蔽文壇當待此後〉這篇評論最合吾意。文章很美麗，內容很充實，針針見血令人一讀爲之三嘆。他所用的文字很妥當，筆法稍近魯迅的體式。很好！（頁七）

可見周氏之評論文字，內容、形式皆有可觀者。周氏不甘受異族統治，曾憤而離臺，壯遊中原，再四再三。甚而「單騎出關，躬臨戰地，時閱半載」（〈一吼劫前集序〉）。自一九二五年至一九三八年止，西邁神州，前後四次，足跡遍於大江南北。壯歲治詩益勤，所作多慷慨豪邁之辭，而悲天憫人之情亦寓焉，如《將之大陸歲賦並留別諸親友其二》詩，即其類也。詩云：「熱腸和淚寫餘哀，護樹殘枝忍棄材。民正避兵官走賊，天方悔禍國需才，釣鼇自把竿磨鐵，種菜人疑箸擲雷，錦繡河山鋒鏑裡，傷心紅盡劫羊灰。」定山早隸大冶吟社，精擅新舊文學，設塾鹿港，達德成材，而其扢揚新文學，不遺餘力，尤爲後進所宗仰。

周氏一生不善理財，因此常處於貧困之中，其小說〈旋風〉、〈乳母〉對貧窮之處境刻畫得淋漓盡致。〈旋風〉一作尤能代表自然主義時期的小說，茲編發表於一九三六年，周氏以擬人筆法描寫平常之自然現象：

太陽逐漸的展開了火傘，大地也喘息似的吐著熱氣。西邊的流雲好像伸了長舌，在舔著戰慄般的樹梢……。

以擬人化的手法，強化了自然不馴，死亡迫近之形象，寫隴畝之貧農則說：「檢視著幾條死老鼠般的薯根」，他又以同樣的筆法描寫黃昏的鄉村景色：「低首鞠躬的榕樹陰影已漸伸長，全村忽然變成了一匹巨大的死獸。」周氏用這些動物死亡的意象，來象徵一個家庭的毀滅，造成極其震撼的效果。小說結束時，這個家庭的人，只不過是一些動物罷了，被自然的力量及人爲的不義打擊得失去了一切，因而顛狂發瘋，精神痲痺。〈乳母〉刻劃家庭的悲劇，描寫一位母親爲了賺取生活所需，不得不充當有錢人家的奶媽，而自己的小孩卻因缺乏照料致死。〈旋風〉、〈乳母〉二作皆能以入木三分之筆刻畫出窮人面對困境的無奈，寫來極爲感人。

周氏晚年遭喪子之痛，悼亡之悲，貧病交侵，然仍抱病講學，激勵後進，卒以授學勞瘁竟至不起。著有〈一吼劫前集〉、〈大陸吟〉、〈倥傯吟草〉、〈古詩新語探微〉；小說有〈摧毀了的嫩芽〉、〈旋風〉、〈乳母〉、〈老成黨〉；民間故事有〈王仔英〉、〈鹿港憨光義〉，並於《臺灣新文學》雜誌撰〈無聊春秋〉、《臺灣文藝》雜誌撰〈幾齣破布班〉，可謂新舊文學皆所擅場。舊詩唯《臺灣擊鉢詩選》，詩文之友社爲之剞劂行世，餘均未結集刊行。周氏書畫亦佳，書工篆隸，畫精墨蟹（註四八）。

5.吳濁流（一九〇〇—一九七六）

吳濁流，本名吳建田，一九〇〇年生於新竹新埔。十一歲就讀新埔公學校，十七歲，負笈臺灣總督府國語學校師範部（今臺北師院前身），畢業後，曾任教員達二十年之久。古典詩、小說、散文皆有佳作，而以小說爲主。一九二七年吳氏加入苗栗詩社（栗社），萃其心力，撰爲古典詩歌。一九三二年復參與大新吟社，與詩友迭相唱吟。一九三五年，吳氏三十六歲，始以日文撰寫小說，處女作〈

水月〉刊於楊逵創辦的《臺灣新文學》雜誌月報，旋以〈泥沼中的金鯉魚〉入選該誌小說徵文，此後創作小說信心日增，遂時有佳篇問世。

吳氏因抗議督學公然凌辱教員，憤辭教職（註四九），一九四一年赴首都，任南京《大陸新報》記者，次年返臺，開始撰寫長篇小說《胡志明》（後改為《亞細亞的孤兒》）。光復後嘗任大同工職訓導主任、臺灣區機械同業工會專門委會。一九六四年，在臺灣文學風雨飄搖之際，他傾其積蓄創辦《臺灣文藝》，影響臺灣現代文學發展既深且遠。其後以苦行僧之精神獨力撐持《臺灣文藝》，奮厲不輟，至一九七六年逝世為止，蓋十三年如一日焉。一九六九年曾以退休金設立「吳濁流文學獎」，一九七一年增設新詩獎，獎掖後進，不遺餘力。日據時期臺灣作家中，最積極參與光復後文學活動，而貢獻最卓著者，首推吳濁流。戰後，許多臺灣文學作者以不諳國語或停止寫作，或退出文壇，獨吳濁流力支大廈砥柱中流，載光文苑，歷久而彌堅，可謂臺灣文學之異數。

吳濁流一生所撰中短篇小說凡十八篇，長篇小說共三部。前者如〈先生媽〉、〈陳大人〉、〈功狗〉等，旨在譴責助鯨為虐之會社監工、御用士紳，撻伐庸弱之知識分子與貪佞之徒、好色之輩。又如〈銅臭〉、〈三八淚〉、〈波茨坦科長〉、〈路迢迢〉等，則將戰後臺灣社會之畸形怪狀和盤托出。後者為〈亞細亞孤兒〉、〈無花果〉、〈臺灣連翹〉等三部，省思日據時期與臺灣光復之後臺人之處境與命運，指陳時弊，批判奸邪，希望表達臺人之好憎，紀錄眞實之青史。凡此諸作，往往鯁直之氣盈篇，批判之意時見，而吳濁流之人格情操，思想愛憎亦如實寓乎其中。

吳氏之作，固然有於邑之懷，不滿之思，然其高度之信念與堅定之意志，則可爲臺灣文學指引一光明之坦途。其〈無花果〉嘗謂：

人的社會，不問古今，總是被那些不好的政治所歪曲，把犧牲的人們當墊子以後，歷史才得以前進，所以沒有悲觀的必要，正如河川的流水一樣，一定會流入海裡；雖然在中途碰到山的阻礙而發生逆流，但最後還是流入大海的。人類的歷史之流也同樣的道理，所以決沒有悲觀的必要，反正最後必定會流往人類希冀的光明的方向，也就是流入屬於眞理的世界中去（註五〇）。

深思此言，可見吳氏極具智慧。或許正因歷史情感過於濃烈，吳氏小說不免以意識形態主宰情節之蔽。而於人物生活情境之刻畫，轉覺粗疏，於小說文學美之營構，仍嫌不足。舉凡寫實抗議之作，皆往往有此疵病。葉石濤曾說：「吳濁流的小說主題，永遠是臺灣人及其風土。而常常他的小說就是發掘鄉土特殊的制度、風土、人物、歷史和社會。」（註五一）又說：「日據時代新文學作家吳濁流的《亞細亞的孤兒》儘管也有日常生活的描寫，但他老人家所探討的仍然是臺灣人在歷史變遷中的悲慘遭遇爲主題，給人帶有強烈的意識形態主宰小說情節的感覺。」（註五二）吳濁流之作誠爲典型之臺灣鄉土文學，而強烈之民族情感寓焉。鍾肇政謂吳氏爲深具民族意識、愛國熱情之「鐵血文學者」，以其從未俯首於世俗市儈之思想，亦從未遷就現實而自壞立場、自毀原則，吳濁流的作品十分豐富。已出版者有吳濁流作品六冊。卷一《亞細亞孤兒》，卷二《功狗》（收中短篇小說八篇），卷三《菠茨坦科長》（收中、短篇小說十篇），卷四《南京雜感》（收遊記雜篇），卷五《黎明前的臺灣》（收論述十六篇），卷六《臺灣文藝與我》（收論述、散文、自序三十九篇）等。另外未收入上述集子中的作品有《濁流詩草》（舊詩）、《萬里遊蹤戀故鄉》（遊記）等（註五三）。

6.許丙丁（一九〇〇—）

許丙丁，字鏡汀，號綠珊盦主人，生於一九〇〇年，臺南市人。自幼喪父，賴母親撫育成人。幼年入私塾讀書，從朱定理、石偉雲兩先生捧手。童年時代流連於當地關帝廟、下太子廟、大天后宮，嗜聽「講古」（說書），舉凡說岳、三國演義、濟公傳、彭公案、施公案、七俠五義……等說部莫不精熟，日後許氏董理民俗掌故，蓋已牖迪於此矣。

一九二三年，許氏年二十四，與吳子宏等創設「桐侶吟社」，雅好吟詠。一九三〇年南社與桐侶吟社社員，創刊《三六九小報》，以維繫斯文，許氏嘗於該報撰小說數篇，如〈小封神〉、〈夢想〉，其〈小封神〉尤為炙膾人口。他以臺南市各大小寺廟崇祀的神佛為角色，應用街談巷議的傳說，以幽默的筆法寫成章回神怪小說。自謂：「直把臺南廟寺，描寫神奇怪事，是遊戲文章，不是欺神罵鬼，有理無理，何必咬文嚼字。」許氏好以暇時圖繪漫畫，〈小封神〉結集成編，書中插圖，即其手筆。香農讚之：

功文墨，喜漫畫，能文而兼情詩，幽默而且風流，善南腔，而擅北調，慣作流行新曲，時為古風鄉歌，興之所至，作優孟以登場，情或不禁，為周郎而顧曲，伊何人？乃許子丙丁君也。

可知許氏為一多彩多姿的文人，工詩、善為小說，雅好古樂，唱南管、演平劇、繪漫畫、塡歌詞，誠屬多才多藝。他除了爲民謠塡詞外，且與流行歌曲作曲家許石、文夏等人合作，如〈青春的輪船〉、〈漂亮你一人〉、〈飄浪之女〉……都是出自他的機杼。日據時期，東瀛流行歌曲頗爲泛濫，爲了挽救頹然不振的臺灣流行歌曲，不少小說作者出其緒餘，爲流行歌曲作詞，如蔡德音、廖漢文、黃得時、趙櫪馬……等皆是，而許丙丁亦其人焉。

光復後，許氏曾籌組「臺南天南平劇社」，擔任社長三十餘年，且在「四郎探母」中飾演楊四郎。許氏畢生熱心公益，造福枌梓，曾任臺南市議會議員，作民喉舌，復任職臺南市文獻委員會，在《臺南文化》刊物撰文，其目如后：〈五十年來南社的社員與詩〉、〈從臺南民間歌謠談起〉、〈鹿耳門藝文集〉、〈臺南教坊記〉、〈瀛洲風月記〉、〈臺南市民間說書藝人〉。扢揚蓬嶠之風騷，保存珂鄉之史料，不餘遺力，所就獨多焉（註五四）。

7.蔡秋桐（一九〇〇—？）

蔡秋桐，筆名愁洞、匡人也、秋洞、蔡落葉、元寮等，雲林縣元長鄉五塊村人。生於一九〇〇年四月十八日。幼時入私塾讀漢文，十六歲方進公學校接受日文教育，後曾以日文發表作品於《子供世界》。因爲入學較晚，所以蔡氏於學習機會頗爲珍惜，極嗜讀書，雅好寫作。二十二歲畢業於公學校，旋任五塊村保正，兼「製糖會社」原料委員，凡此生活體驗，皆成了蔡氏寫作重要之素材。

蔡氏曾自謂：「我當時是保正，兼製糖會社原料委員，與製糖會社有來往，與警察也有聯繫，因此小說內容鮮有激烈的反抗意識，只是眞實的紀錄一些事情而已。作品的主題，大部分是寫自己心理的矛盾，全都是本地所發生的事情，只是名字更換一下而已，其人和事皆是眞實的，並沒有特意的去反抗。」或許因爲如此，蔡秋桐之寫作並未受日人干涉，也未受過牢獄之災，蔡秋桐之作，雖然未特意反抗，只是眞實之紀錄而已，但這些作品於今讀來，卻有深遠的意義，其「反面寫實」的嘲諷意味，比反抗的文字更能讓人接受。

蔡氏重要小說有：〈保正伯〉、〈放屎百姓〉、〈奪錦標〉、〈新興的悲哀〉、〈興兄〉、〈理想鄉〉、〈媒婆〉、〈四兩仔土〉等，其中〈放屎百姓〉下半部於《臺灣新民報》刊行時，爲日本新聞檢查人員腰斬，不准刊登。蔡氏作品多從生活中取材，運用諷刺手法寫成，遠景出版社梓行的《光復前臺灣文學全集》第二冊，述其寫作技巧，略謂：「那嘲諷的戲劇性手法，使人物凸顯，情節緊湊，結構完整，將他的小說推向藝術的高峰……他以最詼諧、最輕鬆的形式，來暗藏最無奈、最嚴肅的主題，而表現得維妙維肖，無跡可尋。」（頁二九一）觀其〈奪錦標〉一篇，表面上歌頌「日本大人」愛民如子，骨子裡攻擊統治者的剝削壓榨。〈新興的悲哀〉亦是表面讚頌日倭德政，暗地裡咒罵「日本大人」的喪盡天良，收刮紅包，大飽私囊。〈理想鄉〉表面上表揚老狗母仔中村大人，實則諷刺其勞師動衆以致雞犬不寧。蔡氏時以「反話正說」之藝術手法，加強作品之嘲諷力量，其效甚著。蔡氏運用語言，獨具特色，善以豐富之方言語彙，描繪臺灣之民情風俗，親切有趣。而其驅詞遣字，摹情狀物，尤爲其小說倍增動人之藝術魅力。然而蔡氏小說仍不免有若干缺陷，文鷗曾如此評價：

最近時見蔡秋桐、謝萬安兩先生的諷刺小說，殊覺痛快，其銳利筆法，很表露了作者的譏刺，很好，不過可惜其筆法稍性急，描寫不夠，而沒有沈著，這由小說的生命說來，可謂最大的缺點（註五六）。

徐玉書亦批評〈王爺豬〉一文說：「這篇也是寫臺灣白話的作品。……我想皆用中國白話描寫為好。」（註五七）徐氏一向主張以中國白話創作小說，故有是言，雖然如此，亦足觀蔡氏作品乃是以臺灣白話文為主，其作品有時過度使用方言，致成閱讀障礙，凡此皆不可為蔡氏諱也。

一九三七年，臺灣總督府廢止報紙雜誌中文欄後，蔡氏即停止小說創作，改撰漢詩，加入漢詩詩社「褒忠吟社」，光復後，參加「元長詩學研究社」。臺灣新文學發展初期的作家，其創作過程往往始於漢詩，終於漢詩，其漢學根柢皆極深厚，重以思想前進，故能融新舊文學於一爐而冶之。蔡氏復曾創辦「曉鐘」雜誌，雖僅發行三期即告停刊，然北港一地文藝作家之聚會、聯絡則由是而寖成。

8.楊顯達（一九〇〇—一九三六）

楊顯達，字敬亭，筆名楊華、楊花、楊器人，綽號耽腳顯仔或曰其本名為楊建（註五八）。一九〇〇年八月九日生，臺灣臺北人，十七歲移居屏東，後又遷回臺北，一九二五年四月一度設籍蔣渭水家，後又遷往屏東長住，直至一九三六年五月逝世（註五九）。楊氏家境窮困，體弱多病，嘗任教私塾，但時嬰疾病，因而生活困苦。楊氏才華橫溢，雅擅新舊詩，亦頗撰寫小說，畢生以中文創作，時秉椽筆控訴異族統治，曾參與臺灣文藝聯盟。

一九二六年新竹青年會藉《臺灣民報》向全臺廣徵白話詩作，楊氏以「器人」為筆名，撰〈小詩〉、

〈燈光〉二篇應選，分別榮獲第二、第七名，於是秉筆撰篇，馳騁文苑。次年二月五日楊氏以治安維持法違犯被疑事件，身陷縲絏，囚於臺南刑務所，獄中撰寫〈黑潮集〉白話詩歌五十三首。後來因時局困迫，貧病洊浸，懸樑自盡，時維一九三六年五月廿八日。〈黑潮集〉曾刊載於《臺灣新文學》二卷二、三號上，「付白」：

薄命的楊華君，總算已經盡了生的使命了。當渠死後，有同志到他家裡去，搜出這一集未經發表的書，讀得自序，曉得是在獄中寫成的。那時候當然有另一種心境，所以集中有幾節在小生看來，於表現上很覺銳利，怕把紙面戳破。故特抽起，這一點敢希諸同好者寬誼。對於永不會有異議的楊華君，只有俯伏默禱，愿勿加以呵責。

林載爵認爲：

五十餘節小詩雖然未經潤色，稍嫌散漫，但本其對環境的親身感受，卻一貫地環繞著歷史性的主題——個人與時勢的關係；黑潮是存在臺灣周圍的海流，故日本船隻漂流而來臺灣者，自古有之，詩集以《黑潮》爲名，多少總含有四方時勢，運通夾迫的意思，也或許身繫囹圄，對強制性的勢力有特別的感觸吧（註六〇）。

楊氏以「黑潮」命篇，用意固如林氏所論，或者亦欲以「黑潮」潛寓日本帝國主義加諸臺民之荼毒，適如黑潮波濤洶湧吧！

黑潮集中不乏詩趣雋永之詩，如：「本來是個無力的小蒼蠅，他專會摩拳擦掌。」說小蒼蠅有知其不可而爲之精神，或潛寓諷譏蒼蠅之虛張聲勢，以暗示順民不敢反日之無能。一九三二年至三四年，楊氏復撰小詩一百七十六首，心絃集五十二首，晨光集五十九首，皆此時之作品。楊氏小詩深受冰心影響，尤以詩中語氣及比喻手法，往往步趨冰心。晨光集有一詩，其末句寫道：「它送來它送來冷清清的愁思——我無處安排」，表現愁思哀而不傷，淡而有味，若夫音節之美，尤其餘事。楊氏僬篇復有：

落花飛到美人髮上，

停一刻又隨著春風去了，

落花、美人、春風同是無意中相遇。

此詩頗饒禪味。好花易落，正如美人易老，春風易逝，此易逝而絕美之人、物，竟於變化無常的宇宙間相邂逅，頓成極美之畫面。雖然，三者終必歸諸虛無，但其逢遇之刹那，則永銘詩人心版，而成爲永恒之美。至於楊氏長詩之佳者，首推〈女工悲曲〉。楊氏是個詩人，若不是因貧病交迫而輕生，那麼傾其才華創撰小說，應可成爲優秀的小說家。他早年馳騁詩壇，歷時八年，至一九三四年年底，才發表小說〈一個勞働者的死〉，不到一個月，又撰寫小說〈薄命〉。〈薄命〉發表後不一載，即爲胡風選入《山靈—朝鮮臺灣短篇集》，這是日據時期臺灣小說首度被介紹至中國大陸者，可徵楊氏說部之才力。當他才開始創作小說，藝術技巧尚未圓熟時，卻因貧病纏身，淹忽物化。其悲劇人生，令人咨嗟。

楊逵主編「臺灣新文學」五月號載啓事一則，略謂：「島上優秀的白話詩人楊華（楊顯達），因過度的詩作和爲生活苦鬥，約於兩個月前病倒在床，曾依靠私塾教師收入爲生，今已斷絕，陷入苦境，企待諸位捐款救援，以助其元氣。病倒於屏東市一七六貧民窟。」（一卷四號）說明了楊氏生前貧病交侵的情形，其作品往往也可見到貧苦影像。

楊氏小說肇始於〈一個勞働者的死〉，及今觀之，亦可說其文讖也。該篇小說記述一個勞働者於殖民統治下，慘遭壓榨，生活貧苦，處境悽慘，不堪摧殘，遂一命嗚呼。〈薄命〉則敘述舊禮教中之媳婦仔—愛娥，無法自主命運所造成的悲劇。細讀楊氏小說，可觀知其生活剪影，悲觀絕望，幾無憧憬。究其原由，乃現實環境之困窘有以致之？或時代悲劇之橫逆有以致之？

9.謝春木（一九〇二—一九六九）

謝春木，筆名追風，赴大陸後易名南光，一九〇二年十一月十八日，生於彰化北斗郡沙山。十六歲考進臺北師範學校，與王白淵、林輝焜同期入學，畢業後負笈日本東京高等師範學校，暑假期間參加文化講演團返臺，從事文化講演。東京高師畢業後返臺擔任《臺灣民報》記者，經常撰文批評時政，是本省早期資產階層民族主義啓蒙運動之中堅人物。

在臺灣新文學史上，謝氏短篇小說〈彼女は何處へ〉及新詩〈詩の眞似する〉，都是目前所知最早的日文創作，分別發表於一九二三年及一九二四年的《臺灣》雜誌上，當時謝氏才年逾弱冠。謝氏不但是新文學創作的拓荒者，也是民族解放運動的奠基者。日據時期許多文學工作者同時是社會運動者，謝氏主要扮演社會政治運動的角色，文學活動乃其餘事，謝氏一生履歷，皆與政治有關，文學生命則頗短暫，但在臺灣新文學運動史上，謝氏則有開宗奠基之功。

一九二一年至一九三一年，謝氏活躍於臺灣文化協會及臺灣民黨、臺灣民衆黨，成爲日本當局眼中反對勢力的核心分子，因而連參加其婚禮者，亦不免遭受警告或革職處分。他曾任臺灣民報記者、編輯，屢撰文章批評時政，如：《臺灣民報》第八十六號寫〈臺灣人的法律生活〉，以譏評的態度對殖民政府頒布的「惡法」，逐一批判，文中有兩段，尤令人深省：

「臺灣人何等頑強呢？治罪既有刑法可據，又有警察處罰令、違警例、新聞紙法、出版法等等，而最新發明新案特許的治安維持法也實施於臺灣，網了又再網，縛了又再縛，臺灣人是銅身鐵骨嗎？」

「唉！臺灣人何等好亂呢？上有法院、檢察局，下有司法警察，別有軍隊及憲兵，臺灣的治安尚且難保嗎？」

另在《臺灣民報》第一百號開闢「平民常識」欄，翻譯「治安警察法」時，譏評道：這是「吾們做一個平民在社會生活應該要知道的常識。」一九三〇年與白成枝共同發行《洪水報》，意欲以新文學改造社會，啓迪民智（註六一）。唯九一八事變後，臺灣總督府對於臺灣政治運動壓制日嚴，謝氏知事已無可爲，乃於一九三一年懷抱著「不爲做官，不爲發財，只要幹些有意義的事之理想」，遠赴中國大陸。一九三三年至三六年在上海；一九三七年至三九年在南京、香港、廈門及廣州等地，從事反日情報工作；一九三九年與王芃生在重慶加入國際問題研究所，後又參與臺灣革命同盟會工作，積極抗日。

深受謝氏影響的王白淵（詩人、藝評家、小說作者）在回憶錄裡曾記述與謝春木之交情：

那年我還是一個天眞爛漫的學生……，我碰到一位半生的盟友，他的名字叫做謝春木，就是後日的謝南光。他的鄉里和我的地方不遠，特別是學堂裡的位置排在隔壁，所以我和他天天一同睡一同吃一同玩。他因爲父親早已逝世的關係，曾受旁邊種種的冷遇，有一次他對我說：「我沒有天眞的童年時代啊！」所以他很早熟。在師範讀二年級的時候，就勤讀哲學等的高級書籍。有一次他拿一本歌德的《浮士德》勤讀著，但是那時候我還不知道《浮士德》是什麼東西……。我和老謝的交情，不單在臺灣；有時在東京；有時在上海。在東京時候，我們常常住在一起，那時候他在東京高等師範唸書，我在東京美專研究美術。後來又在上海一同幹華聯通訊社等的工作，一直到八一三事變發生之前。……八一三事變發生的一個禮拜前，他說要到廣西找李宗仁將軍去，特來和我直辭，就此以後到現在，我竟沒有見過他了（註六二）。

這段文字，說明了謝氏家世背景及早熟的思想，其時謝春木約爲十六、七歲。三、四年之後他寫下了臺灣新文學史上第一篇小說、新詩。他的文學作品一開始即建立在現實基礎之上，反映出他對社會現實的深刻觀察。葉石濤氏《臺灣文學史綱》即謂「是紮根臺灣現實社會的寫實主義小說」（頁三三）。〈彼女は何處へ〉透過表面上三角戀愛的情節，批判了舊禮教下婚姻制度的迂腐，並對這不合潮流的制度，提出改革的意見，希冀自由戀愛、自主婚姻、男女同權時代的來臨。該篇屬新文學初期創作，自不宜苛求其藝術技巧與價值，而當注意其歷史意義，由於謝氏之啓發，促使後來許多政治運動者亦以筆爲文，從事寫作。

至於新詩〈詩の眞似する〉（詩的模仿）則爲臺灣新詩的嘗試之作。王白淵回憶錄裡曾提及其詩集《荊棘之道》出版，序文請謝春木撰寫。王氏並將序文譯成中文，收在回憶錄裡。在這篇序文裡，雖然謝春木說「我不知道詩是什麼」，但〈詩的模仿〉卻是臺灣新詩的濫觴。桓夫（陳千武）〈光復前新詩的特性〉一文，即將此四詩〈讚美番王〉、〈煤炭頌〉、〈戀愛會茁壯〉、〈花開之前〉（詩的模仿分爲四首）稱爲臺灣新詩的原型（註六三）。

一九四六年三月，謝氏以我國代表團成員參加盟國對日管制委員會，飛赴東京；一九四九年八月企圖使中國代表團投共，事敗撤職。一九五〇年至一九五二年在日本經商辦報，一九五二年五月前往中國大陸。曾任中共人民代表大會常務委員，一九六九年七月廿九日死於北京（註六四）。

10.朱石峰（一九〇三—一九四七）

朱石峰，原名朱石頭，後改名爲石峰，筆名點人、描文、文苗。以筆名朱點人蜚聲文壇。臺北艋舺（萬華）人，生於一九〇三年，卒於一九四七年，年四十五。

朱氏自幼家境貧寒，垂髫之年，雙親即棄世，因此生涯艱困，養成他獨立刻苦、堅毅耐勞的個性。他跟日據時代的大多數作家一樣，所受教育並不多。僅公學校畢業而已。不過他天性敏銳多情，又沈迷於文學，故其創作，量多而質佳，中文作家的作品暨乎朱氏才眞正開花結果，朱氏文友廖漢臣說「點人先生因爲戀愛作了很多的詩」「情詩中的悲戀詩，尤悱惻纏綿。」（註六五）詩人、作家的早期創作，往往脫離不了自身的經驗，故自傳色彩濃厚。點人第一篇小說〈一個失戀者的日記〉刊於《伍人報》，即是一篇日記體的私小說，傾訴戀愛苦悶、抨擊舊式婚姻，從其處女作可見他有統合纖細浪漫之感性與社會批判之理性。相同的題材在後來的小說〈無花果〉（註六六）、〈紀念樹〉（註六七）、〈蟬〉（註六八）都流露出其個人的戀愛經驗。他的作品大約可分爲兩個時期：自一九三〇年〈一個失戀者的日記〉開始至一九三四年的〈無花果〉，皆屬前期作品，其作品浪漫多情且具心理分析傾向。從一九三五年的〈蟬〉到一九三六年的〈脫穎〉屬後期作品，其作品頗寓批判諷刺，手法圓熟精鍊，如〈蟬〉藉防空演習，譴責戰爭之不義；〈秋信〉抨擊日本帝國主義對殖民地臺灣的經營，義正辭嚴；〈長壽會〉則揭露了臺灣島民牟利、揮霍的劣根性；〈島都〉描寫工人史明覺醒之餘，遂從事社會運動；〈脫穎〉諷刺島民陳三貴攀緣附勢、數典忘祖。

一九三三年秋，朱氏加入「臺灣文藝協會」，與蔡德音擔任小說戲劇審稿，翌年七月十五日，其機關雜誌《先發部隊》創刊，他在該刊發表短評〈偏於外面的描寫應注意的要點〉，針對當時作品提出批評：

> 臺灣的現代小說以新民報爲中心，其他在各刊物發表的可算不少了。但就成績言，不過量勝於質，沒有什麽收穫；在思想方面，言愛情不出失戀的苦悶，言社會不過弱者的悲哀，總之不能創作些較潑剌的新生活樣式的作品。在技巧方面缺少描寫手段，尤其是缺少內面的描寫。

一篇作品的成功與否，在主題、題材、描寫的三者之中，要看描寫的手段如何了。沒論思想怎樣豐富，題材如何清新，若沒有描寫的手段，結局無異一篇記事的文字，或是一段報告，所以記事的文字，是類於地圖式的文字，要是繪畫的文字，才是文學的作品。

這些論點，以今日觀之，或許略無新義，但在當時不啻是當頭棒喝，灌頂醍醐。由此可窺朱氏創新求變的用心，及對藝術技巧的講究。朱氏之作都是以中文寫成，其語文主張是以北京官話爲準的白話文，因此他的小說與主臺灣話文的賴和、楊守愚等人之作不太相同。一九三七年臺灣總督府全面查禁漢文之後，他即不再創作，直至賴和去世，他才用日文撰寫〈回憶懶雲先生〉的悼念文。這是他的作品中唯一用日文寫的。從這些地方看來，朱氏的民族意識，道德勇氣莫不令人景仰。

一九四一年，經王詩琅推薦，他遠赴廣州，任《廣東迅報》編輯，嗣以編務繁瑣志趣不合，未及一月即束裝返臺。戰後，朱氏受臺共蔡孝乾影響，又不滿於那紛亂的時代，思想逐漸左傾，行爲日益激進，不久捨棄文學而投入政治運動。以此種下禍因，一九四七年被捕，結束悲劇性的一生。

11.張深切（一九〇四—一九六五）

張深切，字南翔，筆名楚女，南投縣埔里人，原籍福建龍溪。生於一九〇四年八月十八日（註六九），五歲時過繼到草屯張玉書家，養父與生父原爲姑表兄弟。張氏曾捧手於洪月樵，後東渡日本，念小學、中學。一九二三年自青山學院中學部輟學返臺，旋赴上海。一九二五年底，考上廣州中山大學法科政治系，一年之後，張氏成爲廣州的臺灣學生運動領袖之一。後返臺策動臺中一中罷課，爲日警逮捕，囚於獄中凡三年。一九三四年臺灣文藝聯盟成立，任常務委員長，出版《臺灣文藝》雜誌十五期，於臺灣新文學頗多貢獻。一九三七年，中日戰爭爆發，張氏隻身赴淪陷區北平，擔任北平國立藝專教授兼訓育主任，並在日人出資的《中國文藝》擔任主編（註七〇），曾以涉嫌違背大東亞共榮圈政策被迫離開國立藝專，並辭去《中國文藝》主編，一九四五年四月，日寇一四二〇部隊將之逮捕，險遭槍決。戰前的作品，有小說〈鴨母〉，劇本〈落陰〉，評論〈評先發部隊〉、〈對臺灣新文學路線的一提案〉及其續篇、〈臺灣文藝的使命〉……等，光復後則有〈我與我思想〉、〈獄中記〉、〈臺灣獨立革命運動史略〉、〈孔子哲學評論〉、〈里程碑〉（又名〈黑色的太陽〉），自傳體小說〈談中國說日本〉、〈縱談日本〉。劇作有〈遍地紅〉（霧社事件劇本）、〈邱罔舍〉、〈生死門〉、〈人間與地獄〉、〈婚變〉〈荔鏡傳〉等。

綜張氏一生可以「多采多姿的自由人」（合觀王詩琅、徐復觀之語）名之（註七一），他是「堅決反抗日本統治階層而主張臺灣民族解放運動的民族主義者」。張氏青年時期，恆處於求學與抗日之臺灣民族運動中，及至中年方致力文學研究，從事撰述。張深切在「臺灣民報」和謝孟章打筆戰「心理描寫不要論」，而完成一篇「示範作品」——〈鴨母〉，這也是他戰前唯一的一篇小說創作。他自謙「技巧和作風，本人還覺得未盡理想，尤其是對本事的敘述及其所聯繫的社會性，抑或人物環境的描寫，都爲了篇幅限制，不能暢所欲言；這點和本人的主張尚有出入。」是以HC生在〈文藝時評〉一文說：「以我的眼光觀察起來，似乎是作者因爲要證實他的『心理描寫不要論』犯了種種的無理，招來的破綻……。」（註七二）同時HC生也臚陳了不少缺失。該文不時流露出作者愛憎分明的主觀情緒，這或許是一個熱切激昂的評論家與政治運動家，深懷愛深責切之情而難以冷靜客觀的遺憾吧！不過葉石濤氏卻認爲：

張深切在日據時代雖只有一篇小說「鴨母」（臺灣文藝一九三四）發表，但他作爲小說家的卓越技巧和深厚的文學素養，都可以從這篇小說看得出來。「鴨母」把臺灣的土豪劣紳如何勾結日本人來欺壓無辜養鴨人家的情形，以散文詩般的體裁，節奏明快地透露出來。他把地方上作威作福的土豪的生活情形及其奸詐的嘴臉，描寫得栩栩如生，令人清楚地看到封建勢力與殖民者的勾結，君臨在窮苦臺灣民眾頭上的事實（註七三）。

的確該小說對士紳的仗勢凌人、鄉愿的僞善欺貧、鄉人的愚昧無知、日本人的貪婪背信，皆如實寫出。〈鴨母〉後又收錄於一九六一年八月中央書局出版的《遍地紅》內；對照兩文，可知張深切在戰後復改寫「鴨母」，以致兩種「版本」，「結局」互異。一九六五年十一月八日張氏結束多采多姿的一生，留給後人無限懷思（註七四）。

12.郭秋生（一九〇四—一九八〇）

郭秋生，筆名秋生、芥舟、TP生、KS、街頭寫眞師等，生於一九〇四年二月十八日，臺北縣新莊鎮人。少年時代曾赴廈門，就讀集美中學，因而擅以中文寫作。返臺之後，凜於時局，遂精研中、日語文。

郭氏以弱冠之少年即出任江山樓經理。江山樓素為文人墨客薈萃之所，郭氏與之往還酬應，其學益進，其日文之能力、文學之造詣，皆以工作餘暇為之。在吵雜的酒樓，尚能寫出作品，遂為世人所矚目，慕名造訪，與郭氏結交。其後《先發部隊》、《第一線》雜誌社，且以江山樓為社址，郭氏出力出錢，其功甚多。

郭氏於一九三三年與廖漢臣籌組「臺灣文藝協會」，次年即創刊中文藝雜誌《先發部隊》，並以「臺灣新文學的出路的探究」為題，探討臺灣新文學。從創刊號可看出郭氏對臺灣文學出路之看法，他說臺灣當時的文學只是一種破壞性的文學。他表示：作家必須開始創作一種新的生活方式、將人民由他們以前所描述的憂鬱、消沈、沮喪的境況解放出來（註七五）。易言之，他主張一種富有建設精神的文學，其見解頗與楊逵相契合。他說：

我們已不願再看查某嫺的悲憤而自殺，我們要看的是查某嫺能夠怎樣脫得強有力的魔手與獲得潑辣的生存權（註七六）！

郭氏除了參與雜誌的編輯外，他亦是《南音》雜誌社同仁，並且投身「臺灣話文」論戰。一九三〇年，左派社會運動成員黃石輝在《伍人報》上，批評以中國白話文創作的臺灣新文學是僅屬知識階層的「貴族式」文學，在「文藝大衆化」方面遠不如舊小說，並提倡用臺灣大衆的語言創作蘊含臺灣事物的鄉土文學，以便實現「文藝大衆化」。郭氏贊同黃石輝主張，於一九三一年發表〈建設臺灣白話文一提案〉（註七七），樹林黃純青接著發表〈臺灣話改造論〉（註七八），響應黃郭二氏的提倡。郭氏遂進一步與黃純青在《臺灣新民報》討論建設臺灣話文的具體內容（註七九）。郭氏認為造新字是免不了的，康熙字典會有那麼多字，當然是不斷有新字應語言變遷之須而出現，有以致之。後來《南音》創刊，郭氏開闢三個專欄：臺灣話文討論欄、臺灣話文嘗試欄、臺灣話新字欄。郭氏在此進行民謠民俗、民間故事之發掘、整理，蔚成研究臺灣民間文學之先河。

此外，郭氏嘗於《臺灣新民報》闢「社會寫眞」專欄；復於臺灣新文學闢「街頭寫眞」專欄。此二專欄頗類今之報導文學，頗能傳達社會之眞象。郭氏主要作品有〈一個被收容過的火雞的告白〉、〈誘惑〉、〈深夜的怪劇〉、〈一幕有趣的場面〉、〈一個養雞人的妙計〉……等等。小說作品則有〈死麼？〉、〈跳加冠〉、〈貓兒〉、〈鬼〉、〈王都鄉〉、〈熱鬧中珍風景〉等。〈死麼？〉描寫一個一再被轉賣的弱女子悲慘的命運。該篇與〈鬼〉一作同是郭氏在提倡臺灣話文之前所寫，是白話文之作。〈鬼〉取材於農村之民間信仰。在A城，李四與阿六一起趕回家，李四在他家附近昏倒，不治死亡。死亡原因不明，A城市民懷疑「鬼」在作祟，而大起騷動。於是，請示祖師公，透過童乩嘴，降下神諭，發現三年前在水溝中找到的骷髏草率埋在S荒埔的事實。於是拜S荒埔的這坐墳墓必有靈驗之事傳遍鄰村，演成全村為獲利益，互奪墓地之大戰。東警察署不能坐視終於發出禁令敉平紛爭。〈跳加冠〉發表時間與〈建設臺灣白話文一提案〉一文相同，〈貓兒〉、〈王都鄉〉二作亦都是郭氏提倡臺灣話文之後的作品，唯這三篇作品臺灣話文之痕跡並不明顯，與郭氏雜文〈糞屑船〉和其餘童話大異其趣，雜文中的作品多創新字、便用臺灣語法造句，小說作品則大抵接近中國白話文，此中緣由，頗堪翫味。

光復後，郭氏即輟筆，從事茶業輸出生意，並任里長，以及臺北市大同區調解委員會主席十餘年，一九八〇年三月十九日逝世，享年七十七歲（註八〇）。

13.楊松茂（一九〇五—一九五九）

楊松茂，筆名守愚、村老、洋、翔、丫生、靜香軒主人、瘦鶴等。毓文曾說：「在研究文藝的諸同好者中，恐怕守愚先生的雅號，要算第一多了。」（註八一）臺灣省彰化市人，生於一九〇五年三月九日，卒於一九五九年四月八日，年五十五。

楊氏之父為前清秀才，漢學根柢深厚，楊氏幼承庭訓，復經名師郭克明指導，是以雖僅具國小學歷，而國學根基厚實，深諳舊詩，雅好文學。與賴和、陳滿盈、楊樹德、吳蘅秋等，同組「應社」，時常吟詩作對，著有《靜香軒詩存》。楊氏與賴和相交至深，常至賴和家借閱寄自大陸之書籍、雜誌，學習白話文。賴和擔任臺灣新民報學藝欄編輯時，由於醫務繁忙，乃「挽出」楊氏幫忙（註八二），楊氏為「臺灣新文學之父」分勞之際，時有短篇小說與新詩問世，可謂日據時期臺灣作家中文作品為數最多者。毓文說「他的活動似乎最為活潑，而他所發表的作品，也占第一多。」（註八三）其作品有舊詩新詩、小說各文類，尤以小說成就最高。其小說作品，目前得寓目者有四十一篇短篇小說，取材範圍相當廣泛，或刻畫日本警察的殘暴掠奪，或描寫地主欺壓佃農，或反映製糖會社剝削農民，或陳述失業者的無奈悲苦，或訴說封建社會下女性的悲哀……，莫不忠實刻畫日據時期臺灣同胞的淒楚、掙扎和反抗壓迫的實情。楊氏重要小說如：〈十字街頭〉、〈一群失業的人〉、〈移溪〉、〈凶年不免於死亡〉、〈誰害了她〉、〈斷水之後〉等。楊氏時以臺灣話文撰文，俚語俗話奔赴筆端，小說語言，由是豐贍。

毓文描述他「好像受過好久的風霜的吹曝，早生了幾痕的皺紋了，又他上顎部的一道八字鬚，早已蓄得很長很長的了。」（註八四）賴顯穎則說他「相當活潑，口才也很好，思想相當的開放。」因此楊氏能接受新文學，能用白話文寫小說、寫歌詞。楊氏曾參加「彰化新劇社」、「臺灣文藝聯盟」，在日據時期曾開班授徒，但由於日本軍閥提倡皇民化運動，其漢文書塾常遭日本警察取締，毓文說「子日店倒閉以後的他的生活的窮因，恐怕有出於我們的想像以上。」（註八五）楊氏曾深刻體驗過貧窮的滋味，故其小說作品，雅擅經營貧窮氣氛，令人刻骨銘心。

戰後，楊氏中學教師檢定合格，於彰化工業職業學校任國文教師，此後很少提筆寫作，一九四九年去世，享年僅五十五。他個人在臺灣新文學史上的活動情形，在臺北文物三卷二期〈赧顏閒話十年前〉有所自白，可參閱。

14.楊雲萍（一九〇六—）

楊雲萍，本名友濂，筆名雲萍、雲萍生。民國前六年（公元一九〇六年）十月十七日生，臺灣士林人。祖父楊爾康，是士林的名儒，父楊敦謨，曾懸壺於苗栗後壠（後龍）。楊氏幼年時候，跟隨祖父母居住士林，趨庭之教，泰半由祖父啓蒙教導。三、四歲時已能熟誦千家詩，入公學校就讀後，白天學習日語，夜晚研讀漢文，古文舊詩都牖迪於其祖父。

楊氏十二歲時在大稻埕購得《隨園詩選》，內心雀躍不已，歸呈祖父，希冀能得祖父褒賞，孰料祖父以治學之理訓之：

你讀書，起步要謹愼，基礎要打好。學詩，就要上追唐宋，尤其杜甫、李白等古人的詩。基礎打好之後，才讀近人的詩，不只讀詩要精研古典的，讀其他的書也應該如此（註八六）。

楊氏中學時期，有回於課堂上私閱節本禮記，導師今新村猜測其必觀小說，驟取其冊，看後跟他說：

你讀書，不能讀節本之類，要讀就讀全本。眞正的好書是不能增加或節縮的（註八七）。

祖父學植厚實之訓，與導師經典畢讀之方，這兩項爲學之南鍼，深深影響、指引楊氏一生。

民國十年，楊氏報考臺北醫學院、臺北州立中學，青錢並選，蕊榜同登，而楊氏尤其屬意州立中學。該校向來排拒臺人子弟，是年臺灣總督府掩飾其學政之偏枯，表示「日臺一視同仁」特對臺人招生。應考結果，士林楊雲萍及彰化謝聲振二位以高分錄取，得入學就讀。

楊氏就讀州立中學時，有次於返家車內，見人閱讀《婦女雜誌》，初見白話，他興奮不已，亟思借閱，但躊躇再三，終未啓齒。在這之前，他亦曾悉觀水滸、紅樓夢等白話小說，但祖國大陸所刊行的雜誌，則不曾看過。不久，結織江夢筆，江氏父親在臺灣、大陸間經商，時購《小說月報》、《東方雜誌》、《星期六》等雜誌，楊氏遂有機會可以借讀。楊氏讀書，周覽專精，並撰札記。其時臺灣民報適公開徵稿，於是他董理札記，撰爲詩文，投寄該報，獲主事者青睞，因此披載報端，當時楊氏年紀不過十八歲。

民國十四年三月，楊氏和江夢筆（器人）創辦《人人》雜誌，這是目前所知，臺灣第一本白話文的文學雜誌。雖然《人人》的篇幅僅十數頁，但如張我軍之新詩〈亂都之戀〉，即錄七章刊行之，其開拓之功，於斯可見。

民國十五年，楊氏畢業州立中學，留學於日本，就讀日本大學文學部、日本文化學院大學部文科，跟隨菊池寬、川端康成諸大師學習。旅日期間，他曾撰寫短篇小說，如：〈到異鄉〉、〈弟兄〉、〈黃昏的蔗園〉、〈加里飯〉、〈秋菊的半生〉、〈青年〉，後來刊載於臺灣民報，論者每以「搖籃期的臺灣新文學創作」名之。張恒豪氏評他的小說創作：

……甚精緻含蓄，尺寸之幅，卻有深邃之觀，……包藏著極強烈的批判張力，具有凝鍊的美感和蘊藉的深意（註八八）。

二次大戰末期，楊氏撰寫長篇小說〈春雷譜〉，載諸《臺灣新民報》，惜未竟全篇；又於《新建設》連載〈部落日記〉，以日記體小說，批評時局。臺灣光復後，即不再創作小說，專心致力學術研究。式觀臺灣新文學史，其卓有可觀的作品，蓋始於楊氏〈光臨〉、賴和〈鬥鬧熱〉這二篇小說。楊、賴之作，同時刊載《臺灣新民報》八十六號。〈光臨〉諷諂諛之保正，並譏嘲其奴性；撻伐日警之跋扈，兼暴露其淫威。賴和日後之創作，受〈光臨〉之濡染不少。丘秀芷專訪楊氏之文〈新紙十斤墨一斗〉說：

賴和曾對楊雲萍說：他之所以體會文學的意義和力量，就是因爲讀到「光臨」這篇作品（註八九）。

楊氏尚有小說〈黃昏的蔗園〉、〈秋菊的半生〉等。前者述蔗農見凌於會社，彰顯製糖會社之不義；後者對弱女子無依之蹇運，覶縷記之。這時楊氏年齡，才二十初頭，而心思目光敏銳，竟能洞照二○年代臺島的三大問題：警察（〈光臨〉）、婦女（〈秋菊的半生〉）、製糖會社（〈黃昏的蔗園〉），這些題材對日後臺灣文學創作之旨趣，影響深遠。

二次大戰末期，楊氏以日文詩集付之剞劂，書名《山河》，印行四百部（註九○），此書使楊氏躋身詩壇。不過其膾炙人口之作，則仍多屬白話小說。光復後，楊氏出任臺灣長官公署參議，兼臺灣省編館研究組主任。嗣應聘爲臺灣省通志館，臺灣省文獻會、臺北市文獻委員會。國立臺灣大學復延楊氏任歷史學系教授。楊氏講學上庠，於南明史、臺灣史之研究，尤所擅場，課餘之暇，嗜蒐歷史文物，民國六十六年退休。

楊氏平生著述維勤，所撰諸書，幾於等身，劉德漢〈楊友濂（雲萍）著作目錄〉（書目季刊第十一卷第四期）、湯熙勇採訪〈南明史、臺灣史研究的泰斗—楊雲萍教授訪問記〉（刊史聯雜誌第六期），蒐訪其目，可謂詳備矣。

15. 楊　逵（一九○六—一九八五）

楊逵，本名楊貴，一九○五年生於臺南新化。十歲入學大目降（新化）公學校，深受日本老師沼川雄定影響，文學視野因而增廣。畢業後，投考「醫學校」落榜，受雇於新化糖業試驗場，一年後，行年十七歲，考上州立臺南二中，此其間除廣泛吸收新知之外，更迷上小說（註九一），對托爾斯泰的《戰爭與和平》、《安娜卡列麗》，以及雨果的《悲慘世界》等名著讀之甚勤，蓋已為日後之創作奠基。一九二四年東渡日本（註九二），翌年考取日本大學專門部夜間部攻讀文學藝術，兩年後返臺，參加社會運動，時農民運動尤為熾烈，楊逵毅然從事農民組合的工作，負責政治、組織、育教等業務。

一九二九年楊氏（二十四歲）於彰化結識賴和，相談甚契，漸悟文學運動，乃促使社會進步之坦途。一九三二年賴和刊其處女作〈送報伕〉於臺灣新民報，並建議楊氏以「楊逵」筆名發表，從此「楊逵」一名遂為楊氏所尤喜（註九三）。楊逵、賴和以身作則，開創近代臺灣「文人相重」之傳統，其義可謂深遠。賴和以漢文寫作，楊逵假日文創作；賴和富有人道主義精神、喜為弱者抱不平，楊逵則於憐憫關懷低下階層小民之際不免階級鬥爭之思，但這些絲毫不影響他們成為親密的戰友，他們二人也為三〇年代之臺灣文學，創建寫實主義之抗議文學傳統。

一九三五年楊逵參加「臺灣文藝聯盟」，並任機關雜誌《臺灣文藝》編輯，後與張星建意見不合，思想不侔，遂與夫人葉陶，聯合賴和、楊守愚、吳新榮、賴明弘、賴慶諸人在一九三六年創辦《臺灣新文學》，提攜不少優秀臺灣作家，如吳濁流處女作〈水月〉即在該誌發表。楊逵以傾全力抗日，而前後被日警逮捕入獄，達十次之多，遂有「壓不扁的玫瑰」之稱。臺灣甫光復，他創辦《一陽周報》，主編《力行報》的新文藝、臺灣新文學叢刊等，活躍於光復初期的臺灣文壇，一九五〇年由於「和平宣言」一事，因案入獄，一九六一年出獄，任楊肇嘉秘書，翌年於臺中東海大學對面購得荒地，經營東海花園，以耕讀隱逸自適，一九八五年三月十二日去世。

楊逵作品以小說爲主，有：〈送報伕〉、〈難產〉、〈水牛〉、〈田園小景〉（後改名爲模範村）、〈頑童伐鬼記〉、〈無醫村〉、〈鵝媽媽出嫁〉、〈泥娃娃〉、〈萌芽〉、〈紳士連中〉、〈增產的背後－老丑角的故事〉等。劇作有：〈父與子〉、〈豬哥仔伯〉、〈剿天狗〉。另有散文、評論若干篇。結集出版者有：《鵝媽媽出嫁》（大行、香草山）、《羊頭集》（輝煌）、《新聞配達伕》（臺北臺灣評論社，中日文對照本）等著作，楊氏之文學活動從新文學運動的成熟期、戰爭期直到一九八〇年代相續不斷。

楊逵生逢亂世，日據時期屢遭日吏迫害，四十以後，復遭到政治誤解，一生坎坷，與近代臺灣人民追求平等自由之奮鬥史相終始。一九七四年十月二十五日，楊氏於〈日據時代的臺灣文學與抗日運動〉座談會中，曾自道其獻身文學之動機：

> 我決心走上文學道路，就是想以小說的形式來糾正被編造的「歷史」，至於描寫臺灣人民的辛酸血淚生活，而對殖民殘酷統治型態抗議，自然就成爲我所最關心的主題。

楊逵雖出身中產階層，在他寫小說以前，即以實際行動參加農民運動，因而更能體會「工業日本，農業臺灣」政策下之農民饔飧不繼、命途多舛，而將此慘狀寫入小說豐其內涵。楊氏小說可分爲二階段，而以一九三七年爲界限。自一九三七年以後，臺灣總督府對臺灣採取更嚴格的高壓統治。面對這樣的政治形態，臺灣的文學家不論在題材上，還是在表現形式上都有所改變，楊逵小說大抵也是如此。

楊逵首篇處女作〈送報伕〉在一九三二年五月，經賴和之手，刊載於《臺灣新民報》，但後半部因揭發日籍人士強佔農民土地而遭禁。楊逵後來拿這篇日文小說參選日本《文學評論》的第一屆文學作品募集，獲第二獎（首獎缺）。這是臺灣作家日文小說，首度選刊於日本文學雜誌。既而續有臺灣日文作家之小說應徵入選日本著名文學雜誌；依次爲一九三五年的呂赫若的〈牛車〉（《文學評論》一月號），同一年張文環的〈父親的臉〉（《中央公論》一月號），以及龍瑛宗的〈植有木瓜樹的小鎭〉（一九三八年《改造》四月號）。該作旋譯成中文，並收入於《朝鮮臺灣小說選》、《世界弱小民族小說選》及各類雜誌中，廣受大陸讀者歡迎。在此篇小說中，我們可觀少年之楊逵，他藉著描寫一位出身農民階級的臺灣留日學生，在被壓迫剝削的過程中，產生積極反抗意識，來揭露日本財閥是如何蠶食臺灣農民賴以爲生的最後據點—土地。同時楊逵指出了臺灣的歷史方向，即是要對抗外族的殖民政權，絕不可依賴他人，必須依靠自己才能產生力量。日本評論家德永直評〈送報伕〉謂：

> 在這小說裡可以聞到美國資本主義征服印地安人當時那種血腥的味道。

楊逵藉此作品，爲臺人之喉舌，表達了強烈之控訴。葉石濤說：

> 無論從其文字技巧和內容而言都達到日本文壇的水準，同時也是所有反帝反封建爲主題的臺灣小說的集大成。楊逵的這篇小說最大的貢獻，在於他把臺灣新文學作品的反帝反封建的主要思想，以巨視性的觀點跟全世界被壓迫的農工階級的解放運動連結起來，使得臺灣新文學運動，

成為世界性被壓迫的所有農工和弱小民族的抗議運動一環。這篇小說也附帶地闡明了臺灣新文學運動，不但是臺灣資產階級文化啓蒙運動的一部份，同時它也是臺灣無產階級心聲的眞摯的代言人。臺灣新文學始終與廣大的臺灣民眾打成一片，這篇小說是最好的證據（註九四）。

楊逵另篇創作〈模範村〉（註九五），表面上，駐在當地的日警似乎熱心於改善村中的生活環境，諸如修築道路，保持村容整潔等，事實上他們只是為了向上級邀功，完全置村民生活於不顧。官員與地主的勾結與剝削，才是這篇小說所要揭露的。

〈頑童伐鬼記〉一篇，其佈局相當好，故事很簡單，一羣小孩找不到遊樂場所，只好在垃圾堆附近玩耍，因此常有小孩為碎玻璃，或鐵釘所傷。他們最喜歡的地方是「老闆」的花園，但那花園卻牆高，狗惡。小孩非常害怕，把指揮惡狗的人叫做「鬼」，一見鬼影就驚慌奔逃。楊逵極善於巧構情節。他讓剛畢業的畫家井上健作來此地區，讓他看到哥哥的小孩在垃圾堆中玩耍而受傷，讓他帶領小孩去尋找理想的遊樂場所。他找到老闆的花園，認為是個好地方，但小孩卻看到「鬼」而奔逃散去。他問明原委不由深思，思考起自己為何要作畫，最後他「興致勃勃地勾畫起來」。

〈送報伕〉、〈模範村〉、〈頑童伐鬼記〉可以說是楊逵個人帶有社會主義色彩的政治活動告一段落以後，透過文學所表現出來的思想。楊逵第二階段的作品從內容上來講，由於逐漸脫離左翼的政治陰影，因此，這一時期的作品在階級觀點上就沒有〈送報伕〉等來得尖銳。同時，由於日本文藝檢查制度日益嚴苛，在表達政治思想上也不能露骨如前。於是秉筆為文乃日趨含蓄（註九五），楊逵嘗謂：

為了避開嚴重的檢閱起見，曾經費了一番慘澹苦心。

此一番慘澹苦心與楊逵歸農後之田園生活前後相應。楊氏於表面歸農生活之描寫中，亦寄託其政治憤慨。這方面的代表就是〈鵝媽媽出嫁〉（註九七）。本篇小說以低沈的筆觸，描寫一個醫院的日本院長，如何為了一隻鵝而刁難壓榨花農，同時穿插了一個醉心研究「共榮經濟」的林文欽家破人亡的情節，無異揭穿了「大東亞共榮圈」的謊言。

跟〈鵝媽媽出嫁〉一樣，能掌握住時代的大問題，並以洗鍊的藝術表現出來的，是〈泥娃娃〉這一篇小說。楊逵自己說：

泥娃娃的主題是武力不可仗恃。另一方面在指責日本軍部不該在幼兒稚嫩的心靈裡，灌輸好戰的思想。和他們所主張的「東亞共存共榮」完全背道而馳。兒童製作的戰車、大炮、軍艦、飛機，像模像樣，非常威風，但是，經過一夜的大雨，就化作一灘爛泥了（註九八）。

楊逵作品如以一個作家言，其實並不多，而且也並非篇篇皆上乘之作，但無可懷疑的他具有優秀小說家的特質是絕對可以肯定的。

一般而言，吳濁流、龍瑛宗筆下的知識分子泰半徬徨、蒼白，楊逵筆下的知識分子則大異其趣，他們大都是堅決、剛毅、具有理想，此與楊氏之文學觀不無關係，他在〈臺灣文壇的近情〉一文裡說：

文學需要為人民說話，而不是去細細地描寫生活的黑暗面；文學要為人提供光明與希望（註九九）。

因而他對個人行動能力肯定，深信個人能夠有所作爲，這樣的理念也使其小說對臺灣未來遠景懷有烏托邦之理想憧憬，同時小說中亦不時隱藏著弱小民族堅強的戰鬥意志（註一〇〇）。

16.徐坤泉（一九〇七―一九五四）

徐坤泉，筆名阿Q之弟（註一〇一），一九〇七年生，澎湖人。早年負笈上海聖約翰大學，居滬四年，白話流利。日據時期所撰社會愛情小說頗受時人喜愛。

徐氏自大學畢業後，浪跡海外，日本、南洋都有他的足跡。最初擔任臺灣新民報社通信記者，撰寫報導文學，後調回臺北總社。在該報學藝欄連續發表長篇小說〈暗礁〉、〈可愛的仇人〉、〈靈肉之道〉等作，描寫兒女之間，纏綿悱惻、愛恨交織的故事。這些小說，都以白話文寫成，間雜閩南方言，通俗易解，「一時家傳戶誦，雖人力車伕，旅社女傭，也喜讀這些作品。」（註一〇二）

〈暗礁〉敘述一苦學向上的青年王志中命運坎坷，輟學、失戀的經過。主角王志中立志苦學，盼望衣錦榮歸，博得女友垂青，但難奈東京之寒冬，病倒異鄉，無法工作，阮囊將罄，又舉目無親，告貸無門，不得已輟學，束裝返鄉。孰料女友在家長的安排下絕他而去，嫁給金龜婿。在〈可愛的仇人〉中復敘述王志中女友的夫婿，生活不檢，自甘墮落。照史曾謂：「四十年前徐坤泉先生曾經寫作兩部轟動一時的小說—『暗礁』、『可愛的仇人』，其主人公名王志中，影射王天賞，其實就是取材王先生的坎坷遭遇，可見他在青少年時代，對求學、戀愛都嚐盡了失敗的痛苦。」（註一〇三）不過徐氏在

〈可愛的仇人〉中將王氏女友的夫婿描寫成生活不檢的青年，與事實不符。蓋其女友夫婿因爲人謹慎，循塗守轍，且任訓導一職（師範學校畢業任國校老師）。畢竟小說與事實勢難一致。

時人對徐氏小說之評價不一，巫永福說時人對「阿Q之弟長篇作品〈靈肉之道〉，深表注目。」（註一〇四），葉石濤說：

> 在日據時代用國文寫作的作家中，我們仍要提起徐坤泉。他是臺灣的張恨水，他的作品大半是通俗小說，但其鄉土色彩的濃郁卻是特色（註一〇五）。

林芳年亦說：

> 當新文學運動尚未全面展開之前，臺灣新民報即刊出徐坤泉的「可愛的仇人」與「靈肉之道」兩長篇小說，導引臺灣青年對新文學運動的熱愛，於是有志於文學活動的青年們紛紛以白話文創作小說及新體詩暨散文（註一〇六）。

巫、葉、林諸氏尚能肯定其作品，黃得時、王莫愁（王育德）、頑兒等則持論較苛，以爲大衆小說價值不高。王莫愁說：

> 在那以前，如果硬說有文學，那便是老人的書——風花雪月的小說以及吟詠的五言絕句漢詩。勉強說起來也許阿Q之弟（徐坤泉）的〈可愛的仇人〉是較好的作品吧？這作品屬於大眾小說一類，藝術價值並不大（註一〇七）。

頑兒則說：

〈可愛的仇人〉完結了。據說風評很好。可是講古呢？小說呢？難分！多望作者自重（註一〇八）。

徐氏小說頗類瓊瑤諸作，可廁大衆通俗小說之林。就小說情節觀之，和當時新文學運動盛行之際的作品確有不同，但其讀者人數則不知凡幾。小說描述王志中婚後，某天回家看到嬌妻放在桌上的詩箋，寫道：「寄語癡郎莫更癡，茫茫大陸有誰支；河山家國銅駝淚，豈是紅窗情話時」鼓勵夫婿負笈內渡，繼續求學。王志中頗受感動，次韻和之：「蒙卿軟語慰情癡，斬斷情根強自支；壯志遨遊我去也，天涯紅粉別離時」徐氏小說頗多言情說愛之情節，遂廣爲青年男女所喜愛。研究日據時期之臺灣小說，對深具影響力的徐坤泉及其作品不能不知。

一剛（王詩琅）說：「徐氏在日據時期除發表了這些作品外，並且擔任過日刊報紙『臺灣新民報』學藝欄（即副刊）的編輯，因此他和臺灣新文學運動接觸最多，且這方面的朋友也最多，可見他本人始終和運動沒有發生過關係，這也算是臺灣文學界的一件怪事。」（註一〇九）光復後，曾於《豐年》雜誌發表〈牛〉，《學友》雜誌發表〈鐵匠的夢〉等作，惜天不假年，一九五四年七月十一日以肝癌病逝，年僅四十八歲。一剛說他「體軀短悍，爲人豪爽，善飲，據說他的病也是起因於此云。」（註一一〇）

〈暗礁〉是徐氏第一部社會愛情長篇小說，一九三七年四月二十日由臺灣新民報社出單行本，全一冊，一百三十六頁，卅二開，光復後，高雄慶芳書局重印，其書散見坊間。〈可愛的仇人〉，一九三六年臺灣新民報印行初版，一九三九年復再版，卅二開，厚長達二百二十四頁。一九三八年八月，張文環且將之譯爲日文，由臺灣大成電影公司梓行於世。光復後，嘉義玉珍書店、高雄慶芳書局皆曾重印。〈靈肉之道〉，一九三七年六月臺灣新民報發行，亦卅二開，三百三十二頁，爲徐氏第三部社會愛情小說，光復後慶芳書局重付剞劂，在日據時期能一口氣出版三部長篇小說，亦頗難能，足覘其讀者之衆，影響之深，此現象徐氏亦頗自知，他在爲風月報執筆撰寫〈新孟母〉時說：「回憶爲民報執筆〈可愛的仇人〉，〈靈肉之道〉的時代，受諸位十分愛顧，感激難忘」。關於徐氏所有作品（含隨筆、詩、小品文、小說等），可參今人張良澤氏〈徐坤泉（阿Q之弟）作品目錄〉一文，文刊臺灣學術研究會誌第二期，臺灣學術研究會發行（註二一一）。

17.郭水潭（一九〇七～）

郭水潭，筆名郭千尺，臺南縣佳里鎭人，生於一九〇七年，爲日據時代「鹽分地帶」文學領導人之一。

郭氏畢業於當時高等科學校，自謂：「愛好文學，二十四歲就開始以用日文寫短歌或新詩。我的文學素養是攻讀日文所得來的。日據時代，在日政殖民體制下，自然學習日文，而以日文創作。對於中文的學養非常的淺薄，雖然愛好文學，都沒有中文的作品」（註二一二）郭氏於一九三〇年加入日本「新珠短歌社」，其作品曾被選入《皇紀二五九四歌集》，二十四歲時以日文寫短歌，蓋指此事而言。後來他感到「和歌」只是僞造之文學，遂擱和歌而不作，改寫新詩。一九三一年，郭氏加入「南溟藝園」，時有詩作發表。後又與徐清吉並甫自日本返鄉之吳新榮，籌組「佳里青風會」。旨在「提高青年之風氣，定每週集會一次，以鼓勵讀書並交換知識。」未幾，該組織橫遭鯨吏干涉，強令解散。然該組織成員反而更爲團結，於是郭水潭、吳新榮、徐清吉、王登山、陳培初……等十五人爲主之「鹽分地帶」文學遂告成立。

一九三三年，郭氏於《臺灣新民報》發表〈斷片的私見〉一文，總結一九三二年臺灣文壇創作成果，並謂殖民地文學作家，必須表達堅強意志，更舉楊逵〈送報伕〉詳爲析評。次年，郭氏加入由張深切、賴明弘等人發起的「臺灣文藝聯盟」，並擔任南部地區執行委員，同時在機關雜誌《臺灣文藝》發表作品爲數不少。一九三五年六月「臺灣文藝聯盟佳里支部」由郭氏與吳新榮奔走成立，此後會員多相互砥礪，潛心寫作，對文化運動貢獻心力，並出版《佳里支部作品集》。同年十二月，楊逵離開臺灣文藝，另辦《臺灣新文學》雜誌，郭氏亦加入，擔任新詩編輯委員。一九三七年十二月二十二日，郁達夫由日本訪臺，自臺北經臺中、嘉義；二十九日達臺南，郭水潭偕吳新榮、徐清吉等人往訪，並撰〈憶郁達夫訪臺〉一文，以誌其事。一九三九年，郭氏加入日人西川滿主編之《華麗島》詩刊（僅刊一期，後改爲《文藝臺灣》），華麗島是「臺灣詩人協會」的機關雜誌，頗具文藝水準，郭水潭於創刊號上發表〈世紀之歌〉，在「嚴厲的暴風雨襲來」（詩句，譯文）之前無疑這是一首干犯時諱的反戰詩。

日本軍閥爲倡「皇民化運動」，鼓吹「決戰文學」，爰組織「臺灣文藝家協會」，郭氏被強命爲隨筆部員，但他始終沈默，以示抗議，未嘗寫過一篇文章。迫於困厄之時局，其文學活動遂不得不暫時中輟。在日據時期的新文學作者裡，郭氏之成就在新詩，論者也都以詩人目之，這一點和楊華相似。不過楊華以中文寫作，郭氏則以日文創作。林芳年曾論其文字技巧，說：

……他有極高度的文學天份，因而能在日據時代以詩人身份飲譽一時。當他在「臺灣新聞」發表「三等病室」後，一些嗜好新體詩的人們竟爲他新穎的詞藻感動，他對每篇的詩作必加以千錘百鍊的推敲，導致每行裡有種甜美的韻律。我們欣賞文學作品不僅止於聲調音韻的美，是該結構的波瀾起伏之妙、描寫的細膩絢爛所致，這些，是一些文學先進對文學作品創作上常提到的老問題，亦是我們衷心同感的，郭水潭的作品優點，具有這些優越的條件。郭水潭的作品在鹽分地帶詩人中別具清新的風格，其原因與他過去從事研究日本短歌不無關係（註一一三）。

其新詩代表作除〈世紀之歌〉外，另有〈向棺木慟哭〉（一九三九年寫）一詩，哀悼愛兒去逝所作，父子深情溢於楮墨，龍瑛宗先生曾譽爲該年最動人之傑作。

郭氏短篇小說〈某個男人的手記〉在一九三五年發表，獲日本大阪每日新聞的新人創作獎。小說描寫一個男人，因厭倦妻子而離家五年，當他再度返鄉，面對辛勞的妻子，自慚形穢，悔恨不已。郭氏以第一人稱自知觀點（我爲主角）表達離家五年的生活歷程，呈現了當時農村的凋敝及都市底層庶民生活的哀樂。主角隨歌仔戲團到處演出，刻劃男女演員之間的戀情。最後主角我做了一場惡夢，想起母親、妻子，明白往者已矣，唯有來者可追，而迫切地等待天亮。由於是用第一人稱自知觀點來敘述，作者化身為主角，來講述主角本身的故事，因而對於主角言行的鋪述與內在心理的描摹，細膩而有眞實感，小說由回憶寫起，逆溯五年之間所見所感，而以夢醒為結。本來第一人稱自知敘事觀點，主角的形貌與其他角色相較，往往黯然無光。但郭氏一開始就寫：「因為我時常找不到工作，頭髮脫了，身體也消瘦了。」以不著痕跡的手法描繪了主角的外貌，可謂善於運用敘事觀點。

可惜光復後郭氏停止了文藝創作，一度告別文壇，致力於學術調查與研究，重要的學術著作計有：〈臺灣日人文學概觀〉、〈臺灣舞蹈運動史〉、〈談本省知識界之動向〉等（註一一四），以及有關民間風俗民情的隨筆。郭氏為加強中文寫作能力，接受文獻會委託，編撰了《臺南縣志稿文化志》，一九七二年始以中文撰寫短詩〈無聊的星期天〉，發表於《笠》詩刊。此其嘗試突破語言障礙之努力也。一九八〇年，聯副推出光復前臺灣作家作品集—寶刀集，郭氏克服了以中文寫作的困難，寫了〈病妻記〉與〈文學伙伴〉兩首詩。其熱愛文學的精神，令人欽佩（註一一五）。

18.翁　鬧（一九〇八—一九四〇？）

翁鬧，號杜夫，生於一九〇八年，彰化社頭人。家庭背景不詳，殆為窮苦農村子弟，嘗「自稱是養子，對於親生的雙親一無所知」（註一一六）。一九二九年畢業於臺中師範，與吳天賞、吳坤煌同為首屆演習科畢業生。服務五年期滿後赴日留學，與吳氏、江燦琳「嗜好相同，意氣相投，不知不覺成為深交密友。」（註一一七）翁氏在日本與「臺灣藝術研究會」會誌《福爾摩沙》的作家亦有親密往來，張文環、吳坤煌、劉捷、巫永福應都是他過從甚密的作家。福爾摩沙後合流為臺灣文藝聯盟東京支部，一九三五年二月五日，翁鬧與吳坤煌、賴明弘、張文環、楊杏庭（楊逸舟）、吳天賞……皆出席參加第一回茶話會（註一一八）。然而或許由於翁氏一生浪漫多情、恃才傲物，人情世故全然不加理會，再加上翁氏平日交遊儘是日本文人（註一一九），無形中與在日本的臺灣作家無從維持長久不渝的交情。迄今爲止，臺籍文士對於翁鬧在日本的生活狀況所知不多，甚至翁鬧明確的死亡時間，以及確實的死因，都沒有人知道（註一二〇）。在日文作家中，翁鬧和呂赫若，皆才情橫溢，然亦皆早世死因成謎。葉石濤氏說：「天才洋溢的作家往往在現實和幻想之間得不到均衡，身不由己地走上自我毀滅的悲劇性濃厚的道路，這也是在世界文壇上屢見不鮮的事跡。」（註一二一）翁氏於發表中篇小說〈有港口的街市〉後，結束其窮困潦倒、懷才不遇的一生。黃得時氏於〈輓近臺灣文學運動史〉說：

> （專輯中）最富於潛力的翁鬧，以本作品爲最後作品而辭世，眞是本島文壇的一大損失。

一九三九年翁氏中篇小說〈有港口的街市〉發表於《臺灣新民報》新銳中篇小說特輯，故推算其卒年或當在一九三九年或一九四〇年，享年僅三十二、三歲。臺灣文壇上迫於窮困而死的，除了翁鬧外，楊華境遇亦令人悲歎。

一九三五、一九三六年是臺灣文學豐收期，這兩年的小說作品遠較其他年代爲多，翁鬧適逢其會，在一九三五年發表了四篇小說，與同時期小說創作傾向來看，他的作品帶有濃厚文學趣味，擅長心理分析（註一二二），深受新感覺主義影響所形成的風格，和反殖民、反帝國主義、反封建爲主的普羅文學創作相較，顯然獨樹一格，因此張恒豪氏〈幻影之人－翁鬧集序〉說：「日據時代的臺灣小說，可說到了翁鬧的手上，才有獨樹一幟的表現，才開啓了另一文學藝術的嶄新領域。」（註一一三）

翁氏的文學創作，以小說爲主，短篇凡六，中篇僅一，由於改爲日文刊行之後的臺灣新民報迄今仍不得見，故〈有港口的街市〉該作內容不詳。六篇短篇小說，如依題材的不同，大致可分成兩類：一爲對愛情的渴望、異性的思慕爲主題的〈音樂鐘〉、〈殘雪〉、〈天亮前的戀愛故事〉；二爲以臺灣農村生活、農村小人物爲描繪對象的〈憨伯仔〉、〈羅漢腳〉、〈可憐的阿蕊婆〉。這兩組剛好各佔三篇。

〈音樂鐘〉發表於一九三五年，翁氏二十八歲，是翁鬧第一篇小說。該篇作品描寫少年情慾初動，對女性之愛慕，單純而強烈，少年內心的幻想、掙扎、徬徨伴著音樂鐘單一反覆著，他的手「始終不曾摸到女孩」，意境美妙，也不免令人嘆青春之易逝。同年八月，翁鬧又發表〈殘雪〉，內容敘述留日男學生徘徊於臺灣女子與日本女子之間的矛盾心情。此作品，可與楊逸舟氏一段話合觀，楊氏〈憶夭折的俊才翁鬧〉一文說：「翁鬧的缺點是看不起臺灣女性，而對於日本女性卻是盲目的崇拜。」小說男主角雖無明顯輕視臺灣女子之傾向，然對日本女性卻盲目愛戀，因而對於舊識臺灣女子優柔寡斷、舉棋不定。〈天亮前的戀愛故事〉，以「我」獨語方式敘述主角挫敗的戀愛經驗。作者藉自然界生物交歡之情景，喻主角強烈之愛慾，尤以敘蝴蝶一段，生動細膩，美麗殘忍。主角強如獵犬，終日尋愛而不獲，黯然神傷的景況，正是翁鬧一再受挫於異性的寫照。

吳天賞〈蜘蛛〉一篇，殆為描寫翁鬧與日本婦女同居之事（註一二四），該文發表於臺灣文藝二卷三號，一九三五年三月十五日，寫作日期則為一九三四年十二月廿六日。據此推算，則翁氏於一九三四年抵達日本不久後即與四十六歲的日本離婚婦女同居。或許遠居異鄉，倍覺孤單吧！或許感情生活得以暫時安定，一九三五年他寫了不少作品，幾乎他大部分的作品都在這一年完成，人生很多事難以論定其是非得失。翁氏這一組近乎自剖的小說，對於了解翁鬧的個性、行為或不無幫助。翁氏另一組小說作品，如〈憨伯仔〉、〈可憐的阿蕊婆〉，寫的都是臺灣農村老人晚年之事，這或許是他生長在窮苦農村，目睹親歷的感慨。「憨伯仔」以及「村子裡，人人都牛馬般地幹著活。他們之中沒有一個懶惰的，也沒有一個人在想著生以外的事，或策劃什麼陰謀。然而，那種晴朗的笑卻從他們臉上消失了。」翁鬧以細膩之筆調，描寫憨伯仔的居住環境、生活變遷、日常起居與其家人、鄰居之生活，勾勒五、六十年前臺灣鄉村窮困之生活，生動而深刻。「阿蕊婆」則是住在城鎮的老婦人。翁鬧藉阿蕊婆晚年之孤寂，勾勒出日據時代臺灣城鎮與鄉村之變遷，以及因城鄉變化而影響家族興衰之事。對於此一題材，翁鬧並未將寫作重點置於人物與社會之互動關係上，亦不著意探討社會變遷之因素；而唯呈現人物面對生命荒原之悲辛蒼涼。〈羅漢腳〉透過小孩天眞的眼光，展現臺灣農村的景物習俗及貧農生活的悲苦。對農村生活習俗，如膜拜大樹、領墓粿、收驚、對玩水的禁忌等皆有細膩描寫。其中講羅漢腳六歲那年，始知自己名字不太好聽，但村子裡小孩子大多如此一情節，令人聯想到翁氏本身即不喜歡他的名字「鬧」，他覺得鬧字太俗氣了。這是當時臺灣農村不重視命名之現象。

《光復前臺灣文學全集》第六卷收錄十一人、二十二篇作品，翁鬧作品居全書之冠，凡有五篇入選，比楊逵作品尚且多一篇，足見其成就在當今評論者眼中尙有舉足輕重之地位。劉捷說：「翁鬧生活浪漫，窮苦到了極端，他那種深刻的人生體驗。鍥而不捨的精神，倘若能夠發揮於文學作品，天再假以長壽的話，翁鬧的成就必然可以期待，更有可觀。」今日閱讀翁氏之作品，對於那顆熱切、敏感、細膩的心靈，那盲目而狂亂的愛戀，不禁倍覺唏噓（註一二五）。

19.王詩琅（一九〇八——一九八四）

王詩琅，筆名王錦江、王一剛、一剛等，一九〇八年，生於臺北艋舺，七歲時就讀於前清秀才王采甫的私塾，十歲進入老松公學校，十六歲畢業，父冀其繼承家業，經營布莊，未允他繼續升學。王氏唯遵父命，放棄升學。然其好學求知之志則未之或挫，暇時勤讀世界名著與文學作品，苦讀自修，涉獵極廣，奠下他日後扮演各種角色的基礎（註一二六）。

王詩琅年輕時除了活躍於文化運動，據毓文說：「他曾和黃天海、林裴芳、張維賢諸位先生創刊過《明日》的雜誌，臺灣文藝協會創立後，他又加入同會，爲同會的中堅鬥將。以前他在《人人》、《明日》、《洪水》諸誌上發表了很多的作品，《第一線》和《臺灣文藝》發刊後，也發表了好幾篇的創作和理論。」（註一二七），同時也積極參與社會運動，曾因「臺灣黑色聯盟事件」被捕入獄。他醉心於文學、政治、經濟、社會的各種知識，而對他的思想起著最大作用的是一九二三年日本關東大地震之後，日本無政府主義領袖大杉榮夫婦被非法逮捕、殺害的事件。這一慘案打破了王詩琅對「

明治維新」、「大正民主」的神話，從而驚覺到國家權力無限擴張的可怕。經由對大杉榮的同情，他開始接觸無政府主義的書籍。在當時，對一個熱血青年來說，參加思想團體，是一種時尚，也是一種追求理想的表現。但當時臺灣總督對無政府主義視若蛇蠍，因而王詩琅數次被捕入獄，這類事件，對王氏影響甚大，遭此挫折後，王氏乃改弦更張，從事文學創作，不再公開過問政治社會運動。不過，此一時期之思潮影響其小說極為深遠，如一九三五、三六完成的〈夜雨〉、〈沒落〉、〈十字路〉，皆反映日據時期社會運動者的生活及痛苦。就社會運動者而言，王氏或半途而廢，然於文學創作王氏仍堅持批判之精神，反映出當時知識分子在現實政治的壓力下所呈現的無力感與抗議情懷。

一九三三年，他加入「臺灣文藝協會」，一九三五年十二月至一九三七年六月，代編《臺灣新文學》，此為王氏參加文學之具體活動。一九三七年赴上海，不久回臺灣，一九三八年再赴廣州，任職廣東迅報社，從事編輯工作，臺灣光復後，他轉而從事臺灣文獻的編修整理（註一二八）。一九七三年自省文獻會退休，退休後擔任《臺灣風物》雜誌社務委員兼編輯委員。王氏雖身居陋巷，但始終不減其關懷鄉土的熱誠，後人對他的稱許、贊語頗多：如陋巷清士、臺灣新文學的活字典、臺灣鄉土史家、臺灣文獻家、臺灣的安徒生等。晚年曾獲聯合報小說推薦獎、國家文藝獎、鹽分地帶臺灣新文學特別獎和臺美基金會人文獎。

王氏小說創作數量不多，但有他個人從事社運的特殊經驗為背景，如果說「文學是一個時代社會的反映」，那麼〈夜雨〉、〈沒落〉、〈青春〉、〈十字路〉、〈老婊頭〉這些作品正反映了日治下不同階層人們的苦悶、沮喪和知識分子的徬徨。這些作品大約可分爲兩類：一是反映社運分子之心路歷程，此與其他作家以警察和人民的糾葛爲題材者，或和楊逵筆下的知識分子迥異。另一種是反映人性百態，如〈青春〉、〈老婊頭〉。

王氏小說特點爲無論處理何種題材，他都進入人物之心靈，去捕捉人類心中對一切外在事物之反應。因而對小說人物形象之表現，都是以外在境遇的逆轉，如失業的打擊、家勢的沒落、生活的困窘等，映襯人物的挫敗感、頹廢感、虛無感，並運用人物內省和情景交融之手法，來觀照人物、心境之轉換，以隱示小說主題(註一二九)王氏這些小說除呈現當時重要的現象外，似亦不無夫子自道之意，毓文曾描述王氏受社運挫折之後亦曾消極頹廢，毓文說：

> 他去年曾在「臺灣文藝」誌上，發表一篇「沒落」便是描寫從實際運動後退了的他自己的哀感。錦江先生自失了思想的根據，又因過渡的勉強，雙眼陷于極度的近視，一時非常悲觀，終跑上自暴自棄之路，夜夜出入於咖啡館與酒場之中。這樣，頹廢的生活，連續經過了數月，據他自身說，當他在熱中於酒色，一個月最多的時候曾消耗了三百餘塊。普通的月給生活者，一個月的月給，最多是三十塊，錦江先生把月給生活者，辛辛苦苦地經了十個月久，才掙得到一筆大錢，僅僅在一個月間的時內就開消了，讀者諸賢，爾想豪勢不豪勢呢？(註一三〇)

身爲社會運動者兼文學創作者，王氏之文學精神自然亦有抨擊殖民統治者與舊社會陰暗面之成分，然而王氏不出之以搖籃期創作聲嘶力竭之控訴，而運用不慍不火之溫婉筆調，使人物自省，藉內心之掙扎，使小說人物以自家之方式感知、抉擇，透過娓娓之敘述，使讀者無形中對當時天昏地暗之年代有所共鳴、有所省思（註一三一）。

20.張文環（一九〇九—一九七八）

張文環，一九〇九年生，嘉義縣梅山鄉人。一九二一年畢業於小梅公學校，一九二七年東渡日本，一九三一年入日本東洋大學文學部，次年與吳坤煌、王白淵、巫永福、蘇維熊、施學習、曾石火等人組織「臺灣藝術研究會」，並發行《福爾摩沙》雜誌。留日期間，雅好文學，民族意識極強，復努力追隨世界潮流。張氏率直豪爽，每因言行特異，動遭警察逮捕拘押。張氏口才出衆，議論事理，博辯亹亹，聽者讚服，故在拘留守所或牢獄中，亦能吸引看守人員，使其對臺灣人之遭遇有更深之認識，其時爲獄卒及囚犯，講述臺灣故事，頗著口碑。因而博得「臺灣」之雅號。

一九三八年，張氏學成日歸枌梓，鄉人以其鄙薄仕官，生生乏術，多輕視之，時人或憚其思想較新，每目之爲異端（註一三二）。張氏於是赴臺北謀求發展，任職臺灣映畫會社，並任《風月報》日文編輯。一九四一年，與王井泉、黃得時、陳逸松等人創辦《臺灣文學》雜誌，與日人西川滿發行之《文藝臺灣》分庭抗禮，爲戰時臺灣文藝的主力，繼《臺灣新文學》停刊之後提供臺灣作家發表園地。若無《臺灣文學》，則日據時期臺灣小說之成績必將大打折扣（註一三三），張文環、呂赫若等日文作家在此苑囿發表傑作，爲數可觀。及至戰火益熾，《臺灣文學》迫於困窘不得不停刊。日本文學報國會助紂爲虐，舉行「大東亞文學者大會」，期使日本帝國主義者早日遂其侵略野心，在這樣惡劣的政治環境中，張氏與龍瑛宗受命赴日參與其會。在皇民奉公會加緊推動皇民化運動之際，張氏以其濃厚的鄉土感情與人道之關懷，不卑不亢，持續創作。終以〈夜猿〉獲頒首屆「臺灣文化賞」。其中篇小說〈閹雞〉復於一九四三年由林博秋改編爲日語話劇（時已禁臺語），由厚生演劇會假臺北永樂座公演，遂成臺灣話劇史之重要里程碑。

光復後，由於語文與其他因素（註一三四），張氏暫停文學活動，直至一九七二年方重拾花筆，以日本文字撰長篇小說《地を這うもの》（在地上爬的人）。三年後由日本現代文化社出版，入選當年「全日本優良圖書一百種」。次年廖清秀氏譯成中文，書名《滾地郎》，由臺北鴻儒堂出版。一九七七年，張氏續撰以日據時期民族運動蓬勃時之知識分子爲主題的〈從山上望見的街燈〉，書稿猶未完成，天不假年，而竟於一九七八年二月十二日心臟病猝發辭世。

張氏爲日據時代臺籍日文作家中，作品之質量俱佳，風格獨特之作家，且尤爲黃得時、龍瑛宗二氏所推崇（註一三五）。張氏於光復前約完成廿二篇小說（註一三六），除長篇〈山茶花〉之外，餘皆爲中、短篇小說，較著名者凡〈父の顏〉（註一三七）、〈藝妲の家〉、〈論語と雞〉、〈夜猿〉、〈閹雞〉……等篇。張氏作品悉以日文創作，初譯爲中文者僅遠景出版社付梓之五篇與臺灣文藝刊載之〈迷兒〉一篇，其時又受以反殖民、反封建等抗議文學爲評論尺度之影響，張氏作品在光復後受忽視者凡數十年之久，亦未獲應有之評價。一九九一年前衛出版社《張文環集》雖增補李鴛英新譯張氏作品三篇，然而其中譯作品篇數至今尚不及張氏所有創作之一半，學術界、文學界誠宜攜手萃力，裒其文章、與研究論著，付之剞氏，庶昭先賢幽光。

張文環之小說，多以臺灣農村生活、民情習俗爲題，描繪村夫村婦、市井小民、麵攤人家、私塾教師、南北奔波的藝妲……等之生活、命途，進而探討人性的衝突、弱點，人的尊嚴、卑微人物的艱困生涯。張氏小說完整呈現了臺灣民衆生活方式和多彩多姿的風俗習慣。張恒豪氏曾說：

> 張氏小說中，除在反映做人的條件，發揚守鄉護土的意識外，對於臺灣農業社會的風俗習慣，民間傳說、生活方式，及四季遞移的描繪，也佔了相當比例，呈現了臺灣社會的生活面貌，頗富有民俗學的價値（註一三八）。

張氏小說風格頗近自然主義的寫實，從仔細描寫臺民風俗習慣中，肯定說明臺灣民族傳統文化與日本文化極難融合，且間接暗示「皇民化運動」之不當。張氏小說中，直接反抗或批判的筆墨相當罕見，他不像日據時代許多作家，尖銳地抗議日本人之壓制與暴橫，他只是隱微、間接地傳達他對同胞的關懷、對人性的觀照。故其文學創作之取向頗與賴和、楊逵等人異趣，賴、楊等人反抗、控訴之旗幟鮮明有力，文學主張亦顯而易見。讀張氏群編卻如霧中摸索，深思體會，方能漸曉其義。溯自日人嚴禁漢文、加強宰治臺灣以還，抗議聲已不容明目張膽，因而日本著名評論家尾崎秀樹便認爲從〈送報伕〉到〈牛車〉以至於〈植有木瓜樹的小鎭〉，其抗議意識乃從濃厚到認命到屈從。雖然「屈從」一說未見的當，但小說作者對文學創作之取向則有顯著之轉移。從初期的反傳統（反封建）到末期的重視傳統，強調孝道（呂赫若）、肯定臺籍人氏之生活方式，抵抗異族統治者之方式雖或不一，然其本質仍爲保鄉衛土之情感與護持文化傳統之信念。

張氏小說作品，幾爲最平凡之生活素描，所寫對象皆爲眞實得不能再眞實之生活素材，甚而徹頭徹尾僅是瑣碎生活原貌之呈現，似爲缺乏自覺的文學，且呈現出不可捉摸的風格。不過仍被獨具隻眼之評論家識其奧蘊而視之爲畏友，視之爲具有可怕威力之「大陸謎」作家。在日據時期評論張文環文學作品者如工藤好美教授。他曾說：

> 在所有臺灣作家之中，沒有人像張文環那樣是徹底的寫實主義作家（註一三九）。

又說：

> 雖然有牢固的基礎，可是缺乏以明晰的情節爲中心的緊密的構成；儘管可以感到某種曖昧的很大壓力。……然而這力量散出，不凝集爲一個明確的焦點（註一四〇）。

黃得時氏在〈明潭星墜，張文環逝矣！〉一文說張氏小說是：

> 描寫之精微和觀察之透徹……其對於一鳥、一木、一字、一句莫不非常拘謹，絲毫不放鬆也不馬虎（註一四一）。

張氏敬謹而誠實地傳述種種生活原貌，終於贏得「風俗畫作家」之讚譽（註一四二）。至於張氏作品「情節不明晰」、「結構不緊密」、「焦點不明確」等缺失，羅純成氏亦曾加以指陳。羅氏謂：「他常常溺於於多種的題材裡，對主題把握不住。」（註一四三）這些缺失誠如陳師萬益所說：

> 幾乎除了〈重荷〉以外，《張文環集》諸篇皆不能免，造成這種現象的原因，龍瑛宗的說法是

值得參考的（註一四四）。

陳師並引證龍瑛宗之評語：

他（張文環）的文學素材滾滾湧上來，終於被素材淹沒了。他不能從素材裡爬出來，從事耙梳工程，把素材予以取捨、整理、擺布、創造出雕琢如珠玉的藝術品（註一四五）。

以上諸氏都指出其作品缺失在題材瑣碎，不能集中筆墨於篇中焦點，然而工藤氏之說主要針對〈夜猿〉一作而發，張氏諸多作品如〈重荷〉、〈辣薤罐〉、〈論語與雞〉、〈迷兒〉仍情節明晰、焦點明確，強而有力的撞擊、扣住讀者的心靈，因而其成就被目爲當時創作力最強、水準最高的臺籍日文作家，而有「臺灣的菊池寬」（菊池寬被日本文壇稱爲「文學的大御所」）之譽，此亦足見其創作成就矣。（註一四六）

21.吳天賞（一九〇九—一九四七）

吳天賞，筆名吳鬱三，生於一九〇九年，臺中市人，從母姓。與翁鬧同爲臺中師範首屆演習科畢業生，任教職三年即負笈東渡日本，在青山學院專攻英文。吳氏到東京後，眼界大開，時時參與各種文藝活動，爲「臺灣藝術研究會」、「臺灣文藝聯盟東京支部」會員。畢業後返臺，擔任「臺灣新生報」記者，撰寫藝術評論。

吳氏與王井泉、張星建二氏肝膽相照，時人目之三位一體，可見彼此心靈之相應。吳氏文章與爲人均眞情流露，對人對事好惡分明，喜歡的人，則推誠相與；嫌惡的人，則蛇蠍視之，與王井泉爲人酷似。吳坤煌氏曾描述吳天賞，說：

做人大方而不顧細節，確實是藝術家風貌十足。可是，要像個超人主義者，尚遠，憂愁與感傷，則是更近乎巴爾札克的呢！能始終一貫保持超人，則將來可期望的作家（註一四七）。

吳家三昆仲自少即以「文學青年」自居，弟陳遜仁工詩，時有新詩發表，惜廿六歲即與世辭，而吳氏本人亦早世。

吳氏文學創作有小說、新詩、隨筆等。光復前重要小說（皆日文作品）有：〈蜘蛛〉、〈龍〉、〈蕾〉、〈野雲雀〉。〈蜘蛛〉一作載《臺灣文藝》第二卷第三號，據江燦琳所載：「好像是描寫翁兄和某女子大學生同居的一段插曲。」翁兄即指翁鬧，翁氏生活浪漫，與歲數長他近一倍婦女同居之事，當時留日學生幾無不知悉。此篇可為生平資料不多的翁鬧，增加一項參考資料。另三篇作品亦表現男女之間之愛情，有細膩的抒情，微妙的心理分析。〈龍〉一篇且對傳統媒妁婚約，提出反省。大抵而言，吳氏作品題材、主旨與當時強烈控訴陋俗、反抗帝國主義的表現手法迥然不同，他善於處理青年男女複雜深細的情懷。

光復後，吳氏曾任「臺灣新生報」臺中分社主任。暇時常與文藝界集會。後來他與莊垂勝、江燦琳諸氏遂因參加此類文藝沙龍（Salon）而被稱為「文化仙仔」，惜不久時勢劇變，盛會難再，及局勢穩定，吳氏因心臟痲痺，於一九四七年撒手西歸，年僅三十九。吳氏生有四男二女，悉賴夫人李玉梅女士扶養成人，今日皆有所成（註一四八）。

22.林越峰（一九〇九—）

林海成，筆名林越峰，生於民國前三年（公元一九〇九年）六月九日，臺中縣豐原鎮人。年九歲就讀公學校，十五歲畢業，先入私人夜校就學三月，不久習漢文於德育軒書房。十八歲時偕其兄長，白天學木車工，晚上則拜師研習詩文。二十歲出師，獨立工作，每以暇時，購讀群書於大衆書局（臺灣文化協會豐原支部經營），結識了書局老闆，受邀參與「讀書會」與「文化協會」，林氏文化生涯，於此發軔。

文化協會見逼於日人，不旋踵即瓦解，於時林氏受張被芬（本名張延慶）之託，以爲「影片中有很多東西可以說明，只要不損藝術良心，其中有很多啓蒙的意見可以發表」（註一四九），於是任辯士，爲影片解說（註一五〇）。至一九四四年，才離此職。

一九三四年，臺灣文藝聯盟成立，林越峰與張深切、賴明弘、賴慶、黃再添等同任籌備委員，奔走四方，聯合臺灣作家，行雲龍風虎之會，爲臺灣文學史上平添璀璨之新頁。由首度臺灣文藝大會記錄，可知林氏極力支持新文學。與會某人提案聯繫漢詩作家，並以下列所述爲由：

臺灣客觀階段之情勢，新文學家與漢詩人非由爭鬥能夠獲到進展，莫若與他們疏通意志，擴大文學陣線打開過度時代中之一方面難關（註一五一）。

後與會人士否決此案，林氏亦極力反對此提案。他說：「吾人理當打倒舊詩派，怎麼反要和他們聯絡？不可！」（註一五二）林氏自加入臺灣文藝聯盟之後，開始創作小說。其作品之尤要者，短篇小說有：

〈到城市去〉、〈無題〉、〈月下情話〉、〈好年光〉、〈紅蘿蔔〉等篇，中篇小說有：〈最後的喊聲〉、〈油瓶的媽媽〉等二部。民國二十六年，日人禁嚴中文後，林氏遂不再創作，此誠日據時期白話文作深感無奈之事。

林氏創作小說，宗旨極爲明確，曾說：「我寫作的目的並不是想當小說家，而是利用小說，可以講一些改革舊制度的話，如舊禮教、壞風俗等，當然也蘊含著民族意識。」（註一五三）據其事後回憶：

當初寫的時候，我可一點都不知道小說是什麼東西。就只不過因爲日本人討厭漢文，想消滅漢文，我想既然這樣，我就要拚命寫，寫多了，他們的消滅工作自然無法那麼順遂。因此，我可以說是爲了白話文，爲了語言而從事小說創作，根本不應該稱什麼小說「家」（註一五四）。

林氏小說大抵皆取材於農村，與張慶堂雷同。〈到城市去〉，描寫農民忘八離鄉背井，遠赴城市謀生，然而事與願違，途窮見逼，淪爲小偷。行竊之際，爲人發現，追趕之際，落水溺斃。〈好年光〉探研農村經濟政策，年成無論豐欠，農民均極困苦。究其緣由，蓋以政策偏頗，日人操縱穀價使然。若不加改進，則農民永無翻身之日。〈月下情話〉述一對男女囿於舊日禮教，幾欲殉情，於是反覆對話，深省熟慮，因此漸悟反抗之義。細翫〈紅蘿蔔〉，則令人生悲憫悽惻之情。小說敍述臺民相約而爲組織，抗衡日人，未料竟爲同志所給，遂不得不任日人宰割。本是同胞，國土淪亡，而心靈亦隨之扭曲，甘爲異族僕隸，令人不勝憤慨！至於〈無題〉一作，賴明弘頗推崇之（註一五五），外此群編，亦不乏白璧之瑕：「他對於事件和人物，情景的描寫，還是粗大，沒有細膩詳細。」（註一五六）「越峰氏的〈月下情話〉，是一種炭畫式的作品，全篇浸透著浪漫的色彩，末段不甚自然，會話也過於造作。」（註一五七）雖然如此，而林氏亦嘗如是說：「我根本不知什麼是小說？祇是人家寫，我也跟著寫而已，但是當時卻抱著一個希望—就是對抗日本人。」鋪觀林氏小說創作，於其保存漢文，羽翼白話之苦心，允宜深契；若夫形式之醇疵，技巧之工拙，自不宜錙銖而較焉。

23. 徐青光（一九〇九—）

徐青光，筆名徐玉書，嘉義市人，一九〇九年生。一九三四年臺灣文藝聯盟成立，徐氏加盟為會員。後來聯盟本身財力不夠，於業務推展上，殊多困難，因此鹿港、嘉義、豐原等地要求創設支部，在徐氏等奔走下嘉義支部終於成立，其宣言說明了成立的原因：「……對於南部的愛好文藝的同志圖謀親密，杯水車薪，未免有點散沙之慨！我們鑒及於此，所以我們才創立臺灣文藝聯盟嘉義支部，以聯絡南部的『愛好文藝的同志』。」足見徐氏熱愛於文藝之墾拓。徐氏文學創作有小說、新詩、評論、隨筆等。新詩如〈醒來吧！朋友〉。評論文章如〈文藝大衆化論〉、〈文言與白話的文體問題〉、〈臺灣新文學社創設及新文學第一、二、三期作品評〉等，重要小說有〈謀生〉、〈榮生〉二篇。〈謀生〉反映了日據時期農村破產，農民不得不轉向都市謀生的苦境。〈榮生〉則描寫名為榮生的年輕人，到處招搖撞騙，詐財騙色的惡行劣跡。本篇甫一發表，即引起某君告其毀損名譽，謂徐氏該文旨在惡意中傷。為此徐氏特別聲明純為創作，非欲中傷某君，經當地廖大有、郭紹彬兩位先生排解，方消除一場糾紛。本文雖然宮安中氏對其評價不高（註一五八），但當時文壇莫不知此引發爭訟之作，可見其描述眞切。

24.賴賢穎（一九一〇—）

賴賢穎，本名賴滄淆，筆名有賴堂郎、玄影等。一九一〇年生，彰化市人，是賴和先生五弟。一九二二年前往廈門就讀集美中學，一九三〇年入北京大學英文系就讀。一九三五年任職於彰化市大新商事會社，一九四一年奉派駐天津分社。臺灣光復後返臺，任教於省立彰化高工。賴氏重要小說有：〈女鬼〉、〈姊妹〉、〈稻熱病〉等。

賴氏求學期間幾皆在大陸，因而頗受五四新文化運動影響，他時常購買《語絲》、《東方》、《小說月報》等雜誌，閱畢即寄回家給賴和，供文友閱讀。賴和爲彰化文壇的靈魂人物，往來文人甚多賴賢穎受其兄薰陶、鼓勵，也不時提筆撰文。楊守愚在〈赧顏閒話十年前〉一文介紹賴賢穎時，說：

> 在彰化，被目爲後起之秀的，就當推玄影（賴賢穎）先生了。他是懶雲先生最小的弟弟，他在臺灣唸完小學，就到祖國留學去了。可惜的，就是當他從北平回來，爲臺灣新文學寫稿子，臺灣的新文學運動，已近尾聲了。他發表於臺灣新文學雜誌上的稻熱病、女鬼等作品，其取材、筆致，都給人一種清新之感（註一五九）。

的確，賴氏小說題材、寫作技巧皆與當時新文學作者趣異，雖同寫農村、農民、探討的問題也指向農民的疾苦，但他卻從肥料、播種、施肥、田租等問題，探討佃農與地主之衝突（〈稻熱病〉）。此外，他也探討鄉間小人物之生活、性格，寫父子、姊妹間的衝突頗為傳神（〈女鬼〉、〈姊妹〉）。就其小說語言之使用言，因其在大陸受教育，對白話文認識較多，中文亦較洗鍊，因而其作品中，臺灣話文的字眼較少，讀來尤覺流暢。而徐玉書氏評其作品，則頗持苛論：「這篇（指女鬼）我曾重讀過了好幾回，可是有很多地方的文句讀不懂。……女鬼的作者，同灰氏（指賴和）一樣地要謀大衆化，我們是很感佩，可是要謀大衆化，反以不能大衆化，故我很希望此後，長於用臺灣白話描寫的作者，要考慮讀者是否能讀得懂，要不然，要謀大衆化，好像緣木求魚」（註一六〇）戰後，很多新文學作者或因語言文字的障礙，或因政治的忌諱而輟筆，賴氏留學北平，其中文寫作潛力甚強，若能於戰後賡續創作，必有可觀，可惜他光復後即專心教職並未寫作，誠為文壇憾事（註一六一）。

25.龍瑛宗（一九一一～）

劉榮宗，筆名龍瑛宗，一九一一年生，新竹州竹東郡北埔人。父源興公經營雜貨商，並製樟腦。龍瑛宗九歲入公學校，遇成松先生指引，文學心靈遂從此啓迪。五年級時，撰〈暴風雨〉被收入《全島學童作文集》。家人見其身體虛弱，不堪勞動，乃供其繼續升學（註一六二）。於是報考臺北師範學校，學科考試已通過，複試時，因視力不良，體檢未符標準。只好就讀臺灣商工學校（臺北開南商職前身），在校數年，博覽典籍，頗受加藤先生之關愛與影響。其初期創作纖細憂愁風格蓋自加藤啓之。

一九三〇年自商工學校畢業，任職臺灣銀行南投分行。一九三七年以處女作〈植有木瓜樹的小鎮〉，入選日本《改造》雜誌社小說徵文的「佳作推荐獎」，一鳴驚人，從此馳騁文苑，時鑄小說、新詩、隨筆、文藝時評發表。一九四〇年參加「臺灣文藝家協會」，並任該會雜誌《文藝臺灣》編輯委員。一九四二年辭卸銀行工作，專任《臺灣日日新報》編輯，同年十一月，與西川滿、張文環、濱田隼雄代表臺灣地區赴日本參加「第一回大東亞文學者大會」。光復後一度出任《中華日報》日文版主任，日文版停刊後，載返金融界服務。一九七六年自合作金庫退休後，再度專事寫作，次年以日文完成中篇小說〈媽祖宮的姑娘們〉、短篇小說〈夜流〉、〈月黑風高〉、一九七八年完成二十二萬字日文長篇小說〈紅塵〉，由鍾肇政先生譯成中文，於《民衆日報》連載，一九八〇年，自傳小說〈斷雲〉亦連載於民衆日報，該年龍瑛宗終於以中文寫出首篇小說〈杜甫在長安〉，次年又發表中文小說〈勁風與野草〉，文壇俊彥，咸爲肯定。一九八五年蘭亭書店出版龍瑛宗第一本小說選集《午前的懸崖》。迄今龍瑛宗仍間有小說作品發表，是光復前後未曾輟筆的臺籍日文作家之一，其作品之豐則冠於並世臺籍小說作者。

光復前，龍瑛宗約發表二十三篇中短篇小說，出版日文之文學評論《孤獨的蠹魚》、隨筆《女性描寫》各一冊。小說作品譯成中文者有：〈植有木瓜樹的小鎭〉、〈黃家〉、〈黃昏月〉、〈一個女人的記錄〉、〈不知道的幸福〉、〈貘〉、〈白色的山脈〉、〈邂逅〉、〈蓮霧的庭院〉、〈濤聲〉、〈白鬼〉、〈黑妞〉、〈午前的懸崖〉、〈崖上的男人〉、〈歌〉等篇。他的作品雖多發表在日本東京的雜誌上，但主題則始終環繞於臺灣，表現對現實的不滿、時代的壓力，尤其知識分子在理想與現實間的內心衝突等。

龍瑛宗出身闤闠之家，個性靦腆內向（註一六三）。所受文學薰陶，兼容並包法、俄兩國寫實、自然、現代等主義之思想，與日本感覺派文學之思想。以其個性、思想，處於日據時代末期之臺灣，諦觀農業經濟漸轉爲工商經濟之社會，深感皇民化運動之咄咄逼人與世界大戰之步步逼近，於是秉筆爲文，寫出當時爲暴橫之鯨鯢宰制，爲不良之傳統錮閉之臺灣衆庶，其心靈之矛盾、衝突、徬徨、挫傷。復寫出當時城市民衆心靈之頹唐、生活之抑鬱，更寫出當時臺灣婦女之悲運與作者之憫傷。龍氏之作，善於剖析心靈之糾結，並能融現代主義個人之內省、質疑之思，與日本感覺派纖細唯美之風於一爐而冶之，形成深細纖美之文風。

在日據時代臺灣小說作者中，龍瑛宗以知識分子的角度來關懷、探討知識分子與社會衆庶的內心世界。自一九三〇年代晚期至一九四〇年早期時局劇變，越來越不容許文學討論社會問題，〈植有木瓜樹的小鎮〉在這種情勢下，其在心理描述的成就，誠可推崇，故事以第三人稱有限觀點來敘述，表現小說主人翁陳有三的內心世界。龍瑛宗的作品著重於不斷提示理念，小說描繪了一群知識分子的頹喪和徬徨，同時也勾勒出幸福社會的藍圖；他藉一個患肺癆病的青年知識分子的紀錄透露出作者心裡溫暖的夢想：「現在是無限暗淡又悲傷的，但不久將有美麗的社會到來。我想像著那充滿幸福的大地面貌，願意在冰冷的地下長眠。」龍瑛宗和楊逵在心目中都有一幅未來社會之美景；但是楊逵的信念是堅定不移的。而龍瑛宗小說裡的知識分子雖出身於中產階層，其志意卻徬徨而動搖。他們企盼光明，追求理想只是一種近似虔誠的憧憬而已（註一六四）。

一九四〇年龍瑛宗發表〈黃昏月〉，以第一人稱「我」來敘述、補充彭英坤的事情。彭英坤在中學時代品學兼優，英姿勃發，但相隔五年之後，他頹廢、墮落，既懶惰又酗酒，臨終時債主盈門，留下陷在愁雲慘霧裡的太太，滿頭膿包、赤身而臥的孩子，慘況令人感傷。大體而言，〈黃昏月〉之寫作技巧，時而順敘，時而倒敘，錯綜自然，確是佳作。〈黃家〉一作同樣以知識分子爲關懷對象，小說中若麗爲了不能赴日深造，整日頹廢酗酒，這些都是以知識分子的悲哀反映時代的困境，以生活的困阨揭露人性的弱點，因此他不僅描述知識分子的頹唐，更借此指陳殖民體制所導致的災難，以致造成知識分子逃避現實，眼不能觀、手不能展、腳不能行的悲劇。龍瑛宗不僅寫知識分子，他還寫一般庶民的生活。例如〈白色的山脈〉之第二短篇「海濱旅邸」，寫一位旅舍女服務生的故事。那個叫「惜」的女人，爲一無恥男人騙至異鄉當娼妓，而「惜」猶愛戀他、惦記他。主角杜南遠不解「惜」之複雜的情感究爲如何，只覺此粗俗微賤之女流散發眞珠之光彩。從庶民身上，龍瑛宗發現堅強之生命力。本篇同時記載杜南遠在船上與一找工作於東部之男子交談，印象深刻：

這年輕男子，好像除了幹活之外，什麼也不想。他衹相信幹活，而幹活正是他的人生。那裡，既無懷疑，也沒有不安；有的是一股勁地活下去的、充滿力氣的生活之美。

一九四二年龍瑛宗發表〈不知道的幸福〉、〈一個女人的記錄〉，這兩篇小說不僅以庶民爲寫作對象，而且以婦女生活爲主題。作者嘗試發掘她們生活的表象與內心的感受，一反昔時以知識分子階層爲主之題材。〈一個女人的記錄〉，描寫臺灣某一貧農，賣掉三個女兒，其中一女在六歲時被賣至富家，後又轉賣於佃農，出嫁生女，又將女兒賣給人家。由此洊賣女兒之風習，可知當日庶農之窮乏艱困，該篇小說同時透露日據時代臺灣一般婦女之生活觀，大抵以丈夫、兒子爲中心，爲之勞苦，爲之犧牲，而無怨無尤。如果生活重心不存，勞苦犧牲之目標失卻，則當時婦女之生活亦失去意義。〈不知道的幸福〉裡，女人附屬男人（夫或子）的想法依然存在，不過女主角似乎較爲積極、幸運。女主角反抗第一次婚姻的宿命，自己選擇第二次婚婚的配偶。〈一個女人的記憶〉當丈夫、兒子都不存在時，女主角感到前途茫茫：兒子的去世，對她而言，彷彿生命力的喪失，生命似乎已不具有任何意義。〈不知道的幸福〉中，女主角在丈夫去世後，獨力扶養兒子明章成人，兒子成爲她生活的唯一目標。幸與不幸，往往只有一間之隔。龍瑛宗筆下的女人和他筆下那些懷疑苦悶，頹廢虛無的知識分子，正好形成對比。這頹廢的知識分子不滿現實，不明生命的意義，終日陷於苦惱之中。而一介匹婦，卻以單純的信仰和堅強的生命力，在黑暗的殖民社會裡，忍受現實生活的種種折磨，堅毅的生存著（註一六五）。

龍瑛宗年逾而立，正值日本當局如火如荼展開「皇民化運動」，不過，在龍瑛宗的小說中，並不曾出現過有關臺灣人成爲「皇民」之題材。在不可能反對「皇民化政策」的現實環境下，龍瑛宗在〈蓮霧的庭院〉、〈歌〉中極力以「愛情」來說明中日民族應互相尊重，理解對方的文化（註一六六）。提及兵燹中的臺灣文學，龍瑛宗、張文環、呂赫若、楊逵……等皆有一段迂迴曲折的路程，基本上各人氣質不同、關心對象不同，每人都以不同的方式來表達自己的理念。光復後，龍瑛宗說：

我所以不停地寫，只是不願讓這一段歷史成爲空白，想藉著文字給子孫們留下記錄，讓他們瞭解在異族統治下所受到的羞辱和無言以對的痛苦，我實在有責任記下這段坎坷的經驗（註一六七）。

在日據時代的臺灣新文學中，他的作品是少數兼顧藝術技巧與社會時代意識的優秀之作（註一六八）。

26.吳漫沙（一九一一—）

吳漫沙，臺北縣人，祖籍福建省晉江縣，生於一九一一年，曾於閩省接受教育，一九三五年卜居臺北協助其父經商。營業之暇，雅好寫作，次年即發表散文、小說、新詩於《臺灣新民報》、《臺灣新文學》、《臺灣藝術》等刊物。

蘆溝橋事變爆發，日本當局禁止於臺灣使用漢文，於是員嶠鯤瀛漢文刊物不得不停刊。其時「風月報俱樂部」成員簡荷生，四處奔走，冀爲已停刊的《風月報》再度催生，東倭當局以《風月報》多載文人墨客追逐聲色、吟風弄月之遊戲文章，故准其復刊。于是由謝雪漁董其編務，刊物風格仍依舊慣，然以財源不繼，復刊二期，再陷困境。簡氏乃求援於陳水田氏，陳氏謂《風月報》內容，極不合時宜，經濟支持雖無問題，然其編輯方針，務必改弦更張。陳氏遂倩吳漫沙、徐坤泉同主編務，大肆改革。封面標語亦由吳氏修訂定爲：「開拓純粹的藝術園地，提倡現代的文學創作」，觀其內涵，則白話文藝作品爲篇甚夥，徐坤泉長篇小說〈新孟母〉、吳氏〈桃花江〉等創作，皆其尤著者。自《臺灣新文學》被迫停刊，以迄《臺灣文學》創刊，其間數年恰由《風月報》塡補壇坫之虛，學者專家以該報原屬大衆文學，泰半認爲價值未高，唯其維繫斯文，揚風扢雅之功，實不宜輕易抹殺，尤其發行量曾高達六千餘本，其普及之勢遠愈《南音》、《先發部隊》、《第一線》……以來諸文學雜誌、刊物，吳氏等人屢受日警干擾，居夷處困，仍賈其餘勇，支撐到底，可謂護持臺灣文學之士。

吳氏嘗以該報刊名三字與內容難相契合，且風月二字，易滋誤解，遂更命《南方》一名，正式稱爲《南方雜誌》，吳氏則陸續撰寫小說〈黎明之歌〉、〈大地之春〉等篇以濟稿荒，蓋當時稿源不豐，故吳氏不得不親自操觚，以爲維繫。吳氏於一二九期〈卷頭語〉撰文呼籲：

我們的嗓子已經快叫破了，文學是代表時代，提示新生，指導社會，延續民族思想，爲什麼我們的吶喊，很少有人轉過頭？

雖大聲疾呼然而反應冷淡，歷期稿源仍感不足。吳氏復提醒執筆同志：

親愛的同志：我們要寫，我們要負起時代的責任，不能像過去那樣的寫沒有生命的文章。風月場中的事，不是我們執筆的題材了，要認清時代的血跡，爲後代負責。

一九四二年九月，吳氏將連載於該報之小說〈桃花江〉以單行本付剞劂，送檢倭局，竟遭禁刊，謂〈桃花江〉別有微言，煽動臺省人士反日情緒，暗示中國將重建臺灣。「桃花江」影射臺灣：一群青年建設四季如春的「桃花江」，就是臺灣。又指吳氏幼讀詩書，本啓蒙於神州，抗日思想根深柢固，經吳氏多方解釋，幸得無事，然印刷成冊之三千本書，則悉數沒收。是年十二月，日人高等刑警復逮吳氏，謂其原爲重慶與聯合國派駐臺灣之地下負責人，以「南方雜誌」爲掩護，秘搜日本情報，吳氏忍受酷刑，堅不承認，家人四處奔走說情，方以罹疾保釋。該報亦於次年被迫停刊。于時風聲鶴唳，人人自危，而該報以堅毅之氣苦撐六年，爲當時中日文雜誌中厥壽尤長者，吳氏之功，堪稱不朽。

撰述之餘，吳氏亦編寫劇本供當時「星光」、「鐘聲」、「東寶」、「帝蓄」等劇團演出。劇情多以我國家倫理爲背景，宣揚四維八德，故亦屢受日人警告，禁止其劇本上演。一九八八年瀛社創立八十週年紀念詩集刊其詩作數篇，〈七七自壽〉詩云：

七七生辰七月天，適同開國紀元年。人云此日爲三喜，我喜兒孫繞膝前（頁五十六）。

此詩可知其生年與心境，謹錄之，俾於文獻散佚書缺簡脫之際，略葆枌梓之文獻。一九九一年黃得時先生應臺灣風物雜誌社之邀主講：「日據時代臺灣新文學運動」，林子候先生曾發言提問：

……剛才黃教授提到的很多作家，好像沒有提到吳漫沙等人，我個人覺得，像吳漫沙等人的作品在臺灣文學、文壇來說，相當於日本的大眾小說家這種角色，而很多人寫臺灣文學的時候，也很少提到吳漫沙、雞籠生（陳炳煌）等前輩，似乎都不算這些前輩對日據時代臺灣文學的貢獻，……。

黃得時先生則回答說：

剛才你提出吳漫沙的問題。吳漫沙也是我的好朋友，可是吳漫沙寫的東西不能算是純粹的文學，而且他是憑他身邊的雜誌寫出來的，並不是有什麼偉大的文學觀念（註一六九）。

由二氏對答，可知時人於吳氏作品評價不一，筆者以爲其小說創作風格頗類徐坤泉，讀者既多，又能於風盲雨晦、文學環境至艱至困之際，埋頭耕耘，翼贊騷雅，亦難能矣，吾人尙忍苛責乎？且就民俗學、社會學角度視之，似亦不宜遽廢之。

吳氏曾於臺灣新民報文藝欄上連載韭菜花，一九三九年三月，該報爲之出單行本，全一冊，二百九十六面，三十二開，平裝，爲吳氏第一部長篇創作。光復後，吳氏歷任「臺灣新生報」、「民族晚報」、「聯合報」記者，及「臺灣廣播電臺」編輯。著〈天明〉、〈香煙西施〉等小說，又嘗於「臺灣時報」副刊專欄撰寫「臺灣鄉野奇聞」，俱獲佳評（註一七〇）。

27.蔡德音（一九一二—）

蔡德音，本名蔡天來，一九一二年生於臺南。觀其自述可知蔡氏亦自少至長，自修苦學而有以自立者，此乃大部分未受完整教育，從事新文學創作者所相似者。蔡氏自謂：

他生下四十天，就給他的親戚作螟蛉子，在臺南第二公學校，即現在的實公學校唸了五年的書，在學中很怠慢本來是要落第的，好得他的義父是漢文書房的先生，才得僥倖昇年。但是在他五年生的時候，他的義父沒故，家庭落薄，且自己自三歲起，就受過漢文的洗禮，對於日本的教育，也感覺沒有什麼必要，所以就自發的退學了。在漢藥店混了二年，至一九二六年，跟漢藥店的老板到廈門，利用公務的餘暇，在基督教青年會，和錢莊公會的夜學，通學了二箇年。本來，自少就在「煙盤」下，受過他的父親，注入了《三國演義》等等歷史小說的趣味，所以一接著中國的文化，對於文藝便漸漸關心起來。在通夜學的中間，就寫了〈一個好學生〉等四篇創作。

在廈門二箇年久，歸臺後便加入文化協會，從事於解放運動（註一七一）。蔡氏於光復前從事國語推行運動，於民衆黨的講座裡教中國語文，光復後在桃園某國小任教，由於缺乏學歷，遂一直充任代用教員，但是，他對國語推行運動，貢獻頗大，目前僑居美國。蔡氏年輕時，廖漢臣謂之「潘安再世」，個性浪漫熱情，喜音樂、嗜文學，撰小說譯戲曲、作詞、作曲，整理民謠，才華橫溢，文采翩翩。

在臺語流行歌未盛之前，有兩首歌曲甚受大家喜愛傳唱，其中一首「紅鶯之鳴」，即由蔡德音塡詞。臺灣新文學運動的作家中，頗多從事流行曲詞之創作，蔡氏亦此輩之翹楚，臺灣文藝協會得以順利發行先發部隊雜誌，除同仁的捐助，也得力於幾家唱片公司刊登廣告，以相資助，方得梓行於世。蔡氏當時即向博友樂唱片公司要求刊載廣告，可知蔡氏在當時臺語流行歌壇深具影響力。當時唱片公司多禮聘新文學作者塡詞作曲，流播歌壇，蔡氏提及當時情形說：「當時每作一詞或一曲，一般行情是三圓，而博友樂以五圓爭取。……而米價當時是一斗一圓，一大斗兩圓，當年每餐能吃幾碗白米飯，就很知足了。」（註一七二）

蔡氏於一九三四年加入臺灣文藝聯盟，與林克夫、廖漢臣、朱點人等氏爲苔岑之契。文學創作，以小說爲主，〈補運〉一篇在臺灣新文化啓蒙運動中具有深刻的意義。該篇小說主張破除迷信，追求理性，作者利用家道中衰，母親帶小孩到廟裡求神補運的社會現象，以諷刺的筆法，嘲弄求神降福之無稽，小說以第一人稱旁知觀點著墨敘述，對於妹妹遺失金項鍊，弟弟爲之喪命等情節，描寫深刻，讀之使人倍感其眞實性。蔡氏嘗與夫人月珠女士合譯山本有三的戲曲，譯作〈慈母溺嬰兒〉，刊先發部隊創刊號。此外，他亦撰寫隨筆、民間故事，隨筆如〈趣話一束〉、〈我不願厭世〉，民間故事如：〈碰舍龜〉、〈洞房花燭的故事〉、〈圓仔湯嶺〉、〈離緣和崩炭仔山〉等，此皆蔡氏之代表作也。

28.巫永福（一九一三—）

巫永福，一九一三年生，南投縣埔里人。公學校畢業後，就學臺中一中。後負笈日本，於明治大學攻讀文藝科。巫氏曾回憶，在臺就讀，住宿時之情景：

同室的一個上級生有空就埋頭看「包華麗夫人」、「罪與罰」、「安娜卡麗妮娜」、「戰爭與和平」、「雙城記」等日文翻譯的世界文學名著，引起我的注意與興趣，於是他看完一本，我就借來一本，進了第二學年，幸好也是同室，就繼續讀這些傑出的小說，對我發生了極大影響，後來我不顧家父的反對立志於文學，決心考明治大學文藝科，接受日本有名的小說家山本有三、里見敦、橫光利一，戲曲家岩田國士、豐島與志雄、評論家小林秀雄、谷川徵三，詩人室生犀星、荻原朔太郎等教誨的原因即在此（註一七三）。

一九三二年巫氏與張文環、蘇維熊、王白淵、施學習、曾石火、吳坤煌等組成臺灣藝術研究會，並創刊文學誌《フオルモサ》，而成臺灣新文學史上最早活動之文學團體，巫氏參與編務極爲積極，該誌雖出刊三期即告停刊，但每期都有巫氏之作，一九三五年巫氏返臺，旋任臺中市臺灣新聞社記者，同時亦參加張深切領導的臺灣文藝聯盟，且於該聯盟刊物《臺灣文藝》發表小說。一九四一年參與《臺灣文學》雜誌。戰前臺灣新文學作品，往往以揭發社會黑暗面，表現抗日情懷之精神為主，然而巫氏的作品不限於此精神，巫氏每究心於人性之刻畫，藉男女戀情之描寫，爭名奪利之刻繪，指陳人性之弱點。其代表作〈慾〉，尤足觀其小說風格。在臺灣新文學史上，《慾》是一篇主題特異之作，其內容並無反帝、反封建之成分，而唯純粹地探求人生由慾激起之瓜葛故事。描寫日據時期商人求利之事，藉複雜人際關係之鋪陳，點出貪慾、自私不擇手段之人性弱點。

一九五〇年巫氏出任臺中市政府秘書，一九五六年任中國化學製藥公司總經理，自一九六三年任新光產物保險公司副總經理、執行董事以迄退休，巫氏因奔忙商場和「語言障礙」，使文學生命留了一段空白，但一九六七年參加《笠》詩社後，又開始關心文學，也再執筆以中文創作。《臺灣文藝》創辦人吳濁流逝世後，巫氏義無反顧出任虧損累累之《臺灣文藝》發行人，一九七九設立巫永福評論獎，以獎勵臺灣文學評論家。巫氏小說〈黑龍〉、〈山茶花〉、〈慾〉三篇入選遠景版《光復前臺灣文學全集》，另前衛出版社復將其小說創作都為《巫永福集》，詩則分別刊於《美麗島詩集》及日文版《臺灣現代詩集》，結集出版之著作有《愛：永洲詩集》，散文集《風雨中的長青樹》（註一七四）。

29. 呂赫若（一九一四～一九五一？）

呂石堆，筆名呂赫若（註一七五），一九一四年生於臺中豐原潭子。一九五一年後下落成謎（註一七六）。

一九三四年畢業於臺中師範學校，次年其處女作〈牛車〉刊載於日本《文學評論》雜誌，頭角漸露。翌年〈牛車〉又與楊逵〈送報伕〉、楊華〈薄命〉，經胡風翻譯，被選入《山靈—朝鮮臺灣短篇集》一書。因此〈牛車〉是日據時代第一次被介紹到中國的臺灣小說之一。〈牛車〉敘述陷入悲苦絕望的臺灣農村家庭，刻畫了日本殖民統治下臺灣農村羅掘俱窮、瀕臨崩潰的景象。一九三九年，呂赫若赴東京學習聲樂，進入武藏野音樂學校聲樂科，師事聲樂家長坂好子，演過《詩人與農夫》歌劇，是個出色的男高音歌唱家。日據時代有許多作家畢業於師範學校或醫學校，呂赫若也跟他們一樣，他喜好文學，關心臺灣農村，憐憫臺灣婦女之不幸。一九四〇年開始於《臺灣藝術》刊載長篇小說〈臺灣の女性〉，一九四二年自日本返臺，加入《臺灣文學》，參與編務，此後在該雜誌發表小說，爲數可觀，〈財子壽〉、〈風水〉、〈合家平安〉、〈廟庭〉、〈月夜〉皆爲當時作品。一九四三年與王井泉、林博秋、張文環、呂泉生等人，籌組「厚生演劇研究會」推動臺灣新劇。同年十一月，以〈財子壽〉榮獲第二回「臺灣文學賞」，短篇小說〈風水〉被選入《臺灣小說選》，大木書房出版，選集中另有王昶雄〈奔流〉、龍瑛宗〈不知道的幸福〉、楊逵〈泥娃娃〉、張文環〈媳婦〉、〈迷兒〉，全爲日文作品。次年，小說集《清秋》，由臺北清水書店出版，爲二次大戰前臺灣作家中唯一結集出版者。臺灣光復後，呂氏任《人民報導》記者，並陸續有中文小說發表。一九四八年受陳文彬影響，思想逐漸左傾，後參與「鹿窟武裝基地事件」，死難於臺北縣石碇附近的鹿窟（註一七七）。

和日據時代大部分知識分子一樣，呂氏之思想亦偏向社會主義，不過當時他並未實際從事社會運動。從其對文學之評論〈關於詩的感想〉、〈舊又新的事物〉，要求臺灣詩人宜有正確寫作態度，感情要能反映現實情態；對吳天賞「高度文學的氣氛」之說頗不以爲然，呂氏認爲「藝術離開了階級的利害是無法存在的，而且無法有所發展」（註一七八），在對「希臘的神話」方面，認爲「描寫自然的本身，並沒有對今日的我們有多大的魅力。因此，它不是作爲純粹藝術，它所充滿的社會性才對我們有無限的魅力。」（註一七九）呂氏這些說法充分透露了文藝之所以有價值，對後代產生共鳴，是因其社會性，因此他說「如果文學要忘卻社會性與階級性，我們就必須要將藝術史全部燒毀。」（註一八〇）從其所引言論及個人對文學之評價，呂氏在一九三五年時其社會主義思想蓋已縈繞腦海中矣，宜其作品富有社會性、充滿人道主義之關懷。

張恒豪先生評其文學，說他「特別興味於瑣細的敘述手法及客觀的形式控制，透過冷酷的筆觸，剖析農業經濟過渡到工商經濟中國人和家族的困境，特別是封建性生產制度下的農村家庭結構，以及臺灣婦女在封建桎梏下的悲劇性命運，尤爲他所關懷的主題。」（註一八一）正如日據時代大部分的臺灣新文學作家一樣，對殖民統治、封建殘孽，給予無情的鞭撻，不過，呂赫若表達手法常是不帶任何激情，「他是個徹底的冷靜的觀察者」，他刻畫農村，並不汲汲於控訴農民生活的苦難，而是以農村家庭結構爲中心，藉著發生在家庭裡的變故，剖析人性的貪婪、農村人倫道德的崩潰。葉石濤先生曾贊美他說：「呂赫若擅長於描寫形形色色的農村裡家庭結構的變遷，人際關係間所醞釀的故事，結果他輕而易舉地剖析了日據時代整個社會結構的不合理與缺陷。」（註一八二）

日據時代臺灣新文學作者，大都懷有社會意識，兼有社會運動家的風貌。然而呂赫若、朱點人，在日據時期他們始終堅守文學本位，善盡知識分子之道德責任，以筆桿誅討不義，富有人道主義胸懷，不曾眞正投入社會運動的洪爐裡。然而戰爭結束後，他們卻雙雙告別文學，躍入動盪不安的時代火焰裡，投入民衆運動的漩渦裡去。以此種下禍因，年方盛壯，即自罹其殃，而其文學生涯，亦遽爾中絕。究其原因，難道是對文學工作產生無力感，對現實政治感到絕望，才陷於萬劫不復的境地嗎？還是有其他理由？呂、朱二氏，悲劇性的一生，令人慨嘆。

施淑在〈最後的牛車〉曾詳述其創作手法：

在所有這些作品裡，我們感覺到的是春去秋來，歲月如流，一切似乎自然而然地發生、變化，一切事物都按照它內在的發展邏輯和一貫性被敘述出來，而不是被邏輯地組織出來，像靜物寫生似地加以細細描繪，使它們像一個個被製造出來的「成品」一樣出現。這種藝術表現，雖然使呂赫若的作品難免有叢雜的、失去中心的現象，但卻避免了早期臺灣小說常有的因社會改革的使命感而產生的急躁的、抽象的長篇說教，或爲突出某一人物及事件的意義而著力描寫後所形成的結構上的局部臃腫。就藝術形式這方面來說，呂赫若的小說自有文學史上的深刻意義（註一八三）。

從施女士的剖析，足可對呂氏創作特徵有所了解，此外呂氏對於語言之運用，風物之描述、襯托，人物之刻畫，心理活動之描寫，都有極高的表現天才。如果他不涉及政治，潛心寫作，相信以他的創作天分必能寫出更動人、更有價值的作品。

30.王昶雄（一九一六—）

王昶雄，本名王榮生，一九一六年生，臺北淡水鎮人。一九二三年就學淡水公學校（今淡水國小），於時王氏雙親往返於泉州、福州、廈門，頻歲操勞，故王氏自小由外祖母撫養長大（註一八四）。一九二九年負笈櫻邦，畢業於郁文館中學，復進入日本大學文學系攻讀文學，旋轉讀日本大學牙醫系，以迄廿七歲卒業。旅日時期，王氏曾於同人雜誌、報紙發表詩文，而以詩篇爲主（註一八五）。一九四二年返臺，遂與《臺灣文學》編務。其作品散見於《臺灣文學》、《文藝臺灣》、《臺灣日日新報》，所撰小說〈淡水河的漣漪〉、〈奔流〉等爲其代表作。

〈奔流〉嘗選入一九四三年《臺灣小說選》（選集中並刊錄龍瑛宗〈不知道的幸福〉、楊逵〈泥娃娃〉、呂赫若〈風水〉、張文環〈迷兒〉、〈媳婦〉等作）。或謂〈奔流〉乃皇民化之作，或謂此以臺人立場，傾訴皇民化時苦悶心聲之寫實作品。唯就全文觀之，王昶雄「委婉而巧妙地批判皇民化運動的策略是相當成功的。」（註一八六）該文透過伊東春生、林柏年理念之相鑿枘，以醫生之立場，檢視「我」心靈之鬱結，並傾吐臺人處皇民化運動之際之牢愁、徬徨，無所適從之心情，而以正言反說之法出之。

王昶雄以日文寫小說、新詩、評論，作品之豐富，頗冠於一時，惜今日中譯者尠，讀者尚難一窺全豹。王氏中、短篇小說極夥，其目如后：中篇者如〈淡水河的漣漪〉、〈奔流〉、〈梨園之歌〉、〈鏡子〉。短篇小說有：〈回頭姑娘〉、〈流浪記〉、〈小丑的嘆氣〉、〈流放荒島〉、〈兩個女郎〉、

〈阿飛正傳〉、〈濱千鳥〉、〈某壯士之死〉、〈笨蛋〉、〈阿緞做新娘〉、〈心中的歲時記〉、〈當緋櫻開的時候〉。

光復後王氏雖暫停文學活動，然其興趣不減，以暇時熟讀現代文學作品，並潛心研究文學理論，且出其餘緒，撰為新詩、隨筆、臺語歌詞。嘗謂：「文學的眞正任務是體現人生，啓發人生，使人從文學的境界中獲致一個正確的觀念，這才是文學的最高準則。」可見其文學素養之深。一九八〇年王氏以散文〈人生是一幅七色的畫〉，震驚文壇，文筆流暢，情思並茂（註一八七），光復後再出發之臺籍日文作家，其中文寫作皆能深造自得，令人爲之喝采。

31. 葉石濤（一九二五—）

葉石濤，一九二五年出生於臺南府城一小地主家庭。年六歲，即於臺南媽祖宮畔私塾就學，啓蒙於有清秀才。八歲入公學校，受日式教育。一九三八年赴臺南州立臺南第二中學繼續學業。十九歲畢業，旋入《文藝臺灣》任助理編輯。

葉氏少嗜文學，博覽吾國古典小說，旁及日譯世界名著。十六歲時，初撰小說（註一八八），第一篇小說〈媽祖祭〉稿投遞《臺灣文學》（張文環主編），入選佳作，惜未刊載。第二篇〈鄭成功〉稿郵於《文藝臺灣》（日人西川滿主編），亦無登載之幾。第三篇說部〈林君寄來的信〉終獲《文藝臺灣》採用遂與西川滿《文藝臺灣》編務。

《文藝臺灣》同仁，十之七八，率爲日籍人士，主編西川滿精擅詩文小說，雅嗜唯美，文風浪漫，尤喜描繪極富異邦情趣（對日籍人士而言）之鯤海勝景。而《臺灣文學》十九爲吾國成員，賦詩撰文，強調寫實。兩者活動頻繁，相激相盪，而壁壘分明。當時葉氏年少，並未深諳臺人爲日吏割剝之慘狀，且恒抱持一信念—藝術領域並無國界之分；是以樂於和西川滿共事（註一八九）。一九四四年，葉氏於曩日所懷抱之浪漫主義文學觀深思猛省，並自我批判；且嘗與西川滿見解相左，於是離開編輯事業，任教臺南市立人國小。

一九四五年，日軍於亞洲戰區迭遭敗績，葉氏爲日軍所迫，廁身行伍。臺員重光，葉氏再回立人國小教書。此其間重讀華夏典籍，嘗試中文寫作，筆耕硯田，十多寒暑，方於一九六八年六月，將首部小說集《葫蘆巷春夢》梓行於世，此後佳編屢出，好評不斷：《羅桑榮和四個女人》（一九六九）、《晴天與陰天》（一九七三）、《鸚鵡和豎琴》（一九七三）、《噶瑪蘭的柑子》（一九七五）、《採硫記》（一九七九）、《卡薩爾斯之琴》（一九八〇）、《黃水仙花》（一九八七）、《姻緣》（一九八七）（以上四書爲舊作新刊）、《紅鞋子》（一九八九），鄉土之思，往往湧現於每一作品之字裡行間。葉氏不但精擅創作，其文學評論亦管領風騷，頗具權威。所著《葉石濤評論集》（一九六八）、《臺灣文學史綱》（一九八七）、《走向臺灣文學》（一九九〇）、《臺灣文學的悲情》（一九九〇）莫不享譽當世，爲臺灣文學研究者重要參考典籍。

葉氏平生撰寫小說，評論文學，自期綦嚴，成就斐然。所獲優獎極多：文協文藝獎章、文藝評論獎、巫永福評論獎、金鼎獎、鹽分地帶文藝營文學貢獻獎、北美文學獎。凡此皆可徵其文學之勳業。

葉氏早年酷愛瀛湄佳景，嚮往浪漫愛情，故其小說〈林君寄來的信〉（註一九〇）與〈春怨〉即其情懷之反映，而趨於唯美。葉氏嘗自道其寫作靈思：「……起初寫的多是神秘、纏綿的愛情故事，當然書中主角都是我的變身，我好像是那卡薩諾伐，每一個冰潔玉骨的女人都為我弄得神魂顛倒。（註一九一）」既鯤嶠重光，葉氏小說轉以歷史事件為內容，以探討臺籍人士之運命（註一九二）。雖然題材、內容，改弦更張，但是文風筆觸；仍不改故習，時有浪漫、隱晦之致。一九六五年，葉氏重拾花筆，撰述〈臺灣的鄉土文學〉論著、並發表小說〈青春〉，細檢〈青春〉，可知葉氏已將其文學理念落實於作品，其作品特色要為根於生活、源於人間、富於歷史精神。蓋自一九五一年以還，葉氏幽囚囹圄，前後三年；慘齷之境，桑海之劫，使葉氏文章，窮而彌工，深體文學當重社會寫實之理，故其評論文學時，力倡鄉土文學之價值，其創撰小說時，則導「鄉土小說」之先路（註一九三）。

葉氏之小說，由浪漫漸趨寫實，由唯美漸趨鄉土，由愛情寫到史事，與時俱進，寖臻精熟之境，宜其管領風騷，而成臺灣文學之巨擘（註一九四）。

32.張慶堂

張慶堂，筆名唐得慶，臺南縣新化人。生卒年不詳。張氏生平，據筆者所知，資料並不多，朱鋒（莊松林）〈不堪回首話當年〉一文，差可參考

南市的同好者櫪馬、張慶堂、黃漂舟、董祐峰、鄭明、徐阿壬與我等十餘人，組織了『臺南市藝術俱樂部』，內分文藝與演劇兩部，再附置臺灣舊文獻整理委員會一機構，專門從事搜集與

抄寫有關臺灣關係的舊文獻，加以整理與考據。……不久之間光復來臨，已達到康莊大道，轉瞬間，快要迎著第十年了。偶然回頭一顧，同伴之中，中途夭折者有林秋梧、趙櫪馬、董祐峰等三人，殘存者寥寥無幾、然都改行易業，如張慶堂早已投筆從農，鄭明只顧禮佛念經事了，他們已忘記過去的事，現在堅抱三不主義—不讀不寫不談，與文學絕了緣。」（臺北文物，三卷三期）

由朱氏之記載可知張慶堂曾與同好籌組臺南市藝術俱樂部，蒐考臺灣文獻，贊襄文藝。光復後，正可自由寫作，提振文運，而張氏竟封筆務農，且「不讀不寫不談」，光復前後行徑判若冰炭，其間原委，朱鋒短文亦僅寥寥數語，語焉未詳，無從觀知。

張慶堂於二次世界大戰前曾發表小說五篇。〈鮮血〉、〈年關〉、〈老與死〉、〈他是流眼淚了〉、〈畸形的屋子〉。寫作年代則介於一九三五年迄一九三七年之間。七七事變以後，日吏逼人日甚，說寫中文，皆爲厲禁，張氏之小說創作亦從而中輟。

張氏小說大抵以農村之人、事爲題材，對農民不堪剝削，轉徙流離，無以爲生的景況，有極爲深刻的描寫，可見其關懷農民之襟懷。如小說〈年關〉，敘述農民乏地可耕，因而遠赴城市，冀謀職維生，未料竟然饔飧難繼，淪爲盜賊。張氏在小說末附「後記」說：

這篇學生時代所寫的東西，於是把它略加修改就大膽地發表了出來，難免有幼稚之嫌。

張氏以「幼稚」自名，毫無矜炫之態，可謂謙遜。而宮安中氏之評則稍近苛刻，謂之「浮淺表面」，又謂：

主人公阿成底行爲的轉變之契機的話，實在與一個拉車的身分太不相稱了。那一段寫阿成捏著短鎗，要「幹」而又猶豫著的複雜心理的描述，很覺得勉強。（註一九五）

平心而論，〈年關〉之寫作技巧，或未臻圓熟；然而張慶堂對於當日農村經濟頽敝，農民陷於困境，離鄉輕家，旅食都邑，卻命途坎坷，瀕於死亡之現象，頗能燭照無遺。後來的小說作者，在其小說中也表現了類似的觀照，深饒寫實精神。

〈鮮血〉主角農民九七，不甘被地主剝削，於是賣掉耕牛，遠赴城市，充當人力車伕，生活窮乏，常常腹飢體虛，一日挽人力車，登上斜坡，力竭失控，碰撞汽車，竟慘死輪下。〈鮮血〉中之九七，〈年關〉中之阿成，皆因窮困潦倒，走投無路，而終其痛苦之一生。展卷之餘恆令人心驚魄動，咨嗟不已！張氏後來作品，所塑人物，則充滿著堅毅之氣，求生之志。如〈老與死〉中的烏肉兄無視於貧病交侵，日警暴虐，猶能振奮精神，勇敢生存，以鞠育女兒長大成人。〈他是流眼淚了〉敘述章大根悼亡之後，心懷悲哀，謀職都市，不濟，又爲同鄉林文福所欺，當時處境實爲悲慘，然而章大根並未屈於現實，他痛下決心返鄉奮鬥，把孩子養大。烏肉兄、章大根不屈不撓之氣魄，與九七、阿成遭逢橫逆、苟延殘喘，終於喪命相較，尤顯積極健康。作品爲作者思想心境之反映，張慶堂在短短數年中，思想或許變得更積極了吧！

張恒豪氏曾爲張慶堂集作序，序中對張慶堂的小說作了相當中肯的評價：

僅在表現一種外界現象的寫眞而已，作者尚發揮了那深刻的、犀利的剖析眼光。一方面冷智地透視出社會變動的潛在力量，從鄉村到城市之間，勞動者的興起與淪落；一方面則挖掘了人類心靈地帶的盤根錯結，在理想與現實的衝突之間，無產者的絕望與希望。

最値得注意的是，作者有很深厚的散文底子，他的小說氣氛控制得極佳，其態勢的開展、衝突的強化，以及結構的經營都是値得稱道的，在「成熟期」中應有其一席之地位。（註一九六）

細讀張氏小說，寫景則饒詩情，蘊畫意。修辭則流暢洗鍊，頗能呈顯散文特有之美感。張氏泉下有知，或當欣悅於擁有身後之知音張恒豪吧！

33.林克夫

林克夫，原名林金田，又名徐金田，綽號メガネ。其父姓林，不入籍，故從母姓徐。生年不詳，臺北艋舺人。曾爲臺灣文藝聯盟同仁，其重要小說有：〈阿枝的故事〉、〈隱者〉（臺灣新民報）及〈秋菊的告白〉等三篇。另有詩、隨筆、評論若干篇。評論文字如〈淸算過去的誤謬—確立大衆化的根本問題〉，刊《臺灣文藝》第二卷第一號，及〈詩歌的重要性及其批評〉，刊《臺灣新文學》第一卷第七號；以HT生的筆名發表〈傳說的取材及其描寫的諸問題〉，刊《第一線》創刊唬。他雖因少時家貧，未能接受正式學校教育，然其漢文學養深厚，蓋由苦學而得。柳塘在〈黑面廖漢臣〉一文說：

記得四十多年前的日據時代，廖先生在艋舺九間仔與林克夫先生同住一起。廖先生在醫專服務，林先生則在臺日社，他們總關心時局。有一段時間，兩人都跟漢學家顏笏山（笏，誤植爲笴）先

生攻讀漢文。（臺灣文藝第七十二期，頁三一六）

廖漢臣即當時撰寫〈同好者的面影〉之作者毓文，他在介紹林克夫時說：「阿拉和克夫先生，認識了十來年了。因為他自和阿拉認識就搬在一同屋內。……據他自己說，他少時環境很壞，自七八歲的時候，便去替人拿『辨當』，後來才轉入臺日植字部去當職工。就如他的漢文的素養，也是在這職工生活中習練的。」（註一九七）此二段文學可比並而觀。廖氏該文並謂林氏失戀之後不談婚嫁者為時甚久，迄一九三六年，年逾而立方組新家庭。〈同好者的面影（三）〉一文又說：

> 克夫先生，平素很愛吟詩，尤其是愛誦袁子才——即袁隨園的作品。在風清夜靜的時候，很容易聽到他的錚錚瓏瓏的抑揚自己在的吟嘯。他自在過去，也做了很多的舊詩。阿拉記得他有一首〈遊石壁湖〉的五律——點人先生也有一首。「石壁湖」是在枋寮地方。那裡有個尼姑庵、觀裡的尼姑、不守佛門清規，時佈穢聞，因此，他在那首紀行詩裡，描寫景色，就暗地譏諷她們說，「嚴壁風霜古」，「林花雨露香」。沒論「林花」，就是在指那些尼姑，這和隨園的「商山妓女亦蒼生」句，一樣機警，讀者諸位先生，誦此便知克夫先生，受袁枚的影響之深了。
>
> 克夫先生，又有一首七律的「元旦書懷」這首詩是在過去四五年前作的，中有一句「讀書本為資養性，非關識字始求人」，這就是他那時候的懷抱。

林氏除寫評論外，亦撰隨筆，如〈叫賣的王三七〉、〈誤認母親〉及新詩〈思潮〉、〈日光下的旗幟〉……等。小說可見者有二篇，〈隱者〉一作則僅存篇名，其內容不知猶存霄壤否？〈阿枝的故事〉反映日據時期勞工之辛酸；〈秋菊的告白〉描繪人肉市場中之可憐女子秋菊，敘述她賣爲養女後，被迫賣淫之事。楚女謂該篇「內容雖然平凡。卻比前二者還有一點可觀價值。……因爲這篇的內容價值比較的含有社會性。」（註一九八）就此二篇小說觀之，可知林氏小說多以社會現象爲題材，頗富寫實意味（註一九九）。

34. 徐淵琛

徐淵琛，筆名徐瓊二，外號蟑螆。生年不詳，與廖漢臣、林克夫並嗜文學。徐氏爲充實漢學素養，於臺北二中畢業後，即與漢臣、克夫、逸生、湘蘋等人結伴攻讀於夢覺書房。他曾加入爲島虹二氏所發刊的《風景》、《赤い支那服》的同仁，又加入上忠司主編的《無軌道時代》、《圓桌子》及平山勳等的《臺灣文學》、《南海文學》。又於一九三三年參加「臺灣文藝協會」，一九三四年加入「臺灣文藝聯盟」，任執行委員。

徐氏中學畢業之後，一度爲失業所苦，嘗賦新詩若干首，自序失業之身心，同時復於新民報撰文提倡「失業者文學」，「一九三二年六月十六、十七日發表在該報的「失業者文學」，是最值得嚼味的理論。」（毓文語）。徐氏之作新詩、小說、文學評論，皆頗出色。劉捷評他爲「戰鬥底理論」。徐氏自任職昭和新報記者之後，漸疏遠文學，或以工作忙碌，遂無暇執筆歟！一九三六年賴和〈豐作〉譯文發表於《文學案內》，徐氏乃於臺灣新聞報，刊載〈賴和氏「豐作」批評と我再出發の辦」一文，同時復於臺灣新文學五月號（一卷四期）撰寫小說〈或る結婚〉。該篇小說描述一對青年男女爲聘金所苦，後雖終成眷屬，但卻已遍歷艱辛，婚後的債務需二人共同奮鬥償還。本文就其精神言，反映買賣婚姻之疵病，然其評價不高，甚至有「如讀了新聞記事一樣，枯燥無味。」（註二〇）之評語。戰後，徐氏投身左翼行動，因此遭不測之禍，卒於一九四八年。

【註釋】

註一　時間雖然涵括日據臺島的五十年，但臺灣新文學自公元一九二〇年方萌芽，實則時間僅二十五年左右。目前文獻可考之文言小說創作始自公元一九一〇年新學叢誌〈紅鬍子〉一文，此後十二年一片空白（筆者疑該作為在臺日人所撰的小說），自公元一九二二年追風〈彼女何處へ〉一作刊登《臺灣》，小說創作方漸盛，因此一般言日據時期之臺灣小說，其實多自公元一九二二年開始。

註二　〈豐作〉於公元一九三六年經楊逵譯成日文，刊於東京《文學案內》新年號二卷一號〈朝鮮臺灣中國新銳作家集〉內。

註三　李獻璋所編《臺灣小說選》，選錄賴和作品〈棋盤邊〉、〈赴了春宴回來〉、〈惹事〉、〈辱？〉及〈前進〉凡五篇小說創作。李南衡編《賴和先生全集》（明潭出版社）於賴和先生年表簡編，於一九二八年條下云「隨筆」，並謂「可能是本年中作品，發表刊物及日期不詳」。見頁四九五，其說為是。

註四　〈水月〉一文據吳氏之說著錄，張良澤編《吳濁流作品集⑥—臺灣文藝與我》一書，刊有吳濁流氏〈

泥沼中的金鯉魚自序〉，謂：「於是我硬起頭皮，苦心三日寫一篇〈水月〉給她看，她稱讚不已，於是代我投於臺灣新文學雜誌，僥倖刊出。」然筆者遍尋該雜誌，皆未見〈水月〉一文，實則刊於新文學月報第二號，一九三六年三月二日，題名爲〈海月〉。

註五　據吳濁流自撰年譜，一九三七年條下：「寫〈五百錢之蕃薯〉、〈功狗〉」，另一九五八年：「譯〈友愛〉、〈功狗〉」，頁二三。

註六　同前註，一九四四年條下：「寫〈陳大人〉、〈先生媽〉」一九四六年條下：「〈陳大人〉發表於新新雜誌，〈先生媽〉發表於民生報。」頁二一二。

註七　同前註。

註八　據H．C．生（廖漢臣）的〈文藝時評〉一文所述：朱點人有一創作〈故事〉，未見內容，僅記篇目。毓文（廖漢臣）的〈同好者的面影〉一文又述：朱點人另有創作〈養鼠〉〈投資〉、〈醫者與仁術〉、〈打倒優先權〉，未見內容，謹記篇目。據王詩琅口述：朱點人有一小說〈血櫻〉，描寫霧社事件，創作日期不詳，未發表，終戰前全稿燒毀。此外王氏〈臺灣文藝作家協會〉一文謂：一九三一年六月，臺北日僑平山勳、上清哉、藤原泉三郎……等人籌組臺灣文藝作家協會，八月發行日文文藝雜誌《臺灣文學》，朱點人曾於此發表作品。筆者未見該誌，其篇目無由得見。

註九　李獻璋所編《臺灣小說選》曾選入，唯該書於印刷中被禁止發行，賴和子嗣存有二校樣本。

註一〇　同前註。

註一一　據《臺灣作家全集—楊守愚集》（前衛出版社）收錄〈慈母的心〉，並附注曰：「本篇另名〈冬夜〉。」（頁三九五）文末又曰：「本篇作於一九二七年十一月六日，爲楊氏留存之手稿，後載於《文學界》第十集，一九八四年出版。」據其意，〈冬夜〉一文似尚未發表，直至一九八四年方刊於《文學界》。整理守愚遺稿予以刊登，此實爲黃武忠先生之功勞。唯〈冬夜〉一文曾於一九三〇年五月三、十、十七日刊登於《臺灣新民報》第三百十一號至三百十三號，分上、中、下三回刊畢，作者欄且署名瘦鶴。又守愚〈赧顏閒話十年前〉一文曾謂：「而拙作盜伐在曉鐘，新郎的禮數在明日」（臺北文物三卷二期，頁六四）根據文獻所載〈新郎的禮數〉發表於一九三〇年九月出版之雜誌《明日》第三期，且署名爲瘦鶴。此二則資料合觀，可知楊松茂另一筆名爲「瘦鶴」，歷來介紹瘦鶴其人時，皆以生平不詳視之，今可據此補其闕漏。楊氏之作亦因而多增二篇，即原署名瘦鶴所作之〈出走的前一夜〉、〈沒有兒子的爸爸〉二文，亦楊氏之作品。

註一二　同前註。本篇作於一九二八年六月十一日，至一九三〇年九月方發表。

註一三　見註二八。

註一四　楊守愚〈赧顏閒話十年前〉一文謂：「而拙作盜伐在曉鐘，新郎的禮數在明日，兩對摩登夫婦在臺灣文藝，移法、赤土與鮮血……等都是爲臺灣新文學而賣力。」〈盜伐〉據作者回憶補入。〈兩對摩登夫婦〉爲歌劇，刊《臺灣文藝》創刊號，頁三一，〈移法〉應爲〈移溪〉，疑臺北文物之誤。

註一五　《賴和先生全集》編後年譜，誤植〈春雷譜〉爲賴氏作品。林瑞明先生已有辨正，文見：〈重讀王詩琅「賴懶雲論」〉，刊《臺灣文藝》創新七號，一九九一年十月，頁四〇。

註一六　該文於公元一九三二年經賴和推薦刊載於《臺灣新民報》，只刊前半部，後半部被查禁。公元一九三四年十月，全文入選東京《文學評論》第二獎（首獎從缺）。該文為臺灣作家首次進軍日本文壇。

註一七　《壓不扁的玫瑰》一書將〈水牛〉歸入散文札記，此文可以小說視之。又其他楊氏選集皆將該文視為小說。《壓不扁的玫瑰》乃前衛出版社印行。

註一八　公元一九三六年〈田園小景〉刊載時後半部因病未續。翌年楊氏為避日警查緝，隱匿東京近郊鶴見溫泉，將該文改題為〈模範村〉，經由《文藝首都》保高氏介紹，交與改造社《文藝》編輯部。唯時值日本文化界大整肅，遂遭退稿。

註一九　〈豚のお產〉一文，歷來皆誤植於臺灣新文學第二卷第四號。然該期並未刊載此文，該期並載大村章三、吉田清一郎所撰〈文藝時評〉一文，謂張氏作〈豚のお產〉，則張氏此作宜在二卷四號之前，筆者徧查該誌前後期亦不見此文，而復刊本恰好缺二卷三號，筆者疑該文可能即刊於這一期。

註二〇　前衛出版社《龍瑛宗集》謂刊於《臺灣日日新報》，實則刊於《文藝臺灣》創刊號。茲訂正之。

註二一　〈歌〉一作，前衛出版社《龍瑛宗集》繫於一九四四年，茲據《臺灣文藝》二卷一號所刊，時間宜為一九四五年一月五日，然則創作時間或為一九四三年。

註二二　〈暖流寒流〉寫於陳氏十九歲時，結集出版時廿一歲。陳氏另有短篇創作〈モメココの女〉、〈月末の溜息〉、〈黑潮越えて〉、〈鳳凰花〉、〈敗北〉等作，皆係日文作品，筆者未見，茲謹記其目。

註二三　王氏中篇創作另有〈梨園之歌〉、〈鏡子〉，短篇創作有：〈回頭姑娘〉、〈流浪記〉、〈小丑的嘆氣〉、〈兩個女郎〉、〈阿飛正傳〉、〈流放荒島〉、〈濱千島〉、〈某壯士之死〉、〈笨蛋〉、〈阿緞做新娘〉、〈心中的歲時記〉、〈當緋纓開的時候〉，亦謹記其目。

註二四　毓文〈同好者的面影〉介紹克夫其人時，謂其本名「林全田」，《光復前臺灣文學全集》（遠景出版社）則作「林金田」，未知何者爲是？

註二五　〈廢人黨〉作者據刊登該誌之臺灣文藝二卷六號，署名爲湘月。《光復前臺灣文學全集》則署名爲楊少民。此處依據前說。

註二六　刊《臺灣》第四年第七號，頁六三—八五。

註二七　參閱《警察沿革誌》第二編中卷，頁三五四。

註二八　刊《臺灣民報》第六十七號，一九二五年八月二十六日，頁四五。

註二九　楊肇嘉〈臺灣新民報小史〉則曰：「謝星樓是臺南市人，寫了〈臺灣議會請願歌〉，他曾以鷺江柳裳君的筆名寫社會新小說〈犬羊禍〉，自第四年第七期起連載，是一篇諷刺當時的御用紳士辜某楊某內幕小說，轟動一時，但也引起不少的麻煩；另外他又寫〈最新聲律啓蒙〉，筆調風趣滑稽，頗受人歡迎。」東方書局影印本第三十號。楊文謂〈犬羊禍〉乃諷刺辜某（辜顯榮）楊某（楊吉臣），唯一般說法以爲是林獻堂與楊吉臣二人，楊氏或曲爲林獻堂迴護，蓋「犬羊禍」之取義，其「羊」固指楊吉臣，羊、楊同音；而「犬」乃指林獻堂，「獻」字從「犬」。

註三〇　葉石濤《臺灣文學史綱》，頁三四，文學界出版。

註三一　參考謝國文《省廬遺稿》、《臺灣》、《臺灣民報》、史明《臺灣四百年史》、《臺南市志稿》、《臺灣詩醇》等書。

註三二　林瑞明〈賴和與臺灣新文學運動〉一文對賴和家世有詳細說明，國立成功大學歷史學報第十二號，一九八五年十二月，頁二九七—二九九。

註三三　《賴和先生全集》，明潭出版社，頁三九二。

註三四　賴氏在廈門情形及返臺之因，王曉波〈臺灣新文學之父—賴和與他的思想〉一文曾就葉榮鐘、賴恒顏之說加以闡明，文刊《臺灣時報》，一九七九年四月廿六日。

註三五　賴和〈讀臺日紙的新舊文學之比較〉，《臺灣民報》第八九號，東京，一九二六年一月廿四日。刊於一九三六年的〈辛酉一歌詩〉爲其十年前舊稿，爲臺灣話文之文學記錄，可參考。刊《臺灣新文學》一卷八號，頁一二五。

註三六　王錦江〈賴懶雲論〉，原文載於《臺灣時報》，二〇一號（一九三六年八月）。由明潭譯成中文，收錄於《賴和先生全集》，日據下臺灣新文學明集，明潭出版社一九七九年三月十五日，頁三九九—四〇六。

註三七　林瑞明〈賴和與臺灣文化協會〉（下），《臺灣風物》第三十九卷第一期，頁二七。說亦見於林著〈重讀王詩琅賴懶雲論〉一文，《臺灣文藝》創新七號，一九九一年十月十五日，林氏近年來精研賴和有獨到深入的見解，成績甚爲可觀。

註三八　刊《新文學月報》第二號，一九三六年三月二日發行。

註三九　楊守愚曾說：「民報原沒有設文藝欄。但經過了言文論爭，又發表了賴懶雲的小說之後，當時民報的編輯醒民（黃周）思有以促進臺灣新文學之報導，就主張設文藝欄，爲文學同好者提供發表、討論的園地。……這樣經過數次討論之後，才知道了要一起解決人才和經濟難題的上策，將文藝欄創設的重責整個囑託於懶雲氏之外，別無他法。」見楊氏〈小說與懶雲〉一文，原刊《臺灣文學》二卷二號，收於《賴和先生全集》，明潭出版社，頁四二六。

註四〇　同前註，全集頁四二六—四二七。

註四一　梁德民（梁景峰）〈賴和是誰？〉，《夏潮》一卷六期，一九七六年九月一日，頁五七，亦收入《賴和先生全集》。

註四二　賴氏生平資料之撰寫除前引諸文外，尚有：林瑞明〈石在，火種是不會絕的—魯迅與賴和〉，《國文天地》七卷四期；彭瑞金〈打下第一鋤，撒下第一粒種籽—賴和與臺灣新文學〉，《國文天地》七卷五期；黃邨成〈談談南音〉，《文獻資料選集》，明潭出版社，頁三四三；葉寄民〈不死的野草—臺灣新文學的奶母賴和〉，《臺灣學術研究會誌》第二期，頁二九—四二；林衡哲〈臺灣現代文學之父—賴和〉，《先人之血，土地之花》，前衛出版社，頁二五—三四；「賴和研究專輯」《臺灣文藝》第八〇期，頁二四—五四；陳香〈賴和其人及其詩〉，聯副一九七九年二月廿九日。

註四三　第十二任「臺灣總督」上山滿之進，於一九二六年七月十六日履任，一個多月後，他在《臺灣日日新報》（八月二十一日）發表〈任臺灣總督書感〉，一些「歌德派」舊詩人，竟然相繼作詩和韻，以示捧場，其時陳虛谷三十一歲對這些人格腐化的舊詩人及卑下的詩風甚不以爲然，遂發表〈爲臺灣詩壇一哭〉詩，痛斥這些奉承諂媚的「文醜」：「宣傳聖道有何因，自是煙膏小賣人」。那些舊詩人見這位「後生小子」膽敢放肆攻擊，便在《臺灣日日新報》漢文版「無腔笛」答辯說：上山做詩，固然和他們無關，但是其詩「堂皇典雅」，而和韻的詩是爲「賡揚風雅」，實無不妥，並批評陳虛谷是要表示「自己高潔，藉以沽譽釣名」。陳虛谷不堪受此「污辱」，遂於《臺灣民報》一三二號，發表〈駁北報的無腔笛〉，予以反擊。

註四四　李漁叔〈虛谷詩集序〉，《陳虛谷選集》，鴻蒙文學出版社，頁四七七，一九八五年十月廿五日出版。

註四五　陳虛谷〈寄許嫣晗、陳玉珠信〉，同前註，頁四〇二。

註四六　陳逸雄〈我對父親的回憶—陳虛谷的爲人與行誼〉，同前註，頁五〇〇。

註四七　陳虛谷生平請參考：陳逸雄〈陳虛谷生平雜憶〉，《臺灣文藝》第九十三期。一九八五年三月；楊雲鵬〈陳虛谷選集付梓前言〉，王曉波〈豈緣漢節始沾衣—陳虛谷選集讀後感〉，李南衡〈撥雲霧現舊作—樂見陳虛谷全集出版〉，陳映眞〈再起臺灣文學的藥石—讀陳虛谷「榮歸」〉，張恒豪〈澗水嗚咽暗夜流—陳虛谷先生及其新文學創作〉，陳逸雄〈我對父親的回憶—陳虛谷的爲人與行誼〉，以上見《陳虛谷選集》，鴻蒙文學出版公司，一九八五年十月廿五日出版；葉石濤〈陳虛谷「榮歸」〉，《

走向臺灣文學》，自立晚報社一九九〇年三月，及《彰化縣志學藝志》、《陳虛谷選集》、《陳虛谷、張慶堂、林越峰合集》等書。

註四八　參考《一吼劫前集》、《大陸吟草》、《倥傯吟草》（皆未刊，手稿本）。及拙著碩士論文《臺灣寫實詩作之抗日精神研究》，頁五九—六〇；與《彰化縣志稿》、《日據時代臺灣新文學作家小傳》、《瀛海詩集》等書。

註四九　關西公學校是新竹郡下規模最大的學校，且內臺教員人數及實力在伯仲之間，因此內臺教員間的對立暗潮洶湧。日籍教員不僅平時依恃那無知的優越感，輕視臺籍教員，同時隨著時局緊張，更對本島人施以壓迫的教育。蘆溝橋事變發生後，皇民化運動的推進更加雷厲風行，以期全面否定臺灣人的傳統，全盤日化。並假借「滅私報國」的口號，強迫臺灣人從事「勤勞奉仕」。關西公學校動員本校畢業生組成青年團，實施軍事訓練，並由日籍教員統籌指揮，對青年施行近乎野蠻的毆打凌虐。吳氏處此境遇，內心痛苦無以覆加，終於與校長正面衝突，以致被貶到臨近番界的馬武督分教場，不久又因憤慨督學凌辱教員，而毅然決然辭去教職，爲他二十一年的教學生涯打上休止符。

註五〇　張簡昭慧《臺灣殖民文學的社會背景研究—以吳濁流文學、楊逵文學爲研究中心》，文化日研所碩論。

註五一　葉石濤〈吳濁流論〉，《臺灣鄉土作家論集》，頁一二三。

註五二　葉石濤〈臺灣的長篇小說〉，《走向臺灣文學》，頁一五八。

註五三　吳氏生平資料除前引之文外，尚有：陳映眞〈孤兒的歷史，歷史的孤兒—試評《亞細亞的孤兒》〉，

《陳映眞作品集⑨—鞭子和提燈》，彭瑞金〈吳濁流、陳若曦亞細亞的孤兒〉，《文學界》第十四集；尾崎秀樹〈吳濁流的文學〉，《臺灣文藝》十一卷四期；《吳濁流集》，前衛出版社。

註五四　參考：許丙丁撰，〈臺南市民間說書藝人〉，刊《臺南文化》六卷一期；〈臺南地方戲劇〉（一—三），刊《臺南文化》四卷一期、三期，五卷一期。莊永明《臺灣紀事》下冊，頁六二四，時報文化出版；氏著〈採風擷俗的民謠詮釋人—許丙丁〉，《臺灣近代名人誌》第二冊收錄茲文，自立晚報出版。

註五五　黃武忠，〈北港地帶的代表人物—蔡秋桐〉，《日據時代臺灣新文學作家小傳》，時報文化出版社。

註五六　文鷗〈遠望臺〉，《臺灣文藝》二卷七號，一九三五年七月。

註五七　徐玉書〈臺灣新文學社創設及新文學第一、二、三期作品的批評〉，《臺灣新文學》一卷四號，一九三六年五月。

註五八　楊顯達之說，乃根據楊逵主編的《臺灣新文學》一卷四號之啓示，及林欽賜編輯發行之《瀛洲詩集》，內有楊華照片，並署名楊顯達（敬亭），同書頁一五〇有楊氏舊詩。此外，《臺灣文藝》二卷八、九號載有南部正式加盟臺灣文藝聯盟者有楊顯達氏。至於楊建一說是根據榮峰撰述的〈新文學、新劇運動人名錄〉（刊《臺北文物》三卷三期），茲二說似以前說可靠。

註五九　參呂興昌撰〈薄命詩人的教澤流徽〉，《文學臺灣》第七期，一九九三年七月。

註六〇　林載爵，〈黑潮下的悲歌——詩人楊華〉，《夏潮》雜誌一卷八期。

註六一　臺灣新民報第三百廿四號刊載〈洪水報近將發刊〉新聞，謂：「北部社會運動同（有）志，因欲圖促進大衆文藝起見，計畫創刊什雜，其宗旨爲『提高大衆的意識』。『促進文藝大衆化』，……決定每月發刊三回，……自本月十五日起發行創刊號。」一九三〇年八月二日刊。

註六二　謝里法〈王白淵、民主主義的文化鬥士〉，《臺灣出土人物誌》一書，頁一四二，前衛出版社，一九八八年九月十五日出版。

註六三　陳氏之文請參一九八二年二月二十一日《自立晚報》副刊。

註六四　謝氏生平撰寫之參考資料，除前注外，尚有：《臺灣》、《臺灣民報》、莊永明《臺灣紀事》、《臺灣名人小札》一、二冊，及張恒豪〈追風及其小說—她要往何處去〉，刊《國文天地》七卷五期，頁四〇；陳俐甫、夏榮和合譯〈臺灣人與中國國民黨一九三七—一九四五：臺灣人「半山人」的起源〉，《臺灣風物》第四十卷第三期，頁四八。

註六五　毓文（廖漢臣）撰，〈同好者的面影〉，刊《臺灣新文學》一卷四期。

註六六　H．C．生（廖漢臣）於〈文藝時評〉中謂朱點人的〈無花果〉，雖然標題新異，文字清秀，描寫細膩，但取材範圍有限，讀後不能使讀者保有強烈的印象。《第一線》，頁五七。

註六七　黃石輝在〈話匣子〉一文，批評朱點人的〈紀念樹〉，對於迷信缺乏批判，有「反替迷信宣傳」之疑。

註六八　夜郎〈讀『第一線』小感〉，指出朱點人的〈蟬〉創作技巧有驚人的進步，可惜，取材和背景很小規模，否則此作可稱作「臺灣白話文界的空前傑作」，技巧和結構，比之於魯迅、徐志摩、郭沫若、張資平等的作品，絕無遜色。夜郎該文刊《臺灣文藝》二卷二號。〈蟬〉一文另有曲折，點人曾發表短文〈關於剽竊問題—給獻璋君的一封公開信〉，刊《臺灣新文學》一卷九號，聲明〈蟬〉乃親歷其事撰而爲文，非剽竊之作。李獻璋其後亦表了解，因而蒐於《臺灣小說選》，該書原定一九四〇年十二月出版，印刷中被禁止發行。

註六九　張深切〈我與我的思想〉一書中提到他生於民前九年，因此其生年民前八年殆爲戶籍之記載。

註七〇　或有以此謂張氏乃落水作家、漢奸者，如劉心皇氏對張氏有所批評，然則張氏實利用日人出資而由他主編的《中國文藝》來鼓舞民心，因而日後爲日人所拘，險遭槍決。今日對當時曾聽命於日本僞政權者，如主編刊物、參與大東亞文學大會者即冠以漢奸，實有商榷必要。

註七一　王詩琅，〈張深切兄及其著作〉；徐復觀〈一個自由人的形象的消失—悼張深切先生〉，皆刊《臺灣風物》第十五卷第五期。王氏說：「深切兄的一生，雖然坎坷不平，但卻多采多姿的；從各種的角度來看他時，他是革命家、也是思想家、哲學家、文學作家、批判家，而且又是戲劇、電影的劇作家、導演。以落伍的小小的臺灣文化界而言，他的成就是非凡的，燦然的，其貢獻是不可磨滅的，早年他是反日民族運動的急先鋒，『廣東臺灣革命青年團』的重要角色，臺中一中罷課運動的指導者，臺灣演劇研究會的領導人物，臺灣文藝聯盟的倡導人，臺灣文藝雜誌的主持人，光復後又是臺灣藝林電影公司的創辦人，這些運動和工作，他都搞得有聲有色，轟轟烈烈，尤其是他領導主持下的『臺灣文藝聯盟』和『臺灣文藝』雜誌，在日據時期曾創造了臺灣新文學運動高潮時期，建立了一個重要階段，寫下輝煌的一頁，其功業更是値得大書特寫的。」徐氏則說：「在他（指張氏）的作品中，在他的生活態度上，他的自由地想像，自由地發揮，更以自由地心情，來看自己的成功、失敗。他並不是忘情功利，但他似乎不肯作功利的奴隸。他的生活，是平淡中的多采多姿。但這是有個性的多采多姿，在多采多姿中，並流注著對社會的正義感，以及對自己民族的熱愛。這是我對深切的把握，也是我對一個自由人的形像的把握。」

註七二　同註六六。

註七三　葉石濤，《臺灣文學史綱》，頁四九。

註七四　張深切生平資料，參考《臺灣文藝》、《第一線》、《臺灣文學史綱》、《日據時代臺灣新文學作家小傳》、《臺灣近代名人錄》第二冊，《臺灣紀事》、《里程碑》及〈張深切先生逝世紀念特輯〉（刊《臺灣風物》第十五卷第五期）。

註七五　《先發部隊》卷頭言：〈臺灣新文學的出路〉，該文爲郭氏所撰，郭氏曾說：「臺灣新文學的全面的活動，早當轉向於創造當來的新生活樣式，以充實我們的生活內容與解放我們內心的煩悶其處啦。」

註七六　郭秋生〈解消發生期的觀念，行動的本格化建設化〉，《先發部隊》，頁廿一。

註七七　郭秋生〈建設臺灣話文一提案〉，《臺灣新民報》第三七九、三八〇號，一九三一年八月廿九日、九月七日。

註七八　黃純青〈與郭秋生先生論臺灣話改造論〉，《臺灣新民報》第三九一號，一九三一年十一月二十一日。

註七九　郭秋生〈臺灣話文的新字問題〉，《臺灣新民報》第三九二、三九三號，一九三一年十一月二十八日、十二月五日。

註八〇　郭秋生生平之撰寫，參考《先發部隊》、《第一線》、《南音》、《臺灣新民報》、《臺灣新文學》及黃武忠撰，《日據時代臺灣新文學作家小傳》、《臺灣作家印象記》等書。

註八一　同註六五。

註八二　守愚〈赧顏閒話十年前〉，《臺北文物》第三卷第二期。

註八三　毓文〈諸同好者的面影㈠〉，《臺灣文藝》第二卷第一號，頁三七。

註八四　見註六五。

註八五　同前註。

註八六　丘秀芷〈楊雲萍教授專訪——新紙十斤墨一斗〉，刊《文訊月刊》第十六期。

註八七　同前註。

註八八　張恒豪〈詩般的美感與深意——楊雲萍集序〉一文，見《臺灣作家全集》（前衛出版社）。張氏此說與葉石濤之說可合觀。葉氏〈楊雲萍與人人雜誌〉一文謂：「一般說來，他的短篇小說都甚短，很有尖銳的意識形態的流露。但小說中所隱藏的反日抵抗意識，冷靜的知性以及詩精神，都有獨樹一幟的表現。」《臺灣作家全集》楊雲萍集頁七〇收錄。

註八九　同前註。張恒豪謂「未滿二十歲的楊雲萍」，蓋筆誤。

註九〇　《山河》印行之部數，衆說紛紜。黃武忠《日據時代臺灣新文學作家小傳》謂「共印一千冊」；林瑞明於《光復前臺灣文學全集卷一》謂「一千部」，另於〈山河初探—楊雲萍論之一〉（刊《臺灣文藝》第八十八期），則謂印行八百部。張恒豪氏沿其說謂「印了八百部」。此據楊雲萍自撰〈山河歲月〉一文。刊《文訊月刊》第三〇期。

註九一　由於晚上挑燈夜戰「啃」課外讀物，致白天上課，常打瞌睡，「愛睏的楊貴」，全校幾無人不知。

註九二　中學僅唸二年，即因不滿父母作主，要將「童養媳」許配給他，因而輟學前往日本，想看看外面的世界。楊逵〈再婚者手記〉，《民俗臺灣》第四輯（中譯本）詳述此事，光復後楊氏有多篇文章皆曾提及。

註九三　楊貴一名，他甚不喜歡「貴」字，因爲同學都取笑他爲「楊貴妃」，改爲「楊逵」之後，則取義一如水滸傳黑旋風李逵其人，是個路見不平，拔刀相助的好漢。

註九四　參陳芳明編，《楊逵的文學生涯》，前衞出版社，一九八九年二月出版。

註九五　原名〈田園小景〉，一九三六年刊載於《臺灣新文學》第一卷第五期，後半部因病倒未能完成。一九三七年楊逵赴日接洽開闢臺灣新文學雜誌時，將〈田園小景〉改題爲〈模範村〉，經由《文藝首都》保高氏介紹，交與「改造社」之《文藝》編輯部，十月二十日，因遭逢日本文化界大整肅而退稿。一九四六年，收於小說集《鵝媽媽出嫁》，一九七三年重刊於《文季》第二期。

註九六　呂正惠〈論楊逵的小說藝術〉，《新地文學》第三期，頁廿四—廿六。

註九七　〈鵝媽媽出嫁〉，一九四二年以日文發表於《臺灣時報》，一九四六年收於小說集《鵝媽媽出嫁》由三省堂在臺北梓印發行。一九六六年改訂譯成中文，一九七二年元月發表於《中外文學》二卷八期。

註九八　楊逵〈光復前後〉，收入《聯副三十年文學大系評論卷》頁三九一。

註九九　原刊Bungaku Hyoron《文學評論》二卷十二期，頁一三七。此處轉引自白珍撰、楊樂多譯〈臺灣新文學運動的演變〉，《益世》第三卷第四期。

註一〇〇　楊逵生平撰寫，參考資料除前引諸項外，尚有：林載爵〈臺灣文學的兩種精神—楊逵與鍾理和比較〉，《中外文學》二卷七期；林衡哲〈臺灣現代文學史上不朽的老兵—楊逵〉，《先人之血，土地之花》；楊逵〈臺灣文學對抗日運動的影響〉，《文季》二卷五期；張恒豪〈楊逵何時卸下「首陽農園」？〉；王曉波〈把抵抗深藏在底層—論楊逵的「首陽解除記」和「皇民文學」〉；林曙光〈楊逵與高雄〉，《文學界》第十四集；張良澤〈不屈的文學魂—論楊逵兼談日據時代的臺灣文藝〉，一九七五年十月廿二—廿五日；〈楊逵紀念輯〉，《聯合文學》一卷八期及《臺灣文藝》第九十四期。

註一〇一　郭秋生曾問徐氏：「坤泉先生，你那『阿Q之弟』的雅號有什麼來源。」徐氏答說：「沒有什麼來源，我想我也是一個的阿Q，阿Q被人家打，無奈人家何，便在口裡唸著，你打你祖公，你打你爸爸，大事化無事，眞爽快。」見〈年頭放言的小集〉，《臺灣新文學》第二卷第二號，頁七三—七四，一九三七年一月三十一日。

註一〇二　一剛（王詩琅）〈徐坤泉先生去世〉，《臺北文物》第三卷第二期，一九五四年八月廿日發行，頁一三六。

註一〇三　照史〈苦學成功者—王天賞〉，《臺灣地方人物趣譚—高雄人物第一輯》，青山出版社，頁九三。

註一〇四　〈臺灣新文學回顧座談記錄〉，巫永福發言。

註一〇五　葉石濤〈臺灣的鄉土文學〉，《臺灣鄉土作家論集》，頁三二，遠景出版社。

註一〇六　同註一〇四，林芳年發言。

註一〇七　王莫愁（王育德）作，葉石濤譯〈彷徨的臺灣文學〉，《文學界》第九號，一九八四年春季號，頁一〇七—一〇八。

註一〇八　頑兒〈對佛講經〉，《臺灣新文學月報》第一號，一九三六年二月六日發行，頁一二。

註一〇九　同註一〇二。

註一一〇　同前註。

註一一一　徐氏生平除前引諸註所列各論文外，尚有：《臺灣省通志卷六學藝志》藝文篇，臺灣省文獻委員會編印，一九七二年六月三十日印行，頁六九；王國璠、邱勝安著〈鍾理和與徐坤泉〉，《三百年來臺灣作家與作品》，臺灣時報社出版，一九七七年八月印行，頁三三三。

註一一二　郭水潭，〈缺乏讀者的第一本書—臺南縣志稿文化志〉，刊《文訊月刊》第三〇期，一九八七年六月。

註一一三　轉引自林佩芬撰〈潭深千尺詩情水—訪郭水潭先生〉，《文訊月刊》第十期，一九八四年四月。

註一一四　郭氏作品散見《臺北文物》。

註一一五　郭水潭生平之撰寫，除參考前三註所提各書，尚有《日據時代臺灣新文學作家小傳》一書，黃武忠著，及羊子喬〈鹽分地帶的文學〉，《聯副三十年文學大系》評論卷二收錄，頁三一八。郭氏另有長篇小說〈フオルモサ〉，刊《臺灣文藝》二卷二號，僅刊部分，未竟。

註一一六　楊逸舟，〈憶夭折的俊才翁鬧〉，《臺灣文藝》第九十五期，頁一七二，一九八五年七月。

註一一七　江燦琳，〈我所敬愛的「文化仙仔」〉，《臺灣文藝》二卷九期，頁廿四，一九六五年。

註一一八　歷來皆謂翁氏為《福爾摩沙》同仁，實則不然。翁氏一九三四年方赴日本，福爾摩沙則於一九三三年創刊，故翁氏詩〈寄淡水海邊〉一作，編者注明為「寄稿」，且於編輯後記稱：「本號寄稿者楊行東、翁鬧（誤為閑）兩氏に感謝する。」（創刊號）翁氏赴日後，方與福爾摩沙成員聯繫較密。

註一一九　吳坤煌，〈臺灣藝術研究會的成立及創刊福爾摩沙前後回憶（二）〉一文說：「他雖常與幾個當時出名的日本小說家及散文家在一起，但既不容易提拔，生活費又沒來路，結果懷抱著法國莫泊桑的幻想困倒東京高円（圓）寺街頭，而窮病交迫終止不遇的一生。」《臺灣文藝》第七十五期，一九八二年二月。

註一二〇　或謂其在冬天飢寒交迫下凍死街頭，或曰死於東京瘋人院，翁氏究死於何處何時，究竟發瘋否，如今仍是傳聞臆測。

註一二一　葉氏〈呂赫若的一生〉，《走向臺灣文學》，頁一三八。

註一二二　古繼堂，〈臺灣早期現代派小說的萌芽〉論及翁氏時說他的小說與日據時期其他臺灣作家的小說有兩不同特點，其一是「大量而熟練地心理描寫和著重揭示人物的內心世界。翁鬧的心理描寫，是把人物放在矛盾的衝突中去表現。這種矛盾衝突的形式在翁鬧的作品有以下三種。其一是探求；其二是選擇；其三是追尋。」《臺灣小說發展史》，頁一〇九，文史哲出版社。

註一二三　張恒豪〈幻影之人—翁鬧集序〉，《臺灣作家全集—翁鬧、巫永福、王昶雄合集》，前衛出版社。

註一二四　同註一一九。

註一二五　翁氏生平參考楊逸舟〈憶夭折的俊才翁鬧〉、張良澤〈關於翁鬧〉、巫永福〈阿憨伯的形象〉、劉捷〈幻影之人—翁鬧〉，悉刊《臺灣文藝》第九十五期，一九八五年。另：許素蘭〈「幻影之人」翁鬧及其小說〉，《國文天地》七卷五期；古繼堂《臺灣小說發展史》，文史哲出版社；葉石濤《臺灣文學史綱》，文學界出版；江燦琳〈我所敬愛的「文化仙仔」〉，《臺灣文藝》二卷九期；前衛出版社《臺灣作家全集—翁鬧、巫永福、王昶雄合集》等。

註一二六　他一生扮演過許多角色，是一位無政府主義者、文學創作家、兒童文學的執筆者、鄉土史家、記者和雜誌編輯。由他所經歷過的不同工作與角色中，反映出他一生的理想、興趣與熱誠，以及對鄉土的關懷。

註一二七　毓文〈同好者的面影〉，《臺灣新文學》一卷四期，頁九〇。

註一二八　王氏對臺灣歷史、文化的研究，大致有兩個特色，一是充分吸收日據時期的研究成果、以改編、重寫的方式將之普及化，一是以日據時期的經歷見聞，發掘、整理日據時代的臺灣史。

註一二九　張恒豪〈黑色青年的悲劇——王詩琅及其小說意識〉，《現代文學》復刊第十三期。

註一三〇　同註一二七。

註一三一　參見：翁佳音、張炎憲合編〈陋巷清士—王詩琅選集〉，弘文館出版社；張炎憲〈陋巷清士—王詩琅〉，《臺灣近代名人誌》第三冊；葉瓊霞《王詩琅研究》，成大歷史語言研究所碩士論文，及〈讀王詩琅的小說〉，《國文天地》七卷五期等。

註一三二　參《嘉義縣藝文志》第三章「小說」，頁三八。

註一三三　張恒豪〈張文環的思想與精神〉一文說：「刊載於該雜誌的作品，有不少是新文學發展以來成熟的、特出的佳作，……這些傑作在充滿對人的關懷、民族立場的堅定不移外，藝術性的造詣亦頗可觀，設若沒有這些豐碩的成果，在對日據下新文學遺產進行再評價時或將會遜色不少。」《臺灣文藝》第八十一期，一九八三年三月，頁六二。

註一三四　黃得時〈張文環的「父之顏」〉說：「光復後，他由於不會寫中文，所以一直到逝世為止，都沒有用中文發表作品。」（自立晚報副刊，一九八六年十二月二十二日）莊永明《臺灣紀事》介紹張文環時說「光復後，因語文關係，他暫停了文學活動。」（頁一五五）然則日據時代臺灣新文學作家大多能寫中文及日文，張氏之所以停筆，或許除了中文運用不如日文流暢外，應尚有其他不為人知的理由。張建隆〈「生息於斯的『滾地郎』—張文環〉說：「張文環的封筆，恐怕也是緣由於這種骨氣，而並非單純的『語文不便』的理由吧。雖然他曾明白地對人言：『光復後，我因為有種種理由，不但不寫小說，連國文國語我也不會。』但早在一九六五年他就能運用漢字將『藝妲之家』改編成電影劇本『

嘆煙花』；還有一九六五年在『臺灣文藝』所發表的『難忘當年事』，豈不是文情並茂？」（臺灣近代名人誌第一冊，頁二六三），此外池田敏雄〈關於張文環的『臺灣文學的誕生』〉也說：「張氏之所以遠離戰後創作活動，可能是無法適應新的社會體制。同時不容易從日文轉換中文的關係吧？此外，不幸事件深刻的體驗跟張氏戰後的沈默也有極深的關係。」（葉石濤《小說筆記》，頁五七）張氏童年曾入書房受私塾教育，他並非不懂白話文，日據時期他曾把徐坤泉原作《可愛的仇人》（白話小說）譯成日文，交東京出版社刊印，一九六五年在《臺灣文藝》二卷九期發表的〈難忘當年事〉文筆流暢，及接受張良澤訪問時所說之語綜觀之，張氏光復後停筆，應與二二八事件之刺激有密切關係。

註一三五　黃得時氏對張文環倍加推崇，「認爲張文環是最好的」（日據時代臺灣新文學運動，《臺灣風物》六卷三期），龍瑛宗亦曾爲之抱不平，文見〈張文環與王白淵〉，《臺灣文藝》七十六期，頁二二九。

註一三六　歷來皆謂張氏光復前小說作品凡廿三篇，實則僅二十二篇。其中〈自分の惡口〉（說自己的壞話）爲隨筆，非小說創作，文刊《臺灣文藝》二卷三期，一九三五年三月五日，頁六八—七一。前衛出版社《張文環集》於〈張文環生平寫作年表〉（張恒豪整理）一九三五年條下謂：「發表小說〈自己的壞話〉……。」（頁二七五），蓋指〈自分の惡口〉一文，此處誤植爲小說，宜訂正之。

註一三七　〈父の顏〉一作於一九三五年獲中央公論佳作，唯選外佳作並不刊登（說見林芳年〈張文環的人間像〉，《夏潮》四卷四期）。張文環的〈父之顏〉一作，當時《臺灣文藝》二卷二號（一九三五年二月一日發行）推出豫告：「父の顏：御評しを得て五月號から連載します期待して下さい！」至五月號卻刊

張氏另作〈泣いてる女〉，直至十月號方登〈父の要求〉，文末註明「一九三四年九月作，一九三五年八月改作」可知張氏將〈父の顏〉改作，且更改題目。該作發表日期，葉石濤〈張文環文學的特質〉，誤為張氏在福爾摩沙雜誌上「發表了處女作『父親的顏面』」，在〈論張文環的『在地上爬的人』〉一文時，又誤為一九三三年。說見《臺灣鄉土作家論集》，頁一〇五、一〇八）不過在《臺灣文學史綱》一書已訂正。

註一三八　同註一三三，頁六四。

註一三九　轉引自池田敏雄作，葉石濤譯，〈關於張文環的「臺灣文學的誕生」〉一文。葉氏《小說筆記》，前衛出版社，一九八三年，頁五六。

註一四〇　同前註。

註一四一　黃氏之作，見《臺灣文藝》第五十九期，一九七八年六月。

註一四二　王詩琅〈粗線條的人，粗線條的作品〉，《臺灣文藝》第五十九期，一九七八年六月。後收入《夜雨》一書，張良澤主編頁一八一。

註一四三　羅成純〈戰前臺灣文學研究之問題點─從與韓國文學之比較來看〉，《文學界》第七號。

註一四四　陳師萬益〈張文環的小說藝術〉，《國文天地》第七卷第五期。

註一四五　龍瑛宗〈張文環與王白淵〉，《臺灣文藝》第七十六期，一九八二年五月，頁三三〇

註一四六　張氏生平，請參前面諸註所引的論文，未見注釋者尚有：彭瑞金〈張文環的「滾地郎」〉，收錄在《

泥土的香味》，東大圖書公司，一九八〇年四月；羊子喬〈張文環及其作品簡介〉，自立晚報副刊，一九七九年四月十九日；《臺灣文藝》、《臺灣文學》等雜誌。

註一四七　同註一一九。

註一四八　吳氏生平，參吳李玉梅〈讓時間來沖淡一切的記憶〉；江燦琳〈我所敬愛的「文化仙仔」〉。分別刊登於《臺灣文藝》二卷九期，一九六五年十月，頁一四、廿四。

註一四九　黃武忠〈爲保持漢文而努力的—林越峰〉，見《日據時代臺灣新文學作家小傳》一書。

註一五〇　所謂「辯士」，是在銀幕旁邊說明劇情的人員。辯士產生於日本，無聲影時代，西方電影往往以字幕插於影片中以說明，但日人獨好聘專人在戲院解說劇情，殖民地臺灣受其影響，亦採用之。此一情形由於識字程度不高，及泰半不懂國語，雖至四、五〇年代仍存於鄉鎮戲院中。據悉當時文化協會電影放映隊，擔任辯士者時藉劇情以啓發民智、批評時政。

註一五一　見《臺灣文藝》二卷一號，頁六。一九三四年十二月十八日發行。

註一五二　同前註。

註一五三　同註一四九。

註一五四　陳國富，〈殖民地文化活動另一章—訪日據時代臺灣電影辯士林越峰〉，《文季》雙月刊二卷一一期。

註一五五　賴明弘〈我們目前的任務〉，《臺灣文藝》二卷五號。

註一五六　同註五六。

註一五七　夜郎〈讀第一線小感〉，《臺灣文藝》二卷二號。

註一五八　宮安中，〈五、六、七月號作品漫評〉謂：「這篇的失敗，還是在他那缺欠組織的敘事。……先後的事件，作者儘以同樣不低不昂的筆調敘述著，完全不加以穿織，不別輕重，一件件各自獨立，互無連繫地羅列著。」刊《臺灣新文學》第一卷第五號，頁八二。

註一五九　楊守愚，〈赧顏閒話十年前〉，刊《臺北文物》三卷二期。

註一六〇　徐玉書〈臺灣新文學創設及新文學第一、二、三期作品的批評〉，《臺灣新文學》第一卷第四號，頁九九。

註一六一　參考黃武忠《臺灣作家印象記》，衆文圖書公司；《日據時代臺灣新文學作家小傳》，時報文化出版。及王錦江〈一個試評—以臺灣新文學爲中心〉，刊《臺灣新文學》第一卷第四號，頁九六。

註一六二　《改造》〈第九回懸賞作發表〉作者自述如次：「明治四十四年，生於臺灣新竹州竹東郡北埔庄。父爲貧窮商人。九歲時入公學校，十七歲畢業於該校高等科。父親因考慮我身體虛弱，受不了肉體勞動，便於拮据家計中，送我入臺灣商工學校。該校畢業後，即入臺灣銀行，被派至南投店服務。翌年調入台北本店迄今。十五、六歲時，始能以日文讀寫，爾來努力日文之學習。此作品爲眞正的處女作。」原載《改造》第十九卷第四號，頁二三〇，此處轉引自塚本照和，〈日本統治期臺灣文學管見〉一文，張良澤譯。《臺灣文藝》第七十期，一九八〇年十二月。

註一六三　葉石濤〈苦悶的靈魂——龍瑛宗〉，《走向臺灣文學》，頁一〇九—一一四，及〈論龍瑛宗的客家情結〉一文，《杜甫在長安》一書之序文，聯經出版公司，一九八七年七月。

註一六四　葉石濤〈從「送報伕」、「牛車」到「植有木瓜樹的小鎭」〉，原刊《大學雜誌》九〇期，《中華現代文學大系．評論卷》收入，頁三一八。

註一六五　莊淑芝〈宿命的女性─論龍瑛宗的「一個女人的記錄」和「不知道的幸福」〉，《國文天地》七卷五期。

註一六六　羅成純〈龍瑛宗研究〉，《文學界》第十二集，頁一五三。前衛出版社《龍瑛宗集》收入該文。

註一六七　黃武忠《日據時期臺灣新文學作家小傳》，時報文化出版。

註一六八　龍瑛宗生平資料另參考：丘秀芷〈黃昏的荒原─訪龍瑛宗先生〉，《文訊》第十八期；鍾肇政〈龍瑛宗─其人其作品〉，《民衆日報》副刊，一九七九年六月二十日；龍瑛宗〈憶起蒼茫往事─「午前的懸崖」二三事〉，《文訊》三十期，一九八七年六月。

註一六九　〈日據時代臺灣新文學運動〉，黃得時主講，刊《臺灣風物》第三十六卷第三期。復收入《歷史、文化與臺灣》一書，一九九〇年臺灣風物雜誌社出版，頁五五〇─五五一。

註一七〇　見吳漫沙氏〈沈痛的回憶〉一文，《臺灣文藝》第七十七期（革新號第二十四期），一九八二年十月出版，頁二九七─三〇二。及莊幼岳主編《瀛社創立八十週年紀念詩集》，一九八九年己巳花朝出版，頁五三─五六。

註一七一　轉錄自毓文〈同好者的面影〉，刊臺灣文藝第二卷第二號，一九三五年二月一日，頁一三四。

註一七二　莊永明，〈臺語歌曲發展史〉，見氏著《臺灣第一》一書，頁一五七，文經出版社。

註一七三　巫永福〈燒失的長篇—回憶「篝火」與「家族」〉，《文訊》月刊第三〇期。

註一七四　參考李魁賢：〈巫永福詩中的祖國意識和自由意識〉刊《臺灣日報》副刊，一九七八年八月十一、十二日，另刊《笠》八七期，二—七頁，一九七八年十月，並被收入《中國現代文學的回顧》一書，龍田出版社，一九七八年十二月；李魁賢〈論巫永福的詩〉，《臺灣詩人作品論》，頁九；黃武忠〈堅守文化「苦節」的人—巫永福〉，《日據時代臺灣新文學作家小傳》，頁一二三。

註一七五　「赫若」筆名之意，據巫永福〈呂赫若的點點滴滴〉一文所載：「我的本名石堆很粗俗，故以赫若為號並為筆名。針對他的筆名我說：『很有朝鮮名小說家張赫宙的味道。』赫若一聽大笑起來答道：『是啊！我比張赫宙年輕，所以名赫若，日本語的若是年輕的意思。』」，文刊《文學臺灣》創刊號，頁一四，一九九一年十二月。另一說則謂「赫若」之意，乃是擷取他所敬佩的兩位左翼作家—朝鮮的張赫宙與中國大陸的郭沫若—其中一字組合而成。

註一七六　據葉石濤《走向臺灣文學》一書收錄的單篇文章〈呂赫若的一生〉所述：「我們只知道民國三十六年左右以後，再也看不到他了。」古繼堂《臺灣小說發展史》亦謂：「據說一九四七年被毒蛇咬死。」（文史哲出版社，頁九六）此處據《臺灣作家全集—呂赫若集》（前衛出版社）張恒豪先生所編〈呂赫若生平寫作年表〉，採取一九五〇至五一年之說。

註一七七　張恒豪先生所編〈呂赫若生平寫作年表〉一九五〇年三十七歲條下：據〈歷年辦理匪案彙編〉（國家

安全局編）〈鹿窟武裝基地案〉之〈通訊方法〉一節，有如下記述：『第二次爲一九五〇年七月上旬，再派呂赫若至香港，由林良材介見古中委，請示工作方針，呂匪往返均乘大武崙走私船，同年八月下旬回臺。匪古中委曾允派數名高級幹部，來臺擔任訓練幹部工作，並允送三部電臺備用。另計劃密送僞臺幣，作爲工作費用及擾亂臺灣金融，至配合作戰迫近時，即空投武器及傘兵，以加強戰鬥力量。此外，古匪並曾與呂匪約定於一九五〇年十一月二十日，在鹿窟光明寺會晤，但屆時並未前來，以後因聯絡困難，遂與香港斷絕消息。』」又一九五一年三十八歲條下又云：在『鹿窟武基地事件』中死難於臺北縣石碇附近的鹿窟。據呂赫若遺孀蘇玉蘭追憶：『這年，呂跟我說等候琉球的船隻，要到日本經商，離家後，報載呂因籌措逃亡路費，四處告貸，被人控告詐欺。四個月後，國民黨政府開始抓人，呂之臺北住屋被搜查，全套日文版世界文學名著被查扣，呂之表哥被捕判刑，當時懷孕的我則被約談。根據事後出來投案的人說，有人因怕呂出來自首，在山裡頭先槍殺了他；也有人說是被毒蛇咬死，總之都找不到屍體。』」

註一七八　呂赫若〈舊又新的事物〉，林至潔譯，《民衆日報》一九九〇年四月廿九日，呂文原刊《臺灣文藝》一九三六年七、八月號。

註一七九　同前註。

註一八〇　同前註。

註一八一　見《臺灣作家全集—呂赫若集》，前衛出版社，頁一〇。

註一八二　葉石濤，〈清秋—僞裝的皇民化謳歌〉，刊《臺灣文藝》七十七期（革新號第二十四期）。該文後來又收入葉氏《小說筆記》一書，前衛出版社，頁八七。

註一八三　同註三，頁三〇三。

註一八四　鄭世璠說：「父親是位海商，帶著太太經常在華南一帶奔波，他在故里由祖母一手撫養長大。他熱愛文學的根源，也許與寂寞的童年生活有關，讓他總是在遐想、幻想、回想中。」文見〈熱情開朗的萬年「少年大的」〉，《文訊》四〇期。

註一八五　王氏曾前後兩次參加同人雜誌，前者爲隔月刊《青鳥》（自一九三五年一月至同年八月，僅發行四期就停刊），主編爲伊吹卓二。後者爲季刊《文藝草紙》（自一九三七年四月至一九三九年九月，出六期而停刊）

註一八六　呂興昌〈評王昶雄「奔流」的校訂本〉，《國文天地》七卷五期。

註一八七　鄭氏說：「日文寫得好，是「無稀罕」，中文寫得跟日文一樣「棒」，這才奇怪，甚至竟使下一代的黃武忠再三讚嘆說：『王氏文筆的順暢、華麗，與謀篇造句之精湛，讓我驚服。使一個從小就接受中文教育的我，自嘆弗如。』我猜，這位『淡水囝仔』一定下過一番死功夫無疑。詩人陳逢源，曾遊淡水時寫過一首七絕，起句『好學能詩王昶雄』，點出王君對詩文的擅長。」同註一八四。

註一八八　葉氏自謂起初是「模仿一些舊俄作家的作品，如屠格涅夫的『獵人日記』，最後是一些法國作家；如當時頗流行的紀德，或史丹達爾。」

註一八九　葉氏曾自剖當時的文學觀：我以爲主張反映現實，標榜寫實主義的《臺灣文學》跟我的文學見解不盡吻合，而《文藝臺灣》裡有一股浪漫的氣息，我喜歡那種耽美的、謳歌臺灣鄉土色彩的版畫。可見我在那時候根本沒注意到文學的社會性功用的一個層面，也不知道文學的時代性使命，我眞是個不可理喻的藝術至上主義者，我喜歡唯美的東西勝於「文以載道。」

註一九〇　張恒豪說：我以爲「林君寄來的信」最主要的一點反諷、最被忽略的一點寓義，那就是葉氏藉著林文顯的家族，在詩書禮樂的薰陶下，依然熟讀聖賢之書，又是一家之主，非但自己不忘前清典制，還希望用四書、唐詩來感召他的下一代，他們全家人的飲食起居、服飾擺設、節慶習俗，乃至待人接物的禮儀，都沐浴著中國儒教的洗禮，日本統治者的盛儀，根本無法動搖臺灣人根深柢固的教化。作品裡沒有矯情夸飾的吶喊，沒有激情塡膺的抗議，祇是平實客觀的把他們不受外界影響的生活習慣表現出來。」不過，張文主要以此說明葉氏並未向當局交心，也沒有爲皇民化運動助聲威，全文仍富有濃厚浪漫氣息。張氏文題是〈豈容青熒指成灰—我對葉石濤在日據時代文學言行的一些看法〉，收入《沒有土地，哪有文學》。原刊《文學界》第八集。

註一九一　葉石濤《作家的條件》自序。

註一九二　余昭玟〈臺灣光復對葉石濤小說主題的影響〉，《新地文學》第三期。

註一九三　彭瑞金〈在文學的荒地上拓墾—葉石濤的文學世界〉，《臺灣作家全集—葉石濤集》，前衛出版社。

註一九四　參考：高天生〈論小說家葉石濤〉，《文學界》第八集；李昂〈紛爭的年代—葉石濤訪問記〉，《書評書目》十九、廿期；呂正惠〈評葉石濤「臺灣文學史綱」〉，《臺灣社會研究季刊》第一卷第一期；吳浩（李瑞騰）〈葉石濤研究資料〉，《臺灣文學觀察雜誌》第一期；葉石濤〈府城之星．舊城之月－日據時期文壇瑣憶〉，收入《聯副三十年文學大系評論卷二》；何欣〈葉石濤的文學觀〉，《現代文學》復刊第八期；花村〈情、理、法三者渾成的境界－試尋繹葉石濤論評的特質〉，《書評書目》七九期。

註一九五　宮安中，〈五、六、七月號作品漫評〉，刊《臺灣新文學》一卷五期，頁八二。

註一九六　見《臺灣作家全集－陳虛谷、張慶堂、林越峰合集》，前衛出版社，一九九一年二月一日，頁一〇六。

註一九七　見〈同好者的面影〉一文，刊《臺灣新文學》第一卷第五號，一九三六年六月五日，頁八九。

註一九八　楚女，〈評先發部隊〉，刊《臺灣文藝》創刊號，一九三四年十一月五日，頁十一。另外賴和則曰：「克夫君對於自己的創作似乎過于執著，這一篇〈秋菊的告白〉，我記得三四年前已經看見了，克夫君便不忍捨棄，但是內容有無變更我已記不清楚。」《第一線》，頁九五。

註一九九　同前註一九七、一九八、及《光復前臺灣文學全集》、當時文學雜誌《第一線》、《先發部隊》、《臺灣文藝》、《臺灣新文學》等書。

註二〇〇　陳永邦、黃得時、佃龍諸先生的批評皆一樣，以爲該作使衆人失望。引文爲黃得時先生語。詳見毓文〈同好者的面影（四）〉，刊《臺灣新文學》第一卷第八號，頁一一八。

第二節　小說作者之背景分析與創作主題

以作者社會學（Sociology of the Author）（註一）之角度觀之，研析作者之教育程度、生活背景與職業、思想意識等因素，皆可豐富吾人對作者背景之了解、掌握，以進窺其創作旨趣、創作意圖（intention），與作品中潛寓之主題。了解作者社會背景、出身階層、性別、職業、教育程度之差異，甚有裨益於探討不同作者之作品，其風貌迥異之因，其文學理念與創作態度歧異之由。本節試以作者社會學之觀點，研析日據時期臺灣小說作者之背景與創作主題。

一、出身階層

Rene & wellek 曾說：「除了少數的例外，所有在剛查洛夫和契訶夫之前的蘇俄作家，在血統上都是貴胄。」蓋緣貴族階層接受良好教育之機會較多所致。然社會出身未必囿限作家之意識形態，日據時期宣揚無產階級文學的若干作家，顯然未必皆為赤貧如洗之輩。吾人解釋作者所處階層對其意識形態、作品理念是否有影響時，固當力求嚴謹。托爾斯泰出身貴族，而為庶甿之代言人，若以偏狹之貴族心態觀之，豈非「背叛」其所隸屬之階層歟？日據時期臺籍小說作者如陳虛谷、呂赫若……皆出身地主之家，而其作品輒寓憫傷農民（佃農）之思，持較托爾斯泰，蓋亦若合符節矣。

夷考日據時期臺灣小說作品之題材、主題，往往因作者不同而取向或異，風貌亦別。作者之出身背景、生活環境、教育程度於其意識形態或多或少皆有影響。意識形態不一，敘事觀點之異，重以才性之高下、學養之深淺，而其作品所呈之世界亦迥異其趣焉。楊逵出身大目降（新化）一錫匠家庭，爲一以手工藝餬口之工匠階層，方其髫齡，目擊西來庵事件中，櫻邦酷吏之慘毒屠殺，怵目驚心，印象深刻；其後負笈東瀛，深濡於社會主義思潮，遂以實現社會主義爲畢生之志業，其衷心所繫念者厥爲臺灣工人、農民之窮乏與艱困。朱點人生於都市，長於都市，其小說關懷之對象，以工人、庶民階層爲主，與其餘作家以農民爲主之作品頗不相類。龍瑛宗小說亦罕以農民爲主題，其小說世界主要人物知識份子，而其「客家人」意識情節及時代因素，使其所塑之知識分子時有絕望、悲觀、虛無之思焉。葉石濤謂：「作爲日據時代的知識分子而言，他感到有雙重的壓迫和摧殘加在他的心靈上；其一是來自共同敵人——日本殖民者，其二是來自福佬系作家有形無形的歧視。這兩種壓力的巨大陰影造成龍瑛宗文學的『被壓迫』的意識；同時也變成被異化，被疏離的龍瑛宗文學的主題。」（註二）

日據時期臺灣小說作者，擅以日本警察與農民關係爲題材，撰爲說部者，首推陳虛谷、蔡秋桐。陳、蔡二人皆爲地主，鄉居日久，目擊殘暴之櫻邦警察，百般陵逼農夫小民，遂秉椽筆，爲寫實之篇，諷喻之作，亦可謂辣手寫文章矣。陳逸雄在〈我對父親的回憶〉一文有如下敘述：

> 父親久居農村，熟知農民與警察相處情形，以描繪兩者的周旋，來揭發殖民政策的欺壓本質與被統治人民的苦痛和抵抗，是以抗日思想爲根本的小說（註三）。

蔡秋桐後來曾任保正兼製糖會社原料委員，與製糖會社時有往來，與警察也常接觸，因此小說題材亦多得之於此，事情眞相，遂賴以記錄。楊華出身貧困，從他的小說作品中，更易窺知終其一生，楊氏皆與命運苦苦對抗，但最後仍屈服於命運魔腕之下，不得不投環自盡，結束一生。

每位作者皆有其熟諳之「專業」領域，日據時期臺灣小說作者居處於農業社會者，其作品多描寫農村群象；獻身勞工運動者，其作品多敘錄工人生涯，臺員重光以還之作者與其作品亦復如是，如王拓群篇以反映漁民辛酸爲主，楊青矗諸作爲工廠作業員之心聲，宋澤萊以處理農村生活之變遷擅場，張系國最能描繪海外遊子的心態……等。較特殊者爲吳濁流，他雖出身地主之家，而其寫作題材多以知識分子爲主，所塑形象多徬徨、矛盾、而無定著，只能承受內外種種挫折，終未自激自勵、堅毅奮進，而有所開拓，此與吳氏本身爲知識分子，目睹時代困厄，及個人人生遭際、處事態度皆有關聯。大凡題材之選取、主題之呈現、作品之思想意識等，恒非出身階層、教育程度、所營職業……等某一因素即可蔽之，任何意識之形成，亦斷非與生俱來，蓋作品之每一內涵胥視作者之成長過程及環境之變化而定，誠未可一概論之。

吳濁流雖生於日據時期舊式廣饒田產之富裕家庭，然自幼常爲日本憲警殘殺抗日同胞之慘毒所驚，久之，其性情不免稍顯溫弱，其祖父之國學根深詣高，常以溫柔敦厚教之。於是吳濁流在求學之時，雖目擊日人對同胞之不公與歧視，心中有所怨忿，但都忍氣呑聲，以沈默示抗議而已。其小說〈水月〉裡的文吉，在日本統治的差別待遇下感到沒有出路，而種種社會壓力與生活重擔復挫其意志、理想，年輕美夢終成泡影。《亞細亞的孤兒》裡的胡太明也是雖有理想但缺乏堅定的信念，因此理想一一幻滅於現實中，在承受內外種種挫折，又無法昇華爲高超、堅決的反抗行動時，最後終致瘋狂，亦惟發瘋，胡太明才敢公開寫出盈溢憤慨之抗議詩。文吉、胡太明皆默默承受百般挫折，任憑現實陵逼，終致淹沒於溷濁暴橫之鯨海氛祲之中。楊逵嘗謂：

日據時，吳濁流等人針對黑暗面的直述便秉承了民族性，變成「哭調仔」，我以爲這是不夠的，也是不宜的。人是尋出路的動物，不管生存處境如何黑暗艱苦，但總有一條路可尋，只要我們廣泛去觀察，出路是會找到的，……你眼前的黑暗也只是片黑雲罷了，陽光就在背後（註四）。

楊逵出身中下階層，沖幼之時，即深刻體驗農民在殖民體制下之悲苦呻吟，在從事文學創作之際，復又已實際參與農民運動，使其作品時呈「有壓迫，就有反抗」之精神。他如翁鬧自幼寄養於他人，而雙親音訊全然不知，養父家境亦極清貧，故其描寫貧陋之農村與庶甿也，觸處困阨，一無歡笑，而其對女性之憧憬，尤盲然迷戀，極有戀母之情結。

每位作者身世背景、人生體驗皆罕雷同，其思想亦風貌各異，本節所述雖以出身階層發端，然而研析其人其作，則每慮及作者之成長環境、時代遞嬗、天賦性向等因素，研析之時，誠須深廣周延方得完備。後文所述——教育程度、思想意識等項亦莫非如此，蓋此等因素誠息息相關者也，謹分項敘述，以清眉目。

二、出身地

文學階層之產生，通常與某區域之經濟、文風密切相關。了解作家籍貫比例，或可透露若干訊息。當然，作家（者）之流動、偶然性之出身地，亦須注意，才可得出有效之結論。筆者曩撰碩士論文《臺灣寫實詩作之抗日精神研究》，曾專列一節論述具有抗日寫實精神之詩作，多萃於中臺之因。日據時期臺灣小說之作者、作品亦呈類似情形，以產於臺灣中部居多，北部次之，其次南部。茲以圖示之：

圖一：日據時期臺灣小說作者分布圖

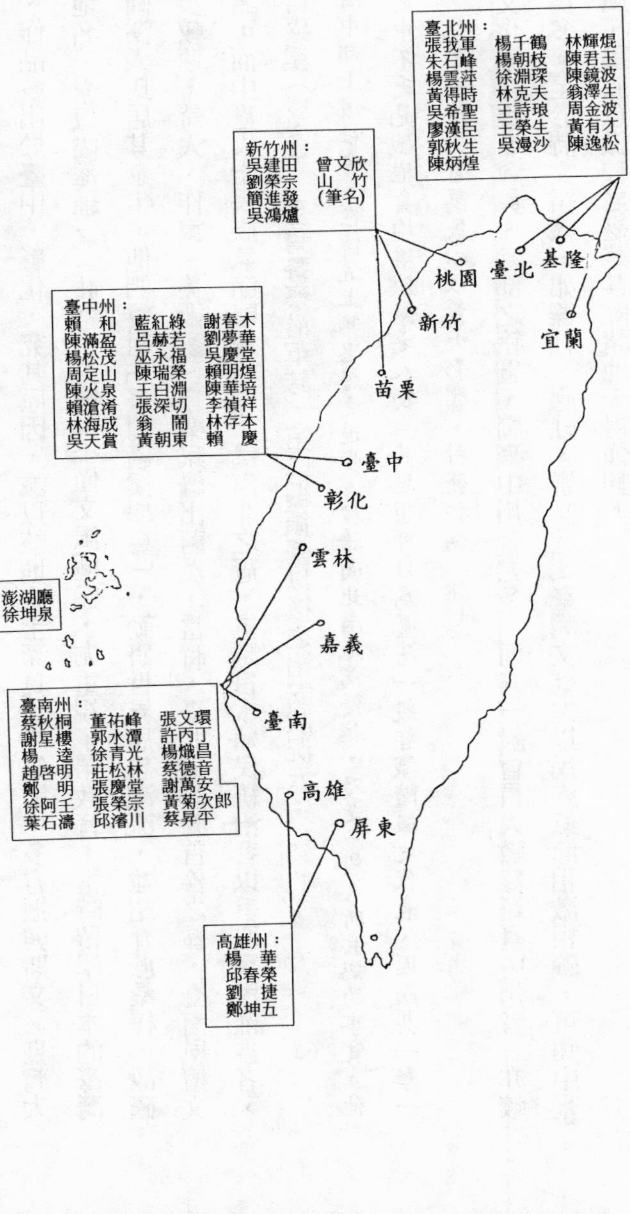

小說作者、作品多出於臺中、彰化，究其原因，誠以該地人士深具民族氣節，多方振興斯文。臺灣大中部舊有地名，素以磺溪稱之（註五）。磺溪不僅文風極盛，尤重視子弟教育；當時留學日本的臺灣留學生，磺溪人氏居其泰半，他們曾組「臺灣磺溪學會」，勤研世界思想潮流，並紹介於桑梓，故磺溪文化進步較速，詩人、作家、美術家、音樂家蠭出蔚然。當時，臺北爲臺灣首善之區，臺南夙擅文化古都之名；而中臺人士民族氣節堅逾松柏，爲南北之冠，抗議日本殖民統治者以爭取臺民權益者，泰半出身自磺溪（註六）。臺灣警察沿革誌，第二編領臺以後之治安狀況云：

臺灣中部上流社會，在傳統上其思想之進步，較諸南北兩地爲優越，乃是一般人所共認的事實。他們之中不乏見識抱負均堪欽佩之人物。其思想可目爲臺灣一般智識階級之代表，因而其一舉一動，能予臺灣三百萬民心以重大影響，引發共鳴（註七）。

式觀臺灣文化協會重要會員、幹部之籍貫，屬臺中州者尤多，而其一般會員人數隸籍臺中州者，亦較南北各州爲多。至於詩文組織，如櫟社、應社、崇文社、臺灣文社尤以民族氣節相激相礪，可知中臺思想、文風、民族意識較之臺灣其餘諸地來得強韌。

當時臺中州（含今彰化、臺中）從事小說創作者凡：賴和、楊守愚、陳虛谷、周定山、賴顯穎、林越峰、陳火泉、陳垂映、巫永福、呂赫若、王白淵、翁鬧、吳天賞、夢華、繪聲……等人。早期作者多屬彰化地區，晚期年輕一派則多屬臺中地區，彰化地區文風鼎盛（註八），人才輩出，尤爲冠冕，究其緣由，蓋與賴和之獎掖髦彥，蔚成文風有關。而與賴和過往甚密者，如楊守愚、陳虛谷皆爲傳統詩社——應社社員，周定山（一吼）亦窮畢生心力沈浸於古近體詩，其文學活動，率皆以古典詩歌為終始，然在今日賴和、楊、陳、周諸氏膾炙人口之作則屬說部，其古近體詩之造詣却罕為人知，這是作者始料未及的。由此可知初期新文學作者並不排斥言之有物的古典詩歌，而且他們薰陶於傳統詩文絕不亞於新文學。當時彰化一帶由賴和領袖文壇。賴和雖以白話文寫作，但其白話文風格獨特，頗近臺灣話文，這是因為賴氏以白話撰文，再酌以臺灣話譯定全篇，如〈鬥鬧熱〉、〈彫古董〉諸作皆是。賴氏文學、語言頗近臺灣話文，倡導者黃石輝、郭秋生行文之際，時染方言色彩，然於新字則賴氏並無多造（註九）。與賴氏過從甚密之陳虛谷、楊守愚等，亦深濡賴和文風，秉筆命篇，時見臺灣方言。

其時臺灣文學兩大陣營，除中臺、彰化之外，首推臺北萬華。如「三勇士」林克夫、廖漢臣、朱點人，與徐瓊二、楊朝枝、王詩琅、郭秋生諸文士皆卜居萬華，從事寫作。彰化地區作者幾無一人以日文創作，萬華地區除一、二人之外，也很少用日文來撰寫、創作。王詩琅謂：

萬華和彰化都是自古就已開發的地區，因此，我想在古老的地區，自然地從事文學的人就多了（註一〇）。

彰、萬兩地作者固率以中文摛辭，但是萬華地區如廖漢臣、林克夫、王詩琅、朱點人都不以使用臺灣話文為然，此數人大抵主張使用以北平話為準之道地白話文寫作。當然，廖、林、王、朱等人未必牴排方言，修辭之際，若有必要，臺灣話文固亦融於篇章。若以地域觀之，鮮以臺灣話文撰述之作者，似以北部作者為多，如張我軍、楊雲萍。

中、北部作者除語文使用異趣外，其創作年齡層亦呈有趣現象。中部新舊文學兼擅之作者，一般而言，多年逾三十始發表首部小說（楊守愚不在其列），北部小說作者其始撰小說之年齡層則多未滿三十歲。凡從事小說創作之作者，其創作生命幾無超過十年以上者（不含光復後再創作者）。即如賴和作品質高量多，創作生命則自三十三歲始，迄四十二歲止，亦僅十年。究其因素，固非一端，要而論之，厥爲臺灣新文學自一九二〇年發展至一九四五年，才僅僅二十五年，在這極短之廿五年中，小說從文學理論、語文形式論戰至實際創作，在風盲雨晦之辰，而諸多才士還能獻身創作小說，可說難能可貴。

天生的作家極爲罕見，長期的磨礱，方能造就作家。試觀過去歷史，有不少中年折節，賦詩爲文，寖成大家的例子，是以寫作年齡之遲速與文學造詣的高下，初無必然結果。筆者論及作者之年齡層，實欲藉此觀察何以當時小說作者從事創作之齡率屬廿至卅歲，且尤以廿至卅歲爲多，此一現象是否也說明了其時文學界之年輕化，與新文學運動者多懷改革社會之衝動、理想有關。

至於東部地區則未見任何文學創作者，或許東部地區開拓較遲，人文化成亦較慢所導致。

三、教育程度

奧立克（Richard D. Altick）曾調查一八〇〇年至一九二五年，約千有一百名作家之背景與教育程度，得一結論：「雖然有少數作家是經由自我教育（Self-educated）奠基，然正如多數作家來自中產階級一樣，多數作家也受過正式教育，包括教會或私立學校之類」（註一一）。

一般而言，早期臺灣教育水準並不高，自動進修、自我教育的小說作者比比皆是，當時漢文式微，統治者壓迫私塾（書房），干涉漢文教育之事，屢有所聞，際此教育環境極端窳劣時，中文小說作者泰半以夜間自修，而識字知書，他們雖無高學歷，卻能時時充實自己，可謂難得。王詩琅、廖漢臣、林克夫、朱點人、林越峰、蔡德音、徐淵琛、吳漫沙、蔡秋桐等人，莫非此類苦學進修，奮發向上之典型。毓文（廖漢臣）在〈同好者的面影（四）〉一文就提到其本人與徐瓊二（淵琛）。逸生、湘蘋及數位印刷所職工，時赴夢覺書房念書，其時乃「讀書熱強盛的時代」，除研習漢文之外，他們亦大量閱讀中、日作家作品，王詩琅口述回憶錄曾提及當時閱讀狀況。

日本殖民統治者同時讓臺灣之地主、富農、商人子弟接受日式教育，因為這些富人較易妥協，受日式教育之後，較易支持日本之殖民宰制。日據時期臺籍知識分子，率出身這些階層，日後從事臺灣新文學運動之詩人、小說作者皆此類也。他們非但學習日本文化，且亦吸收西方文化思想，雖然如此，但中華民族傳統之思想文化仍為其思想之主體。日據時期臺灣主要人口皆為農民，其中且八成為佃農，無尺寸之土，亦不辨之無，然幸而有此開放之知識分子時加牖迪，農民疾苦遂亦得以形諸文字，怵人心目。這些濡染於日式教育之臺灣學子寖成新文化、新文學運動之主力，斯蓋日本統治者始料未及之事。這些受日式教育之知識分子，其創作形式又分中文、日文二類；早期受日式教育者，其童年泰半曾就學私塾，漢文使用能力強，創作之際亦以漢文行之，如賴和、楊雲萍、陳虛谷……等人；後期受日式教育者則書房教育漸禁於日人，其於漢文熟悉程度遠不及早期新知識分子，他們多以日文來創作。此日文小說作者，其寫作藝術頗成熟。這些人多留學日本，資訊取得較易，眼界爲之大開，而透過日文廣閱世界各國優秀文學作品，並研習其寫作方法。呂赫若、張文環、翁鬧、巫永福、王昶雄、楊逵、吳天賞……等人皆有此研習歷程而以日文從事小說創作。

日據時期小說作品雖分由中文、日文撰就，然莫不反映臺灣衆庶之悲喜歌哭，辛酸血淚，故皆屬臺灣文學，其作者雖可釐爲三類（中文作家、日文作品、中日文俱佳之作家），然不論學歷之高下、作品之衆寡，幾乎所有作者皆盡其心力增進民智、反抗日人統治、護持臺灣文學。美中不足者厥爲一九三七年以還日本政府禁用中文，致中文作者泰半輟筆，不復創作，誠爲可惜。作者所受之教育往往形成意識，影響其思想，故不同教育背景之作者，其作品所透顯之訊息，亦各異其趣。如楊逵之作品懷抱極高理想，憧憬未來社會，頗有烏托邦之理想，這是因楊逵負笈日本，深受日本社會主義思潮的影響。又如周金波亦受日本高等教育，爲牙醫師，其思想已同化於日人，因而有〈志願兵〉一類之皇民創作。文學作品之意識形態時與創作者所受教育（學校教育、自我進修）密切相關。日據時期臺灣小說作者皆有一貫明確之寫作主題，其意識形態或各有趨嚮，要之，其人於搦管騁辭之際，皆不致喪失其良知。此外如深受心理學影響之作者王昶雄、翁鬧等人，其創作亦偏向人物之心理分析，而不以情節取勝。

四、意識形態：

日據時期臺灣小說作者，由於每位作者之出身、氣質、性格、世界觀都不雷同，因此思想、意識形態自然各異其趣了，由於意識上的分道揚鑣，雖然在抗議殖民統治這一點上頗具共識，但彼此由於意氣之爭，遂未能構成堅強之組織，日本警察因而有機可乘，這在臺灣新文學史上，不能謂非一憾事。由於作者思想意識不同，其小說之題材、主題亦因人而異。小說創作意識之分歧，一般而論，分屬三個系統，其一爲屬於資產階層之民族主義者，其二爲屬於社會主義者，其三則爲富有強烈臺灣意識之民族主義者，此外尚有如巫永福之「中間路線」，既非左翼人士，亦非奉承當局之皇民。每位作家的政治信仰和思想傾向都不太相同，從右翼到左翼皆不乏其人，「決戰下」的臺灣小說作者之意識形態，尤爲分歧，其發展亦繁複而多元，創作面貌亦諸象紛呈，遂形成迷惑紛爭時期。

日據時期參與臺灣新文學運動者，大抵皆爲一時之精英。其思想形態或與左翼運動有關，但亦非全屬馬克思主義之信徒，唯大部分知識分子之思想取向，往往使其直接、間接閱讀不少社會主義思想之典籍，因而其小說作品多少含有反帝、反非理性之傳統、反資本主義之內容。其偏向民族主義者，則或積極參與反帝、反殖民地運動，或採溫和、冷靜之立場以旁觀者。欲嚴分涇渭，明區派別實有所困難，故僅依文藝團體、文學刊物與若干小說作者約略觀之。

楊熾昌〈回溯〉一文曾說：

> 最使筆者感慨的是，臺省同胞每每缺乏團結意識，雖然對於暴政具有同仇敵愾之心，可是流於相互排斥，臺灣俗諺說得好「臺灣人放尿混沙不溶合」，筆者以爲地域觀念也是因素之一。自延平郡王開臺以來，經過清廷短期間「自生自滅」的統治，馬關條約後，忽然淪爲日本帝國主義的殖民地，臺省同胞可說沒有受過政治訓練，兼之心胸狹窄，眼睛裡容不得一粒沙子，每每相互猜忌，嫉忌排擠，只見短期間利害的結合，從無長遠的合作，遂予日警有機可乘。「臺灣文藝」（藝，訛爲學）的分裂，其主因也是出於此，文人相輕，自古而然，要想取得意見一致，似是奢想，是故一個道地的文學工作者，必須有容納他人批評的雅量，純粹爲文學而文學，團結力量，把箭頭指向日人才是。豈料窩裡反之後，一些意氣用事之徒便憤然離開「臺灣文藝」另起爐灶，眞是親者痛仇者快的憾事（註一二）。

除地域觀念、文人相輕之外，臺灣文藝分裂之主因厥爲思想歧異，意識形態亦不盡一致。楊逵之所以辭掉「臺灣文藝」編輯委員，毅然舉債另創《臺灣新文學》，究其緣由非僅與張星建爭辯是否刊登藍紅綠之小說〈紳士之道〉此一單純問題而已，其意識形態之相牴牾、相糾結乃是關鍵所在，臺灣新文學運動應如何發展？臺灣新文學應發展成「爲人生而藝術」之文學歟？抑發展成「爲藝術而藝術」之文學歟？文藝大衆化之路線，究應何去何從？凡此種種，皆人各異辭，欲彼此無間隙，實在不容易。楊逵素持「臺灣新文學運動應爲寫實」之論：臺灣新文學應與窮苦庶衆水乳交融，推翻日本之殖民統治。至於《臺灣文藝》中某些風花雪月之遊戲文章乃楊氏期期以爲不可者。是故楊逵主張以堅強之寫實主義觀描寫臺灣歷史與現實，並積極與日本左翼作家聯繫。葉石濤氏〈臺灣新文學與楊逵〉謂：

由於楊逵跟日本左翼作家的關係很密切，所以《臺灣新文學》跟日本「那烏卡」社發行的《文學評論》及文學案內（嚮導）社所發行的《文學案內》有很深的關係；《臺灣新文學》簡直變成這兩本雜誌的臺灣分社。由於這個緣故，楊逵的〈送報伕〉和呂赫若的〈牛車〉都入選《文學評論》的懸獎小說且刊登出來。民國二十五年九月《臺灣新文學》，在第一卷第八號刊出「高爾基特輯」，這很明顯地受到《文學評論》（民國二十五年八月）的「高爾基哀悼」號的影響（註一三）。

因而儘管爲《臺灣文藝》與《臺灣新文學》執筆之文學之作者部分雷同，然《臺灣新文學》確有其獨特風格，其民族意識尤爲強烈，如第一卷第十號推出「漢文創作特輯」，即刊載中文創作八篇。此臺灣新文學之異於《臺灣文藝》者也。文學團體未能彼此互相容忍的情形，亦可徵之於臺灣文藝聯盟與民報之相齟齬，其中消息，張深切嘗於「文聯報告書」和盤托出：

自《臺灣文藝》出版前後，因消息間斷，乃致許多同志頗疑聯盟與民報發生齟齬，頻有來訊或直接前來詢問，初時聯盟極力否認其事實。及至最近，民報對聯盟之壓迫愈加露現，似乎無可隱諱的情勢了。然而本部始終鎮靜，極力回避衝突，例如前次本人曾草一篇〈文藝聯盟抗新民報檄〉也終于秘而不表，祇草一張書信向羅專務和林主筆抗議而已。本部對民報之誠意，自敢信無失禮地方，而且「臺文」出版時便隨刻遞送民報八冊以表慇懃，詎料民報不但受而不謝，反謂「民報非文聯之宣傳機關」責難備至，對「臺文」之各同志批評原稿聽說略時吞沒，吾人固知此罪並非民報本身應負的，但是辦事員的驕傲與專橫似乎已與吾人難能再隱忍的田地了。本部擬再向民報叩詢眞意，如果仍執迷不悟，或許吾人將要對它不任吧（註一四）。

此外，復有「臺灣藝術研究會」，籌備時期，該會成員即意見紛歧。較爲激進之魏上春、柯賢湖、吳鴻秋等人，與較穩健之吳坤煌、張文環意見頗相出入。魏、柯、吳三人表示：「做爲一名左翼運動者，若連官方的彈壓都有所畏懼，如此，安能推展今後更艱鉅的任務！」故堅決主張以非法之組織賦之行動。而張文環等則持穩健論調，以爲依當時客觀形勢必先推廣普羅文化，才是長久之計，如盲動激進則將自取覆亡。雙方幾經爭執，勉強獲得初步協議，通過提案，以合法團體爲過渡期組織。但至第三次籌備會時，林添進又臚陳四失，嚴厲批評張文環，謂張氏不講原則，竟納投機政客楊肇嘉之捐款，復責張氏不應誤解林兌參與四一六事件被檢舉入獄一事，及中華第一樓聚會時剩餘款項竟加浪費。尤有甚者，吸收會員，語近欺罔，謂臺灣藝術研究會，旨在交誼，詒人入會，唯重其量，不重其質，必不如朝鮮協議會能發揮團隊戰鬥力。此時王白淵適以遠客身分之姿出面調停。略謂當時臺灣藝研究會之實力尚不足當重任，且穩健一途亦無可如何之暫時策略，等到時機成熟，化暗爲明，不亦可乎，故力主依暫定方針推展會務。但激進之輩，終究無諒解的誠意，因此不歡而散。後來復經無數爭辯，再由有心人士不辭勞苦，奔波籌備，方由蘇維熊主持成立（註一五）。

巫永福氏嘗撰文回憶當時經過：

一九三二年，我在東京與帝大英文系蘇維熊、法文系曾石火、東洋大學張文環、盛岡女子師範教諭王白淵、日本大學施學習、早稻田大學楊基振、留學東京的吳坤煌等人組織『臺灣文藝研究會』，創刊《福爾摩沙》文藝雜誌。在此之前，曾經多次的磋商，因左翼及中間路線之爭未獲解決，最後還是參加的學生佔多數，都有學業的顧慮不肯走極端，終於以中間路線妥協，以共同的宗旨共襄盛舉（註一六）。

由此可見當時思想形態之分歧，及至一九三四年，臺灣文藝協會成立，並發行《臺灣文藝》雜誌，其間各會員之意識形態亦不盡相同，因而一九三六年發生分裂，而有楊逵、廖漢臣、王詩琅、賴和的《臺灣新文學》，而巫永福等人則贊成《臺灣文藝》，並表示不參加《臺灣新文學》雜誌（註一七）。凡此分歧，皆肇因於意識形態相左，誠屬憾事。

臺灣新文學運動原爲新文化運動之一環，或謂受到五四運動之影響而醞釀發展，因之自始即具強烈之民族性格。這可以張我軍爲代表，他說：

臺灣的文學乃中國文學的一支流。

我們主張以後全用白話文做文學的器具，我所說的白話文就是中國的國語文……我們主張用白話做文學的器具……換句話說，我們欲把臺灣人的話統一於中國語，再換句話，是把我們現在所用的話改成與中國語合致的（註一八）。

更早之前，是一九二三年在臺灣文化協會的機關誌《臺灣》所登載的黃呈聰與黃朝琴之論文，介紹大陸白話文普及狀態，呼籲臺灣地區推動白話文運動。他們主張以國語（根據於標準語的白話文）的普及統合方言（臺灣語），啓蒙民衆，才是改造臺灣的當務之急。因爲普及白話，則民智大開，可漸次吸收現代知識學問，進而反抗。尤有進者，即黃氏二人以爲白話文必須是中國白話文，他們認爲臺灣要脫離日本宰制並非在臺灣地區內部即可解決，惟有與國民革命雲龍風虎，聲應氣求乃克有成。因此，白話文既爲民衆啓蒙之所須亦爲國民革命所必具。然而一九二〇年代後半期，共產主義迅速蔓延，普羅文學蓬勃發展，在臺民衆自一九三〇年間開始以臺灣共產黨員王萬得等人之《伍人報》爲首，相繼創刊《臺灣戰線》、《洪水報》、《明日》、《現代生活》、《赤道》等屬於普羅文學系統之雜誌。在普羅列塔利亞文學運動中，作爲文藝大衆化論的一環，提倡使用臺灣話的鄉土文學創作，掀起了一場論爭。其開端便是前述《伍人報》所登載的黃石輝的論文。黃石輝攻訐以白話撰寫之新文學作品，貴族氣太濃；力倡使用臺灣話（文）創作「鄉土文學」，使文學普及於大衆。郭秋生起而應和，主張發展言文一致之臺灣話文以爲文學之表達形式。於是廖漢臣、朱點人、賴明弘則持異議。以爲臺灣話文不盡適於文學創作者原因凡二：臺灣話文只通行於臺灣，未普及於中國大陸，若竟形諸文學難免將自封自囿。此外，臺灣話文當時尚爲非成熟之文學語言，無法曲陳文學之各種思想情志，緣此，雙方多據己見，相持不下。

思想信仰的歧異，不免影響小說創作的內容與表現手法。文藝大衆化之究應爲何，亦人各異辭。同時純粹使用白話文表現的作家也不多，以臺灣話文創作的作家似亦有難以突破之處，林瑞明氏以爲賴和後來停止創作，其原因即在於：「困擾於語言使用的問題。」林氏又說：「賴和隨著臺灣左翼運動的深刻化，臺灣主體意識增強，亦嘗試以臺灣話文創作，然而身處殖民地，臺灣話文是絕不可能成爲標準語的，通篇以臺灣話文書寫，反而造成表現上的困難，讀者理解也因新字的使用而增加困難。」（註一九）於是賴氏重濡翰墨，創撰傳統詩歌，以古典文學的形式避開臺灣話文無法充分達意之難題。後來日文作家日益增加，固然與日本殖民政策企圖切斷臺灣與大陸之血脈，並且運用教育力量推行日文，以取代漢文有關，但民族主義之分裂也爲這傾向推波助瀾，此亦日據時期臺人之悲哀。

賴和、吳濁流都是民族主義者並懷有強烈的臺灣意識，楊逵則爲社會主義者，光復後楊氏甚少提起民族問題。他所關心的是臺灣工、農民等窮苦民衆的幸福。但在吳氏小說世界裡極爲罕見農民、工人等角色。至於賴和其畢生志業在摧毀帝國主義統治，恢復臺人之自由與尊嚴，因此賴和以爲，民族主義者和馬克思主義者，由於在獲取臺灣的「政治、經濟、社會」的解放上目標一致，因而他雖非臺灣共產黨成員，但亦在幕後支持了臺共。由於意識的歧異，賴和、楊逵、王詩琅、楊華、呂赫若等人的作品，描寫受盡壓迫、貧苦無助的農民、工人；而巫永福、吳濁流、龍瑛宗等人的作品則關心知識分子的心靈苦悶、人生挫敗等問題。

由於出身背景、階層，所受的教育、意識形態、個人才氣、性情思想各不相同，所以在描寫殖民統治者和臺灣民衆間的糾葛，日據時期臺灣社會各層面的現象時，每一位作者在作品裡呈現出來的世界、氣氛都不盡相同，而選擇使用的語文形式也各有不同，因而今日論述此一時期小說，宜盡量避免將所有作者、作品壓縮在同一平面而加以剖析，若能就縱、橫二面為主體之觀照，方能明其原委窺其意義，定其價值。

五、職　業

從職業變數來觀察，日據時期臺灣小說之作者，幾乎無一是專業作者，他們或為醫生、或為商人、或從事教育、或從事印刷、也有擔任技術員、辯士、會社社員、銀行行員、醫學校給事、報社記者……等工作者。王昶雄在〈老兵過河記〉一文裡說：

> 有人認為日據下的臺灣沒有職業作家，覺得奇怪，其實，怪是怪在他們沒有摸清昔日的臺灣文壇的行情。當時，職業作家假如有的話，也少得可憐，就稿費的標準來說，無論如何不能養活一批靠賣文維持家計的專業作家。然而，臺灣雖無職業作家，卻仍有文藝，而且幾十年來，在文藝的園地裡，嫩草和嬌花，還繁生得相當茂盛。這奇蹟何以發生？說穿了，不就是因為有那些熱心文藝的朋友，樂意作個業餘的「票友」嗎？進步的社會，著重精細的分工，寫作不能成為職業，的確是一種缺憾。但是，此所以臺灣雖無職業作家，而仍有可觀的文藝花果；此所以臺灣雖有可觀的文藝花果，而仍少產生鉅著傑作的機會（註二〇）。

右所述王氏之辭同時見於〈我們是怎麼走過來的—日據時代作家座談會〉，他又說：「日據時代，沒有一個靠稿費維持家庭的作家。沒有職業作家，卻有繁盛的文藝。」（註二一）王氏同時強調「雖有可觀的文藝花果，而仍少產生鉅著傑作的機會。」從事寫作者若缺少富裕悠閒的生活環境，日日夜夜勞人單草爲生活奔波，這對作品水準的提昇、文學風潮的推動勢必有所影響。當時新文學作者賴慶就曾撰文呼籲：

現下在我們臺灣的文藝最苦悶的就是生活的不安。因爲讀者範圍狹小，發表機關不完備，所以任你把一枝的文筆怎樣努力也趕不上三餐吃。既然受著生活的脅迫，任你對於文藝怎樣地熱心。也不能專心下注去寫作。自然，優秀的文藝作品，有時也會跟牠埋頭下去的，因此，我們爲著臺灣文藝界的發達計大家是要提攜起來研究「怎樣才能夠保持文藝家之生活的安定呢？」的問題吧（註二三）！

文鷗〈遠望臺〉一文也說：

我們臺灣的作家，大多數的生活很窘很迫，但是亦不必灰心失志，我們祇想起高爾基來，高爾基有今日的偉大，就是他過去的困窮生活致蔭的啦（註二三）！

生活窮困似爲司空見慣，因而文鷗一再強調「文窮而後工」的理念，勸勉臺灣作家苦心創作：

貧苦中不是不能產生文學。你看當時的高爾基豈不是過著極悲難的生活？就是魯迅、郭沫若至於當時的橫光利一、德永直等等凡世界有名的作家，個個都是抱著空腹隱忍過來的。辛苦艱難的生活，於作家是很好的試鍊。複雜豐富的生活，自然有複雜豐富的文學材料，惟有自己體驗得來，才能夠眞實地寫出來（註二四）。

日據時代的新文學作者間有數人家世殷富之外，其餘大部分作者都是華門圭竇之子，楊華的窮困潦倒在當時是衆所知的，楊逵主編的《臺灣新文學》五月號曾刊登啓事，略謂：「島上優秀的白話詩人楊華（楊顯達），因過度的詩作和爲生活苦鬥，約兩個月前病倒在床，曾教學私塾爲生，收入今已斷，幾陷絕境，仰企諸君捐款救援，以保其元氣。病倒於屏東市一七六貧民窟。」（註二五）臺南市藝術俱樂部籌備會爲救援罹病在床的楊華氏，募捐了四圓五十錢寄交楊氏（註二六），但亦屬杯水車薪，難救其窮，楊氏不願爲妻兒累，卒上吊自殺（註二七）。又如翁鬧遠遊日本，飢寒交迫死於異鄉，翁、楊二人，皆以青壯之齡即結束了懷才不遇的一生。楊守愚、周定山雖設私塾授徒，但亦時罹貧乏，毓文描述守愚有云：「受某方面的壓迫把『子曰店』倒閉以後的他的生活的窮困，恐怕有出於我們的想像以上。」（註二八）當時動輒阮囊羞澀、捉襟見肘的作家誠難僂指計算，而潦倒困苦中逝去者，亦非少數。此時期之小說作者往往在困苦勞碌中，孜孜不倦含毫著述，因而文藝氣息頗爲濃郁，但鉅著名篇則不多覯。

當時作者因大都有其本職，寫作遂多爲業餘性質，故其創作生命亦不能期於長遠，而其創作精神亦無法高度集中，當時祲氛未息，他們也大多無心從容厭飫，含英咀華經營至美至善之作，講求效率的快攻是作家兼社會運動者不得不爾的文學形式，以作品改革社會、控訴統治者的企圖處處可見，因此他們幾無例外地營構短篇小說，而氣勢磅礡波瀾層折的長篇鉅構則付諸闕如。

當時發表作品，通常是沒有稿費的，葉石濤氏在〈作家的困境〉一文裡說：

日據時代的新文學作家大多潦倒一生，過著飢寒交迫的生活是普遍的事實。而且發表作品是沒有稿費可領的，結集成書，更是「沒聽說過」（註二九）。

〈「文藝臺灣」中的臺灣作家〉一文也說：

按，那時候的臺灣以文筆謀生的，可能是張文環一個人。雖說是職業作家，並非有多少稿費的收入的，也許在別的地方有些雜收入的吧？報紙的學藝欄普通是不給稿費的。有稿費的以《臺灣時報》爲先，有《臺灣地方行政》、《臺灣鐵道》、《臺灣警察時報》等官廳雜誌，如果寫了雜文，四百字稿紙一張大約有一圓到一圓五十錢的稿費。其中《臺灣時報》的稿費較高，有時也刊登小說。民間雜誌中有稿費的只有《臺灣公論》一家，後來《臺灣藝術》也付稿費，可是一張只給七十錢（註三〇）。

後來雖有稿費可支領，但稿酬微薄，難稱寫作心血，想靠寫作維生，幾乎是不可能的事。因此當時「創造的寫作」（Creative writing）是無法維生的，自然也沒有所謂的專業作家，他們必須仰賴其他工作，譬如從事教書，或新聞工作，或生意，來增加收入。除了寫作沒有稿費可支領外（早期），若想發表作品，有時「還得自掏腰包你五元、我十元、他三元地籌資辦同仁雜誌。」（註三一）這種情形，即使在經濟富庶的今日社會仍是可見。毓文〈臺灣文藝協會的回憶〉提到當時籌劃出版刊物的情形，他說：

參加的會員，除郭秋生是大酒家的經理，私人的經濟比較富裕外，黃得時、黃青萍那時候還在臺北或日本京都的大學唸書，朱點人是臺北醫學專門學校的小雇員，林克夫是臺灣日日新報社一介職工，徐瓊二初進昭和新報社充當一個小記者外，其餘都沒有一個固定的職業，祗爲哥倫比亞、太平、博友樂等唱片公司做些臺語的流行歌詞，掙點稿費以供零用而已。這樣的窮光蛋，自然拿不出錢來出版刊物。而且臺北市內雖然很多豪商巨賈，倒找不到一個對於文化事業有理解的人，肯解囊相助的，於是磋商的結果，祗好無中生有，由郭秋生出主意，依靠各人的人事關係，招募廣告來籌出經費。郭秋生向慶珍醬油商會，蔡德音向博友樂，陳君玉向哥倫比亞招募了三處的廣告，不足的款項由郭秋生去設法籌集，不足二十多塊由黃得時掏他的太太的腰包來湊足。這樣的出版費，總算有把握了，大家再分擔寫稿和集稿（註三二）。

從這則記述可知臺灣新文學作者，有不少人參與臺灣流行歌曲的歌詞創作，同時更可體會日據時期從事文學的工作者那份執著—爲文化、理想而勇往直前的赤忱。然而出版管道、登載版面亦非順理成章，毫無泥阻。這些因素都多少使文學工作者無法長期而持續地自由獨立寫作，幾乎所有臺人創辦的雜誌、報紙都有過被禁止、食割的噩運，而且作者還經常受到日本劣警、暴橫特務的干擾，如《南音》第一卷第六號編輯後語說：

本誌第五號，因卷頭言及葉融其君之新詩，凌雪君之何其怪哉，天南君之紹介幾首滑稽聯對等四篇，偶觸當局之忌，致被禁止（註三三）。

《臺灣民報》第二卷第四號、第六號編輯餘話分別記載說：

本報第二卷第二號因爲〈對於教育界的不滿意〉和〈臺娘痛史〉兩題觸著檢閱大人的意，遂被禁止在臺的發賣了，所以不能發送於在臺的讀者，請原諒就是了（註三四）。本報第五號卷頭辭的〈雖在縲絏之中非其罪也〉一篇和最後〈送王君入獄序〉一文，不知當局何故看做不穩刪去，遂成爲斷頭斷腳不具的東西。眞對不住大家。總是想我親愛的讀者諸君，見了我們這樣的不遇，一定同情我們，不會怪責我們的（註三五）。

凡此辛酸，不勝枚舉，展卷之餘，令人鼻酸。當時作家，只要有一塊園地可發表作品，便抃躍歡欣不已，那裏還會去計較稿費之多寡有無？此外許多作家每寫一篇作品便更換一個筆名，等於放了炮就跑，壓根兒也不想名著丹青，這除了可避免惹來麻煩外，又不違背他們寫作僅是爲被壓迫民衆說話的初衷。日據時期多數小說作者從事創作，僅是業餘性質，他們必須依附其他職業才能養家餬口，而這些文學工作者也不以成爲文學家爲滿足，他們創作的終極目標仍然在牖迪民智、抗議殖民統治之暴虐，操危慮患，其懷可謂深夐。

【註釋】

註　一　《文藝社會學》，羅・埃斯卡皮著，顏美婷編譯，南方叢書出版社，一九八八年初版。聯經出版社另有譯本。

註　二　葉石濤〈苦悶的靈魂—龍瑛宗〉，《走向臺灣文學》，頁一一〇，自立晚報社文化出版部。

註　三　陳逸雄〈我對父親的回憶〉，《陳虛谷選集》，頁四八九。一九八五年十月廿五日初版，鴻蒙文學出版公司。

註　四　陳芳明編，《楊逵的文學生涯》，前衛出版社，頁二一三。

註　五　根據郁永河《裨海記遊》的記載，康熙三十五年（公元一六九六年）福州火藥庫突然爆炸，朝廷下旨追查責任，福州地方職司不得不派人到臺灣採硫磺煉製火藥做爲賠償，這時適逢書生郁永河遊歷到福州，便請命擔任這項來臺採硫礦的任務。次年四月郁氏到達臺南，然後經由陸路一直向北而行，當他經過西螺溪、東螺溪（今併稱濁水溪）時，發現溪水與在溪畔上大小石頭都帶硫磺色，後來至大甲溪畔，其情形亦與濁水溪相同，當時濁水溪以北這一大片遼闊的地方尚未開發，全屬於諸羅縣轄下，沒有任何名稱，因此將這一塊地方叫做磺溪。

註　六　如林獻堂、王敏川、林幼春、蔡惠如、林篤勳、楊肇嘉、賴和、許嘉種、黃呈聰、謝春木、陳滿盈、莊垂勝、林糊、石錫勳、吳清波等人皆是磺溪人。

註　七　轉引自蔡培火等著《臺灣近代民族運動史》一書，自立晚報出版，一九七一年九月，頁一五。

註　八　彰化自來人物鼎盛，人才輩出。葉榮鐘說該地「在臺受過中學以上教育可算是最多的，留學於內地和中國各種的學校現在也有百餘人，可謂全島教育最盛的中心地」；又說「彰化人元本好學進取，革故鼎新之事不落人後，理解新思想的人多於他地。」既有如此的文風與傳統，彰化地區文學工作者亦深自濡染，況又在賴和、黃醒民的推動之下，就當時爲數不多的新文學工作者比例來說，彰化地區從事小說、新詩創作者，則較他地爲多。雖然守愚〈赧顏閒話十年前〉一文曾對當時響應新文學的情況有所失望，但這純是一個文學工作者精益求精、急切希冀更多文學同好投入的心情寫照。

註　九　賴和給郭秋生之書信：「新字的創造，……不得已才創來用，若既成字裡有意通而音不諧的時候，我想還是用既成字，附以傍註較易普遍。」刊《南音》第一卷第三號，頁九。

註一〇　見〈王詩琅先生口述回憶錄〉一文，《陋巷清士—王詩琅選集》，頁二三九。

註一一　同註一。

註一二　楊熾昌〈回溯〉，《寶刀集—光復前臺灣作家作品集》，頁一九四，一九八一年十月初版，聯經出版事業公司。

註一三　葉石濤〈臺灣新文學與楊逵〉，《走向臺灣文學》，頁八九，一九九〇年三月第一版一刷，自立晚報社文化出版部。

註一四　張深切〈文聯報告書〉作於一九三四年十一月二十日，載於《臺灣文藝》第二卷第二號，頁九，一九三四年十二月十八日。明潭出版社《日據下臺灣新文學—文獻資料選集》收錄，頁一六六。

註一五　參考謝里法〈王白淵·民主主義的文化鬥士〉一文，《臺灣出土人物誌》，前衛出版社，頁一五一—一五五。

註一六　巫永福《風雨中的長青樹》，中央書局，頁一一〇。

註一七　同前揭書。

註一八　張我軍〈新文學運動的意義〉，《臺灣民報》第六七號，一九二五年八月廿六日。

註一九　林氏在〈賴和與臺灣文化協會〉、〈重讀王詩琅「賴懶雲論」〉〈賴和「獄中日記」及其晚年情境〉及應臺灣風物社邀請講〈賴和的文學及其精神〉（研討會記錄，三九卷三期）悉論及賴氏停止創作之由。

註二〇　刊《臺灣文藝》第七十五期，頁三二〇。

註二一　刊《新地文學》第三期，頁六五。

註二二　賴慶〈文藝的大衆化，怎樣保障文藝家的生活〉，刊《先發部隊》創刊號，一九三四年七月十五日發行，頁七。

註二三　文鷗〈遠望臺〉，《臺灣文藝》第二卷第七號，一九三五年七月一日發行，頁二〇一。

註二四　同前註。

註二五　刊《臺灣新文學》第一卷第四號。從這則新聞啓事，我們知道楊華的生前受盡貧苦生活的煎熬，這種痛苦的經驗，也就常在他的作品中出現。

註二六　刊《臺灣新文學》第一卷第六號，頁八〇。

註二七　《楊逵的文學生涯》一書記載道：「去年，楊華君死去後，他太太也曾到我的茅廬小歇幾天，據她說，楊華也是罹患肺病，當他意識到生命已回天乏術時，又怕拖累了妻兒，勉強從病床爬起來，找了根繩子，想懸樑自盡，繩子卻斷了，以致自殺未遂，不禁掩面啜泣了老半天。」

註二八　毓文〈諸同好者的面影（一）〉一文，刊《臺灣文藝》第二卷第一號，頁三七。

註二九　收錄葉氏所著《臺灣文學的悲情》一書，頁一七四。派色文化出版社，一九九〇年一月。

註三〇　同前註，頁二一四。

註三一　見《陋巷清士——王詩琅》一書，頁三一五。

註三二　原載《臺北文物》三卷二期，復收入《文獻資料選集》，明潭出版社，頁三六五。

註三三　《南音》第一卷第六號，一九三二年四月二日發行。

註三四　時爲一九二四年三月十一日。

註三五　時爲一九二四年四月十一日。

第三章　日據時期臺灣小說蘊含的思想內容

日據時期的小說作者頗懷進步意識，其創作旨趣或著眼於批評舊社會的封閉、陰暗，或立足於被殖民壓迫的立場，譴責日本統治者；在作品中深刻揭露臺灣民衆在日本殖民體制下所受政治、經濟、文化、教育多方面的壓迫，和民族不平等待遇。這些控訴文學，可說是時代、社會的縮影，屬於反抗傳統陋習、反抗帝國主義的抗議寫實文學。此外，尙有以追求自由戀愛、自主婚姻爲題材的小說，及若干言情、滑稽、技擊……之通俗作品，此類小說之作者受到鴛鴦蝴蝶派小說的影響，往往以「痕夢」、「淚」、「魂」、「影」或「外史」、「趣史」、「秘史」命篇撰述，以消閒娛樂爲寫作旨趣，由於它們擁有大量的讀者，透過這些作品，我們能夠了解當時民衆普遍關心的事情，和他們的生活、思想態度。本章即試圖從日據時期小說作品中所蘊含的思想內容，覘知小說呈現之社會情狀，與當時臺灣小說之特質。

第一節　批評舊社會的陰暗面

這一節分從養女習俗、媒妁聘金、蓄妾風俗、民間神教信仰之風習及講究風水吉地之習俗等方面加以論述。

一、養女習俗

臺灣居民，大抵來自閩粵兩省，養女及童養媳的習俗，也因而傳入臺灣。閩粵人士移民臺灣其目的在於開闢草萊、拓殖新土。因此，亟需年輕力壯的生產人口，在憑藉體力勞動，後事生產的父權體制下，男多於女的人口結構，自然而然在臺灣形成。一八九九年，男女人口比例一一八・七九％，這種客觀條件，使得成年男子求偶成婚，倍感不易，於是「分查某囝」、「分媳婦仔」的需要，便逐漸增加。

形成養女的原因除上述「嗣女招婿」、「送做堆」等婚姻壓力外，尚有「扞水米」（命中八字與家人相剋，不得不送人）、育嬰堂收容之溺女（溺水未死亡之女嬰）及棄女，還有貧苦人家過剩的女孩。另有「壓青」（迷信收養他人幼女可以招弟）、「哭腳尾」（爲了死後有人哭喪）等養女之成因。（註一）多數被收養之女孩，其本身只被當成工具，看護幫傭、傳宗接代、招弟、哭喪等職責。乙未變興，臺灣割讓之後，日人更挾其輕視女子之觀念凌駕臺民，於是本省窮苦人家動輒將女兒送人、賣人之風益熾。至於「童養媳」之所以遍及全省，一方面是希望童養媳可以幫助作家事，另一方面可省去將來兒子成婚時聘金的開支，眞可謂一舉兩得。然而，養女習俗提高了女嬰存活率，卻害慘了僥倖活下來的女童。多半童養媳都掙不脫被夫家虐待的命運，或被輾轉販賣，充作性商品，被迫操賤業。後來遭遇悲慘的臺灣女人被稱爲「媳婦仔命」，可謂其來有自。二、三十年代的臺灣社會，依舊有刻畫不盡的養女淚。日據時期員林人陳如江氏曾撰文控訴此一陋習：

嘗見蓄婢之人，托養女之名，以牛馬相待者有之，以奸淫相加者有之，昨日賣一婢，今日買一婢，至顏色老矣，終身苟活，不得爲夫妻子母之樂，不得依祖宗墳墓之鄉，生而絕嗣，死而絕社，天下人類之最慘者，曷嘗有如是之甚哉！（註二）

日據時期臺灣小說對於此類慘況亦痛加抨擊。楊雲萍〈秋菊的半生〉（註三），女主角秋菊十四歲被賣給郭太太，十七歲時，養父「感覺著秋菊的爛熟的肉體——肥馥的處女的肉體」而姦污了她，養母知道後，痛打秋菊，最後她投水自殺。這養女秋菊是只活半生的，不！確切地說連半生都沒有。克夫〈秋菊的告白〉（註四），描述秋菊的母親病歿，家裏貧困無錢埋葬，不得已，向人借貸來辦母親的喪事，後來父親爲債務所逼，不得已將她賣給別人，第二天養母讓她隨阿笑嬸回家接待H町A家大少爺，自此之後，她被迫從事皮肉生涯，飽受鴇母毒打，嫖客侮辱。這二位秋菊都淪入悲慘之獄。郭秋生〈死麼？〉（註五）描寫一個一再被轉賣的弱女子彩蓮，她十二歲時，「父親爲了負人債務」，無奈之餘，將她賣人，養母逼她不斷接客，使她飽受摧殘，以後每賣過一個地方，就被改一次名字，短短五年，她被賣了六次，歲歲年年都處身「四邊都是黑暗的地獄」，生活裡的一切都是沒有希望的。本篇結尾編者附識曰：

以上的創作，完全出自實事的題材，並不是憑空架閣，於臺灣這樣齷齪的社會裡頭，下個深刻的描寫，作者所提出的命題，或許爲當面社會的、法律的、人道的根本問題了。我們看到這篇之後，不無令人感到無的者的悲哀，同時是資本主義社會制度的一大缺陷了。（《臺灣民報》第二八三號）

此種踐踏女人，不尊重人性尊嚴的故事，在二〇、三〇年代甚爲普遍。此外，如楊守愚〈女丐〉（註六）中十三歲的明珠被養母強迫賣淫，得到梅毒，生意漸冷淡，養母竟連藥錢也捨不得花，甚至將她攆了出去。張文環〈藝旦之家〉（註七）的采雲六歲時以三百圓的代價被賣，長大了，到茶廠做工，養母貪圖老板一千圓，讓她被六十歲的老板奪去童貞。到外面另一地方打算重新面對人生，認識了廖姓青年，廖的同班學友陳得秀是茶行老板的姪兒，因此廖明白她過去的事情，無法諒解而離開了她。幾經波折，她當藝旦，愛上另一個人，但把她當錢樹的養母卻遲遲不讓她結婚，她一有機會，便向養母哀求：「阿母，讓我嫁吧。嫁過去後，我還會常常回來照顧阿爸和阿母的。」可是養母總是裝著沒有聽見的樣子睡她的覺，采雲只是養母生財致富的工具，她沒有家庭溫情，甚至連愛情都難以獲得。

郭水潭〈某個男人的手記〉描述：

劇團之女王—麗玉，因爲她幼年時被雙親遺棄，被一個稱做叔父的人收養，可是八歲時開始當女傭替人帶孩子或者做養女等等，六年前，比我早一年被賣到這個劇團當女演員。麗玉上舞臺都演男女談戀愛的女主角，姓黃的美男子就是她的搭檔，她在舞臺上，不停的向黃示愛的表情很逼眞（註八）。養女在生活上得不到溫情、愛情，竟然只有在舞臺上逼眞地向男主角示愛！養女幾乎無法靠自己的力量解脫困境，可能幫她的是愛她的人。但是一般養女都未曾接受教育，和意中人戀愛的機會也不多。較幸運的是賴慶〈納妾風波〉裡的養女，在情人的協助下避免了扮演姨太太的悲劇。養女淪入煙花寄身青樓，總是希望能找到愛她的人，以脫離苦海，重享自由與尊嚴。〈藝旦之家〉的采雲如是，〈秋菊的告白〉亦復如是。

楊千鶴女士曾有雜文〈女人的命運〉（註九），說：

我一位朋友，自己受養母的虐待，先生又沒出息，始終過著威脅不安的生活。等自己有女兒時，卻依樣把親生女兒送到別處，同時再由別的地方抱進來一個媳婦仔吃奶。我責難她這種做法，她卻理直氣壯的，以純眞的表情說：「像我們家生活這樣困難，知道將來兒子結婚要付出一筆可觀的聘金，女兒找不到理想的婆家，現在趁早送人免得心裡掛念，對方的家庭也有好處。」當然，這種媳婦仔制度，將隨著社會的變遷逐漸受到淘汰，可是在家庭裡仍舊殘留著濃厚的陰影。臺灣的家庭，婆婆要媳婦仔像牛馬般的工作，與指定的男人成婚，生許多孩子，還要求像機器般不斷的勞動，尚且得不到一起生活的伴侶的同情，不穩定的情緒自然發生。等到媳婦仔做了婆婆，她以同樣作法，「我們那時候都是這樣。」盲目的強迫成婚，幾代下來週而復始一直流傳。

日據臺灣時期小說裡的媳婦仔大多不幸，若非本身家破子散，即鬧至發瘋、自殺，她們除了任人宰割之外，鮮有生機。賴和小說〈可憐她死了〉（註一〇），敘述一名家貧而被賣做媳婦仔的女孩，起初遭遇還算不錯—她本來十七歲可以成婚，但準丈夫卻被日本警察打傷，咯血而死。後來養父也死了，她被賣給人爲妾，那男人喜新厭舊，縱情色慾。最後她懷著身孕溺死。楊華〈薄命〉描寫的是從小被賣做媳婦仔的表妹，受不了毒打，逃到外婆家，她雖長得不好看，長大後終究做了媳婦，飽受虐待之餘，發瘋而死。不過，龍瑛宗小說中（〈不知道的幸福〉）的媳婦仔奮鬥不懈，終於擺脫蹇運，閱此一篇，令人振奮。女主角年才二歲就被賣到梁家做童養媳，梁家的婆婆對她很壞，婆婆的兒子阿良（也就是女主角將來的丈夫）也時常欺負她。女主角十六歲的時候和阿良結婚：

> 我雖然討厭，可是服從命運是女性的義務，而且我是個十六歲的小姑娘，懂得什麼？眞的什麼也不懂，連結婚是什麼都不明白。即使不願意，一個十六歲的小姑娘又能有什麼作爲呢？婆婆曾經刻薄地跟我說過：「做女人的要是嫌這家庭不好，乾脆說出來吧。你怕我爲難嗎？哼，我將你賣給娼家，讓你一生沉在苦海！哼，我看你這樣水性楊花的女人一定喜歡那樣罷？哼！」（註一一）

女主角並不甘心嫁給阿良，但是在社會「服從命運是女性的義務」的風氣下，只得逆來順受。婚後，丈夫並未善待她，而且常常毒打她。女主角不堪折磨，回到娘家，要求離婚。女主角不願意繼續認命，她拒絕再忍受非理性的待遇，她主動積極的爭取自身幸福，因而開展了人生嶄新的契機。

離婚之後，她到臺北工作，在偶然的機會裡認識她的第二任丈夫。他的心地正直善良，因爲家中負債而失學，在公司當雇員，微薄的薪水既要還債，還要奉養長年臥病的母親，生活十分艱苦。女主角不嫌棄他相貌難看，也不在乎他生活困窘，主動地向他示愛，雖然父母反對，他們還是結婚了。儘管兩人生活窮苦，但在這對夫妻的心目中，他們是眞正幸福的。女主角並不認爲財富和學識是幸福婚姻的必要條件。她以同鄉女友爲例，這位女友嫁給一個財主，英俊瀟灑，卻不專情，她每天過著無趣的生活。而女主角的生活又是如何呢？她這樣說道：

我們過著雖然窮苦，但是很快樂的生活。譬如有月亮的夜裡，我們兩個人便靠著破窗子，一面賞月一面談到午夜，這是多麼快樂啊！有時我還覺得過於幸福而流淚呢。這別人看來沒有什麼，可是在我卻是個很大的快樂！……僅僅誇一句口罷，他眞是全心全意地愛我。他完全是我的。我是人生的勝利者。（註一二）

〈不知道的幸福〉中的女主角顯然要比那個時代無數的童養媳幸運多了。不過，這完全由於她的自覺，勇敢突破不合理的待遇，主動力爭，才能重開生機，締結良緣。

小結

養女習俗的形成，使有錢人分擔了窮人扶養子女的重責，有其調盈濟虛，各得其所的用意。因此，如基於慈幼博愛精神而收養窮苦人家的幼女，自爲人類道德所贊揚，亦未嘗不是一善良風習，但如居心叵測，以牟利、奴役爲目的，則其行徑基本上已違反人道主義，爲人類道德所共棄，亦爲法理所不容。日據時期，臺灣女權還是極爲低落，當時的社會並不重視養女、童養媳的習俗所引發的各種問題；當然更談不上尊重、保護養女與童養媳了。她們往往生而坎坷，寄人籬下，飽更劫難，身心俱疲，以竟其一生，寫下一齣又一齣無窮無盡的人間慘劇。她們受盡折磨，只能怨命薄，無處可申訴，亦不知申訴；只能服從養主，而無從反抗，亦不敢反抗，累累荒塚，不知埋著多少養女冤魂。

楊雲萍、郭秋生、楊守愚、張文環、龍瑛宗等作家，心懷悲憫以小說作見證，留與後代子孫無限啓發，無限沈思。往者難追，來者可企，我們在披覽小說，掩卷傷喟之餘，若能懸古爲鑑，覆轍不蹈，進而融智慧，發悲心，尊重人權的價值，強調人性的尊嚴，發揮陶公「彼亦人子也，宜善待之」的精神，無分男女，一視同仁，相信和諧、理性的社會是可早日來臨的。

二、媒妁聘金

在傳統中國社會裡，婚姻幾乎就是女子生命的全部。女子命運的通蹇，多以丈夫是否賢愚爲斷。在「女子無才便是德」、「重男輕女」觀念的影響下，婦女識字不多，教育程度不高，謀生能力與機會亦無法與男子分庭抗禮，而其經濟亦無法獨立自主，先生兒女成爲女人生活、生命的重心。近百年來西風東漸，戀愛自由、婚姻自主的浪潮，不斷衝擊著中國社會。知識份子，尤其是文學工作者、社會改革者，對於提高女子地位，提振女子權利諸端，鼓吹呼籲，不遺餘力。

依據《臺灣民報》所載，日據時期臺灣的知識份子時常舉辦各種演講，倡導嶄新觀念，他們所講的問題，都與當時社會息息相關，其中有關婦女問題的演講，爲數不少，如：林芷湘主講「臺灣婦女解放」；劉英主講「男女平等論」；廖秋桂主講「日臺婦女地位的差別」；鄭顏主講「無產婦女的悲哀」；呂盤石主講「男女不平等之經濟原因」等皆屬之。此外，論述婦女問題之文章，在一九三〇年以前更是連篇累牘，觸目可見，而且幾乎每一期皆刊載有關婦女教育、解放的文章，茲臚列數篇於后，以見一斑：（詳見：楊翠《日據時期臺灣婦女解放運動之研究》，時報出版社）

表三：論述婦女問題之文章一覽表：

題目	作者	資料來源	刊登時間
臺灣に婦人問題があるか	彭華英	臺灣青年一卷二號，頁六〇－六六。	一九二〇年八月
女子教育之必要	陳英	臺灣青年一卷二號，頁一九－二〇。	一九二〇年八月
賢明たる諸父兄に告げ	吳昌盛	臺灣青年一卷二號，頁四六－四八。	一九二〇年八月

女子教育論	王敏川	臺灣青年一卷三號，頁四一—四三。	一九二〇年九月
私の臺灣婦人觀	林雙隨	臺灣青年一卷四號，頁四二—四四。	一九二〇年十月
男女差別撤廢	黃璞君	臺灣青年二卷一號，頁三四—三六。	一九二一年一月
婦人教育の理想	王金海	臺灣青年二卷一號，頁五六—六〇。	一九二一年一月
婦人問題の根本義を論じ且つ臺灣婦人界の惡現狀を排す	周桃源	臺灣青年二卷四號，頁二三—三二。	一九二一年十月
彰化學生懇親會に就いて	磺溪生	臺灣三年八號，頁五六—五九。	一九二二年一月
河東獅子吼		臺灣民報第五號，頁一五。	一九二三年八月一日
女子在社會上的注意	若霞女士	臺灣民報第八號，頁一〇—一一。	一九二三年十月十五日

婚姻制度的進化概論	秀　湖	臺灣民報第十七號，頁二—三。	一九二四年二月廿一日
今後婦女地位的改進	王方淑	臺灣民報第廿五號，頁八—九。	一九二四年六月廿一日
希望女子教育的普及	錫　舟	臺灣民報第卅四號，頁一。	一九二四年十月十一日
對於廢娼問題的管見	王敏川	臺灣民報三卷三號，頁四—六。	一九二五年一月廿一日
親愛的姐妹們呀，奮起！努力！	張麗雲	臺灣民報三卷一八號，頁一二—一三。	一九二五年六月廿一日
婦女的地位和社會的關係	連溫卿	臺灣民報第六七號，頁二二—二六。	一九二五年八月廿六日
教育臺灣失學男女的提倡	南　江	臺灣民報第六七號，頁二六—三〇。	一九二五年八月廿六日
臺灣之教育論	施至善	臺灣民報第六七號，頁三〇—三二。	一九二五年八月廿六日
猛醒吧！黑甜鄉裡的女青年！	玉鵑女士	臺灣民報第九二、九三號，頁一一—	一九二六年二月廿一日

		一二。	
臺灣的婦女教育	玉鵑女士	臺灣民報第一一〇號，頁三—四。	一九二六年六月二十日
一個臺灣女性的幾句話	玉鵑女士	臺灣民報第一二三號，頁一一—一二。	一九二六年九月十九日
向哪一條路？	郭華洲	臺灣民報第一四〇號，頁九—一一。	一九二七年一月十六日
婦選附與婦女解放	韓石麟	臺灣民報第二二一號，頁十。	一九二八年七月十五日
臺灣的婦女運動從那裡作起？	紅農	臺灣民報第二二三號，頁八。	一九二八年八月廿六日
聘金制度要如何改善？		臺灣民報第三〇一號，頁二。	一九三一年二月廿二日

其中黃璞君〈男女差別撤廢〉說：「女子尚依賴男子而作生活者，皆因教育不一樣所致的，我們女子教育是教女子順從男子，而作男子的奴隸而已。」黃氏將婦女地位的低落歸咎於缺乏智識和教育內容

的不理性、不均衡，實爲扼要之論。黃氏又說：

想我們女性自幾千年來，其受這麼樣的生活，是甚麼緣故呢？無他，因爲沒有知識所致的，我們若有知識就可以打破這牢獄了。既有智識，女子就可獨立，可不依賴男子；既不依賴男子，誰肯服從他們無理的支配麼？

曾經赴廈門留學的張麗雲〈親愛的姐妹們呀！奮起！努力！〉一文也認爲，女子無法接受教育乃是由於（假）道學家以「女子無才便是德」、「男尊女卑」、「男女七歲不同席」等禮教規範加以束縛所致。只有提高女子教育程度，修正女子教育內涵，使與男子教育無分軒輊，才能使男女兩性眞正平等、理性的互相尊重幫助，而和諧相處。

王金海〈婦人教育の理想〉一文就提出了這樣的呼籲：

今日要求完成個人人格的呼聲，已響徹全世界，吾人的首務，即在求教育的平等。……宜注意男女教育的均等。

王氏同時認爲女子教育的內涵，應以整個社會爲範疇，使女子亦嫻熟社會、經濟、政治等知識。一些較有眼光的婦女建議推行自助式教育，如玉鵑女士倡導各地籌組婦女團體，可教育自身，並協助其他婦女。

同時提倡自由戀愛之說亦騰播衆口，高唱入雲，倡此說者咸認爲婚姻不宜僅憑父母之命、媒妁之言，而男女雙方之性情癖好皆舍而弗顧，婚姻絕不宜流於餽贈、交易的買賣作風。對於改革蓄妾、索聘或人身買賣等社會風習，論者泰半認爲解決之道，宜自提高女子教育程度或鼓吹女子參政入手，收效較速。如〈聘金制度要如何改善〉一文呼籲道：

聘金的廢止，又不是法律所可禁遏，要之教育普及，女子覺醒，女權獨立，由輿論造就社會制裁，以打破聘金制度，這是根本的辦法。

有關女子教育之文章，多半發表於一九二〇年代之後，撰文立說者多爲接受新式教育的臺籍知識份子，並透過臺胞的喉舌機關《臺灣民報》廣爲宣傳，以期逐漸提昇婦女地位，使教育女子的內涵不斷充實並且深具時代意義。然而一九三〇年代之後，由於臺灣總督府教育強化政策漸次展開，倡導以「賢妻良母」或「齊家興國」爲女學重要目標，故以「解放婦女」、提高婦女地位爲中心的教育觀乃逐漸式微，雖然如此，文學工作者仍創作了不少小說，鼓勵年輕人勇敢脫離媒妁婚姻、聘金的重重桎梏。

提倡女性從傳統婚姻枷鎖解放、社會應廢止聘金習俗之作，如謝春木〈她要往何處去〉、施榮琮〈最後的解決如何〉、楊守愚〈瘋女〉、〈出走的前一夜〉、吳濁流〈泥沼中的金鯉魚〉、吳天賞〈龍〉、廖毓文〈玉兒的悲哀〉、徐瓊二〈婚事〉，都能指陳社會中攸關女權之問題，開拓讀者思考空間。

謝春木〈她要往何處去〉（註一三）是篇向媒妁婚俗挑戰的抗議之作，也是強烈批判現實的寫實小說。謝氏透過三角戀愛的情節，指出父母之命、媒妁之言的婚姻是不合時代潮流的，並進而提出改革的意圖，與奮鬥的決心。謝氏擺脫以男人爲本位的心態，啓示女子應有從男性附屬的地位中超拔出來的自覺，不該愚蠢懦弱地平白淪爲封建婚姻下的犧牲品，鼓勵女子追求戀愛自由、婚姻自主，男女平權新時代的來臨。這一篇作品後半部的寫作技巧或許稍嫌粗糙，若論其寫作旨趣，實深具時代意義，是以謝氏此作，誠可視爲對媒妁婚俗的先聲。

這篇小說，形式上共分五節。第一節〈望眼欲穿〉，寫桂花陶醉在爲留學日本的未婚夫清風編織衣帽的美夢中。如今夢裡的輪船終於靠岸，除了清風、表兄草池外，他們背後還多了一位女子。

第二節，題爲〈孤帆遠影〉，這位臺灣少女名叫阿蓮，是清風的愛人，早在清風與桂花訂婚之前，他們便已相戀，並且私訂終身，與桂花訂婚是後來清風家長擅自做主的，接受新式教育的清風內心非常痛苦，並且不認同此一婚約。現在他與阿蓮在水源地相會，卻遠遠望見草池與桂花從淡水回來的船隻從那裡經過；想到不知情的桂花，阿蓮頗同情其處境，想要成全，卻爲清風阻止，他以爲他們三人皆是此一不合理婚俗的受害者，清風說：「我們必需對我們的社會制度，點燃起改革的烽火。」

第三節，題爲〈還君明珠〉，草池將清風與阿蓮相戀訂婚之事告訴桂花母親，而清風盼能解除婚約之信函，亦適時轉到桂花手上，桂花讀完信後暈倒在地。

第四節，題爲〈幡然夢醒〉，桂花在母親、表兄安慰下逐漸夢醒，決定隨表兄去東京讀書，她體悟到「我不再怨誰了，這不是阿母的罪，也不是清風的，都是社會制度不好，都是專制家庭的罪。我祇是犧牲者之一而已。正如表哥所說，整個臺灣不知有多少人爲這制度而哭著。如今我都明白過來了。我要爲這些人奮鬥，勇敢地奮鬥下去。」

第五節，題爲〈揚帆待發〉，桂花與草池啓航赴日，旅程中遇一女學生，也是爲爭取婚姻自主而出走，既感同病相憐，又互相期許「爲被虐待的臺灣婦女，努力讀書吧。」四個月後，母親寄來新聞剪報，是清風面對報紙惡意中傷之澄清及反擊。

結尾特別安排桂花母親寄來清風闢謠的一紙剪報，說明了一個無辜的少女，在其時社會背景下，被解除了婚約，不僅婚姻落空，還必須承受社會的繪影繪形，隨意說長道短，損及個人自尊及家族之顏面等痛苦。文中草池對他姑媽說：「表妹才十八歲，將來的事還不必擔心的，天下好男兒多的是，祇要讓她多讀書。」後來桂花也果眞赴日本留學。當時，要提高婦女地位，恐怕也只有多讀書，以增長見識一塗了。結尾所述，見諸於《臺灣民報》所載時事，可見此篇小說之眞實性。

施榮琮短篇小說〈最後的解決如何〉（註一四），也是描述舊式家庭的媒妁婚姻。女主角瓊妹的父母親僅憑媒人的花言巧語，未經她同意便將她許配人。瓊妹因而苦惱萬分。她說：

> 對這回的事，我是絕對不要承認的，因爲這個人素來和我絕沒相識，他的人格，他的學問，他的道德，到底怎麼？我完全不知，我既和他不相識，那麼，我和他就沒有一點愛情的可言，夫婦結合，要由純粹的愛情，既沒純粹的愛情，怎麼可以和他做夫妻呢？我的主意，就是一定不要和他結婚的，只有想個法子來解決這回的事罷了。

她的朋友雲哥本是聰明有學問的人，但聽了的她的話竟呆若木雞，束手無策，說道：「現在事已到這個田地，叫我怎麼樣幫助你呢？我想最後的解決，只有從法……。」作者寫這篇小說意在提出問題，讓讀者對此不合理之婚俗，作周徧而深入之思考，庶幾尋覓完美解決之道。篇末作者附識數語：「舊式家庭事事專制，從來的盲目制度，不知害了多少女子，我願有心改革社會的人們，快快起來提倡婚姻自由！這篇是描寫婚姻問題，被家庭的專制，世界上如再像有這事發生，閱者諸君對於最後的解決如何？」關懷之情、仁厚之思，溢於言表，可謂老婆心切！

臺灣作家吳濁流，曾在〈無花果〉裡，敘述其年輕時，曾有女學生自動向他示好。然而吳氏當時，卻以為若與某女子交往，必須由一而終，與之結褵，故不敢接受女子之愛情；終依習俗，憑媒妁之言結婚。

鍾理和的婚姻，則擺脫社會僵化的手續和儀式，並且不顧社會根深蒂固的成見，與同姓女子結婚，他說：「在當時的臺灣社會，這（同姓通婚）是椿駭人聽聞的事情。」他與妻鍾平妹付出的代價是：與家庭決裂、遭鄉人恥笑、私奔東北。他這種大膽突破傳統陋習的作風，和吳濁流的保守自囿，誠屬兩種極端的表現，無不顯示當時人於「愛」與「婚姻」上，所遭遇的困境，而依違於兩極之間的種種問題。在〈她要往何處去〉中，清風最後的聲明，說明了當社會十之八九都是「病入膏肓的社會人士，甘於非人生活的社會人士。」〈最後的解決如何〉則透露當時男女面對媒妁婚姻，難以超邁度越，幾無兩全之策的困境。舊社會的保守思想，一旦套上訂婚枷鎖，似乎只有任其囿限而已！盲目的婚姻，只有引發一連串令人痛心的悲劇。楊守愚〈瘋女〉即深刻凸顯這一現象。

〈瘋女〉中的女主角紫鳳略識詩書，性情溫純，品行端莊，祇要聽到人家說到「嫁」字，她就羞得臉紅。後來父母聽信媒婆巧言，誤將她匹配給吃喝嫖賭的無賴漢，她知道後，就像失了靈魂般，鎮日憂愁、納悶，她沒有勇氣提出解除婚約，以爲「水潑落地」，已難收拾，只有自恨命苦。恨苦已極，終致發瘋！小說寫道：

這一晚，當人家都往觀戲的時候，她的姨母秘密地在告訴她的母親—這時她原也不在那裡—誰知事有湊巧，竟被她在暗地裡，無意中聽見了呢！這一來，男家的底蘊，總算被她探出來了。原來她的那個未婚夫，卻是一個無賴漢，性情既很兇惡，又是一個全不講理的人；祗要你偶犯了他，或是不去迎合他的脾氣，你就活該受罪了，他不管三七二十一，更不管什麼是非曲直；一下手，就把你打罵交加起來；他雖不能力敵萬人，但是總還不愧爲一個「敢死隊」中的隊長。因此，人家都很畏犯他，不肯和他交遊，他天天祇是嫖、賭、吃，除此之外，正務事一點也不肯辦，沒有錢了，就到店裡拿；人家不給與他，或者自己拿不著了，就不管什麼，總是大罵特罵起來，所以家裡的人，除掉他母親外，誰都厭惡他、痛恨他。就說這回親事吧，也是他的母親用心計較，硬替他爭來的；其餘家裡的人，都沒有一個人肯睬他（註一五）。

這種不顧女子意願，無視女子幸福的婚姻習俗，毀了紫鳳。她的家人本可取消婚約，但卻沒有任何具體行動；她本也可力圖婚姻自主，但她沒有勇氣向習俗挑戰。這篇小說雖然控訴媒妁婚姻的殘酷，但同時也啓示我們，社會衆生的自我覺醒，蔚成理性之風，才是最重要的。

吳天賞的小說〈龍〉（註一六），同樣敘述了沒有愛情基礎的媒妁悲劇。小說中的男主角背棄了婚約，於是族人、鄰居，交相指責。他的未婚妻一味迷戀她，完全不能理解他的想法，他跟她說：

不是我拋棄妳，我們一開始就註定了不能在一起。我倆的婚約是小時候父母親決定的，叫我如何負起責任？我很瞭解妳的心情，並且日夜祈求著妳的幸福，也不知因此掉了多少眼淚。過去我已盡了力，希望能把妳改變成我所憧憬的那種品性的女性。到頭來，我還是無法接受妳。不管妳如何愛我，我們的婚姻絕不會幸福，而必將以悲劇終。如果無法覓得心目中的理想女性，我寧可終身抱持著獨身主義。

然而她是無知、懦弱的，初聞此言只想殉死。他從未想到別人的死會與自己扯上關係，不久他跟她結婚了，但是悲劇隨即發生：婚後一個月，兩人就雙雙投海自殺了。勉強結合的婚姻，只有帶來不可避免，甚至不可挽回的悲劇！這篇小說的結局令人驚心動魄，黯然魂消。

瘦鶴〈出走的前一夜〉，描述一位具有新思想的女子，踟躕在親情與理想，順從與反抗之間的心路歷程。若選擇親情，勢必屈從母親的安排，接受傳統的媒妁婚姻，從此枷鎖纏身；若抉擇理想，依自己意願到日本求學，則不免違拗母親的旨意，讓家人被恥笑。這種矛盾衝突在當時的確苦惱了不少女子。這篇小說最後以「女子在痛楚的煎熬下，終於決心離家出走，自我主宰命運」爲結，可見作者站在反對媒妁婚姻之立場，鼓勵女子勇於擺脫陋俗的牢籠。小說中反映了一般重男輕女、女子不需知識的觀念。女主角再三再四地向她母親要求繼續升學，她母親氣憤地說：

還說什麼？哼，你也太不知羞了，你的年紀多少了呢？還有面目踏出門限，前天泮池舍娘——

你知道麼？住在東巷的大厝裡的泮池舍娘，就是本地有名的紳士泮池舍的老婆，她昨天已叫阿古嬸來咱家裡說親，聽說她的兒子倒也不壞，雖只讀了幾年書，現在卻和他父親在自己的煙草中賣店裡辦事，算來也是一個好位置，這一門好親事，我正打算到定光佛廟抽支籤書看看，你總得規矩一點才是，什麼到日本留學，不是要給人家笑話麼？

又說：

什麼？讀了書，有什麼用處呢？阿蔚曾讀過書麼？她前年嫁給阿吉舍，竟嫁了一千塊聘金，雖說是接後的D，但她現在不是富貴一世了麼？像阿鳳、麗華、標梅們，那一個不是高女出身的麼？你看，誰肯來和她議婚？還有最喪廉恥、敗門風的，就是芸英，竟和一個野漢私逃，唉！這還了得麼？

女子無需讀太多書，嫁個金龜婿富貴一世，就是好親事，這種觀念在當時普遍存在，物質生活總是第一考慮，是深怕女兒嫁後生活困苦呢？還是可索取爲數可觀的聘金呢？她對母親說：「即使我的婚事，也自有我的主見，用不著你老人家擔憂」，她母親氣憤之餘，乾脆說：「書我偏不給你讀，親事我也硬要做主，怕你上天不成！」最令她失望悲哀的是她想起哥哥早先的來信也是思想守舊，與母親沆瀣一氣，言念及此，倍覺孤立無援。哥哥的信中有下列數語：

……這裡的女校，不見得怎麼好，又且到這裡來，費用很大，家裡一定不能支維，到那裡，反累了父母受苦，我看還是在家裡幫媽媽理家的好，女子老實無需乎這許多學問，像你這樣，已經夠了……。

幾經思索，她終於決定出走。

吳濁流〈泥沼中的金鯉魚〉指陳淫腐的社會風氣：「只要有錢就可以擁有三妻五妾。……華麗的社交世界也以姨太太的多少來競相驕傲。」有錢的男人總喜歡討小老婆，〈泥沼中的金鯉魚〉女主角月桂的叔父貪圖六千塊聘金，私下將她許給別人當小老婆。月桂不同意，他就漲紅了臉怒罵：

什麼？有了一知半解的學問，就那麼不了得？二十五六歲還不出嫁的，只叫化子的太太或姨太太好當。……一旦答應了的婚事不能反悔的呀。妳的學費也花費了不少，從妳的聘金拿回這些錢有什麼不對的？

她平時也常常聽說不少女孩子遇到這樣的事，只有把眼淚往肚裡呑，無法掙脫男人的手掌，追求幸福的一生。因此她「對男人的胡來亂做」，早就決心「要斷然反抗，不論有什麼事決不投降。」她左思右想，終於發現只有逃離家庭，才是逃出虎口的唯一有效方法。雖然逃離家庭，但後爲社長所騙，失去童貞。出走的結果並未帶給她幸福，反而是一場災難。

吳氏小說更深入一層剖析了女性要勇敢突破媒妁婚俗，索聘惡例，一味哭泣，是於事無補的；吳氏同時提醒爲避免不幸的婚姻而出走的女性，一旦步入社會，就要提防奸邪，保身保貞。因爲當時社會不乏狼心狗肺的男人藉著自由戀愛，欺騙純潔無知的女性，以逞獸欲。這篇小說清晰的反映了社會的黑暗面，並且明白指出：女性若欲免於輕蔑，贏得尊重仍須深切自覺，兢業黽勉。

廖毓文〈玉兒的悲哀〉（註一七）敘述一對青梅竹馬的青年男女，他們本是十分相愛，後來男的離開鄉村，負笈城市，而女方則未受教育；教育程度的懸殊，導致男方情感漸移。四年後，他帶回一位受過新式教育的城市女子。後來男方偕伴留學東京，而失戀的她卻在父親的執拗下，以八百元聘金平白斷送了青春與幸福。在小說中，我們看到日據時期許多家庭養女兒就像囤積商品，準備出售一般，最後總希望藉嫁娶聘金還本牟利。她（玉兒）父說：

因爲年來的不景氣，身上的債務累累，債主日來催討，如果苟且把她嫁了，豈不是人物兩空？何況稅期在即，又要多贌些土地來耕作呢？

不「苟且」嫁女，豈不是希圖厚聘嗎？作者只作客觀的呈現，眞實的記錄，而索聘婚俗之無理，女子命途之乘舛，女方家長之庸愚，都可不言而喻了。

徐瓊二〈婚事〉（註一八）的主角是一對青年男女漢榮與英英。漢榮爲了順利結婚，而爲八百五十塊聘金煩惱、焦慮、籌錢。原來英英是郭家的養女，養父想趁英英出嫁的機會撈上一筆，因爲有了聘金八百五十圓，即使三年不做事也不用愁吃穿，所以即使郵局局長爲漢榮說情，養父也置若罔聞。英英起初也像一般柔弱女子一樣，除了以淚洗面，只有束手無策，甚至想殉情。漢榮的朋友元義得知此事，很不以爲然地說：「只空想著要到達戀愛的彼岸，而既沒有積極的行動，更缺乏堅強的意志！她做事全憑直覺和衝動，如何能在現實社會中立足呢？」其實，這也是作者的意思。小說結尾，有情人終成眷屬，說明了自由婚姻的可貴。徐氏藉此小說批判索聘賣女的惡俗，除了讓年輕人飽受煎熬遍體鱗傷之外，別無積極作用。

三、蓄妾風習

反對蓄妾惡風的作品，如賴慶〈納妾風波〉和陳華培〈王萬之妻〉等小說。陳華培〈王萬之妻〉（註一九），描寫王萬納妾的經過。小說裡的王萬納妾之後，大體上對太太是禮讓溫柔的，但大老婆阿香對納妾之事，耿耿於懷，始終對王萬深閉固拒，王萬愈是溫柔待她，她就愈是加以拒絕。王萬這樣的男人，在當時風氣之中，似乎沒有受到很大的譴責。王萬的朋友林士屋的老婆，爲王萬做說客，勸阿香讓小妾進門。林士屋的太太也曾遭受先生在外面和女人廝混的不幸，但對男人這樣的行徑，她倒以「男人哪！是一點辦法也沒有」的態度認了命。她遊說阿香說：

男人哪！是一點辦法也沒有的。只要手裡有點錢，馬上就不安份起來，性子好的時候也就是貧苦的時候。對老婆錙銖必較，別的女人一開口，卻四處張羅，唯恐討不到人家的歡心。家中僅有的一點值錢東西也非拿了出去不可，王萬還不致於如此吧？他畢還是忠厚的，玩歸玩，可沒忘了照顧家庭。

這樣的論調，說明了只要丈夫還顧家庭，他在外面玩玩根本不算什麼。臺灣舊社會中，婦女對自己先生這種容忍的心態，眞令人感到匪夷所思！至於進了門的小老婆－阿銀，她沈默寡言，個性溫柔，純粹是認命認分的造型。她從早到晚辛勤工作，爲阿香洗衣服，爲全家準備三餐，但阿香終究不能接納她，日子一久，終於引發家庭糾紛。作者在小說結尾寫道：「幾時才有和平呢？糾紛怕是永遠無法消解的吧！」小說中阿香的悲劇，是否泰半肇因於剛烈的性情，或是對丈夫不夠溫柔呢？還是因為個性過分固執呢？依當時的社會傳統和家庭觀念，她本可以接納阿銀，在彼此互相尊重中，過著不挺完美，但也不致太差的日子；王萬待她好，她也可坦然接受；然而她對阿銀的怨懟，終於招致王萬的氣憤，抖著雙手連續毆打其面頰。不過，陳氏安排了阿銀這樣一位性情溫柔，努力工作的女子，是否說明了即使所納之妾如何完美，但「二女共事一夫」畢竟無法和平相處，難使家庭和諧，何況娶得一般重錢不重情的小老婆回家呢？這篇小說警世之意甚深。要之，一夫一妻制才是家庭美滿婚姻幸福的保證。

賴慶〈納妾風波〉（註二〇），描述一段可笑復可鄙的納妾情節。有錢大老爺東桂想討小老婆，他的太太卻背地裡偷漢子，還說：「男人既然可以買女人，為什麼就不許女人找男人？」小說裡深刻描寫了秀鳳養母和媒婆見錢眼開，狼狽為奸的鄙陋形象。養母為了貪圖一千二百圓的聘金，不顧秀鳳的意願，要她嫁給東桂當小老婆，秀鳳不得已找男友進德商量。幸好進德理智、勇敢，才能在迎娶當天順利讓秀鳳隨生母回家，避開了當小老婆的厄運。小說中的秀鳳仍和大多數臺灣女子一般，全然不敢堅持及爭取婚姻自主權，「除了一死外，別無他法」，進德則富有理性，相信命運是人自己創造出來的，他對秀鳳說的那段話，其實也正是作者有意對讀者說的，他說：

命運？什麼是命運？總括一句：命運是人自己創造出來的。……如果說，以一千二百圓的代價就被賣做人家的細姨是一種命運的話，那麼，用自己的力量，打破這種壞命運，重新去開拓出另外一條新旅程，不也是命運的一種嗎？這種命運不就是我們想創造的嗎？

媒妁婚姻、索聘、納妾等風習，向來是日據時期臺灣小說作者關注的焦點之一，大部分的作者都懷著改革社會的意圖，他們經常扮演著社會運動者的角色，因此小說中主張改革的人物，便是作者心目中新思想新知識份子的化身。作者也藉這些人物之口表達移風易俗的理念。不過，也由於作者陳述理念太過急切，有時小說人物的塑造與對話，顯得不自然，甚而流於粗糙，其對白亦偶有呼口號式的亢奮抨擊，瑕瑜並陳，不無遺憾。雖然如此，賴慶這篇小說所透露的訊息，卻是彌足珍貴的。小說反映了時代與環境，閱讀日據時期臺灣小說，將有助於我們略窺臺灣當時的人生舞臺，與先民的心路歷程。小說不論典雅輕靡，皆足以傳世，其意義也就在此。

小結

早期臺灣社會，風氣極為保守，男女自由交往，視為違反禮法；婚姻多由父母安排，美滿者固也不少，而失和乖舛者，則不可僂指算。當時思想較新的人士，對舊日婚俗並非全盤否定，只是希望賦予女子獨立自主、審慎取捨之主權，庶幾不幸婚姻之比率得以銳減。這種理念，是完全站在提高婦女地位，為女子幸福著想，女子幸福，家庭和諧，則男子亦幸福矣，社會問題自可減少。當時重男輕女的觀念，深中人心，一旦婚姻生活遭受不幸、挫折，自來都是妻子比丈夫承受更大的痛苦。當時社會上大多數人可以容忍丈夫在家中儼然帝王，呼來喚去支使太太，可在外面花天酒地，與女人廝混，甚至娶小老婆，這些劣行無須接受多少道德的制裁，龍瑛宗〈植有木瓜樹的小鎭〉雷德就說：「買小妾在本島人社會並不須強迫作任何道德上的反省。」（註二一）因此妻子只有逆來順受，服從丈夫。若不屈就，則唯有走上離婚之路，社會芸芸衆生也泰半以異樣歧視眼光看待女子。欲尋求生命第二春，往往難上加難—若非爲人繼母，便是爲人小妾。因此提倡男女自由戀愛，父母不宜強加安排婚姻，無非是希望女子在婚前能多認識、了解對方後，才託付終生。

父母專擅的婚姻習俗，隨著社交風氣的開放，人際關係的頻繁，已日益改善，今日社會中，男女多可自由交往，婚姻亦每由當事人自主。然而嫁女索聘之陋習，雖於一九三〇年代即有不少文章、小說加以反對抨擊，但此風難改，迄今猶存。在日據時期的臺灣小說裡，嫁女兒好像賣女兒，因爲可收一筆爲數可觀的聘金。女子如不願爲媒妁、聘金的奴隸，只有離家出走一策；否則只得任憑家人安排，以一生幸福爲賭注。當時風氣保守，在社會異樣的眼光及經濟無法獨立的情況下，有勇氣堅決出走逃婚的女性並不多見，因此日據時期臺灣小說中每多方鼓勵、暗示女子要自我醒覺，要做自己的主人。就移風易俗，追求理性的觀點而言，這些小說是很有貢獻，很有價値的。

四、民間宗教信仰

傳統社會的宗教信仰、生活習俗，多半具有根深柢固的保守力，緊密的融入民間的生活與信念中。隨著社會組織、生活型態的變化，以及新文化的提倡，某些社會觀念與風俗習尙也有了改變，遞減了那份自然的膠著力。本節擬從日據時期臺灣小說中民間宗教之信仰、風水吉地之講究、求神問籤之風習來觀察、討論。

一九二〇年代的民族自覺與新文化的提倡，一方面反抗日本殖民主義，一方面也企圖改造舊社會。當時的知識菁英，看到「物慾旺盛、精神生活貧瘠」的社會病症，多憂心忡忡，亟思有以改造。加上清代以來，社會大衆崇尚功利；在日本殖民統治下，功利主義仍然甚囂塵上（註二二），功利的觀念固然對發展經濟活動不無助益，但過分追求功利，將使缺乏文化精神的社會，每況愈下，日趨浮靡，迎神賽會之舖張、婚喪禮俗之奢侈，幾可使中下階層的人，傾家蕩產。因而改造奢靡之風，遂成爲新文化運動者抨擊和勸導的目標，他們發行雜誌《臺灣民報》、紛紛舉辦演講、散發傳單、撰寫小說，大聲疾呼，勸導民衆改正陋俗。

賴和第一篇小說〈鬥鬧熱〉（註二三），就是以近代知識份子的觀點，批評舊社會迎神賽會無謂的舖張、競爭。小說寫小鎮居民，因媽祖慶典而回憶往昔地方上拚熱鬧的景象，但是那個時代畢竟一去不復返了，小說中人物丙說：「在這時候，救死且沒有工夫，還有閒時間，來浪費有用的金錢，實在可憐可恨，究竟爭得是什麼體面？」小說又寫道：「所以窮的人，典衫當被，也要和人家爭這不關什麼的臉皮。」、「西門那賣點心的老人，五十塊的老本（終老喪費）和一圈豚，連生意本，全數花掉，還再受過全街的嘲笑。」爲了迎神賽會弄得傾家蕩產，一貧如洗，此種無意義的競爭，早就應該革除了，何況在殖民統治下，救死活命尚且不暇，那有餘力舖張奢靡呢？賴和在小說中體現了他進步的思想，批評了把持迎神賽會的紳商及保正、中學畢業生等有知識有地位的人。

朱點人〈島都〉中史明的父親，因廟寺建醮，被地方頭兒強迫樂捐，由於無力繳納，只好狠下心賣掉兒子來給付，最後在羞愧憤恨中，精神失常，投河自盡。做醮本在祈求世人平安和樂，而今卻弄得家破人亡，不啻一大諷刺。小說中說K寺落成時，地方頭人們並不顧慮人民的經濟能力，又不徵求衆人的同意，就恣意決定建設三天大醮，在難以反抗的迷信觀念下，窮人只得忍痛賣子，傾其家產，來響應那勞民傷財的祭典。而倭吏亦「獎勵迷信，特地帶了許多隨從來參加拜佛。」這說明了殖民統治者是採放任甚至鼓勵的態度。賴、朱二氏說部分別發表於一九二六年及一九三二年，揆諸其前史實，可知二作雖爲小說，卻與現實相去不遠，應是作者耳聞目睹之記載。一九二四年《臺灣民報》披載了〈對於建醮的感言〉一文，說：

> 臺北近日以來，爲慈聖宮建醮事，極其忙碌。大街小巷，建臺結采，五花八門，爭奇角勝，盡形極緻，艷麗奪目，旖旎紛華，有如蜃樓海市，若狂男女，塡塞街衢（註二四）。

據說參觀人數估計達三十萬人，一九二七年艋舺龍山寺修建落成，舉行五天成福醮，忽聞總督要參加祭典，因重新飾醮，增加開支三千圓，耗費八十五萬六千日圓，以當時一男子每日平均工資一．〇六圓度之，其耗費不可謂不大。殖民政府於此非但不加改進，反推波助瀾，增開班車加以支援，其放任態度顯然可見。因此有識之士咸表不滿，極力勸導或加以抨擊。一九二四年慈聖宮建醮，被稱爲開臺以來最大祭典，耗費甚巨，不知凡幾，報章上建言撙節者不乏其人，如：前非〈對於建醮之感言〉，簡順福〈就此回的建醮而言〉，劍如〈對於稻江建醮的考察（上）、（下）〉，一郎〈駁稻江建醮與政府和三新聞的態度〉，及蔣渭水〈可惡至極的北署之態度〉等文，皆有持平的議論與建言。前非之文指出：

夫醮禳之舉，乃未開化野蠻人之習耳，在乎科學昌明之今日，此種迷信劣風，必無存在之餘地。而諸君乃如群蟻附羶，蒼蠅逐臭，盡糜極奢，作此無意識之事，何不思之甚，而愚之極也。獨不思上天之德，本屬好生，而爲人之義，乃惟濟困，諸君者能與其於此之耗費，移作濟貧扶困之資，其功德可量乎。在困苦者，受再活之恩；而布施者，造無量之德。何圖不出此，而作其無意識之舉，以滋迷信奢糜之風，何其無來由之甚也。夫仁人心也，義人路也，舍正路而不由，其誠何心也，哀哉。孔子曰：「未能事人，焉能事鬼」觀于此，則知神道遠，而人道邇。若能事人而事鬼之道，可以類推也。苟未能誠敬以事人，安能誠敬以事鬼乎。嗚呼諸君，知天地間，有鰥寡孤獨之苦乎。鰥寡孤獨之苦，比之無依之魂之苦之更甚乎。倘能去彼就此，以有用之金錢，來作有益之事，則造福無量矣。此時有許多事業，而待熱心諸君之創設，諸君其有思及乎，如養老院也，孤兒院也，貧民習藝所也，流民棲息所也，其此種種，乃極大慈善之事業也，諸君反未思及，而斤斤作此渺茫無識之舉，寧可不勝嘆也哉（註二五）。

一郎（張我軍）則說：

諸言論機關既自負爲社會的指導者，思潮的先鋒，你也應盡一點天職，指導民眾向光明的路上去才是。可是我們的政府每常與諸言論機關狼狽爲奸，一意趨臺人回到黑暗的世界去。……建醮這件事如前面所說，是一種迷信的行事，這我想高明如政府當局，智慧如言論界諸君，那有不知道的道理。不消說，迷信於人民是毒藥。我們可憐的臺灣人在吞毒藥自殺，而我們的政府和言論站在那裡拍掌喝彩。唉！他們是想坐看臺灣人的血肉横飛以爲樂的，而一班愚夫頑民不能察其本意，倒反以爲受寵若驚，揚揚得意，不自知其末日之將至，眞是蠢得太可憐了（註二六）！

指陳時弊，翼匡末俗，誠慨乎其言之矣。一九二七年龍山寺落成之建醮，亦極奢靡舖張，艋舺人氏朱點人〈島都〉中記述K寺落成建醮一段，頗與之相類。自一九二四年起，臺灣民報即披載爲數不少反對陋習的文章，而實際行動更是積極，如一九三〇年反對城隍，維新會會長黃江連以身領導，身上背「迷信是會滅種滅族」、「迷信比阿片更厲害」等標語，在市內遊行，呼籲廢舊習。其時演講大會之講題如「神創造人乎？人創造神乎？」、「城隍之由來，迷信之深刻」、「宗教之解剖」、「宗教是民衆的阿片」、「神明會保佑人什麼？」。一九二九至一九三一年間，裝八將，掛紙枷的人數確也已大量減少，似可說明宣傳產生些許效果。茲以表明之：

表四：臺北大稻埕迎城隍裝八將與掛枷人數表（一九二八—一九三一年）

年代	扮八將人數	掛枷人數
一九二八年	約三、二〇〇人	約一〇、〇〇〇人
一九二九年	約一、七〇〇人（減一、五〇〇人）	約六、二〇〇人（減三、八〇〇人）
一九三〇年	約四〇二人（一、二九八人）	約一、六〇〇人（減四、六〇〇人）
一九三一年	一〇〇人（三〇二人）	

資料來源：1.《臺灣新民報》，第三一七號，昭和五年（一九三〇）六月十四日，頁四，〈迷信打破聲中的臺北迎城隍見聞錄〉。

2.《臺灣新民報》，第三七一號，昭和六年（一九三一）七月四日，頁五。

說　明：括弧內爲遞減人數。

由表可知反對陋習之風，已漸漸形成。不過，習俗由來已久，一時也難以根絕殆盡，北、中部迎神賽會舖張奢靡如此，南部各地亦復如是。匡人也（蔡秋桐）〈王爺豬〉（註二七）描繪某庄鄉人信奉王爺公爲地方守護神，爲了五年一度宴請王爺，家家戶戶宰王爺豬，大張旗鼓（開發旗對、鑼鼓陣），全庄出動，如臨大敵，雖然總動員，亦感「腳手不足」，善男信女莫不沈浸在喜悅、忙碌之中。孰料大夥跪在壇前口，以待王爺公的聖筶啓示時，卻陡然地冒出了一批批日本大人的應援部隊來，每人手提考案的釣，搜查偷刣豬羊的嫌疑者。庄人見此情景，個個驚惶失措，結果爲了省稅偷刣豬宰羊的人們，一一落網，並繳交加倍的罰金。結壇祭祀，無非對神祈福，以求五穀豐登，平安如意，但卻惹禍上身，增加杌隉。通篇以戲劇性手法嘲諷迷信神明的盲目行爲。除迎神賽會之外，日據時期的小說對燒香祈福、求神問籤諸事，亦時有論述。

另有蔡德音短篇小說〈補運〉（註二八），亦主張破除迷信之惡風，譏諷信神之無稽。蔡氏描述一門祚式微的家庭，母親帶著孩子到城隍廟求神祈福、以去掉惡運的經過。由於廟裡人山人海，妹妹的金項鍊遺失不見，弟弟被一堆爆竹炸成重傷，送院後不治死亡。小說中借著一漢子的話，無情揭露了補運的荒唐：

下午姑媽從山裡坐輕便車要出來補運，到半路車脫了輪，她跌落得一身都是傷，現兒在赤十字入院，要是這些木實有靈顯，不該有這的道理才是！你們想想看！補運？補他媽的運！嗤！

小說陳述村夫村婦的無妄之災，以辛辣的筆法，諷刺的語言，說明了求神補運，或許將招來更大的惡運，足見信神實在不可靠。

謝萬安的〈五谷王〉敘述了一個假借五谷王—神農聖帝名義以建廟牟利的流氓。他假借神農托夢說道：「你若替我奔走，建造一個廟宇，香煙不斷地事奉我，不出五年你們這村，包管會人畜平安，五谷豐登的……」天花亂墜說了半天，感動了那些善男信女，很快地他捐得了兩三千元，建造一間神農廟，登記了百餘甲的土地所有權，又活動官府，開鑿了埤圳，得以通水灌溉，荒野遂變肥田，地價漲了兩倍，他因而致富。

楊守愚〈移溪〉（註二九）中受洪水之害而交不出穀子的全庄人，被地主逼得走投無路。錦源賣掉一頭牛，水犀賣出了一個八歲的女兒……。爲了防範水災，這兒村民竟異想天開相信王爺公法力無邊，足以移溪。在移溪的前一日，全村大犒神兵，王爺廟熱鬧非凡。移溪當日，「人是比螞蟻還要多，大家的胸前都結一張靈符，像是一隊趕赴前線的勇士，一會兒，浩浩蕩蕩地前進。神輿前，除各有一陣簡單的移旗鼓外，王爺公的輿前，更多了一個胸前掛著紅兜子，頭上纏著紅巾，手裡執著一把鯊魚劍，瘋瘋癲癲，腳兒一高一低地跳著的乩童。」時刻一到，大夥隨著乩童黃蜂出窠似的奔下溪底，然而滾滾流水，捲去了好幾個人，驚喊聲、哀叫聲，震天動地，但河水無情，徒然吞噬了幾許冤魂。民智未開，愚夫愚婦之觀念與行徑，眞是可憫可悲。

小　結

明末清初，大陸東南沿海，旱災頻仍，倭寇屢犯，居民生活極爲困苦，閩、粵諸地跨海移民來臺，墾荒拓地者，後先相繼，更僕難數。他們離鄉背井，孤注一擲橫渡臺灣海峽，面對颶風狂濤，身處茫茫大海，其無依無助之感，盈臆塞懷。除了信仰宗教，祈禱神明在精神上給予慰藉外，別無更好的方法，來安撫驚濤駭浪中膽寒心懼的無助衆生。做爲海上保護神的天上聖母—媽祖，便成爲衆生精神信念的有力憑藉，直到現代，各地民衆仍虔敬祭祀，其誕辰祭典（三月二十三日），更是當地最轟動、熱鬧的事，北港媽祖廟香火尤爲鼎盛。賴和爲彰化人氏，信徒於北港天后宮、鹿港新祖宮及大甲媽祖廟進香之盛況，自爲其所熟悉，賴氏〈鬥鬧熱〉、〈赴會〉皆記載了香火鼎盛之情況。宗教本在淨化人心，藉著齋戒祭祀的活動，冥冥中堅定了民衆奮鬥進取的信念，撫慰了民衆忐忑不安的心靈。但由於爲廣大群衆所信奉，其庸俗化與迷信化，遂爲不可避免的趨勢。賴和在〈赴會〉一作中有一段話足以令人省思：

> 我靠近車窗坐下，把眼光放開去無目的地瞻望沿途風景，心裡卻在想適才所見的事實。會議時將用何種題目提出？迷信的破除嗎？這是屬於過去的標語。啊過去，過去不是議決有許多提案，設定有許多標語嗎？實在有那一種付之實現？只就迷信來講，不僅不見得有些破除，反轉有興盛的趨勢。啊，這過去使我不敢回憶。而且，迷信破除也不切實際，假使迷信眞已破除了，我們將提那一種慰安，給一般信仰的民眾，像這些燒金客呢？這樣想來，我不覺茫然自失，懵然地感到了悲哀（註三〇）。

迷信的觀念或行爲，的確須加以破除，但在低水準的生活、農業爲主的社會、教育不普及的情況下，民間所建立的生活秩序、社會倫理、道德行爲……即以神教觀念爲基礎，它仍有溫暖民衆心靈，淨化人們精神生活的作用。一味的破除其信仰行爲、斥責其迷信觀念，我們將如何去安慰他們在浩劫、挫敗與空虛中的生命？如何提昇他們在平安快樂中對人生的滿足與感激？

由於日據時期的臺灣小說作者，多半以改造社會自期，在文士愛深責切的態度下，這時期小說遂有一些從負面批評的角度入手，表達了當時社會某方面的訊息。然而，這並不意味著臺灣人民都是如此無足可取，日人片岡巖在《臺灣風俗誌》一書曾就四十九個方面來探討臺灣人善良之風俗。過度揮霍、舖張、豪奢、迷信鬼神，在工商業社會結構中固爲必須淘汰的陋習，但從信仰現象背後所透顯的正面意義及善良本質，則是吾人須加以重視了解的。

除了上述媽祖信仰之外，臺民所膜拜的王爺公、城隍爺、五谷王，以及由此衍生而出的建醮、送王爺慶典及卜卦、乩童等行爲，小說中再三述及。此皆緣於臺灣地處亞熱帶，溫濕氣候，致早期瘴癘充斥，瘟疫猖獗，加上醫療設備付諸闕如，人們營養不良，勞苦過度，遂多敬王爺、祀五谷王，祈求庇佑平安，五穀豐收。

臺灣民間祭祀之神，其所以能普獲廣大之信徒信奉，誠由於早期臺灣的社會經濟景觀之現實背景，反映出臺灣早期民間生活之艱苦與困難，人們祈求能藉乎超人力的神來慰藉靈府，安撫身心，或引導其精神，使不再空虛，增進其求生本能的潛在力量。假若信仰的本質，可以提昇人們生活的希望與善良的心志，則信神的行爲，就早期臺灣先民來說，固有其特殊意義。他們虔誠而隆重的禮神，甚至不惜犧牲個人的財富，毫不吝惜的獻給神明，以求達成願望。他們誠然有不得不然的現實困境。

五、求神治病之風習

臺灣地處亞熱帶，四周環海，空氣潮濕，其時雨季甚長，而排水不良，每逢暴雨，必泛濫成災，疾疫隨之滋生，重以衛生醫療設備不足，多數居民皆屬文盲缺乏醫學知識，而務農力作，勞苦過度，極易染患疾病，他們習於依傳統經驗，自行採擷草藥，煎服或塗敷，其藥效不弘，可想而知。早期居民因之英年早逝，甚或年幼夭折、或經年纏綿病榻者，時有所聞，似此生不如死，死又悲絕之困境，自亦趨使人們對冥冥中神力之求庇。人們一有病痛，即奔赴寺廟，求神、乞籤，或請神歸家驅邪壓煞於廳堂，以求早日痊癒。此一風習，相沿至今亦未之或易也。

日據時期臺灣新文學運動，初期固受五四運動之影響，其反帝、反非理性傳統之精神一如五四運動之所強調者，而五四運動鍥而不舍所追求之自由、民主、科學等精神，在臺灣新文學作品中則清晰可見，其追求科學精神反映在小說中者厥爲極力反對迷信，以求理信。日據時期臺灣小說描寫求神治病之情節，並諷刺其不當者有：龍瑛宗〈黃家〉、吳希聖〈豚〉、楊逵〈無醫村〉……等作。

不僅小說頻頻述及，即當日報刊亦時時披載反對迷信諸言論，臺灣民報曾載紫髯翁所撰之文，略謂：

一曰破除迷信。臺灣巫覡之風，到處皆有。無知男女，往往迷信不疑，若家族人有病，其初症淺，不即延醫調理，偏向巫覡禱求，迨病入膏肓，然後舁到醫院救治，已無及矣。統計全臺每年因此而枉死者，其數奚止千計？……此尤貴社所當頻頻揭報，而破除其迷信矣（註三一）。

張晴川氏也說：

臺灣現在的醫師，按普通分析有數種：一種是迷信醫（即男覡女巫乩童等），一種是漢醫，一種是西醫，一種是針灸醫，因爲分子複雜，自然良莠不齊。迷信醫最會使我們恐怖的，因他們慣以假託神鬼爲人醫病，而多數死於非命，也是那一輩牢不可破的舊頭腦的迷信家和盲從的婦女。迷信醫對病人治症，藥則香灰、化單、符水、法則步罡踏斗、催符念咒、送火補運。這一班都是目不識丁的壞東西，學了些少藥名，隨便就藉神發藥，病人於不幸中之幸能被治好的，是極其少數的，大多數是斷送他的生命。在我們臺灣裡面，這種迷信醫是很多，也算是臺灣人的一大不幸了。……迷信醫的流弊害毒、社會人人有責，一方宣傳打破迷信而排斥之、一方當局不可以愚民政策爲奇貨可居、須嚴重取締撲滅之（註三二）。

由於民智漸開、追求科學精神之風亦寖成，反映批評求神問佛、亂服草藥之行爲乃不合理性之作遂應運而生。

龍瑛宗〈黃家〉之主角若麗爲受過新式教育的知識分子，因不能如願留學東瀛，鎮日借酒消愁。他頗有知識，頭腦清醒時也明知是非；無奈個性懦弱，遇事不夠堅毅。他的兒子卓尉罹腎臟炎，他勸母親讓孩子到醫院診治，但是他的母親除了求神問卜，吃香灰、乞靈於秘方外，硬是不能接受西醫診療，還說小孩子僅是流年不利、運勢不好，許個願就可以避免了，並且說：「從前可沒有西醫啊，村子裡的人有病，還不是這樣醫好。你祇懂住院住院，張家的老爺就是住了院才死掉了的。聽說住了院，又是不給吃的啦，又是抽血啦，嚇死人。你剛也說卓尉不可以吃鹹的，肉類也不准吃，還有比這更荒唐的？我才不信這一套。？」（註三三）若麗雖知母親迷信，然以凡事不能積極，也只有屈從母親，任由卓尉病勢惡化、最後死去。這情景和魯迅〈明天〉裡孤孀單四嫂子不及早給兒子看病，把一條小生命送掉同其愚騃。龍氏此作除描述那一時期知識分子蒼白無力之外，於封閉迷信之舊觀念亦加以批判。

同樣的情形，邱福〈大妗婆〉描寫得更詳細：

親戚們提醒阿先西藥比較貴，中醫效力雖然緩慢，但價錢便宜，醫生如果治不好，那只有仰賴神明。大約再過一個星期，病況還不理想，所以就去叫乩童來。在大媽祖神位前擺一張桌子，桌子前面放一張凳子。乩童在香爐上燒好線香，然後坐在凳上。把金紙捲成棒狀，點火，在乩童面前不停地揮動。籠罩在金紙一閃一閃的火光與煙霧中的乩童，渾身一發抖，就有兩個男人從兩邊靠近來，抓住他的兩隻手，兩人就把乩童扶起來，靠緊桌面，自己躲到邊去。……這就神明的處方箋啊！近鄰中有病人的家，都帶著線香和金紙，順便接受診察，因此乩童差不多連續跳了兩個小時。病人沒有了，看字人還在一面燒金紙，一面唸唸有詞。

第二天，阿先拿著金紙的處方，在中藥店討了藥草回來。立刻把它煎給母親喝，可是病況卻只有加重。看起來，大媽祖的藥可能治不好，因此用轎子把二媽祖抬來。

這回不叫乩童，而叫兩個人抬轎子，以金紙點火並加擺動。大約一個小時後，轎子咯噠咯噠地動起來了，就連忙衝進病房裡去。用轎槓的前端按住病人的手把脈，然後回到正廳，勾劃撒在桌上的一層米糠寫字。看字人看這個神明的字，便在金紙上開出處方（註三四）。

求神問卜都無效後，阿先方每隔一天換個中醫，讓大妗婆服藥，俗語說：「也得神，也得人。」兩者兼用的觀念在小說中也屢出現。至於迷信祖傳秘方者如朱點人〈蟬〉、賴和〈蛇先生〉皆提及。〈蟬〉（註三五）裡的主角純眞以西藥不易爲孩子肺病解熱，就依著從來的習慣，改用漢方的羚羊犀角。「不想熱當在亢進的時候，那些解熱劑倒像爲烈火添薪似的，不但不能解熱，反有助長的樣子。」他想起朋友的話：「魊魚血可以解熱的。」然而試用結果仍然無效，於是人多口雜，「有的說菜瓜水可以解熱，有的說金針更好；有的說，解熱莫如漢醫好，有的說漢醫的解熱，不如西醫的緊快，但是這些話祗令純眞昏迷，不能明瞭他的思惑。」後來有人說：「入院的好啦！」這個喊聲獨排眾議才指出正途。此種胡亂開藥方，將病人當實驗品，拿病人生命開玩笑之行爲眞令人怵目驚心，然而在大多數家道貧窮又缺乏醫學常識的社會，遂使多數庶甿群趨於求神問卜，求取祖傳秘方之途轍。賴和〈蛇先生〉即說明了世人迷信祖傳秘方不信平實道理之事。

楊逵的〈無醫村〉（註三六）則反映了日據時期醫療制度的改革問題，楊逵則反映臺民無力就醫之無奈與民眾愚騃之醫療方法，濫用草藥，草菅人命之庸愚無知；一則嚴正指陳民間草藥應以科學方法分析研究，納之於純正之醫藥學術，且再三呼籲僻巷庸醫講醫德而崇醫學。當無醫村醫師目睹窮民無錢醫病，而濫用草藥的情形後，感慨地說：

現在我開始知道民間治療法是瀉肚就給止瀉，發燒就給退熱，肚子痛就用銅錢沾水來擦脊梁以麻痺神經。

我曾看見小孩子玩火。火引著壁上的枯草時，小孩子們便用草啦、甘蔗葉啦來掩蔽它，這倒使火勢愈猛，終於把整個屋子燒成灰燼。小孩們這種滅火的心理正和這老婆子用草囉、樹根囉，給他的兒子吃，想要治好他的病體的道理一樣。用心雖是很眞摯，但這種無知的行爲，實在太可憐了。

並非草藥皆無療效，草藥若經深細之析究而復能用之得宜，自亦能起沈疴而癒宿疾。無醫村醫師說：

我以爲：須要把所有的民間藥集中起來，而加以分析，究明其中的成分，然後才集大成地詳加註明其適應症與使用方法，必要時也得到實地去指導。因爲同一症狀，常有病源之不同，這豈是我們的力量所做得到的嗎？

在楊逵另一小說〈模範村〉（註三七）中，也提及無錢買藥，醫生不肯爲窮人看病之事，「沒辦法了，聽人家說什麼草藥好，就胡亂找些來煎給他們吃。結果一病未好，又染上別的毛病。」自來，國人都是如此，不到最後關口是不肯看醫生的，一來就醫花錢，二來可求神問卜。連神明都無法解決，他們才會想花錢看病。

在現實生活中，仍有不少人憑藥籤、香火，煎煮服用。洪醒夫〈吾土〉曾指出此項陋俗爲害匪淺，他說：「自己村裡的神無法使病人康復，求別莊的神，求更遠的，口碑最好最靈驗的神還是沒有辦法，只好送進醫院」，日據時期臺灣小說撰就者大都是新知識分子，彼以革新爲出發點，因而對信徒、庶乩之求神問卜以療疾病而深信不疑之風俗多所反省、批評，他們多主張如罹患疾病自應就醫求診；同時所謂神明所開藥方，其實是乩童之招搖撞騙。因此邱福描寫大妗婆生病，阿先請乩童之事就說：「不看字人預先問過病情，所以能把乩童吐出來的荒唐無稽的神諭，若有其事地寫在金紙上。」又說「不用說，這是招搖撞騙的看字人幹的勾當，所以三媽祖的藥也毫無功效，病況只有越來越壞。」就小說言，行文之際，摻雜作者之意識，致敘事觀點混淆，固非所宜，但由於小說作者大多是新文化運動者，其改革社會之急切心情亦不免流露於字裡行間。迷信、落後的舊社會中，人們泰半是貧窮、無知的，悲劇的產生往往無法避免，病痛死亡雖是任何人都逃不掉的，但貧窮無知的人受到的折磨卻更甚，也更引人同情。在今天這樣富足的社會，捨不得花錢看醫生，吃成藥治病的或求神問卜的現象仍普遍存在，不過，畢竟社會變了，反對迷信這題材已不新鮮，即使目前社會大眾仍不乏迷信者，然而現代文學作品卻極少以之為大興撻伐的對象了。

六、風水吉地之重視

臺灣有云：「子孫無福，賴墳賴屋。」一般人如果家道不振或子孫不平安，都會歸咎於風水不好，甚至重金禮聘風水先生（地理師）另尋吉地，改葬祖墳，也在所不惜。大部分的中國人相信命已限定，難以改變，但風水卻可以挑選，只要選對了，子孫自然福壽綿長。所以自東漢以來，安於天命的中國人，對風水特別講究。風水之說不僅用於選定墳地，構築房屋、興建寺廟，也都要請風水先生勘查風水，因爲這影響日後的盛衰榮枯。

不過風水之說亦早爲有識之士所斥，司馬光作〈葬論〉，指責陰陽五行之說，駁斥葬書賢愚繫於風水之論。謂「人之貴賤貧富壽夭繫於天，賢愚繫於人，固無關預於葬就，……吾常疾陰陽家立邪說以惑衆，爲世患，於喪家尤甚。」（註三八）清代李汝珍說部〈鏡花緣〉亦就當時社會過度迷信風水，造成不良的風氣，加以譏諷道：「作子孫的並不計及死者以入土爲安，往往因選風水，置父母之柩多年不能入土。……況善風水之人，豈無父母，若有好地，何不留爲自用，如果一得美地，即能發達，那通曉地理的發達曾有幾人？」（第十二回）這一番話入情入理，實在發人深省。清末吳趼人長篇小說《九命奇冤》，敘凌、梁兩家本是親戚，因「風水」問題，受人挑撥，漸至成仇。

臺民重視風水之觀念，在賴和〈善訟人的故事〉亦曾提及，賴氏寫道：

我們的社會，不知由那一時代起，個個都有風水的迷信，住的厝宅不用說，掩臭的墳墓，講也會致蔭人，做官發財，出好子孫，噲長壽數，都由風水而來，所以一塊眞龍正穴，値得千金萬金。這樣事是限在富户人才做得到，貧的人雖提不出這樣價錢，逐個都有儌倖之心，像買天財彩票一樣，提出小小成本，抱著萬一的希望，想得著大大的天財，而且死了的人，也不能不扛去埋葬，掩去難於保存的屍體，同時也可藉此來致蔭自己發達，這樣事誰不肯爲？不幸家裡沒有死者可葬的人，他就別想方法，洗骨遷葬，把失去了的希望，重再拾了起來。所以這座山的所有者，單止賣風水地的收入就難以計算了（註三九）。

日據時期臺灣小說述及風水吉地者，如呂赫若〈風水〉、楊守愚〈美人照鏡〉。呂氏〈風水〉中善良的老人周長乾，爲盡孝道，想把快入土十五年之久的老父遺骨挖出洗淨，納入金斗甌，而后修墳造墓，以做永久性的埋葬，避免遺骨流失，化入泥土。弟弟周長坤聽信地理師的話，認爲老父墳墓的風水很特別，庇蔭二房榮華富貴，周長坤爲保全對他有利的風水，任憑父親的墳墓敗壞下去，堅決不讓兄長爲父親洗骨。母親病重，但尚未嚥氣，他便立即帶了風水師上山，爲老母尋覓對己有利的墓地，十足貪婪不孝。直到後來二房一家厄運踵至，長孫、次媳暴病而死，他又相信地理師地氣運行由吉轉凶的說法，爲保榮華富貴長久不衰，他強自挖開埋葬不久屍骨未化的母親墳墓，讓遺骸暴露天日。小說借著兄弟二人善良孝順與凶殘不孝的強烈對比，撻伐了這違逆人倫的不孝子周長坤。同時也敘述了臺閩人氏擇地而葬及葬後拾骨的風俗，對民俗史料具有保存之功。

「拾骨」之禮，臺語又叫「洗骨」，即埋葬後一定時間，其屍已化，就可擇吉日開墳，揀出遺骨，擦掉泥土，讓陽光晒乾後，裝入「金斗」的骨罈裡，稱爲「黃金甕」或「金斗甌」。再由堪輿家（地理師）卜地，擇吉安葬。拾骨時時間大概在死後入葬六年，五十歲以上的六年、八年、十二年不等，年齡越長撿骨時間也就越晚。光緒年間來臺的黃逢昶曾有〈臺灣竹枝洞〉詠及撿骨風習，其詩末附注說：

> 閩中風俗，人死埋葬後，必撿骨於甕罈。富者用石灰窯磚封於土面；貧者，即以瓦甕置諸山中。若不如是，其心不安，無顏對親友。……若鄉間愚民，雖疊經地方官出示嚴禁，習俗移人，今猶如故（註四〇）。

黃氏蓋於拾骨風俗頗有微詞。雖然，臺灣風俗，屍葬爲凶，骨葬爲吉，探求其原意，亦在克盡人子之孝道。因此呂赫若〈風水〉一作，即以父親去世十五年未洗骨，而夢到父親腳被螞蟻咬噬；天雨時，父親泡在水裡，非常難受。爲此，周長乾日夜掛心，自責不孝。呂氏也在小說中借著周長乾老人及其子的想法，說明了「人的富貴貧賤決定於墳墓的想法，未免太荒謬了。」「不然，地理師只要挑著吉地埋葬自己的祖先就好了，何必爲了不到十元的紅包，而奔波於山野之間，替別人找風水。」（註四一）通篇就周長坤深信風水不疑，爲了滿足眼前的私利慾望，而蔑棄敬祖尊宗的人倫道德，予以無情的揭露抨擊。

楊守愚〈美人照鏡〉（註四二），取材於「火燒鄭秀才的大厝」故事舖演而成。由於南瑤宮媽祖特別靈聖，遂成爲當地人士信仰中心，在宗教觀念很深的民衆腦海裡，那是因爲得了「美人照鏡」的好風水，因此當鄭秀才想在南瑤宮前斜對面一處空地上建築屋舍時，便引起神明會中董事、經理們的緊張。因爲建築物一邊廂房，正遮住了南瑤宮底山川的一半，易言之，鄭秀才的大厝破壞了南瑤宮址的靈氣。慴於鄭秀才的威權，好意勸告當做馬耳東風；強硬抗議也拿他沒辦法。最後借媽祖回鑾之際，神的代言者（乩童）下了神的諭旨，鼓動無數萬個進香信徒，一人一白（梱）壽金，燒掉了鄭秀才的大厝。風水觀念之深中人心，眞有燎原之勢，〈美人照鏡〉所透露的訊息洵足驚人心而動人魄！

【註釋】

註一　片岡巖著、陳金田譯《臺灣風俗志》，大立出版社，一九八五年一月，及鈴木清一郎《臺灣舊慣習俗信仰》一書。

註二　見《崇文社文集》卷二。

註三　楊雲萍〈秋菊的半生〉，《臺灣民報》二一七號，一九二八年。遠景、前衛出版社皆收入。

註四　克夫〈秋菊的告白〉，《先發部隊》創刊號，一九三四年。遠景、明潭、前衛出版社皆未收入。

註五　郭秋生〈死麼？〉，《臺灣民報》二七九－二八三號，一九二九年九月、十月。遠景出版社全集收入，但「編者附識語」，全集省略未收。

註六　楊守愚〈女丐〉，《臺灣民報》第三四六－三四七號，一九三一年一月。前衛出版社《楊守愚集》收入。

註七　張文環〈藝妲の家〉，《臺灣文學》創刊號，一九四一年五月。遠景、前衛出版社皆收入，此處採鍾肇政氏之譯文。

註八　郭水潭〈ある男の手記〉，刊大阪朝日新聞，一九三五年六月，遠景出版社收入，此據陌上桑之譯文。

註九　楊千鶴〈女人的命運〉一文，見《民俗臺灣》第二輯；中文版林川夫主編，武陵出版社，一九九〇年二月，頁廿七。

註一〇　賴和〈可憐她死了〉，《臺灣新民報》第三六三－三六六號，一九三一年五月。明潭、前衛出版社收入。

註一一　原刊《文藝臺灣》四卷六號，此處據遠景版陳添富氏譯文。

註一二　同前註。

註一三　原刊《臺灣》第三年第四號—七號，一九二二年。此處據遠景版鍾肇政氏譯文。

註一四　刊《臺灣民報》第七號，一九二三年九月。目前可見三套作品集：遠景、明潭、前衛版皆未收入。

註一五　《臺灣民報》第二九一號，一九二七年十二月，前衛《楊守愚集》收入。

註一六　《福爾摩沙》創刊號，一九三三年七月，遠景版收入，此處引文據林妙鈴中譯文。

註一七　《臺灣文藝》二卷八、九號，一九三五年。遠景、明潭出版社皆收入。

註一八　徐瓊二〈或る結婚〉（〈婚事〉），刊《臺灣新文學》一卷四號，一九三六年，遠景版收入，此處據陳曉南中譯文。

註一九　刊《臺灣新文學》一卷六號，此處據遠景版林妙鈴中譯文。

註二〇　《福爾摩沙》第二期，一九三三年十二月，此處據遠景版陳曉南中譯文。

註二一　據遠景版卷七《植有木瓜樹的小鎮》張良澤中譯文。

註二二　溫振華〈日本殖民統治下臺北社會文化的變遷〉，《臺灣風物》第三七卷第四期，頁三五。

註二三　《臺灣民報》八十六號，遠景、明潭、前衛出版社皆收入註文。

註二四　《臺灣民報》第三四號，一九二四年十一月廿一日，頁三。

註二五　同前註。

註二六　《臺灣民報》二卷二五期，一九二四年十二月一日，頁五。

註二七　《臺灣新文學》一卷三號，一九三六年四月，遠景、明潭出版社收入。

註二八　《臺灣文藝》二卷八、九號，一九三五年，遠景出版社收入。

註二九　《臺灣新文學》一卷五號，一九三六年六月，遠景、明潭、前衛出版社皆收入。

註三〇　賴和遺稿，創作日期不詳，見《賴和先生全集》，頁三一〇，明潭出版社。

註三一　紫髯翁〈祝創立五週年民報週刊萬部並陳管見六則〉，《臺灣民報》第六十七號，一九二五年八月廿六日，頁七。

註三二　張晴川〈醫腐敗醫〉，《臺灣新民報》第三四五號，一九三一年一月一日。

註三三　原刊《文藝》八卷十一號，一九四〇年，此據遠景版鍾肇政氏譯文。

註三四　原刊《臺灣新文學》一卷九號，一九三六年，此據遠景版魏廷朝氏譯文。

註三五　原刊《第一線》，一九三五年明潭、遠景、前衛出版社皆收入。

註三六　楊逵〈無醫村〉，原載《臺灣文學》二卷一號，一九四二年。此據前衛出版社《楊逵集》，李炳崑譯文。

註三七　〈模範村〉原題〈田園小景〉，一九三六年刊出前半部，後半部因病未能續撰，至日本後將〈田園小景〉易名為〈模範村〉而完稿。此處據前衛出版社蕭荻譯文。

註三八　司馬光〈葬論〉，《司馬溫公文集》，四部叢刊正編。

註三九　賴和〈善訟人的故事〉，《臺灣文藝》二卷一號，一九三四年十二月十八日，遠景、明潭、前衛出版社皆收入。但此處引文乃故事前端入話，三家出版社悉未刊錄。

註四〇　陳香編《臺灣竹枝詞》，臺灣商務書局，一九八三年。黃氏，字曉墀，清湖南湘鄉人。光緒初，宦遊來臺。

註四一　原刊《臺灣文學》二卷四號，一九四二年，此據遠景版鄭清文氏譯文。

註四二　〈美人照鏡〉一作爲楊氏應李獻璋《臺灣民間文學集》而作，一九三六年。此處據李氏之書，另前衛出版社《楊守愚集》收文。

第二節　諷刺臺灣人民之性格

一、諂媚阿諛

每個時代，每個社會總是存在著這一類人，他們善於觀風順勢，奴顏奉承，這些小人往往是政客的應聲蟲、經濟的獲利者，但在歷史上，他們卻是最不聰明的失敗者。在日據時期，日本人便處心積慮運用種種策略，在被殖民者中選拔一批小人，來做爲其政策的應聲蟲，以掩飾其宰制戕剝的猙獰面目。

一八九六年十月，日本總督發布府令第五十號—關於紳章之規定，對有學識資望的臺灣人氏授與紳章。到兒玉源太郎任總督時，此授章之令更是發揮作用。兒玉認爲爲政之道正如油之潤轄，故稱爲「油注政策」。緣此，他構築南菜園，邀請漢詩人至此吟詠談讌，以籠絡人心。種村保三郎說：

兒玉總督構築南菜園的目的，乃欲通過這個南菜園，觸動島民無僞之態度，從而把握民心。舊政府時代的學位—舉人、秀才、貢生等等—的學者，經過了多年才獲得這個學位，到了新生臺灣等於一片無價的廢紙，他們的不滿可想而知，對於這些身爲地方領袖的他們，這樣漫然不管的話，是很難的（註一）。

基於上述考慮，乃對前清的遺老發給紳章。在紳章的領受者中，千方百計讒諂倭人者，固不乏其人，此等奸佞之徒，廣爲民間鄙斥，甚至有〈紳章制度撤廢論〉出現。日語敬詞需冠「御」字於稱謂，因謂領受紳章者爲「御紳士」，臺人則諷之爲「御用紳士」。在異族殖民統治下，御用紳士對同胞最重最深的傷害，厥爲文化精神，他們諂媚阿諛、逢迎異族，又轉而狐假虎威，欺凌同胞，使受迫害者的民族意識於不知不覺中受到腐蝕分化；而其錯誤的「身教」，更導致一般人在現實的考量下甘爲順民，「明哲」保身。

御用紳士所作所爲，常爲觀念較新的知識分子所痛惡，因此對御用紳士動加譴責嘲諷。雖然有部分人也曾俯首認罪，甘冒殖民者之大不韙，對臺省之政治發展、文化運動略盡過力，然其意志爲異族所控馭，統治者一聲令下，莫不應風轉舵，搖身一變，恢復其鷹犬、特務的面目。《臺灣民報》諸君子對此輩極爲不滿，時刊詩文，加以譏評諷刺。左列三詩即其例證：

折腰憐池送迎忙，搔香風塵漫自傷。評議員兼街長職，土人到此有榮光。（其七）

襟前佩得一紳章，擺擺搖搖上會場。對著臺灣民眾道，官廠恩德不應忘。（其十二）

曾將有力自稱揚，老朽相邀聚一堂，欲為官廳來擁護，不容議會設臺陽。（其二十四）（註二一）

除了御用紳士外，對殖民統治者諂媚求榮的「三腳仔」，也是當時臺灣文學作品嘲諷撻伐的對象。如賴和〈偶成，詠日政時代巡查補〉說：

一自揚名後，非同草野身。用刑還及母，執法竟無親。時日亡及汝，威風代有人。清如風過袖，到底不憂貧。（應社詩薈，頁一九）

飽飯閒尋事，貪功每陷人，心同鷹準鷙，性比犬羊馴。以我同胞血，沽他異樣恩。不知民可貴，但畏長官尊（同前）

用刑及母，貪功陷人，令人切齒，至於這時期的小說作品如涵虛〈鄭秀才的客廳〉、陳虛谷〈榮歸〉、楊雲萍〈光臨〉、楊守愚〈罰〉、吳濁流〈先生媽〉、〈陳大人〉等，將這些數典忘祖，賣國求榮、狐假虎威，巧諂狠戾的御用紳士、三腳仔描寫得入木三分，鞭撻得酣暢淋漓，使這些出賣靈魂的民族敗類無所遁形。

涵虛〈鄭秀才的客廳〉描述前清秀才鄭忠和老友們參加公益會的事，文中透過三個前清遺老的談笑慨嘆，對於日據時期的御用團體—公益會，極盡揶揄譏刺。反映了一忠一奸，勢不兩立的兩個文化團體的對抗—文化協會與公益會，與臺灣士紳被收買的情形。依照鄭秀才的講法，他之所以加入公益會，是因為自己在地方上的「勢力家」、又是世交的陳老哥「十二分獎勵」下，「人情上太不好推卸」，才答應入會的。鄭秀才畢竟讀過詩書，傳統的道德約束力及民族氣節的不可奪，他內心裡何嘗不清楚？他深知參加御用團體的公益會，等於向日本人表態輸誠，這種行徑將接受歷史的嚴厲批判；所以他不敢公開承認他是會員，他內心裡也總是懷著幾分不安。他既想迎合統治者，又怕受人議論，因此他一方面表明不得已才入會，一方面又批評公益會的領導人不諳風會，且收受苞苴。爲了替自己行爲提供合理的解釋，他以「凡事不失中庸才好」爲掩飾藉口。他的立場十分模糊，立場模糊也有好處，就是不管局勢如何變化，他永遠有條退路。這種妄想，這般嘴臉，眞是鄙陋至極！

莊泗笙在《臺灣民報》寫了一篇寓言故事〈孤貓群狗〉予以露骨的諷刺：

> 獸物會開會，孤貓就跳上桌頂致歡迎辭說：「諸位兄弟姊妹……咱們這個會是以共同利益爲宗者，凡是會員不要掛慮菜和米，……但有一椿事體你們切要記，就是殷勤地奉待主人並要迎合他的意，因爲咱們的生活費是他賜與的，像我孤某本也落魄和你們無異處，只爲善結新主人百般地趨娓，今天也有金孔眼鏡、西米呂、斯德器。……明末的吳三桂也是一個好例子，……若謝枋得和伯夷叔齊則無足取，……不用遲疑，肚子能飽就好。……咱們的主人是三百里方圓的霸主，人們的言論機關大部份在打他的馬屁，……還有什麼可怕可懼，去！去！不要管什麼人們的譏刺（註三）。

這篇文章雖爲寓言故事，但寓意十分露骨，「孤貓」指辜顯榮，「群狗」則指那些活躍統治者門下的走狗，「獸物會」就是御用紳士的大本營公益會。這篇文章以辛辣的筆調，極盡冷嘲熱諷之能事，將御用紳士利慾薰心、寡廉鮮恥的醜惡嘴臉刻畫得毫芒不差。雖不夠溫柔敦厚，但足見其痛恨已極。

綜合小說、寓言故事及當時現實情況而觀之，御用紳士雖然可鄙可恨，但亦有其可憐可卑之處，他們在統治者的淫威下戰戰兢兢，百般迎合，卻要在同胞的身上奪回一點失去的尊嚴，然而事與願違，他們終究成爲同胞卑視鄙夷的對象。從涵虛的小說〈鄭秀才的客廳〉所描寫的，一些被強拉入「公益會」的遺老彼此的對話中，可知有些人猶自良心不安，擔心物議。小說中有一段對話：

「說來也好笑，就是我們的中間，在一般人的跟前，無一個敢說是公益會會員哩！」、「我想既然臭了，不如爛到底，多招幾個做伴也好。」、「會員愈多就有些膽壯，但是外邊的議論，太不好啊！」

這也顯示了御用紳士投機逐流的奸心及人格精神的沈淪，這是殖民地遭受精神摧殘的不幸產物。

自滔在〈失敗〉說部中描寫的「御用紳士」是這樣的：

一團豐潤的臉龐，分明帶著脂肪過多的樣子，一雙從金絲眼鏡裡透露出來的眼睛，時時閃耀著高傲的光芒，頭髮是很光澤的，一身值錢的洋服，又是時髦而合緻，儼然地，表現出御用派，紳士式底有閒階級架子！

這樣的妝扮，與中華民族敦厚素樸的傳統精神大有逕庭，徒然令人作嘔。陳虛谷的小說〈榮歸〉具體反映了臺灣新舊士紳投機勢利的性格，撻伐了某些臺灣人見風轉舵，挾異族以自重的奴化性及劣根性。小說描述王秀才的兒子再福留學日本，並考取高等文官，衣錦榮歸的故事。當這位新貴坐在返鄉的火車上時，放眼四望，有日本人，也有臺灣人。再福內心無比的優越感不禁油然而生。陳虛谷描寫道：

他有時偷眼看座中的日本人，視線都一齊集在他身上，他愈覺得驕傲得意，他想對他們說，我是高文的合格者，是臺灣的代表人物，是日本國的秀才，斷不是依你們想的尋常一樣的土人，劣等民族。

再福的人生觀跟他的父親王秀才，在本質上並無差舛。作學問無非是希冀「做官發財」，滿足自己的虛榮心罷了。陳氏復對王秀才在慶祝會上的一席話，冷嘲熱諷了一番，接著再福得意的用日本話致詞，引得席上客人大掃其興，此一寫實手法與映襯筆法，將殖民地御用紳士的奴性和盤托出。

老人：「他日本話說得很流利呀！可惜我們聽不懂，太殺興。

第二老人：「日本話定然是比臺灣話好講，不然今天的宴客，全是臺灣人，他何苦講日本話？」

保正：「他是到過日本很久的，恐怕是把臺灣話忘掉了。」

老人：「笑話！眞正豈有此理？不過是做官人講講官話吧了。」

青年：「方今是日本世界，講日本話就是尊嚴的表示，是一種的示威呢。」

捨棄母語而以統治者之語言炫耀於鄉親，新知識分子的墮落和那些吟風弄月與日本政要唱和的傳統知識分子眞是一丘之貉了，歌功頌德，諂媚異族竟成爲他們生命中絕無僅有的內涵和意義！

至於狐假虎威、諂媚求榮的保正、巡查補，小說中更是將他們醜惡嘴臉，勾勒得神貌鮮活，令人痛恨不已。楊雲萍〈光臨〉這一篇作品即深刻地挖苦了保正林通靈的奴隸性。保正林通靈其實一點也不通靈，他邀請伊田警部大人到他家用餐，爲了款待大人，他到處張羅，不亦樂乎。不幸的是警部大人根本沒把他的邀請當一回事，結果準備好的酒菜都給家人吃，自己喝了好幾杯「老紅酒」，安慰自己：「費了三塊好多！——但卻是不打緊的。」楊雲萍描寫林通靈幻想中的受寵若驚，眞是曲盡其情

那警部大人威嚴地坐在那裡。……我到了，就向他——大人行禮，他就親蜜的對我返禮，並且說林通靈，椅、坐、好……那時，很多很多的他人的奇訝，歆羨的眼睛兒……。

在殖民統治下，臺灣人民竟染上對異族阿諛奉承、巴結諂媚的惡習，走筆至此，眞是不勝喟歎！

賴和小說〈補大人〉描述一個臺灣人，當上巡查補之後，在鄉間頤指氣使，一副土霸王的派頭，甚至對於自己的母親都不放過。爲了清掃街道的問題，竟然出手打了罵他「死囝仔」的母親。

楊守愚說部〈罰〉，其題材與〈補大人〉雷同，也是描述臺灣人當了警察之後，非但不能仁愛同胞，反而狗仗人勢，作威作福，凌辱自己的同胞。故事從兩部輕便車相撞開始，平時老車夫都帶燈籠以便天黑照明，偏偏這回撞到偵探、巡警大人坐車時恰巧沒帶燈籠，因此巡警大人便加以懲罰。此時旁觀者以「算了吧！同是本地人，些小事情，又何必這樣認眞呢？」欲替老車夫求情，未料那臺灣警察不但表示恥於和臺灣人爲伍，並且露出一副兇神惡煞的走狗嘴臉，說道：「難道本地人犯了法，我們做官的就不該認眞懲辦他嗎？」這番話，引起一位剛從海外回來的青年激憤的說：「哈，是的，我忘記了，失禮失禮，一時我倒忘了你倆是××。」爲了逢迎日本人，無恥地迫害自己的同胞，這在當時是司空見慣的，難怪一般人要以「紅腳桶」譏笑這些人了。

類似這樣的情節，吳濁流〈陳大人〉（註四）有更深刻的描繪。小說中陳英慶爲一包娼包賭的巡查補，專門迫害抗日同胞，因捕捉抗日志士有功，於是身價百倍，耀武揚威自居「大人」。他不僅無恥地迫害同胞，而且六親不認，連自己的舅父都加以欺壓迫害。一天他舅父在劈竹片時，屁股突被人猛踢了一腳—吳濁流極盡辛辣地活現出一個六親不認，無惡不作，仰仗倭勢，甘爲走狗的嘴臉。吳氏寫道：

他嚇了一跳，不覺伸手摸摸屁股，忍著痛，回頭一看。「哎呀！」不好了，他連聲叫出：「大人，大人。」劉秀田愴愴惶惶磕頭到地下像螳螂一樣。道歉了又道歉，可是，定了神再看，原來是他的外甥。他看清楚之後叫道：「英慶：你該叫我什麼？」他渾身顫抖一番，怒吼一聲，可是陳大人全無懼色，不慌不忙地說：「算來要叫你阿舅。」說著，傲然指頭上那頂巡查補的帽接著說：「可是，我有了這頂帽子，再不能叫你阿舅。」然後，故意裝成威嚴的聲音：「在亭仔腳不得劈竹篦，違者要罰，你違犯警例，你知道嗎？」陳大人嚴令了一聲，就將佩劍故意弄得鏘鏘作響，裝模作樣地跨起大步，鞋音得得而去。

故意在舅父面前耍了一陣威風，然後大搖大擺，揚長而去的「陳大人」，其實比小人還不如，其醜陋心態，令人氣結。陳大人以「藏匿軍器」相威嚇，強奪劉舉人家世代相傳的家寶—江西花瓶，平日凡他看不順眼的，或有損於他官威的，不論貴賤，老弱男女，都毫不留情，或大聲斥罵，或責打嘴巴，或罰款，或綁縛，以此來顯示自己是大人，不容輕慢；另一方面勒索同胞，大發橫財。

吳氏另有一篇抗議、批判附和皇民化的民族敗類之作，題爲〈先生媽〉，「先生媽」是一位身著臺灣衫褲、滿口臺灣話，絕不學日本語的老太太。慈眉善目的先生媽，有著濃厚的憐憫心，每逢十五便上廟燒香，十年如一日地接濟乞丐，而兒子錢新發卻愛錢如命，喪盡人格，總要對量米給乞丐的ㄚ頭大聲呵斥。先生媽喜歡吃油條，討厭吃味噌，臨死時，特別囑咐兒子「我不曉得日本話，死了以後，不可用日本和尚」，她堅守做臺灣人的本色。此舉和她那當公醫的兒子錢新發相較，適成好惡分明的強烈對比。錢新發極盡所能討好日人，他認爲被列爲「國語家庭」是無上的光榮。他搶先改姓名爲「金井新助」、穿和服、說日本話、住和式房，後來改姓名的人逐漸多起來時，他大發雷霆，說他們不配。總之，他爲了金錢、虛榮，極力響應皇民化，他的行爲與他母親的堅守民族傳統、護持漢人習俗，可說是完全對立的。吳氏寫小說不喜拐彎抹角，因此這篇小說直以先生媽來襯托錢新發叛親忘祖的無恥行徑。吳氏以嘲諷的筆觸寫道：

> 日本人來的時候也對先生媽敘禮，先生媽雖不懂日語，卻含笑用臺灣話應酬。錢新發每看見他的母親這樣應酬，忍不住痛苦，感到不快極了。……對母親穿的臺灣衫褲也惱的厲害。

吳氏又續寫錢新發要母親穿和服照相，奈何先生媽始終不肯穿，仍然穿了臺灣服拍照，他說：「先生媽拍照後，不知何故，將當時準備好的和服，用菜刀亂砍斷了。旁人嚇得大驚，以爲先生媽一定是發了狂了。」但先生媽卻說：「留著這樣的東西，我死的時候，恐怕有人給我穿上了，若是穿上這樣的東西，我也沒有面子去見祖宗。」這又多麼尖銳的對比，一個要她穿，一個不但活著時不穿，死了也不願穿，足見母子兩人思想的對立、親情的無奈。

小　結

日據時期臺灣作家多以悲憫的基調，忠實記錄臺民生活的血淚史，傾訴整個大地人生悲愴、無奈的故事。其間有慷慨赴義的志士，有正氣凜然的豪傑，但免不了也有一些阿諛奉承統治者的御用紳士、三腳仔之類的人，這是中華民族的悲劇。人民的心靈被矇騙了，民族的精神被摧殘了，歷史的眞象也被扭曲了。這是日本殖民地統治最惡劣的影響和最嚴重的創傷，直至今日尙未痊癒。日本殖民統治機構從被支配者當中巧妙地培植並操縱了迎合者、具奴性的寄生蟲及至漢奸爪牙，這些異族的爪牙，狐假虎威地君臨斯民，進行徹底的威嚇榨取，中飽私囊。透過這些作品的控訴，我們只有懷著沈痛心情。朱點人小說〈脫穎〉中陳三貴老父的一段話，令我們感動，徵引於后，以爲本節之小結。他說：「我也失去了一個兒子啦！但他無論怎樣穿的日本衫，說的是日本話，說他是內地人，他仍是我兒子，陳三貴。」血濃於水的親情，是任憑誰也斬斷不了的，但願今日仍懷念日本統治的同胞，能徹頭徹尾地清醒過來，仔細想想陳三貴父親深饒意義的肺腑之言。

二、貪婪好利

泗筌曾於臺灣民報發表〈臺灣人的幾個特性〉一文，認爲「社會組織須改革，人性也要革命」，他沈痛指出臺灣人的「貪財性」，「個個都頭殼削尖尖，見有錢孔便鑽，那些仁、義、廉、恥都置之度外。」（註五）其實求利並非罪過，然而得之不以正道，則有損明德、良心。當時處於半傳統、半資本社會形態中的臺灣衆庶，其性格一方面是牛步化的守舊、愚昧、迂腐、迷信，另一方面又貪財拜金、諂媚阿諛、自私自利。那些新知識分子，尤其是文學工作者，目擊世變，內心自有無限感觸，因而將目睹耳聞者筆之於小說。朱點人的小說以描述貪婪好利者爲多，此外呂赫若所撰小說也不時對吝嗇貪婪的地主加以描寫。

朱點人〈長壽會〉主人翁阿河哥喜好附庸風雅，有錢時乃組「雅頌閣」湊熱鬧，任意揮霍，導致家庭淪落，但當生病住院時，便趁機牟利，病癒之後，故態復萌，大擺酒席。他平素常耍手段，如「他的母親之死，是在六月暑天的時候，在街市的衛生規則，只許停棺一箇月，但他因怕他的朋友不能周知，而又不願發出訃音，致把一箇月的許可延滯二箇月，及至出殯之日，那棺裡洩出一種惡臭，令人都要掩著鼻子走。」這與他病癒不辦理退院的手段是一樣的，無非希望借機牟利罷了！

朱氏另作〈安息之日〉諷刺許多臺灣人視錢如命的劣根性。屠戶李大粒因爲愛錢如命，對兄弟、親人、寡婦恩斷義絕，鄰人因而咀咒他「豬刀利利賺錢不過代」；他死後出葬，八人扛棺，「薄板仔裡有二雙（隻）手向左右分著倒垂下來」，有一副輓聯是：「生不帶來」、「死不帶去」，在衆人吵嚷的喪禮中，對此見利忘義、衆叛親離的唯利是圖者，極盡諷刺之能事。這眞是當時臺灣社會的普遍寫照。兄弟、姊妹、朋友間爲利相傷、或被出賣者，當時小說時有所述。

賴顯穎〈姊妹〉一篇描寫姊妹爭奪家產，彼此詈罵，出手互毆之事。此一情形亦常見諸當時社會。連雅堂曾對南部某家之紛擾說：「……是遺產之害也，是蓄妾之弊也。使××而無遺產，何至兄弟相爭？使××而不蓄妾，。何至父子相怨？……故余敢斷之曰：欲保社會之均衡，當廢遺產；欲持家庭之幸福，當除蓄妾。」（註六）雅堂之論可謂高明，足爲流俗鑑戒。爲繼承應得遺產，而爲人構陷者，見諸於陳清葉〈寄生蟲〉（註七）一篇，小說中描寫一富人亡故之後，毫無保障的姨太太爲繼承應得遺產，竟爲大太太與律師所乘，不但人財俱失，而且心靈更抹上一層陰影。作者以冷靜客觀的筆觸，逐步經營，揭露了弱肉強食的社會現象。

曙人〈商人〉則刻畫奸商可憎之嘴臉，他連自己兄弟都要榨取。小說中之兄長代弟弟購物，亦要從中圖利。雖親爲手足，仍然因私利，將舊人力車鍍金噴漆，冒充新品，詐欺三弟；購置木材，賬加半成，且又多出兩張百元的出貨單，以榨取二弟，可說是十足見利忘義之徒。呂赫若〈風水〉、〈財子壽〉（註八）同樣也諷諭了爲謀財利而忘恩負義的不肖之徒。〈風水〉中弟弟周長坤「爲了滿足眼前的私利慾望，而犧牲了祖先。」任憑父親墳墓敗壞；讓未完全腐爛的母親遺骸暴露荒野，善良的哥哥周長乾一想到現在的人卑鄙無恥，不禁淚水奪眶而出。在〈財子壽〉一作裡，也對吝嗇貪財的海文頻加諷刺。母親過世、妻子生病，海文皆無動於衷，他只是忙著注意自己是否吃了什麼虧。當葬禮才剛結束，他毫不顧眾人連日來的悲傷、失眠、忙碌，用傲慢的口氣說：

葬事已辦妥了，你們必須馬上還錢給我。我代墊的部分，照理應該加算利息。但利息可以免，條件是我所墊的款項，今天要全部還清。

其實他的弟弟們早就知道，他在喪葬費裡，毫不遺漏地加入燃料費、物品損壞費，如砸破碗的價錢等，甚至於連他的所有物，都一一加上。弟弟海山較窮，不能立支款項，他亦不准暫緩償還，反說要將兄弟倆還留著兩甲左右的祭祀公業共有田地中，把海山的部分拿過來抵充。這眞是利字當頭，人性泯滅了。李泰國〈分家〉也敘述了來成伯三個兒子爲分家，斤斤計較，絲毫無骨肉之情。對體弱多病，沒有利用價値的老父，子媳皆不願承受奉養之事。

至於朋友間爲了利益，而相出賣的現象就更指不勝屈了，骨肉間尚且相殘，何況是朋友呢？張慶堂〈他是流眼淚了〉，敘述佃農阿狗爲了承租地主的田而出賣朋友，巫永福〈慾〉也描寫爲了個人利益，不擇手段欺騙好友之事，對當時貪慾之人性有如實的呈現。林越峰〈紅蘿蔔〉則痛陳一向在抗爭陣線上出生入死的「同志」，到頭來竟然是出賣自己的內奸。被朋友出賣之故事，在小說中有不少筆墨加以敘述，又如吳鴻爐〈斷腸聲〉（註九）一作亦是敘說爲同志密告，犧牲生命之故事，揭露了人性之醜惡面。張文環〈閹雞〉也揭露了人性的弱點——自私自利，不顧人情、道義。

由於環境貧困，日據時期的臺灣衆庶一向努力奮鬥以謀生，他們雖極爲勤勞但是大抵心胸狹小，目光短淺。只要有利可圖，他們必然不會放棄，因而一些阿諛諂媚、御用權貴之徒接踵出現。當然每一時代每一地方都有這類唯利是圖之輩，不只是日據時期臺灣衆庶如此。臺灣新文學工作者，在求好心切，積極改革的意識驅使下，不免多塑負面角色而嚴加批判之，其實手足情深，朋友信義之例亦不在少數，如楊雲萍〈兄弟〉、呂赫若〈柘榴〉等都有兄長愛護弟弟之深情的描寫。吾人閱讀此類小說，宜細察作者之衷曲，而有理性之了解。

【註釋】

註 一　參廖漢臣〈揚文會〉一文，《臺北文物》二卷三期。引文另據簡錦松〈五四與日據時期臺灣傳統詩壇〉一文，學生書局。

註 二　《臺灣民報》第三卷第五號，一九二五年二月十一日，頁十五、十六，作者爲懶雲等人。

註 三　《臺灣民報》第九四號，一九二六年二月廿八日，頁十一、十二。

註 四　《臺灣作家全集—吳濁流集》，前衛出版社，一九九一年七月。

註 五　《臺灣民報》九十七、九十八號，一九二六年三月廿一、廿八日。

註 六　語見《臺灣民報》第二百五十號，一九二九年三月三日，頁八。

註 七　陳清葉〈寄生蟲〉，《臺灣文藝》第二卷第五號，遠景版〈光復前臺灣文學全集〉收入，鄭清文中譯。

註 八　呂氏〈財子壽〉〈風水〉，分別刊登《臺灣文學》二卷二號及四號，此處據遠景版鄭清文先生中譯文。

註 九　吳鴻爐〈斷腸聲〉之作，刊一九三一年二月廿一日《臺灣新民報》第三五二號，故事內容、背景皆以中國大陸爲主，文字不似出自臺灣人之手，筆者對吳氏之作頗存疑，因爲吳氏在當時可說是「文抄公」。其所抄襲之作如〈誠實的自己的話〉，刊《臺灣文藝》創刊號；〈創作與哲學〉，同上，二卷一號；〈

文藝的眞實性〉，同上，四、五號；〈諺語的研究〉，《臺灣新民報》一九三七年一月七日起，以上諸文皆出自一九二五年《小說月報叢刊》第十三種（前三文）及第十五種，作者分別爲葉聖陶、瞿世英、佩弦（朱自清）、郭紹虞。筆者對〈斷〉一作不敢肯定其爲抄襲之作，故暫附之。

第三節　譴責日本殖民統治

一、民族差別待遇

日據時期列爲機密的《警察沿革志》在〈臺灣社會運動史〉序言中說：

改隸後，我方統治臺灣方針，即以此基本事實爲基礎，對這些新附人民，遵奉聖旨，本諸一視同仁，平等無差別，俾沐浴皇恩；歷代當局亦常以此爲本旨，努力於撫育指導。邇來，臺灣人在我統治下，所享有的惠澤極大，然而部分臺灣人仍然無視這些事實，故意加以曲解，反而高喊不平不滿，以致發起很多的不幸事件。臺灣社會運動也以這些不平不滿作爲其一大原因而興起（註一）。

文中所言「一視同仁，平等無差別」並非事實，日人山川均秉人道主義的胸懷，撰〈日本帝國主義鐵蹄下的臺灣〉一文，分析了日本統治者對臺灣政治、經濟、教育的差別事實，和臺灣民衆被榨取、壓迫的慘況，縝密透闢，閱之令人動容。日本人在非正式場合動輒以具有強烈輕視意味的「清國奴」稱呼臺人，日本人懲罰臺灣人時尤喜以「清國奴」譏罵，這種情形在當時臺灣詩文中都有深刻的描繪。傳統詩歌中對民族不平等待遇，民族歧視部分，筆者於碩士論文《臺灣寫實詩作之抗日精神研究》，論「教育文化」一節已加闡述。至於小說中反映該項事實者，則於鄭登山〈恭喜〉、賴和〈阿四〉、王錦江〈十字路〉、吳濁流〈水月〉、〈功狗〉、朱點人〈脫穎〉等作品，可以觀之。

鄭登山〈恭喜？〉一作，描寫過年時郵件較多，郵局招募臨時郵差，一臺籍青年前去應徵，服務才只十天，就對展開在他面前的極大矛盾現象，產生強烈不滿，否定了這醜惡現實的社會。小說中的「他」在領取工錢時，和日籍臨時郵差談起各自的配達區來，才省悟到自己遭受不平等待遇。原來日籍郵差多分配在城內、道路好、區域小而容易配達的地方送信，而臺灣人則分配於城外、道路差、範圍大而難於遞送的區域工作。再者臺日人民的工資也不相同，工作量相同，日本人卻多六成加俸，這使得一個剛自學校畢業的臨時郵差憤憤難平，最後立志：

我對於這使我所以無工可作和差別待遇的矛盾，必要研究之——打滅之而後已！……。

〈恭喜？〉這篇小說，所述的情節、精神與後來楊逵的〈送報伕〉關係密切，主人翁都是積極進取的。其現實性頗強。山川均曾指出：「日本人的官吏，則給與本薪六成的增薪，自聽差以上，皆按官級給與一定的宿費，若臺灣人則不給與。」（註二）總督府遞信局（郵政局）的職員工資也有差別待遇，山川均曾表列如左（註三）：

表五：一九二二年日臺郵政局職員工資差別表

（單位：元）

種別	日本人		臺灣人	
地名　年度	大正十一	大正十二	大正十一	大正十二
臺北	一・六〇	一・六〇	・九七	・九七
基隆	二・二八	二・一〇	一・二〇	一・二五
新竹	二・〇〇	二・一〇	一・〇〇	一・〇〇
臺中	一・五〇	一・二〇	・八〇	・八〇
嘉義	二・五〇	二・五〇	・八〇	・八〇
臺南	二・〇七	一・八五	一・〇二	・九五

高雄	一・八〇	一・八五	一・〇〇	・九〇
屏東	一・六〇	一・三〇	・八〇	・七〇
淡水	一・五〇	一・五〇	・八〇	・八〇
宜蘭	一・六〇	一・六〇	・八五	・八五
彰化	一・八〇	一・五〇	一・〇〇	・八〇
澎湖	二・二〇	一・五〇	一・〇〇	・八〇
臺東	一・五〇	一・八〇	・八五	一・〇〇
花蓮港	二・〇〇	一・八〇	一・五〇	一・三〇
平均	一・八五	一・七三	・九七	・九二

鄭氏〈恭喜?〉一文寫於一九二七年，故事發生在臺北。小說裡，臨時郵差的工資是這樣的：日本人一天一．五圓，臺灣人一．〇圓，小說寫來生動逼眞，屬社會寫實之作。

賴和小說〈阿四〉，創作日期不詳，頗似其自傳體小說。敘述了阿四備受壓迫歧視而成爲熱心社會運動者的經過。阿四由醫學校畢業，初到醫院就職時，種族歧視、差別待遇使他自尊心受損也大爲吃驚。小說中敘述道：

他的俸給（薪水）使他吃驚不小，不及同時拜命的日本人一半，又且事務長向他説，宿舍因內地人醫員增了人，你們沒處可住了，自己去租，宿舍料（日語，料，費用、津貼）規定本來是十五圓，因爲是臺灣人，六割（日語，六折），九圓，獨身又再七割六圓三角，可在這範圍內，自己去尋一間。因爲是臺灣人就可以住較便宜的家屋，這有什麼理由?他拜命初初，也不敢質問，只有忍受著。

翌日院長又向同時任命的臺灣人說，你們一兩年後是要去開業的，到醫院來説給醫院服務，毋寧說醫院供你們實習較實在，我也認定你們是來實習的，所以各科都任你們去見學（日語，見習），醫院給你們特別便宜，希望你們對醫院不可有無理的要求。……

阿四傷心了，還希望執到實務以後，能有改善的機會。一月等過一月，將過了一年，他所執的事務，依然是筆生（抄寫員）和通譯（翻譯）的範圍，他不能忍受了，翌年捉到了機會，便向院長提出希望，對主任陳述要求。結果非僅不能見容，並且生出意見的衝突，傷了互相間的情誼。他所受的待遇，就更加冷酷了（註四）。

對於這樣的侮辱、歧視，其抗議的結果是更冷酷無理的待遇，這使大部分的臺灣人敢怒不敢言，任其蠻橫剝削下去。

懶雲另作〈歸家〉借賣圓仔湯、賣麥芽羹小販的對話，指出在銀行、役場、官廳工作，都要講國語（日語）才可以，又說：

> 一個囝仔要去喰日本頭路，不是央三托四抬身抬勢，那容易；自然是無我們這樣人的份額，在家裡幾時用著日本話，只有等待巡查來對戶口的時候，用它一半句。（註五）

日據時期的臺灣社會中，要懂日本話又要有身勢（後台）才能進入各大機關做事，就算如此，也未必扶搖直上，飛黃騰達。一九二五、六年間的臺灣小說普遍揭露了中日民族待遇不平等現象。郭水潭〈某個男人的手記〉寫男人離家後，在T市政府當臨時員，工作不久即因「日本人和臺灣人的差別很明顯」而辭職。王錦江的〈十字路〉中，主人翁張來福公學校畢業後，進入銀行當工友，並於夜間繼續進修，考取普通文官試驗，在銀行掙得行員的職位。然而自從擔任銀行行員，也有十年以上了，這十年來不管他如何努力，那些後進的大學、高商畢業的後輩個個都超過他。他每日唯唯諾諾，小心翼翼地侍奉上司，戰戰兢兢地怕被革職，想到這裡，一種無可名狀的憤慨不平和悲哀，不禁齊湧心頭。什麼「適材適所」、「不論學歷，人材拔擢登用」全是騙人的幌子。他不禁想到以前同窗出入文協，研究社會問題；表哥放棄前程，到大陸參加社革，回臺被捕。而自己卻毫不理睬，只圖榮華。一位因參戰社革入獄六年的好友歸來，二人餐敘，他向好友說現在他漸悟社革的重要，但好友卻已意志消沈，不予附和，令他對動輒得咎、極不公平的殖民社會感慨萬分。〈十字路〉呈現了民族待遇的不平等，強烈的凸顯了臺灣人民的反日意識；然而時局形格勢禁、社運迭遭挫折，知識分子由是心灰漸生，日益消極，竟至頹唐。

吳濁流小說〈水月〉描寫一九三〇年代末期，一個受過教育的知識分子仁吉，在灰色現實社會中，生活的重擔，磨損了往昔的氣銳志高；留學東京的夢想，如同水中蟾月，虛幻圓缺，而終未眞圓。主角仁吉可說是當時知識分子蹇扼不偶的代表，在日本殖民統治下的臺灣青年，絲毫沒有出路可言。仁吉年輕時，在學校裡是個高材生，但因環境限制了深造的機會，而淪爲農場雇員，在農場工作十五年之久，如果不是太太苦撐家計，他連生活都成問題。這其中的癥結在於日人、臺人升遷、待遇的懸殊差別。他任職會社十五年，雖然貢獻殊多，但是會社卻從未改善過他的待遇，他說：

再和那自己共事的日本人比較，同是中學畢業，在「會社」的年資又不如自己，卻沒有一個不是已升爲課長或主任的，僅剩他一個人到了不惑之年，仍然是個雇員。日本人的薪水不但比臺灣人高，而且又加上六成的津貼，他們又有宿舍，所以生活安定，都有餘錢可供儲蓄。現在的製糖會社雖然每年很賺錢，只是對臺灣人這樣刻薄（註六）。

民族待遇不公，造成日本人作威作福，臺人無奈，也只能忍氣呑聲，得過且過，苟且存活而已。仁吉心中雖然憤恨難平，怒火沖天，然而在異族的鐵腕下，他又能如何去突破現狀，爭取公平的待遇呢？

少年時代美麗的夢想，終究像泡沫般無聲無息地消失於歷史黑暗的角落！

吳氏另一篇作品〈功狗〉裡的主角洪宏東，其境遇又較仁吉艱辛。洪宏東中學畢業後，學業優秀，爲人忠厚恭讓，幸運地被校長聘爲代用教員，他感恩戴德，畢恭畢敬「凡事都唯命是從」，比任何教員都用心，賣命工作了二十年，對殖民教育貢獻良多，但到頭來卻落得貧病交迫，如同喪家之犬，無人給予同情、幫助。二十年辛苦賣命，不但薪水絲毫未增，連代用教員的職稱也未改變。而且操勞過度，累出了肺病，連續請假三個月，竟遭學校革職。由於是代用教員，他無法領到退職金。洪宏東想到：

當時領實業教育獎賞的時候，校長升爲督學，我仍然是代用教員，僅得此狀而已。……他又想到他的教員身分，若是日本人，俸給又高，又有津貼，也可以貯蓄以防不測；雖然是臺灣人，若是訓導，也有退職金可領，就不致這樣（註七）。

洪宏東被生活重擔擠壓喘不過氣來的時候，終於悟到一切都是懸殊的差別待遇所致，他憤怒、悲傷，但無力改變現狀，只有痛哭一場。在當時極度不平等的差別待遇之下，有些人憤憤不平；有些人怨恨投錯胎，當了臺灣人；另有一些人則積極想成爲日本人。民族信心的喪失、人格尊嚴的否定，物質生活的懸殊，在在令某些價值觀混亂的同胞心喪神失，靈魂扭曲而不自知。在日本殖民體制下，人生之路是那麼地艱厄、曲折，而眞正爲之、致之的幕後操縱者正是日本政府的帝國主義軍閥思想。

朱點人在小說〈脫穎〉中描繪原當給仕的陳三貴，如何數典忘祖利用婚姻關係，搖身一變而爲御用權貴的過程。他一心想往上爬，想過豐衣足食的日子，但是卻缺乏人事背景，只能幻想自己投胎轉世，生爲日本人。他想：他要是內地人，做了五年給仕，也要升做事務員了，月給至少也有五十圓，還有宿舍料；要是任官，到了一定年間，就有恩給可領。他連夢寐之中都夢見自己做了內地人，幸福在向他招手。後來犬養主任兒子戰死于滿洲事變，爲了避免後代去當兵，犬養招陳三貴爲養子，並把女兒嫁給他。入贅後的陳三貴馬上日本化，趨炎附勢，唯恐不及。當陳三貴裝腔作勢，厚顏無恥，操著日本話對昔日的朋友定居說：「我是犬養，不姓陳」、「今後請你以犬養叫我」時，朋友意味深長的說：「唔，犬養的……」一語雙關，呵斥了這無恥之徒。由於懸殊的差別待遇，有一些臺灣人不免心存僥倖，希圖認賊作父，以享富貴。在出路滯塞現實環境中，只要能夠攀附權貴，坐享富厚，那些意志不堅的人就不會放棄任何數典忘祖吮癰舐痔的機會。

龍瑛宗〈植有木瓜樹的小鎮〉主人翁陳有三，好不容易考上薪水微薄的鎮公所會計助理，然而在那兒等著他的也是與日本社員極爲懸殊的差別待遇—薪水又低，又沒有房租津貼。小說中也提到「要結婚的話，還是成爲對方的養子較好，因爲改爲內地人戶籍，薪水可加六成，還有其他種種利益。」（註八）他也曾經如此幻想過，這和〈脫穎〉中陳三貴的想法幾乎如出一轍。在這幾篇小說中幾乎都提到日本人與臺灣同工異酬，只要是日本人，就可享有本薪六成的增薪，及隨官級調升的定額宿費。

除了就業升遷無管道、同工異酬、民族歧視外，在教育內容、制度、設施、就學機會等方面亦加以有系統、有計畫的實施差別政策。臺灣人兒童進入「公學校」（日本人兒童另讀「小學校」），接受比日本人兒童低一級的教育課程，爲了防範臺灣人的文化水準超過日本人，其進一級的高等教育、大學教育，幾全爲日本人子弟所獨佔，臺灣人子弟能受到高等以上教育的，實在寥寥無幾。小說於此亦有所敘述。

凌浪生〈叔父！〉敘述一對兄弟名落孫山之事，其癥結即在差別教育。小說寫道：

克剛克毅兄弟，在公學校畢業的當兒，以拔群的優秀之成績出了校門。……成績發表之日，都名落孫山了。據這回××人投者，位於××人，而得入學者，則反是。××人十對一、二，而××人十對八、九。在這限制教育政策下，這樣情勢，有錢的人投考不入者，都向海外內地留學去了（註九）。

以優秀成績卒業仍未考上，其中緣由不喻可知，然則經過一年苦讀，這一對兄弟仍然榜上無名。由小說所述，我們得知考題多出自小學校的教科書，這是大家都知道的，應考學生只好私下再讀日本學童的教科書，不過儘管這一對兄弟很有信心，但發榜了，他們仍見不著自己的名字，「只見四、五字一串的名字居多」，克剛再鼓起勇氣，這回只專瞪視寥寥無幾的三字姓名所在。這說明了差別教育扼殺了多數臺灣優秀學子就學的機會。

日本軍閥統治臺灣，雖然口口聲聲說「內臺如一」，動輒高喊「一視同仁」，其實日督並非像對日本人那樣對待臺灣人，而只是要臺灣人以「日本人對待日本人的方式」來對待日本人。徵諸當時文學作品所反映的現實社會，中日民族所受懸殊不公平之待遇，已可見其端倪；如果進而廣徵史乘，訪問耄耋，細繹口述史料，鋪而觀之，則日據時期臺灣人民所受之差別待遇，較諸當時小說、詩歌所反映、所呈顯者，必將如九牛之一毛也。

二、立法執法不公

日本憲法規定，凡居於日本版圖之國民，皆有權享受同等之法律保障。然而日本政府卻另於其憲法第六十三條（六三法案）規定：臺灣總督府有絕對權力，在臺灣施行任何法令。於是殖民統治者殘酷的剝削，都藉著「絕對權利」，肆無忌憚的呈顯出來。日本政府一方面要臺灣人都同化爲忠實無貳的「皇民」，一方面卻又以極不公平的法令加之於臺灣人身上，在政治、經濟、社會、教育各方面以不同的法令壓迫臺灣人，這種矛盾眞是極大的諷刺。日據時期小說中，對於上述法令不公，戕害小民的現象，有很深刻的反映與很強烈的控訴。

賴和在〈蛇先生〉中，一語道破：「法律的營業者們，所以忠實於職務者，也因爲法律於他們有實益。」（註一〇）賴氏直陳殖民統治者對於法律「保有專賣的特權」，賴和另於〈辱〉這一篇小說中，假藉一個小老百姓之口說：「法是要百姓去奉行的，若是做官的也受到拘束，就不敢創這多款出來了啊。」（註一一）在賴和小說中，處處可見日本殖民統治者執法不公，玩弄把戲的場面，這也是賴氏小說的重要主題之一。賴和在〈蛇先生〉一文又說：

> 法律！啊！這是一句眞可珍重的話，不知在什麼時候，是誰個人創造出來？實在是很有益的發明，所以直到現在還保有專賣的特權。世間總算有了它，人們才不敢非爲，有錢人始免被盜的

危險，貧窮的人也才能安分地忍著餓待死。因爲法律是不可侵犯，凡它所規定的條例，它是權威所及，一切人類皆要遵守奉行，不然就是犯法，應當受相當的刑罰，輕者監禁，重則死刑，這是保持法的尊嚴所必須的手段，恐法律一旦失去權威，它的特權所有者——就是靠它吃飯的人，準會餓死，所以從不曾放鬆過。像這樣法律對於它的特權所有者，是很有利益，若讓一般人民於法律之外有自由，或者對法律本身有疑問，於他們的利益上便覺有不十分完全，所以把人類的一切行爲，甚至不可見的思想，也用神聖的法律來干涉取締，人類日常的生產、飲食起居，也須在法律容許中，才保無事（註一一）。

的確，日據時期臺灣人在統治者所定極不公道的法令下，只有戰戰兢兢的生活，如果一不小心觸犯法網，必然動輒罰鍰，並拘留二十九天。這段話透露了「法之爲法」只是使人不敢爲非，讓貧窮的人安分等待餓死，「法」不是人民有力之保障，而是執法者最佳謀生之途，「法」甚而成爲弱者礙手絆腳的桎梏，因而荒謬的悲劇因之產生，秦得參的自殺、寡婦的含冤莫白、小孩無辜被遷怒挨打，阿金背負一身不平跌落河中等等，在在令人憤恨難平。

法令本來就如稱仔需要精確、公正一樣，應該是絕對精確、客觀、公平、公正的。可是事實卻不然。賴和在〈一桿「稱仔」〉小說中，用「稱仔」來寄託其微言大義。小說主角秦得參的稱仔被代表執法者的日本巡查折斷，暗示著法的公正已被否定、破壞。施淑在《中國現代短篇小說選析》一書，對〈一桿「稱仔」〉有極精闢的見解，她說：

小說以「稱仔」爲主題，這個作者在標題上特別加上引號的稱仔，除了象徵秦得參所代表的善良正直百姓，在那觀念上代表公正，而事實上只是統治者專利品稱子之上，個人尊嚴和價值可以隨時被摧殘和否定的事實，同時更深刻地揭露了隱藏在法制、平等、人權等思想口號中的欺罔性，這一點透過因它而存在的殖民帝國主義的壓迫掠奪行爲表現得尤其赤裸、尖銳（註一三）。

「稱仔」所象徵的乃是公正合理世界的追求，被殖民者所熱烈企求的公理與眞正無私的法治，然而當「稱仔」被巡警大人一怒打斷擲棄時，即意味著公正合理世界的不可能。相同的情形也發生在〈豐作〉裡。蔗農添福辛勤工作，一心想贏得超額生產獎金，好給兒子娶媳婦，但到頭來不僅未能添著福，反而因會社使用不正確的磅秤，硬生生的剋扣四千斤，美夢完全落空。賴和寫道「警察大人看到所量的結果，自己也好笑起來，三個人共得二十七斤。」賴氏僅對事實作客觀冷靜的陳述，並未使用任何攻訐批評的字詞，而統治者執法的偏差自然不言而喻，再者賴氏此作也向日本統治者全然無法無天，毫無公正公平可言的執法，提出了嚴肅的抗議。「稱仔」「磅仔」所象徵的公正合理既已蕩然無存，則法之所以爲法亦只是執法者剝削凌虐的工具罷了。於是「查大人」可以因「御歲暮」的減少而任意遷怒轄區內的人民，爲了洩憤，他努力執「法」，動輒「告發罰金」、「折斷幾家店鋪的稱仔」。賴和在〈不如意的過年〉，直接而尖銳的描繪了查大人作威作福，其背後關鍵則同樣是「法」的問題。賴和說：

法律也是在人的手裡，運用上運用者自己的便宜都合，實際上它的效力，對於社會的壞的補救，墮落（訛誤爲墜落）的防遏，似不能十分完成它的使命，反轉對於社會的進展向上，有著大的壓縮阻礙威（威，原文誤作「成」）力。因爲法本來的作用，就是在維持社會於特定的範圍中「壞」、「墮落」，猶是在範圍裡「向上」、「進展」，便要超越範圍以外。所以社會運動者比較賭博人、強盜、其擾亂安寧秩序的危險更多（註一四）。

警察執行法律，本是穩定社會秩序的必要手段，但如果法是有彈性的，是可以因人而異的，執行者可以依其意願率意援用或詮釋，那麼即使是良法，都將因人爲因素而變成惡法。而所謂「法治」更是社會運動者之噩夢，身爲被殖民者的臺灣人除了要與「政治強權」對抗，更要與無所不在的「法」及「執法」的統治者相搏鬥，這種鬥爭使得生存益加艱難，而人性尊嚴更無立錐處。

此外，陳虛谷的小說〈無處申冤〉也抗議了司法的黑暗。這篇小說描寫巡警岡平無惡不作，強姦地保的弟婦。其後岡平雖被告進郡衙，但原告反成被告，被姦民女押送郡衙之後，司法科主任迫她否認被強姦，她不依從，反被灌水毒打，歷經種種酷刑，竟庾死獄中，而其丈夫也被控誣告，懲役五個月。這樣的罔顧天理，官官相護，不知冤死了多少人！

楊松茂〈十字街頭〉也藉一個勞動者抱怨道：「察理，察什麼鳥理呢？小百姓要告訴做官的，不是有二萬四千分的確證，還告得准麼？」（註一五）或謂小說所載，純屬子虛，此言亦頗失考。試觀羅福星自白書指證歷歷，較小說情事有過之無不及。羅氏義憤塡膺，咬牙切齒控訴日本刑事，臺民處此絕境，直無翻身之地，法之不平、吏之不公令人憤恨！

賴和另一篇小說〈可憐她死了〉，主角阿金的父母繳不起戶稅，不得已將她賣給別人當童養媳，但養父子因罷工而被日警痛毆致死，養母走投無路、頓失依靠，只得答應讓阿金去當富人的姨太太，然因懷孕而遭遺棄，最後，在河畔洗衣，慘遭溺斃。在此之前，曾有人教阿金告那富人惡意遺棄，訴訟請求慰藉料（即贍養費），但她一想：

辯護士要錢，法院印紙（印花）要錢，她沒有這麼多的錢，且法律會保護到她們嗎？她不敢信任，也只有自己怨嘆而已（註一六）。

法律原是保護人民的，但人民卻因諸般顧忌不敢尋求法律的保護，要這樣的法律，又有何用？當時惡法叢生，執法又極偏頗，匹夫匹婦，動輒得咎，難怪大家要反抗日本人的統治了。賴氏〈鬥鬧熱〉就有一段話可爲註腳：

在優勝者的地位，本來有任意凌辱壓迫劣敗者的權柄。所以他們不敢把這沒出處的威權，輕輕放棄，也就忠實地行使起來。可不知道那就是培養反抗心的源泉，導發反抗力的火戰（註一七）。

楊守愚在〈一群失業的人〉中寫出了大家的心聲：

「偷蕃薯算是犯了法呢？」、「什麼鳥法？」印度型的阿方，有些憤然地說：「法律倒要叫人餓死麼？」、「這還成什麼法律呢？叫人家餓死也不能拿東西來救救命，我們還要他幹嗎？」（註一八）

凡此種種都明確反映出統治者是站在對自己有利的立場來訂定法律的，這種法律是不合天理，不合人情，無法落實的，人民不但沒有遵守的理由，而且應起而反抗之，唾棄之。

另外張深切〈鴨母〉一文也透露了日據時期司法黑暗，法律已淪爲富人欺壓升斗小民的籌碼。〈鴨母〉一文描寫豪紳簡明華失竊六隻母鴨，誣賴是養鴨的阿應偷的，阿應不甘蒙冤幾經曲折，終於找到眞正的偷鴨賊，而控告簡明華。阿應找到辯護士，付了三十元，結果律師收了簡明華的「後手錢」，還把阿應的三十元吞了。再找一個律師，又被簡明華以四百元收買，將他的事件出賣，最後阿應還是含冤莫白。明乎此，則對賴和小說〈可憐她死了〉中的女主角阿金自怨自嘆，不控訴阿力哥的原因，也就可以思過半矣。

賴和、陳虛谷、楊守愚、張深切諸氏在撰寫小說時，懷著覺醒的意識，傾吐小民抗議惡法的心聲，對日據時期統治者法令之偏頗，執法之暴橫，提出了強烈的質疑、批判與反抗。若以「鐵肩擔道義，辣手寫文章」頌揚之，當不爲過。

三、日警貪婪橫暴

日本統治臺灣之策略，一言以蔽之，便是徹底施行警察政治。殘酷普遍深入窮鄉的警察網，牢牢地控制住臺灣勞苦大衆的一舉一動。公元一九二〇年田健次郎總督更賦予警察絕對的權力。日人鹽見俊二對於日據時代臺灣警察的研究，曾有如下的敘述：

當時臺灣的警察，不但對於經濟政策，對於任何政策都是首當其衝的「實行者」。這樣強大的

「警察國家的體制」是世界上得未嘗有的（註一九）。

持地三郎也曾這樣記載：

臺灣的警察，實施臺灣殖民政策的重心所在，臺灣的警察，除其本身固有的事務以外，而幾乎輔助執行其他所有的行政，過去有所謂「警察國家」的理想，這一理想在臺灣已成事實。臺灣殖民政策的成功，一部份不得不歸功於這一警察制度（註二〇）。

由此可知日本在臺灣的警察制度，除其本身的專屬事務外，還有行政輔助機關的性質。因而警察與臺灣人民接觸最頻繁，糾葛也更僕難數。他們倚仗優勢，欺壓民衆的惡行，《臺灣民報》時爲報導。鄉間警察尤可憎恨，頤指氣使，氣焰怒張，儼然土皇帝，因此人稱「田舍皇帝」。在臺灣人民心目中，警察是日本殖民政策的執行者，是日本帝國主義政治、經濟迫害的推進者，也是臺灣人民反抗的首要目標。日本警察好色、貪饕、暴虐等惡形惡狀……在在皆成日據時期臺灣小說諷諭、抗議的主要對象。描述警察遂成了當時作品之大宗。

㈠貪饕財色

描寫日本警察好色成性，蹂躪善良女子，及巧立名目搜刮民衆脂膏的小說，如陳虛谷〈無處申冤〉、〈他發財了〉、〈放砲〉、賴和〈不如意的過年〉、〈一桿「稱仔」〉、楊守愚〈斷水之後〉等皆屬之。

陳虛谷〈無處申冤〉，描寫巡警平岡百般挑戲老賊女兒不碟，後經不碟母親提出告訴，平岡才稍微收斂，但自此之後，「凡是他看中意的貧家婦女，不論有夫無夫，有一個不遂他的心願，他就藉端欺淩」（註二二），後來甚至強姦保正弟婦，此事雖告到郡衙，但官官相護，保正弟婦竟受酷刑毒打，庾死獄中，日本警察爲平息民憤，遂將岡平調職他地。

這篇小說結尾，藉旁人之口道：「且慢歡喜，年年總是送往迎來，但我們年年不是過著艱苦的日子嗎？」（註二三）明言整個殖民體制若不全盤改革，警察執法心態若不徹底矯正，則不公不義的事仍將層出不窮，臺灣人民苦難的鐐銬也將永難解脫。對統治者而言，老賊的全家遷徙，地保弟婦的殉死，都不足以讓他們自省，也不足以改變臺灣人民被欺凌的噩運。外調他地的平岡仍不改惡習，繼續橫行霸道。

陳氏另作〈他發財了〉，敘述巡查藉著過年、生子，收受禮金，大發橫財。如有不事巴結，不屑迎合者，則「禍端就要臨頭」，巡查就「處處和他作對」。

小說中那個牽牛車的因爲生活貧困，無力巴結巡查，巡查就「藉言道路損壞的名目，禁止牛車的通行四五天，六七天，都是無處告訴的。」文末同樣用好事者的口吻寫道：「怎麼這般快，啊啊！他眞好運，做過年，賀生子，方鬧過了又要轉勤，這番又有錢可賺了。」（註二三）一如〈無處申冤〉最後所說：「除非天要作成人把日×××了，我們永遠是沒有出頭天！」陳虛谷在此處所著眼的，「絕不在於『點』的批判，而是『體』的透視」（註二四），他的結論是：臺灣人要出頭天，只有日本殖民體制破產。陳氏於一九二八年，這個臺灣日警橫行跋扈的年代，義執銛筆，批判日警的貪饕好色，勇年時代即憎惡警察：

此外，賴和的創作亦有許多篇幅以日本警察為寫作對象，並將之視為統治者政治、經濟壓迫的具象化。在〈一桿「稱仔」〉、〈不如意的過年〉，記載了臺灣人民被日本警察欺凌的事實。賴和自少年時代即憎惡警察：

那時代的補大人，多是無賴，一旦得到法律的保障，便就橫行直撞，為大家所側目，說起大人，簡直就是橫逆罪惡的標本，少（稍）知自愛的人，皆不願為（註二五）。

賴氏小說〈一桿「稱仔」〉主要是描述日據時期臺灣人民，所受到經濟上「剝盡膏脂更摘心」的搾取，政治上「終歲何曾離水火」的統治，以及他們在飽受侮辱迫害後的覺悟與犧牲。秦得參是一個典型的貧農，但是他被糖廠逼得離開自己的土地，走投無路之餘，把妻子向娘家借來的一根金花拿去抵押做本錢，又向鄰居借來一桿稱仔，到小鎮上賣菜。做了幾天還算稱意的小生意，不料一名日本巡查光顧時，他不懂規矩，以為少算斤兩便能討得巡查的歡心，孰料因而觸怒巡查，當場折斷其稱仔。除夕當天，巡查又故意找秦得參的麻煩，秦得參忍不住頂了幾句，巡查即將他押進衙門。幾經折磨，秦得參感到莫大的悲哀，於覺悟「人不像個人，畜生誰願意做，這是什麼世間，活著倒不若死了快樂」之餘，殺死日本巡查，然後結束了自己的生命。

賴和〈不如意的過年〉一作，更細膩的描寫了日警的貪饕。巡查因為過年時所收「御歲暮」（年禮）過少而遷怒勞苦民眾，心甚不滿，以為維持尊嚴，發揮無上權威，是非常必要的，於是更加凶狠地虐待大衆，幾乎要置他們於死地以報償他權威的失落，而設計各種卑劣手段，妄圖激怒百姓，從而以妨害公務的罪名對民衆進行更殘酷的迫害，並從中獲取經濟上的利益。於是接連幾天對於「行商人取締的峻嚴，一動手就是人倒擔頭翻；或是民家門口，早上慢一點掃除，就被告發罰金；又以度量衡規矩的保障，折斷幾家店舖的『稱仔』。」（註二六）但人民早就洞悉他的居心，並未反抗，使得巡查苦無圖利的藉口而煩悶不已。於是只好以無辜兒童當做洩憤對象，明知孩子無辜，而不改其兇狠，雖聽見兒童在啜泣，卻大罵一聲「畜生！攪亂乃翁的興頭」，仍然呼呼地鼾在睡牢中，電光映在臉上，「分明寫出一個典型的優勝者得意的嘴臉。」

陳虛谷在〈放砲〉中，描寫耀武揚威的日警眞川，每逢臺灣人民家有婚喪等事時，必定前往白吃白喝。某日眞川耳聞炮聲而不見有人請客，第二天即毆打放砲的疑犯劉天，結果發現又打錯了。這使得整個莊子的人以後再也不敢放砲了。〈放砲〉的故事內容與〈不如意的過年〉大抵雷同，同樣刻畫了日本巡查貪饕的嘴臉。當時臺灣人民不但受日警壓迫，還要受到日警小孩的侮辱，〈放砲〉裡尙具民族意識的保正冷冷的向眞川說：「常見三四十歲的臺灣人，被七八歲的日本囝仔欺負，也置之不理，就是怕惹起大人禍哩。」（註二七）陳虛谷最後借劉天之口，和盤托出臺灣人民普遍反抗日本警察的心聲：「咳！屈天慢理比土匪厲害。看你威風有多麼久？留目給你看，到阮的天年拿來貫仔牽迢迢哩！」

日本警察貪饕、收送紅包等劣行穢迹，另在〈流氓〉、〈新興的悲哀〉、楊守愚〈斷水之後〉皆可見之。〈流氓〉記敘失業者阿B申請賣冰許可證的經過。為了一個冰牌，在診斷書和稟上，他用去了兩個多月的生活費，由於未向大人送禮，許可證因而遲遲不見核准。他不憚其煩請教高明，才知還有運動一層手續未辦，但是這運動，代書人卻不敢承辦，又不是本人所做得來，萬一使有權者不稱意，反會去受罪，這另有一種經手人。世間有誰願白做人的奴才，這經手人自然也要報酬，酌量起來這一層的費用，就不是節省出兩三個月的生活費所辦得來，阿B沒法度，只有斷念而已。」（註二八）

〈新興的悲哀〉，表面似在讚頌日警德政，骨子裡卻咒罵日本警察的喪盡天良，收受紅包，大飽私囊。鄉人林大老原想若是S會社第四工場在T鄉改置，地價一漲，豈不一夕致富！孰知事乃有大謬不然者，日本警察與拓殖會社社長暗地勾結，大搞「嫖賭飲」的勾當，吃喝玩樂，無所不為，害得林大老播秧不成，插蔗亦不准。

〈斷水之後〉，描述河水被半路攔截，村民直到了深夜才抓到魚，「久保大人」藉口阿金沒有許可狀而捕魚，是謂違法，把村民好不容易捕到的魚悉數沒收。當「久保大人」的太太聞聲替他開門時，作者這樣寫道：

畢竟是受慣了送禮，在燈光之下，一眼就給瞧上魚籃，笑瞇瞇地，她讚歎道：「哈哈！魚呀！活潑潑的，怪生鮮呦！喂，誰送來的呢？」

「哈哈！快點！揀大點的烹去，我要到店裡拿酒去。怎麼啦？白鶴好不好呢？」久保大人又忙的跑出去了。（註二九）

諷喻之思見於言外。據賴和〈辱〉中一群攤販的閒聊，可以明白日警何以拼命取締、罰款，原來所科罰之款，可拿來用作警察的津貼。透過對日本警察淫威、貪婪的撻伐，揭發了日本帝國主義殖民統治的本質，這幾乎是當時有識之士普遍深刻的體驗。

(二)凌虐暴橫

小說中對於日本警察的殘暴時有描述。他們對於引車販漿的升斗小民，宰殺豬隻的屠夫，極盡欺凌壓迫之能事，人民日常生活中的一舉一動，日警都想盡辦法，羅織成罪，橫加干涉，悍然取締，稍有反抗，則拳打腳踢，百般凌虐。賴和、自滔、蘭谷等人，目擊慘狀，感同身受，遂筆著小說，幾等實錄：

> 因爲巡查們，專在搜索小民的細故，來做他們的成績，犯罪的事件發見得多，他們的高昇就快。所以無中生有的事故，含冤莫訴的人們，向來是不勝枚舉。什麼通行取締、飲食物規則、行旅法規、度量衡規紀，舉凡日常生活中的一舉一動，通在法的干涉、取締範圍中（註三〇）。

自滔的〈失敗〉對小販橫遭取締一事，有特別深刻的描述：

> 凌治，哼！恁大家敢無看見，連在溝墘洗衫的查某人無看著便罷，呸！看著就要罰，伊娘咧！阮牽手，這幾天煞不敢去洗衫，身軀的衫褲穿到要生蟲，恁敢是不知！
>
> 大家是不願講喔。啥人不知！一雙雞鴨走在彎邊僻巷，敢就不是抓去罰，一隻幾錢，罰貳圓，是比給賊仔偷抓去，還較厲害，呀！連禽獸他都管束透了，莫講是人（註三一）。

連溝邊洗衣，僻巷雞鴨都要取締處罰，日本警察的惡行，眞可謂擢髮難數了。關於攤販被日本警察取締淩逼的情形，當時的幾部小說反映極爲深刻。

天光也抓，日暗也抓，彎邊僻巷的抓，連善良做生意，都勿使得嘮！」賣油湯的釘仔鎚，帶著驚慌的臉孔，向周圍巡視了一遍，才用出尖銳而微細的聲音，對著賣花生豆的炎嫂說。……「多！他就肯放你干休麼？—我講一句『無錢』，就被他打七八個巴掌，踢十幾下皮靴，恁娘！怎樣堅硬的皮靴，踢在身上，怎受得起，唉！他說『無錢，死好啦！』」（註三二）。

「大……大人……這回，求……你恩典……恩典……」他掙扎著，吶吶地抖顫著說。

「姦恁娘××，你敢狡獪嗎？免多嘴好啦。」他大喝著，兩道的濃眉又直豎起來，兩顆烏白的眼珠翻得越發可怕，一副惡魔的臉兒似要把你活活呑下去一般，繼則『拍拍』地就……

「……」阿順也已覺悟到事兒的，然而一想起了今天這擔子的『粉粿』不但血本無歸，甚至賣去了一疊的碗子，挨了一頓的喫痛，況且還要受處罰，他想到受了這一場的艱難，『趁食』的苦處，他不覺就起了一種不可抑制的窮途的悲哀（註三三）。

「現在的××世界，做生理、賣點心，實在比做賊過較艱苦！」（註三四）

小販那種討生活的無奈和悲涼都藉著小說平淺眞實的敘述一一奔赴讀者眼前。現代都市攤販，確需立法管理，但這是另外一個問題。首先，我們要探討的是：日據時期臺灣大量的攤販產生的原因爲何？自滔在小說中藉合群之口明白地說：

在帝國主義下的臺灣殖民，被掠奪的我們，是何等地苦痛的事情呀，試看，產業的短縮，失業者的增多，工資的激減，農村的貧困，以致大批的貧寒階級，徬徨於饑餓線上。現在爲了謀生的問題，有的不得不走向小販們的途上來（註三五）。

在日本警察的凌虐與迫害下，這些可憐的升斗小民，只有無辜無助的忍受壓迫，不敢起而與日警抗爭，亦不可能挺身反抗。蘭谷〈黑暗裡的人生〉亦描述日警之橫虐。朱鋒〈不堪回首話當年〉一文，謂「趙櫪馬（啓明）的〈黑暗的人生〉最爲精彩，此篇是他的處女作，取材於他當時所居住的西區金安里一帶密屠的生活，描寫他們在黑暗裡與日警掙扎的情景。」（註三六）據此則趙櫪馬另一筆名爲「蘭谷」，篇題宜爲〈黑暗裡的人生〉。雖然禁止私下屠豬本爲美意，可避免患有結核症或其他疾病的豬肉流入市面，確保人民健康。但是法令之成效，端視執行者之好壞而定，當時若不送紅包給檢驗官的獸醫者，則無問題的豬多半以上是不能通過檢驗的。再者每隻豬宰割後，「也要納一條數銀子的稅金。這樣每隻得來的利益，種種的七除內外扣了後，所剩的純利是不能糊一家的嘴的。」（註三七）加上經濟不景氣，他們即使省下稅金，生活也是每況愈下，雖覺無奈，也不得不去工作，不得不冒險走法律邊緣。他們終究是弱者，絲毫無法當面與日警抗爭，最後日本警察仍「闖入人家，橫行直撞，肆志無忌，打的打，踺的踺，縛的縛，等種種無所不用其極。甚至把整戶的家宅裡面，翻來覆去，將密屠室，密畜場毀得不存其戶，……縛去了……二三十名。」（註三八）

賴和〈新樂府〉一詩極陳日警凶惡之狀，令人心驚，詩云：

街頭有小販，賺食眞堪憐，一見警察官，奔走各紛然。行商如做賊，拿著便要罰，小可講情理，手

括再腳踺。（註三九）

賴和撰文，多爲目睹親歷，因而詩文眞實程度頗高，街頭小販生活的眞情實態，時時出現於小說中，充滿了弱者的無力感與無助感，人民莫不渴望現實生活中能有英雄義俠爲他們爭取利益護持命脈。賴和〈辱〉這篇短篇小說就表現了這樣的心情。故事的背景是臺灣某一鄉村的小販正專心觀賞野臺歌仔戲。戲中演的是「俠義英雄傳」遊俠出神入化的爲小百姓申冤出氣，臺下小販卻不斷爲日本警察斥責、追捕。臺上的戲像催眠曲一般深深感動了臺下每一個觀衆，因爲現實生活中他們壓抑太多屈辱太久，故藉戲曲宣洩心中的抑悶、悲哀。賴和寫道：

我想是因爲在這時代，每個人都感覺著：一種講不出的悲哀，被壓縮似的苦痛，不明瞭的不平，沒有對象的怨恨，空漠的憎惡：不斷地在希望著這悲哀會消釋，苦痛會解除，不平會平復，怨恨會報復，憎惡會滅亡。但是每個人都覺得自己沒有這樣力量，只茫然地在期待奇蹟的顯現，就是在期望超人的出世，來替他們做那所願望而做不到的事情。這在每個人也都曉得是事所必無，可是也禁不絕心裡不這樣想。所以看到這種戲，就眞像強橫的兇惡的被鋤滅，而善良的弱小的得到了最後的勝利似的，心中就覺有無上的輕快（註四〇）。

然而，絲竹悠揚，劇情熱烈之際，警察卻不解風情，取締攤販，而一場好戲也被迫中途停演。民衆連看戲這樣小小的慰藉、消遣，也都被剝奪了。歌仔戲中除暴安良的故事，變成現實世界草菅人命滑稽的反諷。在戲裡好人得道，惡人受罰，民衆平日的堙扼鬱怒，只有觀賞戲曲時才得到撫慰，可是在現實社會裡，善良、純樸的百姓總是得忍聲呑氣徒受盡欺凌。臺灣老百姓面對日本警察的暴橫突擊，畢竟無奈無助爲刀俎之魚肉而已。歌仔戲中的英雄俠義較之現實世界中日警的橫虐，相去何啻天淵之別。這篇小說極爲深刻的抒發了人民無可奈何、沒有力量的深悲沈哀。

臺灣老百姓不僅畏懼日警，就連日警飼養的禽獸，也都成爲權威的化身，而畏懼不已（註四一）。賴和〈惹事〉一文對於這個事實做了最尖銳、最凸出的描寫。題爲「惹事」，蓋指「大人」飼養的牝雞惹起了一件冤枉事，而令一位中年寡婦百口莫辯。賴和對這隻母雞的刻畫，映襯出「大人」殘暴的性格與作威作福的嘴臉。在絕對權威的凌逼下，人命、人權卑如草芥！這位幾度否認偷抓「大人」母雞，而慘遭痛毆的中年寡婦，最後的感慨是「她這時候才覺到自己是無能力者，不能反抗他，她的眼眶開始綴悲哀的露珠。」

日本警察爲了升官不顧臺灣百姓死活的事，當日說部亦時有記述。張慶堂〈老與死〉描寫烏肉兄無錢修葺破屋，因爲閭閻之中發起「模範部落」，村中的日警爲求績效，生迫烏肉兄修葺草廬，否則就要放火燒屋，烏肉兄拚命哀求之際，想起黃先生說「世界上沒有一國沒窮人」，於是討饒之後，又加了一句：「未必你們在日本的窮人，都住著好的屋子的。」他本想藉此博得日本的警察的同情，沒想到卻激起一頓咆哮，「大人」揪住他的胸襟，蠻硬的拳頭，如雨點似的在他腦頂亂跳。尤爲可恨的是本島的巡查也助桀爲虐，用皮鞋尖，在他的小腹飛蹴。

蔡秋桐〈奪錦標〉（註四二）敘撲滅瘧疾的表揚大會，表面上在歌頌日本大人們的愛民如子，謀福地方，百姓則感激涕零，其實恰是正言若反，文字背後正是攻擊日本治統者的戕摩剝削，描寫臺民敢怒不敢言的沈冤。A大人為了在「瘧疾撲滅表揚大會」上奪得錦標，逼迫老百姓們刹竹刺、塡窟仔……鬧得雞犬不寧。「竹刺」沒割到丈半高，罰金；竹節沒修到光滑，罰金；竹根沒掘起來，罰金；窟仔沒塡平，罰金；草囷要搬出莊外，不，罰金……」日本的A大人為了奪得錦標，逼得臺灣百姓力蹙勢窮進退狼狽。這位A大人在病床上發著燒還嚷著，喊著，手打，腳踺……大喊：「罰金，罰金……」，為了多得慰問金，他乾脆多躺幾天，百姓以蕪荒的農作，換來的只是牛庄「文化村落」的虛榮與「大人」的高昇。蔡氏另有〈理想鄉〉（註四三）一篇也是運用同類題材撰成，表面上在表揚老狗仔中村「大人」是個老臺灣，是鄉里中的大恩公，由於他夙夜匪懈的指導，才使大家得到「理想鄉」的美譽。實則卻在批評中村，勞師動衆，粉飾昇平以致家家怨聲載道，乞食叔寢食難安，就是顯例。最後那兩句—「哈哈，功勞者？」「哈哈！理想鄉？」尤極具諷刺意味。這位「老狗母仔大人」，「為要吾鄉好，不但盡力指導工作，也為全家人指導經濟……伊勞心苦戰，流通金融，現時全莊的經濟機關也被握在手中上，不，吾鄉的生死關隘，不知不覺之間全莊的經濟攏（全）受他的支配了，儼然像吾鄉的霸者……」「老狗母仔大人」為吾鄉好，實際上是為吾鄉壞；他的美化工程，實際是一種異化行為——臺灣將日本化；他的理想鄉，何啻臺灣人地獄——更殘酷地壓榨臺人。在建設所謂「理想鄉」的過程中，這位自名為慈父的日本老狗母竟然歇斯底里大打出手，將忠厚老實的臺灣農民乞食叔的耳光打得啪啪價響。活現侵略者猙獰的面目。在小說中「為要吾鄉好」的贊頌句子，循環往復，在作品中先後出現五次之多，每次贊頌之後，我們可看到作品極力諷刺「老狗母仔大人」的種種「善政」，鞭撻了飛揚跋扈的「日本大人」。

此外，楊逵小說〈模範村〉也敘述了臺人受日本警察欺凌的慘狀。表面上駐在當地的日本警察極力改善村中的環境，譬如修築道路、保持村容整潔等等。事實上，他們只是爲了邀功上級而已，絲毫不顧村民的實際生活需要。在爲他慶功升任部長的宴席上，這個栗本巡查還是毫不客氣地提出警告：

公路兩旁的樹木，枯了、倒了，竟沒有人管，這證明村民是不肯自動出力的。今後，凡對護木不力的人，當在召集保甲工（公役）時，叫老人女人或者小孩代替的，或是工作不力偷懶的人，都要處罰（註四四）！

羅福星自白書極爲誠實的控訴了日本警察欺凌臺灣百姓的罪惡。羅氏說：

最可惡者，莫過於地方警察官也。彼等在保甲費、警察費、壯丁費等等名義之下，由民間徵收金錢以肥私囊。彼等之淫威，如狼似虎，實爲村中之王。人民如對之大加款待，贈賄多者，即得與彼結交，獲得一切便利，諸事可以相商，可以平安度日。否則，不款待警官者，常被虐待受苦楚。故富者蒙優遇，貧者受虐待。蓋富者凡過年節，均有雞鴨、酒肉、菜蔬饋贈之故；貧者不能作此貢獻，所以常被虐待也。即如衛生一項，富者雖堆積污穢，仍被默許。貧者若見其灰塵，即被毆打侮辱。……彼等警察藉口調查，或視察阿片，常至民家，見有何物合乎己意者；輒要求不已；若不贈送，則日後必加害於其身。且彼等不察下民之貧苦，不分晝夜，擅到民家，呼喚酒食，強令殺雞，飲於甲而食於乙，輾轉輪流，以苦其民。如此之警察官，向不見於他國，惟獨日本而已。如此逞威貪財，偏袒處置，三百餘萬之島民，無不抱不平不服之心者也（註四五）。

當然，日本警察當中，也有像入田春彥這種人，站在臺灣人立場，同情臺灣人處境，義助楊逵，超越民族界限的高貴情操。不過在這時期的小說中，警察的造型、性格，幾乎大同小異，好色、貪婪、暴橫無理爲其形象特徵。張恒豪氏在〈澗水嗚咽暗夜流〉中有一段話：

唯有抓住大多數的「通例」，而不排除可能的「特例」，唯有將小說角色當做一個「生命」而非某種「階層」來處理。如此才更合乎人類的眞相，才會更引起讀者的共鳴，而其文學生命也將更爲長遠（註四六）。

許多日據時期小說的作者那種控訴譴責的強烈意圖，常掩蓋了小說之藝術形象，令人覺得激烈的情懷多於冷靜、理智。或許正因躬歷目擊，憤鬱不勝，下筆時乃不免挾泥沙以俱下。吾人今日重讀此類殖民悲劇，實宜以悲憫諒宥之心而爲同情之了解，一味回護或嚴肆抨擊，皆非中道，明乎此理則可思過半矣。

四、農村經濟剝削

日據時代的大多數可耕田地大多掌握在官府或地主手中，眞正擁有農地的農民並不多，大多數農民都是無土佃農，或爲出賣勞力以維生的長工、短工，富裕的自耕農極爲少見。農民被剝削榨取的原因有二：乙未讓割之後日人於臺灣大行土地調查，日籍資本家便乘機取得土地，儼然大地主，此其一。當時臺灣原有的土地制度亦不盡合理，因此本島地主與佃農之間時有糾葛，此其二。西元一九二〇年到一九三〇年這段期間，正值第一次世界大戰後的全世界經濟恐慌，臺灣農村瓦解，田畝荒蕪，淪爲日本殖民地的臺灣農民面臨著苟延殘喘的生活困境。一九三〇年代開始，日本殖民者加強它在臺灣的土地掠奪，以便擴充農業力量，支援它本土的工業發展以加速資本主義的成長，也支援它進軍侵略中國的「大陸政策」。在土地掠奪中最顯著的，便是製糖資本家和臺灣人買辦資本家攜手合作，對臺灣蔗農採取高度的壓迫剝削。臺灣大多數農民爲佃農，除了原有地主的經濟壓迫外，此時又受到以政治、軍事力量爲後盾的日本資本家的壓迫，其生活更是苦不堪言。當時作品，對於農村問題的描述篇章之比例與農民總數在全臺人口的比例，相去何啻天壤。楊守愚曾於一九三四年如此感慨道：「最遺憾的，一般地言，就是很少看到描寫農民生活的作品，反而是兩性問題的作品倒是佔有了全作品的十之七八，這從做一個農產地的臺灣看起來，不無多少叫人感到不足。」（註四七）對農民問題勇於正視，有所認知且仗義直言的作品，得以寓目者有：守愚〈凶年不免於死亡〉、〈醉〉、〈決裂〉、〈斷水之後〉、〈升租〉、一吼〈旋風〉、林越峰〈好年光〉、〈到城市去〉、賴賢穎〈稻熱病〉、劍濤〈阿牛的苦難〉、張慶堂的〈鮮血〉、徐玉書〈謀生〉楊逵〈送報伕〉、呂赫若〈牛車〉、馬木櫪〈西北雨〉等。劍濤〈阿牛的苦難〉、張慶堂〈鮮血〉、徐玉書〈謀生〉等作，都提到「鐵租」的意義，說明佃農向地主租田耕地，除了繳納可觀的磧地金外，不論樂歲、凶年，尙須交給地主相當數量的田租。小說是這樣寫的：

這鐵租的意義是說，無論是凶年，或其他受著自然的災害、不可抗力的歉收等時，他都不管你三七二十一，甲當每年定要你七十石租谷，任你有怎麼樣充分的理由對他哀求你憐，他都不許你少缺分毫，一定要你通通如數完納，也不許你有一些濕的混著。（〈阿牛的苦難〉）

不管有收成或否，所約束的田租，無論如何，在地主方面，一粒也不讓你減少的，這樣的田，農民號爲「鐵租」。（〈謀生〉）

鐵租的理由，乃是田主和佃人契約每期是否有收成是不大關係田主的事，總是每期佃農定期要納租。（〈鮮血〉）

由此可見「鐵租」壓迫得農民喘不過氣來。此外殖民地政府的苛捐雜稅亦如鐵鏈般把農民緊緊拴住，使得農民動輒因繳不出田租或稅金而下獄。至於租不起田地的農民又如何呢？他們只好淪爲製糖會社或農場的傭工，或離鄉背井到城市裡求生存，然而城市經濟亦不景氣，求生之途眞是荊天棘地。

蔡秋桐〈放屎百姓〉（註四八）裡的主角發哥內心就很納悶，想道：「農也做，商也做，工也做，怎樣逐日得不到三頓飽？他愈想愈不明白，他也沒有像人去上菜館，也沒有賭博過，又是勤勞，又是儉省，怎樣愈作愈窮，畑也愈做愈做愈細區，到如今只剩得一區畑而不成畑的草埔。」不幸的是，後來這一小區的歹園仔，也「被這半官民的事業用盡去了。」這些活生生的悲慘景象比比皆是。

楊雲萍〈黃昏的蔗園〉（註四九），描寫農民承租會社的土地種植甘蔗，因爲歉收，無力繳交租金，人被抓走了，甘蔗也得全部強行割收。雖然文能激憤的說：「豈有此理！難道我們永遠應該著做牛做馬嗎？不，不，決不？看他們能耀武揚威到什麼時候啊！」但在異族統治下，手無寸田的農民又有什麼辦法呢？」也只有承認「命，命，命運！」「前註的，是前註的！」了。

生活來自土地，人生離不開土地，熱愛土地，依賴土地，甚至不惜為土地拚命，這就是農夫小民的性格，但是，人間最大的痛苦、最深的無奈，也是來自土地。土地多的人靠分地出租，就可以不勞而獲，坐享膏粱，貧無立錐之地的人雖低聲下氣，作牛作馬，亦不得溫飽。楊守愚發表於西元一九二九年的短篇小說〈醉〉的最後幾段，吐露了佃農無奈的心境。他說：

「你不聽見俗語說：『早死早超生，慢死加無暇』，如果只有偷生苟活，不如死了乾淨。」鄭坤福悲憤之餘，又像看破世情似的說道。

「老鄭的話，是多麼不錯呀！苟延殘喘，是不如死了爽快。以我的意見，也是不做田的好。」林該也同情地道。

「對呀！要想不受地主的榨取、剝奪，只好大家把農具丟掉，把農具一齊丟掉……。」

他們三個人，快快樂樂地喝酒，爽爽快快地暢談，到現在已經將近要九點五十分鐘了。大家因了這半樽米酒的薰陶，也有些兒醉了，他們狂歌，他們高喊。

鄭坤福竟幾乎發起瘋來了。兩腳蹣跚地顛倒著，口裡總是不住地罵著：「現在的農民自絕了！」喊著：「把農具丟掉吧！不要做田。」他不住地總是把這幾句反覆高喊、狂罵。他醉瘋了，他把一切破壞，把一切毀滅（註五〇）！

該篇小說又敘述貧農的苦境：

「競爭？辛苦一年，尚且換不到兩字「粗飽」，何苦又要田做呢？」林該說。

「唉！說到現在的世界，想到耕做田地過活，實在比乞丐還苦呀！」

「苦？大家卻又何苦偏要你爭我競，自己把錢奉給吸血鬼呢？」鄭坤福譏笑地說（註五一）。

從這段貧農間的談話中，不難了解貧農的悲苦，明知耕田過活，比乞丐還苦，還不得不耕下去，不耕田他們又能做什麼呢？只好忍氣吞聲任地主壓榨。乙未之變日本佔領臺灣後，製糖會社與日本帝國主義的財閥資本家強奪土地，佔全耕地之一成半，農民因此失去耕作機會，貧窮到只能夠做製糖會社或日本人農場的傭工；糖業的經濟利益，百分之九十以上屬於日本財閥，香蕉之消費市場全由日本青果商人壟斷。在帝國主義的財閥資本家剝削下的農民，是臺灣人中最困苦的一群。當時攫奪土地狀況如何呢？淺田喬二著《日本帝國主義下的民族革命運動》記載：

查看昭和期日本人的土地所有狀況，則日本人對臺灣土地的捷足先登者是製糖會社。這些製糖會社的土地逐年遞增情形如下：昭和三年——六七、〇〇〇甲、昭和九年——七二、〇〇〇甲、昭和十年——七六、〇〇〇甲，可謂龐大。這些土地皆屬經濟價值最高的耕地，可見日本人的耕地獨占率是何等的高。昭和十四年四月，日本人耕地擁有面積更增爲一一〇、九四三甲，相當於當時臺灣耕地總面積的十三、三％。

日本人的耕地所有者，相當於臺灣的八成。如此日本人的耕地擁有者，密集於臺灣的甘蔗作物的核心地帶，其中心便是製糖獨占資本。

昭和二十年，日本人擁有的耕地面積，占臺灣總耕地的二十一%，也許有人以爲日本人的耕地獨占率並非很高，但問題在日本人所有耕地，無論水田也好，旱田也好，皆位於臺灣的田園核心地帶，且其核心地帶之中，多屬第一級的自然性、經濟性豐饒的耕地（註五二）。

《日本帝國主義下的臺灣》一書亦謂：

爲了排除土著民對土地的執著，便動員了總督府及地方官廳的勢力，甚至警察權力而強行之（註五三）。

這樣的敘述，可說印證了〈醉〉這篇小說所描寫的情形。賴和作品〈一桿「稱仔」〉、〈豐作〉，透過對蔗農被製糖會社榨取的敘述，反映殖民地經濟被掠奪的情形。蔗農就是殖民地悲慘命運的縮影，在「工業日本，農業臺灣」的公式下，臺灣的糖業是和日本在臺的殖民政策相始終的。在強大的政治、經濟壓力下，臺灣百姓沒有不種甘蔗的自由，再經高壓的剝削，使得「種甘蔗給會社（按：指糖廠）磅第一憨」，成爲臺灣百姓椎心泣血的悲痛。〈豐作〉描寫添福的甘蔗豐收，但糖廠對蔗農除了政策上和經濟上的壓榨剝削外，還實行詐欺，在秤上減重。又利用農民不識字，在單據上減少數目，再利用高利貸款層層盤剝。豐收的添福，繳完了甘蔗之後，竟一無所有。〈一桿「稱仔」〉描寫一個被糖廠逼得離開自己土地的秦得參，他拿不出一筆昂貴的贌金租耕田地，連農民都做不成。

當時臺灣總督府爲保護製糖會社，貫徹殖民地糖業政策，於是與會社勾結，命令殘暴的日本警察，強迫農民半價售其祖田，並蓋拇印，防其反悔。若有違抗，則加以體罰、拘役（註五四），楊逵〈送報伕〉（註五五）與賴和〈豐作〉以同一機杼揭發了這項苛政。〈送報伕〉以一位名叫楊君的臺籍青年爲中心，展開故事情節。文中描寫糖業公司與警察「合謀」，將土地由村民手中強行收買。小說中楊君的父親，在某一天接到警察通知，必須隨身帶圖章出席家長會議。開會那天，數百農民馴服地聚集在一起，聆聽製糖公司代表的動聽演講。演講者要求出席的農民在土地讓渡的紙上蓋章，否則便是有「陰謀」。經過一番威迫利誘之後，一名日本警察又登臺演講。日本統治者的眞正嘴臉就在這時暴露出來了：

糖業公司這次的計劃全是爲了本鄉的利益著想的。想想看，現在你們把土地賣給公司……而且賣得好價錢，很多很多的錢便流到這鄉裡來。同時公司在這裡建設規模宏大的示範農場以後，本鄉便名揚四方，很多人會到這裡來參觀，因此，本村一定會日益進步，一天一天地發展。你們應該把這當作光榮的事情，大家好好地感謝糖業公司才是道理。然而，有些人正「陰謀」反對土地收買，這是如何道理！這個計劃既是本鄉的利益，又是「國策」，反對國策便是「非國民」，是絕不寬恕的（註五六）！

這段充滿了「不安」與「恐怖」的描寫，將在日本占領臺灣史上，擔任重要任務的製糖公司，以國家權力爲手段，掠奪臺灣人民的暴虐行爲，充分的表現出來了。爲什麼當時那些「家長」在聽到「陰謀」、

「叛國民」、「絕不寬恕」這些話時，會如此的緊張不安呢？原來當時每個人都對「陰謀抗日的余清芳、林少貓等人，被日本人殘殺的血腥事件」，有深刻的記憶。但是那些「把土地當作生命般寶貴」的莊稼人，誰也不肯把土地賣給糖廠。當時，村中的里長——楊君的父親——拒絕在收買的文件上蓋章時，就被日警扣上「陰謀反叛」、「非國民」的罪名而被拘留在警署。在日警的嚴刑拷打下，楊君的父親就被日警逼死了，此時原本時價為二千日元的寶貴土地，就以僅僅六百日元的賤價被充公，全家也因而流離四散。

蔡秋桐〈四兩仔土〉也敘述製糖會社強收買農地的情形。小說寫道：

K廳長……向著留置中之似是而非之犯人宣判說：「會社要買收你們的土地，你們要賣它，九則甲當百零五圓，十則六十五圓，池沼五十圓，原野十五圓。」如是，承諾者使之回家，不承諾者關到承諾，不使他回去（註五七）。

可憐這些善良農民的土地，從此被人霸占去了，生活也頓時陷入絕境。此外，一九二四年至一九二五年十二月止，臺灣總督伊澤多喜男，以極廉價將三千八百八十六甲土地，准由三百七十人的退職官員承購。引起農民流離失所，臺人不滿，糾紛四起之事，朱點人〈島都〉中也有所反映。〈島都〉對日人掠奪農民土地之事敘述如下：

聽說**M**村所有的土地、山林都是拂下給辭官退職的人，並且分割給某地移入的「脫褌班」——現時一到**M**村舉目都是「文化村」、「新村」一些純粹的模範農村了（註五八）！

沒有土地的農民，他們的夢想是當一名佃農，呂赫若的成名作〈牛車〉卻又道出其中的辛酸血淚——走投無路的貧窮農民楊添丁甚至企求做佃農都無法如願以償，因為他連一筆向地主繳納地金（押租金）都拿不出來。在小說中隱藏著辛酸的事實，就是臺灣佃農的生活原本就比農奴還不如，可是楊添丁寢寐以求的卻是做一個佃農，在這樣缺少生機、缺少光明遠景的土地上，農民只得卑微無奈的苟延殘喘。

臺灣農民生活困苦的根源，在於土地制度的不合理，使農民中百分之六十八為沒有土地的佃農，然而自耕農豐收時偏遭人為因素操縱，只得賤價拋售。加上諸稅到期，東扣西除，所剩亦無幾。徐玉書〈謀生〉中，阿八與阿明一番對話，足見人民生活的艱辛：

一身被太陽晒得粗黑的阿八，坐在阿明叔的對面，忽指手畫腳向著他說：「自己有田子，還說難活下去，那末像我沒田子，只向人家贌幾畝子做做，更難活下去了。」

「阿八，你不知道，我只有十餘畝田子，不像人家有幾百畝田子，（咳嗽）眞的，我比較沒田子的你們，在表面上好看一點，（再咳嗽著）但，事實上都不是這樣、去年米價，一車（十石米為一車）三十餘元，在三十餘元中，扣起納嘉南埤圳的水租和僱人做短工的工費……等，七扣八除，三十餘元差不多一空，你說難不難活下去呢？」阿叔明說到此，拿起煙管抽了幾口煙，餘下的煙灰在石頭上拷下，又接下說：「像舊年我的穀子還未糶出，身邊沒有錢，恰巧水租到期，那時眞無辦法，到末不得已才向重山兄先借錢塊去納水租，直到今日還未還他。」暫停了話，「埤圳的水租是不能給你過期的，如果過期，他便無情地立刻封起田子。你看，像前年，阿呆的水租到期，沒有錢可納而延期了幾個月還未納，他們就立刻來封阿呆的田子，這樣應當曉得吧？我想到今日有些田子的農夫，不如無爲清淨些。」（註五九）

佃農則更淒慘，賴和〈豐作〉中農民添福慶幸豐收，應可獲得會社超額生產獎勵金，以便給兒子娶媳婦。但是製糖會社卻發表了新的採割規則，剝奪蔗農的利益，最後又被製糖會社，使用不正確的磅秤，硬是剋扣了四千斤，一切美夢因之全落空了。林越峰〈好年光〉更深刻揭發了樂歲偏爲禍的悲哀。小說中的許阿大勤奮耕種的結果是穀子賤售，田租升高，弄到最後只有吃「蕃薯簽」，難怪許大要憤憤地說：

熟年有什麼用？收成好，穀子多，價錢就的確賤。哼！頂好是有田租收的人，去年旱，稻子「敗」，租稞一粒也不減。今年稍稍一點好，就到處都在鬧漲租（註六〇）。

年歲不好固然叫苦連天，偶而收成好卻是穀賤傷農，政策的偏差和人爲的操縱，就是農民無法翻身的主因。怪不得黃純青氏說「第一不願好年冬，好年冬、粟米價一落千丈，則農民的生命根斷，以農爲本的臺灣恐怕也要隨之而破產。」凡此種種，都反映了當時農民的苦難遭遇。〈謀生〉也寫田主見收成好就起租之事：

有時農夫用著整體力的勞力能夠得使田裡生產出更多穀子來，但田主看到佃人多量的收成，便生起勃勃的野心要來增加他們的利潤，于是不管農夫底勞苦而任意加租，佃人這時不肯給他加租，他便收回田去，再租給別的做，舊佃人再加激烈的反對，這時田主便談你是什麼背了約，又什麼欠了田租，于是便展開著多量的黄金，請辯護來保他們的利潤，而貧窮的佃人那裡有這多量的黄金和田主反抗呢？那麼沒有黄金便不能踏入辯護事務所，請辯護是更不要談了，佃人只赤裸裸地唯田主任所欲爲（註六一）。

種蔗植稻，不論熟年凶年，臺灣農民在地主、資本家雙重壓迫下，臺灣農民絲毫沒有出路可言。

馬木歷〈西北雨〉則敘述了農民沒有耕種的自由：

他們年年納著水租，但是爲的三年輪作的鐵則，兩個年的中間只好是隔水聞香，管不得田裡有水或無，在當局原想叫人插甘蔗，無如誰也不愿意。

「插甘蔗給天殺的占便宜！」

因爲蔗價被所謂天殺的估得極其賤廉，尚且種種刁難扣除斤量，無量的挨延採蔗其間，種種七除内外扣，所流到掌裡的除了納些雜種税金和租金以外尚有什麼（註六二）？

蔗農受到屈辱，也只能在私底下叫罵：「伊娘咧！會社搶人！」除此之外，他們是不能再做什麼了。

楊逵在〈模範村〉這短篇小說中也透露了此一訊息：

關於他（阮新民）父親每年都要向佃户收回墾熟的荒地，而轉租給糖業公司的事，他每次回鄉時，都有所聞。他看得很明白，這裡面有著複雜的利害關係。農人們種了甘蔗，糖業公司要七除八扣，用低價收買，農人們自然是不甘心的，就想盡方法來避免種甘蔗。所以，糖業公司便要交結地主，共同來壓迫農民。至於地主，自然是站在糖業公司一邊較有利。因爲和擁有大資本的糖業公司聯絡，不論在土地的灌溉上、金融上，或者其他和官府有關的事情上，總可以多佔些便宜，當然是樂意的。因此倒霉的便是這貧苦的農民了（註六三）。

臺灣農民本性純樸念舊，除非有重大變故，否則誰願意離開故土，遠赴城市？畢竟新的桃花源是未可知的東西。〈好年光〉寫道：「爲著生活在債務的驅使，不得不拋棄了他底父親遺下給他這枝鋤頭的生活，而轉向別途的生活了！」然而離鄉背井到城市裡謀生又究竟解決了多少問題呢？

張慶堂〈鮮血〉一文，描寫佃農九七，因不願受地主壓榨，想另謀出路。最後將牛賣了，以繳田租，而淪落到城市裡拖人力車。但卻因饑餓虛弱體力不支，一天在上坡時控不住車柄，悲慘地撞死在汽車輪下。末了，張氏如此寫道：「整個的宇宙，仍然是被黑暗緊緊地罩著。但是，太陽不久就會出來了。這黑暗的宇宙，不是永久會這樣黑暗的，它總有變爲光明的時候呢。」（註六四）這正是當時所有人內心共同的心聲。

林越峰〈到城市去〉，描寫農民忘八賣掉田產，帶著老婆進城，但進城後，卻遭到了種種不幸。最後將老本都賠光，走投無路之餘被迫當了小偷。但由於缺乏經驗，錢還沒有偷到手就被發現，遭人追趕，掉進河裡淹死。張慶堂〈年關〉同樣是描寫貧無立錐之田的農民，離鄉背井到城市謀生，然而生活仍陷於絕境，導致三餐不繼淪爲強盜的慘境。楊華〈一個勞働者的死〉（一九二五年）主角施君「他因在農村受不過生活的困迫，才生起憧憬著都會的念頭，他想到都會，並不是想做黃金夢，想要在都會來發一筆大錢，他本是一個做菜園的小作農，每天擔著青菜到市上換錢來養活的小作農，只因為年來的經濟，起了恐慌，各種東西的價錢，也都跟著漸漸低降下去，就是菜價，也是受著影響，一天不似一天的好了，因此他馬上便放棄了做菜園的生活，就離開了他祖先住慣吃慣的故鄉，一直跑到這T市來掙幾個錢去養活鄉下的家中。」（註六五）然而廠主苛刻剝削，他又過度勞動，重以營養不良，終被死神奪去生命。

農民在殖民地政策及臺灣經濟轉型的演變中，在鄉村或是城市都找不到出路，他們的困境與淪落，足以反映三〇年代農村經濟的萎頓及經濟不景氣。

五、臺人失業之悲

一九二〇年代世界大戰後，全球經濟皆不景氣，臺灣為日本帝國主義殖民地，其勞工、失業問題之嚴重甚於扶桑四島。溯自一九二四年，臺灣中學畢業生失業率即逐年昇高；臺籍中學生失業狀況尤為驚人，其失業率自一九二四年之一六・九六%驟升至一九三三年之六四・五五%；由此可知在經濟恐慌的環境下，臺灣知識青年求職謀生實臨嚴重挑戰（註六六）。中學生失業狀況如此，其不識之無的小民百姓，更終日惶惶，無以餬口了。

一九一九年，由於日本內地政情的演變、世界思潮的影響；日人改以文官總督替代昔日之武官總督宰制臺省，其殖民政策亦調整為同化於日本之「內地延長主義」。由於政情法制迥異曩昔，留日學生人數驟增、臺灣人士教育程度漸次提高，臺灣亦漸濡染世界民主思潮訊息，臺省人士於是眼界大開。知識分子萃居臺灣，理念蓬飛，翼贊人文，固爲勝事，而彼時臺灣經濟社會之結構，卻未能使此輩菁英適才適所，大量知識分子的失業，導致許多現實生活的困頓與挫折。尤其知識分子目睹臺灣民衆飽受殖民壓迫、暴橫戕剝，不免牢愁千縷，萬端悲憤，許多有關失業悲苦、資本家掠奪之作，於焉問世。

當時馬克斯思想於日本蓬勃發展，普羅文學也隨之興盛，留學日本或蟄居臺島的知識分子亦難免受其影響，其熱心社會科學者，大致衍生如下結論：工業革命成功，使得資本主義興起，資本主義者又以帝國主義爲武器，攫取殖民地的經濟資源，再製成商品向殖民地傾銷，造成殖民地大量人口失業，也因此連帝國主義者都要自食惡果；因爲商品滯銷，帝國主義國家失業人口遂亦激增。當時臺灣爲日本帝國主義殖民地，飽受資本家之榨取戕摩，而日本國內也發生嚴重的失業及剝削情形。於是轉而關注超越民族立場的階級問題，左傾之後的文化協會，更是積極推動農工運動及學生運動，於是勞資糾紛、租佃爭議、罷工事件相繼而起。

一九三四年臺灣文藝聯盟成立之後所發表的宣言，明顯透露出他們發起文學運動的主要動機：

> 自從一九三〇年以來席捲了整個世界的經濟恐慌，是一日比一日地深刻下去，到現在，已經造成舉世的「非常時期」來了。看，失工的洪水，是比較從前來得厲害，大衆的生活，是墜在困窮的深淵底下；就是世界資本主義圈的一角的咱們臺灣，也已經是受著莫大的波及了。大家若稍一回頭去把咱們臺灣過去的文化狀況一看，便得明白多麼的落伍了（註六七）。

這段宣言反映出，當時臺灣作家對整個臺灣社會的性質已經有了清楚的認識。他們認爲，世界經濟大恐慌衝擊下的臺灣，已陷於痛苦的深淵。當臺灣社會進入大變動的階段時，臺灣文學運動宜緊跟其發展。

至於有關勞工問題及反映失業悲苦之作品，多集中於一九三〇年代，正好如實呈現一九三〇年以來的世界經濟恐慌。這方面作品如鄭登山〈恭喜〉（一九二七年）、楊守愚〈一群失業的人〉、〈元宵〉（皆一九三一年作）、克夫〈阿枝的故事〉（一九三一年）、孤峰〈流氓〉（一九三一年）、慕〈開學〉（一九三二年）、SM生〈可憐的老車夫〉（一九三二年）、守愚〈瑞生〉（一九三二年）、自滔〈失敗〉（一九三三年）、陳賜文〈其山哥〉（一九三三年）、朱點人〈島都〉（一九三二年）、楊逵〈送報伕〉（一九三四年）、王錦江〈夜雨〉（一九三四年）、楊華〈一個勞働者的死〉（一九三五年）、李泰國〈可憐的朋友〉（一九三六年）、康道樂〈失業〉（一九三七年）等小說作品勾勒出日據時期臺灣勞工坎坷的命運，及工人運動的演變過程。

楊守愚在這類小說所塑造的人物，並不想謀求高職，或者到日人機關做事，但他們連最基本求得當工人的機會都沒有。在〈一群失業的人〉中，這一群人離鄉背井，想找個苦工做，卻一路找不到，最後盤纏用罄，迫於饑餓，偷挖別人的蕃薯，結果被主人發現，落荒而逃，最後竟連唯一的破包袱也丟了。楊守愚嘲弄這一群失業者之外，也凸顯了失業問題的嚴重，失業者遍尋工作皆無以餬口。可是大資本家，紈袴子弟，竟然沈迷酒色，浪擲金錢。天道不公，令人憤然。在「元宵」一篇中，楊守愚藉失業者宗澤的遭遇，訴說社會之不平，以滿懷悲憤揮灑出強烈的質疑：

當此景氣日非，失業者一天多似一天，有的舉家挨餓，有的朝不保夕，他們倒得意揚揚地奢靡浪費。這，這少數人的財物，從那裡來呢？該死的只有挨餓挨凍的農工兄弟，他們克勤克苦所掙來的，也只好給不勞而食的富人們剝奪，唉！千金買一笑，誰又知道這反面卻含有多少血淚，斷送了多少生命呢（註六八）？

這種景況在日據時期比比皆是。有權有錢，地位便尊貴，貧窮的失業者則含辛塗炭、挨餓受凍，幾乎生不如死。失業者的悲苦，在楊守愚的筆下被忠實的記錄了下來。楊氏小說〈瑞生〉亦是陳述經濟不景氣中，失業悲苦的力作。他寫道：

不景氣是日見深刻，失業軍更是洪水般地愈見膨脹，嗷嗷於飢寒線下的人，全臺灣至少該有三五十萬吧，一時，又那裡找來飯碗呢？莫說斯文一點的職業沒有空缺，就是一元四天工的粗笨的勞働，也不是容易可以找到（註六九）。

李泰國〈可憐的朋友〉描寫「趁食人」的失業與生活問題，失業的原因在於向來不善巴結當道者，後來傾盡家財，方謀得一家飲食店面做起生意，卻因日警千般刁難，被迫停業，復徬徨於失業群裡，生活每下愈況。康道樂的〈失業〉訴說一個從事社會運動的人，自被解退教職後，復因商店結束營業，只好讓太太上班而自己在家照顧孩子。似乎從事於社會運動者謀職每極艱困。例如王白淵被校方革職，即是實例，在小說中另有一篇〈開學〉也是說一個長期忍饑挨凍的失業者，能獲得一私塾教職，無異「像微雨後現出來的春天」。我們可隱約發現這個小說人物——雄，其心境隨著經濟狀況而變化，似乎這個世界在他的眼中，瞬間又變得明媚可愛了。然而一句「大概是因爲先生是文化會員吧？」好不容易找到的教職便丟了，眞是晴天霹靂、禍降九霄。

〈失業〉、〈開學〉描述了知識分子的失業。勞工小民失業者亦屢見，其中幸有差事者，則由於一職難求，泰半苟且委屈忍受資本家的剝削，以保全飯碗。克夫〈阿枝的故事〉即深刻反映了日據時期勞工的辛酸。小說裡由兩個印刷工人阿生、阿九的對話，插敘一段已遭停工的前輩工人阿枝一生悲慘的命運做爲對照。阿枝從十四歲入印刷廠當童工開始，每天工作十個小時，五十五歲停工期一到，就毫無保障的被強制開除了，其間雖曾想到掙脫厄運，但終究無力擺脫爲了賺錢的工資，一生也就任由資本家剝削；阿生、阿九亦是陷於這種資本主義造成的悲境，阿九想到停工期到來，不禁掉下眼淚，然而與阿枝、阿生不同的是，在他的意識中，已有了聯合弱小同事罷工，爭取勝利的遠景：

我們唯一的武器，就是同盟罷工，在這偌大的團結之下，那喊聲，那氣力，是超越一切的，你看五一勞働節，是多末偉大的一日喲！這啓示了我們未來的勝利底趨勢（註七〇）。

另外孤峰〈流氓〉一作，透過一個失業的印刷工人阿B，細述了一九二九年世界經濟大恐慌的窘境中，全世界被工廠解雇者達兩千萬以上，作者指稱是××（資本）主義所害。公園成爲「流氓聚會所」，失業者謀生困難，群集大罵打倒資本家，使得一向寧靜的公園，引起了一陣騷動：

「大家！你們已經明明白白看見了，他們欠用的時候，就把我們牛馬一樣地驅使著，搾去了我們有限的勞動力，及到不再欠用的時候，便把我們趕出來。大家！你們有的不是力也要盡了嗎？有的不是做不來別項事情嗎？教我們怎樣去生活？給我們的工資，尚養不起妻子，怎能有積蓄？一旦失業，不是都要餓死。他們呢？不是都『合仔加五』的利頭？他們怎樣奢侈享福？這不都是我們的汗給他換來的嗎？這樣事有公道嗎？這樣的社會我們能得生存嗎？」

「是，著！不能啊！」周圍的人很同感似地一齊喊起來。

「所以非把他們打倒……」

「著著！打倒打倒！」這喊聲就更激昂了（註七一）。

全文最令人怵目驚心者，在於這一群無業遊民之中，有人企圖以被關「二十九天」易食療飢，諷刺之旨彰明較著。由吃白米飯帶給大家的誘惑力，緊跟著嘲諷資本家的大做功德，普施餓鬼，這段情節的描寫頗爲深刻。「從賴和的個人式的抗議意識，至本篇集團性的抗議精神，我們似可窺覺出臺胞面對日帝反抗形式，呈現於新文學的作品已有不少演變的軌跡。」（註七二）

對資本主義不義的詈罵、社會不公的譴責時出現在小說作品中。自滔〈失敗〉描述抱平心中的想法：

他沉靜地目覩著，沉吟地想索著，想索著人們的痛苦與不幸，在這不可思議的人世間，眞是無處找尋到「生」的眞意義呵！爲了賺錢吃飯的人們，偏會受到這種凌夷侮辱的慘遇。這能說是公平麼！唉！資本主義制度的罪惡，不勞而食的貪婪者呵！哼！那末，除非是突破這橫暴的仇敵們的權力階級，所造成的經濟制度。不然，終永遠得不到一切人們所願望的公平供給，與生的眞義呵（註七三）！

楊華〈一個勞働者的死〉，記述「我」想著勞動朋友可憐的境遇，道出資本家欺壓勞工、剝削勞工至死的慘狀。「我」在心中憤憤譴責資本家的不義：

——唉！可惡的資本家啊！你們對於勞工們的心思，最好一天二十四點鐘都給你作工，拼命地作工，勞工們的工錢，你們最好想減低到小而又小的限度！你們把勞工們的勞力的結晶統統攘奪了，把他們的心血統統吸乾了，你們卻做南面王，住著洋房、坐著汽車、花天酒地、左擁右抱……兒子出洋留學，得著什麼學士、博士、碩士，女兒嫁著偉人……一般勞工們挑著極重的擔子，家中有父、有母、有妻、有子，住著豬圈似的屋子吃著粗糲、鶉衣百結、面有菜色、天天看見的只有一塊灰色的天，和他們悽慘的生活，聽見的只是機器轉動的聲音，汽笛嗚嗚的鳴響……和你們是不關痛癢，你們高壓手段越發利害，勾結了一般××的××，做你們的鷹犬。防備勞工們的反抗，他們是草芥，你們可任意地踐踏著！唉！你們的幸福那裡來的？勞工們是你們的幸福給與者呀（註七四）！

〈一個勞働者的死〉充滿憤懣的控訴，具有強烈的批評情緒，作者似有太多要宣洩的激怒與悲傷溢楮盈篇。對資本家的譴責，雖然以上數篇幾皆有類型化、公式化的毛病，認爲資本家一定是可憎恨的，勞動者則可憐憫的，就藝術性來說，不免疵病，但它們皆透露出小說作者思想的傾向，卻極爲可貴。

至於不堪資本家欺壓而興起罷工運動者，卻多被瓦解，導致日後工人罷工每每失敗的惡性循環。

陳賜文的〈其山哥〉（註七五）一作，敘述了這麼一段故事：

其山哥是個工作了二十七年的勞工，操勞過度臥病在床。年幼的兒子出外賣糖餅，因爲怕被欺負，不敢到富人住宅區去賣。同樣窮困的鄰居則心意可感，時伸援手接濟他們，請來的鄉間草藥醫生，古道熱腸地爲醫病，也不收錢。工人組織的工會派人送慰問金來，來人自己也掏腰包送了點錢給他。聽來人談起會社與工會的爭鬥情形，不覺唏噓；會社不承認工會，將工會的幾個代表開除，還有幾人被官聽拘留；會社有靠山，動不動就以擾亂安寧之名捉人，目前也不和工會交涉了；會社見形勢緊張，所以尚未發表裁員名單，但卻先限制生產，縮短作業時間，使工人每天只有零工可做，工資減去四成，逼得工人陷入絕境。

提起罷工，來人說道，因以前的經驗，社會的人對這種鬥爭多不甚同情，工人無積蓄，工會也是組織不久，沒有基金，這是每次罷工失敗的原因。會社又買收了不少沒良心的人，偵察工會，破壞團結，大概再不久，被他們認做不良職工的人，總會一起被裁去。而依會社現在修改的服務規程規定，罷過工的人是不給予退職津貼的，其山哥悲憤會社如此待他，認爲這是社會的不好，希望後代工人不至這樣才好。作者由此側面寫出工人罷工每每失敗的原因，雖然著墨不多，但鼓吹社會改革的題旨，已充分顯現。

朱點人〈島都〉（註七六）這篇小說描述史明透徹工人貧窮之因，從事社會運動之經過。史明原在塗工所做學徒，五年後（廿歲）已成一完全的工人。在學做塗工之時，適值世界思潮波及臺灣，社會運動抬頭，工人逐漸覺醒，他方了解工人貧窮的道理，及父親越苦越窮的原因，也認識到一種寄生蟲的存在。一九二九年，勞動爭議方盛，他率先組織團體從事鬥爭，許多工人相信會贏，不料法律的權威及金錢的力量遠超一切，他被捕下獄。出獄後又再次籌組，但多人已放棄。某日有貴賓光臨島都（臺北），工會青年想參加活動，藉機用歌唱表演傳達下層階級的不平；主事者拒絕讓他們參加，下令解散之，又派人監視史明；當天故意製造糾紛將史明關入警署，待歡迎儀式過後才放之。史明從此就失蹤了，聽說轉入地下去運動。

王錦江〈夜雨〉（註七七）則敘述——印刷工人響應罷工後，生活頓時陷入困境，只好讓女兒涵跡青樓。罷工失敗，他仍以同情的態度來看業主、內奸、降服的工人，只是「他覺得似乎別有個大的、看不見的責任者。」以勞工為題材的小說，多以印刷工人為描寫對象，蓋因林克夫、王錦江……卜居萬華，印刷工廠觸目皆是，而林克夫亦曾從事印刷檢字，因而以眼前身畔較為熟悉之題材來寫入說部。日據時期臺籍文學工作者多親身參與社會改革運動，是以多數描寫勞工問題的作品中，往往呈現當時衆所信奉的無產階級革命理念。上述作品從經濟不景氣、失業的悲苦、攻訐資本家的不義、抨擊資本主義制度的不公、覺察到鬥爭是勞工唯一的出路、勞工受到欺壓是世界共同的問題。後藉工人運動被資本家瓦解之後下場悲慘，說明勞工生活的辛酸。吾人透過小說可看出工人運動由萌芽、發展、興盛、到煙消雲散的演變過程。此類小說作者大都憫於斯土斯民戕摩剝削於異族之慘況，而倡無產階級革命之說，這是當時知識分子普遍認同的希望。

六、農場監督者之淫虐

日據時期，臺灣地區的農民，生活極為窮苦，田畝之生產，既被重重剝削；轉而餬口於他鄉，又極少生機，因此農村婦女不得不到工廠、農場，賺取低廉的工資，以貼補家用。孰料略具姿色的女工，勢單力孤，工作之餘，往往遭遇不同程度的性騷擾，事後卻不敢，或無法張揚；遂多心懷羞憤，有恨難紓，甚至有自戕以明志者！其際遇之悲慘，實令人扼腕！幸有若干作家如蔡秋桐、吳濁流、楊守愚等人，秉持人道主義的精神，述此類婦女之不平與貞烈，為之申其沈冤。

蔡秋桐在〈四兩仔土〉說部中，描寫日本監督誘姦女工的情事。說：「農場是野合之鄉，是監督和女工的歡樂場。」「有時我為你做媒，有時你為我做媒，愛這個就這個。如此滿足他的獸慾，工課也可以寬點，又是工賃有加分。」（註七八）而作為男工的四兩仔土無論如何勤力工作，扣這繳那完了後，辛苦之得所剩無幾。

吳濁流〈水月〉這一短篇小說也提到監工「總喜歡與年青的女工們打情罵俏的，她們就是偷點懶，他也裝作沒有看見。」（註七九）誠然，有些不知檢點，妄求工作輕鬆、待遇較優的女工出賣了自己；但是卻有更多的婦女卻寧死不屈，令人感佩。

守愚〈誰害了她〉（註八〇）這篇小說中的阿妍就是一個志潔心堅，至死不屈的典型。阿妍自小喪母，父親又因工作時不愼受傷，砸斷了腿。為了一家生活，她被迫到官方的農場當女工。農場的爪牙陳阿憨利用職權百般調戲她。她不甘受辱，寧可不要工錢就跑回家，不願再到農場上工。但她父親不知內情，以爲她偷懶，因此逼她再去農場，孰料又遭到監督陳阿憨更明目張膽的糾纏戲弄。阿妍驚恐萬狀丟掉手中的農具死命地跑，陳阿憨則拚命地在後面追趕。阿妍眼看災劫難逃，便一躍投河而亡。而家中殘廢斷炊的父親直到深夜還眼巴巴地望著女兒歸來，他怎知女兒是一去再也回不來了？農場監督陳阿憨爲了逞其獸慾，逼死了豆蔻年華的阿妍，也毀滅了一個家庭，斷絕了那殘廢父親的一切希望，人生至此，天道寧論！差幸守愚以寫實的筆法呈現了其時農場監督醜惡的嘴臉，代不幸女工向世人控訴！

楊守愚另一篇小說以〈鴛鴦〉（註八一）命篇，敘述的是一幕人間慘劇，翔實描繪了糖廠監督的寡廉鮮恥，蹂躪女工的事情。阿榮在糖廠做工，因爲蔗車輾斷了腿，於是被迫免職，爲了一家生計，只好讓太太鴛鴦到糖廠工作。日籍監督垂涎鴛鴦姿色，平時就挑戲她，對她「吐出狎褻的言詞，弄著挑戲的手段」。監督又以其妻子入院爲由，請鴛鴦幫忙煮飯，把她騙到家中，他則故意帶孩子到醫院探望妻子，拖到很晚才回來，在他哄騙硬勸之下，罕喝酒的鴛鴦空腹喝下幾杯便頭昏乏力，遂被監督加以強姦。鴛鴦在不得丈夫的諒解下，帶著還在吃奶的孩子，悄悄出走。阿榮則自慚形穢，滿懷氣憤而自殺了。

這一類悲慘情事並未喚醒日籍監工、上司的深切反省，臺灣女工被蹂躪的事也未因此獲得日本當局的重視，在黑暗的司法、黑暗的殖民社會中，弱者的悲哀永難超脫！今日我們閱讀這類小說，除了懷著悲憫之情，對不幸的女主角，一掬同情之淚外，更應高懸此小說之鏡，團凝有識之士，本其良知發為力量，杜絕當前社會一切的性騷擾，創造一個志潔行芳的君子國，不止是痛責日人好色行徑而已。

【註釋】

註　一　《臺灣總督府警察沿革誌》III，頁一、二，一九三九年；綠蔭書房復刻，一九八六年。此處譯文見臺灣總督府編輯，正宏譯〈日本人眼中的臺灣抗日運動〉，參見王曉波編《臺灣的殖民地傷痕》，帕米爾書店，一九八五年，頁十四。

註　二　山川均〈日本帝國主義鐵蹄下的臺灣〉，蕉農譯，同前註王氏所編《臺灣的殖民地傷痕》一書，頁六五。

註　三　同前註。

註　四　賴和〈阿四〉，為賴氏遺稿殘作。見《賴和先生全集》，明潭出版社，一九七九年三月，頁三三一。

註　五　懶雲〈歸家〉，《南音》創刊號，一九三二年一月，頁二八。

註　六　本篇原題〈海月〉，為作者吳濁流氏之處女作，原載於臺灣新文學雜誌發行的《新文學月報》第二號，一九三六年三月二日，頁十四。一九六一年七月由日文譯成中文，題為〈水月〉，此處引文見《臺灣作家全集─吳濁流集》，前衛出版社，一九九一年七月，頁十八。

註　七　〈功狗〉一文原一九三七年三月用日文寫於五湖，一九五八年十月譯為中文，此處引文同前註，《臺灣作家全集─吳濁流集》，頁九八、一〇〇。

註　八　原載一九三七年四月號日本《改造》雜誌，入選該誌第九回小說徵文佳作推薦。此處引文見《光復前臺灣文學全集卷七—植有木瓜樹的小鎮》，張良澤譯，遠景出版社，頁二〇。

註　九　淩浪生〈叔父〉，《臺灣新民報》第三三九號，一九三〇年九月六日，頁十。

註一〇　懶雲〈蛇先生〉，《臺灣新民報》第二九五號，一九三〇年一月五日，頁九。

註一一　〈辱〉一作寫於一九三〇年十月，刊《臺灣新民報》第三四五號，一九三一年一月一日，頁二一。

註一二　同註一〇，第二九三號，一九二九年十二月廿九日，頁十七。

註一三　見《中國現代短篇小說選析》頁九八一、九八二。

註一四　懶雲〈不如意的過年〉，《臺灣新民報》第一八九號，一九二八年一月一日，頁十。

註一五　刊《臺灣新民報》第三〇七號，一九三〇年四月五日，頁九。

註一六　安都生〈可憐她死了〉，《臺灣新民報》第三六七號，一九三一年六月六日，頁十。

註一七　懶雲〈鬥鬧熱〉，一九二六年一月一日，頁十八。

註一八　守愚〈一群失業的人〉，《臺灣新民報》第三六二號，頁十。

註一九　引文見鹽見俊二著，周憲文譯〈日據時代臺灣之警察與經濟〉一文，收入王氏所編《臺灣的殖民地傷痕》，帕米爾書店，一九八五年，頁八七。

註二〇　同前註，頁二一五。

註二一　虛谷〈無處申冤〉，《臺灣民報》第二一五號，一九二八年七月一日，頁九。

註二二　同前註，第二一六號，頁九。

註二三　一村〈他發財了〉，《臺灣民報》第二〇四號，一九二八年四月十五日，頁九。

註二四　張恒豪〈澗水嗚咽暗夜流—陳虛谷先生及其新文學創作〉，收入《陳虛谷選集》，鴻蒙文學出版公司，頁四六。

註二五　〈無聊的回憶〉一文，同註四，頁二三〇。

註二六　同註二四。

註二七　一村〈放炮〉，《臺灣新民報》第三三六號，一九三〇年十月廿五日，頁十。

註二八　孤峰〈流氓〉，《臺灣新民報》第三六九號，一九三一年六月二十日，頁一〇。

註二九　村老〈斷水之後〉，《臺灣新民報》第四〇八號，一九三二年三月廿六日，頁一〇。

註三〇　懶雲〈一桿「稱仔」〉，《臺灣民報》第九二號，一九二六年二月十四，頁十六。

註三一　自滔〈失敗〉原刊《南音》一卷十二號，新文學誌叢刊復刻本缺第十二期，此處據《光復前臺灣文全集卷三—豚》，遠景出版社，頁八二引。

註三二　同前註，頁八一。

註三三　李泰國〈細雨霏霏的一天〉，《臺灣文藝》第三卷第四、五合併號，一九三六年四月十日，頁四九、五〇。

註三四　楊守愚〈顛倒死〉，《臺灣新民報》三二一號，一九三〇年七月十二日，頁一〇。

註三五　同註三二，頁九〇。
註三六　刊《臺北文物》三卷三期，一九五四年十二月十日，頁六六。
註三七　蘭谷〈黑暗裡的人生〉，《三六九小報》第二九〇號，頁三。
註三八　同前註，第三〇三號，頁三。
註三九　懶雲〈新樂府〉，《臺灣新民報》第三四三號，一九三〇年十二月十三日。
註四〇　同註一一。
註四一　林邊〈忍看蒼生含辱—賴和先生的文學〉，收入《賴和先生全集》，明潭出版社，頁四六六。
註四二　秋洞〈奪錦標〉，《臺灣新民報》第三七四—三七六號。引文則見第三七五號，頁一〇。
註四三　愁洞〈理想鄉〉，《臺灣文藝》第二卷第六號，一九三五年六月十日。
註四四　楊逵〈模範村〉原作爲日文，一九三七年八月寫於東京近郊鶴見溫泉（日本神奈川縣），引文見蕭荻譯，《臺灣作家全集—楊逵集》，前衛出版社，頁二三七。
註四五　見《臺胞抗日文獻選編》，王曉波編，帕米爾書店，一九八五年八月，頁三八—三九。
註四六　同註二四，頁四七。
註四七　守愚〈小說有點可觀，閒卻了戲曲，宜多促進發表機關〉，《先發部隊》第一號，頁八。
註四八　蔡愁洞〈放屎百姓〉，《臺灣新民報》第三六一—三六二號，下篇僅存標題，原文爲日方新聞檢查人員禁止。

註四九　楊雲萍〈黃昏的蔗園〉，《臺灣民報》一二四號，一九二六年九月二六日。

註五〇　守愚〈醉〉，《臺灣新民報》第二九四號，一九三〇年一月一日，頁一八。

註五一　同前註。

註五二　轉引自塚本照和著，張良澤譯〈日本統治期臺灣文學管見〉一文，刊《臺灣文藝》六九、七〇期，一九八〇年十、十二月。

註五三　同前註。

註五四　同註二，頁五六—五七。

註五五　楊逵〈送報伕〉，原刊東京《文學評論》，一九三四年十月，中譯文刊載《山靈—朝鮮臺灣短篇集》，一九三六年四月上海文化生活出版社出版，譯文採胡風所譯。

註五六　同前註。另見《臺灣作家全集—楊逵集》，前衛出版社，頁三三九，陳芳明〈放膽文章拚命酒〉所引，二處譯文稍異。本處引文見頁三三九。

註五七　蔡落葉〈四兩仔土〉，《臺灣新文學》第一卷第八號，一九三六年九月十九日。

註五八　點人〈島都〉，《臺灣新民報》第四〇一號，一九三二年二月六日，頁一〇。

註五九　林越峰〈好年光〉，《臺灣文藝》二卷七期，一九三五年七月一日，頁一七八。

註六〇　徐青光〈謀生〉，《臺灣文藝》二卷三期，一九三五年三月五日，頁三三。

註六一　同前註，頁三七。

註六二　見《臺灣新文學》一卷十號，一九三六年七月三日，頁三七。

註六三　同註五六，頁二五七。

註六四　張慶堂〈鮮血〉，《臺灣文藝》二卷十號，一九三五年九月廿四，頁一一九。

註六五　引文見《臺灣文藝》二卷二號，一九三五年二月一日，頁一三七。

註六六　臺灣總督府學事第二七年報，頁三五七，及第三二年報，頁一七七。

註六七　轉引自賴明弘〈臺灣文藝聯盟創立的斷片回憶〉，《臺北文物》三卷三期，頁六〇。

註六八　引文見《臺灣新民報》第三五八號，一九三一年四月四日，頁一〇。

註六九　靜香軒主人〈瑞生〉，《臺灣新民報》第四〇四號，一九三二年二月廿七日，頁一〇。

註七〇　克夫〈阿枝的故事〉，《臺灣新民報》第三八六號，一九三一年十月十七日，頁一〇。

註七一　引文同註二八，第三七〇號，頁一〇。

註七二　孤峰〈流氓〉一作簡介，見《光復前臺灣文學全集卷二——一群失業的人》，遠景出版社。

註七三　同註三一，頁八四。

註七四　同註六五，頁一四〇。

註七五　陳賜文〈其山哥〉，《臺灣新民報》四〇八—四一〇號。一九三二年三月廿六日、四月二、九日。

註七六　同註五八。

註七七　刊《第一線》第一期，一九三五年一月六日，頁一五二—一五八。

註七八　同註五七。

註七九　同註六。

註八〇　守愚〈誰害了她〉，《臺灣新民報》第三〇四—三〇五號，一九三〇年三月十五、廿二日。

註八一　洋〈鴛鴦〉，《臺灣新文學》一卷十號，一九三六年十二月五日。

第四節　關懷婚姻情愛之自主

婦女問題、家族制度問題在新文化運動時期，普遍引起知識分子重視，而婚姻自由之觀念，亦成爲知識階層之共識，「戀愛自由」尤爲青年男女之普遍意願。戀愛是一切性道德的基礎，有戀愛的婚姻才是有意義的和道德的結合。而「沒有戀愛後的結婚，即是長期賣春的行爲」，這是當時知識青年男女對傳統媒妁婚姻制度的批判。他們對舊式家庭抱著成見，以爲屈服於舊禮教，聽從父母之言而結合的婚姻，其生活必然悲慘，唯有反抗家庭，自由結合的人生才有光明快樂的前途。反映在小說裡的思想則是鼓勵婚姻自主、戀愛自由。其實自由戀愛之婚姻，是否能眞幸福，仍極具爭議性；父母之命、媒妁之言而撮合之夫婦，亦未必無幸福的婚姻，這實在不宜一概而論。

日據時期臺灣小說有不少作品探討不幸婚姻之緣由，描述戀愛情懷，爲這時期小說更增思想內涵。自來不幸之婚姻，都有其潛存之因素。在臺灣傳統社會裡，婚姻生活之挫折，除緣於雙方婚前向未謀面，夫婦個性未必相合之外，在男尊女卑的大男人主義觀念，及婆婆之權威籠罩下，婚姻生活往往陷入一片愁雲慘霧之中，而妻子注定要比丈夫忍受更多痛苦。在小說裡，吾人常可看到作者藉凡夫俗子之口陳述腐化之婚姻觀：男子可以宿娼、納妾，無須接受道德規範，女子則需三貞九烈，嚴守婦德，對丈夫百般容忍迎合。張我軍〈白太太的哀史〉，一個日本女子爲中國男人所欺騙，男子背信，始亂終棄；她只有憂傷、悲憤、抑鬱而死。女子之不幸，除了良人難恃之外，婆家於精神、肉體所加之折磨摧剝，尤非血肉之軀所可承受！徐國楨〈童媳〉、呂赫若〈廟庭〉、〈月夜〉、楊華〈薄命〉都敘述辛勤工作仍不得婆家歡欣的苦命媳婦。更令人畏懼的是女人一旦陷入婚姻枷鎖，即永無回頭之機，若非屈就更糟對象，便只有爲人小妾，離婚女子，動遭側目鄙夷，眞令人不寒而慄。張文環〈閹雞〉中的清標嘗謂：

> 女人的命運就像菜種，看你怎麼播怎麼種，便不一樣。儘管質好，如果後面的過程不好，也是枉然（註一）。

這樣的觀念，不知害慘了多少女子！人品再好，亦絲毫無益，只要找個好婆家即可。因此女子不必受太多教育，清標不讓月里受教育即深信女子讀書無用論，然而這些無知無識的女子一旦爲不幸之婚姻所困，便只有掉入萬劫不復深淵，或惡性循環苟延殘喘於人世，幾無力改變命運。

「自由戀愛的男女雙方，往往受經濟條件或者風俗習慣的約束，而無法獲得美滿的結合；甚至因而鑄成大錯的也大有人在。」（註二）突破門戶樊籬、衝決同姓不婚之習俗等觀念，見於小說，往往發爲激昂清越之聲。張碧華〈上弦月〉敘說傳統社會一對貧富懸殊的男女愛情。女主角玉惠愛上家中僱工進原，勇敢抗拒了父親安排的婚姻，認爲「愛是絕對的東西」，超越門戶、貧富的界限，她秉堅強的意志，說服母親支持她的抉擇。在新時代、新社會的思想潮流下，她截然不同於傳統的弱女子，果敢堅決且付諸行動去爭取本身的幸福。作者張碧華爲當時少見的女作家，在當時盛行「父母之命」的婚姻下，塑造了玉惠這一堅毅剛強，獨立自主的女子形象，具有特殊意義。

戀愛、婚姻突破門戶、學歷等界限，可謂一大突破，超越民族敵對及優越感，勇敢爭取婚姻幸福的故事，更說明了愛情是無國界、無種族之分的。少瀶〈淒涼底南國情調〉中的日本少女八重子與臺籍青年李漢邦眞心相愛，但八重子父親貪緣攀附，有意將她匹配給課長的長子——一個品行極端惡劣的日籍青年。八重子爲了自身幸福，斷然離家出走，並約漢邦同赴日本，然而這一切都在她父親掌握之下，他們在船艙時即被水上警察識破，二人被護送回家，八重子回家不上一刻鐘即自殺身亡。小說裡八重子的形象是堅毅、明智的，當她和漢邦在船上等待明天開航之際，便已下定決心「我們倆跑不過手的時候，我們倆就痛痛快快地跳下海裡，作一對永永遠遠的伴侶」。她果眞採取屍諫之方式來做爲她對父權、對習俗的強烈抗議。

小說以第三人稱全知敘述觀點寫成。其中探討了臺灣人對日本女子的評價，老一輩人對異族通婚的觀點。八重子殉情，推翻了這些對日本女子的錯誤判斷。八重子之死在小說裡早已埋妥伏筆，船上的一席話，及更早之前她對漢邦所言，皆說明了她是愛情的忠實信徒，她不能容忍父親的官僚態度和民族優越感，她認爲「戀愛是最純潔、最神聖的東西，是人們本能發展過程的最高藝術，無論是那一等人都具有參加創造這個最高藝術的權利。」愛情不分階級、不分種族的觀念在八重子身上表露無遺。夢華〈她〉一作裡亦呈現了同樣的觀念：「婚姻的事，還是自己主意才好，老實說這也不准第三者來干涉的，倘若雙方互有理解，不論是日本人、臺灣人，就是和生蕃婆結婚都是可以的。」互相理解是一切婚姻之基礎，而父母之命、媒妁之言不與焉。

爲了成全愛情，不惜屍諫，此一烈行，令人省思。在「沒有愛的結合是一種罪惡」的大纛下，吳天賞〈龍〉（註三）裡敘說了一個戀愛至上主義的青年，爲了追求心中理想的女子，拋棄家人爲他選擇的未婚妻，但受不了良心譴責又與她結婚，婚後一個月，雙雙自殺。情感問題不得解決，青年男女的命運便無可避免地要走入絕境。蘭谷〈一個年少的寡婦〉，少年反對與家中媳婦仔結婚，他說「沒有愛情，沒有先經過自由戀愛的生活的結婚，是所謂盲目的結婚，那是多麼罪惡呀！」他想到了死，可是「死了後，她呢？她呢？將如何收拾？」這兩篇小說中的女主角都只因名義上已許了人，便有著嫁雞隨雞的觀念，不管雙方是否眞心相愛。黃得時〈橄欖〉闡明了幸福之眞諦，在眞誠的感情上，「戀愛要感情，結婚更是要感情的，……金錢是靠不得的。」

處於窒息抑鬱的網羅裡，張文環〈閹雞〉塑造了一位追求眞愛而殉情的女子月里。她的一生令讀者心驚魄動，欷歔不已，但就傳統社會道德來看她，她難逃「紅杏出牆」不貞之罪名，然而如此譴責她，對她似亦不公平。白癡般的丈夫，寡婦般的生活，她沒有逃避、沒有怨言，「隨便那裡都去做工」，當她與已婚瘸腳的阿凜相逢，就如同茫茫天際的兩顆流星，終於落實交會，在長久抑鬱的日子裡，她不禁呼喚：「我不能被一個男子愛，並且愛他嗎？」爲了愛，她願意背他走，然而在無情的現實人生中，她這種不能遏止的愛情，使她像一株曝晒於烈日下的細柔海棠，終於灼燒而萎死。在愛的驅策與需求下，他們無怨無尤付出了生命的代價。在人類生存情境裡，感情實在是一項難堪的問題，它幾乎是無法以一種理性的姿態出現。月里的突破禮法、追尋愛情，在今天婚姻外遇頻繁的社會中，仍無奈的上演著，若要得到一完滿的結局，恐怕要對禮法作更深更細的詮釋才能稍爲奏效吧。從這些男女殉情的事件中，不免讓人反省到舊式撮合婚姻所產生的問題眞是難以一二數。

小說中爲了愛情，不顧一切的男子往往不如女性堅決。女人幾乎是爲了詮釋或追求感情而存在，而完成，身爲女人實已毫無選擇地要爲她所追求的感情付出無限的代價。毓文〈創痕〉裡的T君，平時對女友說「戀愛是神聖的！爲戀愛當超越一切」，但女友家人執拗男方千元聘金，女友知其無力籌措，頗思與T君攜手遠颺，完成美夢時，T君卻無毅力履行諾言。女友死了，只能懊悔說道：「倘然當時他能勇往掃除一切，同她雙宿雙飛，或者不至於斷送她的生命。」失戀中的男女，不是頹廢消極，便是想以一死求解脫。朱點人〈蟬〉說：「戀愛這個東西，若能把它利用，能夠使人向上，反是就要叫人墮落下去的。」，借酒澆愁、自暴自棄之事更僕難數。〈月下情話〉、〈婚事〉、〈失蹤〉都有這樣的角色，幸好最後他們終於能自我反省，勇敢付諸行動，不致釀成悲劇。

除了門第之見、聘金之困，造成戀愛、婚姻之阻礙外，同姓不婚的習俗也造成青少年內心的苦悶。巫永福〈山茶花〉（註四）刻畫了一男二女間的戀情，其中牽涉到同姓結婚之事，面對此一習俗，他是厭惡的，但這種習俗的道德是不成文法的，是看不見的恐怖，他想起法國詩人保羅·互雷利的話：「現代青年不要想去理解習俗，也不應該去理解。」他將這句話解釋爲：「應該加以抹殺，應該加以忽視。」習俗造成不幸，是可怕的事，他覺得這好像是指自己的事，不禁嚇得發抖。吳天賞的〈蕾〉（註五）同樣是刻畫一男二女之間的愛情衝突，同姓不婚的習俗也曾在他們心中交戰過。

當時女性知識分子似乎頗愛看社會主義書籍，她們有思想，有膽識，肯去追求自己的人生。唐得慶〈畸形的屋子〉，獨生女考進女子中學後，愛看社會主義的著作，有著「男子氣派底不拘束的表情和智慧」的她，還沒畢業就參與農民組合，與某同志情投意合，二人同住，共同從事社會運動。呂赫若〈婚約奇譚〉中的琴琴也是社會主義少女，追求臺灣女性的解放，爲擺脫紈袴子弟春木的婚約，她離家出走。王白淵〈偶像之家〉（註六）的秀英，深受婦女運動、普羅思想的影響，覺醒後希望「做一個人，有自己意識的生活體」，而並非只是「妻子或母親的骨骸。」企求擁有獨立自主的生命，正視自己的感情，唯有如此才感受到內在生命的充實。

對女性知識分子而言，若婚姻對象不夠水準，她們寧願離家出走以逃婚，即使年華老大，也不急著結婚，除非幸福來臨，否則她們寧可獨身。楊千鶴〈花開時節〉敘說了一高女畢業的女子惠英，解脫婚姻束縛的故事。「不再顧慮鄰居的閒言閒語，而斷然尋求自己的生活方式。」小說寫出了當時有不少逾婚年齡的女子爲了結婚而結婚。惠英兄長一段話足令當時草率結婚者反省，他對惠英說：

我們所期望的是妳終身的幸福而已。只要妳幸福我們就安心了。但現在你的結婚並不是出自妳的眞心，那樣或許可以一時安慰父親。但是，惠英若是妳嫁過去而不幸福時，會怎麼樣？父親的憂慮豈不是比現在更深了嗎（註七）？

在朋友一個個結婚的壓力下，女主角不免也曾孤獨落寞過、內心掙扎過，但她畢竟是受過高等教育的，又有兄長支持，她深深理解到除非幸福來臨，否則她不願隨意出嫁。婚姻雖是一種契約，一種義務，一種責任，但更應該是一番深情大義。沒有感情而結合的婚姻，固亦未必無幸福可言；不忍拂逆父母家人的苦心，而勉強應允婚事者，幸福與否也同樣難以預料。張文環〈早凋的蓓蕾〉中的女主角最後是兩頭落空。屈從父母之命成婚者，多的是婚後拋妻，遠走他鄉的例子，過去不知多少傳統女性，成了舊式婚姻的犧牲品，其情又何以堪？丈夫若不能愛妻子，履行婚姻之責任與義務，便不應虛假矇騙家人，冒孝子之名，行虐待妻子之實，成了不義之人。

愛情是千古不變的男女之間的事，也是人類天賦的本能。在文學領域裡，有關愛情的作品，層出不窮。但對愛情的詮釋，因時代環境的變革，而千差萬別。當時泰半作家心目中認定「精神的戀愛遠勝於肉體的渴望」。愛情雖是極簡單的兩性關係，然而一旦陷身其中，相思、煩惱、焦慮、喜樂等五味雜陳的滋味卻不易承受，有情即有苦，有愛自有怨，有人說戀愛中的心靈，宛如水晶玻璃最爲脆弱，一擊便破，也無怪乎沈浸愛河中之男子，不由自主變得感傷、蒼白、患得患失，而一旦失去愛，心就像被掏空的袋子，了無生趣。陳瑞榮〈失蹤〉便是這樣一篇典型作品，它敘述了一男子被女人遺棄之後，感情的挫折、打擊，讓他頹廢消沈，甚至企圖自殺。作者以第三人稱旁知觀點，道出愛情之眞諦：

> 你們是兩個個性完全不同的人。今天，春絹離你而去，對你來說反而是值得慶幸的事。倘若春絹突然大發慈悲，因同情你，而和你結婚，那麼悲劇將會無止盡地演下去。婚姻不只是散步、看電影就能維持的，……不如找個以家庭爲重的女人（註八）。

愛情本非單戀，如不顧彼此個性而勉強結合，其婚姻固是無窮無盡的家庭悲劇，這樣的情形如果多了，擴而大之，也就成爲相當不容忽視的社會問題。提倡戀愛自由、婚姻自主之眞諦就在減少曠男怨女，減少社會問題，婚前的交往，有助於互相瞭解對方的個性，庶幾婚後可避免悲劇之產生。

從臺灣新文學運動發展伊始，其文學內涵便蘊蓄著主題掛帥與濃厚的社會運動參與傾向，及反對父母之命、媒妁之言的婚姻觀。然而許多作者對愛情之具體歷程則未曾從容審視，臺灣作者似乎是拙於談情說愛的。直到翁鬧一系列男女複雜感情的心理剖析之作問世，浪漫情調的濃郁之思，才稍如夢如幻的展開。其〈音樂鐘〉（註九）少男對少女之慾情，強烈而原始，少男之春思正如音樂鐘單一而反覆之樂音，歷歷分明，聲聲動人心弦。在欲想、退卻的掙扎下，他的手「始終不曾摸到女孩。」翁氏深入摹寫了少男情慾初動的激情。〈殘雪〉（註一〇）則描述了男主角處於兩女之間心中微妙的感情；〈天亮前的戀愛故事〉（註一一）以第一人稱自知敘述觀點「我」展開一連串的談話（其實只是他一人的獨白），事件的發展從晚上到天亮前，時間雖短，卻包含了他自小到大的心思與感受，主角在全篇小說中思緒起伏、心理曲折，而作者亦曲曲描繪並與外在事件交互迭現。從雞、鵝、蝴蝶的各自交配引伸到人的戀愛。主角「我」想談戀愛，想得輾轉反側，只想「戀愛」才能夠完成自己肉體與精神合一，「我」只想把自己唯一喜歡的女孩，緊緊摟抱在懷裡，把那女孩用胳膊盡力抱住，貼緊那甜蜜的櫻唇……。小說直接表達了翁鬧某種人生觀和戀愛觀，對愛情的熾熱渴望，對異性的強烈思慕，在小說裡表露無遺。而翁鬧寫完〈天〉作不久似乎也精神恍惚了。夢華〈美人像活了〉不就敘述了一位壓抑自己情感的青年男子，終致發瘋的故事嗎？情之爲物，其搖蕩性靈，令人狂醒之力量亦大矣。

表現少男少女迷離情感之美者，葉石濤小說透露了這樣的訊息。〈林君寄來的信〉（註一二）刻畫一位美麗少女—林君的妹妹春娘，柳村對她一見鍾情，返家後即向林君表示將娶春娘爲妻。這短暫一日的愛情，卻充滿著憧憬、浪漫情懷。〈春怨〉（註一三）則描寫「我」與表姊春英之間的柏拉圖式戀情。在纖細唯美的風格中，瀰漫著感傷的情緒。小說中女主角名爲「春娘」、「春英」更襯托了春花秋月的唯美情思。葉氏自謂該階段寫作：「……起初寫的多是神秘、纏綿的愛情故事，當然書中主角都是我的變身，我好比是那卡薩諾伐，每一個冰潔玉骨的女人都爲我弄得神魂顛倒。」（註一四）作者當時爲文學少年，因此文字之間瀰漫著浪漫情懷，頗有自傳抒情的意味，那一個少男、少女不懷春呢？那一個少男少女沒有少年維特的煩惱呢？

小結

無可諱言地，日據時期的知識青年男女接受新思潮影響，婚姻愛情觀誠然有許多不同於往昔的想法。二、三〇年代許多作品，所標榜的是個人主義及自由主義，愛情小說所追求的是「自由戀愛」，而非傳統的父母之命及媒妁之言，女性的覺醒、解放觀念也揚棄了三從四德，而強調男女平等權利的爭取。男女間的情愛重於一切，傳宗接代、孝順等名目遂無形中被拋諸腦後。然而今天我們仍重視個人自由，宣示「因誤會而結合，因瞭解而分離」來爲婚變的無奈推脫時，是否也想到文學上這種欲建立而先破壞的情形？在當時那樣的環境下，鼓吹自由戀愛，反抗父權，提倡婚姻自主，追求生命獨立，誠然有其眞義與價值，演變迄今，單身貴族、單親家庭，以及二度單身等名詞，其內涵則不免都有對「家庭」的漠視、情緒性的曲解。而講究愛情自由之際，原本極單純的兩性關係，卻往往也成爲最複雜的問題，道德理性似乎再也縛不住現代人，現代許多癡男騃女無可避免地要墜入生命的困局中。凡此種種，在我們覽觀日據時期這一批關懷情愛婚姻自主的文學作品中，怎能不作深刻的反省呢？

【註釋】

註一　張文環〈閹雞〉，《臺灣文學》二卷三號，一九四二年，中譯本採用遠景版《光復前臺灣文學全集卷八——閹雞》，鍾肇政譯，頁一四九。本節所引之篇名皆見於附錄一：「日據時期臺灣小說年表」，及第二章「日據時期臺灣小說作者資料表」，爲避免重複，除非引文引用中譯本，否則不註明刊登時間、刊物。

註　二　徐瓊二〈或る結婚〉，《臺灣新文學》一卷四號，此處採用遠景出版社《光復前臺灣文學全集卷六—送報伕》，陳曉南譯，頁一九八。

註　三　吳天賞〈龍〉，《福爾摩沙》創刊號，一九三三年，中譯本採用《光復前臺灣文學全集卷三—豚》，林妙鈴譯，頁二九九。

註　四　巫永福〈山茶花〉，《臺灣文學》二卷四號，一九三五年，中譯本同前註，魏廷朝譯，頁二三五。

註　五　吳天賞〈蕾〉，《福爾摩沙》第二號，一九三三年，中譯本、譯者同註三，頁三〇三。

註　六　王白淵〈偶像之家〉，《荊棘之道》，一九二六年，中譯本採用《臺灣文藝》，一九八九年，一一五期，巫永福譯，頁一五三。

註　七　楊千鶴〈花開時節〉，《臺灣文學》二卷三號，一九四二年，中譯本同註一，陳曉南譯，頁一七五。

註　八　陳瑞榮〈失蹤〉，《臺灣新文學》一卷三號，一九三六年，中譯本、譯者同註二，頁一七八。

註　九　翁鬧〈音樂鐘〉，《臺灣文藝》二卷六號，一九三五年，中譯本據遠景出版社《光復前臺灣文學全集卷六—送報伕》，魏廷朝譯，頁二八九。

註一〇　翁鬧〈殘雪〉，《臺灣文藝》二卷八、九合刊號，一九三五年，中譯本同前註，李永熾譯，頁三二三。

註一一　翁鬧〈天亮前的戀愛故事〉，《臺灣新文學》二卷二號，一九三七年，中譯本同前註，魏廷朝譯，頁三六三。

註一二　葉石濤〈林君寄來的信〉，《文藝臺灣》五卷六號，中譯據遠景出版社《光復前臺灣文學全卷八—閹雞》，鍾肇政譯，頁三〇三。

註一三　葉石濤〈春怨〉，《文藝臺灣》六卷三號，中譯本同前註，頁三一七。

註一四　葉石濤《作家的條件》一書自序。

第五節　有關皇民文學的撰寫

研讀戰時的臺灣文學，其最大的問題癥結在於：臺灣作家是否眞心響應過皇民化政策？這時期的文學作品素被視爲「盲點」，以「再來挖掘瘡疤似乎並不厚道」，而成研究者之禁忌，然而藉著作品的研讀討論，或許可澄清過去某些不周延、不全面的論點。

在一切都不可能的時代處境下，面對殖民強權的彈壓，作者有時不得不虛與委蛇，在殖民當局之脅迫下撰寫作品，然而對有良知的作者言，在無法反對戰爭、反對體制的時代下，欲不違背己身之理念認知，而又不願觸怒當局，其創作之際誠需煞費苦心，方能隱寄微言。今日研讀其作品，讀者仍同樣需絞盡腦汁，撇開枝節，揭去「外衣」，細心體味其小說之血脈精神，如此方稍能逐跡以尋，循理以解，掌握其創作意圖。本節之研討仍有待全盤之觀點出現，筆者只能盡力去疏通其表象糾結。蓋戰爭體制下的小說創作有其複雜性，難以遽下論斷是否爲皇民文學。今日吾人研讀此階段之作品，重要的是吾人如何理出那複雜、充滿葛藤的通道，亦即如何發掘並深究其底之原意和苦衷。

欲了解戰時臺灣文學的全貌，尤其所謂「皇民作品」，對當時活躍於文壇的作者如呂赫若、龍瑛宗、楊逵、陳火泉、周金波、王昶雄諸氏的作品，精細研讀是必須的。然以陳、王二氏之作，學者論之頗備（註一），故本節不擬續貂，謹對另四位作者之作略爲論述。

一、呂赫若

呂赫若爲當時文壇優秀的日文小說作者，自難逃日本當局之驅使，自一九四二至一九四五年，呂氏漸有配合時局之作產生，其創作動機爲何？今日已難索求，但呂氏當時曾任臺灣文學奉公會常務理事之職及旬刊臺新編集員，因而其創作如〈鄰居〉（一九四二年）、〈玉蘭花〉（一九四三年）、〈清秋〉〈山川草木〉（一九四四年）、〈風頭水尾〉（一九四五年）等，無不被目爲配合時局，響應皇民化政策之作。唯思索呂氏〈牛車〉〈暴風雨的故事〉等一系列創作，無不充滿人道主義的關懷。而日本戰敗，臺灣甫光復，呂氏即迫不急待以不成熟之中文撰寫小說：〈戰爭的故事—改姓名〉（一九四六年二月）、〈戰爭的故事—一個獎〉（一九四六年三月）、〈月光光—光復以前〉（一九四六年十月），深刻描繪了皇民化運動下臺灣人民心靈所受之創傷。做爲一位文學工作者，他不曾忽略其所應盡之責，那麼在戰爭末期，他何以發表了〈鄰居〉諸作呢？其中隱情不由得不令人深思。

〈鄰居〉以第一人稱旁知觀點「我」敘述日本鄰居收養臺灣小孩之故事。敘述者「我」是個教員賃屋居住於貧民區，一日，「我」很驚奇發現鄰居竟是日本人，起初「我」相當恐慌、畏懼，很怕見到那看來幾分兇猛之相的田中先生，後來「我」漸曉其爲人，發現這對日本夫婦心地非常親切善良。夫妻情深，唯缺子嗣，他們很希望有個孩子，後來收養了一個臺灣小孩。故事圍繞著田中夫婦如何喜愛這名臺灣小孩，爲了治癒小孩的病，夫婦二人傾注大量心血不眠不休照顧所謂「別人」的孩子。由此故事令人聯想到乃是響應「內、臺親善」、「內、臺融合」之作。但故事發端即對貧民窟詳爲描寫，篇幅極長，寫作手法頗類自然主義，呂氏將內、臺「融合」於同一階層，同屬貧民，又爲鄰居，小說標題「鄰居」正暗示一命運共同體的意味，以一位頗具社會主義思想的文學工作者而言，其社會關懷相當濃厚，通篇令人感受到女人強烈的「母愛」，「母性的光輝，美得教人感動」。呂氏在該篇未曾爲凸顯日本人，而將臺灣人「母親」此一角色醜化，「我」所看到的是「她們二個女人似眞似假地逗鬧著，看他們爲了一個孩子同時迸濺出溫馨感人的母愛火花，心中也有一份難以言喻的喜樂。」該篇小說與後來發表的〈玉蘭花〉頗相似，大有探討人性本質問題之意味，與「內臺融合」之強調本無關聯。

〈玉蘭花〉圓熟貼切地運用幼童第一人稱旁知觀點，敘述者「我」爲七歲小孩，「我」的叔叔留學日本，帶了一位對臺灣風物很感興趣的日本朋友—鈴木善兵衛返鄉。鈴木先生住在敘述者「我」家中，整個故事圍繞在鈴木與「我」這臺灣家庭之成員如何親善相與，亦引人聯想爲響應「內臺親善」之作。唯該作刻意以幼童觀點寫成，以其朦朧之認知，舖敘故事，可說有意部署童騃的迷濛視界，此不僅刻意局限了幼童的認知程度，也有意超越於種族、文化之上。易言之，呂氏以一個尚未形成文化、種族階級觀念的稚童觀點，以及彼此間的言語不通仍和樂相處之情形，摒棄文化之差異，超越社會制度之囿限，而探討人性之本質。

〈清秋〉敘述自日本習醫返臺，準備懸壺枌梓的耀動，面對鎮上那些「醫術之商賈」的知識分子，淪為賺錢工具，心中無限悲憤與矛盾。全篇僅有一小段敘其弟耀東擬赴馬來西亞、新加坡發展事業。或謂該作爲配合南進政策而作，與統治者相掛勾。然而細讀小說卻處處可以發現作者藉耀動來說明資本主義制度下新知識分子對自由主義之觀感，他不願成爲只知賺錢、俗不可耐的醫生，再則頗具開拓自己新天地的理想。但是在現實社會中的知識分子不免帶有軟弱、扭曲的性格，他終究「心情無法安定」，「生活是矛盾的連續」、「體會不出生活的意義」，小說所探究者純然是當時知識分子新的思想觀念和價值取向的問題。其弟耀東赴東南亞發展之敘述，僅占小說作品一小部分，作者以此「僞裝」以求小說順利發表之用心明顯可見，究非配合「皇民化」或「南進政策」之作。

〈山川草木〉透過敘述者「我」和我的太太，敘述一富家女簡寶蓮東渡扶桑，修習音樂，後因家中變故，不得不返臺。父親逝世，繼母又堅持各自獨立生活，寶蓮於是輟學，攜其弟妹，投奔叔父，以彈鋼琴之雙手從事生產。或謂本篇乃配合「增產政策」而撰寫，簡寶蓮爲其塑造的增產戰士（鬥士）。唯本篇除簡寶蓮寄給敘述者夫妻之函札提及「現在政府在呼籲增產，我已用農業代替音樂，成爲增產戰士了。」之外，本篇所呈現的是一個社會主義者對勞動者的憧憬與理想，是資本主義下的新知識分子對自我調適之經歷。易言之，本篇可謂在皇民化的僞裝下，暗寓社會主義者之用心，因此簡寶蓮除了實際去開墾外，還堅持要辦保育院。全篇對農村山居生活著意描寫，對大自然之美由衷頌贊，有著明月清風無主人，能翫之者即其主人，欲人回歸大自然之情懷。其實若撇開「增產戰士」之僞裝，我們所看到的是作者在主角艱苦的生存中如何爭取一分從容，如何負起照顧弟妹之重責，如何從父親的死，父親的一生，悟徹人生，而與自然山川草木有形跡上之親近，心靈上之交感，雖然表面上她喪失學識、家產，其實，並不是眞喪失什麼，而是更能充分自由地投到「生活本身就是美」的懷抱裡。在大自然中，以她的智慧、感悟去洞察、品味、揣摩人生。雖然簡寶蓮一番對話近似狂熱，但其用心於土地上立根基，自足於回返自然之生活，亦已拈出人生之意義矣。

〈風頭水尾〉透過徐華夫妻到海邊屯墾區承租農地，敘述頭家洪天福和大自然搏鬥，開墾農地的艱辛過程。亦似有響應「增產報國」之意味，尤其本篇乃是一九四五年時呂氏受邀至臺中州下謝慶農場參觀，應臺灣總督府情課報之邀而撰。本篇亦頗富社會主義之思，尤以集團式之佃戶部落，頗類「人民公社」，從這裡的描寫，似可推測社會主義者的呂氏表面上呼應了「增產政策」，其實是將其思想轉嫁投射到集團式佃戶之體制。此外，在呂氏這些作品中我們看不到改姓名、自願兵等描述，〈風頭水尾〉描寫洪天福是「一身樸素的臺灣衫」，當人家說他建設有成時，他歸結於「一切都是神的庇佑」，凡此種種足徵呂氏之作極富臺灣鄉土氣息。

呂氏本身社會主義思想色彩極濃，由上述作品觀之，可觀其創作與理論緊密相合，其作品富有高度思想性與藝術性，對於此類作品，吾人實不宜鹵莽歸之於「皇民文學」或「決戰文學」之列（註二）。

二、周金波

一九四一年三月、九月號的《文藝臺灣》分別刊出周金波〈水癌〉、〈志願兵〉二篇小說作品，這二篇作品，使他被視爲皇民文學之代表作家，而他本人也於一九四三年代表臺灣作家參加在東京舉行之第二次大東亞文學者大會。緣此，其作品在戰後強調「民族文學」或「抵抗文學」的觀點下，遭全面否定。葉石濤氏曾對周氏〈志願兵〉一作，逕指其「是一篇皇民文學，但是在決戰下的臺灣文學裡卻是唯一的一篇不折不扣的皇民文學。」（註三）葉氏對戰時之作品大抵目之爲「沒有皇民文學，全是抗議文學」（註四），故謂〈志願兵〉爲當時唯一的一篇皇民文學。今日「皇民文學」一詞已成爲文學史一部分，其時作者以詩或小說鼓吹侵略之事，誠須多方證據方能確定，唯思索當日時代背景，或許吾人可目之：沒有心悅誠服的皇民文學家，他們作品骨子裡或者埋藏著另一層寓義。

周氏此二篇作品今之論者率目爲「皇民文學」之作，〈水癌〉的主人翁極力解脫自己以成爲皇民領導階層之一員，他絲毫沒有不安與苦悶；〈志願兵〉一作亦如尾崎秀樹所說：「他（周金波）最後暗示，明貴受了進六的影響而奮勵於皇民化的工作。」（註五）葉石濤氏亦謂：「〈志願兵〉描寫臺灣青年高進六改姓名爲高峰進六，血書志願爲『志願兵』之經過。證實了日本人的奴化政策，在一部分無知的青年中奏效的寫實。」（註六）這二篇作品均完成於珍珠港事變之前，時局尙未緊迫已極，周氏此二篇作品在其時文學環境下與《臺灣文學》所刊之作品相較，顯得特別突兀。

周氏當時久居內地（日本本土），作為被內地包圍的少數人「本島人」來說，他之所以有皇民化之傾向，其動機是否為了擺脫被內地人歧視，而企求「一視同仁」，要求平等以獲人之尊嚴呢？或因自小接受殖民教育，其人格、心靈無形中受扭曲而不自覺？這些問題，周氏迄未明言。由於日本當局有意利用〈志願兵〉一作，故周氏日後也被要求配合時局寫作小說，他發表了若干小說：〈尺子的誕生〉（一九四二年）、〈狂慕者的信〉（一九四二年）、〈氣候和信仰和宿疾〉（一九四三年）、〈鄉愁〉（一九四三年）、〈助教〉（一九四四年），這些作品發表年代自一九四二至一九四四年，亦即珍珠港事變爆發，大東亞戰爭時期，也是在皇民化運動甚囂塵上的時期所完成的。然而當時局日緊，周氏於作品內所透露的訊息卻極不明確，不似前此二作積極附和成為「皇民」之思。如〈尺子的誕生〉主人翁深刻感受到與小學校兒童之間，彼此之距離有如鴻溝之難越；〈鄉愁〉主人翁自東京歸來，本欲成為「皇民」，然其返臺後，不僅不能成為皇民，且亦不為臺灣社會所接受，他陷入孤立無援，自我矛盾的境地。最後主人公在回旅館的路途迷失了。似乎說明了走向皇民化之路實在是條「漫長黑暗的道路，是迷途。」該作頗有自傳味道，表現了周金波自內地歸來後日漸發覺皇民化之路並未能使國人擺脫恥辱與不平等之待遇，或許他已漸能了解所謂「一視同仁」，只是做為一名「為日本人而死」的日籍臺灣人，欲求眞正平等，無異癡人說夢。西川滿在〈文藝時評〉說：「周金波還在摸索。說是摸索，因為是為了專注於既定方向的摸索，所以不必要有任何的擔心。」（註七）然而從周氏後期作品觀之，其對皇民化摸索後之困惑，之無法釋然，實已遠超過西川滿一廂情願之樂觀。〈鄉愁〉一作不正說明了皇民化之路是走投無路、一籌莫展嗎？如果僅據周氏先前二篇作品而完全否定其人其作，而將之廁於皇民文學最具代表之作者，豈非對他日後之求索全盤否定？漠視其轉變歷程，對周氏而言是否公平呢？

三、龍瑛宗

一九三七年龍瑛宗以〈植有木瓜樹的小鎮〉一作獲日本《改造》入選獎，遂使龍氏備受文壇矚目，一九三九年九月，龍氏應西川滿之邀，任「臺灣詩人協會」籌備員，十二月該會改組為「臺灣文藝家協會」，翌年一月，龍氏任該會機關雜誌《文藝臺灣》編輯員，《文藝臺灣》於一九四二年九月起採取與日本軍閥狼狽為奸之作為，龍氏遂成利用之工具，亦有配合時局之作；一九四三年四月「財團法人日本文學報國會臺灣支部」成立，龍氏任支部幹事，翌年三月起復為《旬刊臺新》之編集員，該誌內容幾為宣傳戰爭之文字。在這樣的身分下，龍氏戰時所撰之小說如〈午前的懸崖〉（一九四一年）、〈死於南方〉（一九四二年）〈蓮霧的庭院〉（一九四三年）、〈歌〉（一九四五年）諸作不免令人覺得是響應時局之作。龍氏於一九四三年年底曾自謂：

我生平所寫的第一篇小說，即是〈植有木瓜樹的小鎮〉，那是我在二十六歲時的秋天所寫，以後為《改造》所拾，到現在我仍覺得是太過年輕，也太過幸運了。而也是使我陷於不幸的原因，現在的我就是在飲其不幸的苦杯，極爲辛辣的（註八）。

當時已享譽文壇的龍瑛宗自謂〈植〉作令其飲「不幸之苦杯」，話中令人感到隱藏在作家內心的屈辱，明知「不幸」、「苦」「辛辣」卻不得不飲，是否其話中暗指爲盛名所累，不得不撰寫配合戰時體制的文學呢？

〈午前的懸崖〉一作，敘張石濤感情受挫，原擬輕生，見出征戰士而自慚形穢，打消自殺念頭。末尾張石濤一封信：「我在車站看到令人感動的場面。是在歡送出征的兵士。人人猛搖著小旗子，洋溢著一片熱誠，還有那位決死的兵士。我忽然想到自己，兵士是爲了崇高的使命赴死，而我卻是準備爲一個女人而死，多麼愚蠢。」這裡「出征兵士」一節頗有歌頌爲戰爭奮鬥之意味，然而整篇故事除此一小段有協戰之嫌外，通篇皆是描述張石濤受困於傳統父權、資本主義社會中人性之貪婪，遂使其戀愛不得自主、被迫習醫以實現父志，小說中對媒妁之姻、索聘之俗、早婚之弊皆提出反省。「出征兵士」一節雖有協戰之嫌，但龍氏並未安排張石濤投入「志願兵」行列。張石濤覺悟到自己是學生，應該努力用功，不該讓家人擔憂，這與當時鼓吹學生志願投軍，效死天皇之舉，亦有天壤之別。易言之，學生之職責在於努力向學。而張石濤顯然具有傳統強調之孝思，此一孝思遠超過從軍效命天皇，爲了不讓家人擔憂，他沒有必要尋死，也沒有必要效死。張石濤母親得知兒子未死，她自然流露的是「不住地向祖先牌位膜拜」，而不是向「大麻」膜拜，這都說明了〈午〉作並未向日本當局交心。

〈死於南方〉一作，乍觀之下似亦爲協戰之作，但內容卻充滿了作者個人之疑惑與矛盾。其主角以不滿現實，陷入幻滅虛無之知識青年爲線索，此蓋龍氏一貫之作風。受過高等教育的「你」以及「你的哥哥」畢業後面臨的是失業，是無情之社會，「你的哥哥」因而瘋狂，「你」、「我」則沈湎於醇酒美人。其後由於「巨大的歷史變動來臨」，「你」毅然奔赴戰地，而「我」也重拾書籍，從其中發現人生喜樂。文評家率以該作爲失敗之篇章，蓋以其爲「應時之作」，故其描述，頗爲零亂。鹿子木龍曾著論評之：

讀了龍瑛宗〈死於南方〉，這種混亂極爲顯著。〈死於南方〉大約是指覺悟於埋骨在南方一事吧，果眞如此的話，作品中對所該強調的前往南方之青年，卻完全無加描寫一事，可堪稱奇怪了。……不僅如此，作者卻以前往南方之青年的哥哥發狂之處，作爲焦點極費力氣的加以描述，……可以想像這個作品乃爲應時而作，故而引起這種混亂（註九）。

羅成純氏謂「我們似乎可以讀出龍瑛宗心中對時局的懷疑精神來。」（註一〇）爾時龍氏誠然自摸索、反思中，漸次消除對戰爭概念化、理想化之思，取而代之的是懷疑精神，這也是任何一位人道主義者勢必要面對的問題。

〈蓮霧的庭院〉及〈歌〉均以內、臺之友誼爲主題而寫成的，亦有「內、臺親善」、「內、臺融合」之意味。不過該二篇作品表面上雖無違於日本當局要求，但龍氏個人的心聲、理想仍隱藏於字裡行間。

〈蓮霧的庭院〉一作以臺灣人「我」接到藤崎的信，而回憶昔時與藤崎少年一家人相與和諧的經過。藤崎少年時經常與「我」到市場飲食店品嘗臺灣小吃，「我」不幸罹患傳染病，必需隔離，藤崎一家人不但毫無嫌惡，反而親切的照料「我」，小說中對內、臺和諧交往親善相待的描寫，固易令人啓響應時局之思，尤其藤崎先生經商失敗仍堅守誠信，尊重商德，毫無種族偏見，與「我」交往、盡心照顧病中之「我」，且擬將女兒匹配於「我」。儘管如此，該作仍著重在與藤崎少年交往、再見面時的一番話。「我」說：

不過，我倒常想，有的人喜歡說民族啦，怎樣啦，我以為問題在乎愛情。不管是什麼事，讓我們結合在一起的，我以為就是愛情。理論是無聊的，祇有愛情（註一一）。

「我」口中的「愛情」是指人性本有的關愛情懷，並非限於男女之情。此一詞義，在〈歌〉一作中亦再度述及。小說中，文壇一流評論家白濱先生給前往馬尼拉作音樂指導的木河君送行贈言中說：

木河兄，你是以日本人身分到馬尼拉去的，在那邊從事音樂指導的工作。這實在是件好事。但是，你，一個日本人，什麼也不用帶過去。就祇有一件東西，是不可以忘記的，一定要帶到的。木河兄，那是做為日本人的愛。日本人的愛，你把它帶過去吧，其他什麼也不要（註一二）。

白濱先生一席話深深觸動主角李東明心坎，他不禁想起昔日友人三澤亦說過類似這樣的話：

總之，我們要用愛來理解那邊的人們才成。……他們都是善良的人，使這麼善良的人們提昇，這正是我們的義務啊（註一三）。

龍瑛宗在這兩篇作品中，均安排了由日本人述說「愛」之理念，雖不免有掩飾或美化戰爭罪行之嫌，但同時也可能說明了日本人中仍不乏反戰人士，他們或許也眞能了解：人的拯救在於他能超越自我存在的局限而去伸展他的愛與關懷，「去愛你的鄰居、敵人如同愛你自己」。由於「愛」，人我之間彼此的體會與互相交感乃成可能，因而發爲和諧融會的對語與共鳴，一種因內在的契合而表現爲循環回應的溝通，這種基於人性理念的自然流露，也正是龍氏小說中「我」與藤崎一家人和諧相處，彼此關懷的最佳呈現，亦是呂赫若小說，如〈玉蘭花〉所述，「我」與家中小祖母等人和鈴木先生雖言語不通，但彼此亦能和善交往，此即「愛」可以深切感受、回應，產生共鳴、溝通之印證。閱讀此一時期之小說，若能不刻意顧及日人「內、臺親善」之說，則小說探討人性本質之理念，亦未嘗非極爲明顯。由人我彼此之關愛、共存，遂擴展爲「共同在此世界存在」、休戚與共之關係，同時此一理念所暗示者不只是人性之眞純，更爲海水群飛，兵燹喪亂、悠悠流逝的人世中找到一方不變的淨土。

在〈蓮霧的庭院〉中，作者特別強調了藤崎少年的信裡「一個字也沒提到戰爭的事」，即使彼此見面，藤崎少年也絕口不談戰地之事；羅成純說：

這個強調似乎隱喩藤崎君（作者）的厭戰思想。不談不提戰事、戰地，更別說以之作自我誇耀了，這對於在後方，成天被灌輸、鼓勵以前往戰地爲榮光，以佔領地南方爲開發之新天地的人來說，意味了什麼呢？作者沒有再挖掘下去，處在不能表明厭戰思想的當時，這種伏筆大約也是作者所能表現的最大極限了（註一四）。

羅氏之說誠是。〈蓮霧的庭院〉、〈歌〉分別發表於一九四三、四四年，正値「皇民化運動」甚囂塵上之際，然此三作中之臺籍青年，毫無蔑視臺民、臺俗之思，亦未更改姓名，與〈植〉作中陳有三之心態迥異。而〈蓮〉中之「我」且主動放棄與「內地人」結婚之念，其視朱點人〈脫穎〉之陳三貴尤爲難能。〈歌〉中之李東明研習「國語」之動機在於了解日本，並使日人了解臺人之思想、生活。較之〈植〉作陳有三身著和服、使用日語僞裝日人之行徑，亦差勝矣。龍瑛宗此一時期小說中之人物，幾無志願從軍成爲皇民的喜悅或改姓名、信大麻，孜孜矻矻追求成爲內地人的熱中。

羅成純在《龍瑛宗研究》中對龍瑛宗在「戰時體制」中之創作，有深入研究，筆者頗同意其說：

> 民族與民族之間持以眞誠的「愛情」，互相尊重，理解對方的文化，這是龍瑛宗的理想圖，也是他所說的「融合」世界的眞意。在無容反對戰爭、反對體制的時代，作家要不違己身之信念，而又不觸怒當局，其表現的方法就成了極大的問題。龍瑛宗的這個「融合」論，可以說是那迂迴曲折的表現方法之一吧（註一五）。

四、楊逵

一九四四年楊逵於臺灣文學奉公會刊行《臺灣文藝》上，發表〈「首陽」解消の記〉（見書影），表示響應戰時總蹶起，一改隱居「首陽」之消極態度；同年八月受臺灣總督府情報課之邀，參觀石底炭坑，撰〈增產之背後—老丑角的故事〉一作（註一六），緣此，或謂該作乃配合決戰政策，鼓吹增產報國，頌揚大和精神之皇民文學。唯該作是否眞呼應增產政策，頌揚「美麗的日本精神」？仍類似陳火泉之作，極難「一口咬定」。

敘述者「我」對那想當丑角的日本老頭漏風的嗓音，聽來如天賜福音；對他為讓孩子高興而表現出來的模樣，感動得幾乎禁不住流淚；他把一個下女培養成孝女，更令我欽佩；又說「日本的軍人一旦手執槍枝，立即會有覺悟，成一名不折不扣的勇士。」又提及老張的信，說「過去，我也有過這種不平與不滿，一直在想著要設法離開的，可是如今我下定決心留下來了。」甚至在結尾說：「總之那種跟隨美的東西，寧願讓自己躍入危險境地，這種純粹的心情，該是美麗的日本精神之萌芽吧。」這些文句都不免令人覺得有「呼應時局」之意味。但在作品中我們似仍可感受到除了想當「丑角」的日本老頭佐藤金太郎和其乾女兒外，來礦場工作的大都是被迫徵調來的，老張說「我也不是自己願意才跑來的。」「是紅紙的徵用令啦！連去向您打一聲招呼的工夫都沒有，而且去了恐怕免不了會哭起來。」最主要的是文章中，楊氏明言是情報課安排來看煤礦回去寫報告的。在煤礦場中，他遇到當年自其農場不告而別之文盲庸工老張。老張素為其作品之「聽」衆，一旦老張聽得「沒趣味」，楊氏之作遂不得不送進灶中。礦場邂逅時，老張又談起楊氏新作（指歌頌戰爭的「皇民文學」），其對白如后：

——這裡，也有人在看你召集人的小說呢。前些日子我在坑內的休息歇歇手，偶然聽到有人提起您的名字，小心聽聽，這才聽出是在談您的新作品，我就老實不客氣地聽下去了。

——怎麼樣？

——開頭的地方不太有趣。好像是捏造的。

小說嘛，本來就是揑造的，但是被看穿是揑造的，那就不行啦。——我把這話深深地烙進胸口裡頭。我們邊走邊聊。儘管他在我那裡幫傭一年以上，卻從不對我稱一聲頭家或先生。開口必定是召集人。

這種「揑造的」，且「被看穿是揑造的」，自是指「皇民文學」，或者亦爲楊氏給讀者之暗示：該文乃「揑造的」皇民文學。誠以楊氏之作只是「表面上看起來所走的是循依國策的路線」，所以，才「開頭的地方不太有趣」。此乃楊逵之「眞實的告白」歟！

楊逵這篇「報導文學」題材之布局稍蕪雜，主題之意識亦未明。或許此篇小說之失敗，正由於此乃「應時之作」，因此敘述者雖一再表現其感動、欽佩之情，讀者卻不覺其感人，反覺濫情。而楊逵用心之深微或亦可見矣。

殘橫暴虐並不可怕，可怕是對它的屈服、沈默或歌頌。在一個動輒得咎的戰爭時期，日據時期的文學工作者大都採取隱忍苟活方式，以文學技巧表達他個人的特殊看法，描繪了四〇年代戰爭陰影下臺籍人士的心靈與生活，雖然今日有一些作品頗類「皇民文學」，但爲了不得罪統治者，又不違背自己的良心，以僞裝形式完成的作品，其寫作衷曲之詮釋將還作者以公道，庶幾後世讀者不致「看走了眼」，造成對作者之誤解與屈辱。不過，底層意蘊的發掘，我們須要更廣泛、更客觀多角度觀點之提出。

【註釋】

註一　陳氏對其當年作品〈道〉一作，曾撰文說明其寫作動機，文題〈被壓迫靈魂的昇華〉，收入《抗戰時期文學憶錄》一書，文訊出版社，一九八七年七月，頁二〇至二一；葉石濤〈四〇年代的臺灣日人文學〉、〈皇民文學〉亦論及，收入《臺灣文學的悲情》一書。尾崎秀樹〈戰時的臺灣文學〉一文亦述及，收入《臺灣的殖民地傷痕》，頁二一七。王氏〈奔流〉一作非皇民文學，幾已爲定論，無庸置疑。張恒豪氏〈反殖民的浪花—王昶雄及其代表作「奔流」〉、〈三讀奔流〉及呂興昌氏〈評王昶雄奔流的校訂本〉皆有詳論。

註二　本節有關呂赫若〈鄰居〉等作之反省，參考了施淑女士在一九九一年十二月應清大中國語文研究所所舉辦的臺灣文學研討會所做的專題演講。

註三　葉石濤〈臺灣作家與大東亞文學者大會〉，《走向臺灣文學》，自立晚報社文化出版部，一九九〇年三月。

註四　葉石濤〈「抗議文學」乎？「皇民文學」乎？〉，收入《臺灣文學的悲情》，頁一一二。

註五　尾崎秀樹〈戰時的臺灣文學〉，《臺灣的殖民地傷痕》收錄，蕭拱譯，帕米爾出版社，頁二一七。

註六　葉石濤〈四〇年代的臺灣日文文學〉，《臺灣文學的悲情》，臺灣派色文化出版社，一九九〇年一月。

註七　西川滿〈文藝時評〉，《文藝臺灣》六卷二號，一九四三年六月。

註八　龍瑛宗〈孤獨的蠹魚〉，《興南新聞》一九四三年十月十一日，此處轉引自羅成純〈龍瑛宗研究〉一文。

見《龍瑛宗集》，頁二九四，前衛出版社。

註　九　轉引自羅氏之文，同前註。

註一〇　同前注。

註一一　〈蓮霧的庭院〉譯文，鍾肇政譯，《龍瑛宗集》，前衛出版社，頁一五七。

註一二　〈歌〉譯文同爲鍾肇政所譯，前揭書頁一六八。

註一三　同前註，頁一六九。

註一四　同註九，頁三〇五。

註一五　同前註，頁三〇七。

註一六　評者有：張恒豪〈超越民族情結重回文學本位：楊逵何時卸下「首陽農園」〉，王曉波〈把抵抗深藏在底層—論楊逵的「首陽」解除記和皇民文學〉，分別刊文星第九九期及一〇一期。

第六節　其　他

日據時期臺灣小說所蘊含之思想內容，除前五節所敘述者外，尚有反映書房教育之沒落者，如楊守愚〈小學時代的回憶〉，敘述「我」由於私塾老師嚴苛過人，對上學倦怠，僅是馬虎混過，所以到頭來「還是一句不通，一字不識，徒把有用的光陰斷送。」（註一一）張文環〈論語與雞〉透過學童阿源的經歷，敘述了臺灣傳統書房教育之式微，由於日本的統治，借功名以求宦途顯達之傳統教育遂日漸不受重視，更重要的是「現在連這樣的山裡的小村子，也在高喊日本文明。」在日本統治下，爲了謀職謀生，接受日語教育已成不得已之事，在種種客觀條件之限制下，就讀書房的學童，最大的願望竟是「戴上制帽，操一口流利國語（指日語），好好地嚇唬一下這裡的鄉巴佬們。」（註一二）小說描述書房，變成戲臺之事，結尾更以書房先生暗地撿取村民賭咒的「斬雞頭」的死雞來吃，學童阿源爲此「感到一種幻滅的悲哀」。正如小說標題所示：「論語」與「雞」不合諧的放在一起，其諷刺、無可奈何的意味可知，象徵了臺灣傳統私塾教育精神之破滅。

早期臺灣移民的辛勤墾拓，漸漸導致優渥的物質享受，在功利取向濃厚的環境裡，追逐財富，導致投機致富的心理，因此「賭博」成了臺地不良風習之一，而開設賭場，抽取暴利之事更所在多有。一八五二年劉家謀撰〈海音詩〉，曾述及斷送臺人性命之三棺：猜寶「銅棺」也；吃鴉片「竹棺」也；狎妓「肉棺」也。康熙末年陳文達《臺灣縣志》對臺地賭風之盛，深感憂慮，在卷一〈風俗〉篇目中指出：「賭博之風，無處不然，臺爲尤甚。連日繼夜，一擲千金，不顧父母妻子之養。」連雅堂〈痲雀考原〉亦說：「夫鴉以吸人金錢，鴉以耗人神志，而雀則兼斯二者，爲害尤烈。」（註一三）臺地賭風之盛，蓋由來已久。小說中亦有述及此現象者，如賴和〈不如意的過年〉說：

說到新年，既生爲漢民族以上，勿論誰，最先想到就是賭錢，可以說嗜賭的習性，在我們這樣下賤的人種，已經成爲構造性格的重要部份。暇時的消遣，第一要算賭錢，閒暇的新正年頭，自然被一般公認爲賭錢季節。

蔡秋桐〈保正伯〉、〈新興的悲哀〉、吳濁流〈陳大人〉亦皆提及，〈新〉一作且謂「賭徒自然是嫖客，凡嫖客沒有一個不是酒仙。」豪賭嫖妓往往易入老千圈套，必至傾家蕩產而後已，三六九小報所刊〈騙騙〉即以一富家子弟的好賭好嫖而家破身敗之事警戒世人；〈阿順〉則記述了賭鬼阿順爲牧豬奴戲，輸盡錢財，而淪爲盜賊之事。

反映吸食鴉片之現象者，如呂赫若〈逃匿者〉，敘主角祖父命其父親吸食鴉片，謂如此即不致放蕩而浪費，然父親反與祖父所顧慮者適相反，因吸阿片而遭破產之不幸。〈合家平安〉中的范慶星也是吸食鴉片導致破產。賴和〈棋盤邊〉一作則取材於一九二九年發生的「鴉片吸食新特許問題」，適時反應當時重要的社會問題，也挖苦、諷刺了臺籍人士迎合統治者之心理狀況。吸食鴉片的情形在小說裡屢見不鮮，地主、保正、秀才、藝旦幾皆有吸食之癖。楊天健（楊熾昌先嚴）阿芙蓉滿江紅詞及賴和〈阿芙蓉〉詩皆痛陳嗜食鴉片之弊。

三六九小報所刊載之內容除本章前言所述，及第一章介紹文學刊物時已論及之外，他如〈家庭波浪〉敘父子爲錢而訟，父不父，子不子之事；〈伊死之晚〉女主角明瑛不敢反抗家人支配之婚姻，遂平白葬送一生幸福及生命；〈模範婚姻〉敘述認識三天即閃電結婚，兩天後離婚的「現代模範婚姻」，深致諷喻意味，其篇目內容可參考附錄五，此不擬贅敘。要之，日據時期的臺灣小說充分呈現了當時的社會情狀、人民生活的實際內容，透過小說，此一幕歷史得以生動而具體的展現在我們眼前。

【註釋】

註 一 《臺灣民報》第三二四至三二八號，此處引文爲三二八號，刊一九三〇年八月三十日。

註 二 張文環〈論語與雞〉原刊《臺灣文學》第一卷第二號，一九四一年九月。引文見《光復前臺灣文學全集卷八—閹雞》，鍾肇政譯文，頁六四。

註 三 見《臺灣詩薈》第十五號，成文出版社。

第四章　日據時期臺灣小說創作形式之探討

第一節　閩南方言詞彙在小說作品中之應用

日據時期的臺灣小說，在語言的型態上，呈現兩種不同風貌，一是中文，一是日文。以中文創作者其語言風貌亦因人而異，如張我軍、天遊生、無知以純粹中文寫作；賴和、蔡秋桐、楊守愚以臺灣式中文〈即臺灣話文〉行文，而臺灣話文中，亦時雜日語借詞及漢字擬音。就文學本位言，始於一九二四年，止於一九三七年的臺灣白話小說，其成績遠不及日文作品，但由於其特殊的歷史背景和語言傳統，使其小說語言之風貌獨具一格，尤其爲了啓發民智，小說創作者使用臺灣民衆熟悉的語言創作，具有濃厚的地方色彩，形成其時小說之特點，誠值得吾人重視並加以探討。文學語言之內容固極爲廣泛，筆者僅抽樣談「小說中的閩南方言詞彙」（註一），由於語料太多，在分析方面不得不從簡。詞彙之詞性，有時需視其在句中作用而定，如形容詞化、動詞化的名詞未嘗沒有，爲了避免煩瑣，在歸納閩南方言詞彙，予以分析時，不再詳引文句。本節探討目的一則爲了解小說語言之風貌，一則在於觀察臺灣話文興起之前，當時臺灣小說使用臺灣話文的程度如何？再者主張或反對臺灣話文的小說作者，其理論與創作是否能相配合？本節亦擬論述之。

一、臺灣小說中閩南方言詞彙之應用（一九二〇——一九三二年）

本節研討之作品大抵以一九三一年前所發表者爲主，另一九三二年八月後（至一九三七年禁刊漢文止）所發表之作品則於次節再探討。由於小說篇數不少，僅能從中挑出應用閩南方言較多之作品，或較特別的作者作爲取樣之依據。

本文所挑選之小說中其閩南方言詞彙（包括一些諺語），先以中文解說，再將小說原文摘錄於括弧內，爲節省篇幅，句義並不力求完整。凡已在前列小說中出現的詞彙，其後若再度出現，儘量避免重複列舉，而同一篇的例句，也以最先出現者爲列舉原則。

(一)**鬪鬧熱**　**懶雲（賴和）**

1. 鬪鬧熱：湊熱鬧或熱鬧。（小說篇名）
2. 電杜：電線桿。（店鋪簷前的天燈，和電杜上路燈，通溶化在月光裡。）
3. 亭仔脚：騎樓下。（這邊門口幾人，那邊亭仔脚幾人，團團地坐著，不知談論些什麼。）
4. 一陣：一群。（有一陣孩子們，哈哈笑笑弄著一條香龍，由隘巷中走出來。）
5. 囝仔事惹起大人代：諺語，因小孩的事，竟惹起大人們之間的不和睦。代，或「代誌」，閩南語稱事情之寫法。

6.儉腸捏肚也要壓倒四福戶：諺語，指再怎樣節衣縮食，克勤克儉，也要贏過那些富貴人家。

7.非同小狗：即「非同小可」。可、狗，閩南語諧音。諧讀為「非同瘋狗」。賴氏於「小」下括弧曰「俗謂發狂」。（所以這一回，就鬧得非同小狗了。）

8.頭老醉舍：頭者，指地方上賢老。醉舍，指有錢的鄉紳、地主。

9.樹要樹皮，人要面皮：諺語，上句用為比喻，重點在第二句，比喻人要面子。

10.狗屎埔變成狀元地：指像狗拉屎、鳥不生蛋的荒地，頓時都變成了黃金地皮。

11.死鴨子的嘴巴：指嘴硬不認輸。一般寫成「死鴨仔，硬嘴顊（phue）」（「下半天的談判，不是誰都很強硬嗎？」丙問。「死鴨子的嘴色。」那人說……）

㈡**光臨**　**雲萍生（楊雲萍）**

1.厝角：屋角（做長工憃水伯仔，已將厝角的幾塊破土角，擔去厝後的糞堆邊了。）

2.二矸：二瓶。（買二矸老紅酒，四角三，二矸－八角六。）

3.約束：約定。（他再把伊田大人和他所約束的情景，畫出腦袋中。）

㈢**一桿稱仔**　**懶雲**

1.猶其：尤其。

2.贌：租耕。音 Pak。（他在世，雖曾贌得幾畝田耕作，他死了後，只剩下可憐的妻兒。）

3.富戶：有錢人家。（但是富家人，誰肯讓他們的利益，給人家享。若然就不成其富戶了。）

4.受……刻虧：吃虧。（雖農民們受過會社刻虧、剝奪，不願意種蔗。）

5.租聲：田租。（會社就加上租聲，向業主爭贌，業主們若自己有利益，那管到農民的痛苦，田就多被會社贌去了。）

6.刻儉：省吃儉用。（又得他母親的刻儉，漸積下些錢來。）

7.尾衙：尾牙。臘月十六日稱尾牙。是日供牲醴祭土地公，如商家則於是夜大宴雇用人，以犒平日的辛勞。（看見尾衙到了，尚找不到相應的工作。）

8.販路：銷路。（聽說鎮上生菜的販路很好，他就想做這生意。）

9.生菜：蔬菜。應作「青菜」。（同上例）

10.坦白：老實。

11.黨得：總是（教她去當鋪裏，押幾塊錢，暫作資本，這法子在她黨得帶了幾分危險。）

12.官廳：政府，日據時期稱衙門或官廳。（要買一桿，可是官廳的專利品，不是便宜的東西，那兒來得錢？）

13.大人：日據時期臺胞對日本巡警的稱呼。（大人要的，不用問價，肯要我的東西，就算運氣好。）

14.交關：交易。（本來，經過秤過，就算買賣，就是有錢的交關，不是白要，亦不能說是贈與。）

15.稱花：稱的度目。（「稱花還很明瞭。」參從容地捧過去說。）

16.規紀：指行規（該死的東西，到市上來，只這規紀亦就不懂？要做什麼生意？）

(四)**榮歸　一村（陳虛谷）**

1.死囝仔栽：死孩子，罵小孩的話（死囝仔栽！又是來討錢了。）

2.開：花。（半月前才寄出五拾元，是怎樣開呢？）

3.使鬼：驅使鬼做事。（黃金的世界，有錢可使鬼。）

4.目油：眼水。（秀才娘見他流著目油，早曉得是煙癮發了。）

5.家伙：家產。（父親是當保正，家伙有四五萬。）

6.馬馬夫夫：凡事不要太認眞，過得去就可以。今多寫成「馬馬虎虎」。（凡事總要馬馬夫夫，太過認眞，官就做不成。）

(五)**黃昏的蔗園　楊雲萍**

1.下晡：下午。（初七的下晡同吳伯伯被大人拏去。）

2.枉屈：冤枉。（「哈合……枉屈枉屈。」文能一面這樣說，一面拭汗。）

3.拭汗：擦汗（同上例）

4.軟土深掘：強欺弱，得寸進尺。或謂「軟土深掘，善人易欺」。（「哼，堅強是要先刈甘蔗，堅強是要先刈！而且來了幾多的……。軟土深掘。」）

5.土角屋：用土磚砌成的房屋。（一縷的煙，輕輕地上這土角屋的屋頂。）

6.有爽快些：舒服一些。此處指病情好轉。「有」之用法純爲臺語式用法。（今兒母親有爽快些沒有？）

7.早起：早上。（今兒早起啜了些泔糜。）

8.泔糜：湯多的稀飯。（同前例）

9.奉侍：服侍。（對母親要較仔細奉侍。）

(六)鄭秀才的客廳　涵虛

1.變相：起變化。此處指變了個人似的（這番他可就變相了，他也入了公益會。）

2.勢力家：地方上有財富、有權勢的人家。（他是地方的勢力家，又且是世交，人情上不太好推卸。）

3.開：花費。（聽說這件事幹成，還要大發其財呢！單就這次發會式，就預算兩萬要開。）

4.機微：奧妙。（世間的事很多機微，果眞有了這事，不是他中了秀才，叫我們拔死牛尾嗎？）

5.他中了秀才，叫我們拔死牛尾：諺語，意指有甜頭他一人獨享，有苦頭卻叫我們去賣命。（同前例）

6.公館：行館（二來公館在大洋行，古大人要親自來巴結。）

7.風騷：好遊逛（我想大概因爲有旅費，又有公館，風騷的人，都要趁這機會去走一走。）

8.搥心：痛心。（開公錢還私愿，要是姓古的知道，眞不知要怎樣搥心悔恨呢。）

9.一樣米養百樣人：諺語，意指各人所吃的米雖然同樣，但人都各不一樣。亦作「一樣米飼百樣人」。（最可笑就是文協中的人，也有投到那邊去的，眞是一樣米養百樣人！）

10.順……嘴尾：順著語氣。（「眞是一樣米養百樣人？」李保正也無意識地，順著王老師的嘴尾，反復著這一句話。）

(七)**不如意的過年　懶雲（賴和）**

1.罹置：捉到、羅織之意。（因爲不能罹置他們在公務執行妨害的罪名下，可以儆戒一下他們的愚蠢。）

2.反轉：反而（反轉對於社會的進展向上，有著大的壓縮阻礙威力。）

3.絨點著：安靜些。（輕輕地打他一掌說：「絨點著！不許哭，賭錢的什麼人？」）

4.徵徵：明確、正好。（夢騰騰地在自得樂趣的時候，復徵徵聽見兒童的啜泣。）

(八)**恭喜？　鄭登山**

1.通街：整條街（年關已迫，除夕將至，通街的車馬往來輻輳。）

2.駛車：開車、駕駛車子。（幸得駛車的運轉手技術熟練，緊捷快的把車急停。）

3.翻車：轉身。（他很雀躍似的一面在嘴裡喃喃地說，一面抽起腳翻車向前就走。）

4.日頭赤炎炎，隨人顧生命：臺灣諺語，意謂世人，只顧全自己的生命，而不顧及他人。（「走開，走開！讓我們前進……。日頭赤炎炎，隨人顧生命。」）

(九)**他發財了　一村（陳虛谷）**

1.不赴：來不及。「不」俗字作「𫟠」音be。（只有一些罐詰——松茸、螺肉、和二十幾隻雞而已。現在雞已做不赴了。）

2.死釘釘：一成不變。（我們不趕快多積蓄些，只靠著這死釘釘的月給生活，我們何苦來這臺灣作官吏？）

3.打算：心裡有數。（你曉得作官人的，酒是無白吃的嗎？請你吃酒你就要有打算，老虎那裡有打盹呢？）

4.老虎那裡有打盹：表面迷糊，其實精明。（同前例）

5.沒有歹勢：沒有什麼不好意思。（的確沒有歹勢，依本島人的慣習，滿月、四月、週歲都要祝賀的。）

6.間：鐘。（約經五分間久，他還緊緊握著那張信。）

7.四月日：指初生兒滿四個月，爲小孩修臉及收唾液。（滿月、四月日、週歲。咳！臺灣人該慘！）

8.大領：大件。（就見得那密偵擔著幾隻桌和一大領天，氣喘吁吁的放在衙門前。）

9.了：賠。（今天這兩塊錢了得倒有價值了。）

10.刣：斬、殺。（他的老婆聽到這裡接著說道：「刣頭犯，他敢這麼亂做，眞合應該吃一百次屎。」）

11.驚死：怕死。（不教他一次跌落廁坑裡，他那裡會驚死呢？）

12.通管內：整個管區內。（通管內的牽牛車的人，在日本國年，無一個不來進貢他。）

(十)無處申冤　虛谷

1.干紀：行業、事情。（你做什麼干紀？）

2.搥搥：凸出貌，此處指林不碟的胸部發育得很好。（看看！胸前搥搥呢！肚子也是大大呢！）

3.厝後：屋後。（這時厝後的犬，很獰惡的狂吠。）

4.對戶口：查戶口。（當他在對戶口的時候，發見有年少的婦女。）

5.怕她則甚：怕她（作）什麼。（是了，怕她則甚！除起她，誰可作證，不鬧便罷，鬧則教她知道我的厲害。）

6.發性：發脾氣。亦作「發性地」。（她指手畫腳罵得發性了。）

7.怨妒：嫉妒。（你也不想我們是窮人，你又生成有這模樣，已經會惹怨妒，再戲謔些，人們就要起了無良。）

8.掠髮：梳頭髮。（你偏整天在對鏡掠髮，裝得成什麼鬼。）

9.酷刑：狠酷（我們也不是花間妓女，他敢這樣酷刑，你想這狗官該不該死？）

10.花間：妓院（同上例）

11.官官相爲：官官相護。守愚〈十字街頭〉亦說：「不甘心，又有什麼法子呢？官官相爲……。」（他們官官相爲，莫說你奈何他不得，便是有二十個的我，也是無奈他何！）

12.單人獨馬：即「單槍匹馬」。（也是合該有事，剛巧這時，罔平又單人獨馬，手執藤杖大搖大擺而來。）

13.鼓脹：詈罵的話，猶言「凸肚短命」。（「無良心，短命，你無好死呀……斬頭呀……鼓脹呀……」她接連的罵了又罵。）

14.泥土糊不上壁：比喻無用之意。（別人家見了尚不平，你反如無事人一樣，咳！你眞是……泥土糊不上……壁呀！）

15.家私：家器或家產。（唯有走爲上策，他們于是搬起家私，遠遁他方去了。）

16.生成：生來。（他生成是個怯懦怕事的人。）

17.挨挨陣陣：摩肩擦踵，擁擠著。（大路上男女老幼，挨挨陣陣都是要去看鬧熱。）

18.牲禮：祭祀的祭品，又稱「牲醴」，有三牲五牲之分。（天眞有目，要他去做生蕃的牲禮呀！）

19.生蕃：蕃人。（天眞有目，要他去做生蕃的牲禮呀！）

㈩秋菊的半生　楊雲萍

1.也是雪梨：或是雪梨。（鐵觀音呢？也是雪梨呢？秋菊謹愼地問。）

㈪凶年不免於死亡　守愚

1.老昨：老早。（這回是因爲那邊的工事完了，才於老昨回來。）

2.諒來：想當然。（阿榮、阿英們，諒來長大的多了哪？）

3.傢私：家器，家產或寫成「家私」。（那些傢私、物件，被李永昌差押後的第四天……）

4.一壁兒：一面。另篇〈捧了你的香爐〉亦說：「新民先生一壁兒檢書，一壁兒答道。」（阿義聽完了這一段話，一壁兒搖頭，一壁兒說。）

5.九句鐘：九點鐘。（誰知不到九句鐘的時候，那個前天—前天來的書記大人又來了。）

㈢**誰害了她　守愚**

1.查某官：對女人的稱呼。（查某官！妳那著這款『拚勢』！」）

2.這款：這樣。（同前例。）

3.拚勢：拚命工作。（同前例）

4.交交纏：糾纏。本字應作「攪攪纏」。（「哎啊！你總要這款交交纏！」）

5.顛倒：反而。（「嗄嗄！我是疼你，妳卻顛倒氣我。」）

6.無款無式：太不像樣。（「哎啊！你這個人也太無款無式啊！」）

7.邊仔：旁邊、一邊。（走邊仔去！）

8.呆勢面：不好意思。（若是給別人看見，直呆勢面。）

9.較緊：快趕。較音卡。（較緊走邊仔去！）

10.做親戚：論婚嫁。（妳做親戚也未？咦！生做眞妖嬌呀！連我看了也合意……）

11.妖嬌：嬌媚。（同前例）

12.合意：中意。（同前例）

13.你也管：你管得著。（「你也管！」阿妍氣極了，厲聲叱道。）

14. 晏：晚。（下晡較晏返去，工錢即加算一點給你……）
15. 返去：回去。（同前例）
16. 細姨：姨太太。（看見小娘生縹緻，想要娶你做細姨！）
17. 也未：還沒有。（怎麼也未去做工？）
18. 安怎：怎麼。亦作「按怎」音an-choan。（是安怎？）
19. 輕輕可可：輕鬆。（輕輕可可的工也不做，想做小姐、姑娘是麼？去給阿木舍做查某囝啦！）
20. 查某囝：女孩。（同前例）
21. 太會：怎會。（無怎樣，是安怎太會無愛去？）
22. 呆運：倒霉、運氣不好（好！我呆運腳斷了，用了妳賺的錢，食了你煮的飯。）
23. 乞食：乞丐。（好！我甘願來去乞食，隨在妳！）
24. 隨在妳：隨妳便。（同前例）
25. 即：這麼。音 chiah。（查某官！今日怎麼那會即晏了咧？）
26. 專工：特地、專程。（驚了你無伴，專工來合妳作伴，妳顛倒趕我走？）
27. 夭壽亡：罵人早死的話。（夭壽亡！斬頭犯！）
28. 心適事：好玩快樂的事。（無要緊的事！心適事，人無看見，無要緊。）
29. 無定著：說不定。（無定著是因爲早起我罵伊……）

30.翻悔：後悔。應作「反悔」。（他翻悔，他翻悔早上不該罵她——）

31.人無氣則死，山無氣則崩：諺語，指生活困苦，營養不良缺乏元氣而死。

(十四)死麼？ 郭秋生

1.大主大意：自作主張。（爾這大主大意，好本事，爾只管要出去。）

2.內面：裡面。（請內面坐一坐）

3.呑忍：忍耐。（是不是意見不合了嗎？……大家呑忍些吧！）

4.下港：南部地方。（我在下港的時候，他曾寫一張信來問我。）

5.生做：長得。（今年十七，生做雖無十分的標緻，卻也平常沒有什麼可厭的所在。）

6.層：件（爲了一層官司，不得已要快將這個女子賣來作所費。）

7.所費：費用。（同前例）

8.生張：長相。（她的生張是什麼樣？）

9.肢骨：骨架。（是否幼小的肢骨，不高不低的身材麼？）

10.焉何：爲何。（什麼難苦我也甘願去做，焉何沒有一個肯諒情我，使我得有個安定的所在？）

11.媳婦仔人：養女。（對這不會念曲的事情，一點都不傷心呢。不是別的，是因爲心中把持著「媳婦仔人」。）

12.查某嫺人：婢女、丫頭，（「查某嫺人」做的事，不外是煮、洗、掃這三件。）

13.路用：用處。（咱，原是買來做個那途的路用的，既不能了，留在這裡就太不經濟了。）
14.身軀：身體。（就要以鍾打成的身軀耐勞，又不會生病的。）
15.物件：東西。（去包妥隨身的衫褲和爾的物件，隨紅香嫂去吧）
16.死坐活食：吃閒飯。（照現在這樣的死坐活食，不但是我艱苦，就是爾，打量也不會過心呢。）
17.過心：安心。（同前例）
18.看時不看日：等死。（我是「看時不看日的人了」，不要緊，打罷。）
19.教示：教誨。（對這門的知識，總用不著他人的教示，一目就可以瞭然了。）
20.當意：同意。此處純用擬音字。（原來這個老人家，本就沒有當意我。）
21.菜店：酒家、妓院。（要再賣出，也是要到下港的菜店，較容易呢。）
22.泅沒有三尺水，就要扒龍船：喻人不知本分，不自量力，好高騖遠，另見〈脫穎〉作「無三寸水，就要扒龍船」。

㈤**顛倒死？　守愚**

1.大注錢：大筆錢。（他們的祖先不中用，沒有賺大注錢的本領。）
2.公媽：祖宗。（這已經算是他家裡的神明、公媽很靈聖了。）
3.靈聖：靈驗。（同前例）
4.看較斟酌：看細心、仔細些。（喂！阿番！看較斟酌！大人若來好走」）

5.敢：豈、可。（敢會驚死？昨早起我叫你拚勢，你都不聽。）

6.好狗命：幸運。（你眞好狗命，我又過加乎伊打一下嘴巴咧。）

7.過加：更加。（同前例）

8.乎：被、給。乎是擬音字，音ho。（同前例）

9.撕：裂。（幹你娘！罰金都慘死咯，過再撕嘴巴！）

10.幹你娘：罵人三字經（同前例）

11.菜市仔：市場。（伊有叫你擔去菜市仔內賣麼？）

12.生理：生意。（怎麼挑著四下叫賣都無生理嘮；到菜市內愛去賣「烏南叔仔」是麼！）

13.愛：要。（同前例）

14.刁意故：故意。（伊是刁意故的，若無，伊敢會不知賣點心的一日賺幾角銀。）

15.某子：妻、兒。（父母某子，頭嘴一大陣，活要餓死，伊安怎會叫恁去罰金咧？）

16.頭嘴：人口。（同前例）

17.活要：簡直要。活是擬音字。（同前例）

18.恁：你們、爾等。音lin。（同前例）

19.定著：的確。（定著是這款，伊是刁意故變弄到你××穿莫衫莫褲。）

20.莫：無、沒有。（同前例）

21.通用：可用。（有人講是官廳無錢通用，所以搦點心擔出水。）
22.搦：捉。搦是擬音字，應作掠，音liah。（同前例）
23.出水：抵償。（同上例）
24.有影也無：是眞或是假。（「不知有影也無……」爛頭乞仔剛說了這句。）
25.多末：多麼，「末」今多作「麼」。（這個損失，是多末使金火難過呀！）
26.傢司：器具。亦作「傢傢」、「家私」。（不幸的金火，也就被捉去罰了兩塊錢，又自己賠了一些傢司。）
27.芎蕉：香蕉（來呀！涼粉條子、芎蕉冰、冰枝、生魚，燒肉圓呀！）
28.夭壽囝仔：短命鬼，罵人語。（「唉咦！夭壽囝仔，怎無較早通知？」）
29.怎無：爲什麼不。（同前例）
30.戇面：呆、傻。（差不多在鞋店門口，我就喊恁走路，是恁戇面。）
31.走路：逃跑。（同前例）
32.雕古董：被人當作古董玩弄。（「戇面？我不過是驚你雕古董。」）
33.險險：差一點。（我險險就乎伊揪著，差一腳步。）
34.若無：要不然。（金火去替你死，若無你也就去郡役所「烏腳溪那屎」嘮。）
35.擔頭：點心擔子。（金火的擔頭，乎××踢倒是麼？）

36.注死：該死。（「不是。眞注死！自己弄倒。」）

37.著驚：害怕，受了驚嚇。（伊正走到那所在，不知是著驚、生狂、也是安怎，自己跌一下，眞注死。）

38.生狂：慌張。（同前例）

39.也是安怎：或是怎麼了。（同前例）

40.較慘：就像是。（眞注死老彭！較慘命底帶官符，那個巡查也正走到，就搦法咯！）

41.著：就。Tioh。（不過文化會若講演，伊著會搦去罰金。）

42.散赤人：窮苦人。（伊替散赤人出頭，咱大家即會過較死！）

43.過較死：更糟糕。（同前注）

44.人做到汗流，你嫌到涎流：俗語，吹毛求疵，要求多而無理。

45.倒死：反而更慘。（警察的旅費，就對賣點心擔出水，倒死！）

46.號：種。（你這號人，無志無氣，雞屎落土，嗎有三寸煙。）

47.無志無氣：沒志氣。（同前例）

48.雞屎落土，嗎有三寸煙：諺語，勸人要有志氣。

49.嗎，也。嗎是擬音字。（同前例）

50.才情：能力。（咱自己無才情，別人替咱出頭，怎麼顛倒怪恨人。）

51.咱：我們。咱音lan。（同前例）
52.鐵馬：腳踏車。（突然又跑出了兩個騎鐵馬的巡查大人來。）

㈥鬼　郭秋生

1.減食：少活。（B區的人是多麼幸福，會得在那裡住起，就是減食幾年都也可以。）
2.勞死：累死。（「……疾步些吧！」「別扛轎要勞死噴吹。」）
3.別扛轎要勞死噴吹：諺語，可能作者筆誤，宜爲「別噴吹要勞死扛轎」，比喻不要不顧別人的賣力，只會不停催促驅使人。
4.走相拉：邊跑邊追逐比賽，或作「走相掠」。（我若沒車子掛累，一定要和你走相拉啦！）
5.咯：流。（他）一壁兒擦著眼睛，一壁兒咯著涎沫。）
6.一壁兒：一面、一邊，（同前例）
7.元來：原來。（元來阿六的蹲伏，並不是李四所想像的昏迷中惡。）
8.春頭：初春。（他的兒子春頭死去，妻子也害了病好久才痊安的。）
9.看高看低：四處張望（備好了晚膳（她）就站在門首看高看低。）
10.電光：燈光。（室裡那淺紅的電光，依然保全著它本來的面目。）
11.同居：鄰居。（和他同居的人人，誰也由朦朧裡飛一般跑到門口。）
12.著痧：中暑。（那麼強大的喘氣，怎麼說的是著痧。）

13.沒的確：說不定。（「沒的確！要不是甚麼邪祟作怪，總沒有連話也說不出來的道理。」）

14.竹管火：竹筒火把。早期沒有手電筒，多用提燈（煤燈），買不起提燈的人，便用布條沾上煤油，塞在竹筒中，做爲照明的竹筒火把，俗稱「竹管火」。（他一行四五人，有燈提燈，沒有燈就立刻打起竹管火望大路行進。）

15.電信柱：路燈電線桿。亦作「電火柱」。（只模糊知道是在電信柱邊。）

16.斟酌：注意。（你也沒有斟酌他發作起來的口氣，一些都不像他向來的聲音。）

17.做公德：積德。（求你速速保庇他的丈夫復元，那時當爲你超度做公德。）

18.銀紙：冥鏹，祭鬼魂的叫銀紙，拜神的叫金紙。（銀紙則多化些給你足用！）

19.半暝：半夜。（半暝了，她猶未曾聽起阿四喊。）

20.好得：幸虧。（暗暗裡表祝著好得祖公有靈，貴人有現，不致一場的白勞了。）

21.祖公：祖宗。（同前例）

22.現：顯靈。（同前例）

23.一過：一次。（她，再很仔細地摸一過，推一過，喚一過，她突然哭起來了。）

24.白賊：說謊、騙人。（「白賊！我四五日前才和他作陣的並沒有聽見他作病。」）

25.作陣：在一起。同「做夥」。（同前例）

26.作病：生病。（同前例）

27.大昨日：大前天。（然已在大昨日死掉了。他不是病死的，是活活地被鬼捉去！）
28.過日：隔天。（過日又是昏昏不省人事，只是時有大驚小怪地叫。）
29.歹空：難纏、不祥。此處指常發生不吉利的事。（雙叉路口那裡，極歹空的……）
30.這過：這次。（咱這地方沒有清淨的風聲，也並不止這過了。）
31.凸毛管：毛髮豎立。毛管指毛細孔。（我也曾聽說過的，又夜深更靜，犬在吹螺的聲，呀！說都會凸毛管啦！）
32.頭人：地方上的領導人物。（他娘的，作甚麼頭人，也沒瞧見A町要亂了，怎麼還不設法？）
33.祖師公：清水祖師。（「非『祖師公』不可！」衆人議論，一致地歸著於「祖師」的法力，他們便即時決定要請「祖師」出壇指點了。）
34.童乩：乩童。（坐在神前那個「神的體現者」——童乩——亦就漸見顫動！）
35.紅毛塗：水泥。（若內外全部用紅毛塗打固，就無相干了。）
36.殆：怎麼會。音如na。（唉！殆全朽壞了！他不由得表出一種憐憫的情態。）
37.打算：看來。（要不然，就是本含有甚麼冤枉失散，再將他移徙以動怒了他了。唉喲！打算這事尾是非同小可了。）
38.事尾：事情。（同前例）
39.有應公：絕後嗣無人祭祀的枯骨（「有應公啊！弟子某某……」）

40.起：蓋、建。（「三更窮，四更富，五更起大厝，這眞不是虛說。」）

41.都：倒，卻。（他都也高興地愿受衆人的敬會，只是對看他的舊債主，就很辛辣地答應回……）

42.偷工：專程、特地。「偷」爲擬音字，借義字或作「特」。（二三里路遠的地方的人衆，都挨挨陣陣偷工來看看S荒埔的熱鬧。）

43.射倖：儌倖。（萬應丹般的S荒埔墓，竟引動人的射倖心，寶貝般地爭取。）

44.誚：笑。（S荒埔亦復現出故態了，只是薄陽的斜洸，似乎是燦然地在誚S荒埔怎會發熱？）

(七)棋盤邊　懶雲

1.透：通。（還有一隻逍遙椅放在透內室的通路的。）

2.卜：抽、吸。（這客廳裡，卻時有四五人在座。卜水煙，哈燒茶，講那十三天外的話。）

3.哈燒茶：品茗熱茶。（同前例）

4.十三天外：天外天之外，喻不著邊際。（同前例）

5.大量：肚量大。（這間客廳，因主人的大量，在不知不覺間，遂成爲這群人的消遣處。）

6.文武：文指文棋，即圍棋；武指武棋，即象棋。（備有消遣工具的棋盤，文武皆備，人到了便各隨所好開始戰爭。）

7.麻雀：麻將。（被現代人所歡迎的麻雀，竟飛不進這間客廳。）

8.暗頭：黃昏日暮。（時候還是暗頭，人們方在吃飯，所以這客廳竟有些冷清清。）

9.煎滾水：燒開水。（只有煎滾水的酒精爐上那只銅茶古，在「恰恰」地吐出白煙。）

10.茶古：茶壺。（同前例）

11.淺拖：拖鞋。（「戛戛」一個人拼著淺拖行入客廳來。）

12.襤爛：邋遢。本字或作「襤褸」。（這人有些襤爛相，衫仔鈕頂頭二粒皆開放著。）

13.頭壳：腦袋。（把煙嘴擲到檳榔汁桶，兩手抱住頭壳，雙腳向地一搖，身軀椅仔便齊搖盪起來。）

14.斗久仔：一會兒工夫。（停有斗久仔，復有兩人互相說著笑，走進這客廳。）

15.著：可。（好好！著給我記著！老許有些恨恨，猶頻拭著嘴。）

16.偌：這麼。（偌大漢啦，還要時時取鬧，巧乖咧！）

17.大漢：長大成人、這麼大了。（同前例）

18.巧乖：正經些，乖巧些。（同上例）

19.目睭：眼睛，本字或作「目珠」。（你無目睭也有耳仔，政治已在順從民意了。）

20.眠夢：做夢。此處有異想天開之意。（哼！你在眠夢是麼？）

21.點仔：點兒（有點仔奮然。）

22.忼頭：癮頭。此指鴉片煙癮。（今日不是在戲園試驗「忼頭」。）

23.免著驚：別吃驚。（你曉得出願者有多少了？免著驚，三萬幾千人。）

24.眞著：眞對，音tioh。（是老許講去眞著，這是現代最文明的政治。）

25.運動：活動，此處指行賭。（哈哈！著！運動去！）

26.好空：好消息。（運動什麼？有什麼好空的？這時忽又進來幾個人。）

27.沒曉：不懂、不會。或作「𣍐(be)曉」。（你也沒曉得，和人看什麼？）

28.惷：戇。（阿惷舍！恭喜！你一定高中呵。）

29.講無空：愛說笑。（講無空的，試驗官是×裡派來，不是「忨頭」十足，那會入選。）

30.手面趁食：趁食，討生活。亦作「賺吃」、「賺食」。手面趁食，即謀生僅足糊口。（我看閒的人，有錢的人，和流一樣居多，手面趁食的就眞少啦。）

31.怎死：怎麼辦。（我想這次新××發出來，那一批失業的人，要怎死呢？）

32.對：從。音tui。（什麼？你對那方面聽來？）

33.講是：聽說是。（講是賭博乞仔的牽手。）

34.牽手：妻子。（同前例）

35.無賴久：沒多久。（後來經醫生注射，無賴久也就精神起來。）

36.精神：清醒、甦醒。（同前例）

37.份額：份。（保正只顧著下，他的份額被別人呑去。）

(六)放炮——村

1.太高鬼：骯髒鬼。（土人實在眞太高鬼呀！）

2.卓：桌子。（他口叫著母親，手指著卓上的芎蕉。）

3.稱采：隨便。或作「稱裁」、「襯采」、「請裁」。（我「稱采」好）

4.芏萊：鳳梨。此處但用擬音。今人有取其諧音，呼「旺來」，祈求財源旺盛。（這就是豬肺煮芏萊的。）

5.趁燒：趁熱。（來喲，箸伸長來！趁燒！冷就不好！）

6.吃了了：吃得一乾二淨。（小孩咯，統統歡喜，吃了了咧。）

7.炕肉：熬肉。亦作焢肉、爌肉。（我最愛吃臺灣料理，米紛咯、炕肉咯，統統眞好吃。）

8.粗草菜：隨便烹飪的菜餚。（單單一盤土豆仁，和幾碗粗草飯，他也吃得爽快快。）

9.無格派：沒派頭（實在他就是這麼無格派，愛和百姓人交陪的。）

10.交陪：交往。（同前例）

11.放屎：拉屎。（要放屎嗎？我抱你下來。）

12.涼水：汽水。（賣吃涼水啦！歹囝仔。）

13.賣：要，音be（同前例）

14.內地人：日本人。日據時代，臺人稱日本本土叫「內地」。（內地人的囝仔比臺灣人的，眞乖巧得多喲！）

15.快騙：容易哄騙。照顧小孩，因以哄騙爲主，故閩南語常說「騙囝仔」。（一依從了他的意思，登時就喜歡起來，這還算好性情！快騙！）

16.膽頭：膽子。（你看他這麼小的年紀，膽頭眞大哩！）

17.亂吵吵：亂極了，擔心極了。（誰敢回手打了他一下，他就跑回家去，哭倒在爹娘的眼前，少不得，你就亂吵吵了。）

18.認恷：認輸。（臺灣人結局是要認恷的。）

19.勞力：勞你費力，即道謝的意思。（請他實在更不値飼狗。開六七圓，連叫聲勞力都無。）

20.格：嘔，刺激。本字或作激。（身軀汗臭酸眞要格死人。）

21.豬稠：豬舍。稠音tiau。（厝內像豬稠。）

22.無禮無數：不懂禮節。（臺灣人）又腌臢，無禮無數。）

23.無分無會：不分青紅皀白。（大人！我是犯得何罪？你總無分無會，起手就打？）

24.不知頭天：不知什麼事情。（我實在全不知頭天。）

25.腳精拳頭：腳精，即腳脛。意謂拳打腳踢，（他踏入門無分無會就腳精拳頭。）

26.神明生：神明的生日。（有神明生或孝公媽沒？）

27.孝公媽：祭拜祖先。（同前例）

28.吃迌迌：吃著好玩。語源或作佚陶（連橫）、蹢躅（吳守禮），尙無定論。（你也不是富戶，無事無故，怎麼做粿吃迌迌？）

29.無事無故：無緣無故。（同前例）

30.阮：我的。音goan。（粿是阮妹婿送來的。）

31.做伙：在一起，亦作「做夥」，同「作陣」。（你常和他做伙，較有話說，你替我訴聲冤枉。）

32.屈天慢理：傷天害理。（咳！屈天慢理比土匪更厲害。）

33.天年：天下（看你威風有多麼久？留目給你看，到阮的天年拿來貫耳仔牽迌迌哩！）牽迌迌，同前，牽著好玩。

34.貫耳仔：穿耳朵。（同前例）

該時期小說，其應用方言詞彙，顯然是走在文學理論發展之前，而其臺灣話文之風格，乃自然形成，初無理論爲之津梁，此情形或與民間戲曲、歌謠、「歌仔冊」普遍使用閩南書面語有關係，小說作者對這些饒富古意之閩南語文獻自不陌生。一九三六年九月刊行的《臺灣新文學》雜誌，曾刊賴和與宮安中對楊清池歌唱〈辛酉一歌詩〉之書面記錄，其初稿之撰就年代則早在一九二六年以前，易言之，一九二六年以前賴和即已用閩南方言記錄、書寫文獻，此與賴氏在一九二六年主張〈舌頭和筆尖〉合一的語言形式軌轍悉同。賴氏爲臺灣新文學運動之啓迪者，受賴氏薰潤之作者，如陳虛谷、楊守愚諸氏，當非少數。

然而此一時期方言詞彙之應用猶處於搖籃階段，因此，有些作品使用方言詞彙亦不多見；復以語言風貌本身的差異，有些作品甚至極少使用方言詞彙；亦有全然不乞靈於方言詞彙之創作，如提倡中國白話文的張我軍之小說〈買彩票〉、〈白太太的哀史〉，其取材背景以北京之生活爲主，與臺灣現實毫無關係，因而純以中國白話文行文。

二、臺灣小說中閩南方言詞彙之應用（一九三二—一九三七年）

黃石輝於一九三〇年八月十六日起於《伍人報》發表〈怎樣不提倡鄉土文學〉，在文學題材上主張臺灣新文學本土化；在文學語言形式上，主張使用臺灣語來描寫。由於《伍人報》發行數量不多，因而該文並未引起衆人矚目。松永正義〈關於鄉土文學論爭〉（一九三〇—一九三二年）一文曾說：「伍人報一而再地被禁止出版，據說發行部數從數百到兩千部程度，看來論爭的擴大是有限的。論爭大爲擴張的是這篇論文刊出約一年後，黃石輝、郭秋生的兩篇論文相繼被刊載於臺灣新聞以後的事。」（註二），至一九三一年七月廿四日黃石輝復於《臺灣新聞》發表〈再談鄉土文學〉，於是迴響不絕，支持與反對之聲浪皆沸騰，一時反對者如毓文〈給黃石輝先生—鄉土文學的吟味〉，《昭和新報》（一九三一年八月一、八日）；點人〈檢一檢鄉土文學〉，《昭和新報》（一九三一年八月廿二、廿九日）；克的檢討—讀黃石輝君的高論〉，《臺灣新民報》三七七號，（一九三一年八月十五日）。支持者如郭秋生〈建設「臺灣話文」一提案〉，《臺灣新聞》（一九三一年七月？）；黃純青〈臺灣話改造論〉，《臺灣新聞》（一九三一年十月十五、廿七日）；黃、郭二氏於臺灣新民報三八九—三九三號復有數篇文章討論臺灣話之改造問題。一九三二年創刊之《南音》甚至設「臺灣話文討論欄」、「臺灣話文嘗試欄」，負人（莊遂性）的「臺灣話文雜駁」對反對者毓文、點人、克夫、賴明弘等人屢加批評。茲從克夫、點人、毓文、越峰、錦江、秋生之作品中諗視其理論與創作之關係，並就賴和、守愚、秋桐、楊華之作品抽樣觀察，以進而了解賴、楊……等人之作在臺灣話文論爭運動之後的創作型態。

㈠**島都　朱點人（一九三二年一、二月）**

1.鬧熱：熱鬧。（在著鬧熱的人叢中有一個青年。）

2.頭人們：領導人物們。（地方頭人們並不顧慮人民的經濟怎樣？）

3.三天大「醮」：醮，祈求平安所舉行的祭典。（要建設三天大醮。）

4.的確：必定。（父親的心痛的確是比自己還要加倍的。）

5.厝稅：房租。（我不缺少人家厝稅，誰敢趕我？）

6.變面：翻臉。（書記看看兩人都變面了，不敢默默不爲周旋。）

7.隨時：即時。（覺自己有些理短，隨時答不出話來。）

8.同款：一樣。（你也和她同款，怎樣？）

9.儉腸捏肚：喻省吃儉用。（而又儉腸捏肚地節省著，預備些款待人客的錢。）

10.人客：客人。（同前例）

11.無法度：沒有辦法。（史蓁想到無法度，不禁悲觀起來。）

12.不甘：捨不得。（是蓁的不甘賣，在當時史蓁也實在不忍。）

13.聽講：聽說。（聽講你要續娶，是不是爲著這……。）
14.六十圓「便」：現成。（我現在只有六十圓便，這是我粒積起來的。）
15.粒積：積蓄。（同前例）
16.痛愛：疼愛。（蹟你痛愛他，我打算自己是養他不起。）
17.翻悔：反悔。（眞的？不翻悔？）
18.五朝清醮：建醮前戒殺生，需吃五日齋。（同時那五朝清醮也起鼓了。）
19.起鼓：打鼓以示開始。（同前例）
20.專工：特地。（趙媽自己煩忙，不能專工去看管蹟。）
21.鬧熱一煞：熱鬧一結束。（鬧熱一煞，便把蹟和她媳婦一起，找她在下港賺錢的兒子去了。）
22.下港：臺灣北部人稱南部爲「下港」。（同前例）

(二)紀念樹　朱點人（一九三四年二月寫，七月刊出）

1.外家：娘家。（我終於回到外家來了。）
2.後尻：後臀。（當白貓兒的前足加在黑貓兒的後尻。）
3.一走一逐：一個跑一個追。（牠們一走一逐在床前環走了幾回。）
4.先生緣，主人福：臺灣人認爲看病也要靠貴人，與醫生有緣，病就好得快。（「先生緣，主人福。」說不定我的病就會好的。）

5.起嗽：咳嗽。（但我將來亦難保不會起嗽吧？）

6.也著人，也著神：生病要靠醫生，也要靠神明。（俗語說的好：「也著人，也著神！」）

㈢安息之日　朱點人（一九三五年六月寫，七月刊出）

1.横直：反正。（藥湯我是不要喝了，横直沒有效。）

2.傢伙：家產。（早知道傢伙已成，生命將無，我亦不該走上這條路來了！）

3.一壁：一面、一邊。（他摸著巨腹，一壁追悔一壁痛恨著妻的無理解。）

4.豬砧：豬肉店切賣豬肉的砧板，亦可指豬肉店。（他正坐在豬砧邊抽煙。）

5.牽成：提拔。（我不在的當兒，望你把他牽成牽成。）

6.刣豬：殺豬。（他本來是要叫阿浪幫忙他刣豬。）

7.土豆仁：去殼的花生。（李大粒花了二錢雙料酒、一錢土豆仁大充了他的晚酌。）

8.打拚：奮鬥。（然而我很勞力的打拚，才有今日。）

9.「敢」不是：豈、可。（敢不是沒有出外去。）

10.一間厝：一間房屋。（當他發了財沒有幾時就買了一間厝。）

11.厝頭家：房東。（這間厝如今算是你的了，我該叫你厝頭家才是。）

12.怕我「走你」：倒你的賬。（難道你怕我走你嗎？）

13.稅厝：租房子。（我們從來的稅厝是不用磧地金的。）

14.好尾：好結果。（豬刀利利，賺錢不過代！看你李仔粒有什麼好尾。）

15.在生：有生之年。（我在生所有的錢，死後不知要走到誰的手裡去！）

16.走：跑。（同前例）

17.乞食：乞丐。（那樣的有錢，卻這樣的葬儀，真是乞食也不如了！）

㈣脫穎　朱點人（一九三六年十一月寫，十二月刊出）

1.惜：疼愛。（十個兒子十個惜。）

2.痛：疼愛。（三貴父母的痛他，也如痛二個阿兄一樣沒有二心。）

3.囝仔：小孩。（三貴已不是囝仔，況他自己也無賺錢。）

4.目睭：眼睛。（趁我目睭未黑暗，想要給三貴娶妻。）

5.身軀：身上。（三貴把衣袋一摸，身軀沒有半文錢。）

6.外路：外快。（我今日又得一次外路，這幾日來運氣眞好！）

7.喰巧：吃希罕好吃的東西。（我們就喰巧的，不要喰飽的。）

8.「敢」不是：可。（啊！你敢不是愛喰雞卷？）

9.作算吃人一斤，也著還人八兩：就算吃人一斤，也得還人家八兩，不能白佔人家便宜。（俚諺）

10.蹔一蹔眠床鼓：踢一踢床板。（他無意識地舉起右腳蹔一蹔眠床鼓。）

11.立著位較好識拳頭：喻得到好地位比什麼都好。（諺語）

12.頭路：工作、職業。（定居的頭路本是人家討給他，是他不去讓他去的。）
13.目頭：眼眶。（他想到傷心的極處，不覺目頭感著一陣熱。）
14.拭桌頂：擦桌子（桌面）。（打掃室裡，拭桌頂，掃塗腳。）
15.掃塗腳：掃地。（同前例）
16.不曉衰：不害臊、不害羞。（啊啦！陳！你眞不曉衰！在做什麼？）
17.直直對門外走出去：直向門外逃去。（他頭都不敢回，直直對門外走出去。）
18.青筍筍：慘白。（他喘著息，面色驚的青筍筍。）
19.頭犁犁：頭低低的。（雙手叉著胸坎，頭犁犁在想著。）
20.話較多貓毛：臺諺，喻言語極多。（話較多貓毛，時間內往往有他朋友找他說話。）
21.時間內：上班時間。（同前例）
22.目箍：眼眶。（他在心裡敢怒而不敢言，目箍早紅著了。）
23.滾水：熱水、開水。（故意失手把手爐裡一罐燒滾滾的滾水推倒了。）
24.免褒：不必誇獎。（免褒啦！我有實力自然人家會認定。）
25.激心一暝一日：激憤一個晚上又一天。（足足要激心一暝一日，有時連睡都睡不著。）
26.朽頭路：爛職業。（這樣朽頭路，萬代也不會出脫。）
27.出脫：出息。（同前例）

28. 激氣：賭氣。（和頭家激氣。）

29. 前頓：前餐飯。（終日前頓討不得後頓著，實在眞可憐！）

30. 無三寸水就要扒龍船：臺諺，喻不自量力且急功近利。

31. 下晡：下午。（譬如今天下晡下雨，他就叫他帶雨傘出門。）

32. 聽嘴：聽話。（他很聽嘴，不嫌雨傘拖累。）

33. 雨渥：淋雨。（若有驗，已可遮雨，又免受雨渥。）

34. 歹看：難看。（但他不嫌它歹看，把它橫挑在肩胛帶著走。）

35. 亭仔腳：騎樓下。（叫他遮她到亭仔腳去搭車。）

36. 昨暝：昨晚。（昨暝接到滿洲的電報，說我的兒子戰死了！）

37. 無閒：忙碌。（唯有敏子不知在做什麼還在無閒。）

38. 雙平酒窟仔：兩邊酒窩。（三貴看見她雙平酒窟仔凹了一下。）

39. 淡薄：稍微。（二惢目睭有淡薄異樣。）

40. 免秘思：不要不好意思。（有話只管說，免秘思……。）

41. 心肝雄：狠心。（又聽說臺灣人心肝雄！我驚……。）

42. 啥知：誰知、那知。（啥和在身分的一點上雙方又躊躇了好久。）

43. 稱無到重：不夠分量。（但男家的身分總被稱無到重。）

44.稅厝：租房子。（對於稅厝問題，他父親的意見是要他稅近他隔壁。）
45.電火水道便便：水電齊全。（電火水道便便，厝前厝後有淡薄空地。）
46.險：差一點。（你打扮得這身分，我險不認識。）
47.細漢：小時候。（你我自細漢交陪到大，我怎不認得你是陳兮！）
48.交陪到大：自小交往到大。（同前例）
49.敢著：何必。（×××敢著帶到這種麼重！）
50.子兒：兒子，和鬧熱、童乩、人客、慢且構詞法同。（他去給日本人做子兒了。）
51.吐息：歎氣。（「我失了一個朋友！」定居吐息著說。）

㈤老婊頭　王錦江（一九三六年六月寫，七月刊出）

1.著啦：對啦。（著啦，生意實在眞壞。）
2.婧媒囝仔：女孩子。（每晚一個婧媒囝仔，罕有二人以上的人客）
3.恁：你。（那裡已是成了市，有二個人客倒是不壞。）
4.拔拔去：搶去。（我們這裡的人客，總給恁那裡拔拔去。）
5.古早：以前。（錢是古早賺入手，也沒有缺食，免賺也沒要緊。）
6.親像：像。（親像我一家口，靠那生意食穿。）
7.曝干：曬乾，猶言喝西北風。（生意若無，大家就要曝干。）

8.敢著那麼緊：何必那麼快。（再坐啦，敢著那麼緊。）
9.來去坐：到我家坐坐。（和她告辭聲「來去坐」。）
10.人親朋，錢性命：臺灣諺語，喻視錢如性命，比親戚朋友還重要。
11.蕃仔酒矸：日據下臺灣妓女，如接日本客人，叫被恥爲「蕃仔酒矸」。（蕃仔酒已散在路上等待客了。）
12.小潑賤：罵女人語。（這小潑賤，一定是又不返來喫飯。）
13.喫本：蝕本。（今天又是喫本……哼！）
14.食飽未：吃飽沒？（阿娘，你食飽未。）
15.食看：吃吃看。（阿娘，你食看，新款的。）
16.新款的：新的樣品。（同前例）
17.一領：一件。（祇這一領我就不再做啦，好嗎？）
18.昨年：去年。（第一是昨年秋鬧鬼。）
19.按怎樣：怎麼樣。（按怎樣？更新不好嗎？）
20.食那款藥：吃那種藥。（秀仔講食那款藥，病沒有甚麼好。）
21.不要細膩：不必客氣。（不要細膩，不是要向你借。）

(六)好年光　林越峰（一九三五年刊）

1.斷點水：一點水也沒有。（溝裡斷點水，四處的田地都給曝裂。）
2.一「車」：十石稻穀爲一車，一石一百台斤，一車約一千台斤。（一車糶上七十塊。）
3.攏草：除草。（男人都到田場裡去忙著割禾、攏草。）
4.大付些：豐富些。（我說今年敬土地公的牲禮，總要大付些。）
5.斤聲：秤頭，即重量。（穀粒這麼肥，斤聲準很旺。）
6.準：一定。（同前例）
7.超生：出頭、出息。（種田人眞不超生，年光一點好，穀子就賣不起錢。）
8.的確：一定。（收成好，穀子多，價錢就的確賤。）
9.敗：稻穀長得不好，收成不豐。（去年旱，稻子敗粗稞一粒也不減。）

(七)玉兒的悲哀　毓文（一九三五年七月寫，八月刊出）

1.二十「外」天：多、餘。（自午膳後，拿生後不過二十外天的兒豬，到鄰村去出賣。）
2.稻埕：曬穀場（在門口的稻埕裡，來來往往地漫步著。）
3.都是：原來是。（把頭轉後，只見都是屋後陳庄長的二公子慶兒。）
4.作前：在前面。（慶兒作前走著。）
5.遷延：拖延。（要豫備試驗，所以要遷延到黃昏五六點鐘，才能回來！）
6.做嗎：做什麼呢（把臉兒抹好就去，還呆立在那裡做嗎？）

7.面布：毛巾。（潦潦草草的拿起面布在臉上抹了幾下。）
8.頭一番：第一班。（不這樣早，頭一番的北上車，是赴不及的。）
9.赴不及：趕不上。（同前例）
10.批信：信。（個個都會唸書作文、看賬簿、寫批信。）
11.打合：商量。（前後和玉兒的父親打合了幾次。）
12.贌：租耕。（稅期在即，又要多贌些土地來耕作呢？）

(八)**秋菊的告白　克夫（一九三二年九月寫，一九三四年刊）**

1.不使得：不可以。（沒有退校是不使得，我便再向先生訴說家中的情形。）
2.慢慢：即「萬萬」諧音。（好景氣……這是慢慢不可能的事啊！）
3.緊：快。（你既然不甘心赶緊找錢來還我。）
4.食三四嘴：吃三、四口飯。（我的父親把一碗飯食三四嘴，也就放下去。）
5.嘴對嘴：交談。（她們二人就同我的父親嘴對嘴在談論著身代價。）

(九)**女鬼　賴賢穎（一九三六年刊）**

1.十月冬：十月底，指收成季節。（完了十月冬的收穫不久的一天中午。）
2.好呆：好壞、豐欠。（預言著來季冬頭的好呆的等等。）
3.無客氣：不要客氣。（——無客氣——唧！哩！）

4.免細膩：不要客氣、不用拘禮。（啊！免細膩。）

5.一壁：一面、一邊。（一壁是滿嘴的頂親熱的招呼，一邊又把那擎著杯子的手，到處揮動。）

6.這款：這樣。（要像令郎家城兄這款的呢仔……的自由自在，到四處迭陶。）

7.迭陶：即「迌迌」，遊樂。（同前例）

8.招：邀。（所以人家招他去考，他也就同去。）

9.通街：整條街。（父親不是差不多把通街仔的醫生底生理狀況，都向他做了詳細的報告嗎？）

10.生理：生意。（同前例）

1.大百錢：大把錢。（不免含有著責備他放著「大百錢」不掙，到各處去瞎攢。）

2.討伙記：討小老婆。（老人可以討伙記，倒不准許少年人娶個意愛的女子。）

3.敢不好：可不好嗎？（家城兄……你想這……敢不好？）

4.作忌：祭拜祖先的逝日。（今日府上不是說作忌？）

5.頂年：前年。（頂年彷彿曾聽你說過，這個作忌的人是有過一段故事。）

6.大舌的：口吃。（卻有如一個受了屈的「大舌」的底急辯。）

7.未過得：怪不得、莫怪。（未過得他歡喜。）

8.好交陪：好朋友。（這個作忌的人，也是她，家城底老母的好交陪呢！）

9.查某鬼：女鬼。（聽看講起那個查某鬼，全身尚且要起一陣陣的「雞母皮」。）

10.雞母皮：起雞皮疙瘩。（同前例）

11.十「外」石：多、餘。（除了幾代置買下來的十外石租之外，相當也有點粒積了。）

12.粒積：積蓄。（同前例）

13.竄鑽：鑽營。（他憑了他的竄鑽的本事，便得了當地殷富的揚姓。）

14.拍死：打死。（他們就使怕你，不敢拍死這條小命。）

15.就使：即使，就算是。（同前例）

16.起租：漲租。（看你的看，他們怕起租。）

17.查脯孩子：男孩子。（是……查脯孩子……守寡十外年……死也佔無一位公媽牌角。）

18.十外年：十多年。（同前例）

19.公媽牌角：供奉祖先的牌位。（同前例）

20.拍完粟仔：拍賣了稻穀。（遍訪各莊家「拍完粟仔」。）

21.才情：才能。（要是自己才情，那怕一妻二妾，算不得過分。）

(十)四兩仔土　蔡秋桐（一九三六年九月刊）

1.水螺：汽笛。（土子！水螺響咯！）

2.那攏著褲：邊走邊穿褲子。（土哥那攏著褲，趕緊返身走入內來了。）

3.嗜嗜㖸㖸：吃得很快發出的聲響。（土哥嗜嗜㖸㖸，一連吃了二三碗簽湯。）

4. 打損：浪費。（土子你很打損五穀，眞不長進呵！）
5. 親像：像。（親像一片肉，或是一尾魚，一年間是罕罕沒有幾次！）
6. 越頭：轉頭。（衆人越頭看見土哥追到。）
7. 顚倒：反而。（比咱姊顚倒減一點，嘻嘻……）
8. 生泡：指卵泡，男性陰囊。（眞正有生泡輸無生泡。）
9. 散凶：貧窮。（土哥家裡雖然是散凶，也不親像人罵天怨地。）
10. 好空：好處、走運。（阿笑一到，秉狗仔好空了。）
11. 工課：工作。（如此滿足他的獸慾，工課也可以寬點。）
12. 「加」賺：多。（因爲她底好寶貝可以加賺啦！）
13. 無斤兩：沒份量。（土哥身材矮小，無斤兩，人家也就稱呼爲四兩仔土。）
14. 攏總：全部。（攏總叫他四兩仔土。）
15. 變竅：腦筋開竅、機巧。（他本性又樸實，又是沒有變竅。）
16. 散赤：貧窮。（家又是那麼散赤，耕種也是死守古板。）
17. 好無：好嗎？（四兩仔土今年好無？）
18. 眞害：眞糟糕。（我想著眞害！）
19. 強要：快要。（壁！內透外，厝強要倒落去。）

20.面不時斷血色：臉時有菜色。（營養不良，面不時斷血色。）
21.了然：枉然。（連五百銀紙都沒有可燒，我想也了然。）
22.唸「敢」就會有：豈。（不用吟啦！敢就會有麼？）
23.出世不「著」時：得。（可惜土哥出世不著時。）
24.炊粿：蒸年糕。（再後兩日算是年到了，東家也炊粿。）
25.賺食：謀生。（出外去賺食的人們也陸續回歸來了。）
26.呑不得落去了：吃不下去。（晚餐呑不得落去了。）
27.無睏：睡不著覺。（一更無睏，二更無眠。）
28.孔腳蹻：翻斛斗。（站在門扇打盹的土哥孔腳蹻倒落去了。）
29.外口：外面。（土哥匆匆由外口入來，看見有人領錢出來。）
30.返來去：回家。（寧可返來去煮熟再來吧。）
31.逐項：每項。（我的物逐項都毀。）
32.伸：剩。（全庄只伸你一人未納而已。）

㈩ 決裂　楊守愚（一九三二年一月刊）

1. 一壁兒：一面。（朱榮一壁兒向到達農民組合的那條路上走著。）
2. 綑身索：縛身繩。（狂人式的愛，不成爲一條綑身索麼！）

3.不穩：不安。（果眞有什麼不穩文書？）

4.不是勢頭：情形不對。（見不是勢頭，旺便急忙出爲和解。）

5.打合：商量。（經過了三十分鐘的打合，講演會的事情總算大體決定了。）

6.不分不會：沒頭沒腦。（話一說完，不分不會，轉過身來便走。）

（十三）斷水之後　楊守愚（一九三二年十二月寫，一九三三年三月刊）

1.這搭：這裡。（這搭，幹恁娘咧，免較緊？）

2.免較緊：怎麼不快點。（同前例）

3.哭爸：咒語，罵人死了父親。（「哭爸！」怒氣沖沖地拋網的人叱。）

4.無可定：不一定。（「無可定」好像對於這一拋，是很有把握的。）

5.這擺：這回。（這擺包著大魠。）

6.司公：道士。（和尚較會司公。）

7.食去風：吃了可以去風濕。（食去風，跛方，好空咧。）

8.衰衰：眞倒霉。（「衰衰！」搖頭歎氣，跛子阿方提起那一隻烏龜狠狠地擲下罵了。）

9.較緊：快點。（「造岸，較緊咧。」）

10.慢遁喰無份：動作慢就吃不到東西。臺灣諺語。

11.那有定著：那有一定。（那有定著……無可定……搦得整百斤。）

12.會使得：可以。（「會使得，會使得。」）
13.半冥：半夜。（辱到半冥，一人敢分無半斤。）
14.啥貨：什麼。（辱要做啥貨？菜市仔口滿滿是。）
15.「罔」辱著有食：姑且。（景氣歹歹，罔辱著有食。）
16.攏了呀：都好了。（刈稻、犁田攏了呀。）
17.生目睭：活這麼大年紀。（生目睭不曾看見這款歹景氣。）
18.趖去：跑到那裡去。（不知又趖去……。）
19.較拼勢：拼命些。（辱！較拚勢咧。）
20.衫都渥嗥咯：衣服都淋濕了。（衫都渥嗥咯了，幹恁老爸咧。）
21.參詳：商量。（慢且慢且，大家參詳咧！）
22.豆油膏：醬油露。（食較好，嘴乾飲豆油膏。）
23.電火：電燈。（恁家的不是有電火。）
24.做月內：做月子。（紅觥搦返去做月內。）
25.烏籠籠：黑烏烏。（嘿！一空烏籠籠。）
26.包穩有：一定有。（「包穩有」立在阿定伯身邊的歹空說。）
27.講無空：亂來，說笑話。（講無空，上拗蠻給伊罰金。）

28.上坳蠻：最野蠻。（同前例）
29.一哺一暝：一下午一晚上。（戽一哺一暝，撈無半尾魚可返去孝腳尾。）
30.孝腳尾：祭拜死。（同前例）
31.即暗：這麼晚。（路旁屍！即暗也走來要……。）
32.小可事：小事情。（我看也是小可事，若無，保正伯仔敢就駛有仙陣？）
33.駛有仙陣：臺灣諺語，有辦法。（同前例）
34.好佳哉：幸好沒事。（好佳哉，好佳哉！）

㈢**惹事　賴和（一九三二年一月刊）**

1.麻雀：麻將。（打球麻雀是最時行。）
2.時行：流行。（同前例）
3.臭耳人甚：耳聾是不是。（臭耳人甚？這魚池不許釣！）
4.囝阿兄：猶稱「小兄第」。（囝仔兄！那用惡到這樣？）
5.戽水：潑水。（我就敢給你戽水。）
6.死鱸鰻：死流氓。（死鱸鰻！著不要走！）
7.款式：情況。（看見這款式，很有驚疑不安的臉色。）
8.專工：專程。（我也聽講是你的公子，所以專工來訴給你聽。）

9.教示：教訓。（我替你教示，你不喜歡嗎？）

10.交陪：交情、交往。（這幾人是和我家較有交陪的，萬一相打起來。）

11.相打：打架。（同前例）

12.拍狗：打狗。（拍狗也須看著主人。）

13.棹頂：桌上。（但是雞母又尚不滿足，竟跳上棹頂。）

14.一腳：一只。（桌的邊緣上放著一腳空籃。）

15.渥花：澆花。（大人正在庭裡渥花。）

16.手骨：手。（自己一支手骨在維持一家。）

17.幾擺：幾次。（你，偷拿雞有幾擺？）

18.徼倖：壞運氣或缺德。（徼倖喲！這是那一個作孽，這樣害人。）

19.加講話：多話。（加講話，拿來去。）

20.怠事：事情。（立在門前談論這突然的怠事。）

21.所在：地方。（若是偷拿的怎罩在這容易看見的所在。）

22.無法度：沒辦法。（現在已經無法度啦，講有什麼用？）

23.攏：都。（少年人，攏無想前顧後，話要講就講。）

(卋)王都鄉　郭秋生（一九三四年十月寫，次年一月刊出）

1.趁：學、跟著。（也趁人家娶了妻。）
2.實哉：實在。（交通機關發達了，現代的人實哉等於沒有腳的必要。）
3.生理：生意。（或圖你們生理的永固。）
4.挨挨陣陣：摩肩接踵的，擁擠貌。（挨挨陣陣的男女，嘻嘻嚷嚷如凱旋的軍旅。）
5.二十點鐘：二十小時。（我們一日二十點鐘的勞動連睡眠都是偷的。）
6.雨沃：淋雨。（日曝雨沃，暝日賣一圓外錢的杏仁茶。）
7.外：多、餘。（同前例）
8.水道：自來水。（房租，電燈，水道，伙食，衫褲，大小頭燒耳熱。）
9.大小頭燒耳熱：全家意外生病的開支。（同前例）
10.也「著」拖老命「挨」杏仁：著，得。挨，磨。（老妻幾日前害病，也著拖老命挨杏仁。）
11.早起：早上。（早起才去就醫，見面就損了六十錢。）
12.損：敲。（同前例）
13.討趁：賺取。（還是先討趁三五四錢來渡命要緊。）
14.轉途：改行。（我勸告你轉途，你轉途看看。）
15.亭子下：騎樓下。（他覺有點疲倦了，便坐在一家亭子下歇息。）
16.一圓「外」錢：多、餘。（聽說那日賺了一圓外錢。）

17.銅人：銅像。（像公園的銅人，二三十個苦力沒有一半有工做。）

18.不曉想：不會想。（他是怎麼也不曉想了。）

19.斟酌：細心、注意。（他看見他的妻，還在提心吊膽斟酌著他。）

(十五)貓兒　郭秋生（一九三二年一月寫，二月刊出）

1.厝邊：鄰居。（只好厝邊隔壁偷人家的東西過日。）

2.趁：賺。（只好做第二偷的龜里（苦力），趁一些工錢吧了。）

3.哮饑：叫餓。（如果歸家哮饑，勢必更遭天福嫂的木棍光顧。）

4.生盲粉鳥：瞎眼的鴿子。（有一隻生盲粉鳥從空中跋落來來說，牠必展其饑虎撲羊的猛勢。）

5.跋落：跌落下來。（同前例）

6.逐番：每次。（好聰明的天福嫂，逐番都會未卜先知。）

7.攢來攢去：鑽來鑽去。（好得意地在天福嫂的腳縫攢來攢去。）

8.去孝孤咯：不情願賞吃。（去孝孤咯！一碗清飯攪魚湯。）

9.攪：絆、和。（同前例）

10.好頭路：好職業。（一半是這種賊仔生活不是好頭路的啦！）

11.鱸鰻：流氓。（一日一暝只管做鱸鰻流流去。）

12.的確：必定，一定。（她想的確要打牠一回半小死。）

13.半小死：遭痛打致奄奄一息，此指狠狠修理。（同前例）

14.洗清氣：洗乾淨。（偏偏睡在她那數小時的苦工洗清氣過的衫堆。）

15.三更半暝：三更半夜。（有時三更半暝咬一隻老鼠子。）

16.顧睏：儘顧著睡覺。（顧睏，睏飽自然是想要偷食。）

17.倒落：躺下。（天福嫂以爲太平剛剛要倒落床裡的時候。）

18.的款：的樣子。（鼠軍已似得到消息的款。）

本節就朱點人、王錦江、林越峰、廖毓文、林克夫、賴顯穎、蔡秋桐、楊守愚、賴和、郭秋生、等十人之小說抽樣比觀。前五人主張以中國白話文創作，後二人主張以臺灣話文行文，至於賴顯穎、蔡秋桐、楊守愚三人並無明顯主張，然此三人頗受賴和影響，作品亦時呈臺灣話文之風貌。從上列作品所抽取之閩南語詞彙觀之，可知朱點人、王錦江、林越峰、廖毓文、林克夫諸氏雖主張以中國白話文創作，然行文之際，爲求傳神、眞實，亦間用閩南話文，尤以記錄下層社會人物對話時，爲了寫其身份、口吻之眞實，自亦不得不乞靈於閩南話文。譬之朱點人之作，愈至後期，閩南話文之使用即愈多，且其句法亦漸多閩南話語法，朱氏一九三二年發表的〈島都〉、〈紀念樹〉雖亦不避閩南方言，但其數量遠不及一九三六年發表的〈脫穎〉一作。此一現象或足徵其創作之歸趨。王錦江、林越峰二氏較少使用閩南話文；廖毓文、林克夫則偶一用之，其理論與創作最相一致。賴顯穎留學北京，精通中國白話文，然以受其兄長賴和之薰陶，其小說語言時雜閩南語詞彙與句法；蔡秋桐於一九三一年前後所撰小說大抵以閩南話行文，其閩南詞彙尤豐，一般列於A級，即方言詞彙出現之頻率亦甚高，對不諳閩南語之讀者而言，閱其小說恐不易五行俱下矣。此外蔡氏閩南語詞彙奉半自出機杼，而以擬音爲主，初未深究字源、本義，因此不懂方言之讀者自不易了解其小說。（其〈興兄〉一作例外）楊守愚作品分兩類，一爲頗具道地中國白話文之風貌，一爲閩南方言的風格。這兩種現象在一九三一年以前即已呈現，如〈生命的價值〉、〈捧了你的香爐〉、〈瘋女〉、〈十字街頭〉、〈冬夜〉等作，其詞彙、句法皆罕見閩南語痕跡。〈誰害了她〉、〈顚倒死〉二作則適相反，亦可列A級方言出現頻率甚高之作。一九三一年之後，楊氏之作猶時見此二種風格，如〈就試試文學家生活的味道吧！〉、〈夢〉、〈啊！稿費〉、〈爸爸！她在使你老人家生氣嗎？〉、〈決裂〉、〈瑞生〉屬第一類，〈斷水之後〉使用閩南詞彙、語法、三字經較多，屬第二類。其一九三一年後之作品以閩南話爲基調的作品，嚴格說來並不多，此中消息令人翫味。賴和之作則始終不乏以閩南語詞彙、語法行文之作，賴氏此一嘗試誠有値得吾人及創作者借鏡之處，唯賴氏自〈一個同志的批信後〉自量未能克服、突破使用臺灣話文創作之困境，遂不復創作此一風格之小說，殊堪歎惋。郭秋生一向主張以臺灣話文來創作，其理論與創作尚能配合，然郭氏撰小說時並未大量以閩南詞彙、句法行文，有時覺得日語借詞尚且超過閩南詞彙。郭氏臺灣話文之主張多落實於《南音》〈臺灣話文嘗試欄〉，尤以童謠歌謠部分爲愈。

本節所選取之閩南語詞彙，雖各篇爲數不一（列舉時則不避重複），然亦不宜以此數字之多寡論定那篇小說較近閩南方言文學的風貌，因爲小說篇幅的短長固影響詞彙抽樣的數量，而其句法是否多以閩南話構成，尤爲判斷之關鍵，欲知作品之風貌仍須潛心研讀觀其全貌，方能釐定。

三、閩南方言詞彙的分析

(一)關於閩南語的詞類和構詞法：

爲清眉目，本節括弧（）內註明該詞彙之詞義、篇名，如查某（女人；保正伯、女鬼），表示「查某」之詞義即今中文「女人」，此詞見於〈保正伯〉、〈女鬼〉這二篇小說，該詞之使用甚爲普遍，同時亦見諸其它小說，爲避免冗長繁蕪之敘述，僅擇列一、二篇以爲代表。有時抽樣之故僅列一篇。詞義相似者儘量並列於同一則，俾便合觀。

甲、名詞

1.人際稱謂：(1)查甫（男人；老雞母），查脯（男人；女鬼）　(2)查媒（女人；老雞母），查某（女人；保正伯、女鬼）查某囝（女孩；誰害了她），查某官（對女人的尊稱，同前），阿治官（同前；老婊頭）　(3)阿媽（祖母；有一天、女鬼）　(4)某子（妻兒；顛倒死），子婿（女婿；她），囝婿（女婿；女丐），尪婿（丈夫；她）　(5)牽手（另一半，通常指太太；理想鄉、女丐、保正伯）　(6)公媽（祖先；放砲）　(7)後生（兒子；興兄）

2.一般人物：(1)富戶（有錢人家；一桿「稱仔」），四福戶（富貴人家；鬥鬧熱），勢力家（有財勢者；鄭秀才的客廳） ⑵細姨（姨太太、小老婆；新興的悲哀、誰害了她） ⑶媳婦仔（童養媳；轉途），心婦仔（同前；女丐），媳婦仔人（養女；死麼？） ⑷查某嫺人（女婢；同前） ⑸契兄（情夫；老成黨） ⑹𡢃某人（女人家；十字路），𡢃媒人（同前；老雞母），查某囝（女孩，女丐、謀生、誰害了她） ⑺囝阿兄（小兄弟；惹事） ⑻頭兄（地方有名望者；新興的悲哀） ⑼猴囝仔（小孩；失敗） ⑽散赤人（窮人家；顛倒死），百姓人（老百姓；放砲） ⑾乞食（乞丐；誰害了她、女丐）

3.特定人物：⑴頭老醉舍（地方上賢老鄉紳；鬥鬧熱） ⑵大人（日本巡查；一桿「稱仔」） ⑶生蕃（蕃人；無處申冤） ⑷龜里頭（工頭；顛倒死） ⑸祖師公（清水祖師；鬼），童乩（乩童；鬼），司空（道士；斷水之後） ⑹臭腳先（臭腳醫生；其山哥） ⑺算命先（算命先生；謀生） ⑻爐主（每年迎神賽會中選出的祭祀擔當者；王爺豬） ⑼阿片仙（鴉片鬼；新興的悲哀） ⑽蕃仔酒矸（譏笑臺灣妓女接日本客；老婊頭） ⑾鱸鰻（流氓；脫穎、理想鄉、惹事） ⑿羅漢腳（單身、打光棍者；赤土與鮮血） ⒀烏貓（時髦虛華的女子；謀生），黑貓（同前；元宵），烏狗（時髦虛華的男子；謀生），黑狗（同前；元宵、失業） ⒁內地人（指日本人；放砲）。

4.普通名詞：茲分五官身軀、器具食品、地方所在三項述之。

⑴五官身軀

①頭壳（腦袋；棋盤邊），頭毛（頭髮；十字路），頭鬃（頭髮；無聊的回憶），鵠頭（前額凸

出；薄命），心肝頭（心裡頭；一個同志的批信），目頭（眉頭；三更半暝、脫穎）目油（眼淚、眼水；榮歸），大小頭燒耳熱（全家意外生病的開支；王都鄉） ②目睭（眼睛；脫穎、阿凸舍），生目睭（自從出生以來；斷水之後），目睭前（眼前；失敗）目睭毛（眼睫毛；浪漫外記），目滓膏（眼屎；三更半暝），白仁（眼白，蛇先生） ③大舌的（口吃；女鬼），聽嘴（聽話；脫穎），求好嘴（說好話；流氓、蟬），吵嘴鹵（耍嘴皮子；老成黨） ④身軀（身上；脫穎），歸身人（整個人；旋風），肢骨（骨架；死麼？） ⑤腳川臀（臀部屁股；理想鄉） ⑥泡（男子陰囊；理想鄉），卵核（睪丸；彫古董），一顆生（男人生殖器；稻熱病） ⑦雞母皮（起雞皮疙瘩；彫古董、女鬼） ⑧手頭（手上；惹事） ⑨耳孔（耳朵；可憐她死了），臭耳人（聾子；惹事）另有一些以五官爲詞彙的不一定爲名詞者亦列於此，如格派頭（擺架子；其山哥），藥頭（中藥通常煎二、三次，頭一次稱之；其山哥），看頭（把風；失敗）對頭（對手；善訟人的故事），頭路（工作；榮生），出頭（揚眉吐氣、有出息；好年光），外口（外面；理想鄉），掃塗腳（掃地；脫穎），手面趁食（以做工爲生；其山哥），過身（過世；理想鄉）

(2)器具食品

①家私（家產；善訟人的故事、無處申冤），傢私（家產；凶年不免於死亡），傢伙（家產；橄欖、安息之日），家伙（家產；放屎百姓、旋風） ②水螺（報時器；善訟人的故事） ③雞稠（雞舍；王爺豬） ④摙椅（沙發；乳母），椅條（長條木板凳；蛇先生、辱、其山哥） ⑤爐丹（香火；保

正伯）⑥眠床（床；理想鄉、五谷王）⑦煙吹（煙斗；辱、老雞母）、煙筒（煙囪；不如意的過年）⑧淺拖（拖鞋；棋盤邊）⑨笠子（斗笠；無聊的回憶）⑩茶古（茶壺；棋盤邊）⑪擲「干樂」（擲「陀螺」；歸家）⑫滾水（開水，棋盤邊）⑬糞箒籠（垃圾箱；其山哥）⑭電柱（電線桿；鬥鬧熱）⑮鼎（鍋子；興兄）⑯塗豆糖（花生糖；其山哥），土豆仁（去殼的花生；轉途），豆油膏（醬油露；斷水之後）⑰麵湯（湯麵；可憐的朋友）、魯麵（辱），雜菜麵、燒麵羹、肉絲粥、燒米糕（瑞生），燒肉圓（過年），甜麵線（赤土與鮮血），雲吞麵（夜深）⑱芏萊（鳳梨），芎蕉（香蕉；放砲），芹蕉水（細雨霏霏的一天）⑲油炸膾（油條；其山哥）、油炸儈（鬥鬧熱）⑳菜頭粿（蘿蔔糕；失敗）、菜脯干（蘿蔔干；旋風）、粉粿（細雨霏霏的一天）㉑甘蔗粕（甘蔗楂；其山哥）㉒菜瓜（絲瓜；蟬）㉓蕃薯簽湯（切細曬乾的蕃薯煮成湯；新興的悲哀）㉔粖（稀飯、粥；其山哥）㉕麥芽羹（麥芽糖；歸家）㉖三當（三餐；鮮血）、晚頓（晚餐；失業），暗頓（同前；理想鄉）㉗煙腸（香腸；過年）㉘豆干（豆乾；同前）等。

(3)地方所在

①所在（地方；三更半暝、十字路、乳母、惹事）②亭子腳（騎樓下；流氓）、亭仔腳（騎樓下；保正伯、鬥鬧熱、脫穎、十字路、沒落、細雨霏霏的一天）亭子下（同前；王都鄉）③灶腳（廚房；王爺豬、興兄、理想鄉）、灶下（廚房；可憐她死了）④戶磴（門檻；其山哥）、戶杅（門檻；興兄）⑤電火局（電力公司；辱）⑥在倒位咯（在哪裡；阿牛的苦難）⑦間壁（隔壁；啊！稿

費），厝邊（鄰居；姊妹），厝頂（屋頂；西北雨），頂頭（上面；棋盤邊）⑧簳舖（雜貨店；啊！稿費），店仔頭（店舖前面；豐作），豬砧（豬肉舖；安息之日），茶店（酒家；興兄、死麼？）⑨下港（臺灣北部人稱南部地區為下港；島都、死麼？）⑩鐵枝路（鐵路；有一天）

乙、動詞

⑴喰（吃；辱、可憐她死了）⑵睏（睡；女丐、浪漫外紀）⑶「創」啥（幹、做；女丐、辱）⑷「了」盡（賠光；流氓），白「了」（白花錢；秋信），「了」去（賠掉；流氓、奪錦標）⑸「起」佃（漲；稻熱病），「起」三間（建、蓋；新興的悲哀）⑹賺食（討生活；蛇先生），趁食（討生活，十字路、謀生、可憐的朋友）⑺相拍（打架；浪漫外紀），相撲（打架；五谷王），相打（打架；惹事），拍拼（努力工作；一個同志的批信），打拼（奮鬥、努力；安息之日），拼掃（打掃；老雞母），拼（清除；理想鄉），拚勢（拚命；奪錦標）⑻荷老（誇獎；彫古董），呵咾（同前；媒婆）⑼「渥」花（澆，惹事），「渥」滒（淋；斷水之後），雨渥（雨淋；脫穎），雨「沃」（同前；王都鄉）⑽教示（教訓；放砲）⑾勞力（謝謝，同前）⑿號（取名；女丐、保正伯）⒀「糴」些末（買；鬥鬧熱）⒁打失（遺失；擦鞋匠）⒂粒積（積蓄；島都）⒃「對」戶口（查；放砲）⒄見誚（招人取笑；老成黨），見笑（同前；其山哥）⒅交陪（往來、含拍馬屁意味；保正伯、脫穎、惹事、夜雨、十字路）⒆打合（商量；決裂），參詳（同前；斷水之後）⒇惜（疼愛；脫穎），痛（同前；青春），痛惜（同前；惹事）(21)「提」錢（拿；旋風），「提」去吃（同

前；放屎百姓）(22)贌（租耕；惹事、移溪）(23)知影（知道；理想鄉、十字路、王爺豬）(24)變鬼（搞鬼；豐作），變面（翻臉；島都），反面（同前；西北雨）(25)斟酌（留意；惹事、興兄、王都鄉）

丙、形容詞（凡表示實物的德性的詞）

(1)好額（富有；奪錦標）(2)「清氣」相（清潔；同前）(3)條直（老實；年關），古意（同前；旋風）(4)活骨（能幹；鮮血）(5)細膩（客氣；老婊頭、女鬼）(6)秘思（不好意思；脫穎）(7)咸慢（笨拙；蛇先生）(8)拗蠻（不講理；豐作、斷水之後）(9)細漢（小時候；脫穎）另外一些AB B形容詞，如青筍筍、赤炎炎……等另見分析寅。

丁、限制詞（或稱副詞，表示程度、範圍、時間、可能性、否定作用等）

(1)「較」緊（程度加強一些；誰害了她、理想鄉、奪錦標），「快」緊（同前；沒落），「較」早（同前；辱！），「較」起（同前；豐作）(2)「著」要看破（得；旋風），「著」去入院（同前；有一天）（另有當動詞用者：「著」病即「患」病—（有一天），當形容詞用：「著」—眞「著」即「對，眞對」—（彫古董）等例 (3)「敢」不是（豈、可；新興的悲哀、安息之日），「敢」是這樣（同前；旋風），「敢」著那麼緊（同前；老婊頭）；臺灣人死「敢」會了；（同前；奪錦標），「敢」會（同前；西北雨），「敢」不會（同前；女鬼）(4)「煞」了本（竟；女丐），「煞」破病（同前；失敗），「煞」不敢去（同前；失敗）（另當動詞用者如戲「煞」即戲「散」了—「煞」即—結束，

「煞」去好即「算了」好了。）⑸「允」有（一定；豐作），「準」有（同前；豐作），包「穩」有（同前；斷水之後）⑹拍算（大概、可能；鮮血），打算（同前；西北雨）⑺無定著（說不定；誰害了她），無可定（不一定；斷水之後、三更半暝），無的確（同前；豐作），沒的確（同前；鮮血），沒有的確（同前；鬼）⑻沒使得（不可以；奪錦標、轉途），勿使得（同前；失敗），沒使的（同前；鮮血），會使得（可以；斷水之後）⑼顛倒（反而；斷水之後、誰害了她、失敗、女丐）⑽無法度（沒辦法；旋風）、無伊法（同前；鴨母、善訟人的故事）、沒伊法（同前；善訟人的故事）⑾好該在（幸虧；失業），好佳哉（同前；斷水之後），嘉哉（同前；奪錦標），佳哉（同前；媒婆）⑿攏總（全部；辱！）

另外有關時間限制（今、昔、先、後、久、暫、一刹那等）亦列於限制詞。

⑴永過（以前；豐作）⑵昨年（去年；夜雨、謀生、十字路），大昨日（前天；善訟人的故事），老昨（大前天；凶年不免於死亡）⑶下晡（下午；老成黨、善訟人的故事、老雞母、放砲、脫穎、理想鄉、三更半暝、誰害了她），下半晡（下午；豐作）、一晡一暝（一個下午又一個晚上；斷水之後），一晡（一下午；理想鄉），一晡久（上午下午之久；理想鄉），終晡短日（一整天；理想鄉）⑷好冬歹冬（豐年或凶年；鮮血），年冬太呆（指凶年歉收；王爺豬），年冬（年頭；擦鞋匠），晚冬（秋收；豐作），十月冬（十月底、收季成；女鬼），昨年冬（去年；理想鄉），這冬（這年；蛇先生）⑸一年透天（一年到頭，保正伯），透早（一大早；私奔），從早透暗（從早到晚；私奔），透

日（整天；失敗）(6)一早起（早晨；惹事），透早（一大早，私奔）(7)即暗（這麼晚；斷水之後），這暗（這麼晚；老雞母），這麼暗（這麼晚；辱），較晏（較晚；誰害了她），晏咯（晚了；斷水之後），很晏（很晚，老雞母），暗頭（黃昏時候，棋盤邊）(8)昨暝（昨晚；脫穎），三更半暝（三更半夜；沒落、三更半暝），一暝（一夜；三更半暝；脫穎）(9)逐年（每年；豐作）(10)古早（以前；老婊頭）(11)舊年（去年；豐作）(12)中到（中午；流氓），中罩（同前；媒婆）(13)一月連日（一個多月；流氓）(14)九句鐘（九點鐘；凶年不免於死亡）(15)拜六（星期六；脫穎）(16)年外（一年多；善訟人的故事）(17)當其時（當初；老雞母）(18)自前（本來；惹事）(19)在先（起初；蛇先生）(20)日頭還早（天色還早；鬥）(21)三不五時（偶而；姊妹）(22)斗久仔（一會兒工夫；棋盤邊），無賴久（沒多久；同前），斗久（一會兒；同前），不一時（沒多久；善訟人的故事），小停（停一下；失業），停久（很久；老雞母）(23)天光日（次晨；興兄）

戌、指稱詞（凡是指稱或稱代一個人或一件事、物之詞）

(1)「偌」大漢（這麼、如此；棋盤邊、失敗）(2)量約（大約；豐作），小可（稍微；惹事、豐作）(3)輕可（輕便；辱），爭差（差別；蛇先生）(4)一欉（一棵；謀生），一層（一件；可憐她死了），一大領（一大件；他發財了），一陣（一群；鬥鬧熱），一領（一件；其山哥、王都鄉、老婊頭），「這層」生意（這件；新興的悲哀），一半帖（一兩帖；其山哥），「一腳」空籃（一只；惹事），「一枝」破傘（一把；四兩仔土），幾塊桌（幾桌；他發財了），二仙（二尊；五爺豬），一「區」田（一塊；秋信），這擺（這回；斷水之後），幾擺（幾回；惹事），二忩（二顆；脫穎）⑸「萬萬」無伊法（強調沒辦法；善訟人的故事）⑹「罕」到外面（少；惹事）⑺「過頭」荷老（過於；一個同志的批信）⑻四十圓「外」（餘；不如意的過年）⑼創「啥」貨（斷水之後），講「啥」貨（可憐的老車夫），嚷「啥」貨（姊妹），哭「啥」貨（同前），創「啥」（女丐），「啥」貨（豐作、三更半暝），免講「啥」（辱），驚「啥」（失敗）⑽安呢（這樣；老雞母、阿牛的苦難），敢「安呢」（是「這樣嗎？」；老雞母），安怎（怎麼樣；誰害了她），按怎（同前；失敗），按怎樣（同前；老婊頭），要「怎」死（同前）。

至於語氣詞如食飽「未」（嗎？老婊頭），送進去「未」（同前；善訟人的故事」，寫好「未」（同前；彫古董）。關係詞如「乎」人招（給，女丐），「給」我記得（棋盤邊），「乎」人幹（辱）及有留他「也」是無留他（或；保正伯）、有牌「也」是沒牌（新興的悲哀）、是富戶「也」是散家（王爺豬）等詞例，爲數較少，暫不選錄。此外稱謂名詞中帶「阿」詞頭者，如阿母、阿四哥、阿凸舍、阿科嬸、阿桂……，極爲普遍，亦未收錄。以上五類構詞法中，以名詞之構詞法尤饒趣味，茲依其詞尾試爲分類。

⑴名詞＋人：囝仔人（小孩子；稻熱病）、𡢃媒人（女人家；老雞母）、𡢃某人（女人家；十字路）、早晚之人（快死之人；謀生）、內臺人（內地人和臺灣人；他發財了）、頭人（地方上有名望的人；轉途）、本島人（臺灣人；蟬）、孧骨人（勞碌命；理想鄉）、臭耳人（聾子；王爺豬）媳婦

仔人（養女；死麼？）、查某嫺人（女婢；死麼？）呆人（壞蛋；理想鄉）、艋舺人（萬華人；轉途）、散鄉人（窮人；失敗）、媠某人（女人家；十字路）、種穡人（農人；善訟人的故事）、散赤人（窮苦人家；四兩仔土）、古意人（老實人；旋風）、散人（窮人；善訟人的故事）、舍人（鄉紳；女丐）及戇直人、做官人、無事人、正經人、內地人……等。上述詞例中，「人」前之名詞已轉品為形容詞。

⑵名詞＋詞尾「仔」：心婦仔（童媳；女丐）、媠媒囝仔（女孩子；老婊頭）、囝仔（小孩；王爺豬）、烏卒仔（黑卒）、知高仔、猴囝仔（稱人；失敗）、王樂仔（蛇先生）、燒圓仔（辱）、抓鈀仔（密探；失敗）、印仔（印章；旋風）、薄板仔（棺材；善訟人的故事）、椅頭仔（圓凳子；辱麵擔仔（麵攤子；轉途）、鰻根仔（鰻苗；斷水之後）碗帽仔（似碗形的帽子；秋信）公仔媽仔（祖先；姊妹）、尪仔（布袋戲布偶；辱）、臺灣囝（興兄）豬仔（豬；安息之日）及媳婦仔、囝仔、菜市仔、紅嬰仔、耳仔、烏南叔仔、你仔、能叔仔、店仔、檨仔（芒果）等。

⑶名詞＋詞尾「仔」＋名詞：枝仔冰（冰棒；轉途）、番仔火枝（火柴；辱）、尪仔頭（特寫照片；新興的悲哀）、包仔鞋（棉布鞋；秋信）、雞規仔仙（愛吹牛的人；稻熱病）、屜仔底（屜屜裡；彫古董）、亭仔腳（騎樓下；鬥鬧熱）、金仔粉、李仔粒（人名稱謂；安息之日）、明仔早（明天早上；四兩仔土）、圓仔湯（湯圓；辱）、雜種仔子（罵人的話；謀生）、山仔腳（山下；有一天）、鼓仔燈（元宵花燈；元宵）、鬼仔根（人名稱謂；斷水之後）、廟仔口、衫仔鈕……等。

⑷名詞＋詞尾「舍」：志舍（善訟人的故事），煌舍（赴了春宴回來），二舍（升租）、頭老醉

舍（鬥鬧熱）、阿正舍（醉）、福春舍（柘榴）及阿凸舍、阿忩舍（棋盤邊）、豬哥舍……等。「舍」原是「舍人」簡稱，後民間對有錢人家及子弟在其名下加一「舍」字，以示尊稱。

⑸名詞／動詞＋的：燒的、鄭的、有的無的、做戲的……等。

綜合以上的分析，有幾個現象值得注意：

子、屬名詞中間的「仔」（即第三類），應作「仔」，不可作「子」。如「亭仔腳」，孤峰〈流氓〉作「亭子腳」，則音不合閩語，「子」音kianz 或ginz。從國語的詞尾來看，「仔」和「子」似無差異，在閩南語中，有時固然可以等同看待，但大部分都是嚴格區分的，如豬仔不能作「豬子」，李仔粒不能作「李子粒」。姚榮松氏說：「若專指子孩或子女，最好寫作囝或囡，才能區別這幾個字。例如「豬仔子」就不若寫作「豬仔囝」清楚了。」（註三），據此，則「雜種仔子」應做「雜種囝仔」。

丑、有些方言詞之寫法與今日國語相似，但詞義迥別，如「媳婦仔」是童養媳，「麻雀」是麻將，「黑貓」、「黑狗」指時髦虛華的女子、男子，「痛惜」是疼愛，「細膩」是客氣，「大舌的」是口吃，「過身」是過世，「生理」是生意，「勞力」是謝謝，「傢伙」是傢具、家產，「批」是信，「阿媽」是祖母，「打算」是也許、大概，有「較差」是有起色，「討債」是浪費，「較大尾」可指大流氓，……等。

寅、小說中使用了國語較少見的「ＡＢＢ」形容詞，如亂吵吵（放砲）、死釘釘（他發財了）、冷幾幾（三更半暝）、冷冰冰（薄命）、幼麵麵、冷趝趝（興兄）、暗朦朦（四兩仔土）、青筍筍、燒滾滾（脫穎）、頭犁犁（脫穎、媒婆）、烏籠籠（斷水之後）、惡爬爬（豐作）、赤炎炎（恭喜？）、惡兇兇（浪漫外紀）等（註四）。

卯、小說中使用了國語所沒有的「AA〉」這種前置副詞的構造，如交交纏（誰害了她）、另有閩南語式的「〉去」表示一種完全徹底的意思，如拔拔去（老婊頭）。，

辰、「ABAB」式形容詞在小說中有擴大的傾向，多以「AABB」（類疊）的形式出現（註五），有加強語氣的作用，另外如「AAA」及「ABAC」的類型（類鑲嵌），亦都是表示強化作用（註六）。例如：小小可可（奪錦標）、輕輕可可（誰害了她）、挨挨陣陣（無處申冤）、敧敧倒倒（理想鄉、四兩仔土）、顛顛倒倒（鴛鴦、三更半暝）；紅紅紅（脫穎）；不分不會（不分青紅皀白、沒頭沒腦的；決裂）、無分無會（放砲）、無款無式（誰害了她）、一晡一暝（斷水之後）、顛來顛去（三更半暝）、無意無思（無聊的回憶）無志無氣（顛倒死）無禮無數、無事無故（放砲）無算無論（不善計較；理想鄉）放聲放影（揚言；浪漫外紀）、看高看低（四處張望；鬼）、好腳好手（身體健全；脫穎）等。

巳、另有一類國語所沒有的「〉了了」語法，亦近似「AA〉」類型，表徹底態。如吃了了（放砲）、去了了、死了了、博了了等。

午、閩南語的俚諺為純粹之方言語法，與國語大異其趣，茲舉收數例以明之。

1.囝仔事，惹起大人代：因小孩事，惹起大人們不睦。（鬥鬧熱）

2.儉腸捏肚，也要壓倒四福戶：再怎樣節衣縮食，也要趕過那些富貴人家。（同前）
3.死鴨子的嘴巴：嘴硬不認輸（同前）
4.軟土深掘：強欺弱，得寸進尺。（黃昏的蔗園）
5.一樣米養百樣人：指各人所吃的米雖同，但每人都不一樣。（鄭秀才的客廳）
6.日頭赤炎炎，隨人顧生命：謂世人各忙於顧自己，而不顧及他人。（恭喜？）
7.泥土糊不上壁：比喻無用。（無處申冤）
8.舉紫仔撞目睛的：自己惹禍的意思。（鴨母）
9.別人的子，死沒了：別人的孩子死不完，譏人自私自利不顧別人家死活。（鮮血）
10.恨不得活到頭毛嘴鬚白：恨不得活得愈老愈好。（老與死）
11.雷公點心：喻惡人被雷打死，正好為雷公的點心。（五谷王）
12.捏，驚死；放，驚飛：喻優柔寡斷，舉棋不定。（稻熱病）
13.放屁安狗心：空安慰。（西北雨）
14.時到時當，無米如蕃薯湯：到時打算，無米可炊時，再以蕃薯湯代之，有「船到橋頭自然直」的意思。（西北雨）
15.貓毛一枝也貓，百枝也貓：一了百了。（西北雨）
16.七十銅八十鐵：扯個沒完沒了。（理想鄉）

17.人親朋，錢性命：喻人與人之間雖有親情，但錢似如生命，比朋友親戚重要。（老婊頭）

18.立著位較好識拳頭：比喻得到好地位比什麼都好。（脫穎）

19.話較多貓毛：言語之多似如貓毛。（脫穎）

20.無三寸水就要扒龍船：比喻人不知本分且急功近利（脫穎）

21.也著人，也著神：需要醫生，也需要神明。（紀念樹）

22.演武亭鳥仔：司空見慣（惹事）

23.駛有仙陣：有辦法（斷水之後）

24.慢遁喰無份：動作慢就吃不到東西。（斷水之後）

另有一些俚諺如青草膏的滋味指被拷打（一桿「稱仔」），你較大尾指大流氓（浪漫外紀），數街路石即指無業遊蕩（歸家），偷咬雞指喻漢子（老雞母），看時不看日的人指活不久的人（死麼？）等。

未、三字經的反思

(1)幹（豐作），他媽的（鬥鬧熱），娘的（浪漫外紀），恁父（三更半暝），駛恁娘（理想鄉、十字路、轉途）幹恁娘（三更半暝），幹恁娘（失業、奪錦標、罰、斷水之後），幹你娘（放砲、鮮血），幹伊娘（辱）幹恁老母（升租、罰），姦恁娘（夜雨、五谷王），姦恁老母（鴨母），使恁娘（十字路），駛伊娘（稻熱病）、恁爸（斷水之後）

(2)恁祖媽（你祖奶奶：新興的悲哀、鴨母），夭壽（早夭：青春），夭壽亡（誰害了她），殀壽亡（五谷王），斬頭犯（榮生，誰害了她），斬頭短命（理想鄉），夭壽斬頭（斷水之後），夭壽短命（轉途），短命（夜雨），路傍屍（榮生），路旁屍（斷水之後），死囝仔、死囝仔栽（新興的悲哀），小潑賤（老婊頭），不死鬼（三更半暝）、「外頭腔」（女鬼）等。

罵人的話是語言的附屬品，在小說中爲了強化、凸顯人物，作者常以罵人的言語，尤其是三字經來表現其鄉土色彩。就這些詞彙來看，大概可看出臺灣話罵人的詞彙並不很豐富，男子罵人之詞彙動輒與性有關，而女子罵人則多是詛咒對方減短壽命。在鄉土小說裡似乎不帶幾句三字經，便覺不足以表現鄉土人物之特質，在此一因素影響下三字經的使用幾達泛濫程度。在楊守愚〈斷水之後〉所出現的罵人語，含「幹」便多達三十幾次，就一篇短篇小說而言，此一強悍的語言風格，有時不免形成白璧之瑕。這是小說作者宜注意的借鏡，應跨越這一侷限。

由於閩南詞彙寫法尚未約定俗成，即使兼顧漢字寫法之字典，彼此之間分歧仍多，而詞源之考訂尤非易事，因此同一作者對同一詞彙之寫法時有不同（註七），不同作者對同一詞彙有不同寫法之例更是俯拾即是，以下茲將這些異字列一簡表說明：

表六：閩南方言詞彙之書寫呈歧異者

詞目	其他寫法	詞義
查甫	查脯	男人
查某	查媒、某	女人
媳婦仔	心婦仔	童養媳
黑貓黑狗	烏貓烏狗	時髦虛華的男女
傢私	家私、傢伙、家火	家產
芎蕉	芹蕉	香蕉
土豆	塗豆	花生
晚頓	暗頓	晚餐
粖	粥	稀飯
代誌	怠事、大誌	事情
較緊	快緊	快些
荷老	阿咾	稱讚
允有	穩有、準有	一定有
無的確	沒的確、沒有的確	不一定
亭仔腳	亭子腳、亭子下	騎樓下
沒使得	勿使得、沒使的	不可以
無伊法	沒伊法	拿他沒辦法
好該在	好佶哉、嘉哉、佳哉	幸虧

三頓	三當	三餐
油炸膾	油炸儈、油炸檜	油條
賺食	賺吃、趁食	謀生
相打	相拍、相撲	打架
拍算	打算	可能、大概
拍拚	打拚	奮鬥
渥花	沃花	澆花
見消	見笑	恥笑、害羞
𨑨迌	迭陶	遊樂
惜	痛、痛惜	疼愛

掠	搦	捉
即暗	這暗	這麼晚
彫故意	雕故意	故意
暗	晏	晚
安怎	按怎	怎麼樣
乎人	給人	給人
散鄉人	散凶人	窮人家
做伙	做夥	在一起
散赤人	窮赤人	窮人

以上三十四則，僅是抽樣所得，可能只是閩南方言詞彙的九牛一毛，由於沒有一定的規範，人各異字，遂使作者、讀者都有無所適從之感。其書寫文學如何規範？如何研討較近原意的寫法？關於此一問題姚榮松氏曾提出三原則：字源原則、方言字原則、擬音字原則（註八），此係專業工作，本文不擬深入研究，僅提出此一異寫現象（註九），藉明日據時期臺灣小說之語言特徵。

語法上的特殊用法，如句法格式，有助於我們考察日據時期臺灣小說中所反映的語法特點，日語、漢文、臺語等多種語言的混用，導致語言產生變化，乃必然之事。今日臺灣地區之國語語法，由於受時空的影響，有許多句法格式和大陸普通話已有歧異，其理亦頗相類。當時語法之變化規律宜和語言之社會性、歷史性有關，此一問題牽涉過廣，深究細析，當俟異日（註一〇）。

【註釋】

註一　所謂「臺灣方言」，是指臺灣這個地方的居民所講的話，包括閩南語、客家話，以及原住民各族的語言，但從比較狹窄的角度來看，大多數人把佔臺語大多數的閩南語當作「臺灣話」，因此發生於一九三〇年前後的「臺灣話文運動」，及其後推動的「臺語文學」、「臺灣話文文學」，其推動、提倡者，使用「臺語」、「臺灣話」一詞的時候，通常是指閩南語。

註二　葉笛譯，刊《臺灣學術研究會誌》第四期，頁七九，一九八九年十二月。

註三　姚榮松〈當代臺灣小說中的方言詞彙—兼談閩南語的書面語〉，頁二四七。筆者按，賴和小說中對此即有嚴格區分，如〈浪漫外紀〉謂「兩個囝仔，趕一陣牛」，〈可憐她死了〉謂「囡是我生的」即是指男孩用「囝」，指女孩用「囡」，惜其後小說創作者仍多半不加區分。

註　四　黃國營〈臺灣當代小說的詞匯語法特點〉謂：「臺灣小說中使用了大量普通話中所沒有的ＡＢＢ和ＡＢＣＣ形容詞。」（中國語文，一九八八年第三期，頁一九七）姚榮松先生亦於〈當代臺灣小說中的方言詞彙—兼談閩南語的書面語〉一文謂：「臺灣小說中使用了大量國語所沒有的ＡＢＢ和ＡＢＣＣ形容詞。」（師大國文學報第十九期，頁二四八）唯國語（指今日中國普通話）中仍可見「暖烘烘」、「活潑潑」、「死板板」、「黑漆漆」、「乾巴巴」、「冷冰冰」、「輕飄飄」、「綠油油」、「沈甸甸」、「陰森森」、「水溶溶」用法亦皆與閩南語相似，下二疊字都是形容加強上一字。緣此，本文不擬採國語「沒有」這一類詞彙，而改為這一類詞彙「較少見」。

註　五　中國普通話中亦有此類型式，唯仍不及閩南語使用頻繁，如清白謂之「清清白白」，正式謂「正正式式」，痛快謂「痛痛快快」，潦草謂「潦潦草草」及轟轟烈烈、吱吱喳喳等。

註　六　中國普通話中亦可見，但仍不多，如糊裡糊塗，不三不四，

註　七　如賴和〈浪漫外紀〉：「你是欺我們不會相拍嗎？」相拍即打架，在〈無聊的回憶〉及〈惹事〉裡則用「相打」。又如「賺食」，〈蛇先生〉一作用之；〈棋盤邊〉則用「賺吃」；〈可憐她死了〉又用「趁食人」、打與拍、賺與趁、食與吃由於讀音相同，因此賴氏時而換用之，並未統一。這種情形亦見於其他作者。

註八　見註三，姚氏單篇論文。

註九　參擇各家研究，今日某些擬定寫法稍可確定者，如查甫、查某、糜、油炸檜、見笑、做夥、散赤人、亭仔腳、三頓、烏貓烏狗（黑貓黑狗亦可）等，唯閩南方言詞彙之擬定牽涉過廣，筆者能力有限，未予以明確擬定，俾免無謂糾紛。

註一〇　本節之撰寫，承蒙姚榮松老師提供參考資料，筆者亦援引了一些姚氏研究之成果，謹此致謝。

第二節　閩南方言詞彙在小說中扮演的角色功能及限制

語言運用的凝鍊與自如，是文學創作者必備要件之一。做為一個小說家，其熟悉日常生活中的用語，方能生動活潑描繪人物之個性，使人物之對話與其身份相配合。為了使文學作品求其「眞」，方言之使用乃成爲必要。其實追本溯源審觀中國古典文學，其作品中便時有方言夾雜其間之情形，從詩經、楚辭一直到金元戲曲、明清小說，皆可發現使用方言之例證。劉大杰《中國文學發展史》於《楚辭》使用楚語、摹繪楚物以融鑄成文之特色即極爲推崇。他說：「在《楚辭》中大量地使用楚國的方言口語，形成它在語言藝術上的風格。就是『離騷』二字，也是楚國的口語。」（註一）屈原以楚方言寫作，非唯無損於他在中國文學史上之地位，抑且蔚成吾國文學之典型，從事文學創作貼切使用方言，蓋有自來矣。日據時期臺灣白話小說，幾每篇作品或多或少都使用閩南語詞彙、語法及臺灣式國語來創作，其語言特質造就了當時臺灣小說特有的風貌。

任何方言詞彙、語法之應用，有其功能亦有其限制。胡適曾說：「方言的文學所以可貴，正因為方言最能表現人的神理，但是方言的文學有兩大困難，第一是許多字句向來不曾寫定，單有口音，沒有文字；第二是懂的人太少。」(註二)張漢良於〈村長伯仔欲造橋〉時說：「運用方言是文學傳播上的兩難式。就正面價值言，方言能生動地表現地域色彩，能增加人物（包括敘述者與角色）塑造的眞實感。……就反面價值而言，方言爲一部分人所共有，因此其傳達面有限，缺乏普遍性，對於不熟悉此語言的讀者，會造成欣賞時『隔』的現象。」(註三)方言文學的確兼具正、反面功能。本章依此觀點，論述閩南語詞在日據時期臺灣小說中之角色功能及其限制。

一、功　能

㈠**配合小說人物之身分**：日據時期，臺灣淪於日人之手，臺灣、大陸隔離數十年，許多臺籍人士對國語和白話文並不熟稔，小說作者爲了如實傳達人物之個性、神情，爲了讓小說眞實可信，遂以文字實錄臺人口語，而口語方言，乃與小說人物伴隨出現。人物之年齡、性別、階層、行業各異，其口語方言亦從而異趣。如〈無處申冤〉中不碟的母親，〈善訟人的故事〉中知識分子林先生，〈過年〉中的阿發，〈移溪〉中的農人阿得，〈保正伯〉中的保正李サン，〈老婊頭〉中的老鴇，〈四兩仔土〉中的農夫土哥，〈富戶人的歷史〉中的二個轎夫，……他們都是中下層社會的人物，平時都講閩南語，在小說中，他們的語言就是閩南語，性格不同、身分不同，其口語亦有雅俗精粗之別，這種方言對話的運用，把小說人物之身分、階層、性情烘襯得累黍無差恰如其分，使讀者髣髴如對其人，若將小說中之方言對話都改成道地的白話文，那麼這些作品恐將削弱幾分動人的力量了。胡適之先生在吳歌甲集序中即說：「文學要能表現個性的差異；乞婆娼女人人都說司馬遷、班固的古文是可笑，而張三李四人人都說紅樓夢、儒林外史的白話也是可笑的。古人早已見到這一層，所以魯智深與李逵都打著不少的土話，……。」這說明了方言傳達人物神韻之重要。

(二)**強化鄉土文學的色彩**：一九三〇年黃石輝發表〈怎樣不提倡鄉土文學〉即有以臺灣話文創作臺灣鄉土文學之觀點。本來使用方言詞彙，即帶有鄉土文學的精神，有些作家爲了強化其本土化、大衆化等鄉土文學之性格，往往在寫作時刻意經營，使閩南語在小說中頻頻出現，或動輒使用一些粗俗的「三字經」來襯托小說裡下層的人物，如「幹伊娘」、「姦恁娘」、「幹恁老母」、「駛恁娘」……等（註四）。此外，另一類強化鄉土色彩的方法是使用閩南俚諺，例如：「囝仔事，惹起大人代」、「樹要樹皮，人要面皮」、「儉腸捏肚也要壓倒四福戶」、「狗屎埔變成狀元地」、「死鴨子的嘴巴」（〈鬥鬧熱〉）、「七十銅八十錢」（〈理想鄉〉）、「舉柴仔撞目睛的」（〈鴨母〉）、「放屎攪沙未做堆」（〈失敗〉）、「也著人，也著神」（〈紀念樹〉）、「立著位較好識拳頭」、「話較多貓毛」（〈脫穎〉）、「人親朋、錢性命」（〈老婊頭〉）、「別人的子，死沒了」（〈鮮血〉）、「

會食沒相咬」、「米甕打銅鐘」（〈轉途〉）、「雷公點心」（〈五谷王〉）、「放屁安狗心」、「時到時當，無米𤆬蕃薯湯」、「貓毛一枝也貓，百枝也貓」（〈西北雨〉）、「日頭赤炎炎，隨人顧生命」（〈恭喜？〉）「沒有三尺水，就要扒龍船」（〈死麼？〉）「雞屎落土，嗎有三寸煙」（〈顛倒死〉）等，賴和首篇小說〈鬥鬧熱〉一作，即五度使用臺灣諺語，可見爲了更親切傳達這些鄉土人物的動作、神情、聲音，使用俚諺亦頗能奏效。

小說風格並非完全決定於方言詞彙或語句的使用，撰作者處理作品的方式，亦爲形成風格之重要因素，如蔡秋桐的作品中，方言詞彙及擬音字出現率甚高，並且通篇幾以方言語法行文，對於不懂閩南語的讀者而言，必深感詰屈聱牙，晦澀難讀的。另有一些作品雖也使用方言詞彙，但大抵以白話文行文，只是偶爾穿插方言以實錄，如對話或描寫特有民俗風物，朱點人、王錦江之作皆是。像這樣的情形，雖然都有方言詞彙，但顯然的，其作品風格與詰屈晦澀之作迥異其趣。

㈢**提供考證作者之線索**：通常方言文學不僅極有裨於欣賞作品，對研究民俗亦貢獻良多，譬如考證小說作者之生平、籍貫與成書過程時，作品中之方言俗諺往往能提供重要線索。如有系統統計分析每位作者的慣用詞彙，或許可以考證出一些僅具筆名作者的眞實姓名。當時小說尚處於使用方言詞彙的搖籃期，頗多用法皆作者隨意創撰，如賴和慣以「永過」代「以前」，他人之作，並無此例，又如楊守愚習用「漸時」（暫時）、「一壁兒」（一面、一邊）等詞，而此類用法亦無其他作者用之。類此情形，當不在少，試以楊守愚之作爲例，以說明之。

守愚於〈赧顏閒話十年前〉一文說：「拙作盜伐在曉鐘，新郎的禮數在明日，兩對摩登夫婦在臺灣文藝，……」（註五）《明日》雜誌似已散佚，今不得見，然一九八四年八月時《文學界》（十一集）尚曾重刊〈新郎的禮數〉一文，一九九一年二月前衛出版社《臺灣作家全集─楊守愚集》收入該文。守愚小說作品頗多，其筆名亦多，〈新郎的禮數〉一作据葉石濤《臺灣文學史綱》之附錄，有林瑞明〈臺灣文學史年表〉一篇，上署「瘦鶴　新郎的禮數　明日三」，據此可知守愚另一筆名為「瘦鶴」。此外《文學界》十一集除重刊〈新郎的禮數〉一文外，又有〈慈母的心〉亦謂守愚作品。〈慈〉一作後收入《楊守愚集》（前衛出版社），編者於題下注曰：「本篇另名〈冬夜〉」，復於文末附識曰：「本篇作於一九二七年十一月六日，為楊氏留存之手稿，後載於《文學界》第十一集，一九八四年八月出版。」然則〈慈〉作之內容早刊披於《臺灣新民報》第三二一至三二三號，其文題即署名〈冬夜〉，作者為「瘦鶴」，可知「瘦鶴」確為守愚另一筆名。而前衛出版社似宜將該文篇題作〈冬夜〉為是，蓋《臺灣新民報》第二二三─二二四號已載貢三〈慈母的心〉一作，貢三之文刊於一九二八年，守愚可能考慮前人之作已具斯題，因而以〈冬夜〉為題。

除前三項證據外，吾人亦可從〈冬夜〉所使用之方言詞彙予以說明。「一壁兒」是閩言方言擬音，楊氏以之代「一面」，日據時期所有臺灣白話小說，除郭秋生用過一次外，未見其他作者也使用此詞，而楊氏對此詞似情有獨鍾。在〈凶年不免於死亡〉中，楊氏寫道：「阿義聽完了這一段話，一壁兒搖頭，一壁兒說。」在〈元宵〉中寫道：「宗澤一壁兒跑，一壁兒想，越想越惱。」同樣的在〈冬夜〉

一文也說：「王先生一壁兒抽他的煙斗，一壁兒跑到內廳。」，同時署名瘦鶴所寫的〈沒有兒子的爸爸〉一文也有：「夫妻倆，一壁兒蹣跚著，一面交換著說。」緣此，吾人可據以推測瘦鶴殆守愚本人。又「漸時」亦楊氏專用之詞，在〈沒〉文中亦寫道：「老祖父沈吟著，像在思索，小寶也就漸時不再吵嚷了。」楊氏另二篇作品亦用之，如〈一群失業的人〉：「大家一面烤火，一面聽講故事，倒也漸時可以忘卻一切痛苦。」〈赤土與鮮血〉：「阿昆忙著取過另外一只箕兒，談話也就漸時停下去。」「漸時」一詞可謂楊氏所獨創。像這一類方言詞彙的使用，由於小說尚處萌芽階段，以臺灣話文行文，其用法尚未約定俗成，除了一些詞彙用法，諸作者略有共識外（如生理、下晡、敢會、眞聖……），每位作者都有一些個人慣用的擬音漢字、日文借字，閩南詞彙等，而這些慣用語彙亦成考訂作者之旁證。

二、限制

用當地語言實錄當地社會景況，貼切使用方言，本是小說藝術之一法，海明威作品時有西班牙語、義大利語，即是一例。日據時期臺灣小說亦時用方言表達臺灣特殊之風土人情及庶民之性情與生活，固頗有成就，但某些作品過分使用方言，使得辭氣不暢，理路不清，官商不美，神明不諧，以辭害意，而令讀者難以卒讀，亦未嘗非得不償失之事。朱西寧曾說：

> 使用方言，不能造成隔閡，也不要太提倡方言。提倡方言，對話中方言使用太多，並不是一種

有前途的文學方向，因爲它的空間受限制。文學本身是不受時空限制的，而由於對話關係使時空受到限制，反而影響其發展（註六）。

爲實錄人物對話，以見其辭氣，固不妨使用方言，但也不能處處使用，使作品備受時空限制。此一論點與朱點人、林克夫近似，朱、林二人力倡中國白話文，他們雖反對臺灣話文，但他們創作小說，在必要時，仍不排斥適當穿插若干方言。閩南方言詞彙在小說中之運用，其最大限制，乃在閩南語「有音無字」的情形不少，若以文字記錄語音，必致各人寫法互異，有時連使用母語的讀者都無法看懂。尤其當時提倡文學本土化、大衆化，希望以文學啓發民智，對抗日本殖民當局，然而以「形義文字」（漢字）拼音時，對於不識之無的臺灣庶甿來說，無論如何相近的記音文字，仍是文字，仍無法啓迪文盲，令其識字，方言之作對文盲而言仍是有字天書。當時爲求言文一致，有些人造新字、借字音，冀其作品能本土化、大衆化，耕耘雖勤卻未能扶持文盲，反而增加識字階層之負荷與閱讀小說之不便。游勝冠〈日據時代臺灣新文學本土論的建構〉說：

在當時識字大眾微乎其微的臺灣社會，要以文字達成大眾化的目標，簡直是癡人夢話，從新文化的啓蒙運動以迄文藝大眾化的推動，莫不想普及文化，喚起民眾的自覺，但在教育未能普及的現實中，「大眾依然是大眾，文藝依然是文藝」的自嘲，恐怕是中國白話文派和臺灣話文派都不可避免的困局（註七）。

陳美妃〈臺灣白話文學之文字理論與實踐——一九二四至一九二七〉亦謂：

一、新造字是新負擔，對一般粗通漢字者言之，必須增習新字，才可通達記音白話文字。這與「大眾化」的原意悖道而馳。二、漢文字本即是適眼性工具，然而取漢字以拼音的結果，文字不再表義，文章作品必須配合以聲音之傳達始爲有效。訴諸於眼之適耳性工具，反生滯礙，新造字如此，假借字亦是。三、識字不識音的景況不能或免，既無法以聲會意，更無法依形會意（註八）。

可見純粹的臺灣話文實未易寫定，方言的適當使用亦非一蹴可幾的，這需要不斷的實驗、嘗試，要相當長的時間去發展，才會漸臻成熟。由於時代的特殊，當時臺灣話文的理論與創作，其投入的心力顯然較日文作品多，然而其論爭的紛紜與先天的限制，使其所締建之成績，卻難與日文作品相提並論。這或許也是賴和於一九三五年底完成〈一個同志的批信〉後，不再創作發表小說作品，而轉寫可避免臺灣話文表現之不足的田園歌謠、竹枝詞之後的新文學作品的緣故（註九）。因爲歌謠、竹枝詞本以口耳相傳爲主，只要誦之成音，縱使觀之不成文，並無損其價値或流傳，《南音》之試驗成績，多不足觀，而以兒歌童謠成績較有可觀，其原因也在此。但當時小說以「適眼」爲主（非說書之類以「適耳」爲主），方言詞彙之使用更不免限制重重了。

閩南方言是漢語方言中最古老的一支，在方言詞彙上保留了一些較古的材料；然在詞彙系統上，與今之國語卻大異其趣。再者，閩南方言的書面語只保存在民間戲曲、歌仔冊及晚近民俗文獻調查裡，使用既受限制，流傳也不廣泛，許多詞彙尚未寫定，甚至還有所謂「有音無字」或「音」、「字」脫節的情形，或同一語，而南北部各地口音不同，這對於不熟悉此一語言的人來說，欣賞方言作品時不免時生隔閡，甚至不能終編。雖然像《廈門音新字典》、《臺日大辭典》等兼顧漢字寫法的字典相繼問世，但是字典之間的說法分歧仍多，而考訂字源更非易事，因此，往往通行寫法是一回事，而正字又是一回事，甚至使用文字記錄方言者的文字修養及其對方言是否精擅，亦影響字典之精粗。明乎此，方言詞彙訛誤仍多，寫法恒異，其原因亦可思過半矣（註一〇）。

劉師培爲章太炎《新方言》作序嘗謂：「惟僻壤遐陬之間，田夫野宥於鄉音而語不失方，轉與雅記故書相合。」（註一一）吾人固無須反對臺灣話文（日據、目前）實應樂觀其成，但是如何吸取方言活潑的語彙，恰如其分融入國語文學（註一二），而又不致造成讀者的疏離感，不造成語言的「隔」，這是值得深思與努力的，此項工作需語言學家、作家、讀者形成共識，相勗相成，否則臺灣話的文字化，恐怕仍將困擾多數讀者。不論過去或現在，提倡臺灣話文者，都持著將之社會化，變成運動之用心，而於提煉臺灣話文之精華、庶成漢藏語系方言之大觀，爲中華文化之復興再寫新頁之緒業，則未之或省，此誠今日臺灣文學創作者所當自勉自期者也。

【註釋】

註一　劉文見《中國文學發展史》，華正書局。不過，歷史上文人創作的方言詩歌數量很少，並且形諸文字之後，也大都雅言化了。《楚辭》是最可代表方言文學的，但其中的方言成分大多僅保留楚語詞彙而已，如羌、蹇、紛、些、然、泊、扈、只、誶、侘傺等，使用方言創作，似乎很難大量使用該地語言的語法。

註二　一九二六年胡適爲《海上花列傳》所寫的序。天一出版社印行。

註三　張文收入向陽方言詩集《土地的歌》附錄，自立晚報，一九八五年八月，頁一四九—一五〇。

註四　宜注意的是：使用這些粗卑不堪入耳與入目之髒話，誠然可以強化鄉土文學之色彩，但不宜每一句話都「幹伊娘」不離嘴，實則吾人回憶村裡農民、農婦談話時，他們並非將罵人的話掛在嘴上，通常都是在無可奈何的情形下才用一句「國罵」，今日創作方言文學，誠宜避免滿紙齷齪話，粗語並非方言之特色。

註五　文見《臺北文物》第三卷第二期。

註六　黃武忠〈小說的對話——訪朱西寧先生〉，輯入氏著《小說經驗——名家談寫作技巧》一書，富春文化事業股份有限公司，頁一〇五。

註七　一九九一年八月中國古典文學會舉辦二十世紀中國文學研討會，所宣讀之論文，會後由學生書局編印成冊梓行；游氏碩士論文《臺灣文學本土論的興起與發展》，頁廿四，一九九一年六月。

註八　見《臺灣史研究論文集》，中華民國臺灣史蹟研究中心編印，一九八八年十二月，頁一九七。

註九　見第三章第三節註一九。

註一〇　姚榮松〈當代臺灣小說中的方言詞彙—兼談閩南語的書面語〉，師大《國文學報》第十九期，頁二四九。

註一一　《章氏叢書》，臺北世界書局，頁三六四，另詳見李瑞騰〈閩南方言在臺灣文學作品中的應用—以現代新詩爲例〉，《臺灣文學風貌》，東大圖書公司頁四九—六〇。

註一二　因爲方言是區域性之語言，假若全篇作品皆以方言寫成，則作品必然受時間、空間之限制，而影響作品之傳播及作品生命之延續，因而適當融入國語文學，不通篇濫用方言、造怪字，乃是方言文學發展時必須注意的。目前一些所謂鄉土文學作品，或有借國語以翻譯方言的情形，雖然意思能掌握，但如根本不懂臺語，則其「神韻」仍不易體會。說一句話時何字拉長些，何字輕快些，何字聲調高揚、低降，單看字詞而不聞其音，則其傳神韻味，有時實在無法體會，這些問題都是必需突破的。

第三節　小說作品時雜日語借詞及音譯詞

日據時期臺灣中文小說作品中，時雜日本漢字及其漢譯擬音詞，這當然是因在日本殖民統治下，年輕知識分子或受日式教育或至日本留學，而日語又以「國語」之姿通行於臺灣，在臺灣地區語言發展過程中，「音借」的現象，與吸收另一外來語詞的情形，便難以避免；此一現象與今日受外語影響而中外文夾雜使用的情形頗爲相類。任一優秀之語文系統實際上很難完全自給自足，音譯詞之產生，大都由於社會的發展和需要，如總舖、榻榻米、信用組合等，可徵日本文化之影響。自日據時期臺灣中日語借詞、音譯詞使用之情形觀之，大致上可以看出賴和、楊雲萍、陳虛谷、楊守愚、王詩琅、郭秋生、劉夢華、赤子諸氏使用日語借詞、音譯詞之次數較多，此類詞彙，大抵爲社會人士口語所習用者，且廣爲一般人所熟知，有些語彙至今仍廣爲臺籍人士沿用，有些則以時移世異，而鮮爲人知了。

本節擬就直接借用日文及音譯詞兩種現象析述之。括弧內所表代之義依次爲中文詞義、日文、小說篇名。

一、日語借詞——名詞

(一)**人際稱謂**：奧樣（夫人—おさん；他發財了），奧サン（同前；鴛鴦），サン（樣，對人尊稱；鴛鴦），チャン（對他人兒子的尊稱，猶言少爺；鴛鴦），カーチャン（媽媽；放砲），姫（小姐—ひあ；惹事），李サン（李先生；保正伯）

(二)**一般人物**：運轉手（汽車駕駛員—うんてんしゅ；恭喜？），郵便配達夫（郵差—ゆうびんはいたつ；恭喜？），寫眞師（攝影師——しゃしんし；棋盤邊），辯護士（當爲「弁護師」，即律師—べんこし；可憐她死了），差押官（法院中負責查封的執行官—さしおさえにん；鬥），工場長（廠長—こうばちょう或こうじょうちょう；豐作），看護婦（護士—かんごふ；青春），モーダン・ガ—ル（摩登女子；她），小使（工友—こづかい；十字路），給仕（工友—きうし；脫穎），女給（女仕—じょきゅう；紀念樹），社員（職員—しゃいん；脫穎）。

(三)**普通名詞**：發會（開會儀式—はっかいしき；鄭秀才的客廳），來月（下月—らいげつ；同前），揭示板（公布欄—けいじばん；恭喜？），年賀狀（賀年片—れんがじょう；恭喜？），月給（月薪

―げっぎう；他發財了），信用組合（信用合作社―しんようくみあい；他發財了），自動車（汽車―じどうしゃ；顚倒死），火事（火災―かじ；鬼），便所（廁所―べんじょ；棋盤邊），料理（烹飪―りょうり放砲），サイダ（汽車；放砲），御馳走（盛宴―ごちそう；放砲、奪錦標），銃（槍―じゅう；惹事），驛（車站―えき；惹事），事務室（辦公室―じむしつ；豐作），應接室（會客室―おうせつしつ；同前），馬鹿（混蛋―ばか；同前）馬鹿野郎（混蛋―ばかやろ；脫穎），手形（票據、支票―てがた；同前），代（費用―だい，同前），御歲暮（年禮―おせいぼ；不如意的過年），都合（關係、方便―つこう；同前），踏切（鐵路平交道―ふみきり；王都鄉），自轉車（腳踏車―じてんしゃ；同前），紹介狀（介紹信―しょうかいじょう；同前），觀覽料（參觀費―かんらんりょ；同前），猶予（緩刑―ゆりよ；沒落），名刺（名片―めいし；浪漫外紀、橄欖），畑（旱田、園地―はたけ；同前），タビ（日本式布襪子；鴛鴦），バス（巴士；她），非常線（緊急線，火災逮捕犯人等時―ひじょうせん，同前），印紙（印花―いんし；可憐她死了），慰藉料（贍養費―いしゃりょり；同前），鑑札（許可證―かんさつ；老婊頭），時計（鐘錶―とけい；同前），机（桌つくえ；流氓），勉強（用功―べんきょう；十字路），罰金刑（罰款―ばっきん；同前），日曜日（星期日―にちようび；橄欖），月給日（領薪日―げっきゅうび，同前），大晦日（除夕―おおみそか；稻熱病），野球（棒球―やきゅう；斷水之後），組合（合作社―くみぁい；同前）。

二、日語借詞——動詞

御目出度（恭喜——おめでとう；他發財了），轉勤（調職——てんきん；同前），出勤（上班——しゅっきん；豐作），檢束（逮捕、拘留——けんそく；同前），配當（分紅——はいとう；同前），亂暴（蠻橫——らんぼう；不如意的過年），妨害（妨害公務。ぼうがい；同前），注射（打針——ちゅうしゃ；可憐她死了），出產（分娩、生產——しゅっさん；同前），取調（調查、審問——とりしらべ；赤土與鮮血、不如意的過年），入札（投標——いれふだ新興的悲哀），御見舞（探病——おみまい；奪錦標），注文（預訂——ちゅうもん；沒落），メへける（閃開；她）等。

三、擬音詞——名詞

哈毛爾卡聲（口琴聲，ハモニカ即口琴；嫌疑），烏紗帽（御歲暮之擬音——おせいぼ；可憐的朋友），亞士華爾篤（柏油路，王都鄉），亞士華爾卓（同前，沒落），娜利耶（玫瑰花；青春），惹斯敏（茉莉花；沒落），蕭干維荖（櫥窗；青春）。

四、擬音詞——動詞

烏迷禮多（恭喜——おめでとう；保正伯），御目出度（同前），卡施汽里（包租——かしきり；同

前），阿啦嗎蘇（明白、知道—あります；他發財了）

在小說語言上，日本漢字與日文語詞的使用，大致直接借用和漢譯擬音兩種情況爲主，其中形容詞之借用如本格的（本質的—ほんかく沒落），拿買意氣（傲慢、狂妄—なまいき；浪漫外紀），阿姆奶（危險—あぶない；顚倒死），因出現次數較少故不予分析。小說中時雜日本語言，構成日據時期臺灣小說之特殊風格。

第四節　小說敘事觀點之應用

敘事觀點即小說作者選擇敘事角度，研究由什麼人，用什麼口吻來敘述故事。此一觀點即敘事者透視事態的觀點。在小說技巧運用上，敘事觀點往往直接影響到小說的成敗。帕西·拉伯克說：「在小說技巧中，我把視角問題—敘事者與故事之間的關係—看作最複雜的方法問題。」（註一）敘述者所採取的觀點，通常是作者認爲最能充分有效傳達故事之立場；雖然故事會指出它自己選擇的觀點，但小說作者有時可不顧這種選擇，而採取他最善於處理的觀點敘事。本節主要參照拉伯克、熱奈特的理論再參酌楊耐冬氏、張素貞先生之說（註二）將敘事觀點釐爲五項，試加研討。

一、第一身主角敘述觀點（第一人稱自知觀點）

所謂第一身的主角敘述，是指用「我」來敘述故事，「我」決定敘述的輕重緩急，故事發展的節奏。「我」即是主角，除了講述「我」所目見耳聞的人事物之外，更可以把「我」的情思感受、心理活動，直接而細膩地告訴讀者，讀者讀了「我」的陳述，會產生一種由「當事人」講述他自己親身經歷的「親切感」，從而更容易接受小說的人物、情節和故事。第一身主角敘述觀點，固然便於刻畫「我」的心理活動、微妙情思，但由於是自述，主角的形貌描繪與他角色相較，往往略為模糊，對於「我」以外人物的見聞和心理活動，只能以臆測語氣加以敘述，不容許直接肯定的去描寫。為了彌補主角形貌模糊的缺憾，須依賴其他人物的襯托，以對話、批評等方式凸顯主角，或借助水的倒影、安排主角攬鏡自照，或安排在夢中、幻中描繪出主角的形象。如此一來，第一身的主角敘事觀點，不僅能刻畫內心細緻的感受、微妙複雜的情思，也能運用種種技巧，彌補其缺陷。

翁鬧〈天亮前的戀愛故事〉，訴說「我」追求異性幻滅的心態過程。小說從想談戀愛寫起，到天亮離開為止，時間只是一個晚上，但作者運用第一身主角的敘事觀點，時常錯綜夾雜不少記憶的追溯，從十歲、中學、十八歲到目前，時間綿亙約十來年。主角複雜的情思，追求異性而希望破滅的心理，都細膩刻畫，幾無遺漏。

第一人稱的愛情小說，以主角的觀點進行敘述的，除翁鬧之作外，葉石濤〈林君寄來的信〉、〈春怨〉也都是以「我」的口吻，來敘述自己的故事，〈林君寄來的信〉交織著初戀男女細緻微妙的情愫，襯托出臺灣農村的淳樸生活與濃郁的人情味，〈春〉作兼採回溯倒敘之法，人物略帶感傷、憂鬱之情。撰寫愛情小說若以第一身敘述者的觀點出之，對初寫小說的人固然較易掌握，但也常易將「我」與作者混淆，而難免主觀的敘述與判斷，此類主觀情緒往往導致小說藝術不能冷靜客觀。不過第一身「我」的敘述，也令讀者對小說人物產生眞切實在之感受。

郭水潭〈某個男人的手記〉以第一人稱「我」敘述離家五年的生活歷程，小說由回憶之筆，逆溯在外作客之所見所感，而以夢醒終篇。主角「我」的形貌以不著痕跡之手法勾勒出來，由於謀職屢遭挫折，失業之苦時時縈心，因而髮禿身瘦形容憔悴，說明了主角內心的愁煩、外貌的蒼老憔悴。以第一人稱主角敘事觀點所撰小說，往往使人有身歷其境之感。日據時期臺灣文學中以此類手法寫成的小說頗多，如楊千鶴〈花開時節〉、龍瑛宗〈不知道的幸福〉、朱點人〈紀念樹〉等皆屬之。

二、第一身旁觀敘述觀點（第一人稱旁知觀點）

第一身的旁觀敘述者的觀點，是以「我」來敘述他人的故事，「我」為小說中事件的部分參與者，但「我」非主角，而是與主角關係密切的配角，或只是個「閒角」，「我」以旁觀者的觀點來觀照整個故事的進展。此一方法頗便於描繪人物形貌，卻不易透視人物心理，與前述第一身的主角敘述者之觀點恰相對，因此胡菊人氏謂此法是「有外貌而無內心」。為了補充小說人物的內心活動，作者偶或故意保留某些情節，不作「心理分析」，而是精心安排線索，讓讀者據此以推想小說人物的心理，或藉彼此對話，讓主角吐露心事，或藉別人的「轉述」、自己的「耳聞」來彌補主角心理活動的不足。

李泰國〈可憐的朋友〉以第一身旁觀敘述者「我」，描述一對夫妻傾其財產，千辛萬苦湊足本錢經營飲食店，由於日警殘橫，使他們再度掙扎於失業的泥淖中。作者行文之際始終採取客觀適切的距離，保持冷靜理性的語調；而對男女主角形貌的刻繪則深刻動人，寫女主人爲生活煩忙的情形，說她「那兩顆深凹著的眼珠，卻帶著一種失神的狀態，似乎是在表明著遲睡和遲起的疲倦一般瞧著。」由於「我」接二連三到飲食店吃麵，因而日益熟悉起來，終於知道店主的身世。由於旁知的局限，這可憐朋友過去「失業的悲哀」、「不善巴結當道者」等事，都很自然由彼此的熟悉而由店主之口說出。作者也以實際的行動，顯現其心理，由他的嘆息顯示著他經歷過不少辛酸的生活，被日警摑打之後的兩頰帶著一大片殷紅的掌痕，沈寂的臉色，似乎壓抑著滿腔的憤恨與不平。敘事觀點的統一與寫作手法的成熟，使本篇藝術價值較同期控訴日警的作品爲高，文末且含蓄流露出「我」的質疑與責難，這都與一味控訴、說教之作迥異。

〈阿凸舍〉也是採用第一身旁觀敘述者手法以表現阿凸舍的形象。作者圓熟貼切的運用幼年「我」的觀點開展小說，「我」原以爲他是極爲討厭的人，頭腦愚蠢，形容污穢，鼻端還垂著兩條青黃的鼻涕，由於是幼童的旁知觀點，單憑其朦朧含糊的認知、似是而非的判斷，固不足以論斷一個人，因此當敘述者「我」隨著年齡的成長，見識的增廣，「我」對他觀感的改變，就更使讀者覺得「阿凸舍」實爲可愛可敬的人，他的形象便極具眞實感。童稚時的「我」看到的僅是阿凸舍的外表，成年後的「我」方眞正看到他善良的心地、內在美好的品格，敘述者「我」由稚童時寫到成長後，作者成功地部署了童駃的迷濛視界，行文時刻意局限於「我」幼童時的認知程度，有這一襯托，方能顯現成長後的「我」觀感的轉變、成熟，而阿凸舍的形象就寫得更眞實了。

王昶雄〈奔流〉採用第一人稱旁知觀點敘述故事。由於是旁知的觀點，所以朱春生、林柏年的環境、背景並未詳盡描寫，祇能透過「我」從旁觀照，局部呈現。就外在寫實而言，朱春生、林柏年是主角，但就內在寫實而言，「我」才是眞正的主角。

由於是透過「我」的眼睛來看外象，也透過「我」這個眞正的主角來敘事，以展示「我」心靈主體的變化歷程。因而朱春生與林柏年反倒易主爲客。他們的心態與行爲，是透過「我」的觀察才有意義的。王氏此作敘事觀點靈活運用，反客爲主，技巧頗爲高明。

龍瑛宗〈貘〉這篇也是以第一人稱旁知觀點寫成，其骨幹筋脈是文中「我」的同學徐青松和徐家的滄桑。「我」由小孩而少年、而青年，而壯年，對徐青松及其家庭的興衰史知之甚諗。對主角徐青松一家族的描摹，頗爲詳實：徐青松在父親葬禮時「臉上一無感動，祇是把那木然的眼光投在路旁的觀衆上面。祇有看到村子裡的女孩的時候，那雙眼睛才會帶上一抹光。」徐家二房的叔叔嗜酒「肥胖得像一頭豬，眼睛下垂，嘴唇厚厚的，皮膚的血色雖然好，但像是浸酒浸爛了，舉止都朦朧不一定。」描繪人、事極爲清晰，也不斷佈置線索，反映了徐青松如行屍走肉般的生命，他的感情、幻夢、希望就像被貘吃掉似的。根據〈貘〉的題材，一般人大概會將之歸類於長篇小說，而且以第三人稱來敘述。但龍氏卻以第一人稱旁觀者「我」的觀點寫成，風格頗爲獨特。其他如〈黃昏月〉、〈午前的懸崖〉、〈

蓮霧的庭院〉、呂赫若〈玉蘭花〉、〈鄰居〉、楊華〈薄命〉等皆是運用此一手法，透過「我」來敘說故事情節之作。

三、第三身全知敘述觀點（第三人稱全知觀點）

以第三身全知觀點行文時，敘述者像全知全能的上帝，居高臨下，無所不知，小說中每一個人的思想活動，他都瞭如指掌，胡菊人氏稱之爲神眼，「舉凡人物出場、背景交代、人物性格、內心獨白、場景變換、情節進行……全由作者一手包辦。」（註三）我國傳統古典小說常採行第三身全知觀點，因爲此一全知全能之敘事觀點，最適於人物衆多，情節複雜的長篇小說；間有中篇小說也用這種敘述法。其優點爲作者以旁觀者的立場敘述，較爲客觀、自由，且又面面俱到，表現作者的高度組織能力；缺點是敘述易流於散漫，結構較難嚴密，若用於短篇小說，有時將破壞其單一效果。運用此一敘述手法撰寫小說時，作者本人並未涉及故事中的人物、事件，因此表達觀點時，要超然於小說人物之上，藉小說人物適合之身份表達其概念，作者本人絕對不能牽涉其間。

劉夢華〈鬥〉敘述一販售油條的童子其兜售之生涯，且析究其家道坎坷之社會因素。寫作技巧甚工，主題意識極強。全文氣氛經營得體，辛酸之情，憤激之思，瀰漫全篇。尤以寫童子貧賤不屈之堅毅令人爲之動容。其敘童子之言詞思慮雖偶有成年人之口氣，然以通篇小說採「全知敘事觀點」爲之，故亦未覺其突兀。

柳塘〈有一天〉，則運用全知觀點及「南生」的孩童觀點，交互敘述，以貫穿情節，筆墨之間，不含嘲諷與控訴而唯以樸素自然之文字透顯幾分無奈與感傷。南生的父親是個「無責任者、浪漫主義者、失機會的人」，拋妻別子，另組小家庭，祇剩祖母、母親勉維家計，南生之弟罹患肺炎，危在旦夕，若不能住院治療，則性命難保，最後，南生遠赴基隆，向父親求援不成，深夜疲累返家，其弟已氣絕多時。全篇以親情與淚水交織而成，讀之令人神傷。

此外，如李泰國〈細雨霏霏的一天〉、翁鬧〈戇阿伯〉、楊少民〈廢人黨〉等都以全知的觀點寫成。

四、第三身有限全知敘事觀點（第三人稱有限全知觀點）

第三人稱有限全知觀點是爲了彌補作者的敘述和讀者之間的過分疏離，而增加作品的親切感，力求改善的折衷之道。此一方法，敘述者以客體身分作主觀判斷，引導讀者進入小說世界，以了解小說中的人物，而敘述者卻置身於一旁，像觀察員一樣審視小說人物之間的關係，交待人物之間的經緯。作者以有限之筆墨深刻而透徹的刻畫人物，至於次要人物則只勾勒其輪廓，而不細寫其眉目，此種方法對一部分人物而言作者是全知的，而對大多數次要人物來說，作者卻是半知的。

呂赫若〈牛車〉描寫生活瀕臨絕境的農人楊添丁，無可奈何地讓妻子出賣肉體，維持一家生活，但最後他仍舊不得不趨於毀滅的過程。小說表現了由農業經濟走向工商經濟的過程中所產生的悲劇，對科技文明、機械的憎恨，對貧窮帶來的威脅，對物質破產導致人格破產，都有細膩的敘述。作者用客觀的言辭，簡潔地提示重要的脈絡，藉著楊添丁的觀點帶領讀者進入其心靈世界，於是讀者可以設身處地了解其境遇的悲涼，並非由於他不勤快，汽車取代了他維生的牛車，因而人家不再請他運貨；想要努力耕種，卻連田地都租不起，他只有徒呼負負了。至於楊添丁以外的人物，內心想些什麼？作者一概不予交待，讀者只有自己去揣想，這是有限全知觀點的特色，此非但不是缺點，相反的，正是作者刻意的安排。

至於赤子〈擦鞋匠〉作者亦透過第三身旁觀敘述者的角度，描寫中上階層的人面對擦鞋匠各種不同的態度，刻畫出勞力者爲了勉強餬口不得不低聲下氣的悲哀。本文小說人物個性，自有其特色，但敘述觀點之應用，則時呈混淆。小說寫擦鞋匠遭受顧客刻扣時說：

他看這個老頭兒這樣野蠻，和他多說也是徒勞，只好自認倒運，將器具收拾起，但禁不住心裡要罵：「呸！渾蛋東西，你媽的，情理全部你包辦，減少人家的錢，還要說人家討厭。你們富人的眼裡看不上二片銅幣，可是我們窮人的算盤上算是很大的損失，我爲你費去許多心神，還吃了一大嘴塵埃，難道值不上二片銅幣的報酬？還給你罵什麼討厭！不知面相的龜子！你爲什麼不厭你自己的橫暴？怎獨厭惡我們窮人？你要知道！你每天吃的膏粱，穿的衣服，和其他一切的活命品，而至於你們獨占的享樂——那一件不是你所說討厭的人做出來的？寄生蟲！我們恨不得馬上把你們推翻！把你滅盡……」他滿腔不平，滿腹忿氣……。

作者對擦鞋匠心裡咒罵這一段，即是將原立於客觀立場誤爲純主觀的立點，於是小說中人物的心理亦隨之顛倒。

五、第三身主角敘述觀點（第三人稱主角觀點）

此一方法是小說中的一切故事和情節，時時圍繞著主角的言行動作而開展，透過主角的見事角度觀察其他人事。可說有主角則有線索，若無主角則亦無線索。第三人稱主角觀點與第三人稱有限全知觀點相似而又不同，主要在它描述的角度，自始至終都得透過主角的觀感來呈現。採用第三人稱主角觀點，便於筆力集中特寫人物。此一手法短篇小說最爲適用。張慶堂〈他是流眼淚了〉描述章大根，巫永福〈慾〉描述周文平爲了得到角間的店舖費盡心機的過程。小說自始至終未曾脫離過主角周文平的動作與思緒，由於周文平心懷叵測，用主角觀點有助於內心剖白，使讀者較易了解其動機，如此第三人稱主角觀點如表演舞臺劇，則由揭幕到落幕，主角必須一直在臺上活動，亦即主角永不離開他表演的舞臺，而所見到每一件事，皆與他有關；如果拍成電影，則每一鏡頭主角都要露臉，若逢回憶逆溯之情節，主角縱不露面亦必有旁白。

二十世紀初期西方小說湧入日本、臺灣之前，臺灣小說作者、小說理論者並未形成突破全知敘事觀點之自覺意識，亦未嘗特別提及此等敘事觀點之運用，而是在不知不覺中濡染、漸習。從敘事觀點之應用，大抵可看出當時小說作者習慣「夾敘夾議」，不自覺的「越位」—在第三人稱限制敘事的作品中時有作者的主觀評價，使文字未能純一，或以甲爲視角人物，又跳出來分析乙的內心活動，破壞了視角的統一。而在第一人稱敘事小說中，敘述者「我」做爲主角或旁觀者之應用，亦常隨不同作者而有不同的偏好，有的習慣講「我」的見聞，「我」的朋友之事，而非「我」自己的故事或感受，或許在小說中自責自省，不自我褒揚、不文過飾非，對自我靈魂執行嚴格之淬鍊畢竟不易。在這方面日籍作者尤多，龍瑛宗說：

在臺灣的日人文學爲什麼沒有日本傳統的「私小說」呢？不消說，臺灣是日本的殖民地，來臺的日人大多數是官吏或公司高級職員，所以他們抱著一種支配者的潛在意識。他們的薪水有特別加薪，他們坐著權力者的椅子，十分神曠心怡了，這種情形與日本本土的貧窮的知識階級有所不同。

儘管他們的物質生活是享福的，但是在精神感覺著懷鄉，感覺著枯燥，感覺著寂寞，於是爲了解悶就來玩一玩高尚的「玩具」——詩吧——恰巧眼前擺在奇異的外域風景呢！

他們想，既然做了支配者，不得不裝出威嚴呀！至於寫實的「私小說」不外乎要暴露支配者的卑賤的心理景象，暴露污穢的支配者機構的現實。何必來搞這樣的散文藝術呢？所以不敢正視他們內心的眞實（註四）。

本文不擬細論日文之小說創作，僅是借此說明以「我」講述自己的故事或感受，每易流於「私小說」，如日本批評家窪川鶴次郎即認爲王昶雄〈奔流〉爲不折不扣的「私小說」，因此以「我」述說自己的感受、自我解剖的小說，臺、日作者都較少撰述，一方面也是因爲稍有不愼，或將流於單調的傷感或狂熱，而做爲一個觀察者或敘述者，從事社會萬象的描述，無論作者或讀者，第三人稱敘事總比第一人稱敘事便於較客觀地審視人物、社會現象，並加以理解。時至今日，採第三人稱限制敘事觀點之寫作法甚至取第一人稱敘事觀點而代之，而爲臺灣現代小說最主要的敘事角度。

【註釋】

註 一 轉引自陳平原《中國小說敘事模式的轉變》一書，久大文化股份有限公司，一九九〇年五月，頁六三。

註 二 參考瑪仁．愛爾伍德（Maren．Elwood）著、丁樹南譯《寫作小小說》一書中〈小小說的觀點和轉接〉，純文學出版，頁六六。及Manuel Komroff著、陳森譯《長篇小說作法研究》，幼獅出版社，頁六八。黃武忠《小說經驗》一書，富春文化事業股份有限公司，及張素貞《細讀現代小說》，東大圖書公司印行。

註 三 胡菊人《小說技巧》，遠景出版事業公司，一九七八年九月，頁八三。

註 四 龍瑛宗〈日人文學在臺灣〉，《臺北文物》三卷三期，頁廿一。

第五節　以死亡或瘋狂爲小說的敘事架構

作家通常是屬於時代的。尤其日本統治臺灣時期，幾乎沒有一個小說創作者的精神器度，不受政治環境、文學思潮的影響；在前所未有強大而徹底的自覺意識中，幾乎所有文學參與者，都像易水高歌、慷慨激昂的壯士般和傳統中一切不可信服的習俗決裂，和帝國殖民者頑強周旋。閱讀這一時期的小說，其特有的沈痛感傷，強烈的社會關切，義憤塡膺的譴責控訴，和蒼白無力的弱者呻吟，總是不時在作品的某一處浮現出來。但是每位作者也各有不同的氣質，其作品風格自難雷同。因而題材縱或相同，其故事的悲喜抑揚卻往往不同。不過，只要我們稍稍留意，就會發現這時期許多短篇小說的人物，在故事中往往以死亡或瘋狂做爲悲劇敘事架構。這些人物的生命，充滿了各式各樣的痛苦、艱難、屈辱和挫折。他們的悲劇，往往不是肇因於自己的性格，而是自身以外的環境與際遇、或命運的魔掌有以致之。

這時期小說人物「死亡」或「瘋狂」的出現率，高得驚人。生老病死原是人生必經之塗，任誰也無法逃避，不過小說作者處理「死」、「狂」等問題時，基本上，絕不僅是人生現象的描寫，而是與時代、社會的脈動息息相關。易言之，他們以如此的悲劇敘事架構，探討傳統之陋俗、倭政之暴橫，對臺省人民之凌虐迫害。作者藉著省思傳統文化、批判殖民統治，形成日據時期以反日帝侵略、反僞劣之禮教、反迷信之思想爲主題之藝術結晶，此藝術結晶即流行於當時的一種小說敘事架構。茲擇其二三，詮察研討之：

表七：以「狂」或「死」為敘事架構之小說作品

小說作者與篇名	人物姓名與身份	瘋狂或死亡
賴和〈一桿「稱仔」〉（一九二六）	秦得參（農民、小販）	備受日警侮辱，自覺生不如死，殺死巡警後，自殺身亡。
楊雲萍〈秋菊的半生〉（一九二八）	秋菊（家貧被賣給郭家）	被養父姦辱，投河自殺。
陳虛谷〈無處申冤〉（一九二八）	地保弟婦	巡警姦辱她，反被官府拷打致死。
楊守愚〈生命的價值〉（一九二九）	秋菊（景祥舍婢女）	不小心遺失一個銀角，被活活打死。
楊守愚〈凶年不免於死亡〉（一九二九）	至貧的妻（農婦）	爲納稅賣掉女兒，悲傷生病而死。

楊守愚〈瘋女〉（一九二九）	紫鳳	未婚夫爲性情凶惡的無賴漢，她不敢要求解除婚約，終至發瘋。
楊守愚〈誰害了她〉（一九三〇）	阿妍（農場女工）	不堪農場監督性騷擾，狂奔逃避，落水魂銷。
楊守愚〈一個晚上〉（一九三一）	穆生的妻	自忖肺癆不久人世，上吊而死，俾使丈夫專致社運。
楊守愚〈升租〉（一九三一）	其旺（老佃農）	田租、納稅接踵而來，窮苦不堪病死。
朱點人〈島都〉（一九三二）	史蓁	迎神建醮爲捐錢而賣子，思子過度發瘋後落水死亡。
賴和〈可憐她死了〉（一九三一）	阿金（童養媳）	丈夫被毆致死，阿金爲侍奉婆婆，忍辱爲富人姨太太，被棄後溺死。

楊逵〈送報伕〉（一九三二）	楊君母親（農婦）	日人逼迫，又自忖病重，自殺身亡，俾讓兒子全心用功、做事。
吳天賞〈龍〉（一九三三）	龍與其妻	媒妁婚約，勉強結合，婚後一月雙雙自殺身亡。
林越峰〈到城市去〉（一九三四）	忘八（農民）	生活困苦，淪爲竊賊，落水淹死。
吳希聖〈豚〉（一九三四）	阿秀（赤農阿三長女）	家貧被玩弄後淪爲賣春婦，貧病交迫，投環身亡。
楊守愚〈赤土與鮮血〉（一九三五）	阿昆（工人）	入贅阿科嬸家，爲養家抱病工作，土崩被壓死。
繪聲〈秋兒〉（一九三五）	秋兒的父親	旁人說犯了治安法而死。
楊華〈薄命〉（一九三五）	愛娥（媳婦仔）	受婆家虐待，發瘋後不久死亡。
王詩琅〈青春〉（一九三五）	月雲（知識份子）	患肺癆不治，含恨而死。

蔡德音〈補運〉（一九三五）	弟弟	到廟裡祈福，爆竹引爆被火燒傷致死。
張慶堂〈鮮血〉（一九三五）	九七（農民、車夫）	當人力車夫，肚餓身虛，撞死在汽車下。
徐青光〈謀生〉（一九三五）	競英父母親（農民）	操勞過度，相繼棄世。
呂赫若〈嵐の物語〉（一九三五）	罔市（農婦）	地主姦逼，忍辱顧家，後上吊自殺。
楊守愚〈移溪〉（一九三六）	阿得（農民）	迷信神明能移溪，奔下溪底被淹死。
楊守愚〈鴛鴦〉（一九三六）	阿榮（被蔗車輾斷左腳）	鴛鴦爲農場監督姦污，他自慚形穢，氣憤填膺出走，後被火車軋死。
柳塘〈有一天〉（一九三六）	南生的弟弟	南生父親在外另組家庭，棄妻兒不顧，南生弟弟遂病死。

周定山〈旋風〉（一九三六）	臭萬的妻（農婦）	為求生被迫賣子，後思念成瘋。她幻想她自己被一群殘忍的野獸包圍、迫害。
賴賢穎〈稻熱病〉（一九三六）	黃芋頭的妻（農婦）	生活困苦，不得已賣女，後思念過度發瘋。
周定山〈乳母〉（一九三六）	可生（小孩）	素雲充當有錢人家的奶媽，么兒可生卻乏照料致死。
邱富〈大妗婆〉（一九三六）	大妗婆（農婦）	家人迷信鬼怪作祟，延誤就醫喪生。
張慶堂〈他是流眼淚了〉（一九三六）	章大根的妻（農婦）	勞累過度致死。
張慶堂〈老與死〉（一九三六）	烏肉兄的妻	病死。
呂赫若〈萍踪小記〉（一九三六）	女人（藝妲）	當藝妲後為人姨太太，日夜思欲延嗣，胡亂吃草藥得胃癌致死。

黃有才〈淒慘譜〉（一九三六）	知母（礦工）	礦難瓦斯爆炸，被炸死。
龍瑛宗〈植有木瓜樹的小鎭〉（一九三六）	林杏南及長子（知識份子）	林杏南長子得肺癆病死後，林杏南發瘋。
龍瑛宗〈黃家〉（一九四〇）	卓尉（七歲小男孩）	父親墮落軟弱，祖母迷信，致延誤就醫不治死亡。
龍瑛宗〈黃昏月〉（一九四〇）	彭英坤（知識份子）	酗酒，辭教職後得瘧疾而死。
龍瑛宗〈一個女人的記錄〉（一九四二）	女人的丈夫及兒子	女人的丈夫被輾殘廢後，不顧拖累家人遂自殺。兒子爲照顧她的肺病反遭傳染而病亡。
張文環〈閹雞〉（一九四二）	月里及阿勇	爲愛，不得旁人的諒解，雙雙殉情投河而亡。
呂赫若〈財子壽〉（一九四二）	玉梅（地主的後妻）	被丈夫姘女逼瘋。
呂赫若〈柘榴〉（一九四二）	木火	發瘋後生病死亡。

夷考右列圖表，諦觀此類悲慘故事，除呂赫若、龍瑛宗、張文環外幾以窮究、批判之旨來論述人生、剖析命運，甚者且以作者之主觀意識刻意凸顯「人性」與「習俗、地主、統治者」短兵相接的衝突，此類作品爲數不少。過度強調主題或不免削弱作品藝術性，然而惟其如此，故事人物之悲苦與噩運乃能清晰印於讀者心中。小說中有以偷竊而墮水溺斃者，如林越峰〈到城市去〉中的忘八。窮人而淪於偷竊，即如高爾基所說，偷竊是舊時代窮苦人對於社會的一種反抗。這些小民出此下策，落草爲盜，實皆由於生活困苦不堪，爲了餬口求生只有鋌而走險，他們有的甚至以「拘留二十九工」尙有白米飯可吃，來相互揶揄，而嘲弄統治者意味亦寓焉。呂赫若〈牛車〉中的添福、張慶堂〈年關〉中的阿成，都曾迫於生活，而淪爲小偷。他們實際上都是好漢，可惜被迫上了梁山！

掙扎於父母之命、媒妁婚約而瘋、殉情的人亦所在多有，如楊守愚〈瘋女〉中的紫鳳，因恐懼嫁給一個吃喝嫖賭無惡不做的無賴漢而發狂，這說明了傳統劣陋的禮教已然違反人性。吳天賞〈龍〉中的青年龍與其未婚妻，勉強結合，卻落得雙雙殉情。這又控訴了變質禮教之吃人。這類題材的小說，深具反對變質的、陋劣的禮教之精神，與中國五四時期小說中反傳統的敘述手法或有相通之處。而其反迷信之基調亦如是。小說中頗不乏誤信乩童讕言而竟殞其生者。楊守愚〈移溪〉中的阿得，以爲乩童是王爺公附身，遂隨之奔赴溪底，妄圖移溪，庶避洪災，以保禾稼，孰料滾滾洪流竟將阿得吞噬。邱富〈大妗婆〉中的大妗婆家人，龍瑛宗〈黃家〉中卓尉的祖母，都因迷信乩童藥方，延誤就醫，而喪其生，這些愚夫愚婦可哀可憫的遭遇，溯其禍端，皆緣知識不足所致。由是觀之，當時小說作者改革社會之意圖蓋亦彰明較著矣。

楊華〈薄命〉描寫愛娥受婆家百般折磨發瘋後而死，基本上這亦與五四反傳統的敘事模式或有雷同之處。小說中發狂或死亡的人物，泰半為農夫、農婦、童養媳、小孩，這說明了日據時期的小說作者對舊有陋俗與殖民統治之攻擊，不遺餘力。農民如其旺、秦得參、九七、阿得，其悲慘命運皆緣於生活困厄，無論他們如何力謀改善生活，最後仍無法擺脫噩運的籠罩。農婦如至貧的妻、臭萬的妻、黃芋頭的妻則都因無力繳稅，無法生活，被迫賣女、售子，以解燃眉之急，然而女人心軟畢竟難捨親情，日夜思念子女，終致精神渙散，或瘋或亡！他們的狂、死也跟過度勞累，積勞成疾、無錢就醫有密切相關，凡此種種莫不說明衝突的根源在於農村經濟破產，與地主壓迫佃農，可見人謀不臧，乃鑄悲劇。

如果換一個時代，也許可以不必以狂或死來處理故事人物的結局。或許可以安排人物倔強地生活下去，沒有發瘋、沒有溺死，沒有投河自盡，也沒有為減輕親人負擔而自殺的事，人生、社會本非如此無情絕望，充滿嘲弄，然而臺灣於日據時期分明是充滿抑鬱、瀰漫苦難的，此一時空之國人都往往難逃環境的捉弄，一一走上或瘋或亡的不歸路。人的尊嚴，人的努力，在那巨大的、無可戰勝的諸般惡勢力之前，是何其渺小，何其脆弱！因而即使郭秋生在一九三四年極力呼籲一種積極進取的寫作方式，可是仍有泰半的作品偏向經營陰風慘雨的悲劇來敘述小說，令讀者淒惻慘怛不忍終卷。

小說中的人物除了知識分子外，幾乎都是一些中、下層社會上卑微的小角色，他們沒有勳業功績，罕懷雄心壯志，他們只是屈辱的活著，痛苦而頑強的和命運搏鬥，他們只要攀住一些極微細的指望，就會奮力地活下去，好像陰濕之隈一株株柔弱的薇蕨，企圖攀住強幹，努力伸向有陽光的天空一樣。因此儘管活得卑陋可憐，活得悲苦艱辛，他們仍使盡力氣和命運搏鬥，直到連現實出路、一絲生機也無從尋覓時，他們才發出「生不如死」「還是死了好」……等絕苦之歎。這些小人物的悲劇故事之所以令人驚心動魄，即在於悲劇的肇因常不是他們自身性格所造成，十之八九的主因是外在強大的、無理的或橫暴的勢力加諸在他們肩脊上，就好像一個惡魔式的人物和一個三尺童子摔角，那個惡魔可厭巨大的體積把那稚弱童子壓倒顛仆，惡魔得意狂笑，而弱童則灰頭土臉，痛苦狼狽。這種滑稽荒涼的人生，往往悚動人心，令人為之欷歔不已。這些小人物的徹底敗北，給讀者的震撼何啻天搖地動！這或許也是極度關懷社會的作家不得不然的寫作方式。蓋此輩作家深冀喚醒廣大讀者群起撻伐「使我至於斯極」之日本惡吏與奸佞之徒也。

本節發端，筆者刻意摒呂赫若、龍瑛宗、張文環等日文作家而不予論述，誠以呂、龍、張等諸作者之寫作手法往往不是將小說內涵明朗至於僅屬「人性」與「劣俗、地主」間短兵相接的衝突，遂而對傳統文化有所省思批判。呂、龍、張等人撰寫小說，皆獨具一格，不恃超然之分析與批判，而是把故事交由小說人物自己去感受，去體認，作者的主觀意識左右其中是非者極為罕見。呂赫若小說〈財子壽〉中玉梅的發瘋及〈柘榴〉中木火的發瘋，亦皆沿其一貫作風，探討人生命運，然而他實際上並非以故事來探討「命運」的究竟意涵，亦非企圖詮釋「命運」，其主要關懷蓋為命運降臨人們身上以後，所造成的種種可憐景況，呂赫若極可能認爲，小說中人生的眞情實象尤重於概念之剖析。人們的遭遇是什麼？人們在怎樣生活？這才是作者最關懷之處。因而他從不單單控訴某一種原因的惡，敘述玉梅的發瘋其主旨並不在於控訴地主的搞七捻三，敘述木火的發瘋也不在抗議領養的習俗，他只是盡其所能，以同情、眞誠的心意，去摹其眞象，庶幾引發讀者對悲苦的同情矜憐，因而其小說手法與剖析、辯證之筆法迥異。觀其〈柘榴〉一篇，呂氏使讀者看見一群最渺小、最被忽視的人物，使讀者看見人生和世界之中最不爲人關心的小角落，使讀者看見一個人的生活中無可奈何的悲劇。就如那最不起眼、最廉價的水果，一般人並不特別垂青關注。但是藉著故事中的人物讓讀者去留意這些人的遭遇、生活。至於龍瑛宗、張文環亦大抵著重事件的呈現，而非刻意抗辯，呈現知識分子在世活著無以違離的存在情境，和不由人不對那時代喚起的無言悲情。

上述小說中瘋狂或死亡的悲劇不是純粹生老病死的現象，它是日據時期臺省歷史、文學的特殊現象，通過各種形式瘋狂或死亡的悲劇，作者或提出對傳統劣俗之質疑、對殖民統治者之抨擊，或對悲苦人生之觀照，對時代困厄無奈的悲情。

第五章　日據時期臺灣小說中的人物形象

本章試圖從作品中不同角色來探討日據時期臺灣社會各層面的生活，及人物形象思想性格。角色之分類約爲婦女、知識分子、醫生和農民等。人在實際生活中，往往同時扮演數種角色，因此分析時，同一個人有時會以不同角色的姿態出現，如婦女中亦有知識分子，像〈泥沼中的金鯉魚〉的月桂，她是「知識分子」，也是「婦女」，又如醫生原屬知識分子，但爲便於論述，權將醫生角色析爲一類。從不同角色之角度諦觀同一人物，對角色的瞭解將更精確，對人物性格之把握亦較眞實。

第一節　女性形象

日據時期的臺灣，重男輕女之風極爲盛行，考其緣由，蓋有二端：中國傳統以男人爲主的社會，以三從四德要求女子，以無才無學獎勵女子，使得大多數的女子因無知無學而愚昧庸弱，不能自立，爲男子所輕視，此其一。甲午戰爭之後，國土淪陷，日本式的「大男人主義」又跟隨著東瀛的船堅砲利橫行臺灣，影響了臺灣男子的觀念。此其二。這兩項因素相益相乘，使得日據時期五十年間，臺灣女子遭受重重壓迫、束縛，地位、形象比以往更卑下；生活、命運比以往更淒慘。

在這樣一個惡劣的大環境裡，也不乏自覺自動，奔走呼籲，而以尊重女子人權，提昇女子地位，改善女子境遇爲職志的團體與個人。比方說，臺灣文化協會就將「尊重女子人格」列入「新設事業」任務之中；廖秋桂、劉英等女子更是奔走各地，席不暇暖，親自參與有關婦女問題的演講，講題包括：日臺婦女地位的差別、婦女的自覺……等，她們不但膽識超群，而且雄辯滔滔，辭鋒健挺，說服力很強；至於謝玉葉、葉陶、許月裡等女士，在致力恢張女權之餘，還獻身民族運動。假使當時的臺灣女子都能有此膽識，有此氣魄，那麼臺灣女子的地位早就大幅提昇了，可惜這在當年只是個遙遠的理想！

日據時期臺灣小說探討有關女子問題的作品很多，這些小說所勾勒的女子，約可分爲下列幾類：一、被視爲男人滿足生理欲望的對象。二、無由自主被拋售賤賣的女子。三、婚姻不幸庸弱見凌的女子。四、突破禮法追求情欲的女子。五、堅貞剛毅的女子。六、其他。茲準此分別敘述之：

一、被視為男人滿足生理欲望的對象

張我軍、賴和、郭水潭、楊雲萍、翁鬧、張慶堂、陳華培的小說中，俱有「視女子爲滿足生理欲望之對象」之情節。張我軍〈誘惑〉記一男子到公園欣賞美女，聞淫聲，嗅體香，覺得無比刺激，情欲難耐！賴和〈赴了春宴回來〉，敘述一名「聖人之徒」置身咖啡館中，藉著女子的嬌媚冶蕩，來排遺內心的空虛寂寞。其實〈誘惑〉中之男子，咖啡館中的「聖人之徒」恐怕任何時代，任何國度都不乏其人！

郭水潭〈某個男人的手記〉，敘述一名拋棄妻子，流浪在外的男人，淪落到爲劇團編劇來賺錢度日，某夜看到女演員的豐姿，不禁輾轉反側，難以成眠，小說寫道：

尤其是夏天，從半透明的蚊帳，進入視線的女人們的豐滿的乳房浮在腦海裡，陳君跟我都一樣，翻來覆去不能入睡（註一）。

郭氏同時也刻畫了這個男子的心理：

即使她是個敗壞淫亂，……我擁抱著輕輕撫摸她的身體。

楊雲萍〈青年〉，敘一青年迷戀咖啡館中某「夫人」，在夢中：

青年用兩手強烈地抱擁著「夫人」，而求接吻，急促著呼吸，尖出未曾觸著女性的唇（註二）。

張慶堂〈鮮血〉九七想起她的妻「那黑得發光的頭髮，尤其那集著青春底生命之力的兩顆高聳乳峰，和穹盈的臀部，沒有一部分，不使他醉倒」（註三）。翁鬧〈音樂鐘〉的男主角，中學時期曾經和一個「豐滿而又爽朗的女孩」同寢於祖母家中的廂房，很想撫摸女孩的肌膚，並且把她摟進懷裡。事隔多年，還是記憶猶新。「女子成爲男人滿足生理欲望之對象」，小說中的男子有青少年，有青年，有成年已婚者，他們對女子都不免有難以抑制的衝動。

陳華培〈豬祭〉，尤其以委曲詳盡的筆墨，把男主角楊火龍的淫思情欲摹寫得入木三分：楊火龍很想跟少女愛珠互通款曲，但是卻靦腆躊躇，逡巡不前；同時楊火龍很討厭他的童養媳阿換那身癡肥。雖然如此，每當夜幕低垂，就寢之際，楊火龍又常常產生本能的衝動，想要擁抱阿換；到了白天，看到癡肥的阿換，又引以爲羞。有一天晚上，火龍終於跟阿換行雲雨之事，事後，兩人結了婚。楊火龍心裡越想越不甘心，常常盤算著離婚的事；但是在晚間就寢之後，卻又常常與阿換燕好。楊火龍只好這樣自嘲：「世間的事不過如此而已。」陳氏可謂善於運用深刻的筆觸，凸顯楊火龍那種矛盾的淫欲情節了。

這些小說直接而翔實記錄了男性愛慾心理，但是相對的，小說裡浮顯的女性形象，卻顯得模糊，似乎對於女性的認識只是外表的肉體，卻看不到心靈。對於這樣的女性形象，在翁鬧小說中除〈音樂鐘〉外，亦時浮現：「年輕貌美」、「她有著著實柔軟的腰和優美的腳」（〈天亮前的戀愛故事〉），或者「四五根柔髮纏在睫毛上，在棉被的一邊，隨著她呼出的氣息微微浮動：雙眸輕闔，宛如貝殼一般。」（〈殘雪〉）這說明了臺灣女性不免被男人視爲情欲之追求對象，其命運不幸者則難免被賤價出售販賣一生。

二、無由自主被拋售賤賣的女子

郭秋生的〈死麼〉、瘦鶴的〈冬夜〉、克夫的〈秋菊的告白〉這三篇小說都是以「女子被出賣而成青樓搖錢樹」爲題材而寫成的作品。這類故事，不僅在日據時期指不勝屈，即在現代之臺灣社會亦時有所聞，這眞是人間的不幸，社會的奇恥大辱！

郭秋生〈死麼〉描寫一個命運坎坷的弱女子被輾轉出售六次的經過。她十三歲即落入煙花界，飽受摧殘，以後每賣到一個地方，就被改一次名字，有一次被假母騙了，要她接客，「老的、少的、粗暴的、斯文的、很好性情的、很壞脾氣的，說也說不盡這個中的千種萬態，而個個都是那嘗嘗一度春風的張三李四，雖只在這短小的期間，也數不得曾幾許人了。」（註四）瘦鶴〈冬夜〉（註五）敘述伯父為了買一條牛，狠心把七歲姪女梅香賣掉，不出幾個月牛犁田過度死後，伯父也死了，就用賣姪女換來的錢辦喪葬之事。後來梅香生母念女心切，大老遠來看女兒，卻久候未果，最後只好落寞離去。楊守愚另一篇作品〈生命的價值〉，透過一個小男孩的觀點，敘述鄰居的小婢女秋菊的悲慘生活。故事發生於冬夜，小男孩睡夢中被哀號聲驚醒，天明後目睹婢女垂死的慘劇。男孩追溯憶起她被賣以後的生活：

從今以後，她就像入籠之鳥似的，永遠地過著不如意的生活，不自由的生活，和非人的生活了。她那做小孩所應有的天眞爛漫的態度，和愉快的享樂，就被那青面獠牙的惡魔，掠奪了去，什麼娛樂呀！教育呀！她更加連做夢也想不到。她每晚都要過到十二句鐘才得睡覺，早上又須五點多鐘就要起來；她每天的工作，老實說，就是一個成人也還擔當不起。每早起床就要掃地、拭椅桌、換煙筒水、煎茶、排水、洗衣服、洗碗箸、買菜蔬、搥腰骨、清屎桶、當什差、守家門、還要管顧小主人。這麼多的工作，都要她一個人擔當。萬一不提防、不小心、還要飽嘗那老拳、竹板、繩子的滋味呢（註六）！

小婢女秋菊不過是八歲的小女孩，由於家中貧窮，不得不賣人，奴婢制度和金錢虐殺了這尚稚齡的小孩，她的慘死，只不過因丟失微不足道的一個銀角。小男孩驚懼疑惑：「唉！生命的價值——一個銀角！」作者楊守愚藉著小男孩之口傳達了人道主義的理念，憐憫這一切被凌虐的生命。克夫〈秋菊的告白〉描寫秋菊父親爲要還債不得已將她賣人，秋菊自此下海陪客，「營爲皮肉生涯，做人家的玩意兒、鴇母的毒打，嫖客的侮辱。」（註七）

郭秋生、瘦鶴（楊守愚）、克夫選擇此類題材，撰成小說，大抵而言，都是懷著悲天憫人的情懷，述說女主角的悲慘遭遇，對黑暗的社會，與人面獸心、逼良爲娼者作血淋淋的控訴。

龍瑛宗〈一個女人的記錄〉以婦女的一生做爲探索的主題。女主角自一出生即被視爲賠錢貨。年紀才七歲，就得背弟弟燒飯。十歲就開始看牛，十三歲那年，女主角被賣到林家當下女。五年之後，受到主人威脅利誘，就將貞潔獻給了主人。第二年，又被主人賣給佃農作妻子，不久，她生了一個男孩。二十四歲時，爲人洗衣，貼補家用，丈夫則放棄農耕，做了工人，她和丈夫努力工作，家境漸好轉，又生下女兒。但好景不常，三十五歲那年，丈夫工作時，一個失神，一雙手臂竟被機器輾斷。次年，狠下心，賣了才六歲大的女兒。三十七歲時，丈夫因爲不願拖累全家而服毒自殺。四十歲時，她罹患傷寒，獨子爲了照顧她，反而也染上傷寒，最後病死。「女人」在沒有人可以依靠的情況下，接受了女兒的扶養，隨著女兒的劇團四處漂泊，在五十四歲那年，病倒他鄉，走到了生命的最後一站，結束了坎坷艱困的一生！

生命本是無比莊嚴的，是理應受到尊重的，不論男女老幼傷殘貴賤，我們都應作如是觀。可是在〈生命的價值〉，秋菊的生命不如一個銀角，在〈一個女人的記錄〉這篇小說中的女主角，其生命也未曾受到尊重——出生之時，被視爲賠錢貨；後來被賣爲下女、痛失貞操，直至賣給佃農爲妻止，這個苦命的女子就像貨品一樣，任人販售，任人擺布，她生命的尊嚴受到嚴重的蔑視與傷害，她絲毫沒有能力，沒有機會作自己的主宰——就算有能力，也被一些牢不可破的觀念所抹煞，而不能發揮（註八），當然，她更不能決定自家的命運。因而不得不賣爲佃農婦，不得不墮入貧窮與疾病的輪迴裡，忍受著賣女、喪夫、喪子這種種天倫離散的悲痛，以致於死！試想如果在女主角誕生人世之時，她的生命就受到尊重，被當作一個有血有肉有心靈的人——而不是可買賣的貨品—來看待，那麼她的一生必將改觀，必將正常。龍瑛宗似乎想透過小說喚醒讀者的良心，從而體認到：人們應該揚棄那些不正常的，非理性的傳統觀念，進而以更開闊的心胸，更理性的態度來正視女性，以避免或停止臺灣社會中無數的悲劇！從小說所描寫的來看臺灣婦女，則幾乎都是容忍的，無怨無艾承受著一切痛苦與不幸，敢於突破樊籬，爭取自身幸福的女性，則有如鳳毛，龍氏另篇〈不知道的幸福〉方令人爲之喝采。

三、婚姻不幸庸弱見凌的女子

重男輕女的觀念，造成許多失敗的婚姻、破碎的家庭，而最大的受害者往往是婦女、是妻子。呂赫若的〈廟庭〉、〈月夜〉、〈財子壽〉，楊華的〈薄命〉等小說就反映了此一現象。

呂赫若的〈廟庭〉（註九）、〈月夜〉（註一〇），本爲兩篇短篇小說，然其本事相連，故亦可相合，而視爲一中篇小說。女主角翠竹和表哥本是青梅竹馬。但爲家庭所迫，嫁給他人，表哥也作了別人的丈夫。翠竹出嫁不久，丈夫短命而亡，父母又將她嫁給一個慣於玩弄婦女，曾經出妻七次的男人。這一家的婆婆和小姑，虐待翠竹，翠竹痛苦不已。一次翠竹被打，回到娘家，表哥正好從城裡回來，翠竹的父親卻託表哥將翠竹再送進火坑，與婆家和解。表哥將翠竹送回婆家，返回途中，聽到翠竹被打之事，他再返回時，翠竹卻投了河，幸虧及時營救才免於一死。但她既不能回娘家，也不能在婆家生存，陷入進退狼狽的困境。對翠竹來說，娘家是陷阱，婆家是火坑。要麼自殺身亡，要麼徹底背叛，別無他路可走。呂氏於小說結尾寫道：會像翠竹一般，以自殺求解脫的女人也不會少吧！我禁不住對臺灣女性感到某種義憤。

楊華〈薄命〉的女主角愛娥，還是一名女童，就被賣爲童養媳，才七歲就被毒打成傷，作者這樣寫著：「頸子上抓得周圍滿佈著黑色紫色各種深深的指甲痕，胸部是一條一條的竹仔痕，腿上又是捻得現出許多紫色青色的塊。」（註一一）正式結婚之後，「每日給公婆詈罵，叫她挑水」，產後發瘋不久去世。

呂赫若另一篇小說〈財子壽〉也反映著女子不幸的婚姻：女主角玉梅姑娘窈窕端麗，賢慧善良，於保正海文賦悼亡之後，于歸海文。嫁給貪淫鄙吝的海文，已極不幸；而理家大權，又爲與海文有染之侍女秋香所奪，玉梅幾度見逼，終致精神失常，被送進瘋人院，度其後半生！

婚姻對她們來說，只是推往痛苦的淵藪中，愛情就如同天上的星宿那般遙不可及，人格的尊重，人性的尊嚴，人權的價值，更是他們想都沒想過的。在那個暗無天日的年代裡，許多女子一旦出嫁，就等於埋葬了幸福，走進了墳墓——一個她們窮畢生之力也無法衝決、超越的墳墓。因爲社會的枷鎖，教條的壓力，使得這些伶仃瘦弱的女子不得不認命。呂赫若在〈月夜〉這篇小說裡就有這樣的體認：

結婚對於女人一生的重大影響，使我重新得到了認識。不幸的婚姻……若是女性的話，在社會上，道德上，都會使得他不得不屈就更不好的婚姻。漂亮而有教養的姑娘，由於一度解除婚約，就失望了對所希望的結婚對象期盼的資格；或者才過了二十五歲，就只能被當作後妻的對象，這種事實，我們看過不少（註一二）。

這種加之於弱女子的社會枷鎖，也許才眞正是「喫人的禮教」吧！

四、突破禮法追求情欲的女子

情欲屬於人類與生俱來的生理作用、生命動力，在平常，情欲或者受到教化的洗禮、制約而藏於內心深處，或者受到理性的轉化提升，於是發而中節，後者是希賢希聖的君子修養，前者是匹夫匹婦的生命型態。日據時期臺灣小說中述及志潔行芳的女子者，固不乏其例，容後論之。至於匹婦之中，膽氣差雄，情欲稍強，所謂「教化」、「理性」、「道德」、「規範」所縛不住，而爲當時作者寫入小說，或加以塑造之女子，則可於尚未央〈老雞母〉、馬木櫪〈私奔〉等作品中見之。〈老雞母〉的女主角是一個寡婦，爲了追求情欲的滿足，竟然珠胎暗結，於是悄悄生子，由別人撫養。〈私奔〉的女主角藥甕先生後，且與鄰人有苟且之情事，被人訴之於法。面對法官，女主角猶侃侃而談：「我認定我的行動是正當，我只知道我是除掉我的幸福的破壞者。……除掉社會的惡魔凶徒，人人得以誅之，何待於我？我尚有什麼罪？」（註一三）

賴明弘〈結婚男人的悲哀〉（註一四）長篇小說中，女主角素英不遵婦道，紅杏出牆，她的丈夫不堪打擊，自殺身亡。細讀〈老雞母〉、〈私奔〉、〈結婚男人的悲哀〉這幾篇小說，可發現三位女主角對「情欲的滿足」的處理方式，幾乎如出一轍！考其原因或因愛情、欲望是普遍深藏於人類生命底的呼喚，一旦衝潰了禮樂教化的隄防，勢必造成人欲橫流。男歡女愛，固然能在某一程度上「滿足」情欲；將屬於生理作用層次的情欲向上轉化提昇，使之臻於中庸中和、自足而無所待的境界，不也是一種滿足，而且是相當完美的滿足嗎？靈魂如能從慾望的重荷下，逐漸割捨，減輕負荷，則靈魂之自由和精神上清新明朗之氣象，當下可得。當然我們沒有理由要求素英等女主角如此向上轉化提昇，因爲她們只是普通平凡的女子，只能掉入永不能解除的慾情陷溺中，無法將那些赤裸裸訴諸感官的肉體慾望，加以提昇而強化其精神成分。

林芝眉在〈臺灣人的婚姻與愛情〉一文對〈老雞母〉、〈私奔〉的女主角作了這樣的推崇：

〈老母雞〉寫一個寡婦……撕毀了禮教的外衣，露出他情慾需要的眞面目，由掩飾的文學，走向眞誠的文學，這篇是個里程碑。

〈私奔〉的作者塑造了一個傳統的叛徒，具有突破道德的勇氣，何以能如此？「因爲她心中的慾情戰勝了一切面貌虛僞的對手，但她也付出了極大的代價，而所獲的報償則是從晶瑩剔透的慾情裡，看見了眞我，看見了眞正的自由。（註一五）

對於林氏的評論，個人以爲有二點値得探討：一、「愛」的確百分之百是對的，但是「表現或追求愛的方法」卻有千百種，這些方法的是非對錯就不容一概而論了。一、如果一篇小說中的人物「撕毀了（所謂）禮教的外衣，露出她們情慾需要的眞面目」，這篇小說就可以名之爲「眞誠的文學」，那麼恐怕所有的色情作品都成了最「眞誠的文學」了。二、林氏認爲〈私奔〉的作者「塑造了一個傳統的叛徒，具有突破道德的勇氣……（此一「叛徒」）從晶瑩剔透的慾情裡，看見了眞我，看見了眞正的自由。」需知傳統有「大傳統」、「小傳統」、「好傳統」、「壞傳統」。……不知林氏所謂「傳統」究何所指？再者，「具有突破道德的勇氣」，就能「從情慾裡……看見了眞正的自由」嗎？當然，沈醉於愛慾的故事題材，有其實在性，當愛情故事轉進愛慾故事以後，使小說更徹底進入人性的眞實，而在我們精神上喚起比較深刻而複雜的自省。

總之，尚未央，馬木櫪所寫的小說陳述了當時某些女子對愛情、對欲望的追尋，讓讀者去重視這個問題，並且理性客觀的去思考這個問題，從而試著提出較爲理性的解決問題的方法。或許這才是我們今天研讀這三篇小說所應有的心態。過分的揄揚與貶抑，是沒有多大意義的。

日據時期臺灣小說中，亦不乏表彰那些踐履綱常，志潔行芳的女子的作品。例如楊逵的〈送報伕〉、村老的〈一個晚上〉、〈誰害了她、〉吳濁流的〈泥沼中的金鯉魚〉、陳虛谷的〈無處申冤〉，都屬這類作品。

五、堅貞剛毅的女子

楊逵〈送報伕〉中那位賢妻良母，辛苦籌錢供兒子赴日本讀書。她自知身體不能長久，不願拖累別人。把充當日本警察的長子趕出家庭，賣掉房子，得到一百五十圓，將大部分款項寄給在東京讀書的兒子後，不久就上吊自殺了。遺囑要求兒子黽勉爲學，學成返國，爲國人做事。這眞是一位堅貞剛毅的女子！她用自己的生命來激勵、期望唯一的兒子。雖然她是盲目無知的，她的性情是剛烈的，她或許可以接受當巡查的長子底照顧，也不致失掉一男一女，或許她也不需要採取自殺的途徑。但日本統治下的臺灣社會是如此惡劣，她如何生存下去？兒子，通常是傳統臺灣婦女唯一生存的希望，是女人的明天。身體既已不行，只有打點自己的後事，爲兒子妥善安排生活，這種犧牲奉獻的慈母心，其實在傳統臺灣婦女身上處處可見，小說中亦不乏其篇。

吳濁流〈水月〉中仁吉的太太蘭英，可說是臺灣傳統典型婦女，任勞任怨，每朝四點就起床燒飯，照顧孩子，餵豬、飼雞、餵鴨，然後下田做工，人在農場，心中卻牽掛著家中小孩和放在農場樹下的嬰兒。累了一天回家之後，還忙得團團轉，每夜編大甲帽到十一、二點才休息。可是她從來沒有說一句抱怨，這樣刻苦耐勞，爲家庭、爲孩子奉獻一生的女性在傳統臺灣社會中觸處皆是，小說深刻描繪了這令人欽佩敬重的角色，那形象有如莊嚴卻又悲苦的一朵花。

楊守愚〈一個晚上〉的男女主角，是一對逃離大家庭的年輕夫婦，妻子染上肺病，情深義重，「不願以這不死不活的身子拖累」先生，於是上吊，死前仍鼓勵在糖廠工作的先生繼續組織工會的事。可惜當日醫藥不發達！像這樣一位性情眞摯，見識深遠的紅顏，眞該讓她長壽！讓她與先生相勉相攜，爲苦難的同胞做更多有意義的事情。

吳濁流〈泥沼中的金鯉魚〉女主角月桂不願爲金錢而婚嫁，逃離家庭，到臺北做事，被社長誘姦後，持椅回擲，擊中社長要害。最初爲了復仇，後來她想到僅報私仇，不算本事，她決定「獻身爲被人欺負，被人污辱，被人歧視的婦女們提倡女權運動，才有價值。」於是她參加臺灣文化協會，力爭女權。這種不畏權勢，不貪多金，獻身婦女運動的女子，在日據時期臺灣社會，誠屬鳳毛麟角。（註一六）

呂赫若〈婚約奇譚〉敘述一熱衷社會主義的少女琴琴，經常以「超越男性的熱忱跟尖銳的見解，讓人另眼相看」，與男士們辯論可說「雄辯滔滔」，連那些鬥志昂揚的男士們最後也不得不棄兵曳甲。緣於她的美貌、聰慧，追求她的人踵門而至。琴琴的父親爲了攀附富有人家，強迫她嫁給粗暴蠻橫的紈袴子弟明和，琴琴在被父親監禁一個星期後，只好先答應和明和面談，如雙方志趣相投才訂婚。琴琴不知明和存心欺騙她，以爲他嫻熟馬克斯理論，是個有抱負的青年，殊不知明和只是囫圇吞棗、虛應故事罷了。不過，她很快就看透明和了，因此離家走出，準備考護士執照。女主角琴琴平素即喜研讀思想典籍，有獨立自主的個性，主張女性要自覺、要解放，她也以實際行動踐履。唐得慶〈畸形的屋子〉中的梅英也是喜讀社會主義書籍，毅然投入社會運動（農民組合）的女性，毓文〈創痕〉中的素罄則逃婚遠赴對岸投入革命。月桂、琴琴、梅英、素罄這一類女子在當時女權不振的臺灣社會，表現出色，令人振奮。

此外像陳虛谷〈無處申冤〉的不碟母親無視刀劍威嚇，捍衛女兒貞操，大罵警察，打擊色魔；以及以身殉難的地保弟婦，面對酷刑，堅貞不屈，絕不改變口供；楊守愚〈誰害了她〉女主角阿妍為了保全貞潔，溺水而死。此皆可謂當時的奇女子！是捍衛社會正義，不向惡勢力屈降的新女性典範。

六、其他

吳希聖的小說〈豚〉反映了不甘被男人欺凌的弱女子的命運。窮苦農民阿三向「養豚組合」租來一隻母豬，結果母豬病死賣小豬的錢又賠光，負了一生還不盡的債。他的女兒阿秀被地方土豪進財玩弄，淪為妓女，染了一身梅毒。阿秀設計引誘進財，將梅毒傳染給他報了仇，但是卻只能用犧牲肉體，懸梁自戕的慘烈手段來報復進財。從這一點，我們可以充分體認到：在一個女權不張，女子不受到尊重的社會裡，女性想要免於不人道、非理性的待遇，實在是難上加難！像〈泥沼中的金鯉魚〉月桂轉而從事女權運動的女子實在不多見。只要不尊重女性的觀念、玩弄女性的意識存在一天，就不知有多少女子要步上與阿秀相似的窮途！

更悲哀的是男人讓女人出賣貞潔以維家計！命運之弄人，寧有愈於此者！呂赫若的〈牛車〉，就敘述了這樣的悲劇。有一家庭，太太在蔗田或鳳梨罐頭廠做工，先生用牛車爲人載貨以維生。但是社會進步了，大家都改用單車載貨，牛車就賺不到錢了。先生想改業農耕，卻無力租田，於是「老婆出賣肉體的錢是一家的命脈」，用這樣屈辱的方式買了一塊田地。另外尚有一些爲男人所棄，仍熱愛對方之女性。龍瑛宗〈白色的山脈〉第二則短篇「海濱旅邸」寫一位旅舍女僕「惜」的故事。這個叫「惜」的女人，被一個無恥的男人拐騙到上海，男人爲了賭博，二次把她賣到妓寮，男人只向她榨取金錢，然而「惜」在遠離那男人後仍愛他、惦記他。女人複雜的感情，不僅杜南遠猜不透，讀者也覺得不可思議，但這樣的故事在現實世界仍上演著。

在《三六九小報》裡不幸淪爲娼門之女者，亦有此類爲男人玩物，而女子卻情願爲他犧牲。署名「恨」所撰的〈沈醉〉，描述了文姑娘爲嫖客瘦君所騙，文姑娘甘心以營皮肉換來的金錢供他揮霍；《蠶絲放庵》的〈浪愛〉一篇，同樣敘述了女子秋姑娘爲阿林所拋棄，但她仍熱愛著他。女子愚執幻想著這樣無恥鄙虐的男子，如不以天下之笑爲諱，似乎也是一種情感上的德操。然而不幸的是「試看了沈淪於茫茫苦海中的青春少女，何嘗祇有秋姑娘一人，拿女子來做玩物的男閥，也正像恒河般的不可屈指，又何嘗只有阿林一人？」（〈浪愛〉）女子如三尺騃童被男子計騙，而後如敝屣棄絕之事也就難以避免了。男子青樓狎邪之愛本爲不可靠，而女子卻純然的以愛情自我孤戀迷執，承受現實無盡的磨難。在人的天性裡，最不知利害的，莫過於感情之爲物了。

呂赫若〈女人心〉裡女主角雙美，爲了一個深愛的男子，她心甘情願當舊時代的女人，奉獻她的一切，然而男子爲了一己的利益拋棄了她。愛情對她來說是絕對的，她深深感受到失去了他，生命便不再有歡樂，便「感覺不出生之意義」。事情演變到如此境地，早先那歡悅的基調，隨著情感的被棄，不能不落進悲劇的陰影中，她叫著「我可以當婊子了」，等女兒長大了，也要叫她去當婊子，並且宣傳她是他的女兒。愛情的幻滅，成了無可拯救的陷溺，大部分的女子都無法對感情入乎其中，出乎其外，而一任它馳落深淵，不僅毀滅了自己，連帶的讓無辜的女兒一併毀滅，這樣的舉措，顯然是荒謬的。女主角嘲弄自己，其實也正嘲弄了人世。此外，呂氏小說一向關心臺灣女子之生活、思想，如〈萍踪小記〉、〈臺灣的女性〉、〈廟庭〉、〈月夜〉……等，深入探討了臺灣女性之命運。如再參考其戰後（一九四六年十一月十七日）所主持的座談會，對臺灣女性做了有關的探討，則更可以了解昔時、今日轉變之過程。

小結

從臺灣光復到二十世紀的九〇年代，爲期將近半世紀。在這四十多年中，臺灣地區女子的地位日漸提高，甚至於有越來越卓犖不群，度越男子的趨勢。這在臺灣三百年婦女血淚史中，可謂是異數！三百年來，先賢先祖，東渡大海，遠入荒陬，藍華啓疆，開物成務者，不知凡幾，祖先耗盡了血淚、生命，爲今日復興基地的繁榮富庶，奠立了深厚穩固的基礎。在這綿長的臺灣開拓史中，對於那些千千萬萬，世世代代黽勉樂天、刻苦任事，以協助父兄，興家立業的婦女同胞，我們更應推崇其美德，肯定其貢獻；而對於那些同樣是人，同樣應該受到人格上的尊重，人權上的保護，卻不幸而淪爲男子的附庸，家庭中的奴僕、養女、童養媳、棄婦煢嫠和青樓女子，她們種種坎坷的命運，非人性的待遇，我們尤其應該加以關注。本節就日據時期臺灣小說之述及當時女性之心理、人格、形象、遭遇、命運者先舉其大要，再作較深入之剖析及知性之反省，然後透過對小說中所陳個案之逐一審視，以探討當時現實社會女子之眞實人生，希望藉此能供今後臺灣地區甚或世間男女相待相處之參考，庶幾日據時期臺灣弱女子因爲男子極不平等之不良傳統而產生之種種悲劇、慘劇，不再上演於今日與今後文明高度發展之時代！

【註釋】

註一　郭水潭〈某個男人的手記〉，見《光復前臺灣文學全集》第六卷《送報伕》，頁一二一，遠景出版社，一九八一年九月再版。以下各註如是遠景出版社這套全集時，不再註明其出版社出版年月。這篇小說原載《大阪每日新聞》，一九三五年。

註二　楊雲萍〈青年〉，見《臺灣作家全集—楊雲萍、張我軍、蔡秋桐全集》，頁六三。本篇作於一九二九年七月廿四日，於東京撰就時爲日文稿。同年十二月十九日夜半譯成中文於歸里中，原載《臺灣民報》二九四號，一九三〇年一月一日。

註　三　張慶堂〈鮮血〉，見《臺灣文藝》二卷十號，頁一一七。《日據下臺灣新文學明集3》收錄，頁二五三。及《光復前臺灣文學全集》第四卷《薄命》收錄，頁三三八。《臺灣作家全集—陳虛谷、張慶堂、林越峰合集》亦收錄，頁二二九。不過三書註明其出處皆謂「二卷九號」，實則爲「二卷十號」。後二書蓋沿襲明潭版之誤所致。

註　四　郭秋生〈死麼？〉，原載《臺灣民報》二七九—二八三號，一九二九年九月廿二、廿九，十月六、十三、廿日。《光復前臺灣文學全集》第二卷《一群失業的人》收錄，頁三八四。

註　五　瘦鶴〈冬夜〉，原載《臺灣新民報》第三一一—三一三號，一九三〇年五月三、十、十七日。《臺灣作家全集—楊守愚集》收錄，篇題作〈慈母的心〉，文字稍異，段落、主旨不變。詳見日據時期臺灣小說年表有關楊守愚的部分，註一一。

註　六　楊守愚〈生命的價值〉，原載《臺灣民報》第二五四—二五六號，一九二九年三月三十一日、四月七、十四日。此段引文見第二五五、六號，頁九。《臺灣作家全集—楊守愚集》收錄，頁三〇。

註　七　克夫〈秋菊的告白〉，見《先發部隊》創刊號，一九三四年七月十五日，頁八四。

註　八　「女人」曾懷疑「爲什麼女人非被賣掉不可呢？」也感受到兩性的差別待遇，男性可理所當然上學校，女孩子是難以享有此權的。她雖對女性所遭受的不平感到懷疑，但終其一生，她從未對命運的安排有所反抗。

註 九　呂赫若〈廟庭〉，原載《臺灣時報》，一九四三年八月；〈月夜〉爲〈廟庭〉的續篇，原載《臺灣文學》第三卷第一號，一九四三年一月一日。《光復前臺灣文學全集》第五卷《牛車》收錄。

註一〇　同前註。〈月夜〉一文，頁一七一。

註一一　楊華〈薄命〉，見《臺灣文藝》二卷三號，一九三五年三月五日，頁二五。

註一二　同註九，頁一五三。

註一三　馬木櫪〈私奔〉，原載《先發部隊》創刊號，引文見頁七二—七三。《光復前臺灣文學全集》第七卷《植有木瓜樹的小鎮》收錄。

註一四　賴明弘〈結婚男人的悲哀〉，見《臺灣新文學》二卷二號，一九三七年一月廿五日出版，頁二一—二五。《光復前臺灣文學全集》第七卷《植有木瓜樹的小鎮》收錄。

註一五　林芝眉〈臺灣人的婚姻與愛情〉，見《臺灣文藝》第八十八期，頁七六。

註一六　吳濁流〈泥沼中金鯉魚〉中譯後則此金鯉魚可以跳出泥沼中，日文原文之結尾顯得無奈、消極，以進入社會之女子如同身處泥沼中，左衝右突仍然喝不到清淨之水。刊《臺灣新文學》二卷三號，此處採中譯本，《光復前臺灣文學全集》第八卷《閹雞》收錄。

第二節　知識分子形象

「知識分子」一詞，原於民國以後方由日譯「知識人」（註一）輾轉產生，在中國傳統詞彙中，初無此一詞彙。今天，「知識分子」已成日常口語，然而其界說迄未獲學術界之共識。本文使用「知識分子」一詞時，乃泛指傳統讀書人及吸收新知之現代讀書人。中國首度尋求知識、推廣知識者，首推春秋戰國之游士，彼輩憑藉獨特之知識能力，游說諸侯，餬口四方。而孔子、曾子憑知識以濟世，賦「士」以弘毅之使命，期勉士人，仁以爲己任，必死而後已。此超越之使命感，促使儒士，度越實用之價値，注重理想之開展。歷觀國史，干政治之禁忌，挺人道之尊極，在朝爲諍臣，在野發爲清議，針砭現實之失，而以締造一理想秩序爲職志之儒士前修，代有其人。亦有見世事之難爲，卷珠玉而懷之，獨善其身，退隱林泉，護持道統於千秋，存養清氣於乾坤者。蓋此知識分子之傳統精神，恒於國家、社會危機重重之際，維繫壇坫，護持綱常。讀書人爲民族文化之生機，爲天下蒼生之福祉，奮厲無前，鞠躬盡瘁之氣節，誠吾國讀書人之優良傳統。

日據時期臺灣知識分子承此傳統，兼秉現代知識分子之人格特質，有弘毅之氣魄，懷淑世之精神、冀匡時弊、廓清氛祲者，實繁有其人，雖然如此，此輩菁英，處風盲雨晦之辰，際刀俎魚肉之秋，亦難免產生落寞、孤寂、自我疏離之沈哀。小說作者身爲知識分子，卻於作品中批判知識分子，其自我審判的意味十分濃厚。他們以強烈的時代感和歷史的眞實性爲其作品之背景，刻畫並映現了知識分子在殖民社會之掙扎煎熬、頹唐墮落、堅決奮鬥。日據時期臺籍知識分子僅屬當時全臺人口之極少數，然而他們的影響力卻相當深遠，當時除了極少數爲求取個人之榮華富貴，甘爲敵人鷹犬，而喪盡天良，欺凌同胞的敗類之外，有不少知識分子積極致力於啓迪同胞知識、改造社會文化、爭取獨立自主之活動。在日本總督府日益嚴密之控制下，他們或壯烈殉國，或西遯神州，另謀捲土之計，日久天長，於邑牢愁，有些人難免意志消沈，甚至頹廢失志，凡此類知識分子之遭遇，吾人皆可從當時小說中窺其心境。本節分自新、舊知識分子兩方面來論述：

一、舊知識分子

許多傳統文士在日本統治之下，功名之路既已斷絕，仕宦之機亦渺不可期，他們只有寄情於詩酒，遊戲於文字，過著沈悶的生活。由於他們所受的舊式教育與保守性格，使他們不易改變傳統觀念，接受新思想；因而新知識分子對傳統文士幾乎完全否定。賴和〈赴了春宴回來〉中，以聖人之徒自居的第一人稱敘述者「我」，楊少民〈廢人黨〉中，那些冒用新觀念、組織「自由會」，聲稱不願受舊禮教束縛，而實際上「天天吃酒，天天醉著，做些不成詩的東西，說他們就是文士」（註二）的一夥人，和周定山〈老成黨〉中，一群滿口之乎也者，背地裡卻飲酒狎妓的一群人，都是這種頹廢墮落、虛無放縱之徒。

〈老成黨〉這篇小說中的舊知識分子，自覺懷才不遇，不願與浮薄之世俗同流合污，他們不屑出任日本公學校教員，原因是教材「俗得不成樣子」，但他們卻自經典中斷章取義論證納妾之合理，以掩飾自己放蕩的生活。此輩「老成黨」，有類蠹蟲，而無裨聖道，誠然令人痛心。另有一些傳統文士始則日日吟風弄月，終則與日本政要擊缽唱和，廉恥喪盡，如涵虛〈鄭秀才的客廳〉所刻畫的鄭秀才，即是一例。鄭秀才常喜教訓年輕人：

十個指頭尚且有長有短，世上的人們，也應該有賢的、愚的、富貴的、貧賤的，那裡會平等？不論什麼事，總有個天數，臺灣人不是等待天要作成，決沒有什麼法子。——做不成事。唉！我就是看破了這個關頭，所以無論什麼事都不管。我們老人家，過橋比你們青年行路還多呢！（註三）

其封建、保守的思想，及歧視、打壓年輕人的態度，表露無遺。鄭秀才一方面希望參與公益會，逢迎異族，一方面又深知一旦淪為貳臣，必將貽羞子孫，遭春秋之貶斥，因此「自作了公益會員，總似懷著一種不安」，不敢自承為公益會員，不僅如此，鄭秀才尚且批評公益會之領導者不識時務，收受苞苴。此種矛盾情節，是十足的鄉愿作風。而鄭秀才則以「中庸」自名。與鄭秀才之鄉愿鄙態極端相左的，又可判為兩類，即〈榮歸〉之王秀才與〈秋信〉之斗文先生。

陳虛谷〈榮歸〉一作描寫前清遺老王秀才，在乙未之後，面對滄桑之劫，有「生不逢辰」的悵惘和無奈，他的滿腹詩書，在日本殖民體制下，不再是升官發財的保證，他甚至連一封極為簡單的日文電報都不能解讀，時移事易而產生的挫折感，使他整日浸淫於鴉片煙以自我麻醉。他雖鄙視接受新教育的青年，但是他很清楚的意識到：「讀書人除做官發財以外，學問畢竟也是空談無補的。」因此他苦心培育兒子再福，送他到東京留學，期待他有一日能進入日本的官僚體系，爲自身仕宦之絕望再尋寄託。

但是當再福留學七、八年，花費金錢無數，尚未學得一工半藝時，王秀才便頗感不耐煩，想叫兒子回國經營小生意，因爲黃金的世界，有錢可通鬼神。由此可知王秀才令再福出國留學，全由利祿使然，初無貢獻社會造福鄉里之思。因此，當再福在日本通過高等文官考試，王秀才一家人便做著「奉旨完婚」、「高等文官可以做郡守和知事」、高等文官可擬較清代之「舉人、進士」等美夢，王秀才恍然於「富貴不歸故鄉，如衣錦夜行」的道理，要大兒子催促再福回到臺灣來。王秀才的價值觀始終是讀書以求功名，他的頭腦裡並沒有什麼民族大義、抗日情懷。再福衣繡榮歸，大宴賓客，王秀才即席宣告：

> 今天爲豚兒及第高文的披露宴，蒙列位不棄，光臨敝廬，無任感佩。我帝國自領臺以來已經三十餘星霜，聖德覃敷，政績頗著，尤於教育一事，竭其精誠，此皆歷代爲政者，上下一致，善體聖旨，愛民之所致也。臺灣人才之輩出如雨後春筍，良有以也。豚兒再福，者番得荷寵命，及第高文，不獨我王氏一族之幸，抑亦全島三百萬忠良之民，所當感泣也。……願我子孫，竭其愚誠，勉爲帝國善良之民，以冀報恩於萬一……（註四）。

這一席歌功頌德的話，說明當時某些舊知識分子，缺乏傳統忠奸之分、華夷之辨的思想，他們只是不斷做升官發財的殘夢，因此立刻成爲日本當局籠絡的對象，根本無法領導民衆批判、反抗日本帝國主義殖民統治之暴横。陳虛谷〈榮歸〉之作，正是新舊文學之爭，泰半新資產階層知識分子對於一些舊式知識分子，在文學上與現實上往往有如是之觀感與省思。

陳虛谷精擅新舊文學，且於新舊學術，根柢亦深，因此他不獨對舊知識分子有所反省批判，對於受日本殖民教育改造之新式知識分子亦進行深刻的透視，分析和批判。在〈榮歸〉後半部，即描寫在日本接受七、八年教育，考取日本高等文官的王再福早已被改造成「買辦知識分子」。他在返鄉的車廂上，衣著考究，目瞬眉揚，看見故鄉風景之美，豪情壯志，油然而生：「啊！山水人物，如我才對得起故鄉這麼偉大的大自然」，他自以爲是「臺灣的代表人物，是日本國的秀才」，巡視四周，自認自己「斷然不是」「尋常一樣的土人、劣等民族」。一味認同殖民者的語言、意識、文化之餘，再福逐漸鄙夷自己的母語、自己的鄉親、自己的本土個性。陳虛谷在故事末尾，生動地安排了這富有強烈諷刺和批判意義的一幕。王再福在熱烈的掌聲中起身致詞，他說得興高采烈，「及至後來，一部分的人似乎是討厭了，交頭接耳的，大說大笑起來」，原來，他說了半天，竟是用日本話致辭的。

王秀才大宴賓客，感激涕零於日本帝國的皇恩浩蕩，王再福捨棄母語，以侵略者的語言向鄉親炫耀，傳統、新式知識分子的投機勢利、泯滅知識良知，皆令人鄙夷，也給我們深刻的反省和啓示。

日據時期另有濡染舊學，修養湛深之士，守死善道，絕不俯仰隨俗，如朱點人〈秋信〉之斗文先生即其人也。斗文先生僦居窮鄉僻壤，臨池撫帖，熟誦桃花源記、正氣歌等古文，閱讀孫兒寄自上海之國事週聞，如此者數十年，故習靡改，斗文先生的生活：

表面看來，純然是隱居生活，但他的內心卻不如是，他的熱血，常爲同胞奔騰著。當社會運動方爛的時候，他雖然沒有挺身去參加實際行動，但對於社會運動一分望的文化運動的貢獻，卻是不少。（註五）

斗文先生猶是小說中人物，於現實世界中，則令人想起鹿港名士洪棄生。恆葆大節，護持華族文化。斗文先生會萃同仁，籌組詩社，倡擊缽吟，扢揚風雅。未幾，詩社淪爲群小干祿之資，斗文先生因此自責甚深，自貽爲臺灣文學之罪人。一九三五年，斗文先生赴臺北觀鯨鯢爲誇其侵臺四十年而舉辦之博覽會，脫口詈罵：「倭寇！東洋鬼子！」復於植物園，重遊曩日辦公之撫臺，撫今追昔不勝廢興桑劫之感。日據時期臺灣小說寫此風骨堅蒼、克葆儒素的舊文人，或者僅有朱氏〈秋信〉一篇，當日此類人格典型應不乏其人，唯新知識分子改革心切，對舊文人遂多以負面角色塑造之。

描寫舊知識分子頹廢形象之小說，其作者大抵皆新知識青年，如陳虛谷、周定山、賴和、楊守愚等人。他們皆曾啓蒙於私塾（書房），對傳統文學頗多涉獵，同時他們也吸收新知識，於新、舊知識分子都有所接觸、了解。這些精擅新舊文學的知識青年泰半曾參與臺灣文化協會、臺灣文藝聯盟，或當時各文化團體，他們的思想較前進，由於追求理想過於迫切，因而在他們筆下的舊知識分子，通常呈現負面形象（當然，他們有時也對墮落的新知識分子有所批判、反省），而刻意凸顯傳統文化之黑暗面。舊知識分子之趨於消極、退怯固有其不容否定之事實，而這其中自然也有新舊文學之爭的意味，故致力於新文學的作家，在創作時不免肆力抨擊傳統文化、舊知識分子。

二、新知識分子

日據時期臺灣小說裡的新知識分子，有積極進取的，也有消極墮落的。積極進取的新知識分子對殖民體制中不合理的現象，盡力批判，並努力啓發民智，亟圖改善現狀，他們極具理想，亦有實際行動。此輩知識分子後來有部分或因時代之困阨、或因異族之差別待遇，或因對現實之無力感，他們在處處碰壁之餘，發現他們的力量極爲脆弱，任憑他們百般努力都無法充分發揮專長，亦無法改變現況於萬一，於是日趨失望、徬徨、頹唐，寄身於婦人醇酒，自我放逐。另一類知識分子，其所思所爲大半以個人利益爲前提，爲個人之利益，民族、國家可以置之度外，尤以皇民化運動推行之際，此類自私自利之徒對國家民族之認同意識不免日益淡薄，甚至混淆不清。

日據時期思想較現代之臺籍知識分子，其所學所思自具進步意義，他們極力反對非理性之傳統，亦往往批判社會現狀。〈一個晚上〉中的穆生夫婦，脫離大家庭，自組「新的、小的家庭」，致力建設理想社會，雖貧病交侵，致妻子自殺，然其妻臨終之際，仍以「最後的愛與希望」，鼓舞穆生盡力工會運動。楊守愚另一些小說如〈嫌疑〉、〈決裂〉中之知識分子，亦將其思想落實於生活中。〈嫌疑〉之主角曾啓宏，以無政府主義之「黑色青年」一事，日警冠以「治安維持法嫌疑」罪名，搜查、審問，並予囚禁。囹圄之中，曾啓宏所朝思暮想者則爲：「不知要到那一天，再能回復了我的自由，再能與無時無地都（不）在活躍著，鬥爭著的人類見面？」而〈決裂〉之主角朱榮，爲農民組合之領袖，「日也運動，夜也運動」故自東京學成返國，日吏即曲加尼阻，使其職掌無著。朱榮於當時新人物之戀愛至上主義，頗覺不屑，亦不願囿縛於家庭、妻子，其專力追求者，則爲與群體有關，「更有意義，更偉大的〇〇工作」。方其面臨事業與家庭之抉擇也，不惜叛其家族，別其妻子，對其妻曰：

你既然反對我的主義，阻礙我的工作，那我倆當然是勢不兩立了。你的反動行爲，在我的眼中，也祇是我的一個仇敵……（註六）。

這樣與他歌於斯，哭於斯的階層、家族決裂、脫離的知識分子，亦見之楊逵的〈模範村〉。阮新民與父親決裂，家庭衝突之後，滿懷「祖國之夢」，浮鷗西邁，到神州從事抗日活動去了。蓋因阮新民「本想在城裡準備當律師，爲窮苦同胞爭取一點權益的。但是，砲聲在蘆溝橋響了。他說：作律師是無濟於事的……」。楊逵筆下之知識分子多有弘毅之志量，崇高之理想，〈送報伕〉中之「我」、〈模範村〉中之陳文治與阮老頭之子阮新民、〈鵝媽媽出嫁〉中之林文欽與「我」、〈萌芽〉之獄中丈夫、〈無醫村〉之醫生、〈春光關不住〉之數學教員，皆其人也。這些知識分子在小說中是靈魂人物、情節之開展、情思之遞邅，故事之終結，皆由這些知識分子主導。他們生於民間，長於民間，始終與社會大衆相濡以沫，因此，他們對於殖民社會之醜陋溷濁、不公無理，知之尤諗，也因而自覺覺人，付諸行動。此誠知識分子社會良心之呈顯。

日據時期這些有思想、有行動的臺灣知識分子，面對社會現實，亦時生無奈、乏力、苦悶、牢愁之感。他們固然極有理想，但社會現實令他們時遭囿限，他們雖極有思想，但苦無實權，無法大刀闊斧改變現實，這些知識分子見諸賴和的〈惹事〉、〈歸家〉、署名「慕」的〈開學〉，楊華的〈薄命〉、康道樂的〈失業〉，楊守愚〈元宵〉、〈啊！稿費〉等小說。

〈惹事〉的主人翁每見不公平之事，內心忿懣無比，且亟欲挺身，匡邪持正，但每次奮身，皆歸失敗，最後自覺為大衆背叛，只好悄焉離去。這充分顯示理想主義者之無力感。〈開學〉中之某青年，失業賦閑，幾經波折，謀得塾師教職，其後被識破嘗為「過激人物」，遂遭解職。面對權威之強橫，此青年亦唯「給一種失望的愛憤熾烈地燃燒著」，而別無他法，可資抗拒。〈薄命〉中之年輕學生悲憤表妹迫於家貧，不得不于歸適人，雖知表妹為「舊禮教下的犧牲者」，但是他只能緘默，並無能力給予表妹任何襄贊，遂「感到一種無可奈何的悲哀」。賴和〈歸家〉裡的知識分子亦有雷同之悒鬱。負笈在外十多年，學成返鄉，頓覺無用武之地。暇時閒步街頭，方知貧窮人家竟無供兒女上學念書之思，不禁欣悲羅胸，百感交集。〈失業〉中的公學校教員，曾研究社會科學，從事社會運動，解除教職之後，任商店事務員，一家三口勉可維生，適商店虧損，結束營業，只好讓太太上班，自己則居家做家事帶孩子。〈啊！稿費〉中的主人翁由於新式學校與經濟蕭條的交相衝擊，所營書房乏人問津，「孔子飯」亦無緣再享。於是煮字療飢，冀以稿費改善生活。然而「黃金的國土」既虛幻渺茫，第一次世界戰後，經濟復極不景氣，這位主人翁只有載憤載悲，強烈質問「世間的錢，又是歸到誰的手裡呢？」當時許多知識分子既痌瘝在抱，憫傷他人之困窮，亦自憐自哀，強忍戕剝，爲自家所不願做之事而苦惱不已。楊逵〈鵝媽媽出嫁〉中，負笈扶桑研習藝術之青年返國之後，種花爲生，其友人精研「互助共榮」之經濟理論，焚膏繼晷，撰爲篇章，稿未殺青，而人已殂逝。此一青年賣花鬻樹之際頓悟，「共存共榮」實爲「戕摩剝削」。然而雖恨剝削，亦不得不將其飼養之母鵝拱手送予剝削者。誠可謂冰炭滿懷，心靈與現實相予盾、相衝突。這或許就是「主角行動與思想反襯外在現實」與主角對現實的理解相異的「境遇反訊」（situational irony）吧！這種敘述架構在日據時期臺灣小說中相當普遍。

描寫日據時期臺灣知識分子頹墮消沈之現象者，要以龍瑛宗所撰小說居其大宗。龍氏所塑知識分子幾乎都罹患現代愁疾，他常以幽怨的筆觸，刻畫出那時知識分子心餘力絀之無奈與沈哀，並細膩展現其生活之困窘與心靈之苦悶、徬徨、頹喪、殘破。或謂龍氏頗傾向於浪漫唯美之創作路線，此並非意味其小說所述皆逃離現實，實則浪漫唯美云云，乃謂龍氏深刻感受被殖民，遭宰割之悲慟，遂以知識分子之心靈表達對黑暗現實之不滿與抗議。故龍瑛宗之小說實緊扣時代之脈搏，自其所勾勒之知識分子，可觀知時代之影子。

葉石濤說：「在楊逵的小說裡有些主角是知識分子，頭腦是清醒的，身體是健全的，他們的悲哀、憂鬱、忿怒都是正常的，可是一到龍瑛宗，我們將會發現，知識分子已經脆弱墮落。潛思多於行動，而且帶有世紀末的頹廢。」（註七）在龍氏〈植有木瓜樹的小鎮〉、〈黃家〉、〈黃昏月〉小說中的知識分子即往往具有此種傾向，足證日據時期爲不能讓知識分子一展所長之時代，亦足徵當時知識分子所具有之懦弱性格。

〈黃昏月〉也是以「我」來敘述情節，「我」中學畢業，爲時未久，在某鎮偶遇公學校中之恩師，他聽說「我」謀職無著，乃使「我」在公學校任代用教師。彭英坤亦任職該公學校，他在中學時原是生龍活虎的人物，功課優秀，運動傑出，但五年之後，卻不知何故，前後判若兩人。他此時懶惰寡言、借錢、喝酒，身爲教員卻毫不熱心教學，「有人向他說話，他一幅提不起勁回答的樣子，只回以無氣力的笑容，那笑容裡帶著冷清清的、虛無的東西。」他求學時代，熱衷求知，從未落到十名外，每號校友會誌，他必投稿件，寫過拜倫等評傳，但現在則蔑視知識，否定學問，撕下中學時代國文教科書中雪萊詩頁給孩子揩拭屁股，亦面不改色。他胸中似乎積鬱了太多的不滿不平，只有酒酣耳熱之際他才敢批評教育、校長和同事。在一次忘年會的晚宴上，他與愛拍馬屁的關老師吵了一架，事後，他辭卻教職，獨赴東部，罹患惡性瘧疾，狼狽而返。彭英坤的一生是知識人的悲哀，自尊、自傲、理想高遠原是知識人之特質標誌，但時代黑暗、生活困窘，現實之重壓令知識分子欲振乏力，於是頹廢、墮落，不能自拔。在日據時期，社會無理不公，縱有知識，亦無所用，縱有理想，亦不能開展，知識分子失去人生方向，只有自我放逐了。彭英坤自我放逐的結果，是老婆和四孩子爲他受罪吃苦。臨終時債主紛至沓來，留下陷在愁雲慘霧裡的妻子，和滿頭膿包，赤身而臥的孩子。小說中主人公「我」具有人道主義的理想，滿腔正義感，爲彭英坤料理後事，並爲彭氏妻兒籌算生計，「我」滿口答應彭英坤的太太，然而面對村里流言，「我」猶豫再三，對放高利貸的朱天成唯唯諾諾，一點辦法都使不出來。這個「我」其實不過是「彭英坤」的另一個影子罷了！

與龍氏小說中知識分子形象近似的是吳濁流筆下一些徬徨、無定著、蒼白的知識分子。吳濁流〈水月〉中的文吉，在殖民者的差別待遇下，苦無出路，多年來殘酷的現實與生活的重擔已銷盡他的理想與志氣，只能回味迷戀於年輕時的幻夢而不克振作。〈亞細亞的孤兒〉的主角胡太明也與文吉雷同，胡太明所追求的理想世界，在現實生活中一一幻滅，環繞於其四周者恆爲殘酷之絕望與無窮難解之疑問，胡太明常於荊天棘地之世路顚沛躓踣，鼻青臉腫，奈何信念不明，意志不堅，終不能逆此重重挑戰，予以致命之反擊，遂於暴橫無理之現實狂瀾中浮沈終身，而成歷史之灰燼。

至於〈先生媽〉中的錢新發，則純爲巧諂媚諛，榮華自身之新知識分子，新知識分子不求上進、是非不明者亦頗不乏人，如徐玉書〈榮生〉描寫一個知識分子，到處招搖撞騙，最後被繩之於法，揭露了當時一些不安分守己的知識分子之惡行劣跡。該作曾引起某人抗議，以爲含沙射影，遂興訟事，由此可見現實社會品劣行濁的讀書人亦復不少。

小結

從日據時期臺灣小說對知識分子的描述，大抵可看出他們對殖民體制下的現實社會，採取數種因應之道：孤芳自賞，抱殘守缺，活在漢學傳統裡，沈緬於詩酒、遊戲於文字。如沒有足夠的道德勇氣來從事嚴肅選擇，則多易爲統治者所籠絡，置民族之苦難於度外，這一類代表人物泰半是舊知識分子中毫無自覺者，或爲秀才、或爲塾師，這是一種類型。完全放棄臺灣人的傳統生活，同化於日本，在新文學後半期，皇民化運動雷厲風行之際，尤其明顯，這一類人物如〈先生媽〉、〈道〉、〈志願兵〉裡渴望皇民化者，他們奮鬥的目標，多是日式房屋、日式生活、異族思想，在日本官署做事，甚至要娶日本女子，如〈興兄〉、〈脫穎〉、〈奔流〉、〈植〉作等，都有這一類鄙視自己同胞，希望與他們劃清界線，而脫胎換骨，成爲「皇民」者，這類崇洋（東洋）媚外的知識分子大都是吃日本奶水長大的新知識分子。當然，這泰半是殖民統治者的思想灌輸所致。這是另一種類型。

從對知識分子的描寫，亦可發現其時知識分子對日本文化極爲崇拜、嚮往，如〈水月〉、〈黃家〉中的主角都憧憬到日本深造或吸收心儀的西方藝術，〈植〉作中瀕死的林家長子，汲取世界新知、研讀日本現象、廣讀中西文學，他們的目光凝聚於日本、歐美及中國大陸。當然這亦與臺灣本地缺乏高等學校可供他們就讀有關，他們不得不遠赴異國，但當時心儀日本之現象頗與今日動輒赴美留學如出一轍。

另一類知識分子，他們與封建家庭、殖民體制各種不合理之現象決裂，這些走向第一線的先覺者和反抗者，除了懷著憂患意識與道德良知外，還具有批判現實的能力和自我反省的能力，如〈模範村〉中的阮新民、〈一個晚上〉、〈嫌疑〉、〈決裂〉中的主角，及王詩琅所描述的社會運動者。這類知識分子或積極扮演改革者的角色，或因勢單力薄，孤掌難鳴，在不斷的挫折，重重的打擊下，面對如此不如意的處境，難免放浪形骸，自我墮落就此「沒落」。他們的生命形態莫不充滿了理想與現實的衝突，他們生活在那一個時代，較一般人前進，但也因如此，他們不但要承擔個人的痛楚，還得承擔大多數人的痛楚，承擔時代的憂患，他們畢竟是凡人，因而挫敗困頓時，不免走入尋樂、麻痺自己的方式，以求逃避和解脫。

這些人物挫敗、頹廢、虛無，泰半是外在境遇所致。行動與思想的反逆，現實與理想的無奈，形成了當時知識分子的主要形象，也是臺灣小說普遍的敘述架構。這樣的敘述手法在在顯現日據下日本殖民統法者冷酷無情、知識分子時不我予的悲哀和無奈。

【註釋】

註一　「知識人」原是俄國一群知識精英，他們引進西歐的文化與學問，企圖改造當時專制保守的帝俄成爲一近代國家。然而在俄國大環境中，欲除舊佈新而不斷裂本身的優良傳統卻不易，他們雖有改造世界的理想，卻不免自我疏離，其心情的矛盾與處境的尷尬，不言可喻。

註二　湘月（楊少民）、〈廢人黨〉，刊《臺灣文藝》第二卷第六號，一九三五年六月。

註三　刊《臺灣民報》一三八號，一九二七年一月二日。

註四　陳虛谷〈榮歸〉，刊《臺灣新民報》第三二二—三二三號，一九三〇年七月十六、廿二日。

註五　刊《臺灣新文學》一卷二號，一九三六年三月三日。

註六　守愚〈決裂〉，《臺灣新民報》三九六—三九九號，一九三二年一月一日—廿三日。

註七　葉石濤〈臺灣的鄉土文學〉，收入《臺灣鄉土作家論集》，遠景出版社，頁三〇。

第三節　醫師形象

乙未割臺後，日本軍閥便挾其戰勝之餘威，宰制臺人教育；臺灣土生土長的青年若是命運較佳，有機會接受高等教育，那麼幾乎只有一個選擇——研習醫學。法律、政治、工商等學科，臺灣青年幾無研習機會。依據統計資料，日據時期有一千八百八十八位臺灣青年接受了醫學教育而成為醫師。在這為數可觀的醫師中，其醫術的高下，暫且不論，而其人品之崇卑，形象之妍醜，當然品類繁多，不可一概而論。今試就筆者曾經寓目之小說，論述當時小說所反映之醫師形象，及當時對研習醫學的看法。

日據時期臺灣小說提及醫師者有吳濁流的〈先生媽〉、謝萬安〈五谷王〉、楊逵的〈無醫村〉、吳赫若的〈清秋〉、龍瑛宗〈午前的懸崖〉、陳賜文的〈其山哥〉王昶雄的〈奔流〉……等篇。上述作品或描繪當時醫生貪婪的嘴臉，或勾勒部分大夫仁厚的形象、或藉小說角色之口，細陳行醫的理念，高下並呈，頗有可觀之處。

吳濁流〈先生媽〉一文發表於一九四五年，刻畫日據時期嗜財如命，諂諛偽善的醫師錢新發。他的名字和他的人一樣，一生矢志追求的就是發財致富。他原出身於窮困家庭，學生時代，父親做工度日，母親夜間織帽，勉強支持他的學費，他穿的衣服補了又補，好像柔道衣，常惹別人譏笑，對於這樣的嘲笑，他氣得無言以對，無奈之餘，也只有任別人嘲弄了。他艱難刻苦的熬了五年，順利自醫學院畢業。錢新發畢業後，聘娶富人的千金爲妻，靠著妻舅的幫忙，開了一家私立醫院。「又靠著妻舅們的勢力，招待官家紳商和地方有勢者，集會一堂，開了極大的開業祝宴，來宣傳他的醫術。」他漸漸富有起來，但是他貪婪成性，連他母親施捨米飯給乞丐也要干涉。他最關心注意的就是銀行存摺的數字。爲了更富有，他認爲要用宣傳的方法來吸引病患求診。他以親切有禮的態度對待病人，讓家屬以及轎夫爲他免費宣傳，同時他又雙管齊下，以甜言蜜語跟和善的態度來恐嚇病人，以便替病人多打幾針而收取較高的診療費。吳濁流在〈先生媽〉中有下列記載：

錢新發對病者親親切切，不像是普通開業醫僅做事務的處置。病者來到，問長問短說閒話。這種閒話與病毫無關係，但是病者聽了也喜歡他的善言。老百姓到來，他就問耕種如何；商人到來，他就問商況怎麼樣；婦人到來，他就迎合女人的心理。

「你的小相公，斯文秀氣，將來一定有官做。」

說的總是奉承的話。

又用同情的態度，向孩子的母親道：

「此病恐怕難醫，恐怕發生肺炎，我想要打針，可是打針價錢太高，不敢決定，不知尊意如何？」

他用甜言商量，鄉下人聽見孩子的病厲害，又聽見這些甜言順耳的話，多麼高價的打針費，也情願傾囊照付。

錢新發不但這樣宣傳，他出診的時候，對人無論童叟，一樣低頭敬禮；若坐轎，到了崎嶇的地方也不辭勞苦，下轎自走，這也博得轎夫和老百姓的好感。（註一）

於是他成爲街坊上數一數二的富翁了。有錢之後的錢新發，自大自傲的劣根性也出現了，他對乞丐毫無憐憫之心，對下人兇狠輕慢，對其他勞動階層的人也嗤之以鼻。他又喜愛虛名，工於諂媚，他對日本郡守或課長極盡阿諛，不顧母親心意，擅改爲「國語」家庭，甚至改成日本姓名，每天穿和服、吃味噌湯。對有關虛名地位之事，他不惜捐款千金，以博得慈善家、良醫的美名。

像錢新發這樣的醫生，絲毫沒有任何懸壺濟人、服務病患的理想，徒然辜負了知識分子爲學淑世的本分，吳濁流塑造錢新發這個人物，充滿著諷喻的意味。此外芥舟在〈王都鄉〉裡通過王都鄉之口更毫不隱晦的將「郎中」型的醫生搶白了一頓：

噢噢又來一個騙子了，你們一團詐欺黨，這法不行用那法，那法不行又換一套新的法子了，我不能再受你們醫師的假面愚弄了，病好了，是醫者的功勞，病不好了，是患者的不是，你們只管把人命當做試驗管，好也要人家的錢，倒也要人家的錢，怎麼我的病會不治呢（註二）？

楊華小說〈一個勞動者的死〉敘述勞動者施君久病未醫的情況：

那穿著洋服的西醫，和那大名赫赫的院長，他們的主顧老是富人家，貧窮的人寧死請不起他們，便是次一等的也要幾塊錢，能請得起他一趟兩趟嗎？

啊！生病！生病是富者的享福，窮人的受苦！施君呀！像你我這種人那裡配生病呢！窮人生了病，第一請不起醫生，第二掙不著工錢。窮人生了病，老實是死神降臨了（註三）！

謝萬安〈五谷王〉這一篇中，主人翁三個學醫的兒子嫖飲無所不能，只知狎妓納妾，妻妾爭風吃醋，兄弟打架翻臉。家庭風波不斷，父子大動干戈。習醫而絲毫無醫德，只因病人忘了帶錢來，便將藥水瓶擲向玻璃。小說中阿杉這個醫生是連畜牲都不如的。由〈先生媽〉、〈王都鄉〉、〈一個勞働者的死〉、〈五谷王〉的冷嘲熱諷，可知當時社會中不講德術，一味要錢的醫生恐怕還眞不乏其人呢！不過德術俱高的良醫，也是有的，邱富所寫的〈大妗婆〉中，就刻畫出一位良醫的形象：

阿先爲了酬謝，用紅紙包了兩張一元鈔票遞過去，可是王先生硬是不肯收下。接著，他誠懇地說還再看一下病情的進展，然後才走。王醫師不收窮人家的出診費——紅包，因此很受鄉民的歡迎。

阿先爲了向王醫師表示敬意，就吩咐煮點心。一會兒，病人睜大眼睛，清醒過來：

「王先生，謝謝您來。老是給您添麻煩。」說著，後面是含淚帶哭的聲音。

年輕的王醫師蹲在枕邊，把視線投向連耳根都通紅的王梅身上，安慰道：

「那裡，那裡，您一定很痛苦吧。」

留下零碎的關照話，就回去了。

又過了四、五天，病情沒有多大變化。儘管後來沒有再去請託，王先生卻自動來診察兩三次（

註四）。

王大夫態度和藹親切，不收診費，主動關照病人，這樣的醫師自能贏得一般民衆的尊敬。類似此情形的如陳賜文〈其山哥〉，由於經濟的匱乏，妻子只有去祈神問卜，求得安心。請來的臭腳先，是鄉間的草藥醫生，古道熱腸地爲他醫病，連紅包錢都留下來給患者買藥，這樣的仁醫，使得在描寫窮苦人家的慘淡生活中，依然可見到溫暖光輝的一面。另外楊逵的〈無醫村〉描寫一個醫生朋友的故事。這醫生有理想也有醫德，他認爲「預防」是醫學的第一要義，所以願當「預防醫」，不幸的是社會並不重視「預防醫」，因此他的病人數目自然比不上同街其他的診療醫。他也和〈大妗婆〉中的王醫師一樣，不傲慢、有良心，窮人家的兒子纏綿病榻，病情惡化時，才請他去出診，雖然他趕到時，病人已一命嗚呼，不過他仍分毫未收，免費開示死亡證明書。斯情斯景令他感慨萬分：

國家把人民的寶貴身體放在此種狀態而不顧是對的嗎？不，我們醫師也是有責任的，我們不能只以爲醫師是一種職業，職業便是生意，生意就是要賺錢。我們不應該忽略了崇高的醫德。（註五）

道德崇高，術妙岐黃的醫生，古人以「聖儒」名之。故知醫生不以牟利爲能事，而以「生死人而肉白骨」爲其正鵠。呂赫若〈清秋〉裡，描述一位年輕醫生，由於父祖的期望，他從東京某醫院去職返鄉，準備在故鄉開設診所，然而最令他困擾的是，他即將「退居鄉間，成爲一名開業醫生，孝順父母」，即將被父老兄弟視爲「醫術之商賈」，這是他極爲不齒的，他的醫學素養使他無法忍受「假藉金錢的媒介」消除人的疾病這樣的觀念，他對「醫學終究還是金錢的奴隸」感到悲哀。他的抱負是：「不要當一名鎮上俗不可耐的醫生，而應當當一名醫學者，更進一步去鑽研醫學，樹立人類永遠的幸福」。呂赫若描述道：

（耀動）對於那些在鎮上開著堂堂皇皇診所的醫生們，究竟所爲何事，而不由感到義憤塡膺。要消滅這種奇病難症，才能盡到醫生的任務啊！近代醫學對於各種疾病，治癒的範疇已日益擴大，儘管如此，若不是假藉金錢的媒介，就不能發生它的效力，這究竟是爲什麼？又縱使有金錢爲媒介，卻受其影響，以致醫術與病症未能合二爲一，這不過是表示醫生爲醫術之商賈而已！他重新爲這種瞭如指掌的事實而目瞪口呆，又爲「醫學終究還是金錢的奴隸而已」這事實而感到悲哀。但是，接著他又想，不，這是做醫生的一種「人」的責任！想到這兒，他不僅對於現在鎮上開業的所有醫生都感到嫌惡，認爲他們是醫學的冒瀆者，進而對於正要開始踏入醫生生涯的自己，也感到一種嫌惡之情（註六）。

他曾路過鎮上另一位小兒科醫生江有海的診所，看見一些匾額、題詞，內心深有所感：

懸掛在門口上那塊鑲著金字「仙手佛心」的匾額，似乎很吸人注目。還有隔著玻璃窗可以看到一幅「醫德可風」的匾額。耀動忽然想起了許多醫生喜愛用「妙術濟世」、「名傳醫術」、「起死回生」等題詞。他很佩服這些題詞很能表現出來醫生的品德，而期望大家不要徒流於空言，而能一體遵守它。同時想到是否所有的醫生都體驗到了某種程度的醫術呢？想一想自己，他似乎感到咬了一口苦藥一樣。不，它決不啻是單純的招牌，他暗自下定決心，至少在自己開業後，除非修得到具有某種程度的信心，他決不懸掛這種招牌充做廣告的厚臉皮醫生，他實在瞧不起他們。

這位開設「博濟醫院」的醫師江有海，和一般以營利爲主的醫生沆瀣一氣，這些人只知把醫師行業當做經營生意，甚至爲了壟斷生意，而不擇手段，因此耀勳父親很氣憤地說道：

令我憤慨的是，鎮上有一部份醫生在阻擋這件事，他們利用「開業許可制」暗自活動，不讓別人在鎮上再開設診所，他們要獨占生意，這些人眞可惡！當然，這件事應該不會受到他們影響，這些人眞是豈有此理！

他（耀勳）從父親口中聽到「暗中活動」這句話，起初只是張口結舌，他絕未想到這純樸的鎮上也會存在著這類活動，何況又是由身爲高級知識分子，本應術妙岐黃，醫病救人的醫師在幕後操縱呢！這眞是等而下之，連世俗熙攘逐利的商人都不如了。因此他憤怒、唾棄這些醫生的庸俗墮落，疾惡他們不能信守當醫生是一種「人」的責任，是一無上清高的職業的信念。他以爲「醫生是科學者」，不可像世俗商賈，憑「術」以爲手段，遂其坐握奇贏的目的！醫生本當以扁鵲華佗之崇德妙術，盡瘁於桑梓之衛生文化，方爲正途！

日人濱田隼雄的長篇小說〈南方移民村〉（註七）裡，登場的醫師名叫珪介，原籍日本，是檢定試驗及格的限地開業醫生，醫術高明，對臺省患者親切、問慰、悉心診療。同一地方還有臺籍醫生三名，此二人不但是庸醫，且不務正業，遊手好閒。這樣的布局大概是日本民族優越感在作祟。坂口䙥子的短篇小說〈杜秋泉〉也是描寫臺籍醫生之形貌行事，然而日人作品，不屬本文研究範疇，故不詳述之。

生老病死恆人之所必經，斯世斯人，其未曾與醫生打交道者幾希；以醫生爲觀照描寫對象的文學作品，自然反應出醫生品類之妍醜崇卑與社會群生之疾苦形神。日據時期臺灣小說所塑造的醫師形象，其鄙陋者多以營利爲主，缺乏醫學嚴謹的精神，缺乏崇高的救人理想，他們常以甜言蜜語哄騙病人多打針以飽其囊笥，窮人求診，亦不肯廉其診費更不肯義務蠲疾。這大概是當時社會現實的呈現，較諸今日某些醫生動輒強索紅包，袋中暗點，猶有不足之態，動輒開刀，以不合格藥物騙病患而賺不義之財錢的行徑，當日醫師之形象尚不致極卑鄙，極醜陋！臺省人士自來即相當看重醫師一職，在日人偏頗之教育政策下，學醫開業自是較好出路，因此子弟習醫學，女兒嫁醫生，都視爲無上榮耀，足以光祖宗而炫里閭。陳瑞榮〈失蹤〉（註八）就曾提到：

在臺灣，醫生的行業最吃香了，我們不是常可聽到許多人爭著把女兒嫁給醫生？

吳濁流〈先生媽〉中的錢新發靠太太娘家得以開業發跡，這也是當時窮人家子弟習醫者欲開業的有效途徑，男女雙方各取所需而結合的婚姻，在當時毋寧可說是普遍正常的。楊千鶴〈花開時節〉中，高女畢業的女主角，其姑媽爲她選擇對象，說：

對方是醫生，以後賺的錢眞是不可限量；而且人又老實，煙酒不沾，生活非常儉樸，這些都是我平時觀察來的，我可以向你保證，這樣好的對象實在是不可多得（註九）。

極言于歸醫生之種種優點。呂赫若〈清秋〉裡也提到耀勳爲盡點孝心，爲責任感所驅使，只有開設診所安家顯親。耀勳缺乏信心，但他想「很多前輩的醫生們開了診所不久，就立刻發了大財。他們既然辦得到，自己怎麼辦不到呢？」醫學萬能，療疾致富！學醫似乎就能解決經濟問題！再說，醫生職業高尚，極具尊嚴，一般人家都希望子弟學醫，以自高身價。日據時期的臺灣作家如賴和、王昶雄、吳新榮、周金波都是醫師出身，至於楊逵、巫永福等人，則是家人希望學醫，但因本身喜好文學，因此不顧家人反對仍從事文學創作，如巫永福故意放棄醫科入學考試，考進明治大學專攻藝文，這樣的舉措，使他家中給予的零用金頓減。在當時小說作品中，我們仍可看到這情形。王昶雄〈奔流〉（註一〇）裡就說：「沒有比本島人對醫師的盲目的憧憬，更淺薄的了。」小說裡敘及朱春生（後改姓名爲伊東春生）公學校畢業後，立時要求到內地（日本）讀書，家人雖勉爲其難，答應其要求，但唯一的條件是必須進入醫學校，五年的中學平安度過，豈知上大學時，朱春生卻違拗了父親的希望。小說描寫道：

期待著他進醫學校的，他卻背叛父親的要求，考上了B大的國文系。父親發脾氣，更有過之的母親的歇斯底里的吵鬧，都是慘不忍睹。這時候，他們以不轉系，學費的供應就立刻中止來做威脅，但伊東的決心仍絲毫不動搖。直到畢業B大，父親的匯款不論有無，他都完全不在意，一任青年的血氣，設法工讀一直苦學過來。

〈奔流〉中一主角柏年也是與親人的期待相乖舛，進入武道專門學校。柏年的母親曾說：

那個孩子，從小就喜歡讀書，說什麼苦學也要完成學業，苦苦的哀求。父親示以白眼，加以鞭打，也不在乎，一點辦法都沒有。如果能像先生一樣，做個醫生的話，有時我們也會想，借債也可以供他學費。

柏年的母親終讓柏年到內地求學，但「叮嚀要立志做醫生」。身為醫生的王昶雄借小說人物之口表達了他對醫學的看法：「醫生這種人物，會不會只顧人的肉體，而忘掉了人有精神的一面呢？我開始領悟：診察了人的肉體，而不能同時適切地判斷人的感情、心理的力量，沒有這個自信，是不成的。」又說：「如果要做醫生的話，父母親這種安逸的想法，背脊禁不住寒慄。讓潛藏在一個年輕人身中的可能，充分地生長，這種沒偏見的熱忱，不才是現代的父母親所應有的嗎？醫學萬能，絕不是本島可喜的語辭。」讓個人所獨具的天賦，依其興趣充分發揮，這樣的理念在當時一片充滿學醫的氛圍中，其呼聲顯得特別清越嘹亮。

相同的情形亦見於龍瑛宗〈午前的懸崖〉（註一一）一作，從張石濤與「我」的談話中，可知父親讓他習醫是「因為唸醫，賺錢是必定的」，而不管孩子本身的興趣、才能。他不僅在醫學萬能的觀念下痛苦一生，連其婚事亦不能自主，女方之所以看上他，是因他是「包準賺錢的醫科」。張石濤那一段話足令為人父母者深自省思：

我們家是有些財產，衣食方面可以不必擔心。不，我應該說，錢是年年在增加的，偏偏我阿爸還不滿足，經常嚷著不夠，還不夠，滿腦子想的是多存一分錢。我明明不喜歡醫科，還是一定要我唸。這都是因爲唸醫，賺錢是必定的。老爸根本就不想理解我的個性和長處，祇把我當做搖錢樹。

我唸醫是件痛苦的事。但是，良心上更痛苦的是我沒有醫學上的才華。我在社會上成了一名沒有才華的醫生。將來，我在社會上成了一名沒有才華的醫生，即使對病患盡了最大的努力，可是從更廣闊的、更客觀的立場看來，由於我不是個夠資格的醫生，便很可能給社會造成損失。

至於男子欣羨醫生頭銜，姑娘喜嫁醫生爲妻的情形，在赤子〈擦鞋匠〉（註一二）一文也有深刻的描述：

N記者不是醫生，爲什麼要穿「醫士鞋」呢？因爲現在這種鞋是很時髦的，差不多個個好漂亮的男子都喜歡穿來模仿醫生的派頭。這種虛榮心，或許是因爲欣慕醫生的名頭好，賺錢又多，而且近來，T島的醫生大多加上了一個社會運動家的好頭銜。尤其是最値得人欣羨的，就是那一班高女畢業的漂亮姑娘們個個都喜歡嫁給醫生做先生娘。所以醫生的飯碗，不單是成年的男子欣慕，就是連那乳臭未離不知長短的小朋友，個個的腦中也不時浮著要做醫生！賺大錢，買田園，建洋樓，討嬌妻，娶美妾的念頭。

以此可知當時幾人人欣羡醫師之行業、頭銜。至於「T島的醫生大多加上社會運動家的好頭銜」，即指當時臺島醫生多爲臺灣文化協會會員，從事文化、政治抗爭運動，以喚醒民衆反抗異族統治。上醫醫國，中醫醫人，下醫醫病。吾人披讀當時小說，同時可觀知這些習醫的知識分子，在當時備受異族壓迫的惡劣環境中，對文化啓蒙、社會、政治民族運動都做了極大的貢獻。

【註釋】

註一　吳濁流〈先生媽〉，一九四四年寫，《臺灣作家全集─吳濁流集》，頁二四─二五。前衛出版社。

註二　芥舟〈王都鄉〉，《第一線》，一九三五年一月十日。

註三　楊華〈一個勞働者的死〉，《臺灣文藝》二卷二號，一九三五年二月一日。

註四　邱富〈大妗婆〉，《臺灣新文學》一卷九號，一九三六年，中譯本見遠景出版社《光復前臺灣文學全集》，魏廷朝譯。

註五　楊逵〈無醫村〉，《臺灣文學》二卷一期，一九四二年二月，遠景、前衛出版社皆收入，李炳崑譯。

註六　呂赫若〈清秋〉，一九四四年寫，《光復前臺灣文學全集》卷五收入。

註七　濱田隼雄〈南方移民村〉，一九四一年十月至次年七月連載於《文藝臺灣》，後由海洋文化社出單行本。

註八　陳瑞榮〈失蹤〉，《臺灣新文學》一卷三號，一九三六年四月一日。遠景出版社《光復前臺灣文學全集》，陳曉南譯。

註九　楊千鶴〈花開時節〉，《臺灣文學》二卷三號，一九四二年七月十一日。遠景版陳曉南譯。

註一〇　王昶雄〈奔流〉，《臺灣文學》三卷三號，遠景、前衛出版社皆收入，後者復經王氏刪潤，不及前者（

遠景版）存眞。此以遠景版爲據，林鍾隆譯。

註一一　龍瑛宗〈午前的懸崖〉，《龍瑛宗集》，前衛出版社印行。

註一二　赤子〈擦鞋匠〉，《南音》一卷三號、四號，一九三二年二月一、廿二日，遠景版收入。

第四節　農民形象

農民身分，有小康的自耕農、佃農，也有貧無立錐之地的佃農，甚者且有無力承租土地的牛車工、長工、短工。日據時期小說之述及農民者，大抵以佃農爲主要描述對象，同時亦偶有以無力承租土地之農民爲刻畫之主體者。當時整個農村社會所受的經濟剝奪，在小說中也有所反映。

日據時期臺灣經濟日趨資本主義型態，土地亦寖爲少數人兼併，大多數可耕田地皆由官府或地主控制，自有耕地之農民極爲罕見，絕大多數農民皆爲立錐無地之佃農。赤貧之佃農恒須仰承地主之鼻息，每季農作收成之後，無論荒歉饑饉，皆必須依約繳交地租；且佃農必須與地主維持良好關係，方得續獲土地耕租權。當時佃農生活每乏保障，亦極無安全感，再加上地主、日本官吏動輒暴橫戕剝；佃農雖將此磨牙吮血之輩恨入骨髓，亦不敢義憤形諸辭色，徒然表現出懦弱無力的形象。由於租佃制度極不合理，佃農恒遭蠻橫剝削，即令再三努力、亦無能力一躍而出，遠離貧乏的糾纏；而地主貸款佃農，又取倍蓰之息，貧弱相尋，因此農民永無致富之機。佃農處此困乏窘迫之地步，幾無反抗之憑藉，只有默默承受百般煎熬，千種凌辱，而終身負債，累世爲奴！

農民本依附土地而生存，不像工人、小販，轉徙無常。當日農業生產條件、經濟背景又陳陳相因，初無極大改變，是以地主、鯨吏得以嚴加掌控，使其動彈不得，反抗無由。再者，生產工具，生產作物一成不變，亦使農民思想行爲之模式幾於固定，而惰性因之產生。佃農個性遜順，凡事隱忍，只期安定而風波不起，則既存狀態雖極不合理，亦差堪忍受。他們幾乎不能團凝力量，爲自身幸福奮鬥，故只有聽天由命，任人宰割。賴和〈惹事〉中的農民，在重要關頭，依舊不願群起反抗鯨吏，即當日佃農性格的典型寫照。〈豐作〉中的農民添福，辛苦終年，期獲會社所頒超額生產之獎金，然而製糖會社卻臨時發布新的採割規則，以剝奪蔗農利益。添福深恐領獎資格遭取消，故不敢參與反會社之活動。雖然如此，製糖會社仍以動過手腳之磅秤，生扣添福四千斤甘蔗，添福除了大罵「……伊娘咧！會社搶人！」之外，亦無可如何。弱小農民實無力抗此不義無理之強權。蔡秋桐〈四兩仔土〉中的土哥，土地爲強梁霸佔，仍毫無怨尤，自力更生。此固爲農民之忠厚純樸，然自另一觀點言之，當時農民也是懦弱無知，極爲可憐。

忠實敦厚的農民在地主、鯨吏交相侵逼之餘，往往以認命、知足、涵容、掙扎之心態自處；居今之世，重省先民艱困的境遇，眞令人不勝悲歎。楊逵〈模範村〉所描述之農民被迫荒廢農事，修築公路，他們似乎也無意反抗，他們明知無福享受軒車駟馬，奔馳康衢之樂，但能旁觀欣賞，也覺心滿意足了。孔子口中「成人之美」的君子，不就是這些渾厚的農民嗎？可惜命運之神對這樣善良的人卻百般凌折，無論年成爲豐爲歉，人禍天災使得無數佃農永無財力清繳佃租，於是賣豬牛，鬻子女之厄運，洊臻踵至！雖然突破困境之希望極爲渺茫，但他們仍黽勉稼穡，樹藝五穀，悲苦已極之際，頂多酒澆磊塊，使氣罵座，大呼：「現在的農民自絕了！」狂喊：「把農具丟掉吧！不要做田。」（註一）酒醒冷靜之餘，仍舊重荷耒鍤，肆力壟畝，構成一幅幅充滿無力之感，悲淒之情的殖民世界農村圖！農民本無發財幻夢，亦鮮懷雄心壯志，既成刀俎間的魚肉，唯有「死皮賴臉」的掙扎生存下去，妻孥淪於青樓溷濁之中，自身則成爲小丑，略無尊嚴，竟日忍受嘲笑，含容屈辱。呂赫若〈牛車〉裡的楊添丁由於缺乏租金，竟連求爲佃農，亦不可得，眞是赤貧如洗，生人道盡！於是妻子阿梅迫於無奈，不得不蕩墮於女閭，以維生涯。吳希聖〈豚〉裡的阿三也是同其悲慘，長女阿秀亦不得不倚門鬻笑，以稍微紓解家中經濟之窘困。若吾人不斤斤於「寧爲玉碎，不爲瓦全」之類的門面話，則吾人可自此農民及其妻孥所受之種種屈辱、種種凌逼之中，覘知其堅毅之情操與不拔之力量。當我們看到父母子女自我犧牲，而相互成全，默默忍受無窮之煎熬與苦痛時，原有之嘲諷意味亦將轉化爲潔淨崇高之情操。這或許是另一精神層面之英雄好漢、貞婦烈女吧！黃春明曾以極感人之語氣說：

當我回過頭去觀看中華民族的歷史的時候，最令我感動的，不是那些帝王將相，仁人志士，而是那些默默無聞的小人物；他們無視人們的嘲笑，不想在歷史上佔有地位，他們只是一步步地走著，用種種方式讓自己的子孫一代一代活下去。我愈讀著中國的貧窮也就愈加爲這種不可磨滅的力量震撼著（註二）。

中國文學自葩經楚騷，漢魏樂府以降，賦滄桑、寓苦痛，比興之志，諷諭寫實，寖成不絕如縷之傳統，而日據時期之臺灣小說亦紹循此一文學傳統。當時農民處於憂患迫於苦難，改革無路，終生竟世，不能稍易其景況（光復後一連串之土地改革，使農民生活水準大幅提昇，已迥異於日據時期），自生至死，命運始終艱苦不測，到最後，農民幾乎對此悲苦予以生命之認同。而此一時期之臺灣小說作者即以寫實諷諭之筆，寫其悲憫與沈哀。

日據時期臺灣小說往往不以塑造人物性格爲能事，因其所述諸事，皆屬鯨鯢鉗制下之芸芸衆生極具普遍性之故事，是以泰半植基於當時臺灣民衆之普遍性格寫眞人物，撰成小說。雖然如此，陳虛谷、呂赫若筆下庸弱退縮，畏葸卑微，憤怨不敢形諸辭色的農民形象，卻極爲鮮明。此類角色之塑造更是反襯地主鯨吏之淫威，是陳、呂二氏寫作技巧成功之運用。人生之不幸，其因不合理之制度產生者，尤顯無辜無奈，而令人萌生悲憫之情。鋪觀日據時期臺灣小說，但覺農民之悲苦，一一奔赴眼前，幾乎靡有窮極；農民之哀號，聲聲聞耳刺心，而惻怛之思，不禁盈腔溢懷。比如陳虛谷〈無處申冤〉中之林老賊，其女不碟屢遭「性騷擾」，妻子亦爲無賴之鯨吏毆打，林老賊不敢攜妻驗傷，控此無賴之大人，最後卻自怨自艾：「唉！依我想，我須守己安分，我……是無用的人……平生又未嘗見過官，不如……」他坐在地上，雙手環抱著雙腳，頭靠在膝上，淚眼模糊，只是唏噓嗚咽。呂赫若〈暴風雨的故事〉中的佃農老松亦呈相類形象。地主之子由於貪玩，射殺其唯一可恃之財源—雞，老松懾於地主財勢，畏葸而不敢追究。而老松之妻則不然，堅決果敢，採取追究行動，然此堅決果敢之行動較之地主強橫無理之權勢，又顯得極脆弱，極卑微。遍觀此類小說，幾乎當日所有農民，恒載沈載浮於悲苦之狂濤，愚執、認眞，卻忍辱含垢，雖極鄙陋，極可憐，然而也帶著幾分勇毅與莊嚴。翁鬧〈憨仔伯〉中的憨仔伯，每天爲了生活而辛苦工作，全村農民也「牛馬般的幹著活」。這些農民大率未受教育，無知無識，一切隨貧窮而來之人性弱點，如：迷信、多疑、眼光短淺，偏執固陋，……等，他們莫不具備。他們懷疑進步的力量，〈豐作〉裡添福甫聞農民運動發生，立即「本能地回想起二林事件的恐懼」，亦有農民抱怨農民組合幹部喜好滋生事端，並謂：「像二林那一年，不知害著多少人！」〈阿牛的苦難〉中述及宴請農友吃「刈稻飯」之夜，席間亦或論及文化協會，農民組合諸事，然其結論則爲「和官廳計較，和富戶作對，是無好代。」由於農民之迷信多疑、眼光短淺、偏執固陋、脆弱卑微，因此只有任憑地主、鯨鯢恣意宰制戕剝。

只有在生存條件完全被剝奪，而無以爲生的情況下，農民才鋌而走險，或淪爲竊賊，或轉徙四方，或崛起反抗。張慶堂〈年關〉中的阿成；呂赫若〈牛車〉裡的老頭兒，賴和〈一桿「稱子」〉中的秦得參，〈善訟人的故事〉裡的農民，都是見凌至極，才鋌而走險的例子。在殖民地那高度壓迫的政治氛圍中，若非走投無路，善良庸弱的農民是不輕易擺脫屈辱，揭竿而起的。他們很少主動求取生存的基本權利，他們總是儘量容忍，屈辱以苟活。呂赫若〈暴風雨的故事〉中之老松得知其妻爲謀全家生計，而爲地主奪其清白，竟無言自裁之眞相，於是一改往昔之怯懦，不時跟蹤地主，伺機報復。亦一例也。

再者，當日農民在人道之尊已遭滅裂，安身立命之根已遭剪除（或失其子女、或生機見奪）時，方才渙散忍辱苟活之勇氣。於是秦得參最後放棄了「生」的希望與意志，而將未可知之樂（滿足）寄託於「死」之覺悟，蓋緣「生」之於秦得參並非意味著榮耀喜悅，乃是如畜牲之遭踐踏，如魚肉之被宰割之無窮悲痛。再觀許多農婦之自戕，究其緣由，亦與此相類。賴和〈可憐她死了〉中的阿金和呂氏〈暴風雨的故事〉裡的罔市，她們是非理性傳統中以珠玉金銀，男性威勢凌虐女性之不良習氣之犧牲品，她們含垢忍羞，苟且求活，唯是著眼於全家生計。阿金、罔市，皆為勇毅堅強之化身，方其為現實「經濟強權」之洪濤沖擊，而立身無地，復因傳統所謂「封建強權」之價值觀之無理抨擊，而不容於流俗，人之尊嚴，蹂躪澌盡，她們惟有懷悲齎恨，自殞其生、以最壯烈之行為，對世間之偏狹、不公，提出最嚴重之抗議。

日據時期臺灣小說中之農民農婦，其生命歷程瀰漫著各式各樣、無窮無盡的苦痛、屈辱，他們雖被判為弱者，卻不乞憐，他們人生的悲劇，大都由於外在的因素所形成，然而在此毫無希望，必然慘敗的宿命籠罩之中，他們仍賈其餘勇，奮進不已。他們忠厚樸實，而知識無多，欲望寡少，除非鯨吏地主過度戕剝，使其生人道盡，否則他們寧願守住一片土地—不論是地主的或是自己的—日出而作，日入而息，樂天知足，累世相承。一般而言，當時初期與中、晚期小說中農民之形象並無極大差異，誠以十數年之間，臺灣經濟結構幾乎一成不變，而農民之思想、行為亦多保守不變。若欲細觀其異同，則為自呂赫若以還，筆墨之側重，由原先之農民，轉而以「農家」之悲喜為重心，而於人性之剖析、刻畫，更爲深刻、細膩。自臺灣光復之後，實施「三七五減租」、「耕者有其田」、臺灣農村經濟結構面目一新，而農民之思想行爲與生活、形象也呈日新月異的氣象，與日據時期相較，可謂天壤之別。

【註釋】

註一　楊守愚〈醉〉，刊《臺灣民報》二九四號，一九三〇年一月一日。

註二　轉引自尉天驄〈受屈辱的一群─對黃春明小說的印象〉，見大地出版社，一九八七年八月三版，頁二六一。

第六章　結論：日據時期臺灣小說總評

第一節　幾點令人反思的問題

一、小說篇題多雷同

由於作者現實生活、文學素養的局限，日據時期臺灣小說的題材顯得不夠豐富，作品的視野似亦不夠寬廣，因而有時在同類題材的作品中，輒有似曾相識的感覺，或者由於篇題命名雷同，遂不免滋生糾結纏繞，難以釐清之困惑。

小說篇題之命名與內容主題息息相關。命篇得當，讀者初觀題文即能掌握部分內容，不致一頭霧水。日據時期臺灣小說之篇題，其雷同、相近者爲數不少，此一情形，在當時已有拈而論之者，然僅發其凡，並未深究，楚女（張深切）曾評〈創痕〉一作說：

作者係毓文先生。內容與標題都是不錯。不過這個題目我記得在中國已經看過兩次了。一篇是左派的作品。作者記不清。好像是張資平吧。內容似乎是描寫五卅慘案。題意是寫勞動者受僞指導者們的驅使去犧牲受傷的。另有一篇我現在完全記不明了。可是毓文先生這篇愛的創痕，和點人先生的紀念樹一樣會令我們衝動回憶故事（註一）。

由楚女對〈創痕〉的批評，可知標題相同並非不可，他說：「內容與標題都是不錯」。不過，當時之文藝批評似乎並不很嚴謹，因而言及在中國早有二篇作品題目是「創痕」時，一則說「作者記不清」，一則說「另有一篇我現在完全記不明了」。實則臺灣新民報三〇九—三一一號（一九三〇年四月十九日至五月三日）曾刊載左幹臣之作品：〈創痕〉，內容正是描寫五卅慘案。而毓文之作品則發表於一九三四年。篇題命名相同之例，又見於毓文對黃得時之介紹，他說：

得時先生還有一篇創作。如據得時先生自身所說，這篇就是他唯一的「處女作」。……這一篇是在「臺灣新文學」三月號上發表了的。題爲「橄欖」。郭沫若先生的傑作集，也有一題爲「橄欖」的，但和這篇創作，是「同名異物」的（註二）。

將此二例合而觀之，可知毓文對中國新文學之創作並不陌生，不但自身小說命爲「創痕」，與左幹臣之作同名，對他人之作亦能一眼看出二者同名異物，同時他本人對篇題同名亦不忌諱。不過，「橄欖」一詞似爲衆人所喜用，一九二六年郭氏《橄欖》一書由創造社出版；一九三〇年蔣光慈〈橄欖〉一作由臺灣新民報（三二九—三三三號）轉載介紹給臺灣讀者；一九三六年黃得時撰〈橄欖〉一作，其間是否有沿襲之跡，或難論定，不過後之作者極有可能閱讀過前人的作品。

此外如張我軍〈誘惑〉一作，刊於臺灣民報二五五—二五八號，一九二九年；其前則有春信〈誘惑〉之作，亦刊於該報，時間爲一九二八年，二〇五—二一一號。以上這些篇題相同之例似乎說明了當時創作者並不以雷同爲意，當然也有力避相同之例。《臺灣民報》曾於一九二八年，二二二一二二四號轉載貢三的創作〈慈母的心〉，瘦鶴（楊守愚）創作稿亦以〈慈母的心〉爲題，後來可能認爲前人已有此題，不宜重複使用，遂易名〈冬夜〉，刊於該報三二二及三二三號（一九三〇年）。今前衛出版社《楊守愚集》將本篇題爲〈慈母的心〉，唯揆諸楊氏本意，自當題爲〈冬夜〉。蓋楊氏另一筆名「瘦鶴」，鮮爲人知，遂以該篇爲楊氏未刊之手稿，今將手稿與已刊稿合觀比對，即知楊氏將手稿稍加改動後即決定以「冬夜」爲題，不另考慮「慈母的心」一名。楊氏〈冬夜〉一題，後人亦多所沿用，如呂赫若光復初期所撰中文短篇小說即以「冬夜」爲題，白先勇《臺北人》亦有〈冬夜〉一作，此外朱點人〈蟬〉一作，其篇題亦見於林懷民之小說。周定山〈旋風〉一名，亦見於姜貴之小說。這些命名相同的情形，在臺灣小說界，呈現一有趣而特殊的現象。

命名相近之作，也是屢見不鮮，莫泊桑短篇小說〈女人的一生〉，寫歐洲婦女的服從和悲苦；龍瑛宗〈一個女人的記錄〉，則是寫日據末期臺灣婦女的服從和挫敗，也是一生悲苦。謝春木的〈她要往何處去？〉此一小說篇名，不禁令人想起狄更斯《雙城記》的開場白，尤其是顯克微支的〈你往何處去？〉，它們都同具反專制、反腐化的精神寓意（註三）。除此之外，篇名相近之例，往往見之（註四），茲臚列於后：

楊雲萍〈秋菊的半生〉（一九二八）－克夫〈秋菊的告白〉（一九三四）；郭秋生〈鬼〉（一九三〇年）－賴堂郎〈女鬼〉（一九三六）、龍瑛宗〈白鬼〉（一九三九）；楊雲萍〈月下〉（一九二四）－林越峰〈月下情話〉（一九三五）；太平洋〈夜聲〉（一九二九）－迷鷗〈夜深〉（一九三五）、王錦江〈夜雨〉（一九三五）、龍瑛宗〈黃昏月〉（一九四〇）、呂赫若〈月夜〉（一九四三）；守愚〈十字街頭〉（一九三〇）－王錦江〈十字路〉（一九三六）；賴和〈不如意的過年〉（一九二八）－守愚〈過年〉（一九三一）；慕〈開學〉（一九三一）－丫〈開學的頭一天〉（一九三一）；芥舟〈貓兒〉（一九三二）－繪聲〈秋兒〉（一九三五）、張文環〈迷兒〉（一九四三）；楊守愚〈誰害了她〉（一九三〇）－賴和〈可憐她死了〉（一九三一）、夢華〈她〉（一九三二）；SM生〈可憐的老車夫〉（一九三一）－李泰國〈可憐的朋友〉（一九三六）；守愚〈瑞生〉（一九三二）－徐玉書〈榮生〉（一九三六）、〈謀生〉（一九三五）；張慶堂〈鮮血〉（一九三五）－楊守愚〈赤土與鮮血〉（一九三五）；楊雲萍〈弟兄〉（一九二六）－守愚〈難兄難弟〉（一九三五）；朱點人〈島都〉（一九三二）－郭秋生〈王都鄉〉（一九三五）、秋桐〈理想鄉〉（一九三五）；柳塘〈有一天〉（一九三六）－李泰國〈細雨霏霏的一天〉（一九三六）；王錦江〈青春〉（一九三五）－葉石濤〈春怨〉（一九四三）、陳春映〈哀春譜〉（一九三五）、楊雲萍〈春雷譜〉（一九三六）；劍濤〈阿牛的苦難〉（一九三一）－楊逵〈水牛〉（一九三五）、一明〈牛話〉（一九三五）、呂赫若〈牛車〉（一九三五）；吳希聖〈豚〉（一九三四）－陳華培〈豚祭〉（一九三七）；又如失業、失蹤、興兄、新興的悲哀、玉兒的悲哀、白太太的哀史、臺娘悲史、結婚男人的悲哀、老成黨、廢人黨，……凡此種種，令人目不暇給，此一現象或許說明了小說的題材囿限於當時社會某一階層之故事，只透露社會某一現象之訊息，當然，這也多少取決於作者的文學素養、意識形態和生活經驗。就整個新文學的萌芽、發展到臺灣光復，爲時不過三十年光景，自難以今日之標準來求全責備，不過其篇題之雷同、題材之貧瘠，都足使後人進一步思考、反省，以爲今後開展創作之殷鑑。

二、歷史小說偏少

臺灣本樂山樂水之鄉，婆娑雄麗之土，回溯三百年之青史，誠然有百千之軼事。先民與自然爭，與荷人戰，與清廷抗，與狂鯨鬥，志士蠭出，豪傑雲興，他們的嘉言懿行，足昭諸史冊。若有作家，能運其椽筆，將先民之偉烈，寫入小說，則誠爲文壇之盛事，獨惜日據時期臺灣小說作者罕有思慮及此者，而坐令歷史小說之苑囿，荒蕪廢棄。賴慶當時即嘗提出呼籲：

現在所有發表過的小說，多是關係與戀愛結婚問題，妻妾查某嫺問題大部分。然而，對於大眾苦悶，經濟關係，政治問題農村生活等的表現的小說很少。無論如何，小說是社會的縮圖，人生的活鏡，所以對於這方面的小說的出現是我們最在期待的。而現時發表過的皆是現代小說，至於時代小說（歷史小說）是全沒有的。臺灣三百年間的歷史中，有了許多的小說材料存在，如鄭氏渡臺，明治時代的謀叛事件等等，都是富有興味的小說材料。我渴望有志的小說家，對於這方面另開拓新路才是（註五）。

葉榮鐘氏亦說：

過去的臺灣，誰都知道，三災八難，關於戰爭的慘禍是不一而足的，但是卻未曾見到描寫那些可歌可泣的事實的好作品，較遠的還可以，最奇怪的莫如領臺當時，社會那樣遭遇一大變革，風聲鶴唳，舉世惶惶像托破蜂巢一般的騷亂的時代，竟然也沒有什麼好作品流傳下來，這據說是因爲當時的文人墨客，大多避難故國，未能身歷其境，目睹那混亂的情狀使然的（註六）。

臺灣三百多年的歷史中的確有許多可歌可泣的歷史題材，値得小說作者去挖掘、整理，而撰爲小說。當然賴氏說歷史小說全然沒有，可能是站在新小說立場來說（註七），葉氏所言「沒有什麼好作品流傳下來」，實則當時作品大都未加付梓，廣爲流傳，今自民間手稿本、或光復後印行出版之詩文集，則仍可看到如洪棄生、許夢青等人的雄音大作。然而大抵而言，其時有關歷史詩文之創作，的確罕見，爲數不多，因而當時有識者不免爲之憂心忡忡，極力倡籲文士予以開拓、創作。

嘗披覽三六九小報，幸得歷史小說數篇。該報史遺一欄，曾述說林朝英、魏忠賢等故事，〈明裔瑣聞〉敘明桂王由榔爲清兵所逼，遁入緬甸，後卒於雲南，子數人更易姓名諸事。〈孤島英雄傳〉敘甲午戰後日軍侵略臺島，李文魁與唐景崧抗日事。唯上述小說，其情節或誇大改易、或不符史實，尚非典型之歷史小說。尤其將李文魁推爲「孤島英雄」，謂其「爲人明決果敢，見義勇爲，多丈夫氣。」與事實誠有出入，陳鞠譜〈李文魁陷臺北記〉結語末曰：「此人果李文魁，臺北失於其手，罪已不容誅，猶欲到此滋擾地方，寧可縱之他往乎？」（註八）洪棄生〈瀛海偕亡記〉、吳德功〈讓臺記〉皆有的當之論評（註九）。

歷史小說，乃以歷史人物與歷史事件爲題材所撰之小說，其特色凡三：以歷史上之眞人眞事爲基石，此其一。將此眞人眞事爲必要之提煉與想像，此其二。以虛構手法重現歷史，而引人入勝，此其三。歷史小說雖屬小說但是既以歷史事實與歷史人物爲基石，自當須合於歷史之眞實。因此歷史小說既須容許虛構，虛實相生庶幾臻於文藝之完美。康熙年間，金豐爲錢彩「說岳全傳」作序，主張歷史小說應虛實兼顧：

> 從來創說者不宜盡出於虛，而亦不必盡出於實。苟事事皆虛，則過於虛誕，而無以服考古之心；事事皆實，則失於平庸，而無以動一時之聽。宋徽宗朝有岳武穆之忠。秦檜之奸、兀朮之橫，其事固實而詳焉。……故以言乎實，則有忠有奸有橫之可考；以言乎虛，則有起有覆有變之足觀。實者虛之，虛者實之，娓娓有令人聽之而忘倦矣。

歷史小說所要求的眞實，是歷史人物的性格應符合歷史事實，至於小說中之事件，則不妨由作者運用知識、才華、想像力去虛構。「實者虛之，故不繫，虛者實之，故不脫，不脫不繫生機靈趣潑潑然。」（明李日華廣諧史序）三六九小報所刊歷史小說，文學藝術性、歷史眞實性都不甚具足，這或許是賴慶要感慨臺灣無歷史小說的原因吧！

筆者撰寫《日據時期臺灣寫實詩作之抗日精神》一書時，閱讀描寫日軍於雲林、斗六大屠殺事件及日軍侵臺諸多史筆之詩篇，不禁感佩詩人之卓識勇氣，但當時轟動國際視聽之「霧社事件」，終日據時期五十年，卻從無古近體詩，述其事者，思之思之，竟不得其解。除賴和新詩〈南國哀歌〉爲霧社山胞哀悼外，謝雪漁、林佛國之古體詩，固然存其史實，然以「頑迷」、「妖夢」、「頑石」譬喻山胞，對日軍不乏諛辭，而謝氏於皇民化運動期間亦亟表輸誠，故謝、林霧社事件諸作仍不宜以「抗日」「寫實」名之。

霧社山胞慘烈抗倭，威武不屈，彌襯日吏之殘虐，不有詩文，錄存史實，何足詠歌義烈，光昭史冊！然而遲至臺員重光，皆無小說述此驚天地、動鬼神之事者。王詩琅曰：「霧社事件不但在當時震撼了全臺，使全臺有民族意識，有良心的人振奮激動，也使統治者日人驚愕失措，且轟動了全世界，意義之大，無可言喻，這一段史實也可以永垂青史的。可是……在省籍作家之文學作品中，到底以這事件爲題材有幾篇？它是否曾反映到省籍作家的文學作品裡？可是據筆者所知道的，答案是少得可憐。」（註一〇）光復前，朱點人嘗有〈血櫻〉一作，但主角爲花岡一郎、二郎，並非莫那道，或許當時朱氏尚不能洞悉霧社事件之眞相，〈血櫻〉當時並未發表，今日亦不得見其梗概。當時尚有日人所作，以此事件爲題材之小說，但亦遭當局忌諱，而不得梓行於世。王詩琅說：

> 寫『霧的蕃社』的中村地平是在臺北唸過高等學校，屬於日本浪漫派的作家。寫『野蕃人』的大鹿卓則是「日本詩人」系的詩人。坂口䙥子則與臺灣文學關係更深，她是於昭和十五年結婚後來臺旅居臺中，昭和十七年曾以霧社事件爲題材寫過中篇創作「時計草」投本省人創辦的文藝雜誌「臺灣文學」，但這一篇觸了日本當局之忌，只留下第一頁和最後的七行，餘四十五頁全部被刪除（註一一）。

戰後，坂口䙥子重理舊稿寫成〈蕃地〉、〈霧社〉等一系列小說，而日本軍閥之殘酷面貌遂廣爲世人知曉。日人佐藤春夫亦嘗以霧社事件爲題材撰就〈霧社〉，揭日本人統治山胞之眞相。光復後，臺籍作者以此事件從事撰述者，除張深切電影劇本〈遍地紅〉、王詩琅〈山地英雄莫那道〉外，則闃焉無聞。此類題材實可精撰佳篇，而無作者措意，誠爲憾事。

光復後，葉石濤曾有〈復讐〉、〈河畔的悲劇〉、〈娼婦〉、〈三月的媽祖〉、〈天上聖母的祭典〉、〈澎湖島的死刑〉等以歷史事件（郭懷一、二二八事件、日本統治）爲題材，探索臺人命運之作。一九八〇年以還，由於政治日益開明，社會日趨多元，昔日作家不敢碰觸之題材，逐漸有人嘗試處理，歷史小說於是陸續出現，如鍾肇政的《臺灣人三部曲》（整部書出版於一九八〇年，但是第一部起筆的年代是在一九六四年，其他兩部起筆於一九七〇年代。）李喬的《寒夜三部曲》都起稿於一九七〇年代，第一、三部都完成於一九七九年，第二部則完成於一九八一年。姚嘉文的《臺灣七色記》（一九八七）東方白的《浪淘沙》（一九九〇）葉石濤的《西拉雅族的末裔》（一九九〇）以及林燿德的《一九四七高砂百合》（一九九〇）。這六部歷史小說，正好是以臺灣三個主要社群（臺灣人、客家人、原住民族）的觀點寫出，可見臺灣社會已趨多元化。此六部小說互補互足，隱然勾勒出臺灣三百餘年歷史文化發展之軌轍。

自乙未劫餘五十年，臺灣歷史即充滿著波譎雲詭，淚濺血飛，壯烈悲慘，天驚石破的景象，日本軍閥罔顧人道，以推行皇民運動，戕剝臺民。臺省同胞呼天無應、乞地不靈，淚枯血乾，倒懸涂炭，幾乎生人道盡，回天乏力。當時小說作者若能念切邦族，痛深惸獨以賦滄桑之作，揚抗敵不世之烈，必可爲爾時文學添寫璀璨新頁，其意義誠然極爲深遠。

三、五四與日據時期臺灣新文學的關係

臺灣新文學運動是否曾受五四影響？此一問題，自來衆說紛紜，論者泰半將五四運動與日本文學影響（或透過日文吸收世界各國文學）二者相提並論，而較其影響臺灣新文學之程度。主張臺灣新文學運動受五四影響頗深之論，素爲衆人所接受。若欲深刻研討臺灣文學史，則吾人誠應了解其影響之深淺而重加評估，過度高估或漠視五四運動對日據時期臺灣新文學之影響，都非學術研究之所當爲。同時五四運動與日據時期臺灣新文學之關係如何，兩者之異同何在？凡此問題皆須重新反省、深入檢討。

臺灣新文學運動是新文化運動的支流，與五四之文化、文學運動確有淵源。一九二〇年《臺灣青年》出刊，非唯其刊名與陳獨秀《青年雜誌》（《新青年》）雷同，且林呈祿（慈舟）於《臺灣青年》創刊號發表〈敬告吾鄉青年〉一文，其論旨與陳獨秀《青年雜誌》創刊號所撰〈敬告青年〉一文桴鼓相應。雖然《臺灣青年》梓行於日本，對臺灣地區影響不大，但是留學日本的臺籍知識分子顯然已得到五四運動之訊息。當時黃呈聰、黃朝琴嘗於《臺灣》雜誌撰文鼓吹五四所倡之白話文，然《臺灣》雜誌既出版於日本，很少流傳於臺灣，因此五四白話文運動所影響及於臺灣新文學者，其程度深淺，亦

未易評估。

《臺灣民報》創刊號選錄胡適小說〈終身大事〉，介紹《胡適文存》，刊登倡設白話文研究會廣告，會址設於臺南，陳逢源氏並撰賀民報成立紀念詩：

心畫心聲總不公，思潮澎湃耳多聾。欲知廿紀民權重，文化由來要啓蒙。（其一）

詰屈聱牙事可傷，革新旗鼓到文章，適之獨秀馳名盛，報紙傳來貴洛陽。（其二）（註一二）

臺灣文士與五四運動聲應氣求者，蓋肇端於茲，時維一九二三年，亦即五四運動後第四年。其後張我軍賡撰論著攻擊舊文學（破）、介紹新文學（立），篇數甚夥，刊於民報，遂啓論爭。張氏定位臺灣文學爲中國文學之支流（註一三），並謂：「本流發生了什麼影響、變遷，則支流也自然而然隨之而影響變遷。」又謂：「回顧十年前，中國文學界起了一番大革命」（註一四）。而「臺灣的人不但多不知道文學革命後的中國文學狀況，甚而革命前的——這三十年間的文學的變遷，也完全不知道。」由此可知當時臺灣文士於中土文學革命猶頗隔閡。一九二六年署名水藻所撰〈中國五月五個「日」〉一文云：

傳入臺灣的消息眞是錯得令人吐舌，尤其是關於中國方面的事情更是不成樣子！……所以我們同胞不但不能從新聞上、學校中得著眞實消息，反要受偏被誤，被注入錯誤的觀念（註一五）。

綜上所述，可見五四運動之訊息初未易傳播於臺員。張我軍曾藉《臺灣民報》介紹許多白話文學作品，同時徵引胡適，陳獨秀等新文學理論以爲新舊文學論戰之資，然而以白話文行文之論點似乎推廣未易，是故吾人不能因此遂認為日據時代臺灣新文學濡染於五四運動者極深。欲探究臺灣文學之改革，吾人不得不考慮臺灣當年之特殊處境，與臺籍人士之需求。因為日據時期臺籍人士最重要之問題，並非文言文、白話文之爭，而是如何提昇臺人的教育水準、文化程度、人生境界，以與異族相抗衡。當時臺灣文化協會的文化演講即應此需求而擘畫開辦。而黃呈聰倡設白話文研究會的旨趣，亦為「普及三百六十萬同胞的智識，使他們和平享受（訛誤平平亨受）人生本來的生活。」（註一六）鼓吹使用白話文於臺灣，其目的顯為「開通民智」。

然而臺灣總督府禁習漢文，力圖斬絕神州、臺灣文化之血脈，並弘獎日文日語，際此雨晦風瀟之辰，文學改革之業，誠開展維艱，是以既定之原則，每迫於現實環境，不得不改絃更張。如《臺灣民報》初刊徵文廣告，言明白話文稿極受歡迎，文言作品則斟酌納之，且嘗載短文說明「臺灣民報怎麼樣不用文言文呢？（註一七）」，然試繙當年民報文言作品為數仍多，且復闢「漢詩界」專欄，並揭櫫設立宗旨：

本報為打開文學界的寶庫計，最近特為漢詩界置一專欄，並懇托霧峰林幼春、林獻堂二先生主其事，凡願投稿於本報者，無論古近各體詩歌，請直接寄交上記林幼春先生處，由二先生擇尤選粹，或加評語，再交本報發表（註一八）。

酌蠡測海，落葉知秋，當時臺灣文學改革之情形與中土五四運動之飆舉，誠有不可同年而語並世而論者。蓋緣異族力殲漢文，而臺民為葆先芬載揚斯文，而文學改革者亦不得不黽勉任此保存漢學之重責。

于時臺灣文化協會設漢文委員會，各地亦設文學研究會或漢文夜學，冀護華文，林燦玉組漢學研究會於嘉義，請莊伯容主講。凡此漢學研習會，率以講習古典詩文爲主。簡錦松氏云：「從民報所登莊太岳的講稿以及《臺灣詩薈》所登洪棄生《講詩書後緒論》來看，恐怕有些是以舊有的漢文爲主。特別是連雅堂所主授的高等漢文講習會課程，根本就是舊漢文。」（註一九）民報復以〈漢學復興之前驅〉爲題，說明高等漢文講習會開辦之緣由云：

> 臺灣改隸以來，漢學衰頹，日趨日下，而公學課程，又廢漢文，卻後數十年，蚩蚩臺民皆無詩書之薰陶（訛誤淘），而乏祖國之觀念，勞力服從，莫能議論，亦爲政者之妙策也。……，臺灣文化協會鑑於此，乃於臺北之文化講座，特開高等漢文講習會（註二〇）。

該會課程內容爲書疏、傳記、史論、文法、字義、韻學等，招生名額預定百名，爲期三個月，每夜二小時。簡氏謂：「看到這則慷慨激昂的言論，感覺問題眞是很多。第一、這是民報的第二卷，不到一年前的民報創刊號才號召同志寫白話，現在居然開了和原始主張不合的研習會，文化協會本來和民報系統緊密結合的，現在卻成了舊漢文的主辦者。這樣的訊息說明了什麼呢？就是「漢文喪失的危懼感，重於文學革命的需要」的想法，在臺灣的民族運動者——文化運動的諸君觀念中，是被接受的。所以在漢文振興一事上，他們雖然主張革新，但也相當程度的接受舊漢文。」（註二一）筆者案：文言白話，原爲父子兄弟，白話之基，肇自文言，胡適之「我手寫我口」之論，不宜誤解。口語之記錄，必加精擇求其洗鍊，白話之情思，修辭之講究，或多或少皆須乞靈於文言，有些臺灣新文學運動者恒視文言為洪水猛獸，必欲除之而後甘心，其亦不明乎文言白話父子手足之血緣也。因而即使新舊文學論爭曾激烈進行，而新文學終獲勝利，但現實情勢終究扭轉有限。尤其在民報十週年紀念時，廣徵詩文以爲慶賀，十足表現文言、漢學之故習。究其原因，本欲多方設法維繫斯文，以與日本語文相抗，以免淪於下喬木，入幽谷之劫難。日據時期臺灣知識分子珍惜漢文漢學，其心態固如上述；而其紹述五四新文學之用意，亦頗相類。當時將五四精神融入臺灣新文學的人士，自始即認定臺灣文學爲中土文學之支流餘裔，考其用心，蓋有三端：以中土白話爲工具，創作臺灣鄉土文學，可自文學之形式、內涵兩方面使七鯤三臺與赤縣神州水乳交融，血脈一貫，而永不分離，此其一。然後以白話文學爲工具，教育臺員衆庶，鼓吹中國精神，使日吏不能恣逞和化之詭計，此其二。復與中土人士聲氣相通，與中邦力量相搏相凝，俟機盪滌狼煙，光復臺員，此其三。理想雖善，但是實行之時，頓生枝節。臺人口語和中土白話之語音、語法原異其趣，若以中土白話記錄臺人口語，必定時生鑿枘，滯礙難行。故臺灣新文學運動方興未艾之際，莊垂勝即有中土白話與臺人語言是否相適之質疑，連溫卿更有整理臺灣話並善加運用之主張。這些情形顯然不能爲張我軍所瞭解，因此儘管他強烈主張臺灣新文學要以五四運動所倡之白話文爲準，鼓吹「依傍中國的國語來改造臺灣的土語」，終因不合實際需要，而成果有限。吾人重估五四對日據時期臺灣新文學之影響時，不可不措意及此。

呂正惠氏〈現代主義臺灣〉曾說：

近年來一些臺灣本土論者極力想要證明，臺灣新文學運動與五四運動沒有什麼重要關連。他們說，臺灣的新文學運動是透過日本去吸收世界文化，因此跟中國關係不大。他們所不知道的是，五四運動的絕大部分領袖都是留日的（最大的例外是胡適），這些領袖基本上也是透過日本去吸收世界文化（包括社會主義）的。我們應該從「基本精神」上（反帝反殖民、平民主義與人道主義）去掌握五四運動和臺灣新文化運動的關連。捨此不談而只在細微末節上作文章，是不能令人信服的（註二二）。

呂氏闡明中土、臺灣之文學精神，其所以相同，蓋緣於時代處境類似與文學認知網絡相同，而其基本精神有所關聯。反省五四運動與臺灣新文學運動時亦宜釐清此一問題（註二三）。

吾人若自文學史之發展大略觀之，雖則五四影響於臺灣新文學者有其限制，但一九二〇年代之臺灣新文學濡染於五四運動者顯然較三〇年代為多，一九三〇年代之臺灣新文學往往受日本文學之影響（細檢當時臺灣地區文藝刊物，此種現象極為普遍）。對於臺灣新文學所受外來影響及其動向，或許吾人尚可自另一角度觀之，即習熟漢文並主張以中土白話寫作者，其受五四新文學精神之薰潤較多（註二四），認為臺灣新文學宜與中土文學合流。精擅日文並以日文創作者，其受日本文學之影響較大；另有熟諳中土白話而以臺灣話文寫作者，持論撰文，偏向以臺灣話文創作的鄉土文學為宗，並試圖使臺灣本土文學得以自立自主。此間亦有作者具數項特質，不易歸類者，如賴和一生亟思建立臺灣本土文學，而其作品則頗受魯迅陶冶，而享有「臺灣的魯迅」之美譽。又如楊守愚實際創作〈夢〉也提到魯迅、冰心、郭沫若、郁達夫、葉紹鈞、鄭振鐸等人，可推測楊氏平時亦閱讀中國大陸書刊，故能如此熟悉。賴和向魯迅學習一事，林瑞明氏曾舉例證，精闡其事，謂「將魯迅的〈犧牲謨〉與賴和的〈一個同志的批信〉兩文比較，透露出賴和學習魯迅並加以創造性轉化的痕跡。」（註二五）此外如張我軍、楊雲萍、王詩琅、黃得時等人作品、論文，亦或多或少有魯迅陶冶之跡焉。楊氏曾回憶道：

民國十二、三年前後，本省雖然在日本帝國主義宰割下，也曾掀起一次啓蒙運動的巨浪。對此運動……最大的影響就是魯迅先生。他的創作如〈阿Q正傳〉等，早已被轉載在本省的雜誌上，他的各種批評、感想之類，沒有一篇不為當時的青年所愛讀，現在我還記憶著我們那時的興奮（註二六）。

因之吾人研究五四運動影響臺灣新文學之程度時，分派較論，固不失爲簡便之法；而作者之才能個性，生活背景、學習環境等因素亦當周備考慮，必如此精析細釐，乃較易觀知事實眞象。

尤有進者，臺灣新文化、新文學運動與五四運動相異之處，吾人亦須深入了解。五四運動之主要精神在於批評傳統、反省文化，譬如對家族制度、倫理道德、風俗習慣、婦女問題等提出嚴厲批判；臺灣新文化運動中，知識分子所關切的重點亦與五四所關切者近似，此爲兩項運動之具有關聯性者。至於兩項運動之顯著差異厥爲：孔子與儒家飽受五四人物口誅筆撻，斥爲「吃人禮教」、「文明改進之大阻力」、「專制體制之依據」（註二七），然而在臺灣新文化運動中，孔子與儒家卻蒙推崇禮遇。吾人試一對照同時期的《新青年》雜誌（五四新文化運動大本營）和《臺灣青年》（臺灣新文化運動大本營）二刊物對孔子和儒家之言論態度，必將發現南轅北轍，甚至敵壘相抗的現象。陳獨秀在〈敬告青年〉中說：

舉凡殘民害理之妖言，率能徵之故訓，而不可謂誣，謬稱流傳，豈自今始！固有之倫理、法律、學術、禮俗無一非封建制度之遺，持較哲種之所爲，以並世之人，而思想差遲，幾及千載，尊重廿四朝之歷史性，而不作改進之國，則驅吾民於二十世紀之世界以外，納之奴隸牛馬黑暗溝中而已，復何說哉！於此而言保守，誠不知爲何項制度文物，可以適用生存於今世。吾寧忍過去國粹之消亡，而不忍現在及將來之民族不適世界之生存而歸削滅也（註二八）。

若持陳獨秀誣蔑傳統文化之言論以與《臺灣青年》所載林獻堂之言論相較，則林氏護衛傳統文化之心，清晰可見。林獻堂說：

吾人之幸而不爲禽獸，賴有先聖人之教化存焉。而先聖人之道，又賴文字載之以傳，故曰漢學者，吾人文化之基礎也。今有一二研究漢學之人，眾莫不以守舊迂闊目之，是誠可悲。夫豈有捨基礎而能對樓閣者乎？今欲求新學若是之不易，而舊學又自塞其淵源，如是欲求進步其可得乎？（註二九）

正當五四運動中某些知識分子對傳統文化痛恨失望，欲「全盤西化」之時，爲何臺灣新文化運動之成員獨對聖人之教深具信心，尊奉不移，且以之爲「漢族的固有性」呢？這與雙方處境不同有關。民國初年，中國雖列強環伺，軍閥橫行，但仍爲一獨立自主的國家，因此，即使「打倒孔家店」，而全盤西化，亦只是一內部問題。在民族自尊飽受嚴重摧殘的情況下，他們認爲唯有廢除導致中國瀕於亡國的傳統文化，另尋西方新文化，才能挽救中國亡國的危機，才能再創造一新中國。至於淪於鯨鯢之口的臺灣，備受異族摧剝之餘，惟有保存民族文化方能培養民族意識，面對暴橫之殖民統治，中國文化無疑是臺灣知識分子之支柱，尤以日本庶衆深受儒家影響，故擁護儒家乃成臺籍人士自保之資。從《臺灣青年》中吾人亦可發現知識分子藉四書形式譏諷六三法案、日人殖民統治之無道，當時頗不乏知識分子嫻熟四書並以之爲抗虜之利器。然而五四成員反儒之論甚囂塵上，臺籍人士於崇儒翼孔之餘，亦不免重新深省傳統，但無論如何，他們的批評是溫和、含蓄且相當理性的。如甘文芳說：「就是孔子也要還他本來的面孔，赤裸裸的排在俎上，和科學文明對比起來，該用則用，不該用則便捨了。」（註三〇）即是一例。

猶有一事亦需注意，即臺籍新知識分子於公益會之外圍組織「孔教宣講團」，仍口誅筆伐不遺餘力，啓人疑竇，視爲反孔，然而細析其言論，可知臺籍新知識分子所反對者並非「宣揚孔教」，實爲「他們（指公益會的人）的言行，本爲儒教所鄙斥，卻假稱儒教之徒，來說仁義。」（註三一）是「負了孔子的精神」（註三二）。可見反「孔教宣講團」不但不是反孔，反而是尊孔的功臣。當時五四運動與臺灣新文化運動之成員認知網絡頗多雷同（透過日本吸收世界文化）、時代處境亦有類似者，故表現於文化、文學的內在精神不免相類，臺籍人士固亦不免受五四影響，而臺灣之特殊處境所形成之文化現象，自不宜忽視。

【註釋】

註 一 楚女〈評先發部隊〉，《臺灣文藝》創刊號，一九三四年十一月五日，頁一〇。

註 二 毓文〈同好者的面影〉，《臺灣新文學》一卷九號，一九三六年十一月五日，頁七四。

註 三 張恒豪〈追風及其小說「她要往何處去」〉，《國文天地》七卷五期，頁四四。

註 四 本節所列篇名，或爲日文之中譯，以其意義相近，故仍納入，各篇來源見新文學雜誌叢刊及臺灣（新）民報。

註 五 賴慶〈文藝的大衆化―怎樣保障文藝家的生活〉，《先發部隊》第一期，頁六。

註 六 奇〈卷頭言―勿講假話〉，《南音》一卷四號。

註 七 阿英編選的《中國近代反侵略文學集》，原北京中華書局出版，臺灣廣雅出版公司翻印，改題爲《中國近代禦外侮文學全集》。該套文學集每集卷首列長文一篇，紹介各類作品及其所反映之時事。其時有《臺灣巾幗英雄傳初集》，描寫乙未割臺後臺胞抗日的故事，內容相近的作品尙有《臺戰演義》（原名《臺戰實紀》），另有《夢平倭虜記》，爲文言短篇小說，敍夢見平定日本、嚴懲主戰元凶伊藤博文等事，三書作者資料均不詳，且皆刊印於一八九五年乙未割臺之年，惜臺胞皆不易目睹此類作品。

註 八 邱秀堂編撰《鯤海粹編》，中華民國臺灣史蹟研究中心印行，頁六三。

註 九 吳德功《讓臺記》，臺銀，臺叢五七種。洪棄生《瀛海偕亡記》頁四，臺銀，臺叢五九。見拙著碩士論文頁一〇七。

註一〇　王詩琅〈也談霧社事件的文學〉，刊《臺灣文藝》第四三期。

註一一　同前註。

註一二　《臺灣民報》第一號，一九二三年四月十五日，頁廿五。

註一三　張氏將臺灣新文學運動視爲中國新文學之支流，實則忽略臺灣當時處於日本殖民統治下之特殊環境，亦窄化了臺灣新文學，賴和〈讀臺日紙的「新舊文學之比較」〉說：「新文學運動，純然是受著西學的影響而發動的，所以有點西洋氣味，是不能否認，……是光明正大的輸入品，……純取世界主義。」而賴氏本身創作如〈一桿「稱仔」〉篇末說明寫作緣由即謂：「……近日看到法朗士的克拉格比，才覺這樣事，不一定在未開的國家，凡強權行使的地上，總會發生，遂不顧文字的陋劣，就寫出給文家批判。」，可見賴氏蓋透過日文閱讀了法朗士一九〇一年《恐怖事件》之作（L'Affaire Crainquebille，音譯克拉格比），透過日文吸收世界文學之資源者同時亦有陳虛谷、楊雲萍這些初期作者。臺灣新文學運動之產生淵源，自一開始即有開放寬廣之世界性，賴氏謂「受西學影響」，即客觀陳述了當時臺灣新文學運動之源頭是「純取世界主義」。

註一四　張我軍〈請合力拆下這座敗草叢中的破舊殿堂〉，《臺灣民報》三卷一號，一九二五年一月一日。

註一五　《臺灣民報》第一百十號，一九二六年六月二十日，頁十一至十三。

註一六　《臺灣民報》第一號，一九二三年四月十五日，頁廿九。

註一七　前非撰，刊《臺灣民報》二卷二十二號，一九二四年十一月一日。

註一八 《臺灣新民報》第三百廿三號，一九三〇年七月廿六日，頁三。

註一九 〈五四與日據時期臺灣傳統詩壇〉，《五四文學與文化變遷》，學生書局印行，一九九〇年四月，頁二一〇。

註二〇 〈漢學復興之前驅〉，《臺灣民報》二卷二號，一九二四年二月一日，頁十二—十三。

註二一 同註一六，頁二二一。

註二二 呂正惠〈現代主義臺灣〉，刊《臺灣社會研究季刊》一卷四期，一九八八年十二月，頁一九一。

註二三 五四新文學運動的提倡者，除了胡適留學美國之外，其他如陳獨秀、魯迅、郁達夫、郭沫若、周作人……諸氏皆曾留學日本多年，亦曾透過日文吸收世界思潮及西方文學資源，周氏兄弟於東京翻譯東歐、北歐等的弱小民族之小說，出版《域外集》一例，說明了當時反帝、反殖民、平民主義等思潮乃是世界性的，臺灣新文學運動與中國五四具有相類似精神，乃文學認知網絡相同。當然其時亦多少受中國五四之影響，但不宜解釋成「臺灣新文學乃是受中國新文學影響而產生的」，請參本節註釋一三。

註二四 如王詩琅、朱點人、林越峰、廖漢臣、……諸氏在創作過程方面，都曾閱讀中國大陸文學書刊，熟悉大陸文壇動態。當時毓文撰〈同好者的面影〉，介紹文壇諸文士時，可知他們對中國新文學作品並不陌生，其間或多或少受到中國大陸作家的影響。周傳枝敘其與林越峰認識經過，曾說「越峰住處有大量的藏書，在他那裡，我終於有機會接觸到魯迅、巴金、老舍等祖國著名作家的中文原著。」自述其文學學習時，則說「通過朱點人的介紹，我也大量閱讀了舊俄的小說如托爾斯泰的〈復活〉與杜思妥也夫斯基的〈罪與罰〉……等，以及法國、英國等西方文學名著；此外，我也讀了很多日本的普羅文學作品，如德永直的《沒有太陽的街》及小林多喜二的《蟹工船》和《不在地主》。」（見《沈屍、流亡．二二八》，藍博洲著，時報文化出版，一九九一年六月，頁一三〇、一三一），這說明了臺灣白話文文學作者因受五四新文學之薰潤，但同時也廣泛閱讀西方、日本文學名著。

註二五　林氏說：「賴和向魯迅學習了嗎？筆者以為是有的。以曾轉載於《臺灣民報》的〈犧牲譔〉為例，這一篇收於《華蓋集》，向來皆被視為雜文，但筆者認為這是一篇形式創新的小說。題目是仿《尙書》中〈大禹謨〉、〈皋陶謨〉而命名，「謨」原是記君臣謀略的，魯迅在〈犧牲謨〉中刻意起了副標題：「鬼畫符」失敬章第十三，來達到諷刺的效果。文中有情節，以一個一無所有的「同志」向舊日「同志」求援開始，而遭到對方刻薄的消遣，最後被趕出去，還要他爬著出去。全文採用會話體，更特別的只有單邊會話（消遣人的一方），語言極盡刻薄之能事。另一方則是隱藏性的角色，對話沒寫出來，然而一直留在場景中，因此講話的一方並非是獨白而已，在行文中可以充分感受另一方的話總是被打斷，在段落的轉折之間，構成了情節。全文有對話（雖然只以單邊會話出現）、有情節，已充分構成小說的條件。這樣的表現形式，極具前衛性，魯迅是多樣的文體家，又是一例證。賴和新文學創作生涯中最後的一篇小說〈一個同志的批信〉，全篇以臺灣話文寫作。其情節是以獄中同志，向舊日同志求援開始，然而已經從政治運動撤退的一方，過著紙醉金迷的生活，捨不得寄錢給對方，最後在官方募捐的壓力下，將捨不得寄出的款項挪用捐給官方，置獄中同志於不顧。賴和在呈現情節方面，多了一些敘述，而全文有三分之二以上皆採用單邊會話體，內容則同樣是同志遺棄同志的情節。」摹擬影響之跡，誠宛然易識。見《國文天地》七卷四期。

註二六　見楊氏於魯迅逝世十周年時於臺灣文化協進會會刊《臺灣文化》雜誌上所發表的〈紀念魯迅〉一文。

註二七　見吳虞〈吃人與禮教〉，《新青年》雜誌第六卷第六號，及陳獨秀覆俞頌華函，談孔子問題，《新青年雜誌》第三卷第四號。

註二八　陳獨秀〈敬告青年〉一文，《青年雜誌》第一卷第一期，一九一五年九月十五日。筆者案：中國傳統文化如儒、道、墨、佛等學術思想若能通曉，並加弘揚，必能使國人希聖希賢，強種強國。導致清末積弱不振則有多項原因，然與本論文無關，姑置不述，五四青年實未了解此義。

註二九　轉引自王曉波〈五四時期文學革命與日據下臺灣新文學運動〉，《中華雜誌》總三一一期，一九八九年六月，頁四四。

註三〇　甘文芳〈懷疑到黎明的路〉，《臺灣民報》第二卷第廿一號，一九二四年十月廿一日，頁四。

註三一　王敏川之語，轉引自王曉波《臺灣史與近代中國民族運動》一書，頁三九五。帕米爾出版社。

註三二　浩生〈對孔教講演的漫評〉，《臺灣民報》第一〇八號，一九二六年六月六日，頁十四。

第二節　影響評估與歷史價值

一、影響評估

筆者撰文之際，一直思索著這樣的一個問題：日據時期的臺灣小說其影響力究竟如何？對當時讀者究竟產生什麼樣的影響？此一文學功效問題，頗難確定亦難以處理。大凡人文的研究，其最大缺點便是不確定性（同時也是最大優點，因爲它刺激了研究者的想像力與思考力），它無法在定量分析基礎上進行定性研究，一切只能靠研究者自己的感悟、推測，這或許是値得慶幸的「永遠的遺憾」。日據時期臺灣究有多少小說創作者，恐怕誰也說不清（其中原因之一是筆名難以確定），到底有多少作品，這也是無法準確統計的。不過大抵而言，當時文壇呈現兩種情形，一是高級文藝，一是大衆文藝，兩者之間最大的不同是「精神」上的，也就是新小說作者（高級文學）比較關注人生、社會，「大衆」（「通俗」）小說作者比較注重娛樂趣味。兩者所走路線不同，讀者群自必有異，其影響力亦自不同。一九三一年以降，左傾社會運動及激進民族主義運動受到全面壓制，新文學運動遂成取代社會運動以吸納知識分子之淵藪，文學團體紛紛成立，作者蠭起。這些較具組織之文學團體如「南音社」、

「臺灣文藝協會」、「臺灣文藝聯盟」，其思想取向雖有差異，然其文學信念與創作表現，當時被視爲屬「純文藝理論」「高級文藝」。陳鏡波〈軟派文學與拙作〉一文，嘗敘述日據時期之文學活動，略謂：當時「純文藝」理論雲興霞蔚，文學苑囿之中，「高級文學」與「軟派文學」勢分涇渭。所謂高級文學，指觀念小說、感覺派小說、純文藝小說與新興普魯列達利亞文學（普羅文學），而軟派文學則指消遣、娛樂之通俗文學、色情文學（註一）。

就空間之普及而言，通俗文學通常爲衆所喜，故無異於大衆文學。爲俗衆所喜之作，其藝術格調上常與「典雅」迥異，而其價值判斷之高下從此可知矣。通俗文學每乏教導功能，無法提昇大衆（讀者）爲高明之思。吾人評估通俗文學對社會之影響時，或將慮及是否可自其中獲道德之教訓、性情之陶冶、心靈之淨化、知識之訊息等；故就高層文化素養觀其功能，必覺此類通俗作品毫無用處。但是凡庸淺俗之輩，閱此通俗文學，其感情卻可暫得紓解安慰，其人生觀得到某種啓發，而其知識也因此略有長進。由此觀之，則通俗文學固有它的教化功能，而其影響也不可小觀。不過，它負面的影響也不可不注意。

王莫愁曾說阿Q之弟（徐坤泉）〈可愛的仇人〉一作屬大衆小說，其藝術價值並不高（註二）。王詩琅則謂徐氏此部小說「家傳戶誦，雖人力車伕，旅社女傭，也喜讀這些作品」（註三）。若合二氏之說觀之，則銷售量高、廣受歡迎之作，藝術價值容有未高者，然亦非絕對沒有價值。雖然如此，當時與光復後諸小說評論者的評述文字（如黃得時），則率以藝術價值不高來評述通俗文學。實則自宿命論言之，通俗文學的文化價值、歷史意義必然超過其藝術意義。其爲當代新文學作者、評論者蔑視否定，也就無法避免了。通俗文學恆須置於歷史鏡頭中諦觀詳審，才可得其定位。范伯群《民國通俗小說鴛鴦蝴蝶派》一書自序嘗引述蘇珊．埃勒里．格林《美國通俗文化簡史》之言曰：「這些暢銷書是一種有用的工具，我們能夠透過它們，看到任何特定時間，人們普遍關心的事情和某段時間內人們的思想變化。」（註四）自社會學觀之通俗文學之價值亟須肯定，格林此言蓋不易之論歟！

徐坤泉、吳漫沙、林輝焜、陳鏡波之作，今日幾無人論及，此一現象陳鏡波早於一九五四年即有自知之明，陳氏嘗謂：

那時候臺灣的文學界確是「百花繚亂滿園開」盛極一時，不過獨對通俗文學或者軟派的色情文學一言不提，似乎美中不足，有畫龍不點睛之感，頗堪惋惜，叫我不禁為這被人遺棄的異花奇草喊冤。蓋異花奇草雖然是難登大雅之堂，但亦有他的美麗和香艷。昔時雖遭儒家、士君子厭棄，然也頗受一般庶民所歡迎（註五）。

彼時眾庶洵頗歡迎通俗文學，陳氏〈灣製デカメロン〉一作發表後，立蒙「大方面愛讀，當時該報社販賣部長阮朝日曾激勵我（陳鏡波）說：因為這一作該社增加了不少的部數。」（註六）餘如徐氏〈暗礁〉、〈靈肉之道〉、〈可愛的仇人〉、林氏〈女之一生〉確有不少讀者青睞，當時報社固已為之梓行，即至光復以還，仍有書局翻印刊行，可見此類小說誠有吸引讀者之魅力（註七）。至於廣羅情愛之作，以為茶餘飯後消遣之《三六九小報》其讀者人數亦視新小說之讀者為尤多。當時高級文學結集成冊以付剞劂者蓋不多見，而其文學刊物亦每梓行三、五號，至多十幾號即告停刊；若夫大眾化通俗文學之刊物則多行世經年，如三六九小報，其壽長達五年之久，凡四百七十有九號，風月報爲中文見禁之後碩果僅存之中文刊物。某類刊物能持續發行，或者即取決於讀者之支持。

《三六九小報》前後凡刊小說百有六、七十篇，其泰半之作，一言以蔽之曰：「情」，而其文題之分類如后：曰寫情小說、曰幻情小說、曰哀情小說、曰怨情小說、曰悲情小說、曰懺情短篇、曰武俠、曰神怪、曰技擊等。以言其文章，則談論嫖學之作頗占篇幅，如花街瑣談、名妓銘（仿陋室銘）、尋春序（仿春夜宴桃李園序）、嫖妓新魯論（仿論語）等皆是，其間固也有勸人遠青樓的，但也有猥褻偎佻、淫蕩人心之作。如子曰：愛之者，不如嫖之者，嫖之者，不如黑之者。子曰：不學嫖，無以爲闊客，不揮霍，無以立也，不遊蕩，無以結朋也。是知該報所強調者乃趣味、娛樂、秘聞等主題，而市儈主義之趣味、品格低下之娛樂、嫖學、賭經、黑幕的描寫，幾充斥版面。處於異族殖民統治下，大多數人對現實一切皆茫然若失，青年以出路難尋而苦悶，商人則多涉足娛樂場合以爲應酬，而部分小說即專擇穢媟情事渲染成編，來引誘志行薄弱的青年，或者作爲商賈茶餘飯後閒談之資。農夫小民備受諸般壓迫之餘乃不知何去何從，其心靈深處極盼有俠士劍客出來，以「彰俠義鋤強扶弱，懲頑惡除暴安良」。甚者且有自盼任俠以除不平、紓抑鬱者。賴和〈辱〉一作，即曾以夜戲「俠義英雄傳」，說明該戲普爲大衆愛賞，因爲觀劇之際，其飽受壓抑之情得以宣洩。然而戲劇、現實，終須判爲二事，衆庶小民於現實生活中仍飽受日本劣警的侵逼，若欲展眉瞬目，酒澆磊塊，恐怕亦無門無塗。小說顚倒衆生之力，或有出人意表者，魯迅〈中華民國的新「堂・吉訶德」們〉一文謂：「幾個店家的小伙件，看劍俠小說入了迷，忽然要到武當山去學道的事，這倒很和『堂·吉訶德』相像的。」（註八）像這一類的癡狂亦重見於十年前，楚留香傳奇播諸銀幕後，不就有上山求師欲研習彈指神功的嗎？通俗小說正如迷魂湯，感情苦悶之青年男女讀之，若醉癡、若狂醒，而心靈也因之得到相當的安慰（瓊瑤小說之讀者、瓊瑤連續劇之觀衆皆極多）；而飽受戕剝之庶民讀之，也能抒發胸中的牢愁與不平。

就作品情節之吸引力、讀者之人數、刊物之壽命……來看通俗小說對讀者之影響力，其發抒讀者情緒，增益讀者知識，甚至以詩詞牖迪衆庶溫厚之懷等，宜爲正面之影響。至於迎合讀者窳劣低陋之癖好，侈陳蜚語謠言、內幕消息，或巧爲影射中傷之辭，或恣陳妖婦淫娃之態（註九），誨人淫、播民惡，甚而誤導衆庶以身摹仿等，此宜爲其負面之影響。

一九四七年朱自清嘗發表極大膽之見解：

在中國文學的傳統裡，小說和詞曲（包括戲曲）更是小道中的小道，就因爲是消遣的，不嚴肅。不嚴肅也就是不正經；小說通常稱爲「閒書」，不是正經書。……鴛鴦蝴蝶派的小說意在供人們茶餘酒後消遣，倒是中國小說的正宗。中國小說一向以「志怪」、「傳奇」爲主，「怪」和「奇」都不是正經的東西。明朝人編的小說總集有所謂「三言二拍」……《拍案驚奇》重在「奇」很顯然。「三言」……雖然重在「勸俗」，但是還是先得使人們「驚奇」，才能收到「勸俗」的效果……《今古奇觀》，還是歸到「奇」上。這個「奇」正是供人們茶餘酒後消遣的（註一〇）。

朱自清以爲必先使人「驚奇」，方收「勸俗」之效，此爲寓教於奇趣之說。朱氏復謂：

目下黃色和粉色刊物的風起雲湧，固然是亂動時代時的頹廢趨勢，但是正經作品若是一味講究正經，只顧人民性，不管藝術性，死板板的長面孔教人親近不得，讀者們恐怕更會躲向那些刊物裡去。這是運用「嚴肅」的尺度的時候值得平心靜氣算計算計的（註二一）。

至於本事之饒趣味、情節之富驚奇，此類小說未必即能臻乎上乘，然使作品過於嚴肅，恐未能「作先合而引之大道」，反將驅使讀者奔赴消遣娛樂之淵藪，此一問題，吾人誠宜深思。日據時期臺灣高級小說，表達作者於彼特殊時空之思想理念，亦直接、間接反映反日本之侵略、反不良之傳統等精神，而於知識分子蒼白消沈之心態，尤多所指陳，但當時小說讀者爲數究有多少？讀者閱讀盈溢抗日情緒之作時，是否引發共鳴？是否由抗日情緒激而爲抗日之行動？方其閱及因異族歧視致意志消沈而撰爲文學之作品時，讀者之心理反應若何？有無賡續之行動？方其閱讀探討非理性之禮教束縛之作品時，讀者曾因而熱切衝決「形隔勢禁」之禮教網羅否？此類作品可曾引起青年男女爭取婚姻自由之激情或共鳴？似此文學功效、社會效用諸端，苟欲確切評估，亦良難矣。

筆者嘗就當時若干言論試爲分析，則高級小說讀者人數遠不及通俗小說。黃春成於《南音》一卷二號縷述該誌之沿起時說：

吾臺自入版圖，漢學日頹，沿至今日，已同殘喘，有心世道之士，觸目皆足興嗟！倘由此而不恢復，則式微之痛，可望目前，野人之譏，定難幸免！春成有志斯道久矣！故于昭和二年春歸自北華，即與連氏合辦書局，以廣文運！兩載慘淡經營，而成績不過碌碌！蓋吾人久不讀漢文故也！初成以爲書價高；而購者少，嗣後獨營三春書局，廉價拍賣，而購讀之寡，猶如往昔，況顧客所購之書，非三國演義之舊小說，即山醫命卜相之類，倘欲覓購大家之詩文集，或近世中外著名諸大作，則稀微如晨星，故才一年，而成之志已頹，於是毅然放棄書局，遠遊蓬萊，探徐福之故墓，覽三島之名勝，今春重渡北華，縵遊大江南北，弔吳越之故都，登泰山之絕巔，觀孔氏之舊廟，快遊兩月，興盡始返！嗚呼！春成非好遊也，蓋憤世之憤憤，無補天問！嘆長鋏之難售，空懷壯志！況感捕蛇之說，哀鴻遍野！荊廷獻漢，徒增吾恥！故不得已藉遠遊，而稍舒我胸中不平氣耳（註一二）！

當時一般人所購圖書，不是古典小說即醫卜命相之書，而於近世中外名著，則多未留意，觀此現象，足徵當時讀者偏嗜軟性、通俗的作品，於嚴肅作品則多敬而遠之，今日這種情形，恐怕又更過之！當時書局之廣告，率以軟俗群編爲紹介主體：偵探、古典、武俠、香艷、哀情、社會諸小說蔚爲暢銷篇籍，凡此皆迎合讀者之癖嗜，著眼貨殖之贏利。

參閱黃石輝之言，而新文學作品之影響從可知矣。黃氏說：「要是文藝作品能夠多少去影響大衆，那我就不敢這樣說了。」（註一三）深思其言，則當時文藝作品似與凡庶之疕痛癢無關，誠以「現在的作品，不管他是新是舊，不管他的內容是好是壞，統統都是和大衆無緣的東西——這個事實，我想任是怎樣鐵齒銅牙槽，都是不能否認的啦！那末，文藝何故會和大衆無緣呢？這個答案亦很簡單。就是大衆不識字啦。大衆既然不識字，任他是怎樣好的作品，他們也只有敬而遠之的一途，全然不能夠染外佳作各五圓。一九三二年訓導員平均月俸額亦不過四六—五〇圓，其徵文獎金洵極豐厚。然而撰稿者「發牢騷自慰的手淫機關」，也只當得一部分智識階級——尤其是有閒階級的『茶點酒配』吧了，其於大衆，並全然是風馬牛不相及的啦！文藝既成了有閒階級的娛樂品，他們賞鑑文藝，也只用以代替咖啡館跳舞場吧了，以外還有什麼作用？然則某處的女給漂亮不漂亮，親切不親切；某處的陳設華麗，清雅不清雅——這那裡值得我輩的批評？哈哈！且慢著！你們同人！我這等說，怕你要罵我侮辱斯文了！但是，其奈事實何？」（註二四）

著點滴的恩澤的了。就使你們是意識的要以大衆爲對象的極其嚴格的『普羅作品』，雖然算不得是作

夫識字之輩，已屬鳳毛，升斗之民，營生復艱；而其識其力足以訂購雜誌、閱讀文藝作品之讀者，其多寡亦不言可喻。當時臺灣民報每期發行多達一萬份，若以三臺六百萬人衡之，則萬分民報誠微不足道；若復以文學雜誌如《南音》、《第一線》、《先發部隊》、《臺灣文藝》、《臺灣新文學》、《文學臺灣》等觀之，其刊行數量少則數百部，多則三千部，則閱讀人口之比率尤每下愈況矣。重以諸雜誌之徵文也，撰稿相應，以爲桴鼓者，寥寥可數，益足窺知其時文風式微也。

一九三二年元旦正式創刊《南音》，其創刊號立即舉辦「懸賞創作募集」，徵文內容「以現在或過去五十年中，臺灣之自然政治、經濟、社會爲背景，無論都市與田庄不論屬何階級之生活之全面或片面」，可撰小說、可譜戲曲、可賦詩歌、可屬春聯。小說字數以壹萬字以上至二萬字爲度，截止日期爲一九三二年四月十五日。該項徵文比賽，獎金甚優：小說一等五十圓，二等三十圓，三等十五圓，等外佳作各五圓。一九三二年訓導員平均月俸額亦不過四六—五〇圓，其徵文獎金洵極豐厚。然而撰稿

響應者，寔罕其人，《南音》爰展期四旬有五日，至五月底截稿，《南音》一卷八號〈懸賞係啓事〉云：「本社向所公募之懸賞創作，經於去月末日截止，共得小說四篇，戲曲一篇，新詩二十首，舊詩四十四首，歌（文言）四〇首，時聯七十五對，……當選作品之題目及作者，豫定在本誌第十期紙面公表。」（頁二四）同號〈編輯後言〉又說：「懸賞一項，因應募者甚少再三展期，以致不能如約發表，諒於最短期間內，當能於本誌發表也。」至第十一號復云：「現在經已詮選就緒，大約來期『南音誌上』就可發表了。」獨惜梓行十二號即遭嚴禁，雜誌不久亦停刊。應徵的作品因而無法刊出。

該項徵文，爲期五月，獎金優渥，然應選之作，數僅四篇，創作風氣之茶然頽敝，令人扼腕。其或訂閱《南音》文士不多，而知曉徵文者爲數尤罕，有以致之。當時臺灣地區各雜誌亦有類似現象。能使較多知識分子矚目者，則爲當時搗軍日本文壇，獲《改造》、《文學評論》或《文藝》諸雜誌垂青入選之小說，如〈送報伕〉、〈植有木瓜樹的小鎭〉、〈牛車〉……諸作（註一五），其讀者群宜有一定人數（註一六）。然而閱讀後其實際影響之深淺，則尚難以確切評估。昔日之文學評論者論及小說之功能，率不免誇大其辭，轉忽讀者閱讀心理與閱讀動機之繁複多樣，蓋讀者階層若各不相同，則同一文學作品，所生之傳播效果，亦有深淺廣狹之別。

瀛湄波靜，鯤嶠重光，日據時期臺灣小說作者不諳國語，拙於白話，而以日文寫作的小說作者，尤覺筆重千鈞，硯田難耕，不得不暫輟其文學慧命。這些作家既不能賡續當年戮力臺灣文學之勳績，又必須改弦更張，重新學習國語；加上二二八事件之波瀾，衝擊着他們的心靈，遂使大部分小說作者幾成驚弓之鳥，惙栗憂懼，杜門鉗口，不但作品數量遽減，即自述平生、追憶往事之隨筆，也因恐觸網羅，而成鳳毛，而當時臺灣小說史頁，幾乎是一片空白。張良澤曾撰文回憶其往謁日據時期臺灣前輩作者：

我去拜訪一些老作家，他們都不敢講，不願講過去的事，似乎講了這些事就會有失業之慮，這種態度，令我非常奇怪，這本是光榮的事情，他們爲什麼不講。後來才知道是二二八事件，影響了整個臺灣文化界，所有的雜誌、刊物都爲後人所遺忘，二二八以前是百花齊放，由於殺了很多人，留下來的人都破膽了（註一七）。

臺灣光復後即不再寫作之張文環曾於張良澤往訪臺灣文壇掌故時，痛陳心曲：

我知道你很想知道臺灣文壇的事。的確，我也知道不少；可是自從『二二八事件』之後，我已發誓折筆不寫東西，也絕口不談文學。因爲我所有的文學朋友都在那事件時慘遭殺害。你當然也知道呂赫若逃入草山，被毒蛇咬死了。留下我沒死，但我每天都在作噩夢。你帶來的一些資料，我以前什麼書都有，可是我逃亡於埔里時，家人把書都燒個精光。我個人得失都無所謂，但我不能不替已死的朋友作點什麼。所以想在餘年完成三部曲，從日據末期起，到『二二八事件』爲止（註一八）。

張文環一向「把自己的性格比擬爲羊」、「不特別具有反叛性」，遭逢二二八之難，猶憾恨填膺，況夫日據時期即屢抗日吏的激進知識分子？數十年來，國人每生錯覺，以爲強調臺灣青史，從事臺灣研究，研治日據時期臺灣新文學，凡此學術活動，即無異強化臺灣地方意識，與「臺獨」呼應，為「臺獨」奠基，寖成學術研究之禁忌。於是研究臺灣之著作，昔日殆罕見焉。直至七〇年代鄉土文學論戰驟興以還，論者乃視日據時代臺灣新文學為鄉土文學之淵源，而整理、研究者漸有之。他們自日據時期臺灣新文學中尋繹臺灣文學之精神；自前輩之議論，歸納研判臺灣文學之未來走向；於是臺灣話文也自冰封而漸趨解凍，而今日許多方言詞彙之使用，亦時與日據時期新文學所使用之語文相雷同，如頭家娘、夭壽、這款、睏、刣、查某、查埔、頭路、專工、知影、沒法度、出頭天、交關、教示、攏總、白賊、卡好、作陣、鬧熱……等等。凡此諸事，皆具學術價值與時代意義，而與「臺獨」意識，渺不相涉。

近十年來，復興基地日益開放，日據時期臺灣小說亦漸次壽諸棗梨，而為國人所關注，而小說中所蘊涵之精神，亦濡染讀者且影響及於當代文壇。譬如呂赫若〈牛車〉之於王禎和代表作〈嫁妝一牛車〉頗具影響。呂、王小說篇題幾同，此其一。呂作之米行以「萬發精米所」為號，王作主角則名為「萬發」，此其二。主角皆引牛車為生，此其三。女主角或明或暗皆鬻色情以餬口，此其四。可見〈牛車〉與〈嫁妝一牛車〉雖時代或異，而血緣差同，而後者開拓主題，刻畫人物，則度越前人之作。楊逵之作亦嘗騰播眾口，蔚成學界、文壇論題。陳映真曾說楊逵之作，「在日本因戰敗撤退，臺灣復歸於中國的今日，反對帝國主義的課題，在戰後臺灣文學作品中，幾乎消失殆盡了。這種情形，特別和亞洲其他地區如韓國、菲律賓、泰國的戰後文學相較，五〇年代以來臺灣戰後文學對帝國主義問題的規避性格和柔軟的性格，就顯得十分突出。……我們才能更深刻地理解和重視楊逵文學中反帝民族主義的重大意義。」（註一九）又說楊逵文學永遠爲人生指引光明之希望，讀之益堅吾人爲幸福而奮鬥之意志，「對於失落了批判和前瞻傳統的戰後臺灣文學，應有重要的教育意義。」

每一讀者欣賞同一文學作品之後，其感受固視其認知架構、價值之觀念、語文之程度、學術之涵養，而千別萬異，迥不相侔，然而其能寫象天地，反映時代，融鑄作者血淚，而鑪錘百度之力作，自必能見奇葩於文苑，感萬代之同胞，日據時期臺灣小說，亦不乏此不朽之作。

二、歷史價值

歷史展現了社會發展的架構，小說則是歷史架構的血肉，透過小說，我們更深刻感到社會生命的脈搏、跳動。巴爾札克說：

一個時代復活了，跟著復活的還有當時那些重要名姓、風俗、建築、法律以及事件，我們必須承認，實際就帶來了一種類似威信的東西；大家看見虛構的人物，在大家熟悉的歷史人物的氛圍之中走動，就是不相信眞是有這個人，也不大可能（註二〇）。

任何文學皆難免爲其社會環境所影響，小說亦復如是。余讀日據時期臺灣小說，覺其深具社會寫實精神，而臺灣之風俗、鄉土之諺語、臺島之事件、淳樸之人物，莫不寓焉，此即小說之歷史價値。

當時小說作者雖知小說固屬虛構，而崇奉寫實之手法，強調作品之徵信，謂其創作乃將事實文學化、藝術化，以呈眞實故事之作者頗不乏人。賴和之詩文，凝心時代，注目社會，小說之創作，深含諷論，鮮有向壁虛造之作，風花雲草之篇。其寄郭秋生書，自謂「對於創作，是利用空閑的時間，把日常所接受的題材，隨宜把它文學化，要須刻苦深思，他（賴和）是做不來」（註二一），可見賴氏文學創作，所取題材，率皆實有其事。〈一桿「稱仔」〉後記述其寫作緣由：

這一幕悲劇，看過好久，每欲描寫出來，但一經回憶，總被悲哀塡滿了腦袋，不能著筆。近日看到法朗士的克拉格比，才覺這樣事，不一定在未開的國裡，凡強權行使的地上，總會發生，遂不顧文字的陋劣，就寫出給文家批判。

故知〈一桿「稱仔」〉乃賴氏深體現實生活之餘，形諸筆墨，鑄成鮮血淋漓的悲劇。鋪觀賴氏說部群編，時或以警察欺凌百姓的情節，蘊釀高潮，這並非憑空揑造，吾人宜以社會實錄目之，試重披覽當年「臺灣人唯一之言論機關」──《臺灣民報》，可知此類報導溢楮盈幅。

蔡秋桐亦以「實錄」名其小說：

我當時是保正，兼製糖會社原料委員，與製糖會社有來往，與警察也有聯繫，因此小說內容鮮有激烈的反抗意識，只是眞實的紀錄一些事情而已。作品的主題，大部分是寫自己心理的矛盾，全都是本地所發生的事情，只是名字更換一下而已，其人和事皆是眞實的，並沒有特意的去反抗（註二二）。

蔡氏小說，篇篇皆如剪影，而臺灣人民與日本警察，製糖會社的糾葛，歷歷可見。農民辛酸之生涯、無奈之悲情，有如條條的血痕，怵人心目。

李獻璋嘗質疑朱點人其以「蟬」命篇之作，朱氏以堅悃之辭，力予澄清：

> 凡是我的作品，無一篇不是從我的經驗中得來的。尤其是「蟬」，是我的孩子入院當時的實記錄，也可說是我做父親的眞情底流露。所以，我敢斷言：「蟬」的任那一節絕對不是你所說的什麼剽竊、更不是什麼模仿人家的（註二三）！

郭秋生〈死麼？〉一篇述一養女爲奸邪之徒輾轉出售、前後六次，百苦備更之事。編者或得自郭氏所述，深知其事原委，因於篇末附識：

> 以上的創作，完全出自實事的題材，並不是憑空架閣，於臺灣這樣齷齪的社會裡頭，下個深刻的描寫，作者所提出的命題，或許爲當面社會的、法律的、人道的根本問題了。我們看到這篇之後，不無令人感到無的者的悲哀，同時是資本主義社會制度的一大缺陷了。不曉得讀者諸君！對於作者所提出的命題，要將如何解決（註二四）？

綜前數例，可知當時小說內容大率實有其事，極罕向壁虛造者。他如楊逵、吳濁流、王錦江諸氏皆嘗自道其創作悉憑實際體驗。楊逵云：

> 送報伕的描寫是我實際的體驗。主角的母親自殺的場面是根據我在從事農民運動中所目睹的事實寫成（註二五）。

復云：

〈無醫村〉是直接描寫一個醫生朋友的故事，這醫生有遠大的理想，認爲「預防」是醫學的第一要義，所以願當「預防醫」，不幸的是有理想的「預防醫」掛牌行醫，卻常常失敗，目前這位醫生還在東港當眼科醫生（註二六）。

吳濁流自陳撰寫〈先生媽〉之動機云：

當時我在臺灣新報做記者，臺灣總督府極力推行皇民化運動，在推行皇民文學期間，軟骨頭的本島人文士亦有參加，掛著文學奉公會會章，得意揚揚，闊步橫行，令人側目，我看到敢怒而不敢言。一方面有志的文化人，以臺大的工藤先生爲中心，每月十五日集會，以閒談文學爲名，有時也拿出時局問題來私語。皇民奉公會本部顧問臺大中村教授亦來參加，於是我寫這篇〈先生媽〉小說給他看，暗中希望他反省。他看完說：「你的文學另有一種風味。」而且臉上露出一點内疚的樣子（註二七）。

吳氏撰寫〈先生媽〉之時，太平洋戰爭已極激烈，而臺灣人士之協力，日形重要。于時皇民化運動甚囂塵上，御用紳士時爲延攬，著「國民裝」，改「日本姓」者，尤蒙獎勵，使用中文，則懸爲厲禁；學習日語，則肆力鼓吹。特高之警察人數倍屣，而臺人之言論思想飽受日警之箝控。凡此種種莫非吳氏所目擊，故其小說可說幾無異於實錄。

王錦江述其小說〈青春〉、〈老婊頭〉二篇之寫作緣起時說：

至於〈青春〉所描寫的，是舍妹因肺結核而從女校退學，進入療養院休養的生活。那時起，我對於人生的看法因此而受到影響。我覺得年輕的妹妹爲何變成這種地步，又要如此可憐地死去呢？……〈老娼頭〉是敍述目前仍在萬華的某一個娼館老闆娘，她依照臺灣的慣例，買來小姑娘，養大之後再讓她去賣淫，以臺灣這種陋習爲經緯所寫成的，諷刺老娼頭越有錢越趾高氣昂，目空一切（註二八）。

王氏其餘諸作，尤萃其筆墨描寫社會運動失敗後之知識分子，而其自身之影象亦時時浮現於作品之中。王氏好友毓文（廖漢臣）曾說：「《臺灣文藝》誌上，發表一篇〈沒落〉，便是描寫從實際運動後退了的他自己的哀感。」又謂王氏既喪厥思想根據，頓極悲觀，於是自暴自棄，夜夜流連咖啡館與酒場。頹唐消沈者閱數月之久。式觀王氏群篇，其描述頻更挫敗之社運之士，寓意深刻，筆觸細膩，如果不是躬自涉歷其境，何能如此逼眞？

言以盡意，而意難盡達；文以述事，而事難悉呈。語言文字的功能，自有其窮，誠難以周延陳述吾人的認知，尤其無法全面觀照大千之現象。何況創作的極則，初非止於假借人類名言，再現現實而已。作者若能以精確、生動的文筆實錄其認知現實之所思所感，則亦庶乎可也。這一時期之臺灣小說，作者仍有若干虛實雜揉之作，作者搦管之際，往往融合想像與經驗，逐步堆砌虛構時空，以勾勒其亟欲掌握之「現實」。無論其爲紀實，或爲虛構，吾人皆可自小說文字之深層潛悟作者所欲指陳的訊息。小說作品往往充分展現作者之才情、心聲，亦或多或寡反映廣大民衆的思想歸趨、價値取向；甚至一民族的共同心聲，有時也潛寓在小說中。

因其重紀實，故歷史之眞相不時浮見於作品中。蓋無論寫作文筆之優劣，呈顯史實之多寡，紀實小說固其時代、其歷史之縮影。社會之脈動與發展之軌跡於此反映，社會生活之寫實，史事輪廓之勾勒，也唯依靠紀實之作品。吾人在熟讀作家作品之餘，進而探賾索隱，或可一窺作者靈魂深處之神思妙想，如推而廓之，臚列諸家群編，較其異同，紬厥共相，那麼小說背後之時代環境、社會心理則更能彰明較著。此一小說之史學意義與社會價値—亟應予以肯定。

日據時期臺灣小說之發展，與當時歷史動向頗具互動關係。此類小說作品，非唯反映時代而已，其尤具價値之處，在於足補史事之闕如。歷史著作，時而理性，時而冷淡，其眞其僞，恒視史家之史才、史學、史識與史料之眞贋多寡，或史家意識形態之添減而定，文學固亦有此疵病，但作者如存心誠實，其虛構之情節，乃能轉化爲質實之眞相，作家之「自由」遠勝於史家，其留存之眞實時或超過歷史著作。此類小說作者創作之際，既多實錄其親身之體驗，故所述事實固未易置疑也，茲舉數例，以見一斑。

賴和嘗於刊遺稿〈赴會〉，質疑文化協會運動者之運動眞誠與方式，此一文獻極爲珍貴，因爲居今之世，若欲研析當時之社會運動，並如實了解運動者之行動、信仰，若舍其宣傳文件，則別無史料足資稽考。此小說記載可與青史相輔相證之又一例也。〈赴會〉述及火車上有關文化協會諸事之對談：

「那麼臺灣人應該有多數的參加者，我想知識階級必定全部加人。」那日本人又問。

「卻也不見得是這樣，有些人還以爲是無事取鬧，在厭惡他們，迴避他們。」這是臺灣人的回答。

「我可不信！」那日本人似有些失望。

「這是別有它的原因，那些人是絕對信賴官廳，以爲到不可知的將來，官廳一定會把臺灣人的地位改到完善美好，不用去請願要求，阻撓著改善的進行，而且這些人若想要參加，恐怕失去官廳的歡喜，會失去現在所得的利益名譽。若不參加，明白地表示自己不是和一般民眾站在同一立點上了嘛，可以講是背叛民眾，這樣使那些人爲難，也莫怪他們咒詛。」

「中小市和農民二大民眾怎樣？」

「這方面似有些得到歡迎，因爲這些民眾，在生活上所受到的不平苦痛，蘊蓄的很久了，被他們批露一點，自然是會信仰他們、傾向他們，以爲他們會爭來幸福賜給一般大眾。不過，大眾的知識是很低，不曉得政治是什麼。他們所希望的只是生活較自由點，對這點不須多大施與，官廳可以不用多大的價值，便能得到很大的效果。這只要把對日常生活上的干涉取締放寬一點，大眾便滿足了。」

「這樣，他們一定熱烈地幹下去，有這大眾爲他們做背景。」

「卻也不見得，那些中心分子大多是日本留學生，有產的知識階級，不過是被時代的潮流所激盪起來的，不見得有十分覺悟，自然不能積極地鬥爭，只見三不五時開一個講演會而已。」

賴和以不露主角之方式，對當時思想未見成熟之知識分子略下鍼砭，並藉佃農之口評論當時之霧峰林家，如實呈顯衆庶之觀感，可謂民間之實錄。復徵佃農對話，以觀片段史事：

講文化的？若是搶到他們，大概就會拍拚也無定著（或說不定）。

他們不是講要替臺灣人謀幸福嗎？

講的好聽！

今日聽講在霧峰開理事會。

阿罩霧（霧峰舊名，指霧峰林家）若不是霸咱搶咱，家伙那會這樣大。

不要講全臺灣的幸福，若只對他們佃户，勿再那樣横逆，也就好了。

阿彌陀佛，一甲六十餘石，好歹冬不管，早冬五，晚冬討百，欠一石少一斤，免講。

由賴氏之陳述，可知臺灣文化協會雖嘗輸財盡心，爲庶甿謀權益，但林家佃農並無法諒解。何以如此呢？誠以日據時期地主階層每陷兩難之境。與日本政府從事政治、文化之抗衡，極須資金而資金的來源，在於佃租，因此其立場異於農民，其利害是非，亦每與農民相鑿枘。因此臺灣文協殷富之成員欲與農民齊心抗日，必然勢促力屈，因此泰半地主，參與當時之政治、社會運動，皆趨向於民族運動之陣營。

賴和另有〈棋盤邊〉一作，旨在探討「鴉片吸食特新許」問題。一九二八年臺灣文化協會分裂後，改組臺灣民衆黨，反對吸食鴉片。各地醫師會也提出反對聲明，賴和所隸之彰化醫師會也於二月十四日向總督府提出涵「一、立刻禁止吸食鴉片，二、立刻停止製造鴉片，三、嚴格取締鴉片走私，四、鴉片癮者的強迫醫療，五、矯正所的擴大與增設」等內容之意見書，此一運動受國人支持。惜「國際聯盟鴉片調查委員會」離臺之後，臺灣民衆黨反對吸食新特許運動遂由盛而衰。賴和撰寫茲編，時間是一九三一年十月，可謂如響斯應之創作。

賴氏另一短篇小說〈不幸的賣油炸粿的〉與其古體詩〈哀聞賣油炸粿者（日政時代）〉，其故事內容、發展過程、前後細節，機杼幾同。賣油炸粿小孩清晨時分沿街叫賣油炸粿，竟被巡查大人叱爲擾亂清眼，囚禁一天。晚上回家，繼母責他只顧貪玩，不准吃飯，且趕他出門。詩和小說內容，若合符節，雖未載明寫作日期，然賴氏所以再三敘述者，必因刺激極深，感觸極強，惻怛之心難以平靜，是以賦詩之餘，重以小說體裁存此天壤之恨事。

朱點人〈秋信〉中敘及鬥文先生首倡古詩之動機，乃意識到「臺灣人與漢文有存亡關係的！」然而鬥文先生其後深感哀痛，蓋「那班無恥的詩人，反把它當做應酬的東西，巴結權勢，甚至連和他們不關痛癢的日本政客死去，也要作詩去哭他。」鬥文先生對日據時期臺灣古詩吟唱之態度，由肯定而批判，正是說明臺灣詩社、擊鉢聯吟之末流，唯事讒諂阿諛之醜象，與夫新文學界詆訶舊詩人之緣由。

復有題材特殊，足窺臺南府城某一地區密居之生活者，厥爲趙櫪馬（啓明、蘭谷）〈黑暗裡的人生〉一作。朱鋒（莊松林）嘗說是編「取材於他當時所居住的西區金安居一帶密居的生活，描寫他們在黑暗裡與日警掙扎的情景。」（註一九）以上略舉數篇，可藉以觀察當時歷史、社會之輪廓與背景。猶有進者，臺灣小說亦展現其特殊之風俗民情，現代人業已逐漸淡忘之民間風俗、生活經驗，藉小說之鋪陳栩栩再現者不在少數。呂赫若〈財子壽〉記述「耙砂」過程，淒淒感人，歷歷在目：

> 在院子中央堆著小砂堆，遺族穿著麻衫坐在鋪著稻草的周圍。在砂堆上擱著兩個蛋做爲眼睛，再點上蠟燭。遺族屏息看著。兩個扮著牛頭和馬面的道士隔著砂堆對罵、旋轉。他們退下之後，胸部繫著白布的道士出來，帶領遺族巡繞著砂堆哀哭。他一步一駐足，一哭泣，以便白布擦眼。遺族也出聲哀哭。道士一邊哭，一邊唱著「十二月懷胎」悲哀文句，感念母親養育之恩的哀切聲音，伴著遺族思念母親的慟哭，使參觀的人深受感動，女人更是哭腫了眼睛。現在，他們追思著母親，自懷孕、生產、以至於養育，受盡了無數的苦楚，而今卻要和母親永訣，一想到此，就不禁陪著簌簌地哭了起來。

呂氏〈柘榴〉一篇敘及另一習俗——合爐、過房。小說述及金生爲人招贅，其祖先牌位不得與女方祖先牌位同奉大廳，只能將祖先牌位奉於吊籠中，懸掛於脫穀谷機房，實爲委曲。再如〈玉蘭花〉一篇，述及時人多厭攝影，誠以一旦照相，人影即爲相機奪卻一層，人亦漸趨消瘦矣。類此想法，以今日觀之誠屬無稽。民智未開之窮鄉僻壤亦存若干禁忌，而此禁忌爲民族學之瓌寶者又輒賴小說以保存之。該編復載小祖母爲鈴木招魂河畔一節，亦極詳記臺灣民俗。而郭秋生以〈鬼〉命篇之小說亦研究臺灣宗教民俗之珍貴資料。此外如翁鬧〈羅漢腳〉一文對臺灣農村現象時有記述：任意爲孩提命名、脫爲人影所驚，須食對方唾液、誤飲煤油，可啜菜豆芽菜汁以解之，凡此記述足徵方俗。張文環小說對臺灣風俗民情、民間故事、生活習慣細膩描述，幾在目前，如〈藝旦之家〉提到其時南、北部藝旦之差異，又說她們拜「豬歌神」之原由，又由〈夜猿〉一篇，謂蛇忌鵝糞，故以鵝爲深山農家不可或缺之家畜，還有深山裡綁狐狸、綑獮猴之方，凡此情節，莫不引人入勝。其敘綁猴一節，嘗謂：「光是把雙手雙腿反剪還不夠，一定要把右手和左腳綑在背上才行。雙手雙腳綑好了，還有嘴巴。這張嘴巴咬起人來頂厲害的，得先讓他啣上木頭，然後再把嘴巴緊緊縛起來。」眞亦捕猴者現身說法。又如除夕到正月望日，每夜逐屋皆須「呈燈」，「燈」、「丁」同音，「點燈」即「添丁」。此外如賴和〈富戶人的歷史〉一文，亦頗能反映一九三〇年代臺灣猶存之民俗風情。文中轎夫之行話，如「小！鎮路，帶溜！」、「大無地，小掛角」、「小！溜，大步開！」、「交纏」、「踏步呑」……等等，此類文獻，多存乎小說。當時小說亦頻出臺語詞彙、臺地俚諺，若蒐羅歸納，予以綜析，亦足見彼時社會之發展、思想與人民生活之變化、信仰。

日人塚本照和說：

> 文學作品反映時代的動向，明確表現生活於那時代的人們的種種思考與狀態。從這一觀點來說，接觸日本統治期的臺灣文學作品，尤其是臺灣人作家所寫的作品時，可以讀出生活於異民族統治的嚴酷狀況下的人們的複雜心境與苦惱。當然未必每篇作品都直接地描寫統治者日本人的意識與行動的特質，或議論日本的臺灣統治。但小島晉治氏說：「制度與政策是人做出來的，是由人支撐的。只要人們在它底下生存，則即使不是直接論『日本人』，但我們該認爲至少也是間接的論到我們的前世代或我們本身的『日本人』。」這見解雖非敘述文學作品的問題，但正是

提醒對「我們的前世代」所經歷過來的歷史做反省與今後應有的態度之貴重發言（註三〇）。日本人士尚能以此種態度認知臺灣文學作品，吾人於此直接描繪臺灣人民悲苦血淚之作，研閱之餘更可由其中深獲啓發，進而反省覃思，以爲今日文學文化發展之參考。

【註釋】

註　一　刊《臺北文物》第三卷第三期，一九五四年十二月。明潭出版社印行的《文獻資料選集》收錄該文，頁三九九。

註　二　王莫愁爲王育德之筆名，文刊《文學界》第九號，一九八四年春季號，頁一〇八。

註　三　文刊《臺北文物》第三卷第二期，頁一三六。

註　四　該書原人民文學出版社印行，一九八九年初版，後由國文天地於臺出版，一九九〇年三月，引文見頁三。

註　五　同註一。

註　六　同前註。

註　七　請參考作者傳略一節徐坤泉、吳漫沙部分。黃得時〈日據時期臺灣的報紙副刊——一個主編者的回憶錄〉復謂：「徐坤氏……是上海聖約翰大學出身，筆名署阿Q之弟。他曾在該學藝欄（指臺灣新民報）寫了〈可愛的仇人〉及〈靈肉之道〉的連載小說。……該兩篇小說，是大衆小說，不能算是純文學作品，但是因爲作者徐氏對於臺灣的傳統家庭生活和大衆的心靈非常熟識，加上文筆相當流利，所以很受讀者的歡迎。」《文訊》月刊第廿一期，一九八五年十二月。

註　八　魯迅《二心集・中華民國的新「堂・吉訶德」們》。

註　九　《三六九小報》新書廣告爲了抓住、迎合讀者心理，對《湖海英雄傳》一書之內容謂：「寫妖婦的姦淫事跡，媚態畢露；寫淫娃的絕世風騷，盪魄銷魂！」，其對社會之影響不言可喻。

註一〇　朱自清〈論嚴肅〉，載《中國作家》創刊號，一九四七年十月，此處轉引自范伯群《鴛鴦蝴蝶派》一書，頁五〇。

註一一　同前註。

註一二　黃文刊《南音》一卷二號，一九三二年一月，頁二六。

註一三　黃石輝撰，〈沒有批評的必要，先給大衆識字〉，刊《先發部隊》創刊號，一九三四年七月十五日發行，頁一。

註一四　同前註。

註一五　三十年代出現在日本中央文壇的作品許多是雜誌的徵文得獎者，目前所知包括：楊逵〈送報伕〉，一九三四年《文學評論》；呂赫若〈牛車〉，一九三五年；張文環〈父之顏〉，一九三五年；翁鬧〈憨伯仔〉；一九三五年；郭水潭〈某個男人的手記〉，一九三五年《大阪每日新聞》；龍瑛宗〈植有木瓜樹的小鎮〉，一九三七年《改造》。

註一六　楊逵〈送報伕〉一文於一九三四年獲東京《文學評論》第二獎後，隨即由胡風譯爲中文，於當時銷路頗大的上海《世界知識》雜誌發表，後又收入胡風編譯的《山靈—朝鮮臺灣短篇集》，列爲魯迅主編的「譯文叢書」之一，一九三六年又由巴金主持的上海文化生活出版社出版。楊逵說戰後來臺者很多人告訴他讀過〈送報伕〉，如楊氏之說可信，那麼與該文同時收錄的楊華〈薄命〉、呂赫若〈牛車〉亦應具有同樣的閱讀群。

註一七　張良澤〈我的臺灣文學經驗〉，收於陳永興編《臺灣文學的過去與未來》，臺灣文藝社出版，一九八五年三月，頁一七〇。

註一八　張良澤《四十五自述—我的文學生涯》，前衛出版社，一九八九年二月，頁二四二。

註一九　陳映眞〈楊逵文學對戰後臺灣文學的啓示〉，見王曉波《被顚倒的臺灣歷史》附錄，頁三七四。帕米爾出版社印行。

註二〇　見「巴爾札克論文選」，據《文學理論資料彙編》轉引。

註二一　毓文〈諸同好者的面影㈠〉，《臺灣文藝》第二卷第一期，頁三六。

註二二　黃武忠〈北港地帶的代表人物—蔡秋桐〉，《日據時代臺灣新文學作家小傳》，時報文化出版社。

註二三　朱點人〈關於剽竊問題—給獻璋君的一封公開信〉，刊《臺灣新文學》一卷九號。

註二四　刊《臺灣民報》二八三號，一九二九年十月廿日。

註二五　〈一個臺灣作家的七十七年〉，戴國煇、內村剛介訪問楊逵文稿，葉石濤譯，收入《楊逵的文學生涯》一書，前衛出版社，頁一九〇，及〈臺灣現代史上不朽的老兵〉，《先人之血，土地之花》，頁四二。

註二六　于飛〈從「無醫村」看日據時代的臺灣醫學〉，《夏潮》第一卷第七期。

註二七　張良澤編《臺灣文藝與我》，遠行出版社，一九八〇年二月，頁二〇三。

註二八　見〈王詩琅先生口述回憶錄〉，《陋巷清士—王詩琅選集》，弘文館出版社，頁二四二。

註二九　朱鋒（莊松林）〈不堪回首話當年〉，刊《臺北文物》第三卷第三期，明潭出版社《文獻資料選集》收錄，頁三九三。

註三〇　塚本照和著、張良澤譯，〈日本統治期臺灣文學管見〉一文，《臺灣文藝》六九、七〇期。

第三節　寫作技巧與文學成就

七〇年代以還，隨著臺灣鄉土文學的興起，日據時期的小說作者一個個從塵埋已久的歷史中被發掘出來，時人乃能自其作品中找尋臺灣文學的精神意涵，尋覓與自己認知相同、相應的文學主張。然而論者或貴遠賤近，或角度各異，或立場不一，遂於評論這一時期小說作者之高下、作品之良窳時，率以反映時代精神，掌握歷史動脈爲衡準，且以爲語言形式、寫作技巧應規範於內容之下加以評價，方具意義。此一觀點充分透露了某些論者爲反映現實而乏生動藝術的作品辯護之意圖，這雖然未可厚非。但是卻無法釐清現實與藝術，內容與技巧不一定成正比這類問題。

綜觀此一時期所有小說作者，吾人可以發現具有小說家情懷及創作訓練者並不多見。他們泰半是以社會運動者自居，對小說所抱持的態度，幾乎是將小說當做攻擊撻伐的利器，以反抗日本殖民統治，直陳社會病狀與醜態，企圖進行社會改革、並抒發內心之憤懣不平。因此，小說之結構和小說中人物之行動，時常令人覺得乃是以某一意識形態設計、經營出來的，而不是讓小說的情節，以自然而然的方式去發展出意識形態。當然，以意識形態來主宰小說，其作品並非必屬窳劣。最主要的是大部分作者就像醫生、社會運動者一樣，純粹以診病之精神、改革之態度，急切的想爲這社會診脈療疾。因而寫作之際，不時出現充滿火藥味的言辭與控訴，寫作態度失之主觀，刻畫感情也流於粗糙。

就社會小說家而言，在那樣橫暴不公的時代，原本就是令人憤慨、傷痛的，做爲一個目擊者，他們無心細膩的營造藝術氣氛，這當然是可以理解的。他們之所以投入創作陣營，毅然執筆爲文，其態度本來就是不擬超然，也不願、不忍超然。因此，當他們置身於該事件或感受社會、人民之動盪不安時，其態度總是容易流於主觀，其情緒則過於激動，於是客觀精確的觀察與反省，自然不易出現。其未經理性節制的情緒，使感情顯得浮泛膚淺，而文學工作者理應自明的節制和文學本該具備的冷靜和理性的認知態度也往往付諸闕如。

眞正偉大動人的作品是需要作者理性冷靜，與對象保持距離，採取不動心的超然立場，觀照寫作對象。試觀托爾斯泰《戰爭與和平》成書於西元一八六二年至六九年之間，距拿破崙侵俄戰爭已半個世紀；雷馬克《西線無戰事》成書於西元一九二九年，距第一次大戰則有十一年。描繪弱小（少）民族的悲哀，控訴侵略者的不義，若要激發讀者群同情的了解，有共同參與的意願，客觀的敘述可說是必要條件之一。而這通常需要時間讓自己冷靜下來，把生命痛苦予以提昇，情緒經驗加以淳化，如此方能客觀思索問題。此期小說既泰半務以暴陳寫實爲寫作手法，則行文之際自難冷靜客觀，而其作品遂亦多未探討解決問題之道和改變現狀之法，只是揭露「如斯」相，而忘卻彰亦「理當」相。此一僅暴陳現實而未有解決之道之描述，每易使人陷入絕望虛無之中；當時楊逵、郭秋生極力主張從事具有創造性、建設性的小說，或許就是有鑑於此吧。然而理論與創作仍無法成正比，有不少小說依然呈現出頹廢虛無、悲淒慘怛之象。

甚至連情詩都不例外，如守愚新詩〈一對情侶〉開頭三行即爲直接反映社會現實之作：

家庭束縛社會不容

但是爲著愛情

一對情侶只有離開故鄉（《臺灣文藝》二卷三期，頁二一）

此一直接評議的寫法，在小說中更是數見不鮮。筆者並不反對作家將小說當做反映社會、關心現實的工具。但在把小說當成工具之前，首先要讓它成爲銳利有用的工具，才能充分發揮其功能。易言之，兼顧其藝術形式是必要的。文學作品如欲歷久彌新，希望感動目前的讀者，及世世代代讀者，就必須掙脫現實的五花大綁，而以生動的藝術手法，由一刹那見永恒，方能奏功；否則徒具一腔熱情，而無法引發讀者共鳴，其作品亦將因事過境遷，讀者對當中的「現實」架構印象模糊，遂被忽視甚至遺忘。筆者一直認爲與其以小說爲撻伐的利器，去攻惡揚善，去宣揚某些主張，不如讓小說去反映悲苦人生的情實，好讓我們對悲苦的同情矜憐，不致爲不義者的憎恨仇懟所淹沒，以關切的文學心靈作深刻的描述，來取代情緒氾濫的抗訴，讓作品的任務僅是一種婉約的「呈現」，而非激烈的抗辯，亦不另繪蛇足，作冗贅的評論（註一）。同時，筆者亦以爲較感人之小說，並不在於詳細敘述某些事件之來龍去脈，而是將這些藏於幕後，只寫強烈事件後之餘波蕩漾，寫電光邊際曖曖的陰影，寫其遭受苦難之後的劫餘殘生。如此，一切強大的衝擊、艱難的人事，有如午睡夢醒後，殘留心頭的印象，此時此景，不但一切感受勝過語言的告白，同時，雖然悲痛之情未去，而「世事都曾歷過」的那種不期然而然的沈靜，像潮汐退去之後籠罩於沙灘上的那種沈靜，亦籠罩著遭遇者、讀者的整個生命，其感動讀者之程度反視自頭至尾委曲詳述之手法爲愈。當時小說著重事件描寫之情形，黃得時氏在〈小說的人物描寫〉一文中曾析述之：

在臺灣所有發表過的作品，大體是以「事件」爲中心。作者只求很多的問題—聘金廢止，迷信打破，婚姻自由，媾媒嫺解放以及蓄妾排斥——壓縮在一個作品裡，完全像「問題的展覽會」一樣，表面上弄得五花十色，鮮艷奪目，事實上卻沒有甚麼藝術的價值。作者自身，只汲汲於事件的解剖進展和解決，再有甚麼時間能夠去顧及性格的描寫呢（註二）？

當時反傳統、反迷信思想既爲小說中屢見不鮮的表現主題，固多以事件爲中心，急切透露作者之理念，且將之明朗化爲人與習俗、地主、統治者短兵相接之衝突，此一手法之應用，對其藝術價值不免大打折扣。事實上只有扮演社會改革者的角色之作者才會以好壞來批判文化習俗的適宜程度，一個純粹的作家只是通過文化習俗的生活背景，讓人物率其本性而呈顯。易言之，作者實不宜以自身之意識來支配小說中之是非，而應交由故事中的人物自己去感受，去體認，讓每個人物在他自己的生活樣態裡，表現其存在意義，而不逕斷其是非優劣。

小說作者既率爲社會運動改革者，則以目睹耳聞之事爲撰作題材者自不罕見（見前節），作品之人事幾架構於現實上，就此而言，其努力自有歷史意義與價值。但若嚴格要求小說的藝術水準，則小說情節之架構與人物之描寫，勢須匠心經營，「轉化」提昇，否則不免帶有報導文學之色彩，流於新聞稿式之敘述。此一情形在當時即有評論者加以指摘，如陳夢痕氏說：

〈姊妹〉這是在寫著骨肉爭奪厝宅，而鬧起了打架的！但遺憾者，卻沒有融化讀者的感情，好像在報紙上恍惚閱過一般的記事，使人一見之嫌（註三）。

朱點人亦說：

在技巧方面缺少描寫手段，尤其是缺少內面的描寫。……若沒有描寫的手法，結局無異一篇記事的文字，或是一段報告，所以記事的文字，是類於地圖式的文字，要是繪畫的文字，才是文學的作品（註四）。

許多作者未將小說題材予以轉化、組織，當時評論者固屢指其瑕。他如〈榮生〉一作引起爭訟，亦肇因作者（林玉書）重新組織、設想，以及轉化之功過少，遂令某君憤指林氏惡意中傷。

凡欲藉文學作品揭發統治者殘虐、社會黑暗之作者，往往將社會問題極端化，將小說世界當做整個社會階層來處理，因而其人物往往只是一種抽象的階層觀念，並非具有複雜人性的人；其作品所呈現之人生、生命，遂由複雜錯綜轉爲簡化單純，與現實世界大不相符。人性的複雜，絕非二分法可以涵蓋，問題之癥結也遠比眼見之表象複雜許多。當時幾乎凡具有社會意識之作家皆難以避免此一困境。當其秉持維護個人自由之信念，力求爭脫統治者、舊有社會加諸個人的枷鎖時，其於描寫個人與社會之衝突，人物之造型，事件發展之軌跡，遂多依循既得利益之壓迫者與被壓迫者交相衝突之模式，以反映被壓迫者如何受傷害和歪曲。此一類型化之病，郭秋生當時已深刻指出：

> 例如取扱一個查某嫺則查某嫺定價的形態，無外是食無打罵有，終爲老主人或少主人的點心，後來暴露了秘密，關係者不但不加擁護，反坐視主婦下毒刑，於是查某嫺悲憤之餘而自殺。作品的類型化公式化，不外是作品的碰壁的一前提，隨類型的增加而必漸次遞減作品的新鮮味。……作品的不自然，不失爲既成臺灣新文學的毛病之一，似乎大體的作品，都是強構不過借來一個素性不明的主人公，教其作者所要罵，所要說的話與點綴一些周圍的佈景，事件的波瀾而已（註五）。

可知呈現這些戲劇衝突的時候，優秀之作者，尤當注意中間角色的塑造，即是不能把被壓迫者一律寫成白色，一切壓迫者都寫成黑色，其至侈陳其惡性。這種人性決定論會引起刻板，單面之個性、而其形象塑造則流於公式化。因此無產貧乏之者未必皆白璧無瑕，而資本家、地主、警察、異族等未必皆面目可憎。欲令人感受悲劇的深度，其對不合理制度的角色複雜化是必須的。楊華〈一個勞働者的死〉其評價不高，即在於全篇充滿憤懣的控訴，及強烈的批判情緒，而其小說人物則呈類型化，以為資本家一定可憎恨，勞動者必然可憫，因而該作流於概念與公式化。

此外如主題不明顯、描述粗糙等，其時文學評論者亦多所述及，如HC生（廖漢臣）〈文藝時評〉即謂：

賴慶氏的「迷信」的事件的構成，和他自身的意圖，似乎有點齟齬的地方……作品中的主人翁景春一邊排斥金城的強制，枝旺的放任，強調以理智開發迷信，一邊又要利用迷信，鼓勵眾人去搜查失蹤的嬰兒，或金城看著神輿、衝著黑闇，不管前面是田是溪是甘蔗園，或是竹林，只沒頭沒腦地，直向東南方奔走著，而生起神力的疑念（註六）。

此一情形正如黃石輝批評朱點人〈紀念樹〉一作用有反替迷信宣傳之嫌（註七），廖氏復謂林越峰〈到城市去〉一作：

這篇描寫主人翁忘八轉農為補鞋匠或到上海做車夫，復要轉補鞋匠為光棍的過程間的關係很突兀，人物的姓名也很造作的，什麼忘八、小七、老六、李四、阿二……等人，豈無什麼別的適當的名可號嗎（註八）？

廖氏謂其人物姓名造作，改行過程突兀，此皆難以為賢者諱，此外忘八淪為竊賊之心理過程，其節奏亦失之亦太疾。至於櫪馬〈私奔〉一作，其缺失則為對話與身份不符，事件之構成頗覺造作，麵包店老闆娘之言辭，不類無知之村婦，觀其思想與道德皆頗新穎，頌辯法庭，議論斬斬，皆與其閨閫婦人之身分不符，通篇但見麵包店老板爲一柔弱的「驚某大王」，而作者安排她無端毒死親夫一節，尤非人情。他如敘事觀點之錯誤（如赤子〈擦鞋匠〉），人物性格之轉變，心理描寫之缺乏（如謝春木〈她要往何去處〉桂花由柔弱轉爲堅毅），內在邏輯必然性之缺乏（如張深切〈鴨母〉），人物形象之類型化，致人物之外型、性格之描繪大同小異（如小說中時常出現的大人、地主、資本家、保正等人物），結尾畫蛇添足等（如葉石濤〈林君寄來的信〉犯了言情小說必有結果之通病），某些作品臺灣話文比例過高造成閱讀之不易（如守愚、秋桐部分小說），或人物對話之冗長（〈植有木瓜樹的小鎮〉）等等，凡此瑕疵，皆宜力求改進。

若就小說整體結構或寫作手法—對比、諷刺、象徵之應用言，具有優點之小說亦不乏其作，如蔡秋桐小說〈奪錦標〉、〈新興的悲哀〉、〈理想鄉〉、朱點人〈長壽會〉等，皆以小說標題錦標、新興、理想、長壽等觀念顯示價值判斷，並以反諷手法展現小說世界中一群醉生夢死之徒，而以「長壽會」名其團；理想鄉初無理想可言；臺人競奪錦標而見逼，終致走投無路，凡此皆可觀知作者之用心。又如賴和〈不如意的過年〉一文雖指查大人嫌苞苴少而頗覺不悅，實則借此反諷日本警察，暗示眞不如意者應爲無辜受害之臺民。吳濁流〈先生媽〉、〈陳大人〉主人翁之名錢新發、陳大人亦語帶反諷。

象徵手法之應用，可使作品婉約含蓄而曲達其情。雲萍〈秋菊的半生〉一作，採用神話式之發端與結尾，象徵在封建體制下臺灣女子遭「煎煮」之命運；賴和〈一桿「稱仔」〉，以客觀、精確之「

稱仔」象徵「法」之精確、客觀，若執法者隨意折斷「稱仔」，則其無法無天可喻。周定山〈旋風〉以自然之不馴，死亡之動物比擬：貧農「檢視著幾條死老鼠般的薯根」、「全村忽然變成一匹巨大的死獸」，以象徵一家庭之毀滅。朱點人〈蟬〉藉著蟬之刮噪聲來象徵戰爭之喧囂，以蟬驟然破窗而入暗示戰爭之侵襲。暨乎終篇朱氏以特寫鏡頭寫道：「過了十多天，珍兒的體溫已恢復到平熱了。當珍兒要退院的那天早上，純眞在病棟的相思樹下踱步，偶然發現一個蟬脫釘在一株樹的幹上。」暗示孩子雖已病癒出院，而戰爭之陰影仍籠罩世界。翁鬧〈音樂鐘〉中以「多多多雷，咪咪咪雷，多多多拉梭」無處不在，無時不鳴之鐘聲，象徵對女性之追逐嚮往，細陳綿綿之情思，表現婉曲之文題。該作之意境及語言，優美如詩，結構精練。又如楊逵〈泥娃娃〉象徵日本帝國主義。小孩捏塑之泥人，象徵日兵倭艦原極猛厲，然經孩童捏成泥娃娃，其威風自然大減。泥娃娃畏懼風雨，日本帝國主義者亦深懼革命之暴風雨。一旦風狂雨暴，他們便都成爲爛泥。可謂筆法高妙，而無斧鑿之痕跡。

他如龍瑛宗〈貘〉以第一人稱「我」觀照同學徐青松及其家庭滄桑。龍氏謂走進徐家，其庭院徧鋪石板，花木扶疏，所啗餅乾，做成鳥、狗、馬形，則徐家之富有可知。青松祖母待人不厚，隱伏徐家無法繁昌之因。徐宅神案桌裙上所繡之麒麟（也是貘）代表吞掉噩夢的動物。龍氏題意蓋謂家庭富有乃是一場噩夢，高明之家鬼瞰其室！唯有門衰祚薄，甚至一無所有時，置之死地方能再現生機。同時亦象徵著主人公就像被貘吞噬夢似的，既沒有夢想，也缺乏積極樂觀的人生態度，甚至連感情都漠然不存，徒似一空洞的軀骸。另外〈黃昏月〉時而順敘，時而倒敘，自然錯綜，對放高利貸的吸血鬼形象，亦不以惡霸相出之。此外，敘述觀點之靈活運用如王昶雄〈奔流〉一作，其寫作手法亦有儕輩所難及者。

日據晚期小說創作者皆頗通日語，能讀日文典籍，他們對當代外國文學之了解，大都源自閱讀日籍，其與世界文學同步的願望之強烈，爲早期小說創作者所未之思者。當然，懂日語且喜文學未必即能寫好小說，但對日據時期末葉之臺灣文學工作者而言，懂日語而能閱讀世界文學名著，意味著有可能直接擷取西洋小說的技巧，而當時獲日本小說徵文獎亦非少數，說明了臺灣作家的日文作品業已登峰造極，在文字的駕馭技巧和藝術意境上可與日本作家並駕齊驅了。尤其至一九三七年禁中文，日本統治愈嚴苛，文學作品中直接的反抗情勢已不可能，轉而以委婉隱約的反抗、批評，雖然其抗議批判意味削弱了，但藝術成分卻增加了。呂赫若、楊逵、龍瑛宗、張文環、王昶雄諸氏之作，其藝術價值較高，緣由亦在此。茲舉一、二例明之：

細觀楊逵〈鵝媽媽出嫁〉所構情節，可觀楊氏極富想像力，能塑造「典型環境」以指陳社會人事之矛盾現象。該作之情節主體爲：某醫院院長向主角購二百株龍柏，而拆散主角家中一對鵝夫婦之事。此對鵝夫婦感情甚篤，但院長偏偏喜歡母鵝，極欲籠購而歸。主角甚感爲難，因爲這對白鵝爲他孩子的寵物，而且主角不忍拆散這對形影不離的鵝夫婦。院長於是以龍柏款項相要，主角不得已，只好讓雙鵝離異，奉上母鵝。主角有位從商的朋友，將這次交易戲謔爲「共存共榮」。從這裡，吾人可觀知楊氏借此生活細節，以不著痕跡之手法諷諭了日本人提倡「共存共榮」的眞象，譬諸使幼鵝失其慈母，使孩提喪其禽友，純粹是「損人以利己」的勾當罷了。該作故事首尾一貫，在小說開頭，楊逵敘述了主角的朋友林文欽一生研究「共榮經濟的理念」，最後卻貧病以終，而主角經歷此次交易不禁想起林文欽一生的理想，兩相對照怎不令人神傷憤懣？而殖民地的壓迫又繼續存在。整篇小說並無醜化字眼、情緒泛濫，藉著平凡的交易行爲，點化成具有深刻政治意涵的故事（註九）。

張文環〈重荷〉一作，宛如一位眞誠的畫家，以形象圖繪人間難言的悲苦，故事描寫健母子挑著重擔攀越山坡到市場販賣香蕉，時間是從家裡出發到市場結束交易準備回家；雖然僅短短一、二時辰，但載沈載浮的悲苦卻仍繼續不絕，尾結說「前方是一個陡坡，母子倆很快又氣喘呼呼起來。」來時路的艱辛，又一一呈現眼前。該小說不以情節事件取勝，它只是沈穩呈現平凡窮苦人家一個早上生活的片段，但母子相互關懷之情令人動容，作者對健與其母親形象的塑造極具眞實感。健曾忍不住心中抱怨爲什麼不生長在城市富貴人家，而要做窮鄉下人的兒子。但是看到被香蕉擔子壓駝了背的母親喫力爬坡時，他不禁憐憫起母親。健的母親爲了生活重壓不得不讓孩子幫她挑兩米袋的香蕉，而延誤了健的上學時間，健的母親對他眞是又憐又無奈，窮人家生存的苦辛，彼此的關懷，都藉著母子二人的對話表露無遺。作者寫她與商販交易香蕉買賣、與稅務員爲稅單不合理起糾紛時，在形勢不如人的情況下，她終究無能去反擊，那種屈辱、慘然，讀之眞令人欲哭無淚。由於生活的艱辛加上周遭人事的不合理，而使悲苦更強化，更淒怛，更令人不由自主去哀歌矜憐那悲苦的人生。該作避免了像社會主義攻擊現存世界如何剝削爲能事的模式，另闢途徑，頗爲成功。

最值得論述之文學成就乃是藉著臺灣小說撰作者的努力，小說一躍而爲「文學之最上乘」。就整個臺灣小說之歷史而言，一九二〇年至一九四五年不過是短短二十五年，但就其承擔的歷史重任而言，這短暫的二十五年，卻展現了小說由傳統到現代的歷史過程，亦即由古典傳統的章回小說過渡到新小說。詩文不再是文學結構中心的至尊，小說這一文類受到新知識分子的重視，它不再只是娛樂大衆的工具，而是啓發民衆、改良群治的利器。如果沒有那一代人的努力，其歷史進程勢必無由推展，雖然他們大半仍處於探索階段，藝術深度、廣度皆有其限制，敘事模式亦不盡成熟，但就文學史之角度著眼，他們的存在仍是相當有意義的。藉由他們的努力，我們得以更清晰把握臺灣小說由傳統到現代發展的趨勢。

【註釋】

註一　作家主要的關切在於展示，而非說明。他所關心的應是如何將事態呈現出來，而不是如何告訴讀者他本身對該事態的看法或感受。

註二　刊《第一線》創刊號，頁八三，一九三四年十月十七日寫，一九三五年一月六日刊行。

註三　陳夢痕〈臺新六月號小感〉，刊《臺灣新文學》一卷五期，頁八五。

註四　朱點人〈偏於外面的描寫應注意的要點〉，刊《先發部隊》創刊號。

註五　郭秋生〈解消發生期的觀念，行動的本格化建設化〉，《先發部隊》創刊號，頁十九、廿八。

註六　HC生〈文藝時評〉，《第一線》第一號，頁五六。

註七　見《第一線》「話匣子」一欄，刊讀者之去函。黃石輝信函說：「〈記念樹〉的中心當然是要曝露依賴女人的收入的愛情的蠢賊的醜態吧？這點卻好！只可惜他引用迷信、而不會乘機把迷信非難一點、而反替迷信宣傳。」，頁九五。

註八　同註六。

註九　陳芳明〈放膽文章拚命酒—論楊逵作品的反殖民精神〉一文則謂：「如果從文學結構的眼光來看，林文欽的這段記載，事實上和〈鵝媽媽出嫁〉整個情節的發展，很難拉上關係。」（轉引自前衛出版社《臺灣作家全集—楊逵集》一書，頁三三九）筆者則以為該作首尾呼應，呈一對比，可說結構完整。

附錄

附錄一：

日據時期臺灣小說刊行表（未定稿）

表前說明：

一、以日文撰寫之短篇小說，題目上端冠以「△」號。

二、已譯成中文之日文作品，皆於備注說明；並以「〉」號標明收錄、出版之單位。

三、三六九小報創刊於一九三〇年，迨一九三五年停刊。該報發行期間，刊載小說極多，另見附錄二。

四、復有吳漫沙〈繁華夢〉載於《臺灣藝術》，〈桃花江〉、〈黎明之歌〉、〈大地之春〉等載於《風月報》，陳氏慶〈小晶處女〉、林荊南〈漁村〉載於《南方》，筆者皆未寓目，暫不繫年。

五、已出版之小說，本表暫不繫年，另見附錄三。

六、本年表主要參考林梵所編〈日據時期臺灣小說年表〉及〈臺灣文學史年表II（一八九五－一九四五）〉，補正部分條文，特此聲明。筆者補正者以「〇」號註明，缺漏之處，唯俟諸他日補正。

中曆	日曆	西曆	小說篇（書）名	署名	原發表刊物（出版）	遠景	明潭	前衛	補正	備註
光緒	明治四三	一九一〇	紅鬍子	不詳	新學叢誌第一期					或謂日人作品。
民國一一	大政一一	一九二二	△彼女は何處へ	追風	臺灣三年四號－七號	〉				鍾肇政譯
一二	一二	一九二三	神秘的自制島	無知	臺灣四年三號	〉				
			犬羊禍	柳裳君	臺灣四年七號					僅刊二回，未完
一三	一三	一九二四	最後的解決如何	施榮琮	臺灣民報七號				○	
			臺娘悲史	施文杞	臺灣民報一六號					
			月下	雲萍生	臺灣民報二四號			〉		
			家庭怨	鷺江TS	臺灣民報二九號					

一四	一四	一九二五	罪與罪	雲萍	人人創刊號			〉		本年度多轉載魯迅、冰心作品。
一五	大正一五 昭和一	一九二六	鬥鬧熱	懶雲	臺灣民報八六號	〉	〉	〉		
			光臨	雲萍生	臺灣民報八六號	〉	〉	〉		
			一桿〈稱仔〉	懶雲	臺灣民報九二—九三號	〉	〉	〉		
			到異鄉	雲萍生	臺灣民報一〇一號				○	
			失戀	李金鐘	臺灣民報一〇二號				○	
			黃鶯	天遊生	臺灣民報一〇三號				○	
			偶像之家	王白淵	收入其詩集《蕀の道》				○	一九二六年八月作
			弟兄	雲萍生	臺灣民報一一九號	〉	〉	〉	○	
			買彩票	張我軍	臺灣民報一一三—一一五號	〉	〉	〉		
			黃昏的蔗園	楊雲萍	臺灣民報一二四號	〉	〉	〉		
一六	二	一九二七	鄭秀才的客廳	涵虛	臺灣民報一三八號	〉	〉	〉		

			補大人	懶雲	新生第一集				○
			加里飯	楊雲萍	臺灣民報一三八號			﹀	
			白太太的哀史	憶	臺灣民報一五〇—一五五號	﹀		﹀	
一七	三	一九二八	不如意的過年	懶雲	臺灣民報一八九號	﹀	﹀	﹀	
			恭喜？	鄭登山	臺灣民報一八九號	﹀	﹀		
			他發財了	一村	臺灣民報二〇二—二〇四號	﹀	﹀	﹀	
			無處申冤	虛谷	臺灣民報二一三—二一六號	﹀	﹀	﹀	
			秋菊的半生	楊雲萍	臺灣民報二一七號	﹀		﹀	
			悲涼底南國情調	少品	臺灣民報二三九—二四四號				○
一八	四	一九二九	獵兔	守愚	臺灣民報二四一—二四二號			﹀	○
			夜聲	太平洋	臺灣民報二四九號		﹀	﹀	
			凶年不免於死亡	守愚	臺灣民報二五七—二五	﹀		﹀	

					九號					
			生命的價值	守愚	臺灣民報二五四－二五六號			﹀	○	
			誘惑	張我軍	臺灣民報二五五－二五八號		﹀	﹀		
			捧了你的香爐	守愚	臺灣民報二七三－二七四號			﹀	○	
			死麼？	秋生	臺灣民報二七九－二八三號	﹀			○	
一九	五	一九三〇	青年	雲萍生	臺灣民報二九四號			﹀	○	
			醉	守愚	臺灣民報二九四號	﹀		﹀	○	
			蛇先生	懶雲	臺灣民報二九三、二九五、二九六號		﹀	﹀		
			誰害了她	守愚	臺灣民報三〇四－三〇五號	﹀		﹀	○	
			十字街頭	靜香軒主人	臺灣民報三〇六－三〇七號	﹀	﹀	﹀		
			冬夜	瘦鶴	臺灣民報三一一－三一				○	一九二七年十一月

		三號	作
彫古董	甫三	臺灣新民報三二一—三一四號	〉〉
一個失戀者的日記	點人	伍人報	
顛倒死？	守愚	臺灣新民報三二一號	〉
榮歸	一村	臺灣新民報三二二—三二三號	〉
小學時代的回憶	守愚	臺灣新民報三三四—三二八號	○
叔父！	凌浪生	臺灣新民報三二八—三三〇號	○
新郎的禮數	瘦鶴	明日第三號	〉
鬼	郭秋生	臺灣新民報三三一—三三九號	〉
阿凸舍	鐵濤	臺灣新民報三三三號	〉○
放炮	一村	臺灣新民報三三六—三三八號	〉〉
棋盤邊	懶雲	現代生活	〉〉

出走的前一夜	瘦鶴	臺灣新民報三四三—三四四號	✓				
女同志	莊松林	赤道報創刊號				○	
到酒樓去	嚴純昆	赤道報第二號				○	即莊松林
二〇　六　一九三二							
辱？	甫三	臺灣新民報三四五號		✓	✓		
過年	守愚	臺灣新民報三四五—三四六號			✓	○	
女丐	翔	臺灣新民報三四六—三四七號	✓		✓	○	一九二八年十一月
阿牛的苦難	劍濤	臺灣新民報三四九號	✓			○	
比特先生	翔	臺灣新民報三五〇號			✓	○	一九三〇年十二月
斷腸聲	吳鴻爐	臺灣新民報三五二號				○	
保正伯	秋洞	臺灣新民報三五三號	✓	✓	✓		
浪漫外紀	甫三	臺灣新民報三五四—三五五號		✓	✓		
一個晚上	村老	臺灣新民報三五四—三五五號	✓		✓	○	一九三〇年十一月
元宵	守愚	臺灣新民報三五七—三	✓		✓	○	

門	夢華	臺灣新民報三五七—三五八號	
一群失業的人	守愚	臺灣新民報三六〇—三六二號	一九三一年三月作
放屎百姓	蔡愁洞	臺灣新民報三六一—三六二號	
嫌疑	翔	臺灣新民報三六三—三六五號	一九三一年三月
可憐她死了	安都生	臺灣新民報三六三—三六七號	
開學	慕	臺灣新民報三六六—三六七號	一九三一年四月
沒有兒子的爸爸	瘦鶴	臺灣新民報三六八—三七〇號	一九三一年四月
流氓	孤峰	臺灣新民報三六八—三七〇號	
可憐的老車夫	SM生	臺灣新民報三七〇號	
升租	洋	臺灣新民報三七一—三	一九二八年二月

					七三號					
			她	夢華	臺灣新民報三七一—三七四號	〉			○	一九三二年四月
			奪錦標	秋洞	臺灣新民報三七四—三七六號	〉	〉	〉		
			開學的頭一天	丫	臺灣新民報三七五—三七六號			〉	○	
			失戀者的去路	IAW	臺灣新民報三七八—三八一號				○	
			跳加冠	秋生	臺灣新民報三七九—三八三號				○	
			就試試文學家生活的味道吧！	丫	臺灣新民報三八二—三八三號			〉	○	
			城隍爺要惱了	文苗	反普特刊					
			一種的榨取	毓文	反普特刊					
			牛車	林努進	臺灣新民報三八四—三八五號		〉	〉		寫於印度加爾答埠
			阿枝的故事	克夫	臺灣新民報三八四—三八六號	〉				

			夢	丫	臺灣新民報三八六─三八八號			〉		此篇爲碰壁之三
			新興的悲哀	愁洞	臺灣新民報三八七─三八九號	〉	〉	〉		
			啊！稿費	丫	臺灣新民報三八九─三九一號	〉		〉		
			爸爸！她在使你老人家生氣嗎？	守愚	臺灣新民報三九二─三九四號			〉	○	
			荊棘的路上	夢華	臺灣新民報三九二─三九五號				○	
二一	七	一九三二	歸家	懶雲	南音創刊號		〉	〉		
			豐作	甫三	臺灣新民報三九六─三九七號	〉	〉	〉		
			惹事	懶雲	南音一卷二、六、九、十號	〉	〉	〉		
			決裂	守愚	臺灣新民報三九六─三九九號	〉		〉		

美人像活了	夢華	臺灣新民報三九九—四〇一號				○	一九三一年十一月作
老成黨	一吼	南音一卷一—三號	）				
島都	點人	臺灣新民報四〇〇—四〇三號	）	）	）		
擦鞋匠	赤子	南音一卷三—四號	）	）			
罰	翔	臺灣新民報四〇二—四〇三號	）	）	）		一九二八年二月作
貓兒	芥舟	南音第四號				○	
瑞生	靜香軒	臺灣新民報四〇四—四〇六號	）		）	○	一九三一年十二月作
斷水之後	村老	臺灣新民報四〇七—四〇八號	）	）	）		一九三一年十二月作
其山歌	陳賜文	臺灣新民報四〇八—四一〇號	）	）			
摧毀了的嫩芽—為彬彬	一吼	南音一卷八—十號					
△島の子だち	林理基	臺灣新民報連載				○	長篇小說，後為日當局中止
△争へぬ運命	林輝焜	臺灣新民報連載				○	至翌年凡一七六回

	△不正める慾	KKK	臺灣新民報連載	○	
	△新聞配達夫	楊逵	臺灣新民報（遭腰斬）		
	失敗	自滔	南音一卷十二號	○	
二二 八 一九三三	△女性の悲曲	賴慶	臺灣新民報連載		
	麗娜の日記	吳希聖	臺灣新民報	○	一月二十日
	幸福	病夫	臺灣新民報	○	據劉捷〈臺灣文學の鳥瞰〉一文補，以下二四則同。
	△市井の兒	林典昭	臺灣新民報	○	
	△微笑む貞操	鄭徵祥	臺灣新民報	○	
	工場行進曲	陳君玉	臺灣新民報	○	
	平兒	幼君	臺灣新民報	○	
	△歸らん人	李澤漢	臺灣新民報	○	
	變態的哲學	櫪馬	臺灣新民報	○	
	△黑狗哲學	吳希聖	臺灣新民報	○	
	△骸の戀	賴慶	臺灣新民報	○	
	△彼と盲目占ひ師	吳淡梅	臺灣新民報	○	

△スリ二重奏	賴　慶	臺灣新民報				○	
情愛的日份牌	陳泗紋	臺灣新民報				○	
△曇り後晴れ	黃泰子	臺灣新民報				○	
△美人局	賴　慶	臺灣新民報				○	
△街の紳士	清　葉	臺灣新民報				○	
△嘆きの白鳥	林敬璋	臺灣新民報				○	
△勝利の悲哀	汾陽女	臺灣新民報				○	
△或る會話	郭翠玉	臺灣新民報				○	
△霜かれた運命	詹紹松	臺灣新民報				○	
最後的喊聲	林越峰	臺灣新民報				○	
革　兒	簡進發	臺灣新民報				○	
△おれんぢの花	汾陽女	臺灣新民報				○	
△第二號	魏根萱	臺灣新民報				○	
△落　蕾	張文環	福爾摩沙創刊號			）		李鴛英譯
△首　と　體	巫永福	福爾摩沙創刊號			）		李鴛英譯
△龍	吳天賞	福爾摩沙創刊號	）				林妙鈴譯
△みさを	張文環	福爾摩沙第二號					
△妾　御　難	賴　慶	福爾摩沙第二號	）				陳曉南譯
△ドンゾヤンとカ	王白淵	福爾摩沙第二號	）				陳曉南譯

			ポネ						
			△蕾	吳天賞	福爾摩沙第二號	〉			林妙鈴譯另見臺灣文藝六三期
			繩族的總動員	瘦儂	大溪革新會紀念什誌			○	
			故事	點人	大溪革新會紀念什誌			○	
			△靈籤	楊逵	大溪革新會紀念什誌			○	
			△迷信	賴慶	大溪革新會紀念什誌			○	
			△灣製デカメロン	陳鏡波	臺灣新民報連載			○	據〈北部同好者座談會〉補，臺灣文藝二卷二號。
			△落城哀艷錄	陳鏡波	臺灣新民報連載			○	同右
二三	九	一九三四	△黑龍	巫永福	福爾摩沙第三號	〉	〉		林妙鈴譯
			△三日月	張碧華	福爾摩沙第三號	〉			陳曉南譯
			△豚	吳希聖	福爾摩沙第三號	〉			李永熾譯
			紀念樹	點人	先發部隊創刊號	〉	〉		
			私奔	櫪馬	先發部隊創刊號	〉			
			創痕	毓文	先發部隊創刊號			○	
			秋菊的告白	克夫	先發部隊創刊號			○	

二四　一〇　一九三五

△新聞配達夫	楊逵	文藝評論一卷八號	﹀		﹀		楊逵本人譯
鴨母	張深切	臺灣文藝創刊號	﹀	﹀			
無花果	點人	臺灣文藝創刊號	﹀		﹀		
到城市去	林越峰	臺灣文藝創刊號	﹀		﹀	○	
善訟人的故事	懶雲	臺灣文藝二卷一號	﹀	﹀	﹀		
△難產（一）	楊逵	臺灣文藝二卷一號				○	
△乞食夫妻	吳希聖	臺灣文藝二卷一號				○	
暴風雨之夜	不詳	不詳				○	據楊逵〈一九三二年の回顧〉一文補。
明的失蹤	謝達鏡	不詳				○	同右
風雨摧殘	邱春榮	臺灣新民報連載				○	長篇小說
突出水平線上的戀愛	山竹	臺灣新民報連載				○	長篇小說
王都鄉	芥舟	第一線	﹀	﹀			
蟬	朱點人	第一線	﹀	﹀	﹀		
夜雨	王錦江	第一線	﹀	﹀	﹀		
月下情話	越峰	第一線			﹀		

秋兒	繪聲	臺灣文藝二卷二號	〉	〉			
難兄難弟	村老	臺灣文藝二卷二號				○	
一個勞働者的死	楊華	臺灣文藝二卷二號	〉	〉			
五年之後（一）	存本	臺灣文藝二卷二號				○	
△河邊の女房達	巫永福	臺灣文藝二卷二號			〉	○	李鴛英譯
△闇	琅石生	臺灣文藝二卷二號				○	
△寫眞禍	林敬璋	臺灣文藝二卷二號				○	
△難產（二—四）	楊逵	臺灣文藝二卷二號—四號				○	
薄命	楊華	臺灣文藝二卷三號	〉	〉			
像我秋華的一個女郎	繪聲	臺灣文藝二卷三號				○	
謀生	徐青光	臺灣文藝二卷三號	〉	〉			
△高獻榮の若き日	蕭金鑽	臺灣文藝二卷三號				○	
△蜘蛛	吳鬱三	臺灣文藝二卷三號				○	
△人間楊兆佳	吳希聖	臺灣文藝二卷三號					
青春	王錦江	臺灣文藝二卷四號	〉		〉	○	
興兒	愁洞	臺灣文藝二卷四號	〉		〉	○	
△山茶花	巫永福	臺灣文藝二卷四號	〉		〉		魏朝廷譯

			老婆到手苦事臨頭	謝萬安	臺灣文藝二卷五號				○	
			△嵐の物語	呂赫若	臺灣文藝二卷五號			﹀		李鴛英譯，林至潔所譯見民衆日報副刊七九年四月廿三、廿四日
			△泣いてる女	張文環	臺灣文藝二卷五號			﹀		
			△寄生蟲	陳清葉	臺灣文藝二卷五號	﹀			○	鄭清文譯另見臺灣文藝六三期
			△哀春譜	陳春映	臺灣文藝二卷五號				○	
			△牛車	呂赫若	文學評論	﹀				施文譯及胡風譯
			△ある男の手記	郭水潭	大阪每日新聞	﹀				陌上桑譯
			理想鄉	秋闊	臺灣文藝二卷六號	﹀		﹀		
			最後的一封信	吳鴻爐	臺灣文藝二卷六號				○	
			廢人黨	湘月	臺灣文藝二卷六號	﹀			○	
			五谷王	謝萬安	臺灣文藝二卷六號	﹀	﹀			
			△歌時計	翁鬧	臺灣文藝二卷六號	﹀		﹀	○	魏廷朝譯
			△復讐	林敬璋	臺灣文藝二卷六、七號				○	
			安息之日	朱點人	臺灣文藝二卷七號	﹀	﹀	﹀		

好年光	林越峰	臺灣文藝二卷七號	﹀	﹀	﹀		
戇爺さん	翁鬧	臺灣文藝二卷七號	﹀		﹀		鍾肇政譯
△婚約奇談	呂赫若	臺灣文藝二卷七號			﹀	○	李鴛英譯
補運	蔡德音	臺灣文藝二卷八、九號	﹀			○	
濁流	南燕	臺灣文藝二卷八、九號				○	
沒落	王錦江	臺灣文藝二卷八、九號	﹀	﹀	﹀		
玉兒的悲哀	毓文	臺灣文藝二卷八、九號	﹀	﹀			
紅蘿蔔	林越峰	臺灣文藝二卷八、九號	﹀	﹀	﹀		
△野雲雀	吳鬱三	臺灣文藝二卷八、九號	﹀				李永熾譯
△殘雪	翁鬧	臺灣文藝二卷八、九號	﹀		﹀	○	李永熾譯
△父の面	張文環	中央公論				○	
媒婆	秋洞	臺灣文藝二卷十號			﹀	○	
鮮血	張慶堂	臺灣文藝二卷十號	﹀	﹀			
分家	李泰國	臺灣文藝二卷十號				○	
夜深	迷鷗	臺灣文藝二卷十號		﹀		○	
△父の要求	張文環	臺灣文藝二卷十號			﹀		據父の面刪潤
△品さだめ	曾石火	臺灣文藝二卷十號				○	
△阿煌とその父	巫永福	臺灣文藝二卷十號			﹀	○	李鴛英譯
△羅漢腳	翁鬧	臺灣新文學創刊號		﹀	﹀		陳曉南譯另見臺灣

	△水牛	楊逵	臺灣新文學創刊號			〉		文藝六三期
	△人生	黃寶桃	臺灣新文學創刊號			〉		劉慕沙譯
	△過重	張文環	臺灣新文學創刊號			〉		李鴛英譯
	一個同志的批信	灰	臺灣新文學創刊號		〉	〉		灰爲賴和筆名
	牛話	一明	臺灣新文學創刊號	〉	〉			
	商人	曙人	臺灣新文學創刊號					
	赤土與鮮血	洋	臺灣新文學創刊號	〉				
二五 一一 一九三六	赴了春宴回來	懶雲	東亞新報新年號		〉	〉		
	△眠い春杏	巫永福	臺灣文藝三卷二號					
	△藝妲	劉捷	臺灣文藝三卷二號					
	和一個異國婦女的對話及其他	雷石榆	臺灣文藝三卷二號				○	
	△麗秋の結婚	垂映	臺灣文藝三卷三號				○	
	△山の黃昏と彼	王登山	臺灣文藝三卷三號				○	
	△夏	賴明弘	臺灣新文學一卷二號					
	秋信	朱點人	臺灣新文學一卷二號	〉		〉		

女　鬼	賴堂郎	臺灣新文學一卷二號	）	
橄　欖	黃得時	臺灣新文學一卷二號	）	
△失　蹤	陳瑞榮	臺灣新文學一卷三號	）	陳曉南譯
王爺豬	匡人也	臺灣新文學一卷三號	））	
乳　母	一　吼	臺灣新文學一卷三號	））	
細雨霏霏的一天	李泰國	臺灣文藝二卷四、五號	））	
△部落のえ老	張文環	臺灣文藝二卷四、五號	○	
△感　情	黃寶桃	臺灣文藝二卷四、五號	○	
△行末の記	呂赫若	臺灣新文學一卷四號	）	李鴛英譯，林至潔所譯見民衆日報副刊七九年五月十九日。
△或る結婚	徐瓊二	臺灣新文學一卷四號	）	陳曉南譯
年　關	張慶堂	臺灣新文學一卷四號	））	
榮　生	徐玉書	臺灣新文學一卷四號	））	
△知　高	鄭永清	臺灣文藝三卷六號	○	
△哀れはなルイ婆さん	翁　鬧	臺灣文藝三卷六號	）○	廖清秀譯
她的消息	陳慶風	臺灣文藝三卷六號	○	

△蕃仔雞	楊逵	文學案內二卷六號					
△どぶの緋鯉	吳濁流	臺灣新文學一卷五號	﹀		﹀		吳濁流譯
△紳士への道	藍紅綠	臺灣新文學一卷五號	﹀				林鍾隆譯另見臺灣文藝六三期
△田園小景	楊逵	臺灣新文學一卷五號			﹀		蕭荻譯
移溪	村老	臺灣新文學一卷五號	﹀	﹀	﹀		
姊妹	賴堂郎	臺灣新文學一卷五號	﹀				
官有地	黃寶桃	臺灣新文學第一期小說懸賞入選修補				○	未刊登
△海月	吳濁流	臺灣新文學月報第二號	﹀				
△王萬の妻	陳華培	臺灣新文學一卷六號	﹀				林妙鈴譯
長壽會	朱點人	臺灣新文學一卷六號	﹀		﹀		
老婊頭	王錦江	臺灣新文學一卷六號	﹀		﹀		
林道乾	朱烽	臺灣新文學一卷六號					民間故事改寫
△鄙地世俗事	嚴墨嘯	臺灣新文學一卷七號				○	
△魔の力	賴明弘	臺灣新文學一卷七號					
可憐的朋友	李泰國	臺灣新文學一卷七號		﹀	﹀		
老與死	張慶堂	臺灣新文學一卷七號	﹀	﹀	﹀		
石仔蝦殺弟案（	徐阿任	臺灣新文學一卷七號					另參三六九小報四

實錄）							號
△友　情	朱南化	臺灣新文學一卷八號					
△女の場合	呂赫若	臺灣文藝三卷七、八號			﹀	○	鄭清文譯，林至潔所譯見七九年四月廿六—廿八日。
△憶ひ出秋の記	張道雄	臺灣文藝三卷七、八號				○	
四兩仔土	蔡落葉	臺灣文藝三卷七、八號	﹀	﹀	﹀		
有一天	柳　塘	臺灣新文學一卷八號	﹀	﹀			
△大妗婆	邱　福	臺灣新文學一卷九號	﹀				魏廷朝譯
△鬼征伐	楊建文	臺灣新文學一卷九號	﹀		﹀		陳曉南譯
稻熱病	賴賢穎	臺灣新文學一卷十號	﹀				
老雞母	尚未央	臺灣新文學一卷十號	﹀				
西北雨	馬木歷	臺灣新文學一卷十號	﹀				
脫　穎	朱點人	臺灣新文學一卷十號	﹀		﹀		
鴛　鴦	洋	臺灣新文學一卷十號	﹀	﹀	﹀		
三更半暝	廢　人	臺灣新文學一卷十號	﹀	﹀			
十字路	王錦江	臺灣新文學一卷十號	﹀	﹀	﹀		
旋　風	一　吼	臺灣新文學一卷十號	﹀	﹀			

年	月	日	作品	作者	刊載處					譯者
			△凄慘譜	黃有才	臺灣新文學一卷十號	〉				黃妙鈴譯
			他是流眼淚了	張慶堂	臺灣新文學二卷一號	〉		〉		
			轉途	柳塘	臺灣新文學二卷一號	〉	〉			
			△頬	浪石生	臺灣新文學二卷一號	〉			○	
			△春雷譜	楊雲萍	臺灣新民報連載					
一九三七	一二	二六	△夜明け前の戀物語	翁鬧	臺灣新文學二卷二號	〉		〉		魏廷朝譯
			△結婚した男	賴明弘	臺灣新文學二卷二號	〉				陳曉南譯
			△斷崖の上	黃有才	臺灣新文學二卷二號					
			△自然に歸へれ	吳濁流	臺灣新文學二卷二號			〉		吳濁流譯
			△豚のお產	張文環	臺灣新文學二卷三號					
			△祭豚	陳華培	臺灣新文學二卷三號	〉				林妙鈴譯
			△パパイヤのある街	龍瑛宗	改造十九卷四號			〉		張良澤譯龍氏本人校訂
			△水月	呂濁流	臺灣新文學二卷三號	〉			○	
			△逃げ去る男	呂赫若	臺灣新文學二卷四號			〉		鄭清文譯
			△畸形的屋子	唐得慶	臺灣新文學二卷四號					
			△初戀	黃有才	臺灣新文學二卷五號					

			△告　白	張榮宗	臺灣新文學二卷五號		
			失　業	康道樂	臺灣新文學二卷五號	〉	
			△夕　影	龍瑛宗	大阪朝日新聞南島文藝		
			新孟母	徐坤泉	風月報開始連載		○
二七	一三	一九三八	△兩個新娘	張文環	風月報七十三期		
二八	一四	一九三九	△季節圖鑑	呂赫若	臺灣新民報		○
			△黑の女	龍瑛宗	越過海洋二月號	〉	龍瑛宗本人譯
			△韮菜花	吳漫沙	臺灣新民報連載		
			△白　鬼	龍瑛宗	臺灣日日新報		
			△趙夫人的戲畫	龍瑛宗	臺灣新民報連載		
			△有港口的街市	翁　鬧	臺灣新民報		○
二九	一五	一九四〇	△村娘みまかりぬ	龍瑛宗	文藝臺灣創刊號		
			△呉れ好ざ貰ひ好き	林熊生	文藝臺灣一卷二號		○
			△山茶花	張文環	臺灣新民報		
			△朝　霞	龍瑛宗	臺灣藝術創刊號		

			△結婚紀念日	葉步月	臺灣藝術創刊號				
			△辣韭罐	張文環	臺灣藝術一卷二號		〉		廖清秀譯
			△憂鬱な詩人	張文環	文藝臺灣一卷三號				
			△台灣の女性	呂赫若	臺灣藝術始連載				長篇小說
			△黃昏月	龍瑛宗	文藝首都	〉			鍾肇政譯
			△黃家	龍瑛宗	文藝八卷十一號	〉			鍾肇政譯
三〇	一六	一九四一	△邂逅	龍瑛宗	文藝臺灣二卷二號				
			△水癌	周金波	文藝臺灣二卷一號			○	
			△午前の崖	龍瑛宗	臺灣時報		〉		鍾肇政譯
			△藝妲の家	張文環	臺灣文學創刊號	〉	〉		鍾肇政譯
			△牛四十頭	曾石火	臺灣文學創刊號			○	
			△部落の慘劇	張文環	臺灣時報八月號				
			△慾	巫永福	臺灣文學一卷二號	〉			鄭清文譯
			△論語と雞	張文環	臺灣文學一卷二號	〉	〉		鍾肇政譯
			△志願兵	周金波	文藝臺灣二卷六號			○	
			△白色的山脈	龍瑛宗	文藝臺灣三卷一號	〉			劉理民譯
			△貘	龍瑛宗	風俗	〉			鍾肇政譯另見臺灣文藝六三期

三二	一七	一九四二				
△父と子	楊逵	臺灣藝術一卷三號				
△ものさしの誕生	周金波	文藝臺灣三卷四號			○	
△夜猿	張文環	臺灣文學二卷一號	﹀	﹀		鍾肇政譯另見臺灣文藝六三期
△無醫村	楊逵	臺灣文學二卷一號	﹀	﹀		李炳崑譯
△財子壽	呂赫若	臺灣文學二卷二號	﹀	﹀		鄭清文譯
△頓悟	張文環	臺灣文學二卷二號		﹀		李鴛英譯
△泥娃娃	楊逵	臺灣時報二六八	﹀	﹀		楊逵譯
△花さく季節	楊千鶴	臺灣文學二卷三號	﹀		○	陳曉南譯
△鬮雞	張文環	臺灣文學二卷三號	﹀	﹀		鍾肇政譯
△知られざる幸福	龍瑛宗	文藝臺灣四卷六號	﹀	﹀		陳添富譯
△ファンの手紙	周金波	文藝臺灣四卷六號			○	
△南方に死す	龍瑛宗	臺灣時報二七三				
△鵝鳥の嫁入	楊逵	臺灣時報二七四		﹀		楊逵譯
△風水	呂赫若	臺灣文學二卷四號	﹀			鄭清文譯
△地方生活	張文環	臺灣文學二卷四號			○	
△夏日抄	賴雪紅	臺灣文學二卷四號			○	
△ある女の記錄	龍瑛宗	臺灣鐵道十月號	﹀			張良澤譯

			△青雲	龍瑛宗	青年之友十一月號				
			△萌芽	楊逵	臺灣藝術三卷十一號		〉		楊逵本人譯
			△鄰居	呂赫若	臺灣公論		〉	○	李鴛英譯
三二	一八	一九四三	△月夜	呂赫若	臺灣文學三卷一號	〉			林鍾隆譯
			△鄉愁	周金波	文藝臺灣五卷六號			○	
			△崖の男	龍瑛宗	文藝臺灣五卷六號			○	
			△林からの手紙	葉石濤	文藝臺灣五卷六號	〉			鍾肇政譯另見臺灣文藝六三期
			△合家平安	呂赫若	臺灣文學三卷二號	〉			鄭清文譯
			△龍舌蘭與月亮	龍瑛宗	文藝臺灣六卷一號		〉		鍾肇政譯
			△煙草つくり	龍瑛宗	文藝臺灣六卷二號				
			△銃後の便り	周金波	文藝臺灣六卷二號				
			△春怨	葉石濤	文藝臺灣六卷三號	〉			鍾肇政譯
			△道	陳火泉	文藝臺灣六卷三號				
			△張先生	陳火泉	文藝臺灣六卷六號			○	
			△奔流	王昶雄	臺灣文學三卷三號	〉	〉		林鍾隆譯前衛版則經龍氏刪譯
			△迷兒	張文環	臺灣文學三卷三號		〉		鍾肇政譯

			△柘榴	呂赫若	臺灣文學三卷三號					陳文譯，現代文學復刊十八期及林至潔所譯見民衆日報副刊
			△蓮霧の庭	龍瑛宗	臺灣文學三卷三號			﹀		鍾肇政譯
			△廟庭	呂赫若	臺灣時報	﹀			○	文心譯
			△玉蘭花	呂赫若	臺灣文學四卷一號			﹀	○	
三三	一九	一九四四	△清秋	呂赫若	清水書店《清秋》集收入					文心譯，另見臺灣文藝六三期
			△海の宿	龍瑛宗	臺灣藝術				○	鍾肇政譯，文學界第十四集，題爲〈濤聲〉
			△輕便	林秋興	文藝臺灣七卷二號				○	
			△部落日記	楊雲萍	新建設三卷五號連載					
			△山川草木	呂赫若	臺灣文藝創刊號			﹀		鄭清文譯，林氏誤植於一九三四年
			△土の白ひ	張文環	臺灣文藝一卷三號					
			△增產的背後—老	楊逵	臺灣文藝一卷四號			﹀		鍾肇政譯

			壯角的故事							
			△年輕的海洋	龍瑛宗	臺新八月號（旬刊）				○	
			△哄笑的清風館	龍瑛宗	臺灣鐵道協會					
			△雲　の　中	張文環	臺灣文藝一卷五號					
			△百姓（辻小說）	呂赫若	臺灣文藝一卷六號				○	辻小說
			△青き風	龍瑛宗	臺灣文藝一卷六號				○	辻小說
			△チビ群長	楊　逵	臺灣文藝一卷六號				○	辻小說
			△米機敗走	楊　逵	臺灣文藝一卷六號				○	辻小說
三四	二〇	一九四五	△歌	龍瑛宗	臺灣文藝二卷一號		〉			鍾肇政譯
			△風頭水尾	呂赫若	刊《決戰臺灣小說集》					
			△結婚綺談	龍瑛宗	新大衆三五期					

附錄二：三六九小報刊行小說一覽表

表前說明：

一、如編號〈蝶夢痕〉，其刊出期號爲一－四七號，刊出時間爲一九三〇年九月九日－一九三一年二月十六日，實則刊出時間僅逢每月三、六、九。

二、小說之分類，悉依三六九小報刊出時之原題，其分類間有不當者，不予更易，俾呈原貌。

三、所列說部，作者並非全係臺人，或有神州人氏作品，唯在今日辨識已難，故一併附之。

篇名	作者署名	刊出期號	刊出時間	文言	白話	分類	備註
蝶夢痕	恤紅生	一－四七號	一九三〇年九月九日－一九三一年二月十六日	✓			長篇章回小說

浪漫女	寒生	一—二號	一九三〇年九月九、十三日	）		短篇小說	
降魔杵	逸庵	三—七號	一九三〇年九月十六—二九日	）		警世短篇	
香國落花記	寒生	六—十二號	一九三〇年九月廿六—十月十六日	）			
棋賊	夢華	八、九、一二號	一九三〇年九月廿九—十月十三日	）		滑稽小說	
戀愛從事中的狂程	蔡昇平	一三、一七、一八、一九、二二號	一九三〇年十月廿九日—十一月十六日		）		嘉義人
龍涎香	植歷	一四—一八號	一九三〇年十月廿三—十一月六日	）			
合作	花道人	二〇號	一九三〇十一月十三日	）		短篇小說	

黃鶴樓奇遇	佩雁	二一－三五號	一九三〇年十一月十六日－一九三〇年一月三日	）		
社會鏡	紅豆村人	三二號、四八－一二九號	一九三〇年十一月十九－一九三一年二月十九日	）	社會小說	四八號署凌南生撰，章回小說
指環游記	陶醉	二一－二五號	一九三〇年十一月十九－廿九日	）		
茶尚熱	鶴	二七、二九－三二號	一九三〇年十二月六－十九日	）	社會短篇	
打虎	周	三二、三三、三七號	一九三〇年十二月廿三日－一九三一年一月十三日	）	諷世小說	
漱口	吉	三四號	一九三〇年十二月二九日	）	短篇小說	

快樂的後映	雪村	三五—三七號	一九三二年一月三日		）		
徐笑三	邱濬川	三六號	一九三二年一月九日	）		短篇神怪	
善於應用	古圓	三七號	一九三二年一月十三日	）		諷世短篇	
奇獄	閒雲	三八—四一號	一九三二年一月十六—廿六日	）		折獄小說	
公開的信	筱青	三九—四一號	一九三二年一月十九—廿六日		）		
易妻記	植歷	四〇號	一九三二年一月廿三日	）			
某僧	今吾	四一、四二號	一九三二年一月廿六—廿九日	）		技擊小說	
愛的復仇	筱青	四二—四四號	一九三二年一月廿九—二月六日		）		
李生	今吾	四三號	一九三二年二月三日	）		技擊小說	

刺虎記	冰一	四三號	一九三一年二月三日		諷刺短篇	
賊神童	濬川	四四—四七號	一九三一年二月六—十六日	〉	諷世小說	
前塵	冷紅生	四四—四七號	一九三一年二月九—十六日	〉	寫情小說	
大陸英雌	坤五	四八—三五三號	一九三一年二月十九日—一九三三年一月十六日	〉	現代長篇	未刊畢
一個少年的寡婦	蘭谷	一〇五—一一〇號	一九三二年八月廿九—九月十六日	〉		
勞燕雙飛記	省齋	一一一—一一九號	一九三二年九月十九—十月十六日	〉	社會短篇	
到醫院裏去	昇平	一二一—一二三號	一九三二年十月廿三—廿九日	〉		

新平鬼傳	狙公	一二四—一六三號	一九三二年十一月三日 一九三三年七月十六日		〉	神怪小說	第一卷終
臨別之前	恰	一三六—一四一號	一九三二年十二月十三—廿九 日		〉	寫情小說	
楊花恨	荒唐儒夫	一六四—一六八號	一九三三年三月十九—四月三 日	〉		浪漫小說	
希望跟著飛砂 去	浮	一七一—一七七號	一九三三年四月十三日—五月 三日		〉	寫情短篇	
徐天官	太鈍	一八七—一九一號	一九三三年六月六—十九日	〉			
無緣的小孩子	枯竹	一九二—二〇三號	一九三三年六月廿三—七月廿 九日		〉		

天師爺	野狐禪室主	二〇三－二一一號	一九三二年七月廿九－八月廿六日		〃	滑稽小說	
琴娜	太鈍	二〇五－二〇八號	一九三二年八月六－十六日		〃		
鐵脊臂	恤	二一一號	一九三二年八月廿六日	〃		武俠小說	
婚後	綺城女士	二一二－二一三號	一九三二年八月廿九－九月三日		〃	短篇小說	
紅柑	郭逸庵	二一四－二一六號	一九三二年九月六－十三日		〃	社會短篇	
夢想	綠珊盦主作	二二三－二二四號	一九三二年十月三－九日		〃	社會小說	
驗心術	青	二三三－二三八號	一九三二年十一月九－廿三日		〃	滑稽短篇	
吻	郭	二三九－二四一號	一九三二年十一月廿九－十二月六日		〃		

周氏二節婦	曼郎	二四二—二四三號	一九三三年一月三—六日	〉		節義小說	
花轎	嚴芙孫	二四三—二五七唬	一九三三年一月六—廿九日		〉		大陸作品
可憐的采蓮	王登輝	二五二—二五五號	一九三三年一月十三—廿三日	〉		警世短篇	
許媽超	黃清淵	二五四—二五九號	一九三三年一月十九—二月六日	〉		歷史小說	
孽海情波	瑞貞	二五四號	一九三三年一月十九日	〉		怨情小說	未見下文
監獄的之病院	雪村	二五五號	一九三三年一月廿三日		〉		
媽媽我去看影戲	英	二五六號	一九三三年一月廿六日		〉	近事短篇	
博愛與利己	舍我	二五八—二六八，二七〇—二七一號	一九三三年二月廿九—四月三日、三月十三—十六日		〉	問題小說	

釁理	吉	二六〇—二六一號	一九三三年二月九—十三日	）		快心小說	
臨嫁之夕	恤	二六一—二六三號	一九三三年二月十三—十六日	）		悲情短篇	
賢婦消禍	周	二六三—二六四號	一九三三年二月十九—廿三日	）		實事小說	
老虎和事	周	二六五—二六六號	一九三三年二月廿六—廿九日	）		短篇小說	
傭婦復仇	文沖舊侶	二六六—二六七號	一九三三年二月廿九—三月一日	）		短篇小說	
婁豬斃虎	周	二六七—二七一號	一九三三年二月廿九—三月十六日	）		短篇小說	
報復	冷	二六八—二七〇號	一九三三年三月六—十三日		）		
盜隱	伯	二七一號	一九三三年三月十六日	）		短篇小說	

誤認廬山	逸菴	二七二—二七四號	一九三三年三月十六—廿六日	）		砭俗短篇	
嫁衣	嚴芙孫	二七二—二七六號	一九三三年三月十六—四月三日		）		
七次吊頸	文沖舊侶	二七三—二七四號	一九三三年三月廿三—廿六日	）		短篇小說	
張骨董	柳	二七五—二七六號	一九三三年三月廿九—四月三日	）		獵奇短篇	
死後的凄涼	轉陶	二七五—二七六號	一九三三年三月廿九—四月三日		）	短篇小說	
虎口談餘	文沖舊侶	二七七—二七八號	一九三三年四月六—九日	）		短篇小說	
故家喬木	范煙橋	二七七—二八一號	一九三三年四月六—十九日		）		大陸作品
母親的期望	劍塵	二七九—二八二號	一九三三年四月十三—廿三日	）		短篇小說	

怕誰呢？	陳雪村	二七九－二八〇號	一九三三年四月十三－十六日		）	諷刺短篇	
車上	道	二八三－二八四號	一九三三年四月廿六－廿九日		）	短篇小說	
流星舞浪記	恨	二八四－二八七號	一九三三年四月廿九－五月九日	）			
黑暗裏的人生	蘭谷	二八五－三〇四號	一九三三年五月三日－七月六日		）		
父子歟夫婦歟	張舍我	二八八－二九七號	一九三三年五月十四－六月十三日		）		
最美之妻	道	二九三－二九六號	一九三三年五月廿九－六月九日		）	短篇小說	
葬的夜	陳蠶麓	二九七－二九九號	一九三三年六月十三－十六日		）	短篇小說	

曉風殘月	蕉	二九八—三〇四號	一九三三年六月十九—七月六日		﹀		
難乎其爲師	煙橋	三〇五—三〇九號	一九三三年七月九日—十月廿三日		﹀		大陸作品
無淚	慧劍	三〇六—三〇七號	一九三三年七月十三—十六日		﹀	短篇小說	
瘋人的損失	天根	三〇九—三一一號	一九三三年七月廿三—廿九日		﹀	短篇小說	
繼母之病中	蕉	三一〇—三一五號	一九三三年七月廿六—八月廿三日		﹀		
監工人	慧劍	三一二—三一三號	一九三三年八月三—六日		﹀	短篇小說	
棉馬甲	天棲	三一四—三一五號	一九三三年八月九—十三日		﹀	短篇小說	
旁觀者	慧劍	三一七—三一八號	一九三四年二月廿六—廿八日		﹀	短篇小說	

家庭波浪	岱	三一七—三二〇號	一九三四年二月廿六—三月六日	〉		實情小說	
曹先生	吳雲夢	三一八—三二〇號	一九三四年二月廿八—三月六日		〉	短篇小說	
沈醉	恨	三二一—三二二號	一九三四年三月九—十三日		〉	短篇小說	
童媳	徐國楨	三二四—三二五號	一九三四年三月十九—廿三日		〉	短篇小說	
旅邸中	吳雲夢	三二六—三二七號	一九三四年三月廿六—廿九日		〉	短篇小說	
紅燈恨	陶醉	四八—五三號	一九三一年二月十九日—三月六日	〉			
飄雲覆雨記	荊如	五一—六七、七〇號	一九三一年二月廿八—四月廿三日、五月三日	〉		社會短篇	

鸚鵡夢	守頑	六〇－六二號	（一九三一年三月廿六－四月六日）	幻情小說	
怎樣好？	筱青	六三－六五號	（一九三一年四年九－十六日）		
文人技擊	蒲溪	六六－六七號	（一九三一年四月十九－廿三日）	短篇小說	
梅花易數	情禪	六八－六九號	（一九三一年四月廿六－廿九日）	憶述小說	邵康節軼事遺聞，不似小說
神醫禍	黃劍祖	六九號	（一九三一年四月廿九日）	社會短篇	
李先生的講義	樂天	七〇－八〇號	（一九三一年五月三日－六月三日）	滑稽小說	
姊	鉛淚	七四－一〇三號	（一九三一年五月十六日－）	社會悲情	

			八月廿三日		
鬼妻	釣翁	八一—八八號	一九三一年六月九日—七月三日	）	
西安女子	芳雨	八九—九〇號	一九三一年六月七日—七月九日	）	技擊短篇
王三舍	情禪	九二—九三號	一九三一年七月十六—十九日	）	短篇小說
宛春女士	西禾	九四—九九號	一九三一年七月廿三日、八月九日	）	諷世小說
血淚	欠圓	九五號	一九三一年七月廿六日	）	哀情短篇
梅麗	雪村	一〇〇—一〇二號	一九三一年八月十三—十九	）	
新西遊記補	野狐禪室主	一〇一、一〇三—一一六號	一九三一年八月十六—十月六日	）	

		一一九—一三五號	十月十六—十二月九日		
別離	唯情室主	三一七—三三四號	一九三四年三月廿九—四月廿三日	）	寫情小說
香國落花記續篇	情網餘生	三一八—三四四號	一九三四年四月三日—五月廿六日		
歸眞	恨	三一八—三三〇號	一九三四年四月三—九日	）	短篇小說
錢生秘史	岱	三二一—三三三號	一九三四年四月六—十九，十月廿九—十一月三日		短篇小說
舊新浪潮	可客	三二一—三三三號	一九三四年四月六—十九日	）	短篇小說
伊死之晚	柯定盦	三三四—三三六號	一九三四年四月廿三—廿九日	）	短篇小說
火燒桃源鎭	古先生	三三五—三三八號	一九三四年四月廿六—五月六日	）	滑稽小說

松江顧某	哲	三三六－三三八號	一九三四年四月廿九－五月六日	〉		短篇偵探	
唯我主義者	王公羽	三三七－三三九號	一九三四年五月三日－九日		〉	短篇小說	
浪愛	蠶絲放庵	三三九－三四二號	一九三四年五月九日－十九日		〉	短篇小說	
伊們的衣裳	俞釆子女士	三四〇－三四一號	一九三四年五月十三－十六日		〉	短篇小說	
哽咽	放庵	三四二－三四四號	一九三四年五月十九－廿六日		〉	短篇小說	
結婚後	朱秡	三四三－三四五號	一九三四年五月廿三－廿九日		〉	短篇小說	
歐鬥	雲	三四五－三四七號	一九三四年五月廿九－六月六日		〉	短篇小說	
想不到	魚	三四六－三四八號	一九三四年六月三－九日		〉	短篇小說	

歸家	百足	三四九－三五〇號	一九三四年六月十三－十六日		〃	短篇小說	
孤負	劉恨我	三五〇－三五二號	一九三四年六月十六－廿三日		〃	短篇小說	
他的病	水	三五三－三五四號	一九三四年六月廿六－廿九日		〃	短篇小說	
最後的簽字	夢魚	三五三－三五四號	一九三四年六月廿六－廿九日		〃	短篇小說	
阿順	火雪明	三五五－三五六號	一九三四年七月三－六日		〃	短篇小說	
妹妹你恕我	夢魚	三五七－三五八號	一九三四年七月九－十三日		〃	短篇小說	
僞生	野狐禪室主	三五八－三六〇號	一九三四年七月十三－十九日	〃		短篇小說	
春遊	曾人傑	三五八－三五九號	一九三四年七月十三－十六日		〃	短篇小說	
明齋瑣聞	二郎	三五九－三六五號	一九三四年七月十六－八月六日	〃		短篇小說	

香閨新語	鈍	三六六號	一九三四年八月九日		〉	滑稽小說
朋友	鈍	三六七－三六九號	一九三四年八月十三－十九日		〉	社會短篇
老七	雪明	三六八－三七〇號	一九三四年八月十六－廿三日		〉	短篇小說
小孩淘氣	豁	三七一－三七二號	一九三四年八月廿六－廿九日		〉	滑稽小說
雌魔影	豁	三七三－三八六號	一九三四年九月三日－十月十六日		〉	社會小說 似大陸作品
新舊女子	鈍	三七四－三七六號	一九三四年九月六日－十三日		〉	滑稽小說
父母心	古先	三八六－三九一號	一九三四年十月十六－十一月三日		〉	家庭小說
裁縫匠的玩物	明	三九二－三九五號	一九三四年十一月六－十六日		〉	諷世小說

降魔奇譚	岱	三九二—三九九號	一九三四年十一月六—廿九日	〉	神怪短篇	
浪子	野狐禪室主	三九三—四〇八號	一九三四年十一月九—十二月廿九日	〉	短篇小說	
迷與覺	夢魚	四〇九—四一四號	一九三五年一月三—廿六日〉			
不祥之珍珠	程志政	四一五—四一六號	一九三五年一月廿九—二月三日〉			
殘年	顧醉萸	四一五—四一七號	一九三五年一月廿九—二月六日	〉		
我的希望	野狐禪室主	四一七—四一八號	一九三五年二月六—九日	〉	短篇小說	
群衆的狂熱	俞關雲	四一九—四二〇號	一九三五年二月十三—十六日	〉	短篇小說	
車夫的故事	王公羽	四一九—四二一號	一九三五年二月十三—十九日	〉	短篇小說	

俠鴇	吉	四二〇—四二二號	一九三五年二月十六—十九日）	短篇小說
迷失教	吉	四二二—四二四號	一九三五年二月廿三—三月二日）	短篇小說
嬉戲的爭端	若耶	四二三—四二五號	一九三五年二月廿九—三月六日）	短篇小說
閨謔	吉	四二六號	一九三五年三月九日）	短篇小說
文媒	吉	四二八—四三一號	一九三五年三月十六—廿六日）	短篇小說
聖誕	定盦	四三〇—四三二號	一九三五年三月廿三—廿九日）	
諸生恨史	吉	四三一—四三三號	一九三五年三月廿九—四月三日）	短篇小說
孤憤	徐綺城	四三三—四三四號	一九三五年四月三—六日）	紀念小說

現世因	荒	四三三─四四一號	一九三五年四月三─廿九日		）	短篇小說
留東趣史	古先	四三三─四四四號	一九三五年四月三─五月九日		）	滑稽小說
珠江塵影記	吉	四三五─四三六號	一九三五年四月九─十三日	）		懺情短篇
史遺	亞雲	四三五─四五九號	一九三五年四月九─六月廿九日	）		
孤島英雄傳	恤	四四〇─四四四號	一九三五年四月廿六─五月九日	）		歷史小說
義婢延嗣	吉	四四五─四四六號	一九三五年五月十三─十六日	）		短篇小說
悖逆兒	荒	四四五─四五一號	一九三五年五月十三─六月三日	）		短篇小說
酒徒自述	蓉	四五〇─四七八號	一九三五年五月廿九─九月三		）	滑稽小說

			日	
冤孽緣	荒	四五二－四五七號	一九三五年六月六－廿三日）	現代小說
他的變化	公學士	四五六－四六一號	一九三五年六月十九－七月六日）	
姊姊的話	雲夢	四六五－四六六號	一九三五年七月十九－廿三日）	短篇小說
海上聞見錄	調梅	四六二－四六六號	一九三五年七月九－廿三日）	
蠅語	古先	四六八－四七五號	一九三五年七月廿九－八月廿三日）	諷刺小說

附錄三：

日據時期臺灣小說集刊行表

表前說明：

一、書前上端阿拉伯數字代表出版月份，不詳者則未註明。

二、日文書籍版面之大小、長短、闊狹，有固定之型式，與我通習者迥異，故無法迻譯，僅能沿用舊名。凡書版型面長七寸五分，寬五寸者曰「菊判」，倍之者曰「菊倍判」，減半者曰「菊半截判」；長六寸餘，寬四寸餘者曰「四六判」，倍之者曰「四六倍判」，減判者曰「四六截判」；餘可類推。

三、本表之製作參考：〈單行文藝書の部前篇〉，《愛書》第十四輯，頁五五－五八；《臺灣省通志稿教育志文化事業篇》；郭千尺〈臺灣日人文學概觀〉，《臺北文物》三卷三期及當時各文學雜誌之廣告。

四、譯寫古典小說而結集出版者如黃得時《水滸傳》，劉頑椿《岳飛》、《水滸傳》、黃宗癸《木蘭從軍》等未予列入。

中曆 民國	日曆 昭和	西曆	小說書名	作者	出版社	版式	備註
二二	八	一九三三	4 爭へぬ運命	林輝焜	自費出版	四六判，五〇八頁	日文，臺灣新民報連載。
二三	九	一九三四	貿易風	水蔭萍	金魚書房		即楊熾昌，日文
二五	一一	一九三六	2 可愛的仇人	阿Q之弟（徐坤泉）	臺北臺灣新民報社	四六判，三二四頁	白話長篇小說
			7 暖流寒流	陳垂映	臺中臺灣文藝聯盟	四六判，三三二頁	日文長篇小說
二六	一二	一九三七	4 暗礁	阿Q之弟	臺北臺灣文藝聯盟	四六判，一三六頁	白話長篇小說
			6 靈肉之道	阿Q之弟	臺北臺灣文藝聯盟	四六判，三三二頁	白話長篇小說
二七	一三	一九三八	8 可愛的仇人	阿Q之弟著 張文環譯	臺灣文成映公司	四六判，三七〇頁	張氏譯爲日文
			薔薇の皮膚	水蔭萍			日文小說

二八	一四	一九三九	3韭菜花	吳漫沙	臺北臺灣新民報社	四六判，一九六頁	白話長篇小說
三二	一五	一九四三	大上海	雞籠生	興南新報	四六判，一六二頁	即陳炳煌
			臺灣小說集（收呂赫若〈風水〉、王昶雄〈奔流〉、龍瑛宗〈不知道的幸福〉、楊逵〈泥娃娃〉、張文環〈媳婦〉、〈迷兒〉等六篇）	李獻章編	臺灣大木書房		
			道	高山凡石	臺灣出版文化株式會社	A六判，二〇〇頁	即陳火泉
三三	一九	一九四四	清秋（收〈鄰居〉、〈柘榴〉、〈財子壽〉、〈合家	呂赫若	清水書店	B六判，三五〇頁	

平安〉、〈月夜〉、〈清秋〉七篇）			
鏡	王昶雄	清水書店	不詳

附錄四：

日據時期在臺日人小說刊行表

表前說明：

一、小說篇名上端之阿拉伯數字代表刊物發行之月份。

二、本表之製作主要參考《臺灣文藝》、《臺灣新文學》、《文藝臺灣》《臺灣文學》及皇民奉公會所編的《臺灣文藝》，一九三三年以前及一九三七－一九三九年間則資料不足，無法繫年。在臺日人的文學雜誌以詩誌爲多（見附錄六），小說至晚期方漸盛。

三、本論文研討對象以臺灣小說爲主，而在臺日人之小說實爲「在臺灣的日本文學（小說）」，故正文不予討論。但本表可觀在臺日人的文學活動，可做臺灣小說發展背景之參考。如與表一合觀，可知自一九四一年後，臺人所發表之小說數量不及前期，亦不如日人，說明了日人自珍珠港事變後較以往積極投入文學工作行列。

中曆	日曆	西曆	小說篇名	署名	發表刊物
二二	八	一九三三	灣製ギャング	タンケンポオ	臺灣新民報
			3白　兎	イオリヤン・ハープ	臺灣文藝二卷三號
			3泥　沼	母里行榮	臺灣文藝二卷三號
			3荊棘の道	光明靜夫	臺灣文藝二卷三號
			4夫　婦	英文夫	臺灣文藝二卷四號
			4おばあさんと指輪	谷孫吉	臺灣文藝二卷四號
			6訣別（上）	新垣光一	臺灣文藝二卷六號
			6明　琴	イオリヤン・ハープ	臺灣文藝二卷六號
			6奥様と音樂會	谷孫吉	臺灣文藝二卷六號
			7歪められた男	谷孫吉	臺灣文藝二卷七號
			8噂	瀧坂陽之助	臺灣文藝八、九合併號
			9蕃　人	林丹桂	臺灣文藝二卷十號
				夏　陽合作	
二五	一一	一九三六	3見　參	谷孫吉	臺灣新文學一卷二號
			3泥沼（長篇第一回）	峰村毅	臺灣新文學一卷二及三號

民國	昭和	西元	月・作品	作者	刊物
			4 縄	英文夫	臺灣文藝三卷四、五合併號
			4 屈　辱	藤田三一	臺灣文藝三卷四、五合併號
			5 女と女	谷孫吉	臺灣文藝三卷六號
			5 谷間の百合	イオリヤン・ハープ	臺灣文藝三卷六號
			5 靴	佐賀久男	臺灣新文學一卷四號
			6 盲目（入選候補）	佐賀久男	臺灣新文學一卷五號
			7 生きゐ（入選候補）		臺灣新文學一卷六號
			8 野村屋	英文子	臺灣新文學三卷七、八合併號
			11 曙光	英文子	臺灣新文學一卷九號
			12 出奔	佐賀久男	臺灣新文學一卷十號
			12 ホゲロ	母里行榮	臺灣新文學二卷一號
			12 妹	增田正俊	臺灣新文學二卷一號
二九	一五	一九四〇	3 病床日記	濱田隼雄	文藝臺灣一卷二號
			7 橫丁之圖	濱田隼雄	文藝臺灣一卷三—五號
			犬	新田淳	文藝臺灣一卷五號
			10 海邊にて	日野原康史	文藝臺灣一卷五號
			10 芝山巖	北原政吉	文藝臺灣一卷五號
			12 赤嵌記	西川滿	文藝臺灣一卷六號

三〇	一六、一九四一	2行　道	濱田隼雄	臺灣時報二月號（文藝臺灣二卷一號，頁七五）
		3公園之圖	濱田隼雄	文藝臺灣二卷一號
		3雲林記	西川滿	文藝臺灣二卷一號
		5轉　校	川合三良	文藝臺灣二卷二號
		5河のほとり	日野原康史	文藝臺灣二卷二號
		5ある抗議	中山侑	臺灣文學一卷一號
		5煽　地	名和榮一	臺灣文學一卷一、三號，二卷一號
		5姊　妹	疑雨山人	臺灣文學一卷一、二號
		5再出發	多田均	臺灣文學一卷一號
		6芭蕉畑（前、後篇）	新田淳	文藝臺灣二卷三、四號
		6盜難之圖	濱田隼雄	文藝臺灣二卷三號
		7或る時期	川合三良	文藝臺灣二卷四號
		7ふるさと寒く	龜田惠美子	文藝臺灣二卷四號
		9出　生	川合三良	文藝臺灣二卷六號
		9海口印象記	紺谷淑藻郎	臺灣文學一卷二號
		10南方移民村	濱田隼雄	臺灣文學三卷一—六號，四卷一—三號，未刊畢即中途出專書。

			10 五號室	日野原康史	臺灣文學三卷一號
			良曼	西川滿	臺灣文學三卷二號
三一	一七	一九四二	1 朱氏記	西川滿	文藝臺灣三卷四號
			2 阿里山通信	日野原康史	文藝臺灣三卷四號
			1 元旦の插話	新田淳	文藝臺灣三卷四號
			1 城門	新垣宏一	文藝臺灣三卷四號
			1 婚約	川合三良	文藝臺灣三卷四號
			2 時計算	坂口䙥子	臺灣文學二卷一號
			2 蟷螂歌	山川不二人	臺灣文學二卷一號
			2 寄港地の夜	中山ちゑ	臺灣文學二卷一號
			2 採硫記	西川滿	文藝臺灣三卷六號、四卷一、二號
			3 女心秋空	山川不二人	臺灣文學二卷二號
			4 盛り場にて	新垣宏一	文藝臺灣四卷一號
			5 一つの縮圖	川合三良	文藝臺灣四卷二號
			7 盤谷丸	村田義清	文藝臺灣四卷四號
			7 石男	小林井津志	文藝臺灣四卷四號
			7 苦力	蔭山滿美	文藝臺灣四卷四號
			7 微涼	坂口䙥子	臺灣文學二卷三號

7 弔旗中空に高く	山川不二人	臺灣文學二卷三號
7 家主との經緯	名和榮一	臺灣文學二卷三號
9 技師八田氏についての覺書	濱田隼雄	文藝臺灣四卷六號
9 襁　褓	川合三良	文藝臺灣四卷六號
9 龍脈記	西川滿	文藝臺灣四卷六號
10 職域奉公論	山川不二人	臺灣文學二卷四號
10 天竺の死	石津隆	臺灣文學二卷四號
10 遐かなゐ母に	名和榮一	臺灣文學二卷四號
10 流れる雲	中山侑	臺灣文學二卷四號
10 甘井君の私小說	濱田隼雄	文藝臺灣五卷一號
12 康吉と增子	川合三良	文藝臺灣五卷三號
12 訂　盟	新垣宏一	文藝臺灣五卷三號
1 食　老	和田漢	臺灣文學三卷一號
1 墓標を搜す女	折井敏雄	臺灣文學三卷一號
1 午後の雨	中山侑	臺灣文學三卷一號
2 轉　勤	大河原光廣	文藝臺灣五卷四號
4 燈	坂口䙥子	臺灣文學三卷二號
4 心　象	野田康男	臺灣文學三卷二號
4 敵愾心	吉村敏	臺灣文學三卷二號

4 牛のゐる村	西川滿	文藝臺灣五卷六號
4 流　れ	河野慶彥	文藝臺灣五卷六號
4 山の火		文藝臺灣五卷六號
4 家のない家主	川合三良	文藝臺灣五卷六號
4 草　創	濱田隼雄	文藝臺灣五卷六號、六卷三－六號、七卷二號，臺灣文藝七卷二號刊畢完結。
6 眼（辻小說）	河野慶彥	文藝臺灣六卷二號
6 浚渫船（辻小說）	今田喜翁	文藝臺灣六卷二號
6 若い水兵（辻小說）	新垣宏一	文藝臺灣六卷二號
6 死生（辻小說）	西川滿	文藝臺灣六卷二號
6 地圖（辻小說）	大河原光廣	文藝臺灣六卷二號
6 雨晴れて（辻小說）	中島俊男	文藝臺灣六卷二號
6 娘の圖（辻小說）	濱田隼雄	文藝臺灣六卷二號
6 或る一座	新田淳	文藝臺灣六卷二號
7 臺灣縱貫鐵道	西川滿	文藝臺灣六卷三－六號、七卷二號，臺灣文藝一卷二、三、六號，末刊畢
7 湯わかし	河野慶彥	文藝臺灣六卷三號

			7 曙　光	坂口䙥子	臺灣文學三卷三號
			8 再生（辻小說）	今田喜翁	文藝臺灣六卷四號
			8 濱の子供	小林井津志	文藝臺灣六卷四號
			8 海	相澤誠	文藝臺灣六卷四號
			9 海ほほづき	德澄晶	文藝臺灣六卷五號
			11 加代の結婚	大河原光廣	文藝臺灣六卷六號
			11 夢像の部屋	日野原康史	文藝臺灣六卷六號
			11 小豆飯	德澄晶	文藝臺灣六卷六號
			11 弟の四郎	小林井津志	文藝臺灣六卷六號
			11 落　磐	土井はる	文藝臺灣六卷六號
			11 赤城山埋藏金	宮崎端	文藝臺灣六卷六號
			11 鐵　樹	相澤誠	文藝臺灣六卷六號
			11 扁柏の蔭	河野慶彥	文藝臺灣六卷六號
			11 孟蘭盆	坂口䙥子	臺灣文學四卷一號
			12 父に似た人	黑石猛	臺灣文學四卷一號
三三	一九	一九四四	1 てんぼ玉	河野慶彥	文藝臺灣七卷二號
			1 斷　崖	土井はる	文藝臺灣七卷二號
			1 砂　塵	新垣宏一	文藝臺灣七卷二號

			5 墓前報告	神川清	臺灣文藝創刊號
			6 十二月九日	川崎傳二	臺灣文藝一卷二號
			7 鄰人	坂口䙥子	臺灣文藝一卷三號
			11 船渠（情報課委囑）	新垣宏一	臺灣文藝一卷五號
			11 鑿井工（情報課委囑）	河野慶彥	臺灣文藝一卷五號
			11 蓖麻は伸びる	小林井津志	臺灣文藝一卷五號
			12 畜生（辻小說）	濱田隼雄	臺灣文藝一卷六號
			12 醜敵（辻小說）	新垣宏一	臺灣文藝一卷六號
			12 前夜（辻小說）	通山秀治	臺灣文藝一卷六號
			12 監視臺（辻小說）	小林井津志	臺灣文藝一卷六號
			12 デマ（辻小說）	佐藤孝夫	臺灣文藝一卷六號
			12 投石（辻小說）	喜納政明	臺灣文藝一卷六號
			12 ある矛盾（辻小說）	吉村敏	臺灣文藝一卷六號
			12 空爆と白金（辻小說）	鶴丸詩光	臺灣文藝一卷六號
			12 十月十二日（辻小說）	河野慶彥	臺灣文藝一卷六號
三四	二〇	一九四五	1 いとなみ	新垣宏一	臺灣文藝二卷一號

附錄五：日據時期在臺日人小說集刊行表

表前說明：

一、所謂「小說集」，指個人小說一篇或數篇結集成冊者，或數位作者之作品合編成冊。

二、數位作者合編成冊者，其中或爲臺人作者，以其編者爲日人，故附於此，不列於附錄表三。

三、書名上端之阿拉伯數字，代表出版月份，不詳者則未註明。

四、參考資料同附錄三第三項說明。

中曆	日曆	西曆	小說書名	作（編）者	原出版社	版面及頁數	備註
民國	大正		1國姓爺後日物語	鹿島櫻巷	臺北愛國婦人會臺灣支部	菊判，一六三頁	取材鄭成功族
三	三	一九一四	士林川血染の漂流	座光東平	臺北杉田書店	三六判，二五四頁	偵探小說

			船				
九	九	一九二〇	2 南國物語	西口紫溟	臺北人形社	四六判，四五六頁	取材於臺灣史實
一二	一二	一九二三	7 鄰の女教師	高北四郎	臺北教文社	四六判，一八〇頁	寫生文系統小說
一四	一四	一九二五	5 歸らぬ友	（不詳）	臺北櫻草社	菊判，四二頁	有西川滿跋語
一七	昭和三	一九二八	5 美はしき背景	尾崎孝子	臺北あらたま社	四六判，三四六頁	女作家的自傳小說寫薪津階級生活
一八	四	一九二九	10 四等寢室	宮崎直介	臺北南光書店	四六判，一八二頁	超現實系統小說
一九	五	一九三〇	11 陳忠少年の話	藤原泉三郎	臺北文明堂書店	新菊判，一五二頁	收小說、戲曲、詩等
二〇	、六	一九三一	8 突風	紫山武矩	臺北新高堂書店	四六判，一六九頁	收短篇小說十篇

二一	七	一九三二	1亞熱帶の陽	多田道子	臺北南溟藝園社	四六判，一四〇頁	收短篇小說十二篇
			6綠色のカーテン	多田道子	臺北南溟藝園社	四六判，一一八頁	長篇小說
			8朗	多田道子	臺北南溟藝園社	四六判，二〇四頁	
二二	八	一九三三	8龍眼肉樹の花	多田道子	臺北南溟藝園社	四六判，一一八頁	中篇小說
二三	九	一九三四	步み寄る道	緒方武歲	臺北臺灣經世新報社	四六判，六二七頁	長篇小說
			楚楚公主	西川滿	臺北媽祖書房	菊判，二〇頁	花妖傳奇短篇小說
			悲しき臺灣	有本局水	臺北常夏社	四六判，二〇〇頁	中篇小說
二九	一五	一九四〇	7梨花夫人（收〈梨花夫人〉、〈十二娘〉、〈天上聖母〉、〈瘟王爺〉、〈稻江冶	西川滿	臺北東都書籍株式會社	四六判，二二四頁	中篇小說集收七篇

		春詞〉、〈劉夫人の秘密〉、〈楚楚公主〉七篇）				
		赤嵌記（收〈赤嵌記〉、〈雲林記〉、〈元宵記〉、〈朱氏記〉、〈稻江記〉、〈採硫記〉六篇）	西川滿	書物展望社	B六判，頁三七四	
三一七	一九四二	浪曼	西川滿			
		臺灣文學集	西川滿編	大阪屋號書店		第五部爲短篇小說集
		陳夫人（第二部）	庄司總一	不詳	不詳	
		南方移民村	濱田隼雄	海洋文化社	B六判，四七六冊	臺灣文學賞受獎
三一八	一九四三	曙光	坂口䙥子	盛興出版社		
		生死の海	西川滿編	臺灣出版文化株	B六判，二三〇頁	

（收西川滿〈生死の海〉、徳澄畠〈潮鳴り〉、大河原光廣〈加代の結婚〉、小林洋〈新しい建設〉、河野慶彥〈年闌けで〉等五篇）		式會社	
荻（收濱田隼雄〈荻〉、今田喜翁〈南への船出〉、喜納政明〈海口の女〉、龜山春樹〈南蠻賀留多〉、竹內治〈夢の兵舍〉、小林井津志〈竹筏渡し〉六篇）	濱田隼雄編	臺灣出版文化株式會社	不詳

三三	一九	一九四四	決戰臺灣小說集（乾の卷）（乾の卷收：濱田隼雄〈爐番〉、高山凡石〈御安全に〉、龍瑛宗〈若い海〉、西川滿〈石炭・船渠・道場〉、吉村敏〈築城の抄〉、張文環〈雲の中〉、河野慶彥〈鑿井工〉等七篇）	臺灣總督府情報課編	臺灣出版文化株式會社	B六判，二百數十頁	
三四	二〇	一九四五	決戰臺灣小說集（坤の卷）（收西川滿〈幾山河〉、周金波〈助	臺灣總督府情報課編	臺灣出版文化株式會社		雖名為小說集，所收或為新詩。

教〉、長崎浩〈山林詩集〉、楊逵〈增産の蔭に〉、新垣宏一〈船渠〉、楊雲萍〈鐵道詩抄〉、呂赫若〈風頭水尾〉等七篇）

附錄六：

日據時期臺灣文藝雜誌一覽表

（以△註明者，為臺人所創辦）

一、文藝類

1.竹塹新誌：創刊於光緒二十五年（明治三十二年一月），新竹北門街環翠山房發行，至第三期停刊，內容以文學、宗教、教育爲主。

2.臺灣文藝：光緒二十八年（明治三十五年四月）臺北臺灣文藝社創刊，由日人村上玉吉主編，以高橋　雨系之檀林俳句爲主之月刊，至同年九月第五期停刊。

3.相思樹：光緒三十年（明治三十七年五月）創刊，主編爲日人服部烏亭。以俳句爲主之文藝雜誌。三卷十一期後改由岩田鳴球主編，發行至宣統二年（明治四十三年二月）六卷四期停刊。

4.新泉：光緒三十一年（明治三十八年），由臺灣日日新報文藝記者宇野覺太郎創辦，內容以和歌爲主，發行六期停刊。

5.新星：光緒三十一年（明治三十八年）創刊，由日人白男川敬藏、柴田廉太郎、太田轉山等編輯，發行三期停刊。

6.綠珊瑚：光緒三十三年（明治四十年五月），由渡邊常三郎於臺北創刊，至宣統三年（明治四十四年三月）五卷二期停刊，該刊傾向自由律俳句。

7.新學叢誌：宣統二年（明治四十三年八月二十日）由臺北新學研究會發行，此乃日人藉為普及新知識，以期奴化島民而設。主事者為當時法院法官伊藤政重，網羅臺日人士，本部設在臺北，並規定會員二十名方可設支部。該誌主編為當時臺灣日日新報記者李漢如，內容以文藝作品為主，小說有紅鬍子等，並有法律、政治、歷史、經濟各類文章，並非純文藝雜誌。

8.蛇木：一九一五年（大正四年二月）臺北蛇木藝術同攻會創刊，蜂谷彬為主編，刊載詩、短歌、小說、版畫等，為純文藝雜誌。至一九一八年（大正七年七月）停刊，共發行四卷七號。

9.經鹿：創刊於一九一五年（大正四年六月），由臺北臺灣文藝同志會發行，中村弘治主編，至同年十一月第五期停刊。

10.新生：一九一五年（大正四年六月），由新生社發行。

11.紅塵：一九一五年（大正四年六月），臺灣文藝同志會發行。

12.熱：一九一七年（大正六年一月），臺北熱吟社創刊，由諏訪忠藏主編，至一九一九年（大正八年八月）第三十一期停刊。

13.若草：一九一七年（大正六年九月）臺北若草會創刊，由小林忠文編輯，係專刊民謠、山歌、童謠等之雜誌。

14.紅檜：一九一七年（大正六年十二月），福地載五郎創辦於嘉義，至一九二〇年（大正九年五月）第三十六期停刊。

15.月桃：一九一七年（大正六年）創刊於桃園，岡山藤二郎主編。

16.南方（原名ミナミ）：一九一八年（大正七年一月）臺北南方社刊行，村上金六編輯，係文藝及社會評之綜合性雜誌。

17.人形：創刊於一九一八年（大正七年六月），係臺北人形詩社發行，西口進卿編輯，依西口之宣言：「人形乃以創作詩歌爲主，並容納小說、戲曲、腳本、樂譜、插圖等之文藝，蓋期其爲南國唯一之思潮雜誌」，該刊甚受當時民政長官下村宏之支援。至一九一九年第十三期停刊。

18.木瓜：一九一八年（大正七年十二月）臺北木瓜社創刊，下永葉二主編的文藝雜誌。

△19.臺灣文藝叢誌：一九一九年（大正八年一月一日）由臺灣文社創刊。編輯兼發行人爲鄭汝南。該刊旨趣，根據枕山（陳滄玉）所撰〈文藝叢誌發刊序〉爲「探求經史之精奧，發爲文學之光華，不特維持漢學於不墜，抑且發揚而光大之。」。臺灣文社由臺中櫟社之漢詩人林幼春、蔡惠如、陳滄玉、林獻堂、陳基六、傅錫祺、陳懷澄、鄭汝南、陳聯玉、林獻堂、莊伊若、林載釗、林子瑾等於一九一八年（大正七年十月）所發起創立的。其宗旨爲「鼓吹文運，研究文章詩詞，互通

學者聲氣。」。該雜誌爲日據時期台灣最早之漢文學雜誌，對臺灣舊文學貢獻頗多，前後繼續發行達七年之久。

20.曙：一九一九年（大正八年五月），曙社創刊。

21.南方藝術：一九二〇年（大正九年），於臺北創刊，僅發行兩期。

22.荊棘之座：一九二〇年（大正九年）荊棘之座社發行。

23.潮：一九二〇年（大正九年九月）花蓮港大樹吟社創刊，主編爲齊藤東柯，至一九二三年（大正十二年八月）第三十期停刊。

24.油加利：一九二一年（大正十年十月三日），臺北油加利社創刊，主編爲山本昇，係專登俳句之月刊。

25.南瀛：一九二二年（大正十一年一月）臺北南瀛文藝社創刊，中島紅浪主編，至第五期停刊。

26.あらたま：一九二二年（大正十一年十一月廿二日）臺北あらたま社創刊。編輯人初爲濱口正雄，一九三五年樋詰正治任發行人，係研究短歌之月刊。

27.熱帶詩人：一九二三年（大正十二年）バベル詩社發行。

△28.臺灣詩報：一九二四年（大正十三年二月九日）創刊，由臺北星社同人創辦，黃水沛編輯，陳藤（即歐劍窓）發行，至翌年四月停刊，共發行十四期。

△29.臺灣詩薈：創刊於一九二四年（大正十三年二月十五日），由連雅堂（連橫）主編並兼任發行人。前

後出版廿二冊，至一九二五年（大正十四年十月）停刊。該月刊宗旨以保存漢詩文及整理古人遺著爲主。該刊先後分闢「詩鈔」、「詩存」、「詞鈔」、「詞存」、「文鈔」、「文存」、「學術」、「論衡」、「傳記」、「雜錄」、「遺著」、「詩話」、「詞話」、「曲話」、「詩鐘」、「小說」、「尺牘」、「紀事」諸門，既名「詩薈」，固以詩篇爲夥，其中所謂「鈔」以當時人所作屬之，「存」即錄存前人之遺作。該刊於保存祖國文化及鼓舞民族精神頗有貢獻。

30.櫻草：一九二四年（大正十三年五月）臺北櫻草社創刊，西川滿編輯。

△31.文藝：一九二四年（大正十三年）六月創刊，編輯兼發行人林進發，僅發行一期即休刊。爲日文之詩歌雜誌。

32.南溟：一九二四年（大正十三年八月）臺北州士木街南溟俱樂部創刊。

33.亞熱帶：一九二四年（大正十三年十一月）亞熱帶詩社創刊。

34.麗島：一九二四年（大正十三年十一月）臺北麗島詩社創刊。編輯爲諏訪忠藏，至一九二八年（昭和三年十二月）第四十四期停刊，內容以俳句爲主。

35.戰鬥艦：一九二四年（大正十三年十二月）新竹州桃園街戰鬥鑑詩社創刊，謝倉編輯。

△36.人人：一九二五年（大正十四年三月）臺北人人雜誌社創刊，楊雲萍主編，僅發行兩期即停刊，爲臺灣最早之白話文文學雜誌。

37.大望：一九二五年（大正十四年三月）臺北大望詩社創刊。

38.パパヤ：一九二五年（大正十四年九月）臺北臺灣童謠協會創刊，編輯人宮尾進。
39.黎華新報：一九二五年（大正十四年）一月臺北東瀛黎華新報社創刊。編輯張清和。
△40.七音聯彈：一九二五年（大正十四年十月十五日）張維賢等創刊。
41.翔風：一九二六年（大正十五年五月），臺灣總督府臺北高等學校文藝部創辦之文藝雜誌。
42.洎芙藍：一九二六年（大正十五年五月）臺北洎芙藍社創刊，西川滿編輯之歌誌。
43.扒龍船：一九二六年（大正十五年八月）臺北扒龍船詩社創刊，係臺北臺灣詩人聯盟之機關雜誌，西川滿主編，至同年九月第二期停刊。
44.足跡：一九二七年（昭和二年二月）臺北足跡社創刊，濱田隼雄主編，這是以臺北高校生為中心之文藝雜誌。
45.詩火線：一九二七年（昭和二年三月）臺北創作社創刊，保坂瀧雄編輯，為純詩刊，僅發行一期即停刊。
46.創生：一九二七年（昭和二年三月）亦臺北創作社創刊之詩誌，僅發行創刊號即停刊。
47.あぢさる：一九二七年（昭和二年四月一日）花蓮あぢさる社創辦，渡邊美考發行，為登載有關短歌之月刊，一九三四年移至臺北發行，武田美都夫編輯。
48.文藝批判：一九二七年（昭和二年九月）臺北文藝批判社創刊，秋永肇編輯，以臺北高校生為中心之雜誌。

49.日時圭：一九二七年（昭和三年三月）臺北日時圭館創辦之詩刊。草葉竹比古編輯，發行創刊號即停刊。

50.水田與自動車：一九二八年（昭和三年六月）創刊，爲臺北帝大文政學部主編之歌誌，編輯人爲中山侑，發行三號停刊。

51.南方文學：一九二八年（昭和三年六月）臺北新高堂書店創刊，平田藤吉郎編輯，亦以臺北高校生爲中心之文藝雜誌，至第二期停刊。

52.ポタビン：一九二八年（昭和三年七月）臺北ポタビン社創刊，馬場野彥編輯，至一九二九年（昭和四年十月）第四期停刊。一九三〇年（昭和五年六月）復刊，更名爲「藝術作業」。

△53.詩集：一九二八年（昭和三年八月廿一日）苗栗栗社創刊。發行人爲黃運寶，這是刊登漢詩的月刊。

54.フォルモサ：一九二八年（昭和三年十二月）臺北仲下書店創刊，以臺北帝大文政學部爲中心之文藝誌，僅發行一號即停刊。

△55.風與壺：一九二九年（昭和四年二月）臺北碧亞館詩房創刊，林炳耀編輯，發行二期停刊。

56.醜草：一九二九年（昭和卌年二月）於臺北創刊，中村幸一編輯之文藝雜誌。

57.無軌道時代：一九二九年（昭和四年九月）臺北無軌道詩社創辦之純詩刊。由藤原泉三郎編輯，以詩爲中心之文藝雜誌。至一九三〇年（昭和五年一月）第三期停刊。

58.仁燈：一九二九年（昭和四年九月五日）臺北仁濟團創刊，山村光尊發行，爲文藝及社會常識之月刊。

59.南溟樂園：一九二九年（昭和四年十月）臺北南溟樂園社創刊，多田利郎編輯，以詩爲主體，至一九三〇年（昭和五年二月）第五期改名爲「南溟藝園」。

60.寫生：一九二九年（昭和四年十月）臺北碧榕社創刊，山本岬人編輯，至一九三三年（昭和八年九月）第六卷十一期終刊。這是以臺灣銀行員爲中心之俳句誌。

61.街：一九二九年（昭和四年十月）街燈館創刊，德重嘉和編輯。

62.赤い支那服：一九二九年（昭和四年十一月）臺北赤い支那服社創刊，編輯爲中山侑，這是以臺北帝大文政學部爲中心之文藝誌。

63.言語と文學：一九二九年（昭和四年十二月）臺北國語國文學佰創刊，至一九三一年（昭和六年七月）發行第六輯停刊，爲臺北帝大文學科語言、文學之研究雜誌。

64.風景：一九三〇年（昭和五年一月）臺北風景詩社創刊，保坂瀧雄編輯之詩刊。

65.底下：一九三〇年（昭和五年）於臺南創刊，爲瀧澤鐵也主編之純文藝刊物，至同年八月第三輯時更名爲「ランタナ」，同時改由篠原政浩主編。

66.水晶宮：一九三〇年（昭和五年一月）由臺北赤い支那服社創刊，中山侑編輯之詩誌。

△67.伍人報：一九三〇年（昭和五年六月二十一日）王萬得、江森銓、蔡德音等編，十五期後改稱「

五農先鋒線」，後與「臺灣戰線」合併爲「新臺灣戰線」。爲思想、文藝雜誌。

△68.洪水報：一九三〇年（昭和五年）黃白成、謝春木編輯，亦爲思想、文藝性雜誌。

△69.明日：一九三〇年（昭和五年八月七日）明日雜誌社創刊，林斐芳編輯兼發行人，內容以文學爲主，全部用白話文，經常執筆者有黃天海、王詩琅、廖漢臣等，發行至第六期停刊。以日人干預、壓迫，被禁止發行達三號。

△70.臺灣戰線：一九三〇年（昭和五年八月）楊克培、賴和、郭德金等，共發行五期，全部禁止發行。

71.竹雞：一九三〇年（昭和五年八月廿八日），臺中竹雞吟社創刊，爲登載俳句之月刊。阿川昔爲發行人。

△72.三六九小報：一九三〇年（昭和五年十月）臺南三六九小報社創刊，每月逢三、六、九、出版。趙雅福任發行人，王開運、蔡培楚爲編輯，內容以小說、小話、隨筆爲主。同年十二月九日第廿八號起，連載海外孤本佩雁遺著之明史說部《金魁星》全部百萬餘言，頗獲好評，前後發行五年。

73.海響：一九三一年（昭和六年一月）海響社創辦。

74.蜻蛉玉：一九三一年（昭和六年一月）於臺北創刊，中山侑編輯之歌誌。

75.圓卓子：一九三一年（昭和六年二月）臺北圓卓子社創刊之詩誌，上清哉編輯，爲《軌道時代》之後身。

76.詩報：一九三一年（昭和六年四月）桃園街吟稿合刊詩報社創刊，發行人爲周石輝，編輯爲葉文樞等，內容爲各詩社之擊鉢聯吟詩稿，後遷基隆市，改由張曹朝瑞任發行人。

77.カドラン：一九三一年（昭和六年四月）於臺北創刊，名腰尚武編輯，僅出創刊號即停刊。

78.アルマ：一九三一年（昭和六年六月）臺北創刊，冬野鐵志（本名中村安太郎）編輯，同年十二月發行第二輯即停刊。

79.詩歌陣：一九三一年（昭和六年七月）臺北詩歌陣社創刊，林與志夫編輯之詩歌誌。

80.臺灣文藝：一九三一年（昭和六年九月）於臺北創刊，別所孝二主編，爲臺灣文藝作家協會之機關雜誌。爲日本政府所查禁，嗣後雖出版至第四期仍不能繼續刊行，遂告中輟。

△81.藻香文藝：一九三一年（昭和六年十一月二十日）由臺北天籟吟社組織藻香文藝社所創刊，吳紉秋爲發行人，林述三主編，內容多爲集錄各詩社之詩稿。半月發行一次，計發行三期停刊。

△82.曉鐘：一九三一年（昭和六年十二月十八日）虎尾郡曉鐘社創刊，編輯兼發行人爲吳仁義，內容多爲白話作品，鼓吹文藝啓蒙運動。

△83.南音：一九三二年（昭和六年十二月廿八日）創刊，提倡白話文，編輯及發行人爲臺北黃春成，第七期起改由台中張星建負責，社友有陳逢源、賴和、周定山、張煥珪、莊遂性、張聘三、許文逵、葉榮鐘、洪櫄、吳春霖、郭秋生等人，本誌欲以思想、文藝普遍化、大衆化爲目的，鼓吹新文學，刊登詩、創作、隨筆、臺灣話文創作之作品。

84.ざくろ：一九三二年（昭和七年十月廿六日）臺北蕃柘榴社創辦，勝又保代編輯，爲刊登俳句之月刊。

85.殘夢：一九三二年（昭和七年十一月十一日）臺北殘夢發行所創刊，吉川素月編輯，爲刊登俳句之月刊。

86.詩風帶：一九三二年（昭和七年十二月）臺北詩風帶社創刊的詩誌，山田好三編輯。

87.霸王樹：一九三三年（昭和八年一月）臺北幸榮俱樂部創辦，爲中央研究所內之同好者所發行，以俳句爲中心之文藝雜誌，至同年十二月停刊。

88.うしほ：一九三三年（昭和八年二月十二日）花蓮うしほ社創刊，武田善俊主編之俳誌，一年出版三次。

89.ロゴス：一九三三年（昭和八年二月）臺北ロゴス社創刊，由北原政吉編輯之詩誌，發行三號即停刊。

90.相思樹：一九三三年（昭和八年四月）臺北相思樹社所創辦之短歌雜誌，柴山矩編輯。

91.愛書：一九三三年（昭和八年六月）臺北臺灣愛書會創刊，西川滿任編輯兼發行人，以愛書趣味爲主之高級雜誌，一年出版三期，每期均有專題特輯，主要內容爲對臺灣文字、文學之考證詮釋及對圖書保存、裝幀之介紹。發行至一九四四年（昭和十九年）。

92.南海文學：一九三三年（昭和八年九月）臺北南海文學社創刊，上清哉主編。

93.感應錄：一九三三年（昭和八年十一月八日）臺灣道德社創辦，爲文藝宗教及一些勸善懲惡記事之月刊。

94.草笛：一九三三年（昭和八年十二月）臺北草笛社創刊之詩誌，平野音二編輯，翌年七月號停刊。

95.朱轎：一九三四年（昭和九年一月）臺北朱轎社創辦之短歌雜誌，中山馨編輯。

96.モダン臺灣：一九三四年（昭和九年四月）於臺北創刊，中山侑編輯，爲一通俗雜誌，僅發行二期即停刊。

△97.先發部隊：一九三四年（昭和九年七月十五日）臺灣文藝協會創刊，廖漢臣編輯。全爲白話文，創刊號有「臺灣新文學出路之研究」的特輯，其他創作四篇，翻譯戲曲一篇，並有詩歌、隨筆等篇。該協會爲臺北之文藝愛好者郭秋生、廖毓文、朱點人、林克夫、陳君玉、蔡德音、黃得時、王詩琅等人所組織。

△98.第一線：「先發部隊」發行後因受日政府之干涉自第二號起，改題爲第一線，一九三五年（昭和十年）一月六日編輯發行人仍廖漢臣，本號除白話文作品外增加一、二日文作品，據聞應日政府之要求，不得不改變編輯方針，以中國白話文爲主並收若干日文。本號卷首有「臺灣民間故事特輯」，創作篇中朱點人小說傑作〈蟬〉一篇，爲當時文壇話題。僅出一期。

99.媽祖：一九三四年（昭和九年十月）臺北媽祖書房創刊，西川滿編輯，至一九三八年（昭和十三年三月）第十六冊停刊。對臺灣有相當的影響，主要爲一詩誌，每期均有立石鐵臣、宮田彌太郎等之版畫。

△100.台灣文藝：一九三四年（昭和九年十一月五日）創辦，臺中臺灣文藝聯盟發行。張星建編輯，中日文各半，該雜誌有不少臺灣作家，發行至一九三六年八月第十五期停刊。該誌提倡新文學，貢獻頗大。

101.童心：一九三五年（昭和十年二月）臺北兒童藝術聯盟創刊，伊藤健一編輯，發行至第三期停刊。

△102.風月報：一九三五年（昭和十年五月九日）臺北風月報社創辦，簡荷生編輯。該誌白話文言並用。發行至一九四一年（昭和十六年七月一日）改稱「南方」。一九三七年後以中文刊行，在當時實爲異數。

103.南風：一九三五年（昭和十年五月）臺北南風社創刊，藤田憲三編輯，發行二期停刊。

△104.風車詩刊：一九三五年（昭和十年六月）水蔭萍（即楊熾昌）等編。

105.原生林：一九三五年（昭和十年六月十八日）臺北原生林社創刊，田淵武吉編輯之短歌月刊。

106.臺灣藝術新報：一九三五年（昭和十年八月一日）創刊於臺北，赤星義雄發行，初名「演藝與樂界」。

107.船室：一九三五年（昭和十年九月）臺北船室社創刊之文藝雜誌，上野英隆編輯。

△108.臺灣新文學：一九三五年（昭和十年十二月廿八日）創刊，臺灣新文學社發行，廖漢臣編輯，至一九三七年（昭和十二年六月）上共發行十四期。該雜誌由《臺灣文藝》（臺灣文藝聯盟發行）某些作家另創辦。

109.臺大文學：一九三六年（昭和十一年一月）創刊於臺北，初由安藤正次編輯，至一九四〇年（昭和十五年四月）以後由矢野禾積繼之，爲臺北帝大文學科之機關雜誌。

110.偉大的太魯閣：一九三六年（昭和十一年二月）花蓮港偉大的太魯閣社創刊，植村義隆編輯，爲短歌、漢詩等之文藝雜誌。

111.紅檜：一九三六年（昭和十一年二月）紅檜吟社創辦之月刊。

112.KRIFTIKO：一九三六年（昭和十一年三月）臺北圓卓子社創刊，中山侑編輯，爲一文藝評論雜誌。

113.南十字星：一九三六年（昭和十一年六月）南十字星社創刊。

114.孔教報：一九三六年（昭和十一年十月十六日）彰化孔教報事務所創辦，施梅樵發行，爲文藝論說及有關日本精神涵養記事。

115.南文學：一九三六年（昭和十一年十月）創刊於臺北，清水正編輯。

116.如月會句集：一九三八年（昭和十三年三月八日）臺南坪內良一創辦，爲有關俳句之月刊。

117.色める風景：一九三八年（昭和十三年四月）保坂瀧雄編輯之詩誌。

118.貴族：一九三八年（昭和十三年）於臺北創刊，上野英隆編輯，以小說爲主之文藝雜誌。僅發行一期即停刊。

119.ねむの木：一九三八年（昭和十三年十二月）創刊於臺北、柴山關也編輯之童詩誌，僅發行一號即停刊。

120.月來香：一九三九年（昭和十四年二月）創刊，係當時臺北高等學校學生邱炳所創辦之詩誌。

121.紅樹：一九三九年（昭和十四年四月）於高雄創刊，爲「海響」雜誌之後身，編輯初爲春田操，繼之爲小林土志朗，係一詩歌雜誌。

122.兒童街：一九三九年（昭和十四年六月）臺北兒童藝術協會創刊之機關雜誌，編輯人初爲吉川省三，繼爲竹內治。

△123.臺灣風土記：一九三九年（昭和十四年二月）臺北日孝山房創刊，西川滿編輯，以文學記錄臺灣過去之文化，爲鄉土研究誌，至翌年四月發行四號停刊。

124.野葡萄：一九三九年（昭和十四年八月）臺北野葡萄詩社創刊，以小曲、民謠、童謠爲主，野村志朗編輯。

125.華麗島：一九三九年（昭和十四年十二月）創刊於臺北，係臺灣詩人協會之機關雜誌，西川滿、北原政吉編輯，出版一期後，即與臺灣文藝協會合併。

126.文藝臺灣：一九四〇年（昭和十五年一月一日）創刊於臺北，西川滿編輯，爲臺灣文藝家協會之機關雜誌，刊登詩、小說、評論等係綜合性文藝雜誌。旋於一九四一年（昭和十六年二月）改組，由文藝臺灣社繼續發行，並且二卷二期起將雙月刊改爲月刊，一九四四年一月一日（昭和十九年）以響應戰時體制而以七卷二期爲終刊號。

127.國姓爺：一九四〇年（昭和十五年一月）臺北臺灣川柳社創刊，吉麗則行主編。
128.臺灣藝術：一九四〇年（昭和十五年三月）臺北臺灣藝術社創刊，黃宗葵主編。
129.臺灣：一九四〇年（昭和十五年四月）臺北臺灣社創刊，齊藤男編輯，以短歌、詩創作爲主。
△130.臺灣文學：一九四一年（昭和十六年五月廿七日）臺北啓文社創刊，張文環主編，中日文作家皆有，在詩歌、小說、理論上有不少的佳作，至一九四三年（昭和十八年）十二月廿五日，發行至第四卷第一期停刊，爲日文季刊。
131.民俗臺灣：一九四一年（昭和十六年七月）創刊於臺北，金關丈夫發行，池田敏雄編輯，在日人進行皇民化時期，該雜誌以介紹臺灣風俗民情、俚諺、民謠……等，實爲難得。
132.臺灣文藝：一九四四年（昭和十九年五月一日）創刊於臺北，臺灣文學奉公會發行，長崎浩與林秋興編輯，旋因辦事處被盟機炸燬，而告解散。

參考資料：1.黃得時、池田敏雄編。〈文藝雜誌の部—後篇〉，愛書第十四輯，頁六五—七九。
2.曹介逸，〈日據時期的臺北文藝雜誌〉，臺北文物三卷二期，頁四六—四七。
3.〈臺灣省通志稿教育志文化事業篇〉，頁三七六—三八七。
4.賴秀峰，《日據時代臺灣雜誌事業之研究》，頁八五—九七。

主要參考書目

一、日據時期的報刊及文學雜誌（影印、復刻本）

三六九小報（一—四七九號）　成文出版社影印出版
臺灣青年（一—六）　東方文化書局影印出版民國六十二年春季
臺灣（一—六）　東方文化書局影印出版民國六十二年春季
臺灣民報（一—十四）　東方文化書局影印出版民國六十三年春季
臺灣新民報（十五—三一）　東方文化書局影印出版民國六十三年春季
臺大文學　王公樸庵藏
南音　東方文化書局復刻本
先發部隊　東方文化書局復刻本
第一線　東方文化書局復刻本

臺灣文藝　東方文化書局復刻本
臺灣新文學　東方文化書局復刻本
文藝臺灣　東方文化書局復刻本
臺灣文學　東方文化書局復刻本
臺灣文藝（皇民奉公會機關雜誌）　東方文化書局復刻本

二、詩文集

山靈—朝鮮臺灣短篇集　胡風譯　上海文化生活出版社　一九三六年五月再版
臺灣小說集（第一輯）　呂赫若、王昶雄等著　大木書房　一九四三年十一月出版
瀛洲詩集　林欽賜編輯　一九三三年二月出版
彰化崇文社紀念詩集　黃臥松編輯　蘭記圖書　一九三一年出版
清秋　呂赫若著　清水書店　一九四四年三月初版
里程碑　張深切著　聖工出版社　民國五十年十二月初版
應社詩薈　賴　和等著
遍地紅　張深切著　中央書局　民國五十年八月出版
櫟社沿革志略（附錄櫟社第　傅錫祺著　臺灣銀行經濟研究室　民國五十二年二月出版

一集）
本省籍作家作品選集　鍾肇政編　文壇社出版　民國五十四年十月出版
林獻堂先生紀念集　沈雲龍編　文海出版社　民國六十三年十二月出版
吳濁流作品集　張良澤編　遠行出版社　民國六十六年九月初版
臺灣民間文學集　李獻璋編著　牧童出版社　民國六十七年八月二版
日據下臺灣新文學　李南衡主編　明潭出版社　民國六十八年三月初版
鹽分地帶文學選　林佛兒、杜文靖、羊子喬編　林白出版社　民國六十八年八月初版
光復前臺灣文學全集　鍾肇政、葉石濤主編　遠景出版事業公司　民國七十年九月再版
吳新榮全集　張良澤編　遠景出版事業公司　民國七十年十月初版
寶刀集　聯合報編輯部編　聯經出版事業公司　民國七十年十月初版
歷史的倒影　彭瑞金選註　河畔出版社　民國七十一年七月初版
亂都之戀　羊子喬、陳千武編　遠景出版事業公司　民國七十一年五月初版
蓬萊文章臺灣詩　羊子喬著　遠景出版事業公司　民國七十二年九月初版
王詩琅文學全集（十一冊）　張良澤編　德馨室出版社　民國六十八年六月—十

一月初版

鵝媽媽出嫁　楊逵著　前衛出版社　民國七十四年三月初版

壓不扁的玫瑰　楊逵著　前衛出版社　民國七十四年四月再版

午前的懸崖　龍瑛宗著　蘭亭書店出版　民國七十四年五月

陳虛谷選集　陳逸雄編　自立晚報出版　民國七十四年十月初版

陋巷清士—王詩琅選集　張炎憲、翁佳音編　弘文館出版社　民國七十五年十一月初版

臺灣小說半世紀　林雙不編　前衛出版社　民國七十六年三月初版

杜甫在長安　龍瑛宗著　聯經出版事業公司　民國七十六年七月初版

張我軍詩文集　張光直編　純文學出版社　民國七十八年九月二版

臺灣作家全集—短篇小說卷·日據時代（十冊）　張恒豪主編　前衛出版社　民國八十年二月初版第一刷

臺灣作家小說選集（一）　張葆莘編　中國社會科學出版社　一九八一年十一月一刷

臺灣作家小說選集（二）　中國社會科學院文學研究所當代文選室　中國社會科學出版社　一九八二年五月

臺灣作家小說選集（三）　中國社會科學院文學研究所當代文選室　中國社會科學出版社　一九八二年七月

臺灣小說選講（上、下）　陸士清等編著　復旦大學出版社　一九八三年十月

臺灣作家小說選集（四）　中國社會科學院文學研究所當代文選室　中國社會科學出版社　一九八四年三月

臺灣中篇小說選（一、二）　黃重添等編　福建人民出版社　一九八四年八月

臺灣中篇小說選（三）　黃重添等編　福建人民出版社　一九八七年

三、歷史傳記語言類

臺灣總督府警察沿革誌　臺灣總督府警務局　昭和八年（一九三三年）十二月出版

臺灣省通志稿　廖漢臣等編　臺灣省文獻委員會　民國四十年至五十四年出版

臺灣史　盛清沂、王詩琅、高樹藩著　臺灣省文獻委員會　民國六十六年四月出版

臺灣三百年　關山情等著　戶外生活雜誌　民國七十年二月初版

臺灣史研究　張勝彥著　華世出版社　民國七十年四月初版
臺灣三百年史　高賢治編　衆文圖書公司　民國七十年十二月二版
臺灣史綱　黃大受著　三民書局　民國七十一年十月初版
臺灣先民奮鬥史　鍾孝上著　臺灣文藝叢書　民國七十二年二月二版
臺灣史事概說　郭廷以著　正中書局　民國七十三年十月初版第八次印刷
臺灣史（上、下冊）　戚嘉林著　自印本　民國七十四年九月初版
臺灣史研究　戴國煇著　遠流出版事業公司　民國七十四年九月三版
臺灣近代民族運動史　蔡培火等著　自立晚報出版　民國六十年九月三版
日據時代臺灣經濟史　周憲文著　臺灣銀行經濟研究室　民國四十七年八月出版
日據時代臺灣田賦改革　江丙坤著　臺灣銀行經濟研究室　民國六十一年六月出版
光復前臺灣之工業化之研究　張宗漢著　聯經出版事業公司　民國六十九年五月初版
日本殖民地體制下的臺灣　王詩琅編著　衆文圖書公司　民國六十九年十二月初版

臺灣新文學運動簡史　陳少廷著　聯經出版事業公司　民國七十年十一月初版
第三次印行
臺胞抗日文獻選編　王曉波編　帕米爾書店　民國七十四年七月初版
日本帝國主義下之臺灣　矢內原忠雄著　周憲文譯　帕米爾書店　民國七十四年七月初版
臺灣的殖民地傷痕　王曉波編　帕米爾書店　民國七十四年八月版
臺灣近代史論　尹章義著　帕米爾書店　民國七十五年九月初版
走出臺灣歷史的陰影　王曉波著　帕米爾書店　民國七十五年十一月初版
被顛倒的臺灣歷史　王曉波著　帕米爾書店　民國七十五年十一月初版
臺灣史與近代中國民族運動　王曉波著　帕米爾書店　民國七十五年十一月初版
臺灣史與臺灣人　王曉波著　東大圖書公司　民國七十七年十二月初版
臺灣紀事　莊永明著　時報文化出版事業公司　民國七十八年十月初版

臺灣共產黨史　盧修一著　前衛出版社　民國七十九年五月一版
臺灣革命僧林秋梧　李筱峰著　自立晚報社　民國八十年二月一版
臺灣（閩南）話考證　孫洵侯著　臺灣商務印書館　民國五十三年五月印行
國語閩南語對照常用辭典　蔡培火著　正中書局　民國五十八年
臺灣福建話的語音結構及標音法　鄭良偉著　學生書局　民國六十六年
臺灣語言源流　丁邦新著　學生書局　民國六十八年
臺灣禮俗語典　洪惟仁著　自立晚報社　民國七十五年
臺灣語典　連橫著、姚榮松導讀　金楓出版社　民國七十六年五月初版
綜合閩南臺灣語基本字典初稿（上）（下）　吳守禮著　文史哲出版社　民國七十六年
臺灣話流浪記　許極燉著　第一出版社　民國七十七年二月初版
新編臺語溯源　亦　玄著　時報文化出版事業公司　民國七十七年三月初版
臺灣諺語　吳瀛濤著　臺灣英文出版社　民國七十七年四月八版
走向標準化的臺灣話文　鄭良偉著　自立晚報社　民國七十八年
臺灣語言的思想基礎　鄭穗影著　臺原出版社　民國八十年二月一版

我與我的思想　張深切著　撰者印行　民國五十四年
楊肇嘉回憶錄　楊肇嘉著　三民書局　民國五十七年十二月初版
三百年來臺灣作家與作品　王國璠、邱勝安著　臺灣時報社　民國六十六年八月初版
青山青史—連雅堂傳　林文月著　近代中國出版社　民國六十六年十月初版
臺灣先賢先烈專輯—連雅堂傳　鄭喜夫編著　臺灣省文獻委員會　民國六十七年六月出版
民國連雅堂先生橫年譜　鄭喜夫編著　臺灣商務印書館　民國六十九年十一月初版
三友集　蘇薌雨、葉榮鐘、洪炎秋合著　中央書局　民國六十八年六月出版
日據時代臺灣新文學作家小傳　黃武忠著　時報文化出版事業公司　民國六十九年八月初版
臺灣近代人物集　陳永興、李筱峰編　臺灣文藝雜誌社　民國七十二年八月初版
臺灣作家印象記　黃武忠著　衆文圖書公司　民國七十三年五月初版
臺灣人物群像　葉榮鐘著　帕米爾書店　民國七十四年八月初版

臺灣近代名人誌（一—五）　張炎憲等編　自立晚報出版　民國七十六年元月初版

四、文學史、文學理論及相關臺灣文學之著述

中國文學的發展概述　王夢鷗等著　中央文物供應社　民國七十一年九月出版

中國新文學史論　尹雪曼　中央文物供應社　民國七十二年九月出版

中國小說的傳播觀　梁玉明著　華岡出版　民國六十八年十二月出版

中國現代文學的回顧　丘為君、陳連順編　文鏡出版社　民國七十五年十一月重排一版

近代小說研究　楊師昌年著　蘭臺書局　民國六十五年元月初版

細讀現代小說　張師素貞著　東大圖書　民國七十五年十月初版

中國大陸抗議文學　高上秦主編　時報文化出版　民國六十八年九月修訂一版

人性與「抗議文學」　張子樟著　幼獅文化出版　民國七十六年四月三版

五四研究論文集　汪榮祖編　聯經出版事業公司　民國六十八年初版

鄉土文學討論集　尉天驄主編　遠景出版事業公司　民國六十九年十月三版

舊植民地文學の研究	尾崎秀樹著	日本勁草書房	一九七一年六月初版
臺灣鄉土作家論集	葉石濤著	遠景出版事業公司	民國七十年二月二版
臺灣文學史綱	葉石濤著	文學界雜誌社出版	民國七十六年二月初版
臺灣文藝與我（吳濁流作品集⑥）	張良澤編	遠行出版社	民國六十九年二月二版
中國現代短篇小說選析II	施淑等編撰	長安出版社	民國七十二年二月初版
臺灣文學的過去與未來	陳永興編	臺灣文藝叢書	民國七十四年三月初版
臺灣小說與小說家	高天生著	前衛出版社	民國七十四年五月初版
臺灣小說發展史	古繼堂著	文史哲出版社	民國七十八年七月初版
臺灣新文學運動四十年	彭瑞金著	自立晚報文化出版部	民國八十年三月一版
先人之血，土地之花	臺灣文學研究會主編	前衛出版社	民國七十八年八月臺灣版一刷
臺灣文學入門文選	胡民祥編	前衛出版社	民國七十八年十月初版一刷
臺灣文學的悲情	葉石濤著	派色文化出版	民國七十九年一月一版一刷

走向臺灣文學　葉石濤著　自立晚報文化部出版　民國七十九年三月一版一刷

楊逵的人與作品　楊素娟編　民衆日報出版　民國六十八年十月初版

楊逵的文學生涯　陳芳明編　前衛出版社　民國七十八年二月臺灣版二刷

賴和的文學與社會運動之研究　林瑞明著　久洋出版社　民國七十八年三月初版

海峽兩岸小說的風貌　蔡源煌著　雅典出版社　民國七十八年四月初版

小說筆記　葉石濤著　前衛出版社　民國七十二年九月初版

臺灣文學風貌　李瑞騰著　三民書局　民國八十年五月初版

小說入門　李喬著　時報文化出版　民國七十五年八月初版二刷

小說理論　楊恒達編譯　五南圖書出版　民國七十七年十一月初版

民族與鄉土　尉天驄著　遠景出版事業公司　民國七十年六月初版

文學史學哲學　陳鵬翔、張錯編　時報文化出版事業公司　民國七十一年二月初版

文學回憶錄　葉石濤著　遠景出版事業公司　民國七十二年四月初版
沒有土地，哪有文學　葉石濤著　遠景出版事業公司　民國七十四年六月初版
從臺灣看大陸當代文學　陳信元著　業強出版社　民國七十八年七月初版
兩種文學心靈　詹宏志著　皇冠出版社　民國七十五年元月初版
社會寫實文學及其他　顏元叔著　巨流圖書公司　民國六十七年八月初版
臺灣，在轉捩點上　葉石濤等著　大呂、洛城出版社　民國七十五年四月二版
馬克斯主義與文學批評　Terry Eagleton著　文 寶譯　南方叢書出版社　民國七十六年十月再版
文藝社會學　Robert Escarpit著　顏美婷編譯　南方叢書出版社　民國七十七年二月初版
心理分析與文學　Albert Mordell著　鄭秋水譯　遠流出版事業公司　民國七十九年二月初版　三刷
臺灣小說選講（上）（下）　陸士清等編　復旦大學出版社　一九八三年十月第一版
臺灣小說主要流派初探　封祖盛著　福建人民出版社　一九八三年十月出版
臺灣香港文學論文選（一）　福建人民出版社　一九八三年十月初版
臺灣香港文學論文選（二）　海峽文藝出版社　一九八五年九月初版

臺灣新文學概觀（上）　黃重添、莊明萱、　鷺江出版社　一九八六年七月
（下）　闕豐齡編著　一九九〇年

臺灣當代文學　王晉民著　廣西人民出版社　一九八六年九月

臺灣當代小說藝術采光　黃重添著　鷺江文藝出版社　一九八七年十一月

現代臺灣文學史　白少帆、王玉斌等撰　遼寧大學出版社　一九八七年十二月

臺灣現代文學簡述　包恒新著　上海社會科學院　一九八八年三月

臺灣小說作家論　汪景壽著　北京大學出版社　一九八四年三月第一次印刷

臺灣香港與海外華文文學論文選　海峽文藝出版社　一九八八年九月初版

臺灣文學史（上）　劉登翰等編　海峽文藝出版社　一九九一年六月第一次印刷

五、臺灣研究書目提要

臺灣文學家辭典　王晉民主編　廣西教育出版社　一九九一年七月第一次

印刷

臺灣文獻目錄　李道顯等編　中國文化學院出版部　民國五十四年十月出版

臺灣先賢著作提要　王國璠先生編撰　臺灣省立新竹社會教育館　民國六十三年六月出版

臺灣研究中文書目　王世慶主編　環球書社發行　民國六十五年三月初版

臺灣文獻叢刊提要　吳幅員著　臺灣銀行經濟研究　民國六十六年六月出版

日本臺灣資料目錄　國立中央圖書館臺灣分館　民國六十九年六月出版

臺灣文獻圖書簡介　黃耀東編著　臺灣省文獻委員會　民國七十年五月出版

臺灣地區文獻會期刊總索引　高賢治、劉燕儷主編　龍文出版社　民國七十八年九月初版

臺灣史關係文獻書目　張炎憲等編　臺灣風物雜誌社　民國七十八年十月初版

六、論文及期刊、報紙

日據時代臺灣雜誌事業　賴秀峰撰　民國六十四年政治大學新聞研究所碩士論文

日據時期臺灣漢語文學析論之研究　陳美妃著　民國七十年輔仁大學中研所碩士論文

日據時期臺灣的留日學生　陳三郎撰　民國七十年東海大學歷史研究所碩士論文

日據時期臺灣報界的抗日運動　張勝助撰　民國七十年文化大學哲研所新聞組碩士論文

吳濁流文學之研究—日據時代臺灣作家的民族意識　翟筱芸撰　民國七十二年文化大學日本研究所碩士論文

由日據下臺灣新文學的發展論張深切的戲劇活動　鍾政瑩撰　民國七十二年文化大學藝術研究所碩士論文

日本割據時代の臺灣新文學—一九二〇年以降の文學、主に楊逵の文學活動を中心に　吳翰祺撰　民國七十二年東吳大學日研所碩士論文

七十年代臺灣鄉土文學運動析論　李祖琛撰　民國七十五年政治大學新聞研究所碩士論文

日據時期臺灣文化協會之研究—抗日陣營的結成與瓦解　陳翠蓮撰　民國七十六年政治大學政治研究所碩士論文

日據下臺灣知識份子反殖民之意識研究—臺灣民報（一九二〇—一九二七）個案研究　吳春成撰　民國七十六年中山大學中山學術研究所碩士論文

日據時期臺灣的女子教育　游鑑明撰　民國七十六年臺灣師範大學史研所碩士論文

日據時期臺灣公學校之研究　鄭梅淑撰　民國七十七年東海大學歷史研究所碩士論文

臺灣殖民文學的社會背景研究—以吳濁流文學、楊逵文學爲研究中心　張簡昭慧撰　民國七十七年文化大學日本研究所碩士論文

臺灣文學本土論的興起與發展　游勝冠撰　民國八十年東吳大學中文研究所碩士論文

王詩琅研究　葉瓊霞撰　民國八十年成功大學歷史語言研究所碩士論文

日治末期臺灣的知識社群（一九四〇—一九四五）—《文藝臺灣》、《臺灣　王昭文撰　民國八十年清華大學歷史研究所碩士論文

文學》及《民俗臺灣》三雜誌的歷史研究

中共選刊臺灣小說之淺析　鍾鎔亘撰　共黨問題研究十一卷十二期

大陸對臺灣文學的研究　杜國清撰　臺灣文藝第一〇八期

大陸對臺灣文學的研究—在香港中文大學新亞書院的講演　陸士清撰　香港文學第四〇期

十年來海峽兩岸文學交流的省思　周慶華撰　臺灣文學觀察雜誌第一期

大陸臺灣文學研究十年　劉登翰撰　臺灣文學觀察雜誌第一期

閩南方言在臺灣文學作品中的運用　李瑞騰撰　臺灣文學觀察雜誌第一期

略論臺灣文學研究中的十個問題　古繼堂撰　文學評論一九九〇年第五期

國外的「臺灣研究」介紹　臺灣史田野研究通訊第一、二、五、六期

簡介廈門大學臺灣研究所　臺灣史研究會會訊第六、七期合刊

簡介社會科學院臺灣研究所　臺灣史研究會會訊第六、七期合刊
日本統治期臺灣文學管見　塚本照和撰　臺灣文藝第六十九、七〇期（革新號第十六、
張良澤譯　十七期）
臺灣文學在日本　臺灣文化季刊創刊號
日本的臺灣文學研究現狀　山田敬三撰　文季二卷三期
—在臺灣政治大學中文系　洪　鯤　譯
一個座談會上的講話
臺灣文學研究在日本　下村作次郎撰　二十世紀中國文學研討會論文
塚本照和先生訪問記　李瑞騰撰　臺灣文藝第六十六期（革新號第十三期）
五四對臺灣新文學之影響　黃得時撰　文訊月刊第十一期
剪不斷的文化臍帶—五四　黃武忠撰　中國時報六十八年四月二十日
運動與日據下臺灣新文學
的發展
從五四運動回顧日據時代　黃今音撰　臺灣新聞報六十八年五月四日
的臺灣文學
五四時期文學革命與日據　王曉波撰　中華雜誌總三二一期

下臺灣新文學運動
「日據時代的臺灣文學與抗日運動」座談會　　大學雜誌七十九期
「臺灣新文學回顧」座談記錄　　臺灣文藝第一〇四期
第四十三次臺灣研究研討會記錄—日據時代臺灣新文學運動　　黃得時主講，胡家瑜、胡寶鳳記錄　　臺灣風物三十六卷三期
光復前臺灣文學座談會　　黃武忠記錄　　聯副民國六十七年十月二十二—二十四日
日據時期的臺灣新文學　　王錦江撰　　臺灣文藝第三期
概述光復前的臺灣文學　　吳瀛濤撰　　幼獅文藝第二一六、二三一期
回顧日據時代的文學　　吳濁流撰　　臺灣文藝第四十九期
論臺灣新文學的本質　　葉石濤撰　　文訊月刊第四期
戰前臺灣文學研究之問題點—從與韓國文學之比較來看　　羅成純撰　　文學界第七號

臺灣文學對抗日運動的影響　楊　逵撰　文季第二卷第五期
臺灣文學年表　廖漢臣撰　臺灣文獻十五卷一期
「中國結」與「臺灣結」研討會論文　瞿海源等人　中國論壇第二八九期
日據時代臺灣籍民的中國結　若林正丈撰　當代第九期
臺灣抗日運動中的「中國座標」與「臺灣座標」　若林正丈撰　當代第十七期
臺灣文學裡的中國意識　王曉波撰　文季第一卷第三期
殖民地傷痕與臺灣文學　王曉波撰　文季第二卷第三期
日據時代臺灣文學的整理與出版　劉紹銘撰　聯副六十七年七月十四日
日據時期臺灣的報紙副刊　黃得時撰　文訊月刊第二十一期
光復前臺灣的文學雜誌——一個主編者的回憶錄　葉石濤撰　文訊月刊第二十七期
臺灣地區文學雜誌的發展　薛茂松撰　文訊月刊第二十七期

（一九四九—一九八六）

文學雜誌功能之探討　鄭貞銘撰　文訊月刊第二十七期

日本統治下的臺灣新文學運動—文學結社及其精神　林瑞明撰　文訊月刊第二十九期

日據時代臺灣重要的文學社團　黃武忠撰　文訊月刊第二十九期

臺灣戰時的文學社群—《文藝臺灣》與《臺灣文學》　王昭文撰　臺灣風物四十卷四期

臺灣文學和歷史　許達然撰　新地雙月刊一卷一期

臺灣文學成長與民族國家經濟發展關係之定性觀察　胡民祥撰　臺灣文藝第一二三期

幾位秀才的剪影—談日據時期的舊知識份子　楊玉君撰　新地雙月刊一卷三期

日據時代小說中的知識份子　施　淑撰　新地雙月刊一卷三期

一九四九年以前臺灣與大陸小說中的女性形象　許達然撰　新地文學雙月刊一卷四期

臺灣小說中的愛情觀　彭瑞金撰　臺灣文藝第八十八期
臺灣人的婚姻與愛情　林芝眉撰　臺灣文藝第八十八期
試論戰後初期的臺灣智識份子及其文學活動　葉芸芸撰　文季第十一期
臺灣文學需要充實的維生素—泛談臺語與臺灣文學的關係　許極燉撰　臺灣文藝第九〇期
關於鄉土文學論爭　松永正義撰
葉笛譯
臺灣鄉土話文運動（一九三〇—三二年）　李獻章撰、林若嘉譯　臺灣文藝第一〇二期
臺灣白話文學之文字理論與實踐—一九二四至一九三七　陳美妃撰　臺灣史研究論文集七十七年十二月
吳濁流的殖民地文學　彭瑞金撰　臺灣文藝第五十八期（革新號第五期）
論胡太明的悲涼世界　林釗誠撰　臺灣文藝第五十八期（革新號第五期）
吳濁流小說論　黃竹芳撰　臺灣文藝第五十八期（革新號第五期）

試評亞細亞的孤兒	陳映眞撰	臺灣文藝第五十八期（革新號第五期）
無論來與往，俱是夢中人—悼念廖漢臣兄	王昶雄撰	臺灣文藝第七十二期（革新號第十九期）
奇才廖漢臣兄的逝世雜憶	王詩琅撰	臺灣文藝第七十二期（革新號第十九期）
黑面廖漢臣	柳　塘撰	臺灣文藝第七十二期（革新號第十九期）
新文學的先聲	龍瑛宗撰	臺灣文藝第七十二期（革新號第十九期）
琴聲響，無時停	莊永明撰	臺灣文藝第七十二期（革新號第十九期）
撐起臺灣新文學運動的大旗—張我軍和他的文集	林瑞明撰	大學雜誌第九十四期
追憶賴和	楊雲萍撰	民俗臺灣第三卷第四期
憶賴和先生	楊　逵撰	臺灣文學第三卷第二期
回憶懶雲先生	朱石峰撰	臺灣文學第三卷第二期
小說與懶雲	守　愚撰	臺灣文學第三卷第二期
忍看蒼生含辱—賴和先生的文學	林　邊	臺灣文藝第六十一期（革新號第八期）
賴和是誰？	梁德民撰	夏潮第一卷第六期

從舊詩詞起家的臺灣新文學之父——賴和　花　村撰　臺灣文藝第八〇期
秤仔與秤錘—論賴和小說的思想性　施　淑撰　臺灣文藝第八〇期
不死的野草—臺灣新文學的奶母賴和　葉寄民撰　臺灣學術研究會誌第二期
賴和與臺灣新文學　林瑞明撰　成功大學歷史學報第十二號
賴和與臺灣文化協會（一九二一—一九三一）　林瑞明撰　臺灣風物三十八卷四期、三十九卷一期
賴和的文學及其精神　林瑞明撰　臺灣風物三十九卷三期
賴和〈獄中日記〉及其晚年情境　林瑞明撰　臺灣風物四十一卷一期
山河初探—楊雲萍論之一　林瑞明撰　臺灣文藝第八十八期
楊守愚的小說世界　黃武忠撰　文學界第十一集
談楊逵先生及其作品　胡秋原撰　中華雜誌第一六〇期
除非種子死了—探討楊逵　何思萍撰　夏潮第一卷第七期

小說的精神

從〈無醫村〉看日據時代的臺灣醫學　于　飛撰　夏潮第一卷第七期

春光關不住—論楊逵的小說　梁景峰撰　大學雜誌第一〇二期

臺灣文學的兩種精神—楊逵與鍾理和之比較　林載爵撰　中外文學第二卷第七期

耕耘者楊逵　林尹文撰　大學雜誌第七十九期

不朽的老兵—楊逵印象　龍瑛宗等人撰　文訊月刊第十七期

楊逵的七十七年歲月：一九八二年楊逵先生訪問日本的談話記錄　內村剛介訪問　陳中原譯　文季第一卷第四期

日據時代的楊逵—他的日本經驗與影響　葉石濤撰　聯合文學第一卷第八期

超越民族情結重回文學本位：楊逵何時卸下「首陽農園」　張恒豪撰　文星第九十九期

存其眞貌：談〈送報伕〉 張恒豪撰 臺灣文藝第一〇二期
譯本及其延伸問題
楊逵有沒有接受特務工作？ 張恒豪撰 南方第二期
把抵抗深藏在底層—論 王曉波撰 文星第一〇一期
楊逵的〈『首陽』解除
記〉和「皇民文學」
我的書齋 楊逵著，廖清秀譯 臺灣文藝第九十四期
增產之背後—老丑角的 楊逵著，鍾肇政譯 臺灣文藝第九十四期
故事
放膽文章拼命酒—論楊 宋冬陽 臺灣文藝第九十四期
逵作品中的反殖民精神
楊逵作品「新聞配達夫」 塚本照和著，向陽譯 臺灣文藝第九十四期
〈送報伕〉的版本之謎
爲楊逵送行 陳嘉農 臺灣文藝第九十四期
楊逵的文學活動 河原功著，楊鏡汀譯 臺灣文藝第九十四期
我的回憶（上、中、下） 楊　逵撰 中國時報七十四年三月十三—十五日

論楊逵的小說藝術　呂正惠撰　新地文學第一卷第三期
黑潮下的悲歌—詩人楊華　林載爵撰　夏潮第一卷第八期
張文環先生紀念專輯　王詩琅等人撰　臺灣文藝第五十九期（革新號第六期）
粗線條的人粗線條的作品　王詩琅撰　臺灣文藝第五十九期（革新號第六期）
憶張文環兄也談其文學活動　巫永福撰　臺灣文藝第五十九期（革新號第六期）
文環君的二三事　李君晰撰　臺灣文藝第五十九期（革新號第六期）
念張文環先生　蔡瑞洋撰　臺灣文藝第五十九期（革新號第六期）
明潭星墜、張文環先生逝矣！　黃得時撰　臺灣文藝第五十九期（革新號第六期）
悲歡歲月—給父親　張孝宗撰　臺灣文藝第五十九期（革新號第六期）
張文環先生著作年表　編輯部撰　臺灣文藝第五十九期（革新號第六期）
張文環的思想與精神　張恒豪撰　臺灣文藝第八十一期
滾地郎與辣薤罐　廖清秀撰　臺灣文藝第八十一期
追悼文環兄　王昶雄撰　臺灣文藝第八十一期
懷念文環兄　吳坤煌撰　臺灣文藝第八十一期

張文環兄及其周邊事	池田敏雄撰 張良澤譯	臺灣文藝第七十三期（革新號第二〇期）
張文環的〈父之顏〉	黃得時撰	自立晚報七十五年十二月廿二日
黃昏的荒原—訪龍瑛宗先生	丘秀芷撰	文訊第十八期
龍瑛宗研究	羅成純撰	文學界第十二期、十三期
讀んだ小說から	莊培初撰	臺灣新文學一卷八號
最後的牛車—論呂赫若的小說	施　淑撰	臺灣新文藝第八十五期
憶夭折的俊才翁鬧	楊逸舟撰	臺灣新文藝第九十五期
關於翁鬧	張良澤撰	臺灣新文藝第九十五期
阿憨伯的形象	巫永福撰	臺灣新文藝第九十五期
幻影之人—翁鬧	劉　捷撰	臺灣新文藝第九十五期
麒麟兒的殘夢—朱點人及其小說	張恒豪撰	夏潮論壇第一卷第一期
烈焰吞去麒麟兒—戰前小說家朱點人及其文學	張恒豪撰	臺灣文藝第一〇五期

評先發部隊	楚女撰	臺灣文藝第一期（昭和）
話匣子	黃石輝撰	第一線第一期
文藝時評	H・C・生撰	第一線第一期
讀《第一線》小感	夜　郎撰	臺灣文藝第二卷第二號（昭和）
同好者的面影	廖毓文撰	臺灣新文學第一卷第二號
五、六、七月號作品漫評	宮安中撰	臺灣新文學第一卷第七號
王詩琅先生口述回憶錄	下村作次郎撰	日本南方文化第九輯
黑色青年的悲劇—王詩琅及其小說意識	張恒豪撰	現代文學復刊號第十三期
徐坤泉（阿Q之弟）作品目錄	張良澤撰	臺灣學術研究會誌第二期
「大東亞共榮圈」の台灣作家—「皇民文學」のかたち・陳火泉	星名宏修撰	野草第四十六期
小說の難しさ—幾分作品にも觸れて—	谷精泚一撰	臺灣文學一卷二號

日據時代的臺灣小說—關於皇民文學　星名宏修撰　二十世紀中國文學研討會論文
文藝臺灣と臺灣文學　龍瑛宗撰　臺灣近現代史研究第三號
一個試評，以《臺灣新文學》爲中心　王錦江撰　臺灣新文學第一卷第四號
臺灣新文學社創設及《新文學》第一、二、三期作品的批評　徐玉書撰　臺灣新文學第一卷第四號
殖民地文化活動另一章—訪日據時代臺灣電影辯士林越峰　陳國富撰　文季第七期
一顆明珠　劉　捷撰　文訊月刊第四〇期
文學伙伴王昶雄　龍瑛宗撰　文訊月刊第四〇期
熱情開朗的萬年「少年大的」　鄭世璠撰　文訊月刊第四〇期
音樂的伙伴、人生的伙伴　呂泉生撰　文訊月刊第四〇期

載滿未來　黃武忠撰　文訊月刊第四〇期

三讀〈奔流〉　張恒豪撰　文訊月刊第四〇期

臺灣小說裡的日本經驗　顏元叔撰　中華日報六十二年十月十一、十二日

不屈的文學魂—論楊逵兼談日據時代的臺灣文藝　張良澤撰　中央日報六十四年十月廿二—廿五日

賴和其人及其詩　陳　香撰　聯合報民國六十八年二月廿九日

龍瑛宗—其人其作品　鍾肇政撰　民衆副刊民國六十八年六月二十日

臺灣新文學之父—賴和與他的思想　王曉波撰　臺灣時報民國六十八年四月廿六、廿七日

碧血丹青話文人抗日　黃得時撰　中央日報民國七十一年十月二十五日

覺悟下的犧牲—賴和醫師的文學生涯　高天生撰　自立晚報民國七十二年八月九日

臺灣文學播種者—賴和　黃得時撰　聯合報民國七十三年四月五、六日

寬容與創造—觀察臺灣文學中的「臺灣意識」　呂　昱撰　自立晚報民國七十三年十一月十三、十四日

風雲欲捲人才盡—楊逵的　羊子喬撰　自立晚報七十四年三月十四日

文學運動與社會運動

中共「臺灣文學研究」的非文學意義　周玉山撰　自立晚報七十四年七月二十六—二十八日

閩南方言研究的一般情形　吳守禮撰　現代臺灣話研究論文集

需要更多養分的革命—「臺語文學」運動理論的盲點與囿限　廖咸浩撰　自立晚報七十八年六月十六日

當代臺灣小說中的方言語彙—兼談閩南語的書面語　姚榮松撰　國立臺灣師範大學國文學報第十九期

日據時代臺灣新文學本土論的建構　游勝冠撰　二十世紀中國文學研討會論文

魯迅與臺灣青年　秦賢次撰　國文天地第七卷第四期

石在，火種是不會絕的—魯迅與賴和　林瑞明撰　國文天地第七卷第四期

打下第一鋤，撒下第一粒種籽—賴和與臺灣新文學　彭瑞金撰　國文天地第七卷第四期

評王昶雄〈奔流〉的校訂本　呂興昌撰　國文天地第七卷第四期
在前哨—讀楊守愚的小說　施淑撰　國文天地第七卷第四期
宿命的女性—論龍瑛宗的〈一個女人的記錄〉和〈不知道的幸福〉　莊淑芝撰　國文天地第七卷第四期
「幻影之人」翁鬧及其小說　許素蘭撰　國文天地第七卷第四期
追風及其小說〈她要往何處去〉　張恆豪撰　國文天地第七卷第四期
張文環的小說藝術　陳師萬益撰　國文天地第七卷第四期
走充滿荊棘的苦難之道—讀王詩琅的小說　葉瓊霞撰　國文天地第七卷第四期
重讀王詩琅〈賴懶雲論〉　林瑞明撰　臺灣文藝第一二七號
感慨悲歌皆爲鯤島—蔣渭水與臺灣文學　林瑞明撰　蔣渭水逝世六十週年紀念暨臺灣史學術研討會
〈富戶人的歷史〉導言　林瑞明撰　文學臺灣創刊號
臺灣新文學運動的展開　河原功作，葉石濤譯　文學臺灣創刊號及第二號

騷動的靈魂—決戰時期的臺灣作家與皇民文學　林瑞明撰　一九九二年七月《日據時期臺灣史國際學術研討會》宣讀論文

〈奔流〉與〈道〉的比較　張恆豪撰　一九九二年八月鍾理和逝世三十二週年紀念暨臺灣文學學術研討會

臺灣新文學的開拓者—張我軍　包恒新撰　福建論壇（文史哲版）一九八六年二月

談臺灣新文學運動開拓者賴和的小說創作　張仲景撰　瀋陽師範學院學報一九八七年二月

紀念臺灣作家賴和先生　朱天順撰　臺灣研究集刊一九八四年二月

臺灣新文學的先驅者—賴和　張默芸　福建文學一九八二年一月

臺灣老作家楊逵及其作品　武治純、梁翔蹤撰　讀書一九八〇年三月

臺灣文壇老兵—楊逵及其創作　武治純撰　海峽一九八三年一月

穿過歷史風雨，激發愛國情懷—讀楊逵的《送報伕》　陸士清撰　小說界一九八五年一月

吳濁流及其作品　武治純、梁翔蹤撰　讀書一九八一年五月
吳濁流在臺灣反帝反封建文學中的地位　包恒新撰　福建文學一九八二年五月
深深的民族哀痛—評臺灣作家吳濁流的小說創作　徐永齡撰　藝譚一九八三年
從吳濁流的創作看風格對文學的影響　莊明萱、黃重添撰　臺灣研究集刊一九八六年二月
心血雖乾亦自啼—紀念臺灣現代作家賴和先生　武治純撰　人民日報一九八五年四月十三日